Atlas Histórico del Cristianismo

Idea y realización: Andrea Dué
Texto: Juan María Laboa
Búsqueda iconográfica: Brigitte Baumbusch
Dibujos: Alessandro Baldanzi, Alessandro Bartolozzi, Lorenzo Cecchi, Roberto Simoni, Donato Spedaliere, Stalio
Cartografía a mano: Roberto Simoni, Justine Thompson Bradley
Cartografía electrónica: Antonio Tucci

Preparación y revisión de la edición española:
Adoración Pérez, Juan A. López, Pedro M. García,
M.ª Jesús García, Dulce M.ª Toledo, Álvaro Santos, José A. Pérez.

2.ª edición

© SAN PABLO 1998 (Protasio Gómez, 11-15. 28027 Madrid)
  Tel. 917 425 113 - Fax 917 425 723
  E-mail: editorial@sanpablo-ssp.es - www.sanpablo-ssp.es
© Editoriale Jaca Book SpA, Milán - Andrea Dué, Florencia 1997

Título original: *Atlante Storico del Cristianesimo*

Distribución: SAN PABLO. División Comercial
Resina, 1. 28021 Madrid * Tel. 917 987 375 - Fax 915 052 050
E-mail: ventas@sanpablo-ssp.es
ISBN: 84-285-2090-9
Impresión y Encuadernación: G.E.P., Milán
Impreso en Italia. Printed in Italy

Andrea Dué

Atlas Histórico del Cristianismo

Texto de Juan María Laboa

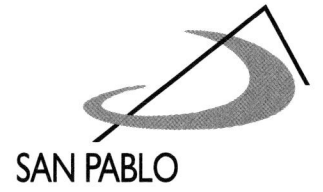

SAN PABLO

Sumario

		págs.
1.	El mundo grecorromano	8
2.	Palestina en tiempos de Jesús	12
3.	El Cristo de la historia y de la fe	16
4.	El nacimiento de la Iglesia	20
5.	Los inicios de una fe	24
6.	De la casa privada a la basílica	28
7.	Primeras herejías y vínculos entre las Iglesias	32
8.	Persecución y tolerancia	36
9.	Los pueblos germánicos	40
10.	Constantino y la libertad religiosa	44
11.	Concilios y credo	48
12.	El monacato primitivo	52
13.	Los padres de la Iglesia	56
14.	Teodosio: el cristianismo, religión del estado	60
15.	Decadencia de Roma y el bautismo de los bárbaros	64
16.	Los primeros cismas	68
17.	El culto de María	72
18.	El monacato occidental	76
19.	Cronología I. Los orígenes	80
20.	Justiniano: la renovación del Imperio	84
21.	El primer arte bizantino	88
22.	El enfrentamiento Roma-Constantinopla	92
23.	De la Antigüedad a la Edad media	96
24.	Bizancio y el islam	100
25.	La Iglesia y el mundo bárbaro	104
26.	El mundo eslavo	108
27.	La Iglesia occidental en tiempos de Carlomagno	112
28.	El nacimiento del Estado pontificio	116
29.	Los últimos concilios orientales	120
30.	La constitución de la Iglesia bizantina	124
31.	La Iglesia feudal	128
32.	La apertura al norte	132
33.	En los albores del milenio	136
34.	La renovación de la Iglesia en Occidente	140
35.	La abadía cisterciense	144
36.	La lucha de las investiduras	148
37.	Las cruzadas y la Iglesia oriental	152
38.	Cronología II. La Alta Edad Media	156
39.	Las herejías medievales	160
40.	Las órdenes mendicantes	164
41.	La Europa de las ciudades	168
42.	Teocracia y cristiandad medieval	172
43.	La Escolástica	176
44.	La Iglesia en Asia	180
45.	El cisma de Occidente	184
46.	El culto a los santos	188
47.	Cronología III. Baja Edad media	192
48.	El islam y el Imperio bizantino bajo los Paleólogos	196
49.	El Renacimiento	200
50.	La reforma protestante	204
51.	La Europa reformada	208
52.	El concilio de Trento y la reforma católica	212
53.	Las guerras de religión	216
54.	La Iglesia en América Latina	220
55.	La Iglesia en Norteamérica	224

		págs.
56.	Las Iglesias reformadas	228
57.	Cronología IV. Renacimiento y Barroco	232
58.	El despertar cristiano	236
59.	El cristianismo ilustrado	240
60.	El siglo de las Luces	244
61.	El cristianismo en la formación de Estados Unidos	248
62.	La Revolución francesa y la Iglesia	252
63.	Entre restauración y revolución	256
64.	El siglo de las misiones	260
65.	Las misiones protestantes	264
66.	La cuestión social	268
67.	El movimiento de Oxford	272
68.	La relación entre cristianismo y ciencia	276

		págs.
69.	Las Iglesias y los regímenes totalitarios	280
70.	La espiritualidad afroamericana	284
71.	Misiones y descolonización	288
72.	América Latina	292
73.	El Concilio ecuménico Vaticano II	296
74.	El presente de las confesiones cristianas	300
75.	El futuro de las confesiones cristianas	304
76.	Cronología V. Desde la Ilustración hasta nuestros días	308
	Índice de nombres	312
	Elenco de ilustraciones	317

Guía de lectura

Los 76 capítulos de que consta el Atlas comprenden cuatro páginas cada uno. En la primera doble página se desarrolla la cartografía a colores, completada con otros dibujos y fotografías, todo ello en color. En las dos páginas siguientes se encuentra el texto de Juan María Laboa, enriquecido con dibujos y fotografías en blanco y negro. Este texto, además de referirse al capítulo en que se encuentra, puede leerse también seguido, de modo que quien lo desee pueda abarcar de un vistazo los dos mil años de historia de la Iglesia.

En total, el volumen contiene 152 fotografías a colores, 126 en blanco y negro, 162 mapas en color, 103 dibujos y planos en color y blanco y negro, 13 esquemas y diagramas a colores y 5 cronologías sinópticas.

A cada imagen le acompaña un pie que indica el lugar de la página donde se encuentra; datos más exhaustivos sobre los objetos de las fotografías o dibujos -origen, fecha, localización, etc.- se encuentran en el elenco de ilustraciones al final del volumen.

1. El mundo grecorromano

La necesidad que tenían las legiones de Roma de trasladarse de un lugar a otro originó una articulada red viaria que constituye aún hoy el esqueleto de la circulación europea, y que ha marcado de forma significativa la geografía del Viejo Continente y del Próximo Oriente. Los trazados rectilíneos de las vías principales, tanto urbanas como extraurbanas, servían de líneas de referencia para la centuriación, es decir, para la división racional de las tierras cultivables en las zonas a las que se asignaban los colonos romanos, enviados a los territorios conquistados (en general veteranos del ejército). Una red de vías secundarias, llamadas *decumani* (paralelas a la vía principal) y *cardines* (perpendiculares) delimitaba porciones cuadradas (centurias) de la superficie de unas 50 hectáreas.

La centuriación conseguía el doble objetivo de compensar a los militares que, con frecuencia, pasaban muchos años de su vida en el ejército, y el de difundir, mediante la colonización, la cultura y la civilización romanas en los territorios conquistados.

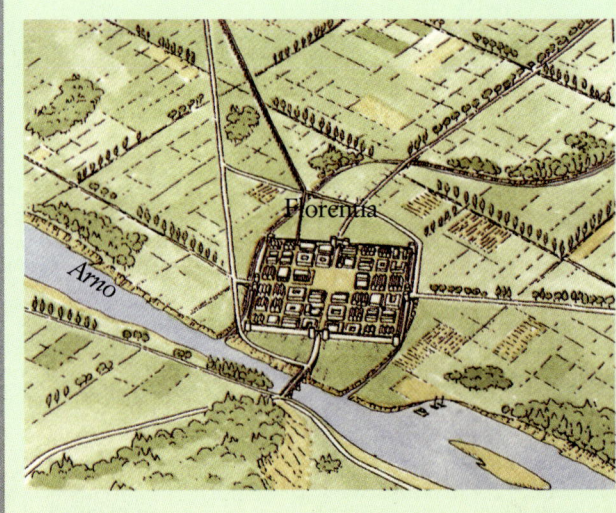

La civilización grecorromana fue el ambiente en el que nació y se desarrolló el cristianismo, que, efectivamente, debe mucho a la mentalidad semita, a la cultura griega y a la organización romana.

En el mapa: El Imperio romano de los primeros siglos de la era cristiana, con la línea que indica la división entre la parte occidental y la oriental después de la reforma de Diocleciano, en el siglo III, con las subdivisiones administrativas *(en azul)*, la red viaria *(en verde)* y los principales productos de intercambio. La facilidad de comunicación fue un factor importante para la difusión inicial del cristianismo, mientras que la eficiente administración romana proporcionó la pauta para la posterior organización territorial de la Iglesia.

A la izquierda, arriba: la llamada «escuela platónica», mosaico del siglo I d.C. procedente de Pompeya. El mundo griego transmitió a los primeros cristianos la inclinación al estudio y al debate intelectual.

Arriba: un larario romano del siglo I d.C. El culto doméstico de los lares, las divinidades del hogar, lo oficiaba originalmente el *pater familias*.

Debajo: «tríada» de dioses, del siglo I a.C., de Palmira, en Siria: Baalsamem, divinidad semita, entre los dioses del sol y de la luna.

1. El mundo grecorromano

«En múltiples ocasiones y de muchas maneras habló Dios antiguamente a nuestros padres por los profetas. Ahora, en esta etapa final, nos ha hablado por su Hijo...», dice la Carta a los hebreos.

El cristianismo es una religión revelada, histórica. El Verbo se encarnó en un año concreto, en una sociedad precisa, en un pueblo y en una cultura determinadas. Estos factores marcaron de manera sustancial el origen y la evolución posterior del cristianismo y de la Iglesia.

Poco antes del nacimiento de Cristo había surgido el Imperio romano, que abarcaba todos los países del Mediterráneo y se extendía por buena parte de Europa, norte de África y Asia Menor. Se caracterizaba por una sólida unidad político-cultural y un gran pluralismo religioso. El Imperio estaba organizado administrativamente por ciudades, provincias y diócesis, dirigidas por competentes administradores, según los preceptos del Derecho romano y con una importante presencia del ejército. Era el mundo del Estado, de la política y de la valoración del derecho positivo. La lengua griega, conocida y utilizada sobre todo en la parte oriental del Imperio, se había convertido en la lengua internacional, tanto de la cultura como del comercio. Su uso favorecía la comunicación entre los diversos pueblos de las ideas y doctrinas de la civilización griega y, en especial, de su preocupación por el conocimiento, por la filosofía y por la cultura. De esta manera, la tendencia de la filosofía griega hacia la moral y los problemas teológicos, presentes en muchos lugares, favorecerá el interés y la acogida de la nueva religión. Además, la fuerza especulativa del genio griego ayudó al cristianis-

El sentimiento religioso, con elementos más o menos intelectuales, más o menos sentimentales, era fuerte en el mundo romano y penetraba en todos los ámbitos de la vida. El cristianismo —a diferencia de los numerosos cultos orientales, populares en aquella época porque respondían a una difundida ansia de esperanza—, anunciaba la irrupción de Dios en la historia y, como consecuencia, la entrada de la eternidad en el tiempo; un hecho que implicaba un cambio radical de la condición humana.

Arriba: una placa que representa a Helios, el dios del sol, en relación con Júpiter Doliqueno. El nombre Doliqueno designaba a la divinidad siria Baal, fusionada con Júpiter por la costumbre, típicamente helenista, de identificar divinidades romanas, griegas y orientales. Júpiter Doliqueno, al que los soldados consideraban como protector especial, se confundió posteriormente con Helios.

A la izquierda: pequeño relieve que representa un sacrificio mitraico. El culto de Mitra, antigua divinidad persa, tuvo gran éxito en la época imperial y se convirtió en el principal competidor del naciente cristianismo. Esta religión mistérica, reservada sólo a los hombres, tenía sugestivos ritos secretos de iniciación, e imponía a sus adeptos duras pruebas, prometiéndoles la salvación y la inmortalidad. El ritual principal consistía en el sacrificio de un toro *(taurobolio)*, en conmemoración de la muerte, a manos del dios, del toro primordial, de cuya sangre nacieron todos los animales y plantas. El culto de Mitra se practicaba en pequeñas criptas subterráneas. Tuvo muchos secuaces entre los soldados y, por medio del ejército, se introdujo en Germania, Galia y Britania.

A la izquierda: moneda de Augusto con espigas de trigo que aluden a la prosperidad del Imperio durante su reinado.

Debajo: el *Ara Pacis Augustae* en una reconstrucción seccionada. Cristo se llamará «Príncipe de la Paz» no sólo por los efectos de su enseñanza, sino también porque vivió en una de las raras épocas de paz y tranquilidad del mundo romano, circunstancia que favoreció también la primera difusión de su doctrina.

mo a formular una doctrina bien trabada y coherente y a convertirse en una potente fuerza espiritual. No obstante, la pasión griega por la especulación filosófica complicará los primeros pasos del cristianismo al enfrentarle con el problema de la fundamentación filosófica de la fe. Muchas de las primeras herejías tuvieron este origen. De hecho, los problemas teológicos se darán fundamentalmente en Oriente, apasionarán a su población y se resolverán en los primeros concilios que serán casi exclusivamente orientales.

La «pax Augusta» llevó la paz y el prestigio romano hasta los confines del imperio. La seguridad producida por esta paz y la facilidad de comunicaciones favorecieron la expansión de la nueva doctrina. San Lucas no ocultaba su admiración por el orden romano y por el sentido del derecho demostrado por sus magistrados. Roma nunca intentó imponer su religión a los pueblos que dominaba. En realidad, en tiempos de Jesús las religiones clásicas de Grecia y Roma habían perdido su fuerza y se encontraban bastante difuminadas. De hecho, gran parte de los espíritus cultivados profesaban el escepticismo. La helenización de Oriente llevó a un intercambio de dioses entre los diversos pueblos, a una helenización del mundo religioso romano y, sobre todo, a la introducción de los dioses orientales. Las tropas romanas, por su parte, conocieron y se entusiasmaron por el culto de Mitra en sus correrías.

Augusto, en su búsqueda de un imperio más cohesionado, intentó revitalizar los ritos y las creencias tradicionales con nuevos apoyos institucionales e integrando en la clase sacerdotal a miembros de las familias importantes romanas, pero sólo consiguió organizar oficialmente su culto sin que la población participase vivencialmente. Cicerón en su obra sobre los dioses señala con claridad la deteriorada situación en la que se encontraba la religión clásica. La implantación del culto oriental de los emperadores, apoyada por los sucesores de Augusto, buscaba fortalecer la autoridad imperial y tuvo una importante repercusión política, pero causará dolorosos conflictos en la historia del cristianismo naciente.

Por otra parte, los cultos mistéricos orientales tuvieron enorme expansión en el mundo grecorromano, sobre todo a comienzos de nuestra era. Sus sugestivas ceremonias de admisión y purificación, su promesa de resurrección y de salvación en una época de desesperanza e incredulidad, y un culto brillante que movía y encauzaba los sentimientos y la piedad de los fieles consiguieron que buena parte de la población quedase positivamente impresionada por sus propuestas.

Fiestas religiosas, procesiones, oraciones, sacrificios y banquetes rituales acompañaban todas las funciones públicas. Las tradiciones, las costumbres, la cultura permanecían íntimamente relacionadas con el patriotismo local. Toda ciudad importante contaba con santuarios famosos. Esta identificación con los cultos locales o nacionales, aunque fuese sólo formal, dificultaba la conversión al cristianismo.

Este era el complejo ámbito espiritual en el que surgirá y dará sus primeros pasos la nueva religión.

2. Palestina en tiempos de Jesús

a) Geografía de Palestina.

b) El reino de Herodes el Grande, en tiempos del nacimiento de Jesús. La Anunciación tuvo lugar en Nazaret, Galilea. Desde allí partió María para visitar a su prima Isabel que, según una tradición que se remonta al siglo IV, vivía en Ain-Karim, y estuvo con ella hasta el nacimiento del Bautista. De vuelta a Nazaret, para cumplir con la obligación del censo, José y María, que estaba para dar a luz, fueron a Belén, donde nació Jesús. Cuarenta días después del nacimiento, la Sagrada Familia fue a Jerusalén para el rescate del hijo primogénito y la purificación de la puérpera, en el templo, con el sacrificio de un par de tórtolas. En esa ocasión el anciano Simeón anunció que Jesús iba a ser la salvación de Israel. Luego volvieron a Belén, desde donde posteriormente fueron a Egipto escapando de la matanza de los Inocentes, ordenada por Herodes para acabar con el recién nacido «rey de los judíos».

c) *En azul,* la peregrinación de la Sagrada Familia al templo de Jerusalén, con motivo de la Pascua. En esa ocasión Jesús, adolescente de doce años, se quedó discutiendo con los doctores del templo. *En rojo,* los primeros desplazamientos de Jesús y el encuentro con Juan Bautista. A orillas del Jordán, el Bautista predicaba la venida inminente del Reino de Dios e impartía el bautismo. Llegó Jesús, procedente de Nazaret, y recibió el bautismo. Después se fue al desierto, donde estuvo ayunando durante cuarenta días. La tradición mantiene que el lugar de este retiro fue el monte de la Cuaresma, que domina la llanura de Jericó. Desde ahí Jesús fue a Betania, donde estaba Juan Bautista, y de allí partió nuevamente para Galilea con Andrés, Juan y Simón Pedro, sus primeros discípulos. Después fue con sus discípulos a Caná, donde estaba también María, para celebrar unas bodas. Posteriormente Jesús se estableció en Cafarnaún, que se convirtió en el centro de su predicación en Galilea.

A la derecha: el templo de Salomón, en los frescos de la sinagoga de Dura Europos, en Mesopotamia. Destacan los símbolos de la Ley judía: el Arca de la Alianza y la *menorá* (el candelabro de los siete brazos).

Abajo: la dispersión de los judíos en el mundo mediterráneo y las principales comunidades de la diáspora (símbolo rojo) desde el siglo VIII al III a.C.

LOS REYES MAGOS
La denominación de Magos indicaba a los seguidores de Zoroastro difundidos por toda Persia. No obstante, en la época helenística este título se atribuía también a los adivinos y a los astrólogos, numerosos en Babilonia. Marco Polo, en *El millón,* cita la tradición que hace proceder a los Magos de Irán septentrional, que entonces formaba parte del reino de los partos. El motivo de los Reyes Magos como fabulosos príncipes llegados de lejos para rendir homenaje al niño milagroso, cuyo nacimiento había anunciado una estrella, ha sido siempre muy atrayente para el folclore y la devoción popular.

Arriba: dos hipótesis del viaje llevado a cabo por los Magos.

A la izquierda: un mosaico de Ravena los muestra, magníficamente ataviados al estilo oriental, en el momento de presentar sus dones.

2. Palestina en tiempos de Jesús

En tiempos de Jesús, Palestina formaba parte del Imperio y estaba gobernada por los procuradores romanos con sede en Cesarea, a orillas del Mediterráneo. El Sanedrín, autoridad puramente judía, bajo la presidencia del sumo sacerdote, dirigía los asuntos internos de los judíos. Esta división de poderes reflejaba la especial situación y consideración que los judíos consiguieron en Roma. Los judíos estaban convencidos de poseer la revelación de Dios, que les marcaba como pueblo escogido y que proporcionaba a todo judío, por pobre e ignorante que fuese, la conciencia de una superioridad indestructible.

De los casi seis millones de judíos existentes en aquel tiempo, más de cuatro vivían en la «diáspora», es decir, en decenas de comunidades situadas fundamentalmente en el mundo mediterráneo, razón por la que los apóstoles, especialmente Pablo, iniciaron su predicación en las sinagogas de la «diáspora». Lo que unía a estos judíos y protegía su identidad frente al mayoritario paganismo circundante era su profunda fe religiosa, peculiaridad que, al mismo tiempo, les apartaba de la cultura dominante y de las manifestaciones cotidianas de la vida civil pagana.

El judaísmo era, en realidad, una teocracia, un reino de Dios en la tierra. A diferencia de lo que sucedía entre los paganos, los judíos no sólo no sometían la religión a la política, sino que dirigían y explicaban todas las manifestaciones de la vida por sus preceptos y por su profundo sentido religioso. El monoteísmo y la promesa de un Mesías constituían el núcleo central de esta religión. En los tiempos de Jesús la idea mesiánica tenía un sentido prevalentemente político. Imaginaban al Mesías, que esperaban viniera pronto, como una especie de héroe nacional que liberaría a Israel del yugo romano, pero no faltaba en los medios más piadosos, en los «verdaderos israelitas», un sentido mesiánico más espiritual.

En la sociedad judía, fariseos y saduceos constituían dos partidos con concepciones diversas de la Ley y de la actitud que había que adoptar ante la cultura y las formas de vida no judías. El centro de las comunidades judías era la sinagoga, dirigida por un experto en cuestiones litúrgicas, mientras que un consejo de ancianos llevaba los asuntos de carácter civil. Se trataba de una consistente organización administrativa y judicial reconocida por el Estado romano. Pagaban anualmente un impuesto al templo de Jerusalén y viajaban a la ciudad santa en las solemnidades religiosas si las circunstancias lo permitían.

La sorprendente expansión geográfica de los judíos les llevó necesariamente a asimilar algunas características de los pueblos con los que convivían, y en primer lugar su lengua, la *koiné*, el griego

utilizado universalmente. En tiempos de Jesús la Biblia había sido ya traducida a este idioma en la ciudad de Alejandría, donde residía una importantísima comunidad judía. Esta versión es conocida con el nombre de Biblia de los LXX, versión que inmediatamente se convertirá en la Biblia del naciente cristianismo.

En estas comunidades encontramos un judaísmo también proselitista, que no desdeñaba la expansión en el mundo grecorromano, sobre todo en las grandes ciudades y en los centros comerciales. A este mundo, el judaísmo se presentaba como capaz de armonizarse con la cultura contemporánea, como una religión y una forma de vida comprensibles para una gente que los miraba con sospecha y, a menudo, rechazo. De hecho, su concepto de divinidad tan alejado de los dioses grecorromanos, sus sencillos y, al mismo tiempo,

El candelabro de los siete brazos, llamado *menorá*, fue colocado por Moisés dentro del santuario. Debía arder permanentemente como signo de la presencia de Dios. El Arca de la Alianza, conservada en el Templo de Jerusalén, era para los judíos el símbolo más importante del pacto entre Dios y su pueblo.

La *menorá* que aparece *(arriba)* decoraba una estela funeraria; *a la izquierda*: reproducción del Arca, con tabernáculo sobre ruedas, de un relieve de la sinagoga de Cafarnaún.

Las cuevas de Qumrán, en el desierto de Judá, al oeste del mar Muerto, lugar de refugio de los esenios. Los esenios eran israelitas piadosos, contemporáneos de Jesús. Se consideraban el «resto santo» de Israel y cultivaban tendencias apocalípticas; llevaban una vida ascética basada en una regla muy severa, y estaban organizados en comunidades religiosas que sirvieron de modelo para los primeros monjes cristianos.

solemnes ritos y su exigente moralidad impresionaban a no pocas personas, al menos si eran capaces de sobreponerse a la fuerte sensación de exclusivismo que siempre acompañaba a los judíos. En aquel ambiente palestino podemos distinguir, también, dos tendencias en el campo político: la que invocaba el carácter nacional de su religión y reclamaba la independencia política como condición para el ejercicio legítimo del culto, y la que se mostraba indiferente a quien ejercitase el poder político con tal de que no obstaculizase el ejercicio del culto y la aplicación de la Ley: «Dad a Dios lo que es de Dios y al César lo que es del César».

Para el cristianismo, nacido en y del judaísmo, este ambiente constituyó su caldo de cultivo inicial y lo favoreció y obstaculizó al mismo tiempo. La dispersión de los judíos marcó y dirigió el cristianismo inicial. Las colonias judías marcaron los caminos que más tarde siguieron las misiones cristianas. Los apóstoles utilizaron las comunidades judías y las sinagogas como punto de partida de sus predicaciones y andanzas.

Al principio, los cristianos fueron considerados como una secta tanto por los judíos como por los gentiles. Pero muy pronto, todavía en tiempos de san Pablo, adherirse al cristianismo llevó aparejado el ser expulsado de la sinagoga, ser rechazado por la comunidad y exponerse a toda clase de serios peligros. Los judíos mantuvieron entre los romanos la consideración de religión nacional, mientras que los cristianos desde el primer momento rompieron las barreras nacionales y proclamaron su vocación de religión única y universal, pretensión que no iba a ser admitida por el Imperio.

Esquema de un mosaico de la sinagoga de Bet Alfa en Palestina. La escena representa el sacrificio de Isaac.

Abrahán, dispuesto a sacrificar a su hijo primogénito, es considerado por judíos y cristianos como el padre en la fe, el patriarca del pueblo que se consideraba elegido por Dios.

3. El Cristo de la historia y de la fe

a) Desde Cafarnaún, Jesús va a Jerusalén para las fiestas de Pascua, acompañado de sus discípulos. En la capital tiene lugar el episodio de la expulsión de los mercaderes del Templo. Desde ahí se retira a un lugar de Judea, al este de Jericó, donde los discípulos bautizan a imitación de Juan Bautista. Al mismo tiempo Juan predicaba en una localidad llamada Ainón, cerca de Salín. Atravesando Samaría, Jesús va a Galilea. Junto al pozo de Sicar, donde, según la tradición, estaba sepultado José, hijo de Jacob, tuvo lugar el encuentro con la samaritana. Después, pasando por Caná, Jesús llegó a Nazaret, donde comenzó su predicación en Galilea.

b) Jesús predica en Cafarnaún. A la mañana siguiente predica por los alrededores. De vuelta a Cafarnaún, predica desde la barca de Pedro. Aquí tiene lugar la pesca milagrosa. Al día siguiente elige a los doce apóstoles y pronuncia el sermón «del Monte».

c) Predicación y multiplicación de los panes. Después de una noche de tormenta, Jesús camina sobre las aguas y calma las olas agitadas por la tempestad. A su vuelta a Cafarnaún, alcanzado por la multitud, pronuncia el discurso del «Pan de la Vida».

d) Desde Cafarnaún, Jesús sube a Jerusalén para Pentecostés. Pronuncia el discurso «de las Obras». De vuelta a Galilea, denuncia los errores del formalismo fariseo. Seguidamente, abandonando Galilea, entra en la región de Tiro y Sidón, luego en la Tetrarquía de Filipos y en la Decápolis. En los alrededores del Mar de Galilea, renueva el milagro de la multiplicación de los panes. Atravesando el lago, Jesús responde a los fariseos que le piden una «señal del cielo» anunciando su resurrección. Atravesando nuevamente el lago, y ya en Betsaida, instruye a los apóstoles contra «la levadura de los fariseos».

Miniatura de un evangeliario bizantino del siglo VI sobre pergamino púrpura. El códice fue llevado a Calabria por monjes procedentes de Asia Menor. En él se ve representado, con gran eficacia narrativa, el episodio en el que Pilato, tratando de salvar a Jesús, propone a los judíos que elijan entre el Maestro de Nazaret y el ladrón Barrabás. Los iconos que están dentro del sillón de Pilato representan al emperador y al gobernador de Palestina, en cuyo nombre administraba justicia el procurador de Judea.

Arriba: últimos viajes de predicación de Jesús. En Jerusalén pronuncia el discurso «del Buen Pastor», enseña el Padrenuestro y habla abiertamente de su «naturaleza divina». En Betania tiene lugar el milagro de la resurrección de Lázaro.

A la izquierda: pieza de un portón de madera del siglo V con una de las imágenes más antiguas de la Crucifixión (pero el madero de la cruz no está representado); a los lados de Cristo están los dos ladrones.

A la izquierda: topografía de los lugares de la Pasión.

El Evangelio de Juan da una fecha precisa del comienzo de la Pasión: seis días antes de Pascua. Cuando llega a Jerusalén (Domingo de Ramos), Jesús quiere afirmar su dignidad mesiánica entrando en la capital con cierta solemnidad.

17

3. El Cristo de la historia y de la fe

El cristianismo hace permanente referencia a su fundador, Jesús de Nazaret, hijo de María y de José, que nació en Belén, vivió ocultamente unos treinta años en Nazaret, predicó la cercanía del Reino de los cielos y murió crucificado en Jerusalén.

Los textos a los que debemos referirnos para conocer la vida y la enseñanza de Jesús y las andanzas de los primeros discípulos son los cuatro Evangelios, las Cartas de Pedro, Pablo, Juan y Santiago, los Hechos de los apóstoles y el Apocalipsis. Al mismo tiempo y en diversos lugares se escribieron, también, cartas y evangelios que la Iglesia no consideró fiables y que son conocidos como apócrifos. El Nuevo Testamento, nombre con el que se conoció este conjunto de escritos relacionados directa o indirectamente con los apóstoles, reconocidos como sacros y contrapuestos al Antiguo Testamento, eran leídos en los servicios litúrgicos y constituían el ineludible punto de referencia de las comunidades cristianas.

Desde entonces, los cristianos se han preguntado quién fue en realidad Jesús y si es posible conocerle tal como fue a través de las páginas del Nuevo Testamento. ¿Por qué esta pregunta? Las fuentes que narran esta historia son de naturaleza especial. Ninguna de ellas pretende ofrecer una biografía de Jesús ni son, en realidad, libros estrictamente históricos, sino más bien expresión de la predicación apostólica y de la fe que la sostenía. Pero esto no nos impide afirmar que estas fuentes nos ofrecen verazmente acontecimientos especiales de su vida, dichos y hechos de Jesús, que fundamentaron la predicación sobre él. La predicación apostólica quiso dar expresamente testimonio de que el Jesús terreno de Nazaret era justamente el Cristo predicado, del que viene la salvación eterna para todos los hombres.

En los Evangelios encontramos una serie de conductas, palabras y actitudes que pertenecen indiscutiblemente al Jesús de la

Los cristianos comenzaron muy pronto a expresar su fe en Cristo, en su muerte y resurrección, en formas artísticas originales, representando sus hechos, especialmente los milagros, y episodios del Antiguo Testamento adecuados para reforzar la esperanza de la salvación.

A la izquierda: el llamado «díptico de Murano», marfil del siglo V de arte copto, quizás portada de un evangeliario. En él aparece Cristo en el trono en actitud de maestro, rodeado de dos ángeles y dos apóstoles. A los lados, algunos milagros: la curación del ciego, la liberación del endemoniado, la resurrección de Lázaro y la curación del paralítico. Debajo, otros dos motivos predilectos de los primeros cristianos: los tres jóvenes en el horno y la historia de Jonás.

En la página siguiente, abajo: detalle de un sarcófago paleocristiano con una representación simbólica de la resurrección de Jesús.

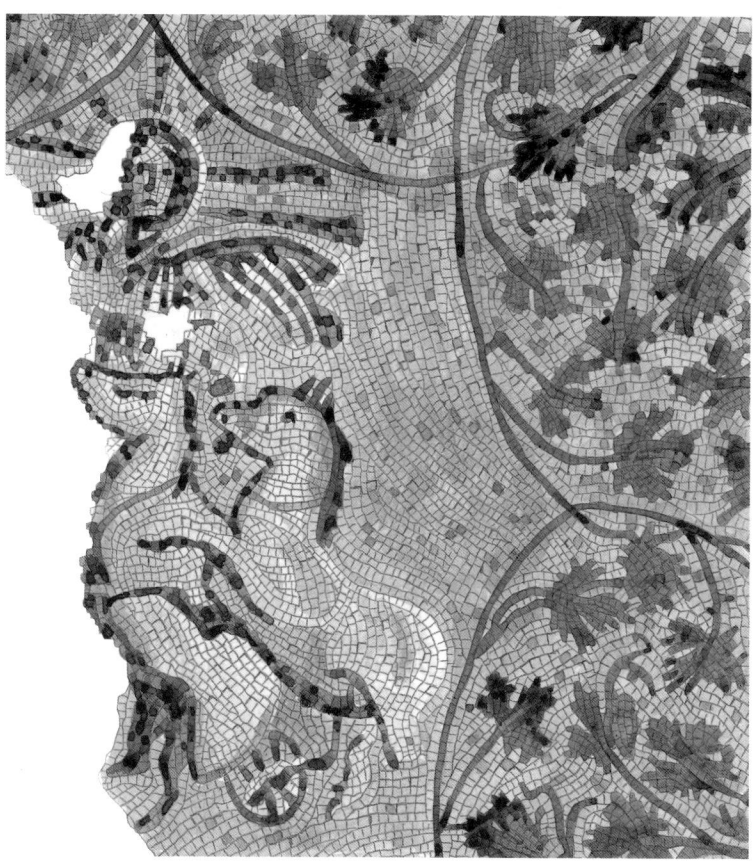

Cristo representado como el sol triunfante con los atributos de Apolo, la cuadriga y los caballos, en un mosaico del siglo III o IV.

historia, al Jesús que vivió y murió en Palestina al inicio de nuestra era, y todas ellas revelan una sorprendente y nítida concepción de su misión y de sus posibilidades. No cabe duda de que tenemos un suficiente acceso al hombre Jesús, a través de su conducta, sus actitudes y el significado de su predicación.

A orillas del lago de Tiberíades Jesús eligió a sus apóstoles y comenzó su predicación anunciando la venida del Reino y la paternidad de Dios y proclamando las bienaventuranzas, programa de la humanidad nueva. La ley suprema de la religión por Él revelada es el incondicional amor a Dios y un amor al prójimo que abarca a los hombres de toda raza y condición. Él enseñaba con autoridad, no como los escribas, y confirmaba su enseñanza con milagros y, al mismo tiempo, exigía el seguimiento sin condiciones: el que quiera ser su discípulo, tiene que aborrecer su propia vida, abandonar a su padre y a su madre, no mirar hacia atrás, seguirle libre de toda atadura.

Sus discípulos constituyeron una nueva comunidad religiosa. Es Jesús quien llama «mi Iglesia» a esta comunidad y dedica buena parte de su tiempo y su acción a la preparación de esta Iglesia, sobre todo a través de la elección y formación de los doce apóstoles, a quienes enseña con esmero porque ellos han de recibir y continuar la misión que a Él le confió el Padre del cielo: «Como el Padre me ha enviado a mí, así yo os envío a vosotros».

Su última subida a Jerusalén resultó ser el camino hacia la muerte en la cruz. Parecía que esta muerte aniquilaba las pretensiones de su predicación y vaciaba de sentido la comunidad por Él fundada, pero Dios le glorificó y al tercer día le resucitó.

El mensaje apostólico está dominado por el acontecimiento pascual, la muerte, resurrección y exaltación del Señor, quedando en segundo término, para una reflexión posterior de la comunidad cristiana la preexistencia del Verbo —Evangelio de san Juan— o el desarrollo de la cristología —Cartas de san Pablo— y la misma espera ansiosa de la parusía. El plan salvífico de Dios es el tema que une y da continuidad a la doctrina y la vida de Cristo; esta proclamación de la salvación de Dios, expresivo resumen del Evangelio, es al mismo tiempo una llamada a la conversión de los creyentes dentro y por la Iglesia.

En todo pregón o mensaje apostólico encontraremos tres partes diferenciadas: un hecho de vida, como puede ser la curación del mendigo paralítico, la presentación de los discípulos ante el tribunal judío o un recorrido de Pablo por Atenas. Después viene el núcleo central, que constituye el anuncio propiamente dicho: el misterio de Cristo; y concluye con una llamada a la conversión de

fe y de vida, que consiste en aceptar personalmente la salvación de Dios por Jesucristo el Señor.

El enunciado básico de esta predicación era el siguiente: Jesús Hijo de Dios, muerto y resucitado por nosotros, ha sido constituido por el Padre como Señor y Juez de vivos y muertos; Él es la salvación de Dios para quien le acepta mediante una conversión de fe.

4. El nacimiento de la Iglesia

A la izquierda: la venida del Espíritu Santo, representada en un evangeliario sirio del siglo VI. Aunque en el libro de los Hechos de los apóstoles no se hable de la presencia de María, la tradición cristiana asoció desde el principio Pentecostés con la Madre de Jesús, que recibió el Espíritu Santo junto con los apóstoles, lo mismo que participó en todos los momentos fundamentales de la Iglesia.

A la derecha: sarcófago paleocristiano que representa a Cristo rodeado de los apóstoles; a su lado están las dos columnas de la Iglesia primitiva, Pedro y Pablo. Los apóstoles son los testigos de la vida, de los hechos y de las palabras de Jesús. Ellos han recibido, junto con su enseñanza, la tarea de llevar su mensaje a todo el mundo.

En el mapa grande, arriba: las primeras comunidades cristianas y los viajes misioneros de san Pablo. Él fue el primer evangelizador del área mediterránea y se sintió llamado sobre todo a la conversión de los paganos. Su actividad y sus escritos fueron fundamentales para la primera difusión del cristianismo; pero también otros apóstoles y discípulos recorrían el Imperio predicando.

A la derecha: efigie del apóstol Pablo en un mosaico de Ravena.

En el mapa pequeño, a la derecha: la procedencia de los «helenistas», convertidos al cristianismo, que practicaban una evangelización fervorosa y radical, y que soportaban a disgusto la disciplina impuesta por la comunidad de Jerusalén. Los «helenistas», procedentes principalmente de los ambientes acentuadamente impregnados de cultura griega de la diáspora judía, defendían la necesidad de una predicación entusiasta y mostraban gran aversión hacia los fariseos y hacia el Templo de Jerusalén, ante el que los Doce mantenían una actitud prudente. Los discursos provocadores de Esteban, uno de los dirigentes de los helenistas, contra el Templo ocasionaron su condena a muerte, convirtiéndose en el primer mártir cristiano.

La comunidad de Pablo de Tarso

ECCLESIA
COMUNIDAD
OBISPO

La comunidad de Ignacio de Antioquía

COMUNIDAD
DIÁCONOS
PRESBÍTEROS
OBISPO

En la comunidad de Pablo, donde no existe aún una jerarquía y las diversas tareas están unas junto a otras en un plano de igualdad, se tiende, no obstante, a destacar ya la figura del obispo. Para Ignacio, la Iglesia se reúne en torno al obispo, que es el jefe absoluto de la comunidad y el garante de sus actos. La comunión entre el obispo, los presbíteros y los diáconos es el fundamento de la jerarquía, que se convierte en el alma de la Iglesia.

21

4. El nacimiento de la Iglesia

Lucas, unos cincuenta años después de sucedidos los acontecimientos y después de redactar su Evangelio, escribió los Hechos de los apóstoles, donde narra la historia de los primeros años de la Iglesia. En el día de Pentecostés, estando todos reunidos en el mismo lugar, se oyeron ruidos extraños, aparecieron como lenguas de fuego, y dividiéndose sobre cada uno de los asistentes, se llenaron todos de Espíritu Santo y comenzaron a hablar diversas lenguas, de forma que gentes de todos los orígenes eran capaces de comprenderles. Todas estas imágenes recuerdan el acontecimiento del Sinaí, dando a entender que se trataba de una nueva alianza con este nuevo pueblo de Dios reunido en oración, en la espera del Reino de los cielos anunciado por Jesús. Se trataba de la llegada del «prometido del Padre» acompañada por sucesos extraordinarios.

Pedro anunció al pueblo que Jesús era el Señor, que había sido crucificado, había resucitado y ascendido a los cielos. Se multiplicaron las conversiones y la multitud de los creyentes formaba «un solo corazón y una sola alma» (He 4,32). Entre los nuevos creyentes debemos distinguir por su diversa procedencia, los «judeocristianos», los del primer momento, los «cristiano-helenistas», también judíos pero de la diáspora, es decir, que vivían fuera de las tierras de Israel, y los cristianos convertidos directamente del paganismo.

Con la multiplicación de las conversiones se dificultó la acción caritativa y asistencial de los apóstoles, muy importante desde el primer momento. Los helenistas se quejaron porque sus viudas no eran suficientemente atendidas y los apóstoles propusieron elegir siete diáconos, todos con nombres griegos, que se dedicasen fundamentalmente a las obras de caridad, dado que ellos no debían «desatender el mensaje de Dios por servir a la mesa». Los Doce les impusieron las manos y rezaron. Desde entonces hasta nuestros días, la ordenación de obispos, sacerdotes y diáconos consta del rito de imposición de las manos y de la oración consacratoria. Esteban y Felipe estaban entre los siete. Poco después Esteban fue lapidado por los judíos, convirtiéndose en el primer mártir cristiano. La dispersión de los fieles provocada por la persecución favoreció la expansión de la nueva doctrina.

Santiago el Menor, hijo de Alfeo (Mt 10,3), fue el guía de la primera comunidad de Jerusalén. Pablo lo considera como una de las columnas de la Iglesia primitiva (Gál 2,9). Hacia el año 62 el sumo sacerdote Ananías lo hizo lapidar.

Pablo de Tarso, fariseo de formación conservadora, no conoció personalmente a Jesús pero persiguió con pasión a sus discípulos hasta que se encontró con el Señor resucitado en el camino de Damasco adonde iba con el fin de apresar algunos cristianos. Predicó y fundó comunidades a lo largo del Mediterráneo, les escribió cartas para dirigirlas y confirmarlas en la fe, y envió discípulos que dirigieron estas primeras comunidades. La sorprendente actividad de Pablo resultó determinante en la conformación de la

doctrina y en la organización de numerosas comunidades. Pedro, por su parte, aparece como el primer testigo de la fe pascual y como el referente principal en los acontecimientos narrados en el Nuevo Testamento. Pablo asumió su papel de desvincular la Iglesia de Cristo de los angostos límites del judaísmo y de Palestina. Por este motivo se enfrentó a los judíos, que exigían para salvarse a los cristianos convertidos del paganismo, además del bautismo la circuncisión y someterse a las prescripciones del Antiguo Testamento. Pablo se enfrentó, también, a Pedro por este motivo (Gál 2,11).

El llamado concilio de Jerusalén o de los Apóstoles se pronunció contra esta pretensión. Se trataba, en realidad, de un tema fundamental: decidir si el cristianismo era una religión universal, para todos los pueblos, fundamentada exclusivamente en la persona de Cristo, o si se reducía a una variante de la religión judía. El rechazo de las obligaciones de la ley mosaica manifestó la ruptura entre la Iglesia y la Sinagoga. Jesús representaba la plenitud de los tiempos, el cumplimiento de las promesas, el Mesías anunciado. Para muchos, resultaba difícil y doloroso aceptar esto y, al mismo tiempo, abandonar los preceptos que habían marcado durante siglos la vida ritual de los judíos. La novedad del cristianismo estaba en que para ser cristiano era necesaria y suficiente la fe en Cristo Salvador.

En el año 70, la destrucción de Jerusalén y de su templo y la consiguiente emigración, forzaron y favorecieron aún más el universalismo cristiano. De hecho, todavía en vida de los apóstoles encontramos comunidades cristianas asentadas en un radio que va desde Siria hasta la península Ibérica y algunas tradiciones señalan la temprana predicación en Edesa e, incluso, en la India.

Hacia el año 67 Pedro y Pablo sufrieron el martirio en Roma. Dos basílicas colosales en esta ciudad nos recuerdan su martirio y la importancia de su actuación en la implantación del cristianismo.

Arriba: lipsanoteca (cofrecito para reliquias) de marfil, del siglo IV.

En el centro, Cristo, sosteniendo un rótulo abierto, enseña a los apóstoles. Los otros paneles ilustran escenas de ambos Testamentos. En la franja superior, medallones con retratos de Jesús y los apóstoles.

Cristo está representado como un adolescente imberbe, con rasgos de un antiguo efebo. Para los primeros cristianos, de formación clásica, Dios encarnado era el hombre ideal. Su juventud significa que él no está sometido al paso del tiempo. Es el *logos* encarnado.

La autoridad de los apóstoles procede de la elección de Jesús y del hecho de haber sido testigos directos de los acontecimientos de la vida de Cristo y haber escuchado sus palabras desde el comienzo de la vida pública hasta la resurrección.

En la página anterior: grafito de una losa sepulcral procedente de las catacumbas romanas, con los apóstoles Pedro y Pablo, que con frecuencia se encuentran representados juntos. El primero es la «piedra» sobre la que Cristo edificó su Iglesia; el segundo, el más grande evangelizador y escritor incansable, que puso las bases de la doctrina cristiana.

5. Los inicios de una fe

A la izquierda: los cuatro Evangelios, colocados en las baldas de un armario abierto, en este espléndido mosaico de Ravena, detalle de un luneto que representa a san Lorenzo, a quien, como diácono, se le habían encomendado las Sagradas Escrituras.

En la página siguiente: uno de los tapices del siglo XIV, de la serie del «Apocalipsis de Angers»: Juan oye una voz que le ordena escribir sus visiones en un libro y enviarlo a las siete Iglesias de Asia Menor, es decir, a las comunidades de Éfeso, Esmirna, Pérgamo, Tiatira, Sardes, Filadelfia y Laodicea, representadas simbólicamente como edificios.

En los mapas: los lugares y fechas de origen de las Sagradas Escrituras, y la isla de Patmos, donde Juan tuvo las visiones descritas en el Apocalipsis.

Las Sagradas Escrituras

El cristianismo, nacido en el seno del judaísmo, acogió las Escrituras del Antiguo Testamento, pero bien pronto comenzó a elaborar las suyas propias. Los textos servían, ante todo, para el anuncio de la pasión y resurrección de Jesús y experimentaron un fuerte incremento con la obra de san Pablo. Poco después de mediados del siglo I se escribieron los textos más importantes del Nuevo Testamento.

Por sus géneros literarios, este se divide en tres grupos: narrativo, epistolar y profético. Al primer grupo pertenecen los cuatro Evangelios canónicos:

El Evangelio según san Mateo, el más antiguo, escrito en Jerusalén tal vez en los años 45-60, en arameo, la lengua hablada por los judíos de aquel tiempo. El original se perdió, mientras que el texto de Mateo nos ha llegado a través de una versión realizada hacia el año 70 por un autor desconocido.

El Evangelio según san Marcos, escrito probablemente en Italia, bajo la influencia de Pedro, casi seguramente antes del año 70.

El Evangelio según san Lucas, de origen antioqueno o, según otros, macedonio. Lucas, según muchos testimonios, era médico y fue discípulo de san Pablo. Según Ireneo, Lucas escribió efectivamente el Evangelio predicado por Pablo. Lucas fue también autor del libro de los Hechos de los apóstoles, escrito quizás en Roma después del año 63, cuando llegó allí san Pablo y Lucas terminaba su narración.

El Evangelio según san Juan, sobre cuya fecha de composición existe gran incertidumbre, aunque la mayoría lo considera escrito entre los años 90 y 100.

Al segundo grupo pertenecen las Cartas. El *corpus* de las 14 Cartas de san Pablo o atribuidas a él: a los Romanos, 1ª y 2ª a los Corintios, a los Gálatas, a los Efesios, a los Filipenses, a los Colosenses, 1ª y 2ª a los Tesalonicenses, 1ª y 2ª a Timoteo, a Tito, a Filemón y a los Hebreos. A estas se añaden las Cartas de Santiago, 1ª y 2ª de san Pedro, 1ª, 2ª y 3ª de san Juan y la Carta de san Judas.

Al tercer grupo pertenece el Apocalipsis de san Juan. El Apocalipsis, escrito en griego, contiene muchos elementos judíos; sus citas directas e indirectas están tomadas todas ellas del Antiguo Testamento. Se han identificado dos componentes llamados texto I y texto II.

El texto I se escribió quizás para animar a los cristianos supervivientes después de la primera ola de persecuciones bajo Nerón (64); el texto II, en la época de la segunda gran ola de exterminio, en el 95, bajo Domiciano. El Apocalipsis, resultado de la fusión de ambos textos, se habría presentado a los cristianos de finales del siglo I como una llamada a la esperanza en Dios. Texto histórico y alegórico al mismo tiempo, tuvo también gran difusión en la Edad media.

Traducciones de la Biblia

Salvo algunas excepciones en arameo y griego, la lengua del Antiguo Testamento es el hebreo. Su versión antigua más célebre es la grecoalejandrina, llamada «de los LXX» porque, según la tradición, fue realizada en Alejandría de Egipto por 72 traductores en el siglo II a.C. Otra traducción es la famosa *Héxapla*, la monumental obra de Orígenes, quien la compuso entre el año 228 y el 240 d.C.

El gran filólogo alejandrino dispuso todo el Antiguo Testamento en unas 6.500 páginas, a seis columnas, de las cuales la primera ofrecía el original hebreo con caracteres hebreos, la segunda el texto hebreo con caracteres griegos, y las otras cuatro daban, en este orden, las versiones de Aquila, Símmaco, los Setenta y Teodoción. El manuscrito se conservaba en la biblioteca de Cesarea y fue consultado, entre otros, por Eusebio y san Jerónimo. Su desaparición está relacionada probablemente con la ocupación árabe del siglo VII.

Del año 150 d.C. es una de las primeras versiones sistemáticas latinas del texto griego, llamada «Vetus Latina» o «Itala», recomendada por san Agustín.

En el año 383 y en el 392, Jerónimo, encargado por el papa Dámaso, publicó dos sucesivas revisiones de los Salmos en latín, corrigiendo la versión Itala, adoptadas inmediatamente por la Iglesia romana con el nombre de Salterio romano. Antes del año 420 Jerónimo publicó la «Vulgata» (*Editio Vulgata*), versión integral de la Biblia del original hebreo, traducción de insuperable maestría y de gran valor literario.

La expresión «Vulgata», atribuida ya por san Jerónimo a la versión griega «de los Setenta», fue retomada en la Edad media por Roger Bacon aplicada a la obra de Jerónimo, confirmada por Erasmo de Rotterdam al principio del siglo XVI y consagrada oficialmente en 1546 por el concilio de Trento, que declaró la versión de Jerónimo como «auténtica».

Sobre la Vulgata se fundaron las antiguas traducciones a las lenguas «vulgares», como la inglesa de John Wyclif, en el siglo XIV. En 1590 el papa Sixto V mandó publicar una revisión (*Vulgata Sixtina*) que le devolvió su antiguo estilo después de siglos de transcripciones y reediciones. Lo mismo hizo su sucesor Clemente VIII (*Biblia Clementina*).

Una versión que tuvo mucha importancia fue la redactada en lengua gótica del texto griego por Ulfilas, obispo arriano de los godos del bajo Danubio (alrededor del año 311-383). De ella quedan diversos manuscritos incompletos, redactados probablemente en la época de la dominación ostrogoda en Italia. El más importante (187 hojas) es el llamado «Codex argenteus» de Upsala. Ulfilas fue el principal instrumento para la conversión al cristianismo de los pueblos germánicos. Su lengua, el gótico, el más antiguo idioma germánico que conocemos, no era, sin embargo, la lengua hablada por todos los teutones del siglo VI. Según el testimonio del historiador Procopio, era la lengua que hablaban los ostrogodos, los visigodos, los vándalos y los gépidos.

La versión moderna más célebre es la Biblia de Lutero. El gran reformador alemán quiso dar a su pueblo el libro fundamental del cristianismo en un lenguaje cercano a su modo de sentir. Antes de la versión de Lutero existían en Alemania nada menos que 14 versiones en alto alemán y 3 en bajo alemán, todas ellas escritas entre 1466 y 1522. Lutero no tomó nada de la Vulgata, sino que partió del texto hebreo y griego revisado en 1516 por Erasmo de Rotterdam. Lutero usó para su obra capital un estilo próximo a la sensibilidad alemana de la época. Como escribió en el *Mensaje sobre la traducción:* «no hay que preguntarse cómo se debe decir en alemán el escrito latino, sino que se debe interrogar a la madre que está en casa, a los niños de la calle, al hombre del pueblo en el mercado...». Esta obra monumental vio la luz definitivamente en Wittenberg, en 1534.

En Inglaterra, Enrique VIII mandó publicar la más conocida de las versiones inglesas, la «Great Bible».

A mediados del siglo XVI, los protestantes ingleses, exiliados en Ginebra durante el reinado de la católica María, publicaron la «Genevan Bible», que repetía la lección protestante publicada en 1540 por Nicolás Malingre en colaboración con Calvino.

5. Los inicios de una fe

Los predicadores que anunciaban la nueva fe no lo hacían de manera anárquica, cada uno a su modo, sino que se atenían a ciertas pautas y formas de presentarla bastante comunes. Evidentemente, los públicos variaban. No era lo mismo que hablaran a un público judío, egipcio o grecorromano. Por eso observamos que tales «resúmenes» o esquemas, manteniendo los puntos básicos comunes a todos, contienen matices diferentes referidos a la situación religiosa y a la formación cultural del público concreto al que hablaban.

Ya san Pablo, en su discurso en el Areópago utilizó conceptos filosóficos para predicar el mensaje revelado por Cristo. La teología nace desde el momento en que se intenta expresar y comprender lo que Dios nos dice con conceptos y reflexiones propias de las diferentes culturas y filosofías. Naturalmente, el peligro consistía en desnaturalizar el mensaje revelado, convirtiéndolo en una filosofía o en un ejercicio dialéctico. Por esto era necesario tener muy claro el contenido de lo que Dios había querido revelar en Jesús.

Con el fin de conseguirlo, poco a poco fueron apareciendo escritos bajo la forma de cartas, evangelios y apocalipsis. Trataban de mantener la doctrina de Jesús en su integridad. Habían sido escritos por los apóstoles o por escritores garantizados por ellos. Mateo y Juan eran apóstoles, Marcos era discípulo de Pedro y Lucas pertenecía al círculo de Pablo y escribió lo que Pablo predicaba. Se escribieron, también, otras muchas narraciones que las comunidades consideraron apócrifas, es decir, que no tenían la garantía ni la autoridad de la predicación apostólica.

Esto nos plantea la pregunta sobre el motivo por el que unos escritos fueron aceptados y otros no. Las diversas comunidades discutieron mucho sobre esta cuestión y llegaron poco a poco al convencimiento de que el contenido de sólo unos cuantos escritos (los

Una página de la Biblia griega, de mediados del siglo IV, llamada «Códice vaticano B», uno de los pocos de época antiquísima que han conservado casi íntegro el texto griego de la Biblia.

La mano de san Lucas, en un relicario medieval, sostiene la pluma con la que escribió su Evangelio.

A la derecha: el Rostro de Cristo, impreso en el lienzo con el que la Verónica le enjugó el sudor camino del Calvario, ha llegado a ser en Occidente lo que para Oriente era la imagen de Cristo llamada *mandylion* o *aquiropoeta,* es decir, no hecha por manos humanas, el primer icono por excelencia.

En la otra página, abajo: los dos testigos del Apocalipsis, enviados por Cristo a profetizar, de un *Comentario al Apocalipsis* del siglo X.

que van a ser considerados «canónicos») correspondía en su integridad al testimonio fiel de la predicación apostólica. Tengamos en cuenta que, en esas primeras generaciones, la transmisión de las palabras del Señor seguía siendo en gran parte oral, con la autoridad que tenían los predicadores que habían conocido personalmente a los apóstoles.

Los escritos del Nuevo Testamento representaban una estabilidad que los preservaba del permanente peligro de adulteración, pero esto no significó que la tradición oral perdiese importancia. Por el contrario, escritos y tradición oral se apoyaron mutuamente y confirmaron la autoridad de ambos.

Al mismo tiempo que se consolidaba el cuerpo doctrinal, las comunidades cristianas adquirían una organización bien estructurada. En la Iglesia, desde el primer momento los apóstoles tuvieron conciencia de su autoridad y la ejercieron tanto en el campo doctrinal como en el pastoral y de jurisdicción.

Podemos distinguir tres etapas en la evolución de la organización de la Iglesia durante el primer siglo: la época de la comunidad primitiva de Jerusalén (30-43), la época apostólica (43-65 aproximadamente) y la de los evangelizadores y pastores (65-95).

En las diversas comunidades, los apóstoles nombraban a sus representantes mediante la imposición de las manos y los investían con su propia autoridad, pero la organización de las comunidades dependió de los lugares y del apóstol que las fundaba. En la primera época nos encontramos con «los Doce» y «el grupo de los Siete». Los Doce aún no son llamados apóstoles, al menos, de manera exclusiva, y el empeño en conservar ese número es una referencia a las doce tribus de Israel. Los Doce constituyen el sacerdocio de la Nueva Ley, una participación del sacerdocio de Cristo que es el único y verdadero sacerdote.

La conversión de los «helenistas», más ricos y cultos, lleva a la elección de unos auxiliares, diáconos, para realizar determinadas tareas materiales. En la segunda época se habla de «apóstoles» (enviados, misioneros) para referirse a los predicadores de la cuenca mediterránea. «Profetas» eran los que predicaban en las asambleas litúrgicas, y «maestros» o «doctores» se ocupaban de la enseñanza. Esta organización, típica de la Iglesia de Antioquía no era la única de las existentes, ya que existían otras tradiciones en Éfeso, en Roma y en otros lugares. La tercera época constituye el momento de la consolidación de las comunidades. Los diáconos aparecen por primera vez, más allá de los siete primeros, en la comunidad de Éfeso, y los «presbíteros» a veces son denominados «episkopos». Había Iglesias dirigidas por un colegio de presbíteros y otras gobernadas por un solo obispo.

Al final del siglo I el nombre y título de obispo quedó reservado al que regía de forma monárquica la comunidad. Toda la vida de la comunidad (bautismo, penitencia, eucaristía, admisión y exclusión de la Iglesia) estaba bajo su dirección. En los primeros tiempos, cada comunidad tenía su propio obispo. Los presbíteros eran sus ayudantes tanto en la enseñanza como en el culto. Los diáconos y las diaconisas completaban la organización.

6. De la casa privada a la basílica

El Buen Pastor. Reproducción de una losa grabada en el siglo III, de las catacumbas de Sousse, en Túnez. Este motivo, especialmente querido para los primeros cristianos, expresa estupendamente la idea de Cristo como Pastor universal que cuida del rebaño humano.

La difusión del cristianismo en los siglos III, IV y V

- ✝ Patriarcados
- ✝ Primados (en Occidente) y exarcados (en Oriente)
- • Comunidades cristianas

A la izquierda: una pila bautismal del siglo VI, concebida como una pequeña piscina, con escaleras para descender al agua. En los primeros siglos, el sacramento del bautismo, por el que el individuo pasa a formar parte del cuerpo místico de Cristo que es la Iglesia, se administraba sumergiendo al candidato en el agua. Prácticas semejantes se habían practicado en la secta judía de los esenios, que realizaban frecuentes abluciones rituales para el perdón de los pecados. También en otras civilizaciones existen ritos de iniciación que atestiguan la creencia en un poder purificador del agua.

Arriba: en las catacumbas, las sepulturas de las personas más acomodadas se decoraban frecuentemente con motivos bíblicos que expresaban la esperanza en la salvación; otras veces se representaba al difunto en actitud orante (cámara sepulcral) de las catacumbas de Priscila, en Roma. Representa a la difunta evocando los momentos más importantes de su vida de esposa y madre: a la izquierda un obispo celebra su matrimonio, mientras a la derecha aparece, en una imagen de conmovedora frescura, como joven madre con su hijito en brazos.

A la derecha: el arte paleocristiano abunda en símbolos que expresan la fe en el más allá y la esperanza en la salvación del alma. La losa sepulcral de «Firmia Victoria, que vivió 65 años», presenta los símbolos de la nave, o sea, el alma, que se dirige hacia un faro, es decir, la fe, que la conducirá hasta el puerto del paraíso.
En el mosaico, el ancla, símbolo de la salvación, y el pez, que representa a Jesucristo, según un acróstico de la palabra griega que significa *ikhthys,* cuyas letras corresponden a las iniciales de *Iesous Khristos Theou Hyos Soter* = Jesucristo, Hijo de Dios, Salvador.

6. DE LA CASA PRIVADA A LA BASÍLICA

Desde el principio los cristianos insistieron en la necesidad de una conversión íntegra, completa, de los candidatos a ser miembros de la Iglesia. El sacramento del bautismo no podía concederse a un sujeto mal dispuesto o a quien la fe no hubiera transformado en profundidad. Para ser admitido al bautismo resultaba imprescindible cumplir tres requisitos: el pesar y el arrepentimiento de los pecados, porque el bautismo es un «baño para la remisión de los pecados». La fe en la Iglesia como maestra de verdad: todo lo que ella enseña, todo lo que ella dice, debe ser aceptado como verdadero. Esta exigencia suponía evidentemente una seria enseñanza anterior. Así se comprende la importancia del catecumenado que duraba tres años. Finalmente, se exigía una vida transformada, ya que había que asegurarse de que el candidato era capaz de vivir de acuerdo a la doctrina y modelo de vida de Jesús.

A comienzos del siglo III algunas ceremonias acompañaban el rito del bautismo: la imposición del signo de la cruz, la renuncia al demonio, exorcismos, la promesa de fidelidad a Cristo y la unción con el «óleo de acción de gracias».

La fe cristiana implicaba a todo el ser humano, tanto en sus relaciones con Dios como en su trato con los hermanos. El apologeta Teófilo describía a los creyentes así: «entre ellos se halla el sabio autodominio, se ejercita la morigeración, se observa la monogamia, se mantiene la castidad, se elimina la injusticia, se extirpa el pecado en su raíz, se practica la justicia, se observa la ley, se demuestra la piedad con los frutos, se considera la verdad como la cosa suprema». Este comportamiento implicaba una intensa vida religiosa, pero los cristianos no tenían ni templos, ni sacrificios de animales, ni siquiera un sacerdocio comparable al judío o al pagano. Por esta razón, los paganos les consideraban ateos. En realidad, la explicación la encontramos en la conversación de Jesús con la samaritana al borde de un pozo de agua tal como la describe san Juan: «Pero se acerca la hora, o mejor dicho, ha llegado, en que los que dan culto auténtico darán culto al Padre en espíritu y verdad, pues de hecho el Padre busca hombres que lo adoren así. Dios es espíritu, y los que lo adoran han de dar culto en espíritu y verdad» (Jn 4,23-24).

Los cristianos sabían que aunque no tuvieran solemnidades religiosas ni celebraciones cultuales impresionantes, ellos eran «los auténticos adoradores» de Dios, pues toda la vida y las humildes reuniones fraternas en las que celebraban «la cena del Señor» o el bautismo de nuevos adeptos, constituían un culto verdadero a Dios.

Así como los judíos se reunían los sábados en las sinagogas, los cristianos comenzaron a reunirse los domingos —el día de la resurrección del Señor— para celebrar la eucaristía, la bendición del cáliz y la fracción del pan, acompañada de oraciones que expresaban su agradecimiento por la creación y la redención. Esta celebración se convirtió en el centro de la nueva vida religiosa. Se trataba de la expresión sensible de la unidad de la comunidad: «Como hay un solo pan, aun siendo muchos formamos un solo cuerpo, pues todos y cada uno participamos de ese único pan» (1Cor 10,17). Esta celebración venía precedida, a imitación de la sinagoga, de la lectura de textos bíblicos y de la homilía del sacerdote. Se distribuía la comunión bajo las dos especies, y ya Tertuliano da a entender que era costumbre recibirla en ayunas.

La Iglesia primitiva exigía mantener la pureza bautismal de manera «sacra e inviolable», por lo que eran muy severos con los pecadores. No obstante, sólo algunos obispos llevaban su rigorismo hasta el extremo de excluir definitivamente de la Iglesia a quienes habían cometido los llamados «pecados capitales». La penitencia eclesiástica para el cristiano que había pecado gravemente constituía la ocasión de reintegrarse en la comunidad.

Los pecados graves (especialmente la apostasía, el asesinato y el adulterio) exigían una confesión y una penitencia pública. Los pecadores públicos no recibían la eucaristía. La reconciliación con la Iglesia tenía lugar el Jueves Santo, generalmente después de una larga penitencia, que, a veces, llegaba hasta el momento de la muerte.

Los días de ayuno eran los miércoles y los viernes. Se trataba de identificarse con el Señor que sufre. El ayuno se ha mantenido como una devoción y un instrumento de penitencia en la comunidad cristiana de manera ininterrumpida hasta nuestros días.

No disponían de locales particulares para sus congregaciones religiosas, por lo que se reunían en casas privadas, en habitaciones suficientemente amplias para acogerles. Desde comienzos del siglo III se empezó a constituir una propiedad eclesiástica que englobaba los lugares de culto y los cementerios. La casa-iglesia fue el lugar más común antes de la paz de Constantino; después fue sustituida por el edificio basilical, de plano uniforme, heredado de la arquitectura civil de Roma y que se convirtió en el estilo característico de la arquitectura cristiana.

El desarrollo del arte figurativo se produjo al mismo tiempo que se construían iglesias y se instalaban necrópolis subterráneas, de las cuales merecen destacarse por su importancia y estado de conservación las catacumbas de Roma. La producción artística está representada por sarcófagos esculpidos y por las pinturas de las catacumbas. Abundaban las figuras de orantes, del Buen Pastor, de pescadores, y motivos simbólicos: la paloma, el ancla, la barca, el pez. Encontramos, también, escenas con las figuras de Jonás, Noé, Daniel y el foso de los leones, Lázaro y otros milagros. Todas servían para ilustrar la confianza del cristiano en el poder salvador de Cristo. La escena del bautismo de Jesús y las representaciones de la cena simbolizaban los sacramentos.

La fiesta de Pascua sustituyó el *Pesah* judío, recuerdo de la liberación de Israel de la esclavitud de Egipto, y mantuvo viva la memoria de la muerte y resurrección de Cristo.

En la página anterior: reconstrucción de una casa privada hallada en Cafarnaún, destinada al culto cristiano ya en el siglo I y considerada como la casa de Pedro; y mosaico que representa una basílica paleocristiana. La inscripción *Ecclesia mater* traduce la idea antiquísima de que la Iglesia cuida de sus hijos como una madre.

Abajo: escena de ágape, relieve sobre la cubierta de un sarcófago cristiano del siglo III. Siguiendo la antigua costumbre pagana de conmemorar a los difuntos banqueteando o haciendo libaciones sobre sus tumbas, los cristianos se reúnen en las catacumbas o en casas privadas para honrar a sus muertos celebrando una cena eucarística.

7. Primeras herejías y vínculos entre las Iglesias

4 d.C.	Publio Ovidio Nasón: *Arte de amar* y *Metamorfosis*
12	Higinio publica el *Libro de fábulas,* compendio de mitología
17	Muere el geógrafo Estrabón, autor de una *Geografía* en 17 libros (el III describe Iberia)
20 ca.	Muere Tito Livio, el mayor historiador latino, autor de la obra en 142 volúmenes *Ab urbe condita*
25 ca.	Actividad de Fedro, el mayor fabulista latino
30	Aulo Cornelio Celso publica *De re medica*
40	Pomponio Mela escribe el manual *Corografía*
40	Quinto Curcio Rufo escribe, en diez libros, la *Vida de Alejandro*
41 ca.	J. Moderato Columela escribe *Sobre la agricultura*
41	Séneca escribe *Naturales quaestiones*
41	Séneca escribe *Apocolocyntosis,* pequeño poema satírico
50 ca.	Pablo de Tarso, *1ª* y *2ª Carta a los Tesalonicenses*
54	Pablo, *1ª* y *2ª Carta a los Corintios, a los Gálatas y a los Romanos*
62	Muere el poeta Aulo Persio Flaco
65	Suicidio de L. Anneo Séneca y M. Anneo Lucano
66	Suicidio de Cayo Petronio Arbitro, autor del *Satiricón*, primera novela latina
70 ca.	Cesa la actividad de la secta de los esenios, los *Manuscritos del mar Muerto* se encierran en las grutas de Qumrán
70 ca.	*Evangelio* según san Marcos
79	Muere Plinio el Viejo, autor de una monumental obra de geografía e historia natural
80	Flavio Josefo publica *La guerra de los judíos*
80	Marco Valerio Marcial publica el *Libro de los espectáculos*
85 ca.	*Evangelio* según san Mateo
89	Publio Papinio Estacio publica las *Líricas*
90 ca.	*Evangelio* según san Lucas y *Hechos de los apóstoles*
93	El historiador Flavio Josefo termina las *Antigüedades judaicas*
95 ca.	San Juan escribe el *Apocalipsis*
96	Muere Quintiliano
96	Clemente Romano, *Carta a los Corintios*
98	Publio Cornelio Tácito publica *La Germania* y *La Vida de Agrícola*
100	Nicómaco de Gerasa escribe manuales científicos divulgativos muy populares en el medievo
100 ca.	Plinio el Joven compone el *Panegírico de Trajano*
100 ca.	*Evangelio* según san Juan
100 ca.	Primeras manifestaciones musicales cristianas. Manifestaciones vocales corales en estilo *antifonal* (dos coros que se alternan) o *responsorial* (respuesta del coro al canto del sacerdote)
111 ca.	Plinio el Joven, *Cartas a Trajano*
120	El heresiarca Basílides, autor de un *Evangelio* y de un *Comentario,* comienza su enseñanza en Alejandría, centro del gnosticismo culto
124	Cuadrado, apologista griego, presenta al emperador Adriano la más antigua defensa conocida del cristianismo
127	Muere Plutarco de Queronea, autor de *Vidas Paralelas*
135	Muere Junio Juvenal, uno de los mayores poetas satíricos latinos
135	Un llamado *Evangelio* de Santiago, de tendencia ascética, atestigua la supervivencia de una comunidad judeo-cristiana en Jerusalén
140	Alrededor de este año Claudio Tolomeo de Alejandría escribe la *Composición matemática* o *Almagesto,* y luego la *Geografía*
150 ca.	Hermas escribe *El Pastor,* en el que aparece por primera vez una doctrina sobre la penitencia
150 ca.	Marciano Arístides escribe una *Apología* del cristianismo
155 ca.	Martirio de Policarpo, obispo de Esmirna. La noticia se recoge en el *Martirio de Policarpo,* que atestigua el culto de los mártires y de las reliquias
162 ca.	Publicación en Roma de las obras mayores del médico Galeno de Pérgamo
165 ca.	Martirio de Justino, que en el *Diálogo con Trifón* había defendido la unidad entre Cristo y el Logos
171 ca.	Redacción de la *Descripción de Grecia,* de Pausanias
176	Atenágoras de Atenas escribe la *Apología* en favor de los cristianos
180	Se completa el Canon de la Biblia
180	El emperador filósofo estoico Marco Aurelio es el autor de los

En estas páginas: cuadro cronológico de referencia de la producción literaria en el Imperio romano durante los primeros siglos de la era cristiana. Se recogen los principales autores paganos y cristianos que escribían en latín o en griego. La literatura en los primeros siglos del cristianismo –los últimos de la antigüedad– es muy amplia, tanto en ámbito pagano como cristiano: las obras van desde los grandes tratados históricos de Livio y Tácito hasta las obras naturalistas y geográficas de Estrabón, Plinio, Tolomeo y Pausanias, las médicas de Galeno, las novelas de Petronio y Apuleyo y las obras filosóficas de Séneca y Plotino. En este marco de ideas se encuadra la primera producción cristiana: ante todo las obras de los evangelistas, pero también las primeras grandes sistematizaciones teológicas y filosóficas de grandes eruditos como Orígenes, Tertuliano y Clemente de Alejandría.

Arriba: fragmento de sarcófago del siglo III-IV con una escena de conversación filosófica.

Las mujeres tuvieron un papel importante en los primeros siglos del cristianismo, no sólo en el campo de la organización de la Iglesia, sino también en la elaboración de la doctrina. Tres clases de mujeres trabajaron de forma especial en la vida de la Iglesia: las diaconisas, las viudas y las vírgenes. A partir del siglo IV, las vírgenes participaron en la Iglesia de manera muy profunda y original con respecto a las otras dos categorías. Estaban dedicadas al servicio de la Iglesia porque se habían dedicado a Cristo, mientras las diaconisas estaban dedicadas a Cristo porque se habían dedicado, ante todo, al servicio de la Iglesia. La categoría de las vírgenes acabó absorbiendo la de las diaconisas.

Los cismas, las herejías, los enfrentamientos de doctrina y de costumbres, o incluso de psicologías diversas, son una constante de la vida eclesial de un cristianismo que surge y se desarrolla de forma muy espontánea. Junto a la gran Iglesia, se desarrollan y viven grupos, sectas e Iglesias de origen muy distinto, con características diversas. Tal diversidad no llegó a transformarse en un caos porque las comunidades conservaron muy vivo el sentido de pertenencia a la única Iglesia de Cristo. Poco a poco fueron tomando conciencia de la importancia decisiva del obispo, de los escritos del Nuevo Testamento y de la Tradición, en la configuración de la verdadera Iglesia.

A la izquierda: camafeo gnóstico, acaso un talismán, en jaspe amarillo.

Abajo, sobre el mapa: colgante de bronce del siglo IV, con el monograma de Cristo, completado con el Alfa y la Omega.

En el mapa: los lugares de origen de los grandes filósofos de la época imperial.

180	*Pensamientos*, obra en griego, de meditación estoica
183	Muere Lucio Apuleyo, autor de las *Metamorfosis*, conocidas como *El asno de oro*
190	El obispo Teófilo de Antioquía compone los tres volúmenes de *Ad Autolico*, en defensa del cristianismo
190	Muere Luciano de Samosata, principal exponente de la escuela neosofista
190 ca.	Muere Ireneo de Esmirna, obispo de Lyon, autor de importantes escritos contra el gnosticismo Primera versión latina de la Biblia
197	Quinto Septimio Tertuliano de Cartago es autor de escritos apologéticos que defienden el cristianismo con los métodos de la retórica clásica
200 ca.	Tertuliano compone *De praescriptione haereticorum*
200 ca.	Arístides Quintiliano escribe el tratado *De musica libri VII*
203 ca.	Orígenes, gran erudito, da una aportación de primer orden a la sistematización doctrinal del cristianismo y a la exégesis bíblica. Sus obras más célebres son: la apología *Contra Celso*, el tratado *De principiis* y el *Diálogo con Heráclides*
213	Tertuliano sostiene la corporeidad del alma en el *De carne Christi*
225 ca.	Hipólito, discípulo de Ireneo, comienza la composición en griego de la *Confutación de todas las herejías*, en 10 volúmenes
229	El historiador Casio Dión publica en griego su *Historia romana*
232 ca.	Dionisio el Grande, discípulo de Orígenes, escribe el tratado epistolar *Sobre la naturaleza*, contra Demócrito y Epicuro, y cartas de carácter dogmático
239	Filóstrato de Lemnos, autor de una *Vida de Apolonio de Tiana*, compone las *Vidas de los sofistas*
244	Plotino, filósofo neoplatónico, abre una escuela en Roma
250 ca.	Longo Sofista escribe la novela en griego *Dafnis y Cloe*; composición del más antiguo ejemplo de Himno cristiano (papiro de Oxirrinco)

(continúa en la página 92)

7. Primeras herejías y vínculos entre las Iglesias

Policarpo de Esmirna, discípulo de san Juan, escribió a los filipenses: «Es necesario someterse a los presbíteros y a los diáconos, como a Dios y a Cristo. Es menester huir de todo lo que es doctrina vana y vacía y del error común, es necesario permanecer firmes en los mandamientos del Señor y en lo que el Señor ha enseñado». En el trasfondo de estas palabras encontramos las dificultades creadas en el mundo cristiano por cuantos afirmaban teorías y doctrinas que se componían mal con el mensaje evangélico.

¿Qué es la ortodoxia?, se preguntaba Vicente de Lérins, y respondía: «Lo que siempre, lo que en todas partes, lo que por todos ha sido creído». Las novedades, los pensamientos subjetivos, los intentos de compaginar evangelio y otras religiones o teorías contradictorias, desembocaban fácilmente en herejías, es decir, en doctrinas que seleccionaban mensajes evangélicos y añadían otros temas que nada tenían que ver con lo que había dicho Jesús.

Los puntos principales de la fe cristiana tal como aparecían en la regla de fe eran el monoteísmo, la Trinidad, la Santa Iglesia, la penitencia para el perdón de los pecados, el bautismo y la resurrección de la carne. Pero, ¿cómo eran comprendidos e interpretados tales temas por quienes procedían del judaísmo o del paganismo? Pronto aparecieron numerosas teorías y doctrinas que, con mayor o menor éxito, pretendieron explicar el cristianismo no a partir de la revelación de Cristo sino de un conocimiento superior o de una fidelidad a cuanto antes habían creído y que resultaba incompatible con la novedad de la nueva religión. Simón el Mago, Pablo de Samosata, Valentiniano, Sabelio, los gnósticos, Novaciano, los montanistas y tantos otros propusieron doctrinas que fueron condenadas y rechazadas por la Iglesia.

Para unos, el Antiguo Testamento y el Nuevo eran contradictorios y presentaban distintos dioses, por lo que rechazaban el Antiguo o manipulaban el Nuevo Testamento. Otros eran incapaces de compaginar la divinidad de Cristo con la unicidad de Dios. No reconocían a Cristo como Dios y como hombre al mismo tiempo, por lo que o bien lo consideraban como un mero hombre que en su bautismo había sido poseído por el Espíritu Santo o, por el contrario, consideraban que se trataba de un nuevo «modo» de presentación por parte del Padre, rechazando así la distinción personal entre el Hijo y el Padre, o afirmaban que se trataba de tres revelaciones distintas del mismo Dios: como Padre en la creación, como Hijo en la redención y como Espíritu Santo en la santificación de los hombres.

Los gnósticos, por su parte, interpretaban alegóricamente la Sagrada Escritura y la desnaturalizaban con conceptos de la filosofía platónico-pitagórica, con un extremado dualismo (Dios y la materia eterna) y con elementos de otras religiones, sobre todo, orientales. En realidad, el gnosticismo era y es una teosofía con variados ingredientes. Los gnósticos no creían que Dios se hubiese hecho carne en Cristo ni que hubiese sido crucificado. En la primera carta de san Juan se combate precisamente este rechazo. No daban importancia a los sacramentos del bautismo con agua (hablaban sólo de un bautismo de fuego) y de la eucaristía.

Por otra parte, ya en el ámbito moral, nos encontramos con los montanistas, que practicaban un extremado rigorismo y predicaban la huida del mundo, y con los seguidores del presbítero romano Novaciano, que rechazaron la posibilidad de perdonar a los apóstatas, es decir, a quienes habían sacrificado a los dioses durante las persecuciones, especialmente numerosos después de la persecución de Decio (251). No aceptaban la posibilidad de la penitencia y del perdón de los pecados. Pensaban que el bautismo constituía la única oportunidad que Dios había concedido a los pecadores para ser perdonados. En realidad, se trata de una tentación siempre nueva, la de convertir a la Iglesia en un reducto de puros e incontaminados.

La Iglesia reaccionó con determinación. Justino, Ireneo, Tertuliano, Hipólito y otros escritores eclesiásticos contraatacaron con argumentos fundamentados en la Tradición apostólica. Se formuló más claramente el credo bautismal. Se estableció el canon fijo de las Escrituras. Se reconoció la correlación de los dos Testamentos, aceptándolos con igual veneración. Es decir, al subjetivismo de los herejes la Iglesia enfrentó la solidez de una doctrina que se reconocía revelada por Cristo a los apóstoles y por estos transmitida a las Iglesias. El núcleo de la propuesta eclesial estaba fundamentado en la tradición apostólica y en la sucesión apostólica. Ya Ireneo de Lyon, hacia el 180, en la controversia con los gnósticos, presentó, como argumento que demostraba la fidelidad de la Iglesia a los orígenes evangélicos, listas de obispos de las Iglesias principales que tenían su origen en los mismos Apóstoles y que se sucedían ininterrumpidamente.

En efecto, la Iglesia venció las herejías porque las comunidades dirigidas por sus obispos las rechazaron con determinación y, entre estas, hay que señalar a Roma, que desde muy pronto se convirtió en punto de referencia y de confirmación en las controversias doctrinales. El mismo Ireneo atribuye a la Iglesia romana una especial preeminencia y explica que por esto la Iglesia particular que desee conservar la tradición apostólica debe necesariamente concordar con ella.

A la derecha: calendario pascual, grabado en una losa de mármol, de mediados del siglo VI; servía para determinar el día de Pascua durante un período de 94 años, desde el 532 hasta el 626.

Entre Roma y las diócesis de Asia hubo durante mucho tiempo una animada polémica sobre la fecha de la Pascua. Los asiáticos la conmemoraban contemporáneamente con la Pascua judía, mientras los romanos la celebraban el domingo siguiente. El papa Víctor convocó varios concilios provinciales que aprobaron e impusieron la costumbre romana.

En la página anterior: grafito del siglo III, en una catacumba romana, con invocaciones a los apóstoles Pedro y Pablo.

La celebración de la memoria de los apóstoles y de los primeros mártires fue para las comunidades cristianas de los primeros siglos un importante elemento de cohesión.

8. Persecución y tolerancia

IMPERIO
95-96
249-251
257-260
258-260
303-306
313 *Edicto de Milán*

Parisii (París) 250-253
GALIA 177-179
Tolosa (Toulouse) 250-253
HISPANIA 306-310

ITALIA
151-155
162-165
177-180
184-186
204-206
234-237
250-253
254

Roma
61-62 *Encarcelamiento de Pablo*
110 *Martirio de Ignacio, obispo de Antioquía*
165 *Martirio de Justino*
250-253

ILIRIA
155-156
162-165
184-186
234-237
306-310

GRECIA
155-156
162-165
184-186
234-237
250-253
306-310

ÁFRICA
180-182
198-207
213
250-253
254
257-260

Mapa de las principales persecuciones
los círculos verdes indican las zonas de represión más aguda

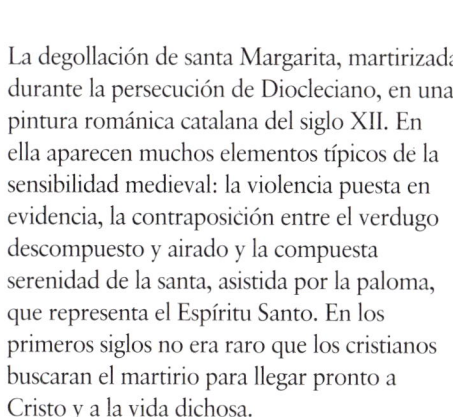

La degollación de santa Margarita, martirizada durante la persecución de Diocleciano, en una pintura románica catalana del siglo XII. En ella aparecen muchos elementos típicos de la sensibilidad medieval: la violencia puesta en evidencia, la contraposición entre el verdugo descompuesto y airado y la compuesta serenidad de la santa, asistida por la paloma, que representa el Espíritu Santo. En los primeros siglos no era raro que los cristianos buscaran el martirio para llegar pronto a Cristo y a la vida dichosa.

Abajo: planimetría del enorme complejo, en varios niveles, de las catacumbas de Domitila, en Roma, que surgieron como ramificaciones de los sótanos de la basílica paleocristiana de los santos Nereo y Aquileo.

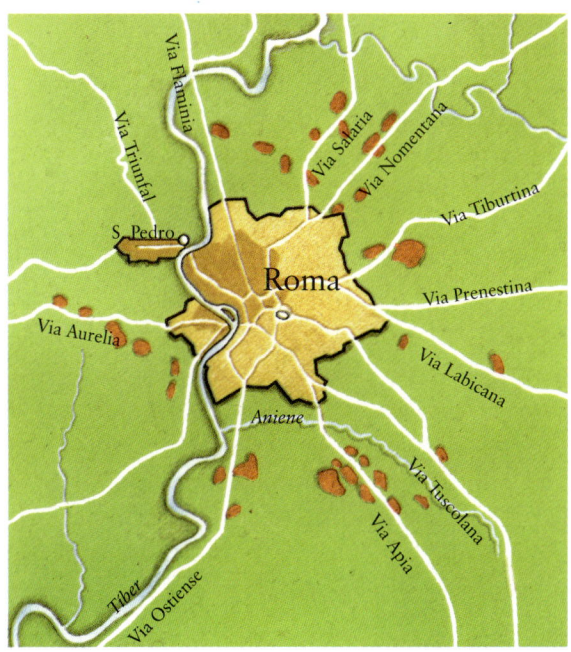

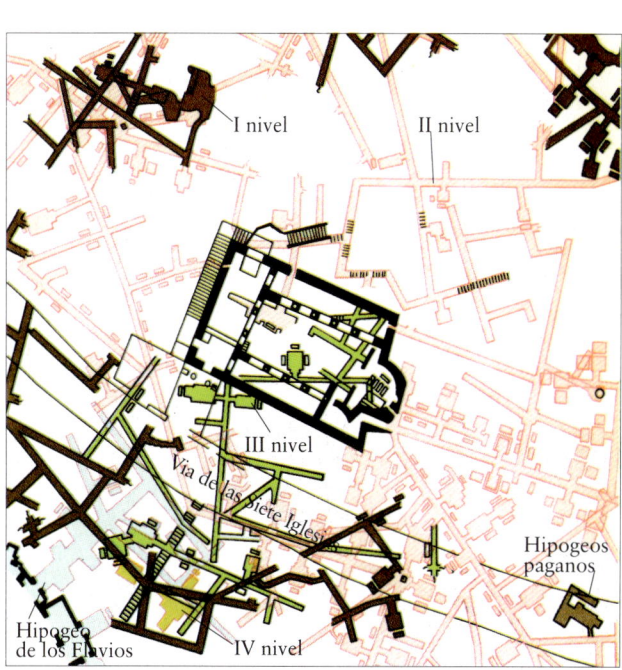

A la izquierda: red de las catacumbas romanas, situadas a lo largo de las principales vías consulares. En color claro el área de la Roma imperial; en color oscuro, la Roma medieval.

En la otra página, a la izquierda: una galería de las catacumbas de san Jenaro, en Nápoles; en las paredes de la galería están excavados los nichos para las sepulturas.

En la otra página, a la derecha: un «fosor» –empleado cristiano encargado de excavar catacumbas– en su tarea.

8. Persecución y tolerancia

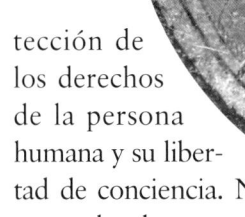

La sangrienta persecución de los cristianos por parte del Imperio romano sorprende porque parece contradecir su política tolerante habitual. Las religiones del tiempo se identificaban generalmente con los diversos pueblos y no era raro acoger en el propio Panteón religioso dioses de otros pueblos. Es bien conocido el caso de Septimio Severo, quien tenía en su capilla, entre otras muchas, una representación de Cristo, y en Roma, en el Panteón, acogían representaciones de diversos dioses adorados a lo largo del Imperio.

Los cristianos, sin embargo rechazaban tajantemente toda tentación de sincretismo, cualquier compromiso en este campo. Cristo era el único Señor, a Él solo debía dirigirse el culto y la oración. En este tema se mostraron en todo momento inflexibles. El cristianismo tenía conciencia de ser una religión no nacional sino universal y monoteísta en sentido absoluto.

Esta actitud significaba que tampoco estaban dispuestos a ofrecer sacrificios al emperador, ritos de origen oriental con un fuerte componente político que buscaban enlazar y acoplar un Imperio tan plural con grave peligro de desintegración. Desde este punto de vista el rechazo de los cristianos fue visto, a menudo, no sólo como una actitud religiosa sino sobre todo como muestra de desinterés político.

Los cristianos tenían una idea muy clara de la neta separación entre el poder político y la convicción religiosa y exigieron la protección de los derechos de la persona humana y su libertad de conciencia. No se trataba de una estrategia, impensable en un grupo reducido sin pasado y sin grandes perspectivas de futuro, sino de una consecuencia lógica de quienes propugnaban una religión universal formada por miembros que se convertían personalmente, rompiendo con toda clase de lazos familiares, sociales y culturales. Ellos se sentían ciertamente romanos, amaban a su patria y respetaban las autoridades legítimas, pero eran conscientes de que no se les podía exigir nada que fuese contra su conciencia.

Tal vez era esta actitud lo que más sorprendía y molestaba al pueblo, en el que se desarrolló una suspicacia y un rechazo irracional contra los cristianos que desembocó con frecuencia en calumnias y acusaciones sorprendentes, carentes de toda lógica. Además, para los paganos, la celebración de los misterios cristianos no tenía las características de un culto litúrgico. No tenían ni templos ni altares en el sentido tradicional, por lo que fueron considerados ateos y mirados con sospecha. Por otra parte, la vida austera y retraída de los cristianos y su alejamiento de la vida social era percibida por muchos como un callado reproche al ambiente dominante, demasiado sensual y materialista.

Nerón no fue, ciertamente, creído cuando les acusó de ser los causantes del incendio de Roma, pero esa primera persecución, en la que murieron san Pedro y san Pablo, no fue vista con desagrado por el pueblo. Poco tiempo después se les acusaría de delitos públicos (infanticidios, orgías, incestos...), de introducir costumbres nuevas no aprobadas por las leyes romanas y, sobre todo, de ateísmo, de desprecio de los dioses. Las persecuciones se sucedieron a lo largo de los tres primeros siglos y el número de mártires fue superior a los cien mil y seguramente inferior al millón. Tenemos que recordar además a los confesores, mutilados y torturados que no llegaron a morir, y a quienes no tuvieron el valor suficiente para confesar su fe y ofrecieron los sacrificios requeridos. Esto constituía para los cristianos el pecado más grave ya que lo consideraban una infidelidad y una negación de Cristo que no podía ser perdonada.

Constantino fue consciente de que el Imperio podía salvarse sólo si conseguía integrar a los cristianos, ya entonces los más creativos y los más activos de sus ciudadanos. Esto explica el Edicto de Milán del 313 que desarrolla una nueva actitud tolerante: «Hemos decidido... conceder a los cristianos y a todos la libre facultad de seguir su religión preferida...».

Uno puede preguntarse si era posible mantener en aquel momento esta libertad y lo que de ella necesariamente se deducía, es decir, la neta y absoluta separación entre religión y política, entre la Iglesia y el Estado. De hecho, ni los emperadores ni, en general, los políticos mantuvieron esa actitud. Durante la controversia arriana, los emperadores impusieron su voluntad, no siempre acorde con la ortodoxia, y en el año 380, el emperador Teodosio en el Edicto de Tesalónica impuso a todos los ciudadanos la profesión del cristianismo: «todos los demás, locos e insensatos, padezcan la deshonra de la herejía, y... han de ser castigados no sólo con la venganza divina, sino también por la autoridad que la voluntad celestial nos ha otorgado». El destinatario de la persecución había cambiado —antes eran los cristianos, ahora los paganos— pero la filosofía, el talante, permanecía igual.

¿Qué había pasado? Podríamos señalar algunas causas: la masiva conversión al cristianismo, que dio a este la preeminencia, la mayoría y, de hecho, el dominio sobre la sociedad romana; la proliferación de sectas, a menudo violentas, antisociales y subversivas que causaron confusión y malestar; la importancia del arrianismo, que negaba o ponía en cuestión un aspecto fundamental del cristianismo —la consustancialidad del Verbo—; la progresiva identificación de sectas y herejías con regiones y nacionalidades determinadas y que originaban un grave problema de disgregación del Imperio y, también, el convencimiento de que la religión seguía siendo vehículo de unidad y fundamento del Imperio.

En el fondo se trataba de la idea de que el orden religioso y el civil constituían dos aspectos de una misma realidad, por lo que el hereje no sólo se mantenía al margen de la Iglesia sino también del Estado, Estado que, formado por diversos pueblos, lenguas y culturas, a menudo era frágil y necesitaba del cemento de la religión y de la institución eclesiástica para mantenerse unido y operativo. Así podemos comprender de alguna manera que, algunos siglos más tarde, Carlomagno, a medida que conquistaba los pueblos sajones, los forzaba a la conversión al cristianismo, o la expulsión de los judíos y moriscos de España en tiempos de los Reyes Católicos, o la obligada emigración de las diversas minorías religiosas europeas durante los siglos XVII y XVIII a una América más acogedora.

Arriba: caricatura del Crucifijo en un grafito de los siglos II-III. Evidentemente, uno de los motivos de la incomprensión y burla de los paganos hacia los cristianos era el hecho de que el Dios que adoraban no sólo se había hecho hombre, sino que había padecido incluso el suplicio infamante reservado a los criminales. Los mismos cristianos rehusaban representar la crucifixión; el arte cristiano no adoptará este motivo hasta los siglos VI-VII.

En la página anterior, arriba: fondo de copa de vidrio con el retrato de una familia de cristianos.

En la página anterior, abajo: fragmento de una inscripción; se trata de una súplica anticristiana, del año 312, dirigida por las poblaciones de Licia y Panfilia al emperador Maximino Daya. A veces estas súplicas, auténticos actos de acusación popular, desencadenaron persecuciones locales.

9. Los pueblos germánicos

En el mapa: la dispersión de los pueblos bárbaros en el siglo IV d.C.

A la izquierda: grupo en pórfido de los tetrarcas; así se llamaban los cuatro jefes que gobernaban el Imperio romano después de la reforma de Diocleciano. Al instituir un régimen en el que una pareja de gobernantes, un *Augustus* y un *Caesar,* reinaban en la parte occidental y otra en la parte oriental del Imperio, este emperador prefiguró la división que tuvo lugar definitivamente con Teodosio. La descentralización que implicaba esta forma de gobierno, preparó el terreno a la desmembración de la estructura administrativa del Imperio. Esto favoreció que posteriormente los bárbaros se establecieran dentro de sus fronteras. El grupo escultórico de las dos parejas de reinantes abrazados quiere subrayar su concordia en este gobierno conjunto.

A la derecha: reconstrucción de un paisaje agrario romano centuriado, es decir, dividido en parcelas, con una construcción militar al fondo (*castellum*) y la gran *villa,* verdadera hacienda agrícola, además de residencia veraniega, de un propietario terrateniente.

Arriba: sarcófago de finales del siglo II con una escena de batalla entre romanos y germanos.

Las dramáticas representaciones de batallas con los bárbaros, tan frecuentes en los sarcófagos romanos de la época, dejan entrever, tal vez, una difundida angustia por la crisis del Imperio y la amenaza de los pueblos bárbaros, que presionaban en las fronteras. Con frecuencia aparece en ellas el propio emperador, al mando de las tropas en liza, en actitud de vencedor magnánimo que recibe el homenaje de los prisioneros, como sucede en la franja superior que decora la tapa.

Típica fíbula bárbara en forma de águila, hermoso ejemplo del gusto de estos pueblos por los adornos vistosos. Estas hebillas se usaban como broches para cerrar o sujetar vestimentas y capas. Arte visigodo del siglo V.

9. Los pueblos germánicos

La historia del cristianismo europeo no puede entenderse sin Roma y Grecia, pero tampoco sin la contribución decisiva de los pueblos bárbaros. El Imperio romano fue la cuna y el vehículo de transmisión del primer cristianismo, pero los pueblos eslavos contribuyeron de manera decisiva, con su entusiasmo, su capacidad de acoger con sumisión la palabra y la doctrina de Cristo, y con su capacidad ética, a la conformación de una sociedad más íntegramente cristiana.

Desde mediados del siglo II, marcomanos, alamanes, godos y francos presionan en las fronteras del Imperio. Los romanos abandonaron la provincia de Dacia (270), y los godos iniciaron la penetración por la línea del Danubio. En el siglo V los germanos orientales se convirtieron en los principales protagonistas de las migraciones que comenzaron en el año 375 con los hunos y terminaron en el 568 con el asentamiento de los longobardos.

Junto a las deidades de la fecundidad y a los fenómenos atmosféricos, los pueblos germánicos veneraban a Odín y Thor, dioses de la estirpe. En todo lugar sagrado construían templos con ídolos de madera o metal. Para conocer los designios de las divinidades recurrían al oráculo. Una misma persona asumía la autoridad política y religiosa.

Prisionero germano, de un bronce romano del siglo III, y yelmo ostrogodo del siglo VI, encontrado en los Abruzos.

Las invasiones tuvieron como consecuencia la disolución del Imperio romano de Occidente y su sustitución por un mosaico de reinos germánicos cuyo origen fue favorecido por la previa descentralización del Imperio iniciada con las reformas de Diocleciano.

En realidad, el Imperio romano se encontraba en una situación de enorme debilidad e inestabilidad. En Occidente la economía se encontraba prácticamente en quiebra, a causa de la disminución de la producción agrícola y de las crisis de abastecimiento, por la pérdida de las minas, la decadencia de la industria y del comercio y la confusión del sistema monetario, mientras que en Oriente la situación permanecía mucho más estable y controlada.

Los jefes militares, los terratenientes y los bárbaros constituyen los nuevos centros de poder, sobre todo en el campo, hacia donde se desplaza el centro de gravedad de la sociedad. En las ciudades, sobre las ruinas de la administración municipal, fue engrandeciéndose la actividad y el influjo temporal de los obispos que, a menudo, se convierten en la única autoridad existente gracias a la organización con que cuentan, a su cultura y a su ascendiente religioso. La población en las provincias intenta evitar la opresión fiscal y la miseria, bien entregándose a los patronos y convirtiéndose en protegidos y siervos, bien entrando a formar parte de las comunidades de los monasterios o dedicándose al bandidaje. Por otra parte, la población prefirió el yugo de los bárbaros en regiones proclives a la secesión, por ejemplo en la Galia y en Hispania.

En Oriente se publica el Código de Teodosio (438) que destruye, de hecho, la unidad jurídica del Imperio, y se adopta el griego como lengua oficial en la administración (440), siglo y medio después de la imposición del latín por Diocleciano. Ambas determinaciones significan la división definitiva de lo que durante siglos había constituido el Imperio romano. Sin embargo, el elemento más importante de transformación y diferenciación entre Oriente y Occidente fue ciertamente el conjunto de los pueblos recién llegados al Imperio. Lo que llamamos mundo medieval, en Oriente será mucho más tradicional y tendrá rasgos bizantinos y en Occidente cuajará en el nuevo sistema de los Estados romano-bárbaros.

Por otra parte, la fundación de Constantinopla tuvo incalculables consecuencias históricas. «Desde la fundación de Roma, no ha sido creada en el mundo una ciudad más importante que esta», escribió Gregorovius. Y es que Constantinopla representaba el triunfo de la síntesis de dominación romana, cristianismo griego y

La «losa del Caballero», de Hornhausen, en Magdeburgo, Alemania (siglo VII); se trata de una lápida funeraria de un noble o quizás de una representación del dios germánico Odín.

cultura helenística. Durante mil años Constantinopla será el centro de gravedad de la vida y cultura del Imperio bizantino y de una forma de vivir el cristianismo, identificada fundamentalmente con la Iglesia ortodoxa. El imparable ascenso de Constantinopla coincidió con la paulatina decadencia política y social de Roma. Gracias a esta causa, se fraguó el futuro papel de Roma, ya que la obligada despolitización de la ciudad constituyó la condición necesaria para que el papado, como centro de la cristiandad occidental, pudiese alcanzar un día la independencia.

Parte de estos pueblos bárbaros, como los francos, eran paganos, y otros como los visigodos, burgundios, ostrogodos y longobardos eran arrianos. Los misioneros cristianos, teniendo en cuenta la estructura social de los germanos, pretendieron obtener conversiones colectivas, ganándose a los jefes y príncipes, lo que consiguieron no pocas veces a través de la intervención de princesas ya cristianas que eran entregadas como esposas de jefes bárbaros.

Al mismo tiempo que el catolicismo triunfaba en todo el Occidente y que el papado hacía sentir su creciente influencia y señalaba directrices a sus pueblos, la constitución autónoma de los pueblos bárbaros provocó la fragmentación de la cristiandad en Iglesias de tendencias nacionales, muy sometidas a las injerencias de los soberanos y muy condicionadas por sus hábitos culturales. Para algunos historiadores, con estas invasiones se inauguran seis siglos de una historia caótica hecha más de reveses que de sucesos, mientras que para otros la luz predominará con creces sobre las sombras en una historia capaz de crear la Europa que conocemos.

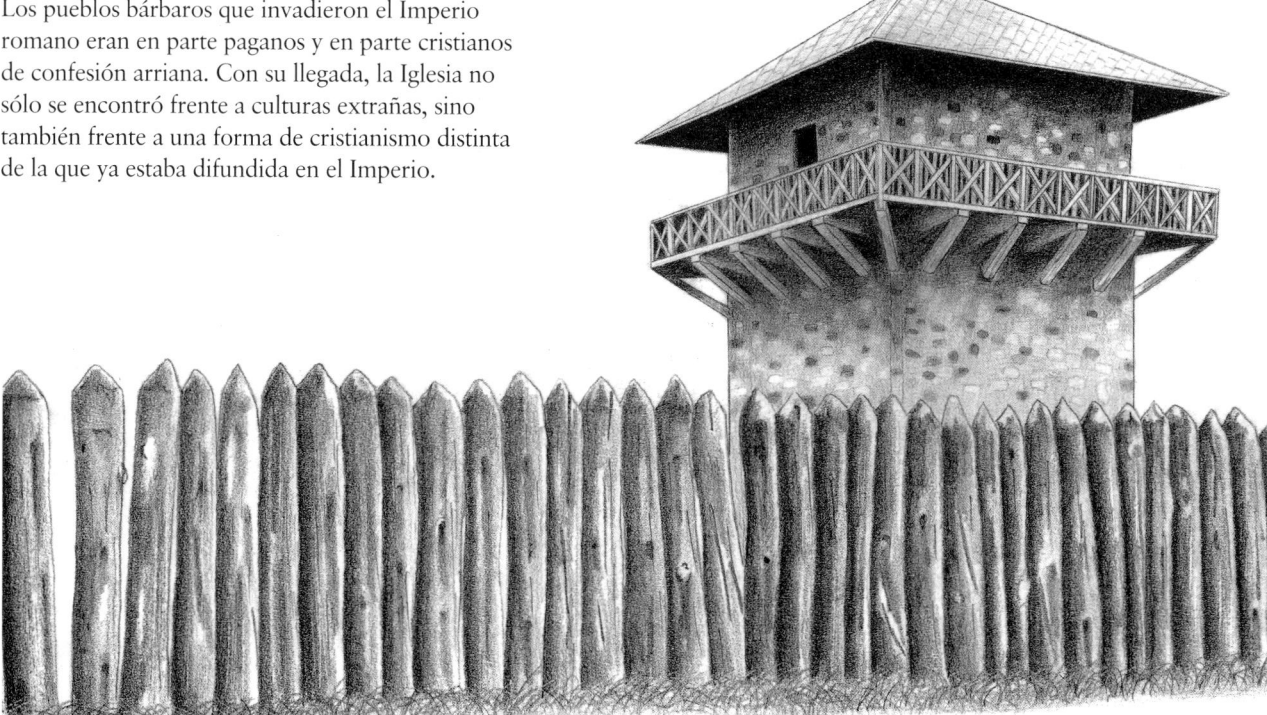

Los pueblos bárbaros que invadieron el Imperio romano eran en parte paganos y en parte cristianos de confesión arriana. Con su llegada, la Iglesia no sólo se encontró frente a culturas extrañas, sino también frente a una forma de cristianismo distinta de la que ya estaba difundida en el Imperio.

Reconstrucción de una torre de vigilancia y de la empalizada del *limes* germánico en los alrededores de Taunusstein. La Iglesia tuvo el mérito de no someterse a prejuicios raciales, geográficos, sociales y políticos. Nacida y crecida en el mundo político-cultural griego y romano, supo convertir e integrar pueblos y culturas muy diversas.

10. Constantino y la libertad religiosa

Constantino el Grande, que reinó desde el año 306 hasta el 337, trasladó la capital del Imperio a Bizancio, reconstruyendo y engrandeciendo la ciudad y dándole su nombre. Constantinopla, capital del Imperio, aspiró al rango de «nueva Roma», incluso en el campo religioso.

Constantino fue también el primer emperador que concedió libertad de culto a los cristianos. Durante la época de tolerancia que él inauguró, el cristianismo no sólo se consolidó en el Imperio, dando comienzo a la lenta penetración en todas sus esferas, sino que comenzó a traspasar también sus fronteras, extendiéndose hasta África (Etiopía) y Asia (Persia e India). De este modo nació una visión de la Iglesia a imagen del Imperio que, aunando los destinos de los pueblos bajo un solo reino, puede realizar una paz universal.

En el mapa: la difusión del cristianismo en Asia antes del año 1000.

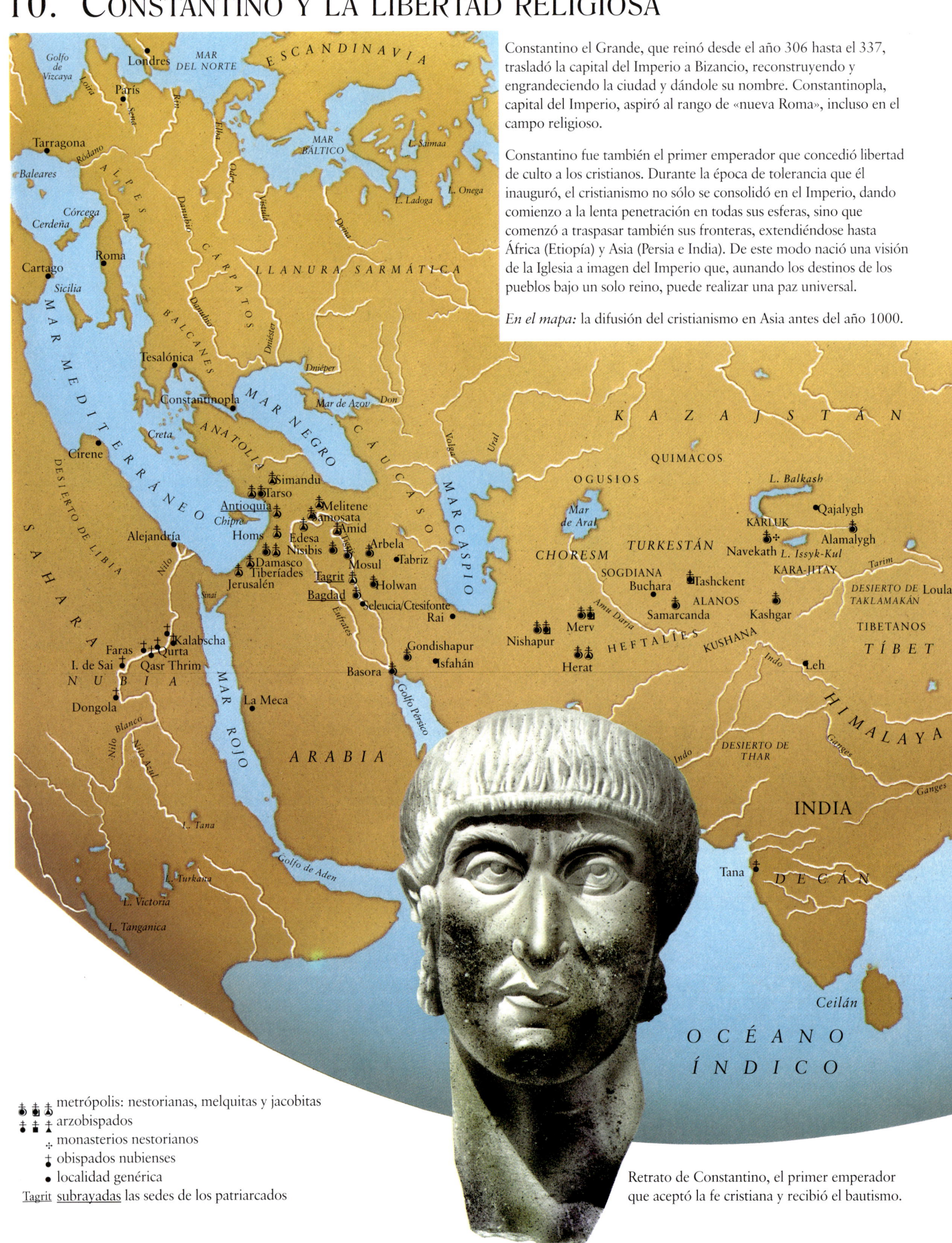

♆♆♆ metrópolis: nestorianas, melquitas y jacobitas
♆♆ arzobispados
⸙ monasterios nestorianos
† obispados nubienses
● localidad genérica
<u>Tagrit</u> <u>subrayadas</u> las sedes de los patriarcados

Retrato de Constantino, el primer emperador que aceptó la fe cristiana y recibió el bautismo.

44

A la derecha, arriba: orante en un fresco paleocristiano; durante mucho tiempo la postura de oración de los primeros cristianos continuó siendo la antiquísima de los brazos levantados.

A la derecha, abajo: plano de Constantinopla, la ciudad de los dos mares, y moneda con figura alegórica que la personifica.

La ciudad de Bizancio, antigua fundación griega, fue destruida por Septimio Severo a finales del siglo II. Reconstruida por Constantino, que la convirtió en su capital con el nombre de Constantinopla, fue posteriormente capital del Imperio romano y, más tarde, de su continuación oriental, que se llama también Imperio bizantino. En la Edad media, Bizancio era la última metrópoli clásica y la ciudad más poblada del mundo cristiano, y también sede de un patriarcado de gran prestigio. Su posición de frontera entre Oriente y Occidente, hizo de ella un centro privilegiado de intercambios económicos y culturales.

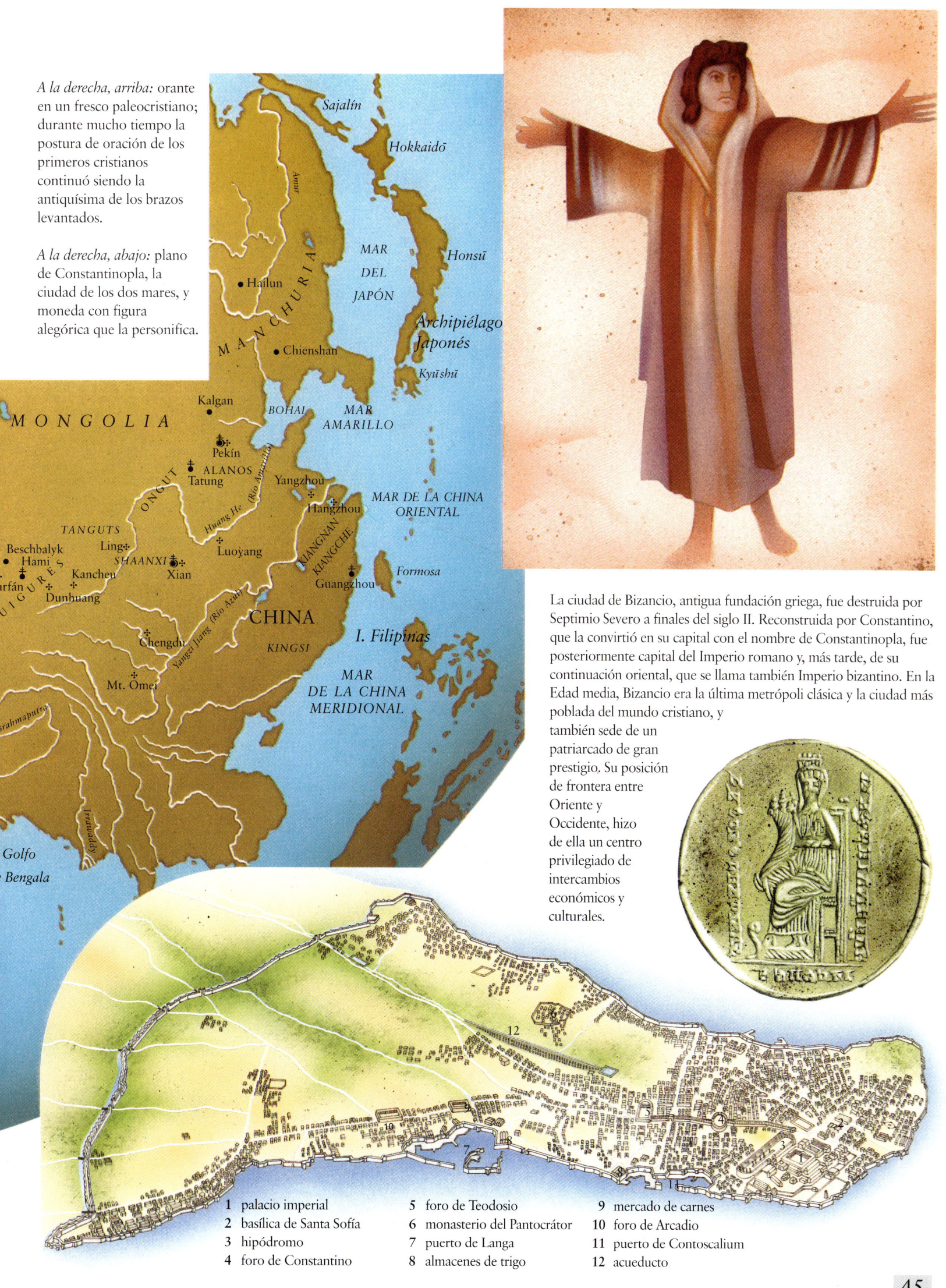

1. palacio imperial
2. basílica de Santa Sofía
3. hipódromo
4. foro de Constantino
5. foro de Teodosio
6. monasterio del Pantocrátor
7. puerto de Langa
8. almacenes de trigo
9. mercado de carnes
10. foro de Arcadio
11. puerto de Contoscalium
12. acueducto

10. Constantino y la libertad religiosa

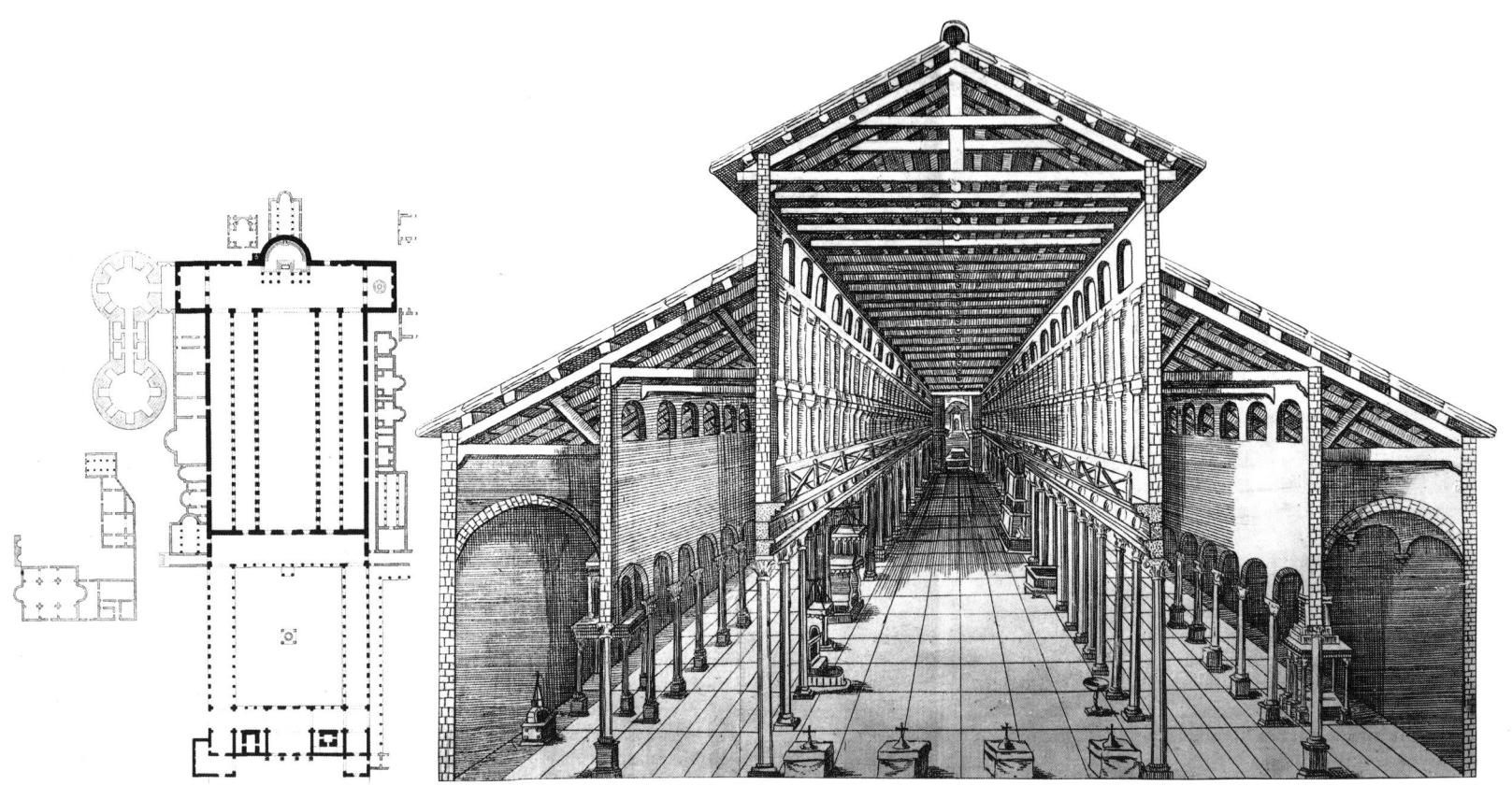

A comienzos del siglo IV la Iglesia católica, ignorada o perseguida en el período precedente, consigue por medio del Edicto de Milán (313) no sólo una libertad total sino también protección y privilegios, debido a que el Estado romano, sin abandonar del todo el paganismo, adopta oficialmente el cristianismo. El emperador Constantino está indisolublemente unido a este hecho, sobre todo tras su victoria contra Majencio que fue inmediatamente interpretada como una ayuda del Dios cristiano.

Para el Imperio romano no fue un asunto intrascendente el cambio de la religión oficial y de la ideología dominante, y para el cristianismo constituyó una auténtica revolución el abandonar una situación de tolerancia, siempre insegura, por una situación de favor y, poco después, de exclusividad.

Esta nueva actitud significaba, más que una conversión en el sentido bíblico, el reconocimiento de que el cristianismo representaba una fuerza de renovación y creatividad muy necesaria para un Estado que iniciaba su decadencia, con el peligro de intentar manipular al cristianismo tal como se acostumbraba hacer con la religión pagana.

Resultó paradójico y sorprendente: mientras que para Tácito el cristianismo era una superstición que confirmaba la extraña y llamativa capacidad humana de creer en cosas increíbles, la mayoría de los cristianos renunciaba al mundo, pero, con Constantino Iglesia e Imperio llegan a un acuerdo: el Imperio aceptaba la doctrina cristiana y los cristianos decidían participar en la marcha del Imperio.

Tres hitos pueden resumir las relaciones del cristianismo con el Imperio en este tiempo, con consecuencias decisivas para las relaciones de la Iglesia con el Estado en los siglos sucesivos. El primero es el Sínodo de Milán (355), cuando Constancio quiso imponer a los obispos de Occidente la condena de Atanasio, obispo de Alejandría, el gran enemigo de Arrio. A la negativa de aceptar esta imposición el emperador contrapuso la aceptación sumisa de los obispos orientales. Ya desde ese momento aparece este rasgo diferenciador: la Iglesia oriental, a lo largo de su historia, aceptará y soportará la tutela opresora del Estado, es decir, el cesaropapismo, mientras que la occidental se opondrá, defenderá y mantendrá con más decisión su autonomía.

El segundo consiste en la resistencia y denuncia de Ambrosio de Milán ante el decreto imperial del 386 promulgado en nombre de Valentiniano II por la emperatriz Justina a favor de los arrianos, y la exigencia de penitencia pública impuesta por el mismo obispo en el 390 al emperador Teodosio, por la matanza de Tesalónica. Representó un acto espectacular de autoridad moral y ética que impresionó a los contemporáneos e impresionará a la posteridad.

El tercer hito se sitúa después de la toma de Roma por Alarico y sus godos el 410. La aristocracia romana, pagana, acusa a los cristianos de haber privado a Roma del apoyo de sus dioses nacionales. Los cristianos reaccionarán afirmándose en la idea de que la patria verdadera es la ciudad celeste. San Agustín elaborará la nueva perspectiva en su conocida obra *La ciudad de Dios*, donde plantea el sentido del mal en el transcurso de la historia. La «ciudad

En la página anterior: grabado que muestra el interior de la basílica de San Pedro, en Roma, antes de su reconstrucción, y planta de la basílica constantiniana. Constantino mandó edificar también una basílica semejante en Jerusalén, en el lugar donde, según la tradición, Cristo había sido crucificado.

Abajo: Constantino y Elena, ambos santos, sosteniendo una cruz, en una miniatura siria de comienzos del siglo XIII. La peregrinación de Elena, madre de Constantino, a Palestina dio origen a la leyenda del hallazgo del madero de la cruz en que murió Jesús, que, a su vez, procedería del Árbol del bien y del mal del Paraíso terrenal. De ahí nació una fiesta litúrgica común a las Iglesias de Oriente y de Occidente. Los cristianos atribuyeron un valor inmenso a las reliquias del madero de la cruz, que se veneran aún hoy en numerosas iglesias de la cristiandad que conservan trozos de diversos tamaños.

de Dios» es una obra divina, en cuya realización colabora toda la historia universal.

La expansión del cristianismo siguió su curso fuera del Imperio. Antes del concilio de Éfeso existía ya una Iglesia independiente en la Persia asiática y en el norte de Irán. Esta penetración partió de Edesa y ha mantenido hasta nuestros días el sirio, rama del arameo, como lengua litúrgica. Llegó a ser importante, bien organizada, pero no llegó a ser religión oficial. Se enfrentó al peligro del maniqueísmo, presente desde la segunda mitad del siglo III y al zoroastrismo, religión de Estado, con un potente clero.

Por las «pasiones» de los mártires sabemos que muy pronto hubo numerosas sedes episcopales. Se hicieron presentes en el concilio de Nicea (325) y mantuvieron estrechas relaciones con el patriarca de Antioquía hasta el 424, cuando decidieron que el Katholicós asumiese todo el poder. Las causas de este primer paso hacia la independencia fueron las circunstancias políticas, las guerras incesantes entre persas y bizantinos, las acusaciones de traición y espionaje recibidas de ambos bandos. No hubo entonces razones doctrinales que sí estuvieron presentes en la ruptura definitiva de finales de siglo.

Las persecuciones del 230, 287 y 301 marcan los inicios de la Iglesia armenia. A principios del siglo V contaba con 12 obispos más el Katholicós. La estrecha unión entre realeza y patriarcado hacía de la Iglesia uno de los engranajes esenciales de la organización feudal del país. La invención del alfabeto armenio por el monje Mesrop Mashtots permitió la traducción de las Escrituras y de los Padres, la evangelización del pueblo en su propia lengua y la creación de una cultura propia. El aislamiento y el prolongado desarrollo autónomo, más que una opción teológica o el nacionalismo, llevaron a la creación de una Iglesia armenia monofisita.

El cristianismo se introdujo en Etiopía hacia el 350 por obra del cristiano Frumencio, ordenado más tarde obispo de Aksum y colocado a la cabeza de la nueva cristiandad por Atanasio de Alejandría. La Iglesia copta etíope desde su nacimiento fue una filial de la Iglesia de Alejandría.

Se ha escrito mucho sobre las Iglesias apostólicas de la India y sobre los cristianos de santo Tomás, el apóstol que según una tradición evangelizó Asia. No existen datos ni de esta actividad ni de comunidades tan primitivas. Sí existieron más tarde grupos nestorianos y jacobitas, y no podemos dudar del hecho de que estas comunidades mantuvieron con relación a otras Iglesias una autonomía jurídica y una personalidad propia que sus hábitos y costumbres contribuyeron a mantener intacta.

De origen menos antiguo, pero con más vitalidad, encontramos la Iglesia sirio-malabar. La predicación pudo llegar por medio de cristianos persas que habían huido de su país durante las persecuciones del siglo IV.

11. Concilios y credo

Los primeros concilios de la Iglesia

50	Jerusalén	los gentiles, no sujetos a las leyes mosaicas
261	Roma	contra Sabelio y los que negaban la Trinidad
264	Antioquía I	contra Pablo de Samosata
268	Antioquía II	contra Pablo de Samosata
269	Antioquía III	excomunión de Pablo de Samosata
301	Elvira	decisiones disciplinares
303	Sinuessa	acusación de apostasía contra el p. Marcelino
313	Roma	condena de Donato
325	**Nicea I** I conc. ecuménico	Convocado por el emperador Constantino. Papa Silvestre I. Contra Arrio: consustancialidad del Hijo con el Padre
335	Tiro	destitución de Atanasio
340-41	Roma	rehabilitación de Atanasio
343	Sárdica	condena de los Eusebianos
353	Arles	condena forzada de Atanasio
359	Rímini	decisiones favorables a los arrianos
378	Roma	contra las herejías
381	**Constantinopla I** II conc. ecuménico	Convocado por el emperador Teodosio I. Papa Dámaso I. Divinidad del Espíritu Santo
386	Roma	disciplina del clero
390	Roma	afirmación de la virginidad de María
391	Capua	cisma antioqueno
400	Toledo	contra los priscilianos
411	Cartago	contra Pelagio
415	Dióspolis	rehabilitación de Pelagio
416	Milevo	contra Pelagio
417	Roma	rehabilitación de Pelagio
418	Cartago	contra el pelagianismo
430	Alejandría	contra Nestorio
430	Roma	contra Nestorio
431	**Éfeso** III conc. ecuménico	Convocado por el emperador Teodosio II. Papa Celestino I. Maternidad divina de María contra Nestorio.
449	Éfeso	"latrocinio" de Éfeso; rehabilitación Eutiques
451	**Calcedonia** IV conc. ecuménico	Convocado por el emperador Marciano. Papa León Magno. Dos naturalezas en la única persona de Cristo (condena del monofisismo)
465	Roma	refuerzo de la disciplina eclesiástica
529	Orange	contra el semipelagianismo
553	**Constantinopla II** V conc. ecuménico	Convocado por el emperador Justiniano I. Papa Vigilio. Condena de los "Tres Capítulos" de los nestorianos.
610	Roma	sobre el cisma de los "Tres Capítulos"
680-81	**Constantinopla III** (o Trullano I) VI conc. ecuménico	Convocado por el emperador Constantino IV. Papa Agatón y León II. Condena de la doctrina de una voluntad en Cristo (monotelismo); cuestión de Honorio.
684	Toledo	condena del monotelismo
691	Trullano II	contra el ayuno y el celibato eclesiástico

En el mundo romano, un *concilio* era la reunión general de una sociedad, especialmente con fines religiosos. En la era imperial *concilium* es la asamblea de los notables y delegados de las ciudades y cantones de una provincia (más tarde de una diócesis). Su objetivo principal era el reconocimiento de la autoridad del emperador. Los concilios asumieron funciones importantes en la administración provincial y, tras un período de decadencia, en el siglo III recuperaron su importancia con las reformas de Diocleciano y la introducción del cristianismo, que condujo al derribo del culto imperial.

En el cristianismo los concilios se transformaron en asambleas generales de una Iglesia, o de un grupo de Iglesias, para mantener o restablecer la unidad perdida o amenazada por divisiones y controversias doctrinales. Cuando una Iglesia se consideraba incapaz de proveer a sus necesidades espirituales o de organización, recurría a la ayuda de otras Iglesias vecinas, llamando a participar a sus representantes y, especialmente a sus obispos, a las propias reuniones. Si, por ejemplo, había que elegir al sucesor de un obispo difunto y no era fácil encontrarlo entre el clero local, se convocaba un concilio o un sínodo para elegir al nuevo obispo, el cual, por costumbre, debía recibir la aprobación y la consagración de sus hermanos en la jerarquía. Cuando un obispo expresaba ideas heréticas, el clero ortodoxo no tenía más defensa que la de recurrir a los representantes de

las Iglesias vecinas para juzgarlo. Generalmente, cuando se trataba de tomar decisiones que afectaban a varias Iglesias, se convocaban concilios en todas las Iglesias interesadas. Así, por ejemplo, bajo el papa Víctor I (189-198), se convocaron concilios tanto en Oriente como en Occidente para decidir el día de celebración de la Pascua. Desde comienzos del siglo III, los concilios se transformaron en reuniones sólo de obispos, que gozaban ya de un poder monárquico sobre sus respectivas comunidades y podían así representarlas, ellos solos o acompañados de consultores. Con la expansión del cristianismo nacieron los concilios provinciales, convocados por el obispo de la metrópoli que había afirmado su superioridad jerárquica sobre los obispos de las ciudades más pequeñas. A partir del siglo IV, comenzaron a intervenir los emperadores. En el año 325, Constantino convocó el concilio de Nicea, el primero ecuménico, es decir, extendido a todas las Iglesias del Imperio, para derrotar la herejía arriana.

En la página anterior, arriba: la condena del hereje Arrio en el concilio de Nicea, presidido por el emperador Constantino, en un fresco búlgaro del siglo XII.

CONTROVERSIAS TEOLÓGICAS DEL SIGLO IV
(ver también el mapa color ocre de abajo)

- ● Obispado, cuyos titulares en Sárdica (342-343) formaban parte del grupo de los orientales.
- ○ Obispado, cuyos titulares en Seleucia (359) formaban parte del grupo de Acacio de Cesarea.
- ■ Obispado, cuyos titulares, en torno al año 360 pertenecían al grupo de los homusianos.
- ❑ Obispado, cuyos titulares se declararon arrianos.
- ▲ Sedes de concilios y sínodos relacionados con la controversia arriana.
- ∗ Obispos constituidos por Melecio de Licópolis (Asiut).

ORGANIZACIÓN ECLESIÁSTICA A MEDIADOS DEL SIGLO V

- ✠ Patriarcados (después del concilio de Calcedonia en 415) y exarcados (después del concilio de Constantinopla en 381)
- ✝ Sedes metropolitanas hacia el año 450

11. Concilios y credo

Dos imágenes diversas de la Trinidad: un icono ruso, en el que el niño Jesús, sentado en el seno del Padre, sostiene el disco con la paloma del Espíritu Santo *(abajo)*; y una Trinidad tricéfala en el Edén, representada en una miniatura *(a la derecha)*.

La unidad y unicidad de Dios no se ha puesto nunca en discusión: hay un solo Dios. Las largas disputas doctrinales, que ocuparon varios siglos de elaboración teológica y fueron causa de diversos concilios, se centraron en la identidad del Hijo. Frente a las numerosas herejías, la Iglesia defendió la unidad de Dios y la trinidad de las personas divinas. La fórmula adoptada dice que el Hijo es consustancial. Una vez aceptado esto, fue fácil reconocer que el Espíritu Santo procede del Padre a través del Hijo. La doctrina de las tres personas divinas se convirtió en el objeto central de la fe.

A lo largo de los tres primeros siglos se habían multiplicado los teólogos y las escuelas teológicas y abundaban las explicaciones de los problemas más complicados, pero no siempre conseguían su objetivo. Fundamentalmente, no acababan de clarificarse sobre cómo se podía pensar la trinidad en la unicidad de Dios. En Alejandría un presbítero llamado Arrio enseñó que si el Hijo de Dios había sido crucificado había sufrido. Luego, dado que Dios es impasible y no puede sufrir, hay que distinguir entre el Padre trascendente, primera causa de todas las cosas, y el Hijo, derivado de su voluntad. Para Arrio el Hijo de Dios pertenecía a una categoría inferior en la perspectiva de la historia de la salvación. La primera manifestación pública del arrianismo ocurrió, probablemente, en el 323. Se celebró un sínodo para poner fin a la controversia, tal como era costumbre cuando se decidía clarificar y dirimir autoritativamente los conflictos doctrinales, pero no lograron convencer a Arrio y fue excomulgado. Sin embargo, consiguió atraerse a Eusebio de Cesarea y a Eusebio de Nicomedia, además de numerosos partidarios de menor rango, por lo que su doctrina se extendió rápidamente por todo el Oriente.

Constantino se encontró con sorpresa y disgusto en medio de la disputa; no estaba dispuesto a que querellas doctrinales debilitasen el Imperio, sobre todo en un momento en el que este había conseguido la paz interna con la victoria sobre Licinio, y con el fin de acabar con el conflicto convocó un gran concilio en Nicea (325), el primero de los concilios ecuménicos, donde se reunieron unos 300 obispos que condenaron a Arrio y a otros dos obispos, que fueron desterrados. La definición nicena no restableció la paz dado que las ambigüedades del término *omousios*, «de la misma esencia», que en latín tiene una traducción plenamente ortodoxa: «consustancial», pero que en griego era susceptible de otras interpretaciones, contribuyeron a mantener medio siglo de controversias. El concilio determinó, también, normas de organización para toda la Iglesia. Aunque poco después fue considerado y aceptado como el primer concilio ecuménico, sólo asistieron cinco obispos de Occidente. En este sentido, debemos tener en cuenta que la aceptación equivale a la participación. El obispo de Roma fue representado por dos presbíteros.

Nicea no aclaró definitivamente la discusión teológica. La táctica de los arrianos consistió en elaborar fórmulas doctrinales que, sin contradecir explícitamente las definiciones de Nicea, las vaciaban de contenido, buscando después que el emperador exigiera a todos los obispos que las suscribiesen. Así el conflicto doctrinal adquiría connotaciones políticas y se robustecían las tendencias cesaropapistas a las que tan aficionados eran los emperadores. Atanasio, obispo de Antioquía, alma de la resistencia contra el arrianismo, el incansable defensor de lo aprobado en Nicea, fue calumniado, depuesto y exiliado. Daba la impresión de que el partido arriano estaba consolidándose gracias, sobre todo, a maniobras y apoyos políticos.

Era evidente que convenía completar Nicea, que resultaba necesario aclarar definitivamente las relaciones entre la naturaleza humana y la divina de Cristo, determinar cómo se combina lo divino y lo humano en Cristo. Nestorio, obispo de Constantinopla, decía que el Logos habitaba en el hombre Jesús como en un templo, por lo que había que llamar a María «Madre de Cristo», pero que no era lícito llamarla Madre de Dios. Se le opuso Cirilo, obispo de Alejandría. El emperador Teodosio II convocó un concilio ecuménico en Éfeso (431), que se celebró entre tensiones y divisiones y que reconoció que María era verdaderamente Madre de Dios, ya que sólo existía un Cristo, un Hijo y Señor. En este concilio aparecieron, una vez más, las rivalidades existentes entre los patriarcados y las diferencias de método entre la escuela alejandrina y la antioquena.

El tema no era sencillo. Los nestorianos separaban las dos naturalezas de Cristo, de forma que peligraba la unidad del Salvador, mientras que sus adversarios acentuaban tanto la divinidad de Cristo que parecía desaparecer su humanidad, absorbida en la divinidad.

En el concilio de Calcedonia (451) se estableció definitivamente la doctrina cristológica. En la primera sesión se leyó la carta de León I, papa de Roma, al obispo Flaviano de Constantinopla en la que establecía que a pesar de la unión de las dos naturalezas y sustancias en la única persona de Cristo, no se verifica ninguna mezcla de las dos naturalezas, sino que cada una actúa en relación a aquello que le es propio. Calcedonia fijó un símbolo que declara: «Nosotros enseñamos y profesamos un único e idéntico Hijo, nuestro Señor Jesucristo, completo en cuanto a la divinidad y completo en cuanto a la humanidad, en dos naturalezas, inconfusas e intransmutadas (contra los monofisitas), inseparadas e indivisas (contra los nestorianos), ya que la unión de las naturalezas no ha suprimido sus diferencias sino que cada naturaleza ha conservado sus propiedades y se ha unido con la otra en una única persona y en una única hipóstasis». La respuesta teológica elaborada como respuesta a Arrio se tradujo en la formulación teológica de

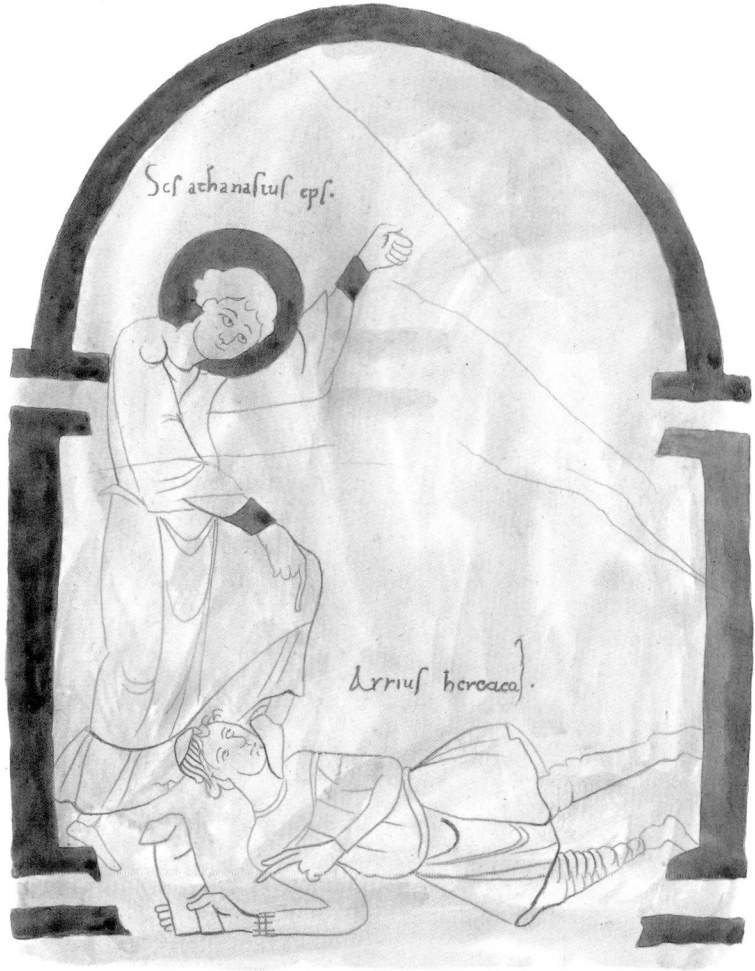

San Atanasio triunfa sobre Arrio, en una miniatura medieval.

Atanasio, obispo de Alejandría, se convirtió en el más aguerrido defensor de la divinidad de Cristo. A lo largo de su vida fue depuesto de su diócesis, desterrado y torturado, pero pudo contar con el apoyo de los obispos de Roma y con la fidelidad de los numerosos monjes de su diócesis. Ha permanecido en la historia con el sobrenombre de campeón de la ortodoxia.

la Trinidad, expresada en la igualdad esencial de Cristo y del Espíritu Santo con el Padre. El arrianismo constituyó la gran cuestión teológica del siglo IV que se prolongó a lo largo de los siglos siguientes. La ambiguedad del término *omousios* favoreció las diversas interpretaciones entre griegos y latinos, ampliándose las diferencias ya existentes entre ellos. Su desarrollo histórico, tan relacionado con las intromisiones de los emperadores, creó una verdadera tradición cesaropapista en Oriente, y exigió un gran avance en la reflexión de los teólogos y en la profundización del dogma. Por otra parte, el conflicto arriano causó mucho daño a la Iglesia, pero favoreció el robustecimiento de su unidad.

Entre los siete concilios de la antigüedad cristiana sobresalen por su autoridad doctrinal los cuatro primeros a causa de que han formulado los dogmas fundamentales del cristianismo con relación a la Trinidad (Nicea y Constantinopolitano I) y a la Encarnación (Éfeso y Calcedonia). Gregorio Magno los consideró, junto a los Evangelios, como la piedra angular del edificio de la fe.

12. El monacato primitivo

Una imagen del ermitaño Hilarión que expresa bien la idea, rodeada de leyenda, que el mundo cristiano tuvo del ascetismo riguroso y de la abnegación de quienes se habían retirado al desierto dando la espalda al mundo; está desnudo, cubierto sólo con su propia barba, sus cabellos y un manojo de follaje.

En Capadocia puede admirarse aún hoy un espectáculo asombroso: un paisaje de rocas monolíticas excavadas, que sirvieron antiguamente de habitaciones. También hay allí numerosas iglesias y monasterios. Esta región, en la que floreció un austero monacato, fue cuna de tres grandes padres de la Iglesia oriental, denominados precisamente «los Capadocios»: Basilio de Cesarea, Gregorio de Nisa y Gregorio Nacianceno.

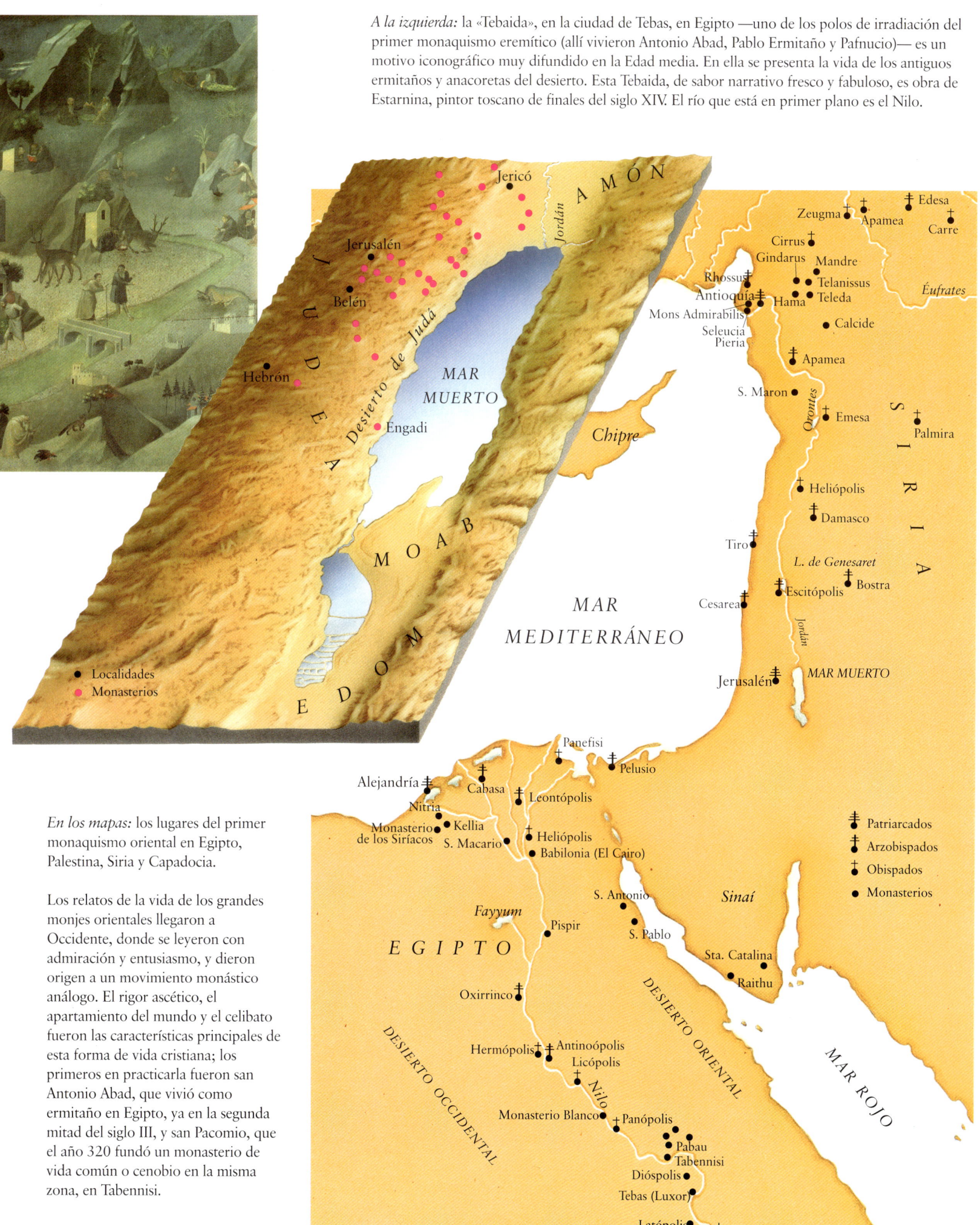

A la izquierda: la «Tebaida», en la ciudad de Tebas, en Egipto —uno de los polos de irradiación del primer monaquismo eremítico (allí vivieron Antonio Abad, Pablo Ermitaño y Pafnucio)— es un motivo iconográfico muy difundido en la Edad media. En ella se presenta la vida de los antiguos ermitaños y anacoretas del desierto. Esta Tebaida, de sabor narrativo fresco y fabuloso, es obra de Estarnina, pintor toscano de finales del siglo XIV. El río que está en primer plano es el Nilo.

En los mapas: los lugares del primer monaquismo oriental en Egipto, Palestina, Siria y Capadocia.

Los relatos de la vida de los grandes monjes orientales llegaron a Occidente, donde se leyeron con admiración y entusiasmo, y dieron origen a un movimiento monástico análogo. El rigor ascético, el apartamiento del mundo y el celibato fueron las características principales de esta forma de vida cristiana; los primeros en practicarla fueron san Antonio Abad, que vivió como ermitaño en Egipto, ya en la segunda mitad del siglo III, y san Pacomio, que el año 320 fundó un monasterio de vida común o cenobio en la misma zona, en Tabennisi.

53

12. El monacato primitivo

A la izquierda: relieve copto con un monje orante.

En la página siguiente, abajo: estela copta que representa un *apa*, padre de los monjes.

El monje es otro Cristo. En las vidas y en los dichos de los Padres descubrimos su persuasión de conformarse a la vida y a la pasión de Cristo. Allí se descubre también la certeza de que tal conformación puede realizarse de la mejor forma con una vida sacrificada.

El proceso de cristianización acelerado en el siglo IV, tras el decreto de libertad religiosa de Constantino, afectó más a los comportamientos externos que a las actitudes y convicciones personales. A menudo, se trataba más de un cristianismo sociológico que de una auténtica conversión, buscaban más formar parte de la Iglesia que adherirse personalmente a Cristo o a su Evangelio. Desde entonces, en muchos casos, ser cristiano hacía referencia más a unos ritos, signos, ceremonias o costumbres que a las exigencias de Jesús y a un cambio profundo de valores y de talante. No faltaron, sin embargo, quienes deseaban llevar una vida más exigente, quienes protestaban por la nueva situación caracterizada por la relajación y mundanización de la comunidad eclesiástica. Y su protesta se tradujo en el abandono de cuanto poseían y en su posterior huida al desierto. La vida de estos Padres del desierto debe ser interpretada como la reacción instintiva del sentido cristiano contra una reconciliación indebida con los poderes del mundo o como la continuación del espíritu de aquellos cristianos que no habían dudado en enfrentarse con las fieras para defender la integridad del Evangelio. La paz y masificación de la Iglesia y la consiguiente oleada de mediocridad que penetró en ella contribuyeron en gran manera a engrosar las filas de los anacoretas, palabra que viene de *anachorein*, «retirarse, irse al monte», y que significa el que ha dejado el mundo.

Los primeros monjes se sentían continuadores de la vida de los ascetas judíos. Recordemos el lugar central ocupado por el desierto en la historia y en la formación del pueblo judío. El desierto no era sólo un lugar de encuentro con Dios, sino, también, de prueba, tentación y lucha con los enemigos de Dios. Elías y Juan el Bautista constituían dos modelos de vida siempre presentes. Para muchos, este género de vida se convertía en un sucedáneo del martirio. Según escribe Casiano, refiriéndose a los cenobitas, «la paciencia y la fidelidad rigurosa con que perseveran devotamente en la profesión que abrazaron un día, como que nunca dan satisfacción a sus deseos, los convierte de continuo en crucificados para el mundo y mártires vivientes». Rechazando una Iglesia mediocre, los anacoretas abandonaban el mundo, se negaban a sí mismos y se entregaban totalmente a Dios. A primera vista, su objetivo era puramente individual: se reducía al deseo de purificarse, de santificarse, y a este fin parecen encaminarse todas las acciones del monje. Sin embargo, desde el primer momento su horizonte era mucho más amplio y su ambición abarcaba todo el campo eclesiástico. En palabras de Eusebio de Cesarea, los que, separándose del mundo, se consagran por entero al servicio de Dios, obran «como representantes de todo el género humano».

Los cenobitas sirios se consagraban a la hospitalidad, al servicio de las parroquias y al apostolado misionero. Severo de Antioquía pensaba que Cristo en persona iba de pueblo en pueblo, como un pobre más, para comprobar si se cumplían los deberes evangélicos hacia los necesitados. Gracias al celo misionero de los monjes, el cristianismo, que hasta este momento casi se reducía al ámbito urbano, experimentó una expansión masiva entre la población rural.

San Antonio no fue el primer anacoreta, pero probablemente fue el más famoso y quien más influyó. Es casi seguro que fue el primer eremita, es decir, el primero que se retiró al desierto con ánimo de llevar una vida estable. No fue el fundador de una orden, pero sí el padre espiritual de muchos anacoretas que vivían en lugares dispersos. Tampoco fue un asceta de los más austeros, sino que, por el contrario, evitó los extremismos en los que cayeron no pocos. Pero la narración de su vida por san Atanasio, difundida en todo el mundo occidental, ejerció un gran influjo en el fenómeno de la vida ascético-monacal y dio origen a una vida religiosa semicomunitaria.

Estos solitarios no podían impedir la presencia masiva de quienes buscaban orientación y doctrina. Casi espontáneamente fueron surgiendo las colonias de anacoretas que mantenían su aislamiento, aunque celebraban juntos la eucaristía. Pacomio dio forma a un sis-

A la derecha: las tentaciones de san Antonio, en una miniatura medieval.

«¡Fuera de nuestra tierra! ¿Qué se te ha perdido en el desierto?» —preguntaban los demonios a san Antonio—. Muchos ermitaños consideraron la vida espiritual como una guerra invisible, comenzada triunfalmente por Cristo en la soledad, y se sentían llamados a continuarla con él y como él. Con otras palabras, pensaban que sin tentaciones no era posible un auténtico progreso en la vida espiritual. Por lo demás, los ángeles intervenían continuamente en su vida para aconsejarlos, consolarlos y sostenerlos.

tema de vida que pretendía conservar los valores de la vida anacoreta añadiéndole los frutos de la fraternidad y de la solidaridad. Cenobita viene de *koinos bios*, vida común, y designa al que lleva una vida común organizada. Una de las innovaciones de Pacomio consistió en la reglamentación rigurosa de la vida de los monjes que se acogían a esta nueva forma de vida religiosa. Pretendía que la comunidad viviera a imagen de la primitiva comunidad de Jerusalén: «Un solo corazón y una sola alma». La perfecta vida común excluía la autonomía personal de los monjes, consistía en la obediencia y docilidad al abad y en la exclusión de toda propiedad privada. Los bienes pertenecían a toda la comunidad. Tempranamente surgieron monasterios femeninos no lejos de los de los hombres, aunque con toda clase de precauciones para evitar inconvenientes morales.

Para san Basilio, el mejor medio para vivir íntegramente la vida cristiana era una vida comunitaria estable, combinada con el ejercicio de las obras de caridad, dentro del marco de la Iglesia local. Se preguntaban con frecuencia dónde existía mayor perfección, si en los cenobitas o en la vida de los anacoretas. En una ocasión, el superior de un cenobio preguntó a san Cirilo, patriarca de Alejandría: «¿Quién es más grande en cuanto al género de vida: nosotros, que dirigimos a multitud de hermanos a la salvación, o aquellos que, en la soledad, se salvan sólo a sí mismos?». Y el patriarca respondió: «No conviene distinguir entre Elías y Moisés, porque ambos han agradado a Dios».

13. Los padres de la Iglesia

El período que va desde el concilio de Nicea (325) hasta el de Éfeso (431) —según algunos historiadores hasta la muerte de Gregorio Magno (604)—, se ha denominado la edad de oro de los padres de la Iglesia. En este período se suceden en las principales sedes episcopales grandes figuras de apologetas del cristianismo, teólogos y compiladores de la doctrina, oradores, escritores y organizadores de excepcionales capacidades, tanto en latín como en griego. Son los «Padres» y «Doctores» de la Iglesia. Parece que el primero que recibió el título de «Padre de la Iglesia» fue san Policarpo, obispo de Esmirna, mártir en la segunda mitad del siglo II. En aquella época se comenzaba a llamar «Padre» al obispo, costumbre que llegó a ser habitual en el siglo III. Con el plural de este apelativo se comenzó a designar con el tiempo a aquellos obispos, generalmente de los primeros siglos cristianos, a los que se reconocía una autoridad especial en campo doctrinal; aunque a veces se aplica también a personalidades no episcopales, como es el caso de san Jerónimo.

Será Vicente de Lérins quien dé la definición de «Padres» que quedará como clásica en la Iglesia romana. En su *Commonitorium*, escrito el año 434, declara: «... si surge alguna nueva cuestión, a propósito de la cual nadie ha tomado decisiones, hay que recurrir a las opiniones de los santos Padres, es decir, de aquellos que en sus tiempos y lugares permanecieron en la unidad de comunión y de fe, y fueron considerados como maestros probados».

Los Padres más representativos de la Iglesia latina son: Hilario, obispo de Poitiers, Ambrosio, obispo de Milán, Jerónimo, sacerdote y traductor de la Biblia, Agustín, obispo de Hipona, y el papa Gregorio Magno. Entre los Padres de lengua griega se distinguieron: Ireneo de Lyon, Atanasio, obispo de Alejandría, Basilio el Grande, obispo de Cesarea, Gregorio Nacianceno, obispo de Constantinopla, Gregorio, obispo de Nisa y Juan Crisóstomo, obispo de Constantinopla.

LUGARES DE LOS PADRES DE LA IGLESIA

A la izquierda: tres santos padres de la Iglesia oriental, acompañados por una santa, en un icono ruso del siglo XV: Gregorio de Nisa, Juan Crisóstomo y Basilio el Grande.

Abajo: la muerte de Atanasio de Alejandría y su funeral celebrado por Gregorio Nacianceno; miniatura bizantina del siglo XII.

En la otra página, arriba: vidrio dorado del siglo V con el retrato de un hombre llamado Eusebio, tradicionalmente identificado con Eusebio de Cesarea. Gran erudito y heredero de la biblioteca de Orígenes, fue autor de una *Historia eclesiástica* de importancia fundamental. Muy apreciado en la corte, Eusebio fue el gran sostenedor de la política de Constantino. En interés del Imperio defendió una postura intermedia entre la ortodoxia nicena y las concepciones arrianas. Se le considera fundador de la historiografía eclesiástica.

13. Los padres de la Iglesia

Llamamos padres de la Iglesia a un conjunto de personas de gran cultura, bien formadas intelectualmente, con una especial sensibilidad religiosa y una actividad pastoral intensa, que han influido de manera especial en la doctrina y en la espiritualidad cristiana y que vivieron después de la segunda mitad del siglo IV. Todos fueron monjes, menos san Ambrosio, durante una parte de su vida, llevaron vida ascética y solitaria, de la que guardarán nostalgia durante toda su vida, y fueron consagrados obispos, menos san Jerónimo. Todos fueron pensadores religiosos, escritores, predicadores.

La Biblia, con su testimonio de la revelación de Cristo, es a la vez para estos Padres la piedra angular, la fuente común y la regla de sus investigaciones y trabajos. Partiendo de ella, se esfuerzan en refutar los errores y en oponerse, en el interior de la Iglesia, a todo riesgo de fraccionamiento y de desintegración. La obra teológica de estos Padres, al mismo tiempo antiherética y misionera, polémica y apologética, es también filosofía y cultura. Fueron los primeros en unir la herencia antigua a la tradición cristiana, creando así las bases de la civilización espiritual de Occidente.

Según la lengua en que escribieron, se habla de Padres griegos o Padres latinos. Entre los primeros, Atanasio de Alejandría, Juan Crisóstomo, Basilio de Cesarea, Gregorio Nacianceno, Gregorio de Nisa, llamados los tres últimos «los capadocios», y entre los latinos, Ambrosio de Milán, Agustín de Hipona, Jerónimo, el maestro de Belén, Martín de Tours, Dámaso de Roma, Hilario de Poitiers.

La obra de estos personajes fue considerable: una predicación rica en contenido doctrinal, siempre respaldada por la Sagrada Escritura; el comentario riguroso, espiritual y científico de la Biblia; un planteamiento teológico de las principales cuestiones debatidas en su tiempo. Este carácter apologético y combativo marcará sus escritos. Basta recordar la obra de san Agustín contra Pelagio y los pelagianos, de marcado carácter polémico, capaz de radicalizar muchas de sus afirmaciones.

San Ambrosio (334-397) fue nombrado obispo a los 34 años por el pueblo milanés conquistado por su sabiduría y por su honradez. Milán en aquel tiempo fue residencia de tres emperadores, Graciano, Valentiniano II y Teodosio. Favoreció la separación del Estado romano del paganismo y delineó el ideal de unidad entre el sacerdocio y el Imperio anticipando una idea fundamental del medioevo. Llevó una vida de oración y ascesis que conmovió y atrajo a su pueblo.

San Jerónimo representaba un personaje muy diverso. Era un sabio, de sólida y variada formación, que escribió y actuó mucho. Amigo y secretario del papa Dámaso, a su muerte viajó a Belén, donde permaneció 35 años. Realizó un trabajo extraordinario como exegeta, como traductor y como historiador. Tradujo la Biblia al latín (la Vulgata), traducción que se considerará durante siglos en la Iglesia católica como la oficial y autorizada. La manera en la que Jerónimo, en una carta en la que cuenta el sueño en el que Dios le reprochó el ser ciceroniano y no cristiano, pone la

En la página anterior: san Jerónimo distribuye a los monjes los ejemplares de su traducción de la Biblia; miniatura de una Biblia de Carlos el Calvo, del siglo IX.

cuestión de las relaciones entre el pensamiento cristiano y el pagano, ejerciendo una gran influencia en todos los intelectuales del medioevo que sufrieron su mismo tormento interior.

El poderoso pensamiento de san Agustín (354-430) pertenece al patrimonio universal. Sus centenares de sermones y las 260 cartas que quedan de su correspondencia enviada a todos los personajes importantes del Imperio nos ofrecen un carácter potente, un talante evangelizador, un conocimiento sorprendente de los problemas y preocupaciones de la gente. Sus obras se enfrentaron a lo que consideraba las tres plagas de su tiempo: el maniqueísmo, el donatismo, que pretendía excluir a los pecadores de la Iglesia, y el pelagianismo, que proclamaba la capacidad autónoma de la voluntad del hombre en detrimento de la gracia divina. Durante alguno de estos debates cristalizó su doctrina de la gracia y del mérito que tanto influjo ha ejercido en la teología cristiana. Finalmente, sus *Confesiones* constituyen la autobiografía más conocida de la historia. Todos los teólogos posteriores, hasta Lutero, Calvino y Jansenio apelarán a san Agustín. Tras la invasión de África por parte de los vándalos, Agustín muere en su ciudad sitiada y a punto de sucumbir. Su respuesta a los interrogantes planteados por los desastres políticos del Imperio, se articula alrededor de la imagen de la Ciudad de Dios que se va construyendo sobre la tierra. Mostrará a través de su formulación que la tierra es sólo un lugar de paso. Sólo la ciudad celeste será el lugar definitivo.

San Basilio (329-379), además de escritor exegeta, ascético y de homilías, fue un gran organizador de monasterios, para los que escribió varias reglas, y de estructuras de beneficencia que asombraron a sus contemporáneos. Fue un Pastor dedicado completamente al bienestar espiritual y temporal de sus fieles.

Gregorio Nacianceno (330-389) escribió cinco discursos teológicos en defensa de la divinidad del Hijo y del Espíritu Santo, por los que fue considerado como «el teólogo». Su ministerio en Constantinopla constituyó una aportación decisiva para la implantación de la fe ortodoxa. El extraordinario prestigio de que gozó después de su muerte se explica por las cualidades formales de sus escritos, los cuales se utilizaron como modelos de estilo.

Gregorio de Nisa (330-395), hermano menor de san Basilio, por su parte, en muchas de sus obras, se dedicó con acierto a la mística cristiana reflejando con profundidad sus experiencias personales. No concibe que una «naturaleza» humana pueda subsistir por sí misma: su esencia es tender hacia Dios, y no es comprensible ni es capaz de realizarse al margen de su vocación divina. La teología, escribió, conduce a la unión ferviente y amorosa con el Dios inalcanzable e insondable.

Arriba: san Agustín, en la cátedra, enseña a sus discípulos; de un códice de *La ciudad de Dios*, escrito y decorado en Inglaterra, en el siglo XII.

Abajo: san Ambrosio celebrando la misa; pieza del altar que regaló el obispo Angilberto II a la basílica milanesa de San Ambrosio el año 835; excepcional obra de orfebrería carolingia.

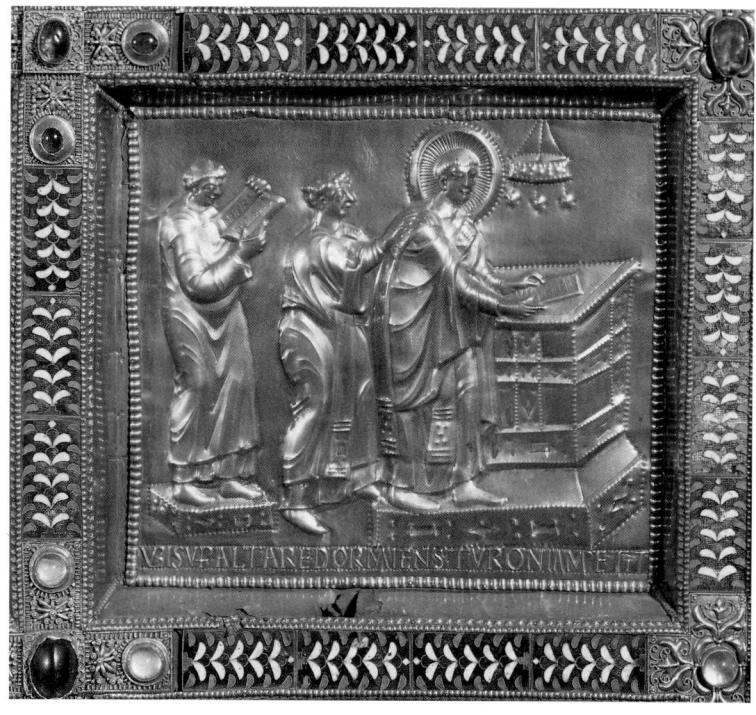

14. Teodosio: el cristianismo, religión del estado

Las ruinas de la iglesia y del monasterio de San Simeón Estilita el Viejo en Qal'at Sim'an, en Siria, región de origen de una forma especialmente llamativa del ascetismo, la de los estilitas (del griego *stylos* = columna). Vivían sobre una columna para llevar una vida de oración y estar más cerca del cielo. En torno a la columna de Simeón, cuya fama se difundió rápidamente por todo el mundo cristiano, surgió hacia el año 480 este imponente centro de peregrinación.

Reliquias llevadas en procesión a Constantinopla, probablemente con ocasión de la inauguración de la iglesia Chalkopraten, que albergaba reliquias relacionadas con la infancia de Jesús. Al carruaje del patriarca, que sostiene el cofre, le precede el senado, el emperador Teodosio II y su hermana, la emperatriz Pulqueria. Los espectadores, en las ventanas del palacio imperial, agitan incensarios perfumados. Nótese la imagen de Cristo en un luneto del edificio, arriba, a la izquierda. Placa de marfil de mediados del siglo V.

En los mapas: los mayores lugares de culto de los santos y centros de peregrinación de la antigüedad tardía y de la Edad media.

En la página anterior, arriba: Teodosio el Grande está representado en este *missorium* (un instrumento litúrgico) mientras confiere la investidura a un alto dignatario en presencia de sus hijos Valentiniano II y Arcadio. El nimbo, atributo de algunas divinidades en el arte clásico, y en el cristianismo reservado a Cristo, a la Virgen y a los santos, corresponde al emperador cristiano como representante del poder divino en la tierra.

14. Teodosio: el cristianismo, religión del estado

Teodosio con su corte asiste a los espectáculos del circo. El emperador entrega las coronas a los vencedores de las carreras de carros. Abajo, una fila de danzadoras. Relieve de la base del obelisco de Teodosio en el hipódromo de Constantinopla.

Teodosio persiguió la herejía y prohibió los ritos y manifestaciones paganas porque creaban desorden en el Imperio. La tolerancia se transformó en eliminación de todo lo que no era cristianismo ortodoxo. El proceso dio origen a una situación nueva, en la que la autoridad imperial protegía y defendía la Iglesia, y esta, a su vez, sostenía la política imperial. De ese modo, los herejes se convertían en enemigos de la sociedad.

La propagación e instalación del cristianismo en todos los ámbitos del Imperio resultó imparable. Desde Constantino, todos los emperadores, menos Juliano el Apóstata, fueron cristianos y ayudaron y favorecieron eficazmente al cristianismo.

Teodosio I (379-95) dio el último paso. Impuso en el edicto «De fide catholica» de febrero del 380 a todos los súbditos como norma religiosa el símbolo de Nicea, convirtiéndose así en el verdadero fundador de la Iglesia de Estado. El decreto convertía la fe cristiana en ley imperial. El texto comienza: «Queremos ver a todos los pueblos que están bajo el humilde gobierno de nuestra clemencia, vivir en la fe que el santo apóstol Pedro ha transmitido a los romanos, que es anunciada hasta nuestros días como él la anunciaba...». El Imperio se hizo cristiano por decreto, pero hay que recordar que ya antes las mentes más creativas, las personalidades más interesantes se habían convertido y muchas de ellas formaban parte de la organización eclesial. La Iglesia de Estado se convertirá en omnipresente y poderosa. Los obispos se convierten en oficiales importantes del Estado, los edificios de culto serán imponentes, la presencia cristiana y eclesial en la vida social muy fuerte. Naturalmente, esto se consiguió a costa de perder no pocos rasgos del cristianismo primitivo.

El paganismo tardó en desaparecer más de un siglo, pero fue languideciendo, perdiendo fuerza, quedó marginado y se desintegró. En el año 391 se prohíbe oficialmente el paganismo y se cierran o destruyen sus templos. En el 382 se había retirado del Senado romano el altar de la victoria, que era un signo emblemático de la antigua religión, retiro que causó una extraordinaria irritación en los paganos.

La nueva situación tuvo muchas consecuencias. Durante los primeros siglos, los cristianos no tenían templos donde adorar a Dios, sino sólo lugares de encuentro donde celebraban su liturgia. Su Dios estaba presente en todas partes sin conceder una especial santidad a un lugar determinado. Con la creciente expansión de la veneración a los mártires y su posterior sepultura en las iglesias, estas se convierten en lugares santos. Comienza entonces, también, la costumbre de colocar reliquias de mártires en los altares. Esta devoción, traducida en construcción de iglesias y santuarios, tuvo una gran importancia en la transformación de las ciudades paganas en ciudades cristianas.

En el siglo V, por todo el ámbito del Imperio, se alzó un bosque de basílicas cristianas. Se tendió entonces a suprimir las iglesias de distintos estilos construidas en el siglo IV para reemplazarlas por basílicas regulares. La basílica triunfa en todas partes, en buena parte debido al prestigio de las grandes obras constantinianas, tales como las basílicas de San Pedro o San Pablo en Roma o la del Santo Sepulcro en Jerusalén, de forma que en ese siglo se asociará la noción de iglesia con el edificio basilical. Junto a las iglesias encontramos los baptisterios, en cuyo centro estaba la piscina para la inmersión, con escaleras para poder introducirse. Los tiempos litúrgicos apropiados para recibir el bautismo eran las fiestas de Pascua y de Pentecostés.

Estos edificios estaban recubiertos de pinturas o de mosaicos. En las paredes de la nave central, en el arco triunfal que daba paso al presbiterio, en el ábside y la cúpula aparece Cristo en el trono en actitud de maestro y de pantocrátor, rodeado de ángeles, apóstoles y santos, o el cordero de Dios con los símbolos de los evangelistas, o, también, ciclos de figuras representando escenas del Antiguo o del Nuevo Testamento. Pintura y mosaicos representaban las dos vías maestras de la iconografía cristiana: narraciones y símbolos. Recordemos, por ejemplo, Santa Constanza, en Roma, donde el simbolismo floral y animal, el de las estaciones y el de la vendimia, acaba expresando un contenido cristiano, o como en el mausoleo de Gala Placidia, en Ravena, donde Cristo en apariencia del Buen Pastor, la túnica y las llaves, la cruz y el libro, la paloma, el ciervo y el pavo real constituyen auténticas manifestaciones doctrinales y catequéticas.

La escultura tiene menos fuerza, pero también está presente en puertas, ambones, fachadas, sarcófagos o estelas funerarias. La escultura figurativa aparece, también, en los muebles litúrgicos. Todo el conjunto dará a los edificios de culto cristiano gran belleza y solemnidad.

La vida religiosa tenía muchas manifestaciones. Una de las más llamativas fue la de las peregrinaciones. Verdaderas masas de gente acudían a los santuarios consagrados a los mártires más venerados: San Menas en Egipto, San Babilas en Antioquía, San Juan en Éfeso, San Demetrio en Tesalónica, San Pedro en Roma y, naturalmente, los santos lugares de Jerusalén y Belén.

En las peregrinaciones encontramos desde una devoción legítima a lugares relacionados con las raíces históricas de la fe cristiana a una mera curiosidad turística, pasando por el componente ascético y penitencial de unos viajes, siempre peligrosos e incómodos. Las narraciones de los peregrinos, los santuarios, las guías y los itinerarios hacia los lugares santos del cristianismo terminarán creando en el Imperio un nuevo espacio religioso.

No cabe duda de que el Imperio vivió a partir del siglo IV con un nuevo talante y con otra sensibilidad. San Agustín habla en este sentido de «tiempo cristiano» que marcará la vida individual y social. El cristianismo influye en la legislación, se introduce una mayor carga de humanidad en las relaciones sociales, los obispos interceden en favor de los más débiles, se multiplican las instituciones caritativas. De esta manera asistimos a una operación lenta, compleja, delicada: a la infiltración, por medio de una intensa acción capilar, del cristianismo en las capas más profundas de la sociedad occidental.

Mosaico con amorcillos vendimiando, en el mausoleo de Santa Constanza, en Roma; entre los sarmientos, retrato de la difunta, que era hija de Constantino el Grande.

Es la «era cristiana»; es decir, el modo de vivir, los usos y costumbres se cristianizan. El arte, las relaciones sociales y el sistema político se conforman gradualmente a los valores y a las opciones cristianas. En el cristianismo aparece cierto triunfalismo: la convicción de que la ciudad de Dios está imponiéndose en la tierra.

15. Decadencia de Roma y el bautismo de los bárbaros

Abajo: los movimientos de los pueblos bárbaros en Europa durante la época de las grandes migraciones. La península italiana fue recorrida por los hunos, los godos y los vándalos, y Roma sufrió dos clamorosos saqueos de manos de los visigodos de Alarico (410) y los vándalos de Genserico (455).

A la izquierda: Italia en tiempos de Teodorico, rey de los ostrogodos, que fundó a finales del siglo V el primer reino bárbaro dentro del territorio del Imperio.

A la derecha: el cristianismo en Irlanda; obispados y monasterios hasta el siglo IX. Evangelizada a mediados del siglo V por san Patricio, la isla fue uno de los centros más vivos del primitivo monacato occidental.

En la página anterior, a la derecha: el mausoleo que Teodorico el Grande mandó construir para sí mismo en Ravena, capital de su reino. Las formas arquitectónicas, todavía clásicas, de este macizo edificio nos hablan de su sueño de resucitar la antigua grandeza de Roma. Su efigie aparece en un medallón de oro, acompañada de la frase: *Rex Theodoricus Pius Princis.* Los ostrogodos, como gran parte de los pueblos bárbaros que se convirtieron al cristianismo, se adhirieron en un primer momento al arrianismo.

Arriba: portada del evangeliario que el papa Gregorio Magno regaló, en torno al año 600, a la reina longobarda Teodelinda, con ocasión del bautismo de uno de sus hijos. Los longobardos se establecieron en Italia en el tardío siglo VI, terminando pronto con la reunificación de la península al Imperio de Oriente realizada por Justiniano, y acabando definitivamente con su unidad política. En parte arrianos y en parte paganos, en casi un siglo se convirtieron al catolicismo. Su dominio dejará lugar, en el siglo VIII, al de los francos.

Esta placa de bronce, que representa la Crucifixión, fue realizada en el siglo X en el monasterio irlandés de Clonmacnoise, una de las más antiguas fundaciones de la isla, que se remonta al siglo V. La obra, cuyas formas románicas rezuman aún reminiscencias celtas, testimonia la fuerte originalidad artística y cultural desplegada por la Iglesia de Irlanda.

A la izquierda: las cinco sedes patriarcales reconocidas por el concilio de Calcedonia del 451.

15. Decadencia de Roma y el bautismo de los bárbaros

La mayoría de los pueblos bárbaros conoció el cristianismo en su versión arriana. Bien desde el arrianismo o directamente desde el paganismo fueron convirtiéndose al catolicismo.

Los visigodos, asentados en España y en el sur de Francia, se convierten al catolicismo cuando su rey Recaredo acepta el credo de Calcedonia a instancias de Leandro, obispo de Sevilla.

Los suevos se convierten sobre todo por obra de san Martín de Braga, fundador de monasterios y autor de obras catequéticas destinadas a la conversión de los campesinos paganos.

El bautismo de Clodoveo (496), rey de los francos, favorecido por la persuasión de su esposa, Clotilde, y los consejos de Remigio, obispo de Reims, constituyó una fecha clave en la historia de Francia: favoreció la fusión de los galorromanos y la creación de un reino unido. Se le consideró como un nuevo Constantino.

Los longobardos aceptarán el catolicismo gracias a Teodelinda, esposa del rey Agilulfo, que convierte a la corte de Pavía apoyada por Gregorio Magno. El pueblo va adoptando la nueva religión a partir del 600.

Patricio, miembro de una vieja familia cristiana romanizada, es ordenado sacerdote, vive como monje itinerante, es ordenado obispo y viaja a Irlanda, isla en la que Palladius había hecho ya algunos cristianos. Su apostolado se desarrolla entre el 430 y el 460. Lleva un cristianismo celta a un territorio jamás romanizado. El corazón de la Iglesia en esta nueva sociedad que iba naciendo no era la ciudad y su obispo sino el monasterio y el abad. El cristianismo favoreció en Irlanda el nacimiento de una cultura propia. La tradición irlandesa pone gran énfasis en la idea de que esta vida es un viaje hacia el cielo. A partir de la obra de Patricio, Irlanda se convierte en un foco de civilización frente a la decadencia del continente.

La Iglesia irlandesa se caracterizará por su fuerte originalidad; el espíritu expansivo de sus numerosos monjes la llevará a misionar en Inglaterra y en el continente, fundando numerosos monasterios e imponiendo su rígido ascetismo con reiterados ayunos y mortificaciones rigurosas.

Se comprende que Gregorio I el Grande pusiera toda su esperanza en estos pueblos espiritualmente jóvenes, más dóciles, más puros, más generosos, consciente de que su vigor y su generosidad eran capaces de realizar una nueva y profunda evangelización.

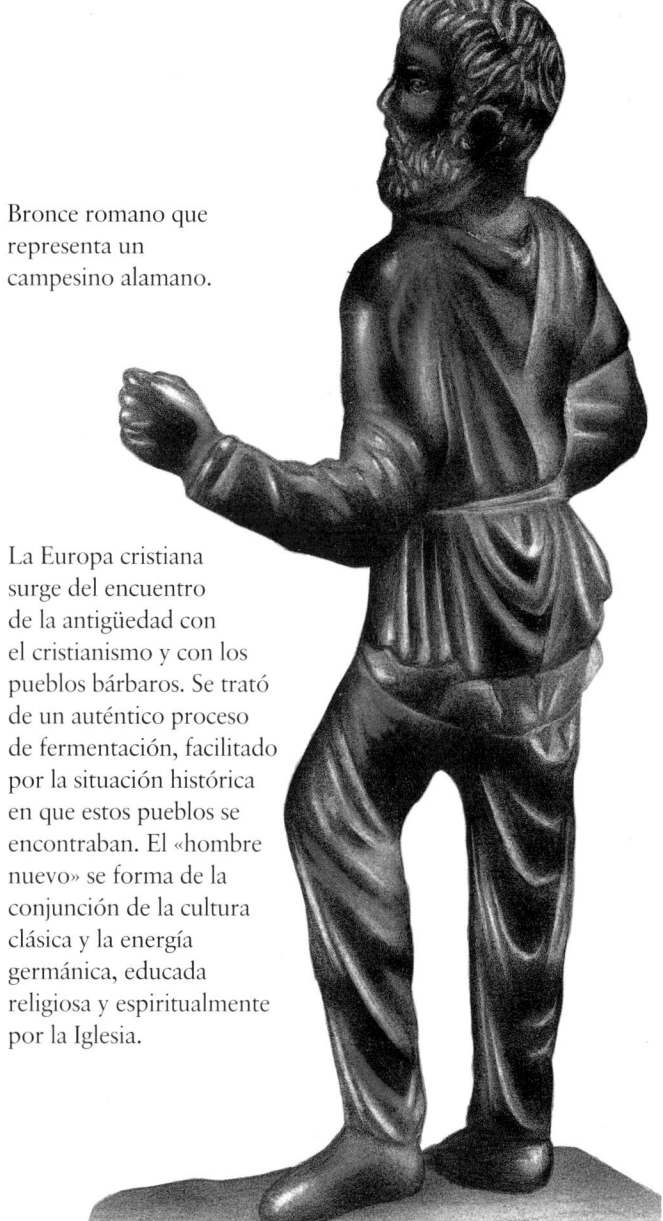

Bronce romano que representa un campesino alamano.

La Europa cristiana surge del encuentro de la antigüedad con el cristianismo y con los pueblos bárbaros. Se trató de un auténtico proceso de fermentación, facilitado por la situación histórica en que estos pueblos se encontraban. El «hombre nuevo» se forma de la conjunción de la cultura clásica y la energía germánica, educada religiosa y espiritualmente por la Iglesia.

Orígenes de los patriarcados

El título de patriarca no aparece en la historia eclesiástica antes del siglo V. Los patriarcados hunden sus raíces en las grandes circunscripciones eclesiásticas (Alejandría, Antioquía, Roma) que se fueron formando por diversas razones y en diferentes circunstancias. Se sitúan en ciudades relevantes política y económicamente. Concentran y determinan los caminos de la temprana misión cristiana y centralizan las comunidades de Egipto, Italia y Siria. Influyó también el conjunto de peculiaridades raciales, culturales y lingüísticas de sus respectivos ámbitos. Todos apelaban a su fundación por obra de un apóstol, y este origen apostólico constituía la motivación política de su importancia.

El concilio de Constantinopla (381) estableció la importancia de esta ciudad, y el de Calcedonia reconoció la sede patriarcal de Jerusalén y su jurisdicción sobre toda Palestina. Fue este último concilio el que determinó la jerarquía de los cinco patriarcados al tiempo que paralizó la formación de otras zonas autónomas de organización eclesiástica en torno a Éfeso, Cesarea y Heraclea que lo habían pretendido.

La legislación de Justiniano reconoció oficialmente los cinco patriarcados como la base esencial de la constitución de la Iglesia y fijó la jurisdicción que les correspondía: el derecho de inspección y supervisión sobre todas las Iglesias de su jurisdicción, y el juicio en primera instancia de los metropolitanos.

Aunque las herejías y otras vicisitudes alteraron muy pronto este número de cinco patriarcas, en Occidente sólo se ha reconocido a lo largo de los siglos el patriarcado de Roma. De hecho, durante siglos, la Iglesia católica ha sido identificada, incluso geográficamente, con este patriarcado.

El bautismo de Clodoveo en una plaquita de marfil del siglo IX.

Gregorio de Tours, en su *Historia de los Francos,* refiere la promesa de Clodoveo: «Oh Jesucristo, a quien Clotilde proclama Hijo de Dios vivo... Si me concedes la victoria sobre estos enemigos y si experimento la virtud milagrosa que el pueblo dedicado a tu nombre declara haber probado, creeré en ti y me bautizaré en tu nombre». «Vuestra fe es nuestra victoria», le escribió el obispo Avito. En realidad, con el bautismo de Clodoveo comienza la historia cristiana de Francia.

Los grandes papas del siglo V

A partir del siglo IV los papas manifestaron su autoridad con actas y cartas que dictaban órdenes o respondían autoritativamente a consultas de las diversas Iglesias. La doctrina del primado romano se hallaba a comienzos del siglo V sólo en germen, y se fundamentaba siempre en el hecho de que los obispos de Roma eran sucesores del apóstol Pedro. Hay tres momentos, que se corresponden con tres grandes papas, en la afirmación romana:

– Inocencio I (401-417), que sostuvo que el papa era el guardián de la tradición apostólica y reivindicó jurisdicción universal para la Iglesia de Roma. Defendió la necesidad de que todas las causas importantes fueran enviadas a Roma para su examen, y afirmó que Pedro y sus sucesores eran el origen de todas las Iglesias de Occidente, idea comúnmente aceptada.

– León I Magno (440-461) fue probablemente el primer papa que enunció la teoría de la unión mística entre Pedro y sus sucesores, y que atribuyó todas sus acciones y palabras a Pedro, lo que hay que entender en su idea de que el episcopado es uno y ha sido instituido primeramente en Pedro. Concibe el primado como la presidencia de una comunión única y universal, como el oficio de confirmar a los hermanos. Intervino decisivamente en los concilios de Éfeso y Calcedonia. La tradición de su milagrosa detención del avance de Atila (452) y de sus esfuerzos para evitar el ataque de Genserico (455) dieron más tarde un enorme prestigio al papado.

– Gelasio (492-496) fue el primero que proclamó la independencia del papado en materias de fe con respecto al emperador y al concilio eclesiástico.

16. Los primeros cismas

Las Iglesias no ortodoxas que nacieron por motivos dogmáticos, pero con frecuencia también nacionalistas, en los márgenes de las Iglesias dependientes de los cuatro patriarcados orientales, han sabido mantener a lo largo de los siglos su personalidad y sus tradiciones, a pesar de la larga opresión musulmana.

El nestorianismo, perseguido por el Imperio, llegó hasta Malabar, India occidental y a las islas de Socotra y Ceilán. La primera noticia de una Iglesia cristiana en Malabar se remonta al siglo IV, y desde entonces estos cristianos defienden que su origen se debe a la predicación del apóstol santo Tomás. Posteriormente los nestorianos se difundieron sobre todo en el Imperio persa, incluida Mesopotamia. Tras la clausura de la célebre escuela teológica de Edesa, de tendencias nestorianas, en el siglo VI, y las consiguientes emigraciones de sus miembros al Imperio persa, donde fueron bien recibidos, el nestorianismo se convirtió en doctrina oficial de los cristianos de Persia.

La Iglesia jacobita o siro-occidental debe sus orígenes al apoyo de la emperatriz Teodora al monofisismo, que pronto se organizó como Iglesia presente en Siria, Armenia y Asia Menor. Los rasgos fundamentales de esta Iglesia son: la actitud anticalcedoniana, el uso de la lengua nacional siriaca y la preponderancia del monacato, tanto cenobítico como anacorético. La invasión islámica encontró una acogida favorable entre los jacobitas a causa del odio que alimentaban hacia los griegos ortodoxos. Lo mismo que los asirios nestorianos, la Iglesia jacobita ha conservado el rito primitivo de la Iglesia de Antioquía, el más antiguo de la historia del cristianismo, muy anterior al de Bizancio.

El pueblo armenio protegió su autonomía y su unidad étnica, tanto bajo la dominación bizantina como bajo la persa y la islámica. Su alma fue el cristianismo. En el siglo V el obispo Mesrop promovió la creación del alfabeto armenio, que permitió traducir la Biblia, la liturgia de san Basilio y los rituales para los sacramentos en la lengua nacional. Entre las peculiaridades de esta liturgia está el empleo del pan ázimo. Los armenios no creían en el purgatorio, no mezclaban agua con el vino en la eucaristía y celebraban la Navidad el 6 de enero. Junto con la Iglesia armenia, pero distinta de ella, está la de Georgia, país en el que el cristianismo echó raíces desde los primeros siglos, y donde, en el siglo VII, se abandonó la doctrina monofisita.

Las Iglesias cristianas separadas en el Medioevo

Patriarcado de Alejandría:
- ■ Sede patriarcal
- ■ Distrito administrativo de provincia y obispado

- ▲ Patriarcado de los nestorianos
- ▲ Metrópoli de los nestorianos
- ▲ Patriarcado de los jacobitas
- ▲ Metrópoli de los jacobitas

Los coptos, que se identifican con los primeros habitantes de Egipto, han defendido su fe cristiana a través de siglos de dominación musulmana. Rechazaron las decisiones del concilio de Calcedonia y siguieron ciegamente al patriarca de Alejandría, que jamás había aceptado la supremacía del patriarca de Constantinopla. Antiguamente, el poder de la Iglesia copta residía en sus monjes, que en el momento de la invasión árabe alcanzaban la sorprendente cifra de 500.000. También en Etiopía sobrevivió desde el siglo IV una comunidad que permaneció fiel al patriarca copto de Alejandría. El cristianismo etíope es un tanto austero y formalista, impone una cuaresma de cincuenta y cinco días, y el ayuno los miércoles y viernes hasta las tres de la tarde. No se practica la confesión, excepto en caso de peligro de muerte.

Las Iglesias orientales separadas de la Iglesia ortodoxa, aunque todas se declararan igualmente ortodoxas, constituyen un

ejemplo sorprendente de fidelidad a las fuentes y de conservación de una tradición, al margen de la gran Iglesia. En su desarrollo histórico mantuvieron antiquísimas costumbres de las culturas circundantes; en algún caso conservan costumbres ceremoniales de la época de los faraones.

Arriba: imagen de Cristo en un escudo sostenido por dos ángeles, fragmento de un fresco copto del siglo VII.

En la página anterior, abajo: miniatura con la Cruz, de un evangeliario sirio. Los nestorianos no representan nunca la crucifixión, sino únicamente el símbolo de la Cruz, ya que, según ellos, no es lícito representar los sufrimientos de Cristo.

ARMENIOS Y MONOFISITAS EN EL SIGLO VI

- ✝ Sedes patriarcales de la Iglesia armenia
- ✝ Sedes metropolitanas monofisitas
- • Obispados monofisitas

69

16. Los primeros cismas

La gran Iglesia sufrió permanentemente divisiones, cismas y herejías. Algunos cismas resultaron fáciles de componer y otros subsisten todavía hoy. Las causas fueron múltiples y no siempre doctrinales.

Las controversias cristológicas, que ya hemos descrito, constituyeron el caldo de cultivo de muchas divisiones. Nicea, Éfeso y Calcedonia intentaron solucionar los problemas, pero, a menudo, crearon nuevos enfrentamientos. En realidad, no se trataba únicamente de diferencias doctrinales sino, también, de causas culturales, étnicas y políticas.

No podemos olvidar la tradicional rivalidad existente entre Antioquía y Alejandría, las dos grandes metrópolis cristianas, complicada y aumentada por los diferentes métodos de sus escuelas teológicas, y la existente entre estas ciudades y Constantinopla. A las discusiones teológicas se añadió la rivalidad política entre las sedes de Alejandría y Constantinopla, que representaban dos pueblos, dos historias y dos culturas bien diferentes. La primera era la guía y portavoz del nacionalismo egipcio mientras que la segunda representaba el imperialismo centralizador bizantino. Además, Alejandría no estaba de acuerdo con el primado sobre todos los obispos orientales concedido al patriarca de Constantinopla por el concilio del 381. Para complicar las cosas, las metrópolis orientales desconfiaban permanentemente de Roma. Constantinopla, de manera especial sus

arzobispos, demostró en todo momento sus ansias de adquirir preeminencia de honor y de jurisdicción sobre las demás, y utilizó para ello el argumento de su importancia política: era la «nueva Roma», dando a entender que el prestigio de los patriarcados no venía de su origen apostólico sino de la capitalidad política.

De hecho las intrigas de palacio complicaron con frecuencia las querellas intestinas eclesiásticas. Todos buscaban el apoyo del emperador para sus formulaciones doctrinales, y el emperador de turno imponía con gusto su decisión, fuera ortodoxa o no.

En esta historia nos encontramos también con la diferente mentalidad de Oriente y Occidente. Los griegos fueron más filósofos y especulativos. Allí nació la mayoría de las herejías cristológicas y allí se celebraron los grandes concilios doctrinales, mientras que en el mundo latino la mentalidad y las herejías eran más «prácticas», discutiéndose con pasión las teorías sobre la eficacia de la gracia y sobre los agentes decisivos en el proceso de la salvación.

No podemos olvidar tampoco las motivaciones políticas de todo orden en el nacimiento y desarrollo de muchos cismas. Un poder político acostumbrado a entrometerse en el campo religioso siempre resulta peligroso cuando los intereses del Estado se enfrentan a los de la fe. Es el caso, en el siglo VII, de la crisis monoteleta, que apareció cuando el emperador Heraclio, ante la amenaza árabe, intentó con todas sus fuerzas poner de acuerdo a sus súbditos ortodoxos y monofisitas, para lo cual emanó un decreto que proclamaba la existencia en Cristo de una sola voluntad. Los católicos distinguían en Cristo dos naturalezas unidas, y los monofisitas una sola. Heraclio pensó que si se descubría el principio único de la unión de las dos naturalezas, todos se pondrían de acuerdo. Para lograr esto determinó que la voluntad divina era la única en Jesús, quien, como hombre, no tenía voluntad, lo cual quería decir, en resumen, que Cristo era un hombre incompleto. Y volvía a caerse así, de lleno, en la herejía monofisita.

Lo mismo se puede afirmar de la crisis iconoclasta, del siglo siguiente, presionados también por la imparable marea árabe, cuando el emperador dictó un decreto que imponía la destrucción de todas las imágenes o iconos, política que desencadenó persecuciones, enfrentamientos y cismas.

Con frecuencia las determinaciones o definiciones conciliares han desembocado en cismas. Los cristianos del este de Siria y de Mesopotamia, que vivían fundamentalmente en el Imperio persa no aceptaron la definición de Éfeso de María como Madre de Dios. Estaban influidos por la Escuela de Edesa, uno de los centros principales de la Escuela Antioquena, donde se había desarrollado una literatura sirio-cristiana original, de tendencias cada vez más nestorianas. Con el tiempo se convirtieron en una Iglesia separada, de cultura y lenguaje siriaco. Tras el concilio Constantinopolitano del 553 se organizó una Iglesia monofisita gracias a la acción del obispo de Edesa, Jacobo Baradeo, por lo que todavía hoy se llaman jacobitas. Se constituyeron igualmente Iglesias nacionales, siria, armenia, copta, etiópica. Se trató de una oposición nacional más que dogmática que dura todavía a pesar de las persecuciones sufridas en los Estados musulmanes. De hecho, las discusiones teológicas sobre las dos naturalezas de Cristo servían para poner al descubierto unos exasperados nacionalismos, sobre todo en Siria y Egipto.

En Occidente tendríamos que hablar de donatismo y de pelagianismo, dos doctrinas sugerentes que bajo distintas formas han estado presentes en toda la historia de la Iglesia y que, en el siglo IV, encontraron en san Agustín y en san Jerónimo sus adversarios más tenaces. Se trataba de determinar si los pecadores podían administrar los sacramentos y dirigir la Iglesia (donatismo), y si el hombre con sus propias fuerzas era capaz de actuar el bien, de evitar el pecado y de conseguir la salvación (pelagianismo). Esta doctrina hacía del hombre el único árbitro del propio destino, rechazando, de hecho, la necesidad de la gracia o de la ayuda divina para hacer el bien y evitar el mal. Estaban en juego dos concepciones del pecado original, dos antropologías y dos concepciones de la gracia divina y de la libertad humana diversas.

Abajo: díptico de marfil con las personificaciones de Roma y Constantinopla.

La fundación de Constantinopla y la división administrativa del Imperio constituyeron un germen de rivalidad entre la antigua y la nueva capital. El obispo de Constantinopla no se conformó con este título, quiso convertirse en patriarca y, casi por fuerza, se enfrentó con Roma. La existencia de motivos no estrictamente religiosos —Constantinopla era importante porque era la «nueva Roma»— habría de originar envidias y conflictos. A esto hay que añadir la diversa psicología de griegos y romanos, una diferencia a menudo más importante que la estrictamente doctrinal, cuando se trata de relaciones y de convivencia.

En la página anterior, arriba: Teodosio el Joven en el concilio de Éfeso.

En la página anterior, abajo: detalle de la puerta de San Ranieri en la catedral de Pisa; obra de Bonanno, que representa el pecado original.

El pecado original indica la privación de la amistad divina y la ausencia de la gracia santificante en el hombre, a causa del pecado de Adán. Tertuliano afirmó que la raza humana estaba seminalmente presente en Adán, de modo que su desobediencia fue desobediencia de todos. Los reformadores, siguiendo a Lutero, afirmaron que la concupiscencia afecta a toda la vida humana, incluso a la inteligencia y a la voluntad, e impulsa al hombre al mal en cada uno de sus actos.

17. El culto de María

La devoción a María, virgen y madre de Jesús, se difundió muy pronto entre los cristianos, antes incluso que la teología hubiera aclarado los problemas de la maternidad divina de María y de su virginidad. La «protección de la Theotokos» se invocaba ya a comienzos del siglo IV, como lo demuestra la oración «*Sub tuum praesidium*» que ha llegado hasta nosotros. A lo largo del mismo siglo IV se asiste a una doble orientación: por una parte algunas autoridades de la Iglesia, como Epifanio de Salamina, ponen en guardia contra los excesos de la devoción y del culto; por otra, se oye con creciente fuerza la voz de quienes, como el obispo Severiano de Gabala, sostienen que en la oración se debe invocar a María antes que a los apóstoles y los mártires. En Oriente, la devoción a la Virgen fue cultivada por los monjes y por un obispo como Cirilo de Alejandría, quien, en el concilio de Éfeso del año 431, se esforzó para que se reconociese a María el título de Madre de Dios. El concilio concluyó después con un gran cortejo de antorchas en honor de María, por las calles de Éfeso, la ciudad que había sido famosa por el templo y el culto de Diana (cf He 19), la diosa de la naturaleza y de la caza. Se realizaba de este modo un paso ideal de la antigua madre a la nueva, cuyo culto se iba a difundir enseguida en Oriente y Occidente.

Con Santa María la Mayor, Roma puede gloriarse de tener la primera gran basílica dedicada a la Virgen. Posteriormente se multiplicaron las iglesias y oratorios dedicados a la Virgen, y se fue formando también el calendario de las fiestas marianas: la Purificación (2 de febrero), la Anunciación (25 de marzo), la Asunción (15 de agosto) y la Natividad (8 de septiembre).

La Madre de Dios: dos imágenes, una pagana y otra cristiana, ambas de ambiente copto egipcio, testimonian una continuidad no sólo de estilo.

Lápida sepulcral de los siglos V-VI, que tiene grabada la figura de la Virgen sentada, con el niño en brazos *(arriba)*, y fresco del siglo III que representa a Isis amamantando a Horus *(a la derecha)*.

Desde el punto de vista iconográfico, la imagen predominante de María es la de la Madre con el niño, para la que, lo mismo que en el caso de Jesús Buen Pastor, los artistas cristianos pudieron inspirarse en modelos de arte clásico.

Los primeros cristianos, como oposición al culto de los dioses que practicaban los paganos, evitaban representar a Dios y a los santos, limitándose a figuras simbólicas (el pez, el ancla, el buen pastor, etc). Pero ya en el siglo II se percibe una transformación de esta tendencia: las imágenes de Cristo comienzan a ocupar el lugar de las estatuas de los dioses antiguos, mientras Isis y Minerva sirven de modelo para las primeras representaciones de la Virgen. El primer motivo de la Virgen con el niño procede, en todo caso, de escenas de la infancia de Jesús, como la Adoración de los Magos.

El concilio de Éfeso dio vía libre a la veneración de la Virgen Madre de Dios *(Theotokos)*, a la consagración de iglesias dedicadas a ella y a la multiplicación de sus imágenes. El arte bizantino codificó posteriormente las representaciones de la Virgen, lo mismo que las de los demás motivos sagrados, desarrollando una tipología riquísima, a la que el arte de Occidente recurrió hasta la Edad media.

En la Iglesia latina, a partir del siglo XI, el culto mariano experimentó un desarrollo original en la devoción popular y monástica, gracias a algunos grandes místicos y teólogos, como Bernardo de Claraval y Buenaventura. La iconografía se despliega en una amplia escala de modelos, desde las «Vírgenes de la humildad», donde María aparece inclinada en el suelo o sobre un prado, a las «Majestades», que presentan a la Reina del cielo sentada en un trono, a menudo rodeada de una multitud de ángeles y santos.

Con el Renacimiento, para muchos artistas la figura de María toma los rasgos de una mujer y madre real, transportada a su época, mientras el barroco de la Reforma católica celebra a la Virgen con las formas ricas y sensuales que distinguen esta época artística, prefiriendo motivos como la Inmaculada Concepción y la Asunción al cielo.

A la derecha: la *Sagrada Familia,* del pintor flamenco Joos van Cleve; san José observa complacido al lactante que desnuda el pecho de su madre en esta íntima escena doméstica.

Abajo: Piero della Francesca nos presenta con su solemne *Virgen del Parto* a una joven mujer encinta, y orgullosa de ello.

En la página anterior, arriba: en este icono bizantino, del tipo denominado «de la ternura», María arrulla a un niño Jesús vivaracho y alegre.

17. El culto de María

A primera vista, la Madre de Jesús parece ocupar un lugar poco importante en la literatura cristiana de los primeros siglos, aunque varios apócrifos del Nuevo Testamento tienen páginas legendarias pero llenas de poesía y admiración por la Virgen María. Sin embargo, un estudio atento de los primeros escritores eclesiásticos nos señala que desde muy temprano su figura y su función maternal fueron consideradas con atención y enorme respeto. Tertuliano en su *Apología* (197) afirma que el Hijo de Dios, descendido en el seno de una Virgen, se ha hecho carne y ha nacido Dios-hombre. La fórmula del credo que aparece en Ireneo en la segunda mitad del siglo II dice «nacido de María Virgen». En los mismos años, contra los gnósticos se afirma claramente que «el Hijo de Dios ha nacido realmente de María». La anáfora eucarística de Hipólito de Roma (218) menciona a María. Después de Nicea (325), el vínculo con ella se va haciendo cada vez más intenso y se la invoca de modo más acusado.

Justino en Roma, Ireneo en Lyon y Tertuliano en Cartago parten del paralelo Adán-Cristo y desarrollan el paralelo análogo Eva-María. El desarrollo del pensamiento teológico cristológico durante el siglo IV puso en evidencia el papel de la Virgen en la historia de la salvación.

Hacia el 428, Nestorio expresó su parecer de que no había que utilizar el título Madre de Dios. Esta expresión era la piedra de escándalo, porque entrañaba, una vez más, el tema de la verdadera naturaleza de Cristo. Cirilo reivindicó tal título y el papa Celestino I le apoyó. La decisión del concilio de Éfeso (431) incrementó la devoción al afirmar la maternidad divina de María a causa de la unidad de persona en Jesucristo, nacido de la Virgen María.

La iconografía primitiva ha representado siempre a la Virgen como Madre de Dios, Theotokos. A comienzos del siglo II, en el cementerio romano de Priscila, encontramos la representación de la Virgen sentada, con el niño Jesús contra su pecho, tal vez en relación con la profecía de Isaías (Is 7,14). En el cementerio de Domitila existe del mismo siglo una Virgen sentada con el niño en brazos recibiendo a los Reyes Magos. Sabemos que los primeros cristianos colocaban las sepulturas junto a las de los mártires para gozar de su protección.

Un carácter semejante debían de tener las imágenes pintadas de Cristo, sobre todo bajo la advocación del Buen Pastor, y las de la Virgen. Sabemos que en el arte cristiano de este siglo y del siguiente encontramos símbolos que representan a Cristo, tales como el pavo, la paloma, el ancla, la barca y el pescador. Y entre ellos, también, algunas imágenes de María con el niño. Se han encontrado también sellos de plomo de los siglos V y VI con la inscripción «sier-

vo de María». En Oriente aparecen los iconos de la Virgen, alguno de ellos atribuido a san Lucas, y no pocos con ángeles que rodean la imagen de María.

La veneración de María se había propagado en el pueblo mucho antes de que la teología hubiera esclarecido las cuestiones de su santidad y virginidad. Con la difusión en el siglo III del ideal de vida ascética, María fue considerada, sobre todo por su virginidad y obediencia, como el modelo de las vírgenes cristianas.

A partir de la segunda mitad del siglo IV conocemos numerosas manifestaciones de culto a la Virgen María tanto en invocaciones como en fiestas especiales, en peticiones de protección y en himnos como los ambrosianos. Epifanio de Salamina, que tuvo que intervenir en el 377 contra una adulteración sectaria del culto mariano —lo cual quiere decir que en ese tiempo ya era habitual— la llama «madre de los vivientes». Atanasio, Juan Crisóstomo, Ambrosio,

Jerónimo y Agustín dedican, también, bellísimas oraciones y expresiones de devoción y reconocimiento.

En los últimos años del siglo IV se establecen varias fiestas en honor a María en Belén, Jerusalén y Nazaret. Las numerosas peregrinaciones que llegaban a estos santos lugares volvían con estas devociones y conmemoraciones a sus lugares de origen fomentándose la rápida propagación de la devoción mariana. En el siglo V encontramos firmemente establecidas en Oriente las fiestas de la Purificación y de la Anunciación, fiestas que llegan algo más tarde a Occidente. El 15 de agosto del año 600, el emperador Mauricio prescribe en todo el Imperio la fiesta de la Asunción y el X concilio de Toledo (646) impone la fiesta de Santa María. En Bizancio aparece, también, la devoción a la Madre de Dios como protectora e intercesora. La mediación de los santos constituía un tema constante en las oraciones de los cristianos orientales y, naturalmente, por encima de todos estaba María, la protectora de Constantinopla, la madre y guardiana del pueblo ortodoxo.

Ya en el siglo IV, en el *Communicantes* de algunos formularios de misa la Virgen ocupa el primer lugar, aunque en la liturgia romana no aparece hasta el siglo VI, y algunas liturgias primitivas, como la de los jacobitas, contienen numerosas oraciones a María.

El concilio de Éfeso se celebró en una Iglesia dedicada a María. Desde ese momento, innumerables iglesias estarán colocadas bajo la advocación mariana, de forma que en los siglos VII y VIII no existe ciudad en Oriente y Occidente que no tenga una iglesia dedicada a la Virgen. Tal vez la más conocida sea la iglesia de Santa María la Mayor, de Roma, construida por Sixto III (432-440) para conmemorar el concilio de Éfeso.

Arriba: exvoto del siglo XVI, conservado en el santuario mariano de la Virgen del Monte, en Cesena (Italia), como agradecimiento por la liberación de un endemoniado.

Abajo: relieve del siglo XII que representa una procesión con la imagen de la Virgen, en Milán.

En la página anterior: la *Virgen de la Misericordia*, que reúne a sus fieles bajo su manto protector; talla toscana en madera policromada de comienzos del siglo XV.

La devoción popular siempre ha recurrido confiadamente a la Virgen como mediadora de todas las gracias, protectora y consoladora. Son innumerables las imágenes de la Virgen que se consideran milagrosas. Especialmente las mujeres encontraban en la Madre de Dios una figura salvífica a la que poder invocar en todas las angustias propias de la vida femenina —los peligros del parto, la esterilidad, las enfermedades de sus hijos— tributándole un culto en el que, a veces, afloraban formas y concepciones religiosas más antiguas. La Iglesia universal celebra numerosas fiestas marianas, y a la Virgen se ha dedicado el mes de mayo y, más recientemente, el de octubre.

18. El monacato occidental

En Montecassino, cuna del movimiento benedictino, la actividad agrícola estaba ya en acto desde los tiempos de su fundación. Sabemos poco sobre la extensión de las posesiones del primer monasterio y su economía, salvo el precepto de la regla de san Benito que ordena vender los productos a un precio inferior al del mercado (norma válida también para todos los derivados). Algo más sabemos de las relaciones espirituales con la población circunstante, todavía pagana en la época de la fundación del monasterio (siglo VI) y evangelizada por Benito. Sabemos que el mismo Benito fundó el monasterio de Terracina y que el año 580 la casa madre fue destruida por los longobardos.

Con la restauración a comienzos del siglo VIII, por obra de Petronace y san Villibaldo, con la protección del papa Gregorio II, la expansión del monasterio fue prodigiosa. El impulso principal vino del duque Gisulfo II de Benevento con la donación del primer núcleo de lo que posteriormente sería la «Terra sancti Benedicti», y de otros muchos bienes en el ducado beneventino y en toda Italia meridional. La Tierra de san Benito tenía una superficie de más de 80.000 hectáreas. El rey longobardo Desiderio llamó a los monjes fuera de la región de Benevento, mientras que más tarde la benevolencia de Carlomagno y sus sucesores contribuyó a la expansión de las posesiones cassinenses por toda Italia.

A la izquierda: trabajos agrícolas en una representación de las cuatro estaciones, de un códice de Montecassino de comienzos del siglo XI.

Abajo: diseño de la maqueta de la abadía de Sankt Gallen, en Suiza. El monasterio medieval era un organismo complejo y autosuficiente; en torno a la gran iglesia surgían los edificios para uso de los monjes, de los conversos y de los forasteros, y para todas las actividades propias de un importante centro económico y administrativo.

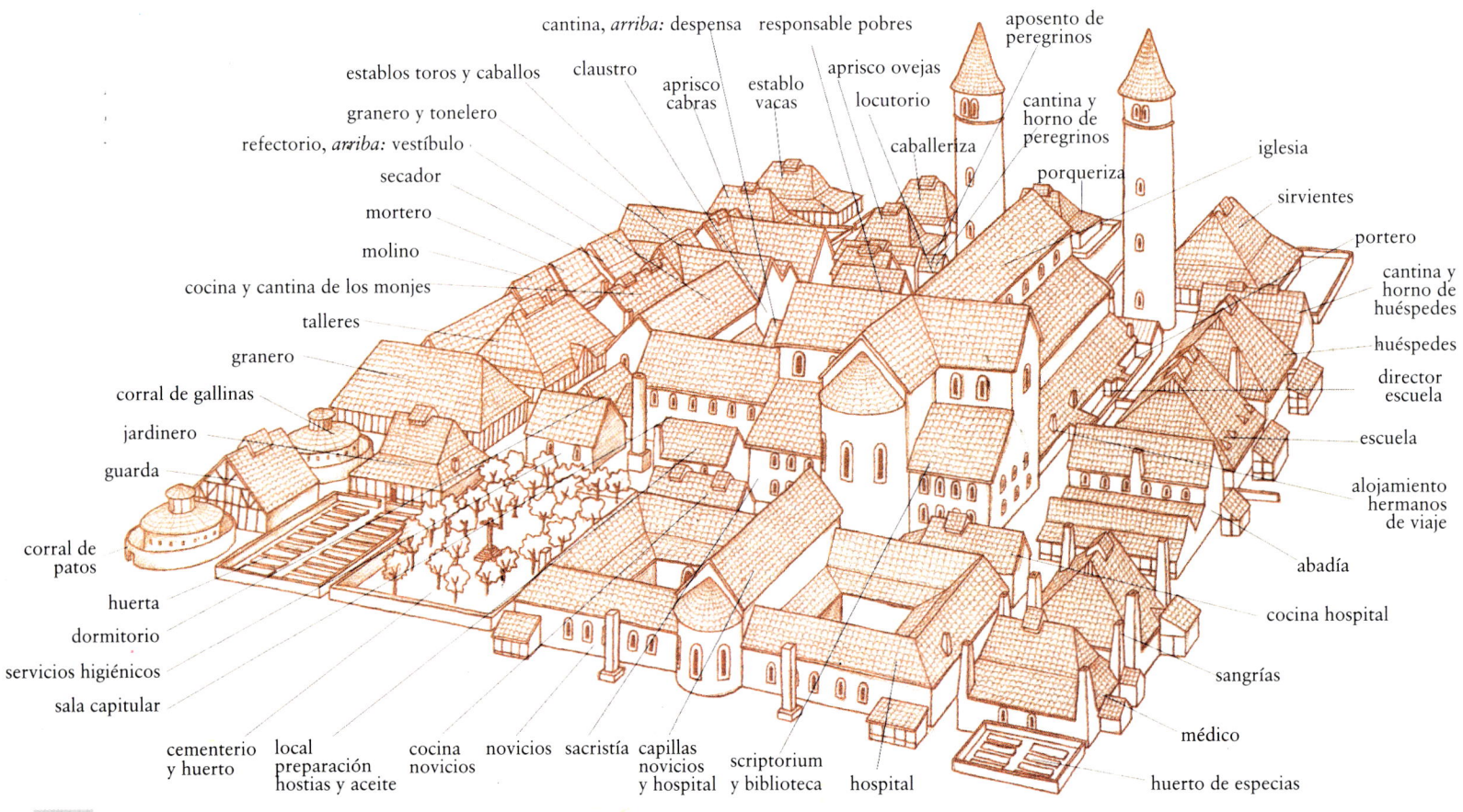

A la derecha: san Benito predica cerca de Montecassino; de una miniatura de comienzos del siglo XV.

Según san Gregorio Magno, el santo evangelizó en los alrededores de su primera fundación a una población todavía pagana, como atestigua la presencia del ídolo de la izquierda.

El movimiento monástico se difundió en Occidente principalmente en su forma cenobítica.

La regla de san Benito, a la que el papa Gregorio Magno reconoce gran equilibrio en el II libro de los *Diálogos*, fue acogida casi en todas las partes de Europa, a raíz de la reforma promovida por san Benito de Aniano († 821), apoyado por Ludovico Pío.

Expansión de la orden Benedictina hacia finales del siglo VIII

▲ Principales monasterios benedictinos de la época

18. El monacato occidental

Al menos desde el siglo III encontramos en Occidente anacoretas y eremitas, cristianos que llevaban vida penitencial solitaria, aunque era más frecuente encontrarlos viviendo en comunidad. San Atanasio de Alejandría pasó parte de su exilio en Roma, donde su *Vida de san Antonio* tuvo tanto éxito que fue traducida al latín. Con la difusión de este texto, el influjo de la vida eremítica egipcia en los grupos de ascetas romanos fue más intenso. Por otra parte, Ambrosio, Jerónimo, Agustín, Martín de Tours y otros favorecieron con sus escritos y ejemplos la institucionalización de esta forma de vida.

A principios del siglo V, en la isla mediterránea de Lérins san Honorato fundó un monasterio que se convirtió en un centro de espiritualidad, de estudio y de formación de futuros obispos. Poco después, Juan Casiano, que había pasado más de diez años con los anacoretas de Egipto, fundó cerca de Marsella dos monasterios, uno masculino y otro femenino, dotándolos de la espiritualidad monástica oriental adaptada a la mentalidad latina a través de reglas apropiadas que fueron enseguida muy imitadas. Se multiplicaron las experiencias y las reglas, por ejemplo, la de san Leandro de Sevilla o la de san Gregorio Magno.

En Irlanda se produjo un fenómeno único de actividad monástica. Toda la vida eclesial y religiosa se concentró en los monasterios, auténticos centros de cultura y de ascetismo, y los obispos que había eran monjes de uno u otro monasterio. Esta pluralidad y, a menudo, anarquismo, dada la ausencia de leyes y autoridades claras, encontró su ordenación y estabilidad gracias a san Benito y a su regla. Nació en Nursia (Italia) hacia el 480, comenzó a estudiar, pero, muy pronto, abandonó todo y se retiró a una gruta cerca de Subiaco, donde vivió durante tres años una vida de oración y mortificación.

Pronto acudieron jóvenes que deseaban vivir como él. San Benito quiso distanciarse del modelo oriental y crear un monasterio completamente autónomo, que tiene en sí mismo todas las condiciones para una vida económica y religiosa, jerárquica y disciplinar autosuficiente. Así surgió el monasterio de Montecassino, fundado sobre las ruinas de un templo de Júpiter, ciudadela al servicio de Dios y modelo del monasterio medieval, cuna de la orden religiosa de los benedictinos. Basándose en la tradición monástica tanto oriental como occidental y en su experiencia personal, san Benito escribió la *Sancta Regula*, la regla que, por su capacidad pedagógica, su sentido romano de moderación en las medidas ascéticas y de mortificación, la capacidad de adaptación y su modelo organizativo, se ha convertido en el modelo de reglas monásticas y en la más seguida a lo largo de los siglos hasta nuestros días. El lema de la vida monástica se convierte en «Ora et labora», es decir, en la dedicación a la oración, la búsqueda de Dios por medio de la oración litúrgica, y al trabajo manual, que inmediatamente incluirá el trabajo intelectual.

La vida monástica se caracterizará por la incardinación en un monasterio, es decir, una vida comunitaria estable en un monasterio determinado, una vida moral irreprochable y la obediencia a la autoridad paterna del abad, elemento central de toda la concepción monástica de Benito, en quien el monje reconocerá a Cristo. Esta regla fue en poco tiempo adoptada en toda Europa occidental. En una época de invasiones, de emigraciones forzadas y de inestabilidad, estas comunidades ayudaron a establecer una sociedad más acorde a la civilización clásica. Los monasterios y sus monjes se convirtieron en fermento de renovación religiosa, en centros culturales, en motor de la actividad económica de las regiones en las que se encontraban, en cuanto se convirtieron en centros de producción agrícola. El tronco benedictino ha generado a lo largo de los siglos numerosas nuevas órdenes religiosas. Desde el siglo VII la orden de san Benito será un semillero de misioneros.

Desde el primer momento, los monjes recogieron y copiaron

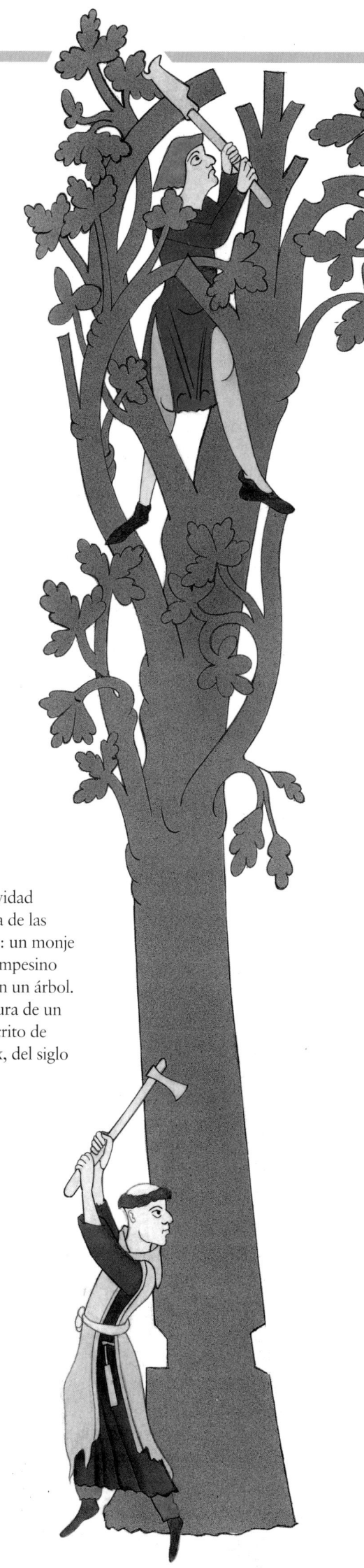

La actividad agrícola de las abadías: un monje y un campesino derriban un árbol. Miniatura de un manuscrito de Cîteaux, del siglo XII.

Abajo: «Ora et labora»: dos monjes en oración mientras otros dos cultivan la tierra, en una miniatura bizantina.

El trabajo continuo y organizado de los monjes suponía, por un lado, la conservación de la cultura grecorromana, gracias a las bibliotecas y a la copia de los manuscritos antiguos; y por otra, la repoblación y el desarrollo de la economía en la región donde se asentaba el monasterio.

En la página anterior: el último encuentro de san Benito con su hermana Escolástica, en un fresco del *Sacro Speco* de Subiaco.

Los monasterios femeninos constituyen una característica significativa, aunque a menudo descuidada, en la Iglesia medieval. En algunos lugares se convirtieron en importantes centros propulsores de actividad misionera.

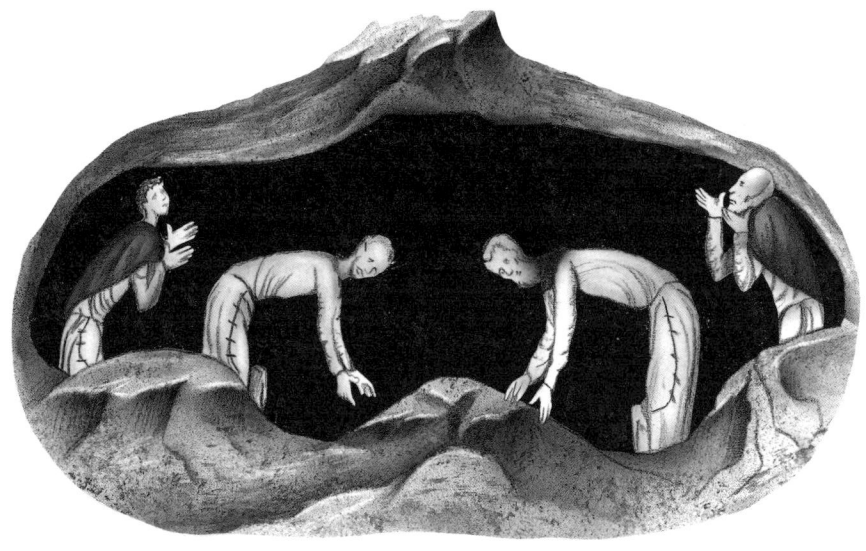

manuscritos antiguos salvando buena parte de la cultura grecorromana que, de otro modo, hubiera desaparecido. Las escuelas y bibliotecas de los monasterios resultaron vitales para el esfuerzo educativo de la Edad media.

No podemos olvidar otro estilo de monjes, los irlandeses, que recorrerán buena parte de Europa central como «curas de almas», fundando innumerables monasterios, algunos de ellos bien importantes para la historia europea. Ellos introdujeron en el continente la confesión frecuente, y con los «libros penitenciales» regularon el espíritu y el modo de hacer penitencia en cada caso particular. Estos monjes fueron más independientes, más severos, marcados por el carácter de la vida religiosa irlandesa, y acabaron con el tiempo siendo absorbidos por la regla benedictina.

A principios del siglo IX comenzaron a construirse órganos musicales que revolucionaron la actuación de los coros de monjes y niños que cantaban en los oficios litúrgicos. Los salterios del tiempo demuestran los cambios producidos. En las galerías altas de las iglesias del tiempo se colocaban los coros que alternaban en las antífonas. En música, los monjes y eclesiásticos desempeñaron un papel exclusivo tanto en la composición como en la ejecución. Desde ese momento, la música tuvo, al menos, tanta consideración como los efectos visuales, es decir, la pintura o la escultura en la organización litúrgica.

19. Cronología I – Los orígenes

La geomorfología de Capadocia es el resultado de la acción combinada de los agentes atmosféricos (agua, hielo, viento) y de una actividad volcánica extraordinariamente dinámica, que comenzó hace 10 millones de años y no terminó hasta tiempos históricos. Durante todo este larguísimo tiempo, el magma ha formado conos volcánicos y la lava ha construido miles de pináculos, mientras la caída de las cenizas ha originado extensos depósitos de toba de cientos de metros de espesor. Esta tierra, que conoció migraciones prehistóricas, fue la cuna del milenario culto a la diosa madre llamada Cibeles que, con muchas transformaciones, surcó la civilización grecorromana, hasta transmitir al cristianismo sus últimos ecos.

Los palomares están frecuentemente decorados con elegantes motivos policromados, para que los pájaros encuentren fácilmente el camino.

También el refectorio estaba excavado en la roca, e incluso mesas y bancos estaban esculpidos en la piedra viva. Con frecuencia, refinados frescos decoraban las paredes de estos elegantes ambientes.

En los primeros siglos del cristianismo, llegaron aquí miles de personas en busca de soledad y oración, y llegaron a ser tantos, que formaron comunidades. A la llegada de los árabes y, un siglo después, en la época de las feroces luchas iconoclastas, la población de los ermitaños y penitentes se refugió en las cuevas, excavando en ellas auténticas ciudades subterráneas con sus iglesias, capillas, refectorios y almacenes comunes. Transformados en habitables por un eficaz sistema de ventilación, y protegidos por enormes piedras giratorias que bloqueaban las galerías de acceso, estos refugios rupestres permitían largas permanencias, durante las cuales se recogían también los animales domésticos. A veces constituían la parte oculta y secreta de poblaciones que estaban en la superficie, y sirvieron de refugio a sus habitantes en tiempos de calamidades o persecuciones. Se conocen cerca de tres mil iglesias subterráneas, y son muchos más los otros ambientes. En tiempos más recientes, tras la conquista turca que dio estabilidad política a la región, los pobladores indígenas transformaron los lugares sagrados en habitaciones, excavando incluso palomares para las aves, que además de proporcionar abono para los campos, eran también una reserva de carne para casos extremos.

En el dibujo, reconstrucción ideal, en sección, de un poblado hipogeo de Capadocia. El centro del lugar lo constituía la iglesia, generalmente de cubierta abovedada con varias cúpulas sostenidas por columnas.

Los almacenes de trigo y demás mercancías.

La decoración de las capillas, a menudo de planta en forma de cruz con ábside, consistía en un sencillo altar de piedra y algunas alfombras; frecuentemente estaban decoradas con frescos que representaban escenas de la vida de Cristo y otros temas sagrados.

81

19. Cronología I (0-500)

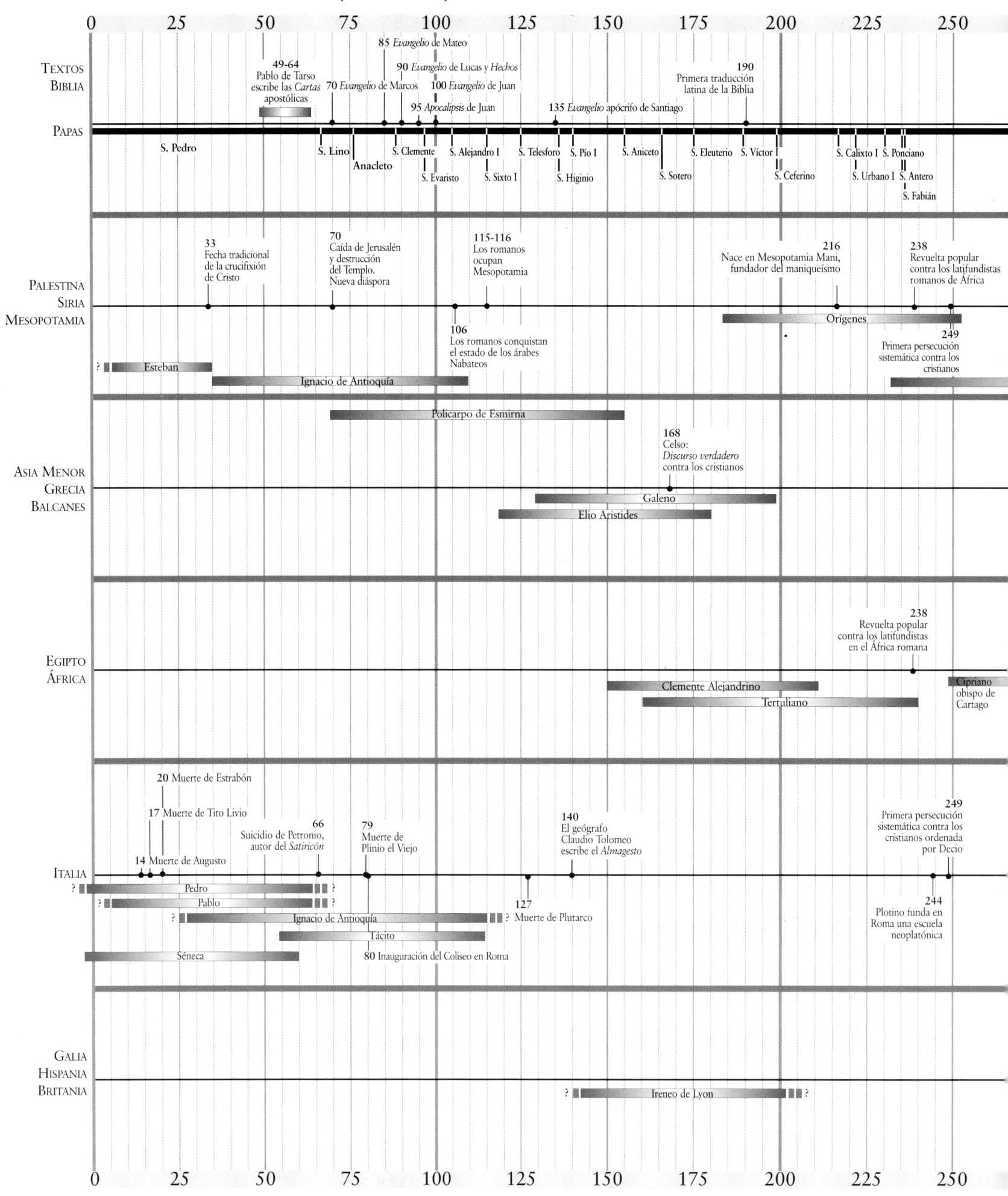

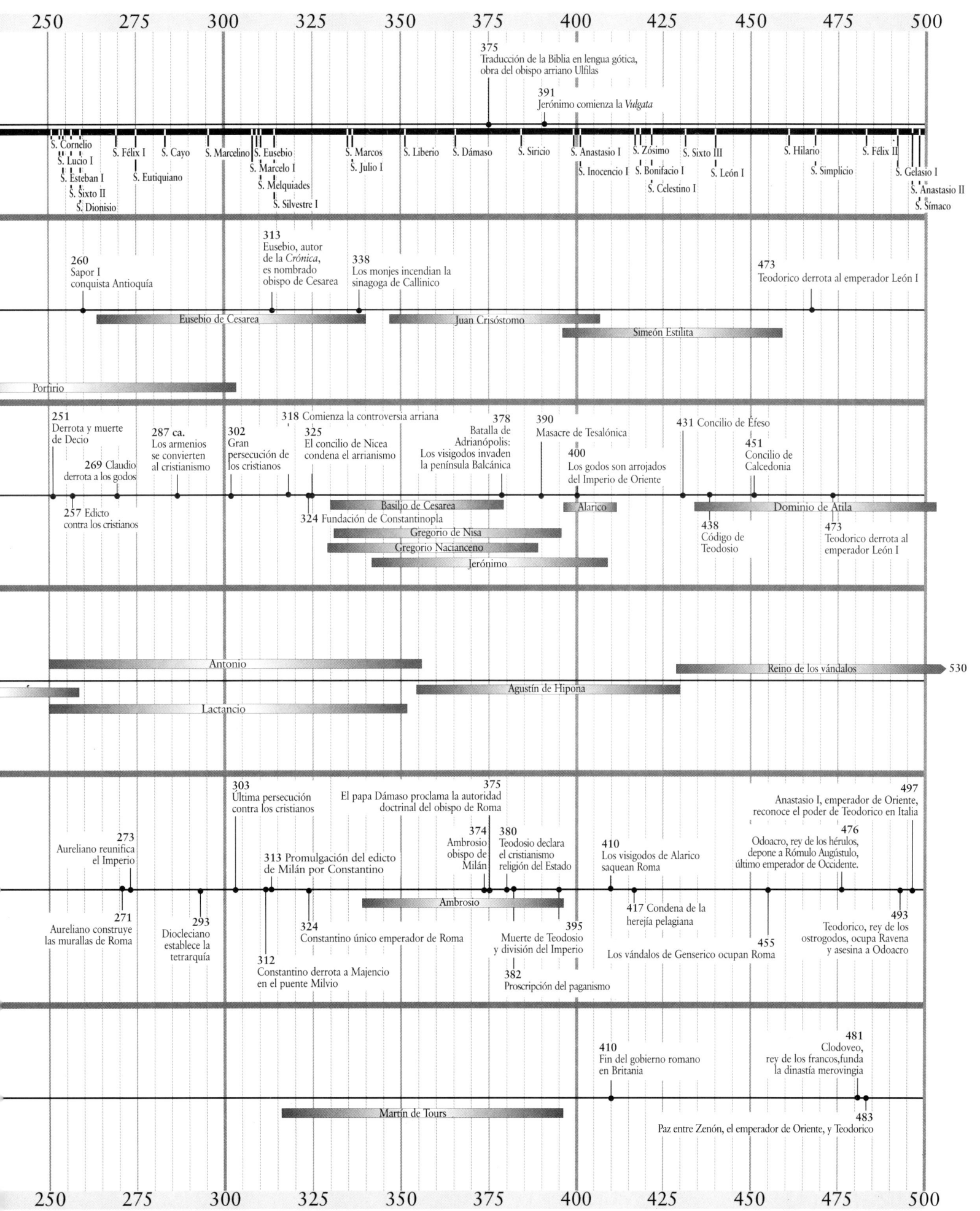

20. Justiniano: la renovación del Imperio

Arriba: mosaico en la iglesia de San Vital, de Ravena, que representa a Justiniano, en medio de la corte, llevando sus ofrendas a la iglesia. Junto al emperador, a quien corresponde el nimbo en cuanto representante de Dios en la tierra, está el obispo de Ravena, Maximiano. Esta escena solemne y suntuosa, en la que los personajes aparecen como elevados sobre la tierra, carentes de peso, transmite esa aura de carisma divino de la que a los emperadores bizantinos les gustaba rodearse.

A la izquierda: cabeza de mármol de Teodora, la enérgica y voluntariosa mujer de Justiniano, que tuvo un fuerte ascendiente sobre el emperador y un peso notable en los negocios del Imperio. Durante la insurrección de Nika, Teodora salvó el trono convenciendo a su marido de que no huyese de la capital. Las noticias del historiador Procopio, que la considera de orígenes humildes, comediante y hasta prostituta, antes de su matrimonio, son probablemente habladurías infundadas.

En la página anterior, arriba: el palacio de Teodorico, en Ravena, en un mosaico contemporáneo, única descripción que nos queda de la arquitectura profana de la antigua Ravena. El rey ostrogodo de Italia, muerto pocos años antes de que la expedición de Justiniano pusiera fin a su reino, había pasado su juventud como rehén en Constantinopla, donde recibió aquella formación clásica que le infundió el sueño de un Imperio romano renovado por obra de los pueblos germánicos.

20. Justiniano: la renovación del Imperio

Justiniano y Teodora (527-565), representados en todo su esplendor en los mosaicos de San Vital de Ravena, manifiestan el momento más brillante de la cultura bizantina. Justiniano quiso restaurar el Imperio romano antiguo, el *Orbis romanus* en su integridad, sobre el fundamento cristiano, y esto exigía la unidad y la paz religiosa, es decir, el aplastamiento de los arrianos y de los demás grupos o sectas heréticas. Escribió en uno de sus decretos: «Además estamos persuadidos de que Dios nos concederá la plenitud de los bienes, si por lo que respecta al dogma y a los obispos todo está en orden. Aquello que poseemos tendrá segura estabilidad y aquello que aún no hemos logrado lo conseguiremos». El Imperio bizantino, a la vez continental y marítimo, relacionaba y unía Europa y Asia, la cultura grecorromana, el cristianismo y las civilizaciones de Oriente.

El emperador era considerado como el icono viviente de Cristo, el vicegerente de Dios en la tierra. La actividad terrestre del emperador reproduce la actividad de Dios en el cielo. De la misma manera que Dios regula el orden cósmico, el emperador regula el orden social. Heredero del universalismo político romano y del universalismo espiritual evangélico, el Imperio bizantino presumía identificarse con el mismo Reino de Dios. Por esto, su capital, Constantinopla, es la nueva Jerusalén, y el emperador es el representante de Cristo Rey. Este planteamiento, que ya encontramos justificado en Eusebio de Cesarea con relación a Constantino, y que define la permanente tensión político-religiosa bizantina, se enfrenta a la concepción de san Agustín de las «dos ciudades», propia del occidente europeo: la «ciudad de Dios» es radicalmente distinta de cualquier forma humana de sociedad.

En Constantinopla, la administración constituía un «cuerpo armónico» en el que se integraba plena y naturalmente la Iglesia, y, por supuesto, los poderes del emperador en la esfera eclesiástica eran muchos e importantes. A lo largo de los siglos esta tentación ha sido permanente: integrar la Iglesia en el organigrama estatal, bien convirtiéndola sin más en una Iglesia nacional bien manipulándola y utilizándola según los intereses estatales.

Justiniano estaba dotado de brillantes cualidades, poseía un saber enciclopédico y gran facilidad de asimilación, con una afición particular por la teología. Llevaba una vida casi ascética, junto a una escrupulosa preocupación por hacer respetar el prestigio imperial. El primer artículo de su programa consistía en hacer reinar el orden por la fuerza de las leyes tanto en el Estado como en la Iglesia.

Justiniano venció a los vándalos en el norte de África, conquistó a los ostrogodos en Ravena y la península itálica, instaló sus ejércitos y su administración en parte de Francia y España. En realidad, los resultados fueron más aparentes que reales, ya que la disgregación de Occidente era definitiva, pero no cabe duda de que fueron unos decenios gloriosos tanto en el ámbito político como en el cultural, aunque su política religiosa resultó más discutible.

Se reunieron y armonizaron las leyes imperiales dictadas desde Adriano en una obra sorprendente, el Código de Justiniano, y se recogieron los pasajes más importantes de los libros de los treinta y nueve jurisconsultos más célebres de la historia romana dando lugar al Digesto o Pandectas.

Fue un cristiano fervoroso, pero su pasión por la teología le complicó la vida, sobre todo cuando quiso dictaminar sobre temas que le sobrepasaban o que no le correspondían. Una vez más, el poder absoluto tendía a entrometerse en campos que no dominaba. Pensaba que su misión en la tierra era la de «conservar intacta la pura fe cristiana, y la de defender contra toda perturbación a la Santa Iglesia Católica y Apostólica». De esta concepción se derivaban sus intervenciones repetidas en el nombramiento y deposición de los obispos; sus autoritarios mandatos dirigidos a los concilios que convocaba, presidía o disolvía a su gusto. Escribió decretos sobre temas de fe que eran propios de obispos y no de políticos, persiguió a toda clase de herejes, pero, también, se enfrentó y encarceló al papa san Silverio por no acomodarse a sus pretensiones.

Arriba: una representación de la ciudad de Ravena y su puerto, el puerto de Classe, en los mosaicos de la iglesia de San Apolinar Nuevo.

Ravena tuvo gran importancia estratégica para Constantinopla. Desde la ciudad se podía seguir la política italiana y los movimientos de las poblaciones bárbaras de aquel lado de los Alpes. Su puerto albergaba una flota numerosa, indispensable para mantener la obediencia de los territorios mediterráneos, a través del control del *mare nostrum*.

A la derecha: la cátedra de Maximiano, obispo de Ravena en la época de Justiniano. El revestimiento de marfil se debe a varios artistas orientales.

En la página anterior: el águila, símbolo del poder de Bizancio, en un tejido bizantino.

El error de base que vició toda su política fue el cesaropapismo bizantino, la compenetración absoluta recíproca del Estado y la Iglesia, teóricamente subordinada a la voluntad divina, pero, de hecho, condicionada por la voluntad imperial. Su injerencia en las controversias doctrinales, sus decisiones en materias dogmáticas y en cuestiones de disciplina eclesiástica favorecieron las posteriores divisiones religiosas del Imperio. De hecho, en Egipto los cristianos coptos se organizaron en una Iglesia autónoma de orientación monofisita y lo mismo sucedió en Siria. Las fuerzas centrífugas de Oriente, espoleadas por diversos nacionalismos, se manifestaron y consolidaron en diversas Iglesias cismáticas que, a veces, apoyaron a enemigos políticos del Imperio. El concilio Constantinopolitano del 553, una vez más enredado en las cuestiones cristológicas tradicionales, no sólo no favoreció la unidad eclesial sino que la complicó.

A pesar de la reunificación del Imperio, la división y la desconfianza entre Oriente y Occidente era manifiesta. Constantinopla vivió su época de gloria y esplendor, pero en Occidente Roma era el punto de referencia obligado. Los papas añadieron a la supremacía religiosa un prestigio político y social cada vez mayor. Los pueblos bárbaros y los nuevos pueblos integrados reconocieron con sencillez y sin reticencias en el obispo de Roma no sólo al patriarca de Occidente sino, también, al guía religioso independiente de todo poder político. Esta aceptación chocaba, de hecho, con la pretensión del emperador bizantino de ser considerado la autoridad suprema en todos los sentidos.

21. El primer arte bizantino

A la derecha: el tondo central de los mosaicos que cubren la cúpula del baptisterio llamado de los Arrianos, de Ravena, de la época de Teodorico. Al principio los godos se convirtieron al cristianismo en su forma arriana. En Ravena hay otro baptisterio, llamado Neoniano, presunta sala termal adaptada como baptisterio por el obispo católico Neón. Los mosaicos del baptisterio de los Arrianos muestran el bautismo de Jesús rodeado del coro de los apóstoles.

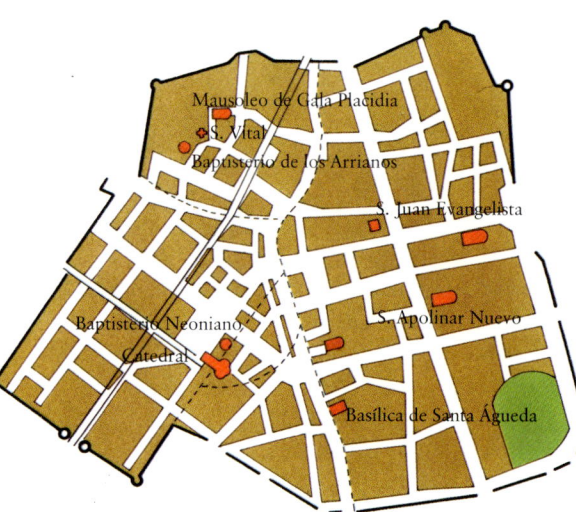

Arriba: el plano de Ravena muestra los mayores edificios de la época bizantina. La ciudad, primero capital del reino godo de Teodorico y después sede del exarca bizantino, tras la reconquista de Italia por Justiniano, es rica en espléndidos monumentos, conocidos sobre todo por la magnificencia de sus mosaicos.

A la izquierda: interior de la iglesia de San Vital, suntuoso edificio con múltiples efectos de luz, que conserva un conjunto de mosaicos especialmente valiosos por su prospecto iconográfico de conjunto.

Santa Sofía, en Constantinopla, edificada por Constantino y reconstruida por Justiniano entre los años 532-537, con el empleo de miles de trabajadores, es el prototipo de basílica con cúpula. El cristianismo había adoptado la estructura de la basílica romana, lugar de reuniones profanas, para los edificios cristianos dedicados a las reuniones de la asamblea *(ecclesia)* de los fieles; con la cúpula, les añadió posteriormente un elemento que simbolizaba la esfera celeste, el luminoso reino de Dios.

A la izquierda: sección de la iglesia de Santa Sofía y una acuarela que muestra la reconstrucción de su interior tal como era antes de su transformación en mezquita (siglo XV), tras la conquista de Constantinopla por los turcos. La iglesia, dedicada a la «divina sabiduría», es una auténtica obra maestra de la arquitectura bizantina. El sabio juego de luces, produce un efecto como de anulación de las pesadas estructuras de la fábrica. La primera decoración fue *anicónica*, de mosaicos con motivos geométricos y florales sobre fondo dorado y con una inmensa cruz, adornada de piedras preciosas, en la cúpula.

Arriba: los mosaicos del ábside de la iglesia de San Apolinar in Classe muestran, junto al titular de la iglesia, la transfiguración de Cristo, vista simbólicamente bajo la forma de una gran cruz guarnecida con piedras preciosas, dentro de un círculo que tiene en el centro un medallón con la efigie de Jesús. Las tres ovejas de arriba representan los testigos oculares del acontecimiento. Otras ovejas que están abajo hacen de escolta al santo, rodeado de un paisaje celestial formado por prados, plantas, flores y piedras reproducidas minuciosamente.

A la izquierda: el arte bizantino, además por el mosaico, sobresalía por la talla del marfil. Esta puertecilla representa a una emperatriz bizantina de comienzos del siglo VI, tal vez Ariana, que se presenta bajo un rico dosel, ataviada con vestiduras y adornos preciosos, con los símbolos del poder: el cetro y el globo con la cruz cristiana. Este último, emblema del «lugarteniente de Dios en la tierra», es también el emblema del naciente cesaropapismo: el poder imperial es en la ciudad terrena lo que el poder divino es en la ciudad celestial, y la ciudad terrena no es más que la imagen del reino de Dios.
A partir de esta época se delinearon las relaciones entre la Iglesia y el Estado típicas de Oriente: las intervenciones del emperador tenían gran peso en los asuntos eclesiásticos.

21. El primer arte bizantino

El reinado de Justiniano supuso en Bizancio y en las áreas que sufrían directamente su influencia, una transformación radical de la arquitectura y del arte religioso, que durará con sorprendente homogeneidad hasta la disolución del Imperio en 1453. Se caracterizará por la sofisticación de su estilo y la espiritualidad de su expresión.

Santa Sofía, basílica de Constantinopla, edificio excepcional, sobresale de entre todas estas creaciones y se ha convertido en el paradigma del arte bizantino. Su planta es casi cuadrada y lo esencial de su arquitectura es la gran cúpula central y la impresión que su interior produce de un espacio inmenso, idealmente organizado para celebrar la solemne liturgia bizantina. Desde la puerta principal de la nave y a lo largo de todo el eje del edificio hasta el ábside, el espectador goza con la noble majestad de la gran sala. Y se siente elevado hacia las bóvedas lejanas que, pesadas cuando se las mira desde fuera, parecen escapar a la ley de la gravedad en cuanto se está en el interior de la iglesia. Nunca se insistirá bastante en el arte con que los arquitectos utilizaron la luz solar. Cada hora tiene su propio haz de flechas luminosas, las cuales, al penetrar por diferentes ventanas, convergen en determinado punto o, al entrecruzarse a distintas alturas, resbalan a lo largo de las paredes y se tienden sobre las losas del pavimento. Los dos arcos laterales estaban cerrados por las galerías del segundo piso, desde donde la corte y los altos funcionarios presenciaban las ceremonias que se celebraban en el grandioso templo resguardados de las miradas del pueblo. No olvidemos que esta iglesia era el principal santuario del Imperio cristiano, a donde acudía normalmente su jefe a rezar a Cristo, su soberano celeste.

Santa Sofía estaba completamente decorada con mosaicos que ofrecen una de las versiones más antiguas de un ciclo que incluye la presencia de Cristo en la cúpula, de la Virgen en el ábside y de los profetas y santos en los muros de la nave, alrededor de Cristo, en una sorprendente integración de la expresión arquitectónica con la pictórica. El conjunto de la iglesia formaba un microcosmos del universo cristiano.

En Constantinopla se construyeron otras muchas iglesias y monumentos con las mismas características, pero es en Ravena, capital del exarcado bizantino de Occidente con jurisdicción nominal o efectiva sobre Italia, Sicilia, la costa norte de África y España, donde encontramos algunos de los ejemplos más importantes de este arte. Se trata de las iglesias de San Vital y de San Apolinar Nuevo. La gran basílica de San Apolinar posee las más bellas producciones del arte nuevo que llegaba de Oriente. El espectador, situado en el centro de la iglesia, ve desarrollarse a cada lado una procesión de figuras de mosaico paralelas: a un lado están los santos y mártires guiados por san Martín, los cuales acuden a adorar al Salvador; en el otro lado las santas y vírgenes, precedidas por ángeles y los Reyes Magos, llegan en larga comitiva hasta la Virgen con el Niño. Todos van vestidos como bizantinos. El objetivo era mostrar al creyente el camino en su búsqueda de Dios y hacérselo recorrer. El estilo de los mosaicos bizantinos reflejaba su función de estáticas y simbólicas imágenes de lo divino y de lo Absoluto. En San Vital encontramos una magnífica representación de la teocracia cristiana: los emperadores llevan procesionalmente sus ofrendas de plata a un santuario de Cristo tal como lo hacen los mártires y las santas vírgenes que en San Vital llevan sus coronas de oro a Cristo y a la Virgen. Repiten la ofrenda de los Magos porque ellos son los nuevos Magos, es decir, los príncipes que por su función cumplen lo que los reyes de Oriente realizaron al comienzo de la Edad de la gracia.

A la derecha: un capitel bizantino de San Vital, en Ravena.

Abajo: sarcófago del siglo V de Ravena. Cristo como cordero, en el monte del paraíso, es adorado por dos almas.

En la página anterior: reproducción de un relieve bizantino con un trono en el que se apoyan algunos atributos del poder divino y humano.

En la literatura de todas las culturas el cordero expresa inocencia, dulzura y docilidad. En Oriente, el cordero se inmolaba no sólo para la alimentación humana, sino también para los sacrificios cultuales. Por eso el cordero, que en el Antiguo Testamento se asocia a la economía sacrificial, se convierte en el Nuevo Testamento en imagen de Jesús Redentor, además de símbolo de los fieles de su rebaño. La idea del holocausto con el cordero, propia del Antiguo Testamento, en el Nuevo se relaciona con la idea de la liberación y salvación debida al cordero pascual; es decir, con Cristo. Cristo es el Cordero de Dios que quita el pecado del mundo. El arte figurativo cristiano presenta a Jesús como cordero, inspirándose, sobre todo, en el Apocalipsis.

El baptisterio de los Arrianos y la tumba de Gala Placidia también en Ravena, constituyen otros ejemplos espléndidos de este arte.

En Italia, Teodorico, que soñaba con infundir en el Imperio romano la savia fresca de su nación goda, y con rehacer el esplendor de los tiempos felices de Augusto, deseó perpetuar su nombre con monumentos famosos, imitando lo más exactamente posible las obras de los emperadores. Aquel rey ostrogodo deseó para su cadáver un sepulcro como el mausoleo de Augusto y construyó junto a Ravena el monumento que aún nos queda.

Quedan pocos monumentos de esta época. Los bárbaros, al convertirse al cristianismo, quisieron erigir grandes basílicas, y para ello despojaron los monumentos romanos de sus mejores piedras, a fin de engarzarlas en las fachadas de los nuevos templos, pero han desaparecido casi todos.

En el norte de España quedan algunos monumentos visigodos de los siglos VI y VII. Son pequeñas iglesias con una enorme riqueza de frisos escultóricos que sólo encuentran comparación posible en monumentos coptos o siriacos.

22. El enfrentamiento Roma-Constantinopla

258	Martirio de CECILIO CIPRIANO, obispo de Cartago, autor de tratados teológicos
300	Se convierte L. CECILIO FIRMIANO LACTANCIO, escritor africano, autor de las *Instituciones divinas*, una sistematización de la doctrina cristiana
	ARNOBIO, escritor africano, completa los siete libros de las *Disputationes adversus nationes*
311	Martirio de METODIO, autor griego del tratado *De Resurrectione*, en el que critica a Orígenes
313	Martirio de LUCIANO de Antioquía, fundador de la escuela exegética antioquena
324	La *Historia eclesiástica* de EUSEBIO, obispo de Cesarea, constituirá la principal fuente de las crónicas medievales.
358	ATANASIO de Alejandría es autor de los *Discursos contra los arrianos*, *Apología en respuesta a los arrianos* y de la *Vida de san Antonio*, que será un modelo para la hagiografía medieval
363 ca.	JULIANO EL APÓSTATA es autor de obras filosóficas y literarias, entre ellas el *Convivio*
367	Muere el obispo HILARIO DE POITIERS. En el tratado *Sobre la Trinidad* difunde en Occidente las doctrinas teológicas orientales producidas en la disputa contra el arrianismo
370 ca.	BASILIO MAGNO es autor de obras de sistematización doctrinal, homilías y obras dogmáticas contra el arrianismo
374	AMBROSIO es elegido obispo de Milán
375	El obispo ULFILAS traduce la *Biblia* a la lengua visigoda
378	AMIANO MARCELINO concluye la obra *Rerum gestarum libri XXXI*. Es el último gran historiador de Roma, admirador de Juliano el Apóstata
380 ca.	GREGORIO NACIANCENO pronuncia en Constantinopla los cinco *Sermones teológicos* contra los arrianos, en defensa de la ortodoxia trinitaria
380 ca.	La monja ETERIA escribe la *Peregrinación a Tierra Santa*, donde describe las ceremonias litúrgicas de Pascua en Jerusalén
391	JERÓNIMO, el mayor erudito de la antigüedad cristiana, comienza en Belén la más célebre traducción de la Biblia: la *Vulgata*
397	JUAN CRISÓSTOMO, patriarca de Constantinopla. Escribe tratados de carácter dogmático y exégesis bíblica
397	Muere AMBROSIO, uno de los padres de la Iglesia de Occidente
398	CLAUDIO CLAUDIANO de Alejandría compone obras en honor de Estilicón: *De consulatu Stilichonis* y *De bello gothico*
400 ca.	AGUSTÍN compone los 13 libros de las *Confesiones*
400 ca.	El escritor griego NEMESIO compone el tratado *Sobre la naturaleza del hombre*, en el que intenta un sincretismo entre el neoplatonismo y los dogmas cristianos
400	SULPICIO SEVERO termina la *Crónica*, compendio de historia universal. También es autor de una *Vida de san Martín de Tours*
402	Muere QUINTO AURELIO SÍMMACO, autor de *Panegíricos* y de un *Epistolario* polémico contra Ambrosio
410	Es procónsul en África AMBROSIO TEODOSIO MACROBIO, escritor clasicista, autor de *Las saturnales* y del comentario al *Sueño de Escipión*
416	CLAUDIO RUTILIO NAMACIANO escribe *Sobre su regreso*, poema que canta la tristeza de su tiempo frente a la antigua gloria de Roma
417	AGUSTÍN comienza su obra *La ciudad de Dios*
417	PABLO OROSIO compone *Historiarum libri VII adversus paganos*
418	AGUSTÍN compone *De gratia Christi et de peccato originali* contra el pelagianismo. Hasta el año 430 escribe otras obras contra el pelagianismo, entre ellas *De gratia et libero arbitrio*
430 ca.	MARCIANO CAPELA de Cartago escribe *Las bodas de Filología y de Mercurio*, manual enciclopédico en verso y en prosa
431 ca.	CIRILO, obispo de Alejandría, escribe *Adversus Nestorii blasphemias*, obra fundamental para determinar la relación entre la naturaleza humana y la naturaleza divina en Jesús
438	TEODOSIO II manda publicar el *Código teodosiano*, la más completa colección de leyes antes de Justiniano
447	TEODORETO de Ciro es autor del *Eranistes* contra los peligros del monofisismo
450 ca.	El poeta griego MUSEO compone *Hero y Leandro*
452 ca.	CAYO SELIO SIDONIO APOLINAR es autor de escritos teológicos
460 ca.	HESIQUIO de Alejandría compila el *Léxico*, fuente preciosa para el conocimiento de los dialectos griegos
467	GENNADIO de Marsella comienza la compilación del *De viris illustribus*
468	MAMERTO CLAUDIANO de Vienne escribe *Sobre el estado del alma*, que desarrolla las tesis agustinianas sobre la inmaterialidad del alma
480 ca.	Muere SALVIANO de Marsella, autor de la obra *De gubernatione Dei*
486	VÍCTOR DE VITA, obispo africano, narra la invasión de los vándalos en *Historia persecutionis Africanae provinciae*
490 ca.	ALCIMO ECDICIO AVITO es autor de un poema épico, *De spiritualis historiae gestis*, que parece haber inspirado a JOHN MILTON en *El paraíso perdido*

En estas páginas: cuadro cronológico de referencia de la producción literaria en el Imperio romano y en la cristiandad hasta la época de Carlomagno. La antigüedad tardía y el primer medievo constituyen una época de transición en la que se forman definitivamente Occidente y Oriente. En el primero se va afirmando progresivamente la Biblia como fuente indiscutible de todo conocimiento, mientras que en el segundo permanece el patrimonio de la gran cultura clásica, que influye incluso en las poblaciones árabes y en el naciente islam.

500 ca.	Primera noticia del canto *Te Deum laudamus*
500 ca.	**Fabio Planciades Fulgencio**, escritor latino-africano, es autor de una obra de interpretación alegórica de los mitos antiguos *Mythologiarum libri III* y de una *Expositio Virgilianae continentiae* que entrega a la cultura medieval la figura de Virgilio como sabio y mago
500 ca.	La obra de **Prisciano** en 18 libros, *Institutio de arte grammatica*, será uno de los quicios de la enseñanza medieval
513	Es elegido obispo de Pavía **Magno Félix Enodio**, autor de la *Paraenesis didascalica* en defensa de la poesía, la verecundia, la fe, la gramática y la retórica
520 ca.	El gramático alejandrino **Juan Filopón** es autor de una vastísima obra sobre la aplicación de la lógica aristotélica a la interpretación de los dogmas cristianos de la Trinidad y de la Encarnación
524	**Severino Boecio** escribe *Consolación de la filosofía*, que tendrá amplio eco en la Edad media. Escribe también *Instituciones de la música*, el más importante tratado de música del alto medievo, trámite entre la teoría musical griega y el canto gregoriano
530 ca.	El filósofo **Eneas** compone el diálogo *Teofrasto o Sobre la inmortalidad del alma*, que fue célebre en la Edad media
534	Segunda edición del *Codex Iustinianus* que, junto a los *Digesta*, las *Institutiones* y la colección de las nuevas leyes promulgadas por **Justiniano**, constituirá el *Corpus Iuris Civilis*, suma del derecho romano
538	Muere **Procopio**, apologeta del cristianismo, autor de *Comentarios exegéticos del Antiguo Testamento*
540 ca.	**Magno Aurelio Casiodoro**, uno de los últimos exponentes de la cultura clásica, es autor de las *Instituciones de las letras divinas y humanas*, especie de enciclopedia (que servirá de modelo a Isidoro) que divide el saber en las tres artes del Trivio y en las cuatro del Cuadrivio
540 ca.	**San Benito** termina su *Regla*, que será la norma de vida de los monjes en Occidente
542	El historiador **Procopio** se retira a Cesarea. Su obra principal es el *Libro de las guerras contra los persas, vándalos y godos*
547	Se completa la *Topografía cristiana del universo*, de **Cosmas Indikopleustes**, mercader y viajero egipcio
551	**Giordane** lleva a término *De origine actibusque getarum*, extraída de la obra homónima de Casiodoro
573 ca.	**Gregorio de Tours** es autor de la *Historia de los francos*, desde el comienzo del mundo hasta la muerte de Martín de Tours (397)
591	**Gregorio Magno** describe las tareas del clero católico en el *Liber regulae pastoralis*
593-94	**Gregorio Magno** compone los cuatro libros de los *Diálogos*, recopilación de leyendas hagiográficas, y las *Homilías*
597 ca.	**Venancio Fortunato** es autor de *Carminum libri XI*, miscelánea de poesías e himnos litúrgicos célebres
625	**Isidoro** de Sevilla termina la *Historia gothorum, wandalorum, sueborum*
633	**Isidoro** de Sevilla compila las *Etimologías*
650	**Zayd Ibn Tabit**, secretario de Mahoma, lleva a término, por encargo del califa Osmán, la redacción del *Corán*
670 ca.	Muere **Caedmon**, primer poeta anglosajón cuyo nombre ha llegado hasta nosotros, autor del *Himno de Caedmon* sobre la Creación
700 ca.	Aparece *Beowulf*, en lengua anglosajona, de autor desconocido. Es el poema más antiguo de las letras germánicas que ha llegado hasta nosotros
700 ca.	**Beda el Venerable** escribe el *De rerum natura*, enciclopedia del saber antiguo
731 ca.	**Beda el Venerable** escribe la *Historia ecclesiastica gentis Anglorum*
742 ca.	**Juan Damasceno**, padre de la Iglesia griega, escribe *Fuente de sabiduría*, que contiene una lista histórica de las herejías y una sistematización de la ortodoxia. La obra constituyó uno de los textos básicos de la escolástica
768	Muere **Ibn Ishaq**, ideador y recopilador de la biografía canónica de Mahoma
772	Los matemáticos árabes aprenden de los astrónomos hindúes el sistema de numeración posicional y el concepto de cero
787	**Pablo Diácono** lleva a término *De gentis Longobardorum*
788 ca.	**Paulino**, obispo de Aquilea, escribe el *Liber exhortationis*, primer intento de obra orientada a la formación de un príncipe (Henco, duque de Friul)
790 ca.	El alquimista **Jabin Ibn Hayyan** escribe el *Libro de las propiedades*, la primera obra árabe de química experimental, que tuvo gran éxito en la Edad media
794	**Carlomagno** publica la *Carta sobre la fundación de la cultura*, inspirada por Alcuino, documento fundamental de la reforma de los estudios en la era carolingia
796	**Alcuino** de York es nombrado abad de San Martín de Tours. Es autor de manuales de amplia divulgación: *De grammatica, De rethorica, De dialectica*; preparará un texto crítico de la Biblia, fundamental en la historia de la filología bíblica

En la página anterior: Gregorio Magno con los escribas; relieve de marfil, de época carolingia. El gran papa escribe inspirado por el Espíritu Santo que, en forma de paloma, le habla al oído.

Aparte sus ponderosas obras de contenido teológico, pastoral y devocional, el «siervo de los siervos de Dios» mantuvo una nutrida correspondencia con los poderosos de su tiempo, ante todo con los emperadores de Oriente, con obispos occidentales y orientales y con el clero y el pueblo de Iglesias locales, tratando de guiar las conciencias y el destino de la cristiandad a través de esta vasta obra diplomática.

Arriba: la *Schola cantorum* de la iglesia de Santa Sabina, en Roma. En las basílicas la *Schola cantorum* era el recinto rectangular, frecuentemente un poco elevado y delimitado por plúteos o balaustradas, donde se situaban los cantores que participaban en las funciones sagradas.

A Gregorio Magno se le atribuye también la recopilación y promoción del canto litúrgico de la Iglesia romana, que por ello se denominó más adelante «gregoriano». Estos cantos, sobre textos tomados de las Sagradas Escrituras, acompañaban las celebraciones litúrgicas; eran monódicos, es decir, los ejecutaban voces solas sin acompañamiento de instrumentos.

22. El enfrentamiento Roma-Constantinopla

Con Gregorio Magno (590-604) el mundo cristiano se encuentra en el umbral de lo que denominamos medioevo, con las Iglesias de Oriente y de Occidente ya establecidas y conformadas con los caracteres que las definirán hasta la Reforma protestante.

Fue uno de los grandes papas de la historia, buen escritor, teólogo riguroso aunque no original, sensible a la vida monacal y del espíritu, muy consciente de que resultaban necesarios unos métodos pastorales claros y precisos en una época de cambio y de crisis, muy consciente del papel del pontificado romano.

De joven fue el encargado de negocios de la Santa Sede en Constantinopla (579-583), donde conoció la mentalidad oriental y entabló relaciones con algunos personajes de la Corte. Allí conoció la pretensión de sus obispos de llamarse patriarcas ecuménicos. Una vez elegido papa por el pueblo y el clero romano, se opuso e hizo cuanto pudo contra esa pretensión. Creía que estaba en juego el prestigio y la autoridad de la Santa Sede, sobre todo en Oriente. Pensaba, además, que se trataba de un título contrario a la humildad y recordó que ni el mismo Pedro fue llamado apóstol universal. Gregorio, como contrapropuesta, asumió el título de «Siervo de los siervos de Dios».

En Constantinopla cimentaron sus pretensiones en las reliquias de san Andrés apóstol. Este no sólo era hermano de Pedro sino que había sido llamado al apostolado antes que él. Surgió entonces la leyenda de que san Andrés había consagrado al primer obispo de Bizancio. En realidad, todo continuó como antes. Años más tarde, en el 607, el emperador Focas promulgó un edicto en favor del papa Bonifacio III decidiendo que la Sede Apostólica de san Pedro sería la cabeza de todas las Iglesias, reforzando el prestigio del primado que ya universalmente se reconocía. Tampoco este edicto cambió una situación deudora más de talantes y psicologías distintas que de doctrinas.

En la página anterior: relieve en marfil de Gregorio Magno, de comienzos del siglo VI; a sus espaldas, las personificaciones de Roma y Constantinopla. Las dos ciudades, una capital del Imperio de Occidente y la otra del de Oriente, se disputaron durante mucho tiempo la primacía de centro de la cristiandad.

El mejor testimonio de cómo actuaba el papa Gregorio son sus cartas, más de ochocientas. Escribió a los emperadores, reyes y gobernadores, a los administradores de los bienes papales en Sicilia, África, Cerdeña y Galia, a los obispos de Italia central y meridional como superior inmediato, a los obispos del resto de Occidente por medio de las sedes metropolitanas, y a los patriarcas de Alejandría, Antioquía y Jerusalén con el tono de amigo de igual categoría, pero a todos con el convencimiento de quien es sucesor de Pedro y tiene la misión de confirmar a sus hermanos.

Mediante la organización económica de las enormes propiedades que la Iglesia de Roma poseía en diferentes regiones, ya entonces conocidas con el nombre de «Patrimonio de Pedro», y a través de una complicada organización burocrática que abarcaba las diferentes necesidades de los ciudadanos, san Gregorio creó las bases de los futuros Estados de la Iglesia.

Fue consciente de que el gran peligro del momento consistía en la desintegración del cristianismo en Iglesias germánicas nacionales y dedicó su esfuerzo a la tarea de congregarlas religiosamente alrededor de Roma. En lugar de dejar la evangelización de los pueblos a la generosidad de iniciativas individuales de obispos o de monjes, concibió su realización como tarea del papado. La conversión de los bárbaros fue desde ese momento la obra de la Iglesia entera dirigida por el pontificado, esfuerzo que desembocó en la cristiandad occidental, que durante siglos se identificará con el patriarcado de Roma. En pocos campos como en este se ve con tanta claridad que la Roma imperial había sido sustituida por la Roma de los papas y que esta se había convertido en el polo de atracción del occidente bárbaro.

Cuando Agustín de Canterbury y sus cuarenta monjes desembarcan en las costas inglesas se encontrarán con tantas novedades que no saben cómo responder pastoralmente. Con toda naturalidad acuden a Roma para preguntar qué hacer y cómo actuar. Las respuestas de Gregorio Magno constituirán un extraordinario manual pastoral para los misioneros de los siglos siguientes.

Esta visión y actuación del Papa tuvo una importancia histórica enorme. La invitación del Papa a tener en cuenta la cultura de los pueblos evangelizados constituirá un punto de referencia en el futuro. Con el cristianismo penetraron en estos pueblos los elementos del Derecho romano y las escuelas episcopales y monásticas, es decir, la civilización.

Gregorio demuestra la misma solicitud misionera con los nuevos señores de la Galia y con Recaredo, rey visigodo de España convertido en el 589. El trabajo jurídico realizado por este rey para preparar la unificación en todos los ámbitos de visigodos e hispanorromanos demostró que empezaba a ejercerse la influencia profunda de la Iglesia. En realidad, en el episcopado dirigido por el obispo de Roma el cristianismo poseía una institución efectiva capaz de transmitir las ideas y los procedimientos del mundo romano junto a la doctrina y modelos cristianos a la nueva sociedad que se estaba conformando en Europa.

Esta evolución y estructuración del cristianismo en dos mundos diversos por las circunstancias históricas y culturales diferentes se manifiesta, también, en la configuración de sus ritos y calendarios litúrgicos. Sin embargo, los dos grandes ciclos del año litúrgico constituyen un enriquecimiento de tradiciones mutuas.

La muerte y resurrección de Cristo constituye el misterio central que será celebrado desde el primer momento, aunque su traducción en el triduo pascual supuso una cierta evolución teológica. En Oriente, durante los conflictos cristológicos, se celebraba sobre todo la resurrección y no tanto la pasión y muerte del Señor. Poco a poco se impusieron los ritos que conocemos, a los que se añadieron cuarenta días de preparación, la Cuaresma.

Cincuenta días más tarde se celebra la fiesta de Pentecostés, al inicio unida a la Ascensión del Señor y poco más tarde como dos fiestas diferentes. La Epifanía se implanta primero en Oriente y pasa después a Occidente, mientras que con la Navidad sucede lo contrario.

Los cuatro domingos de Adviento como preparación de la Navidad quedan definitivamente establecidos en tiempo de Gregorio Magno. Las festividades de mártires, confesores y santos completarán el calendario cristiano.

23. DE LA ANTIGÜEDAD A LA EDAD MEDIA

Europa en la época de Carlomagno. Principios del siglo IX

Con la conquista longobarda de Italia en el siglo VI concluye la primera y más grande oleada de migraciones indoeuropeas, que determinaron la caída del Imperio romano de Occidente. A lo largo de los siglos VI y VII, estos pueblos dan vida a reinos cristianos que consiguen poner fin a las destrucciones y establecer un nuevo orden, basado en el poder militar de los príncipes y el espiritual del clero.

Los árabes, que en el siglo VIII invaden Occidente, son detenidos en Poitiers por los francos de Carlos Martel (732) y tienen que conformarse con buena parte de la península Ibérica y el dominio, más efímero, de las islas del Mediterráneo centro-occidental.

Con el retroceso del romanismo frente a los éxitos germánicos, las costumbres e instituciones romanas desaparecen, dejando campo libre a un nuevo modelo social, el de los detentores de feudos, que en los siglos posteriores darán vida a la nobleza. En tal perturbación se advierte una pérdida fundamental del sentido del Estado y de la Iglesia, en favor de nuevos vínculos interpersonales que producirán en poco tiempo el fenómeno del feudalismo. Se afirman nuevos potentados, los grandes propietarios, que someten a sus exigencias al clero local y dan vida a verdaderos reinos autónomos, antes y después del breve paréntesis del Imperio carolingio.

En Italia, Francia y Alemania se afirman formas nuevas de cultura y de arte que confluyen en lo que puede considerarse el legado más extraordinario de este siglo: el códice miniado.

Arriba a la derecha: Miniatura del siglo X, de estilo mozárabe, que ilustra uno de los concilios de Toledo.

En Toledo, convertida en capital del reino visigodo, donde estructuras civiles y eclesiásticas estaban íntimamente unidas, tuvieron lugar en los siglos VI y VII nada menos que 15 concilios nacionales. En estos mismos siglos España experimentó un gran florecimiento de la vida monástica y vio nacer una liturgia nacional. Esta liturgia, denominada más adelante mozárabe o hispánica, se distinguía de la sobria liturgia que se seguía en Roma por un uso más abundante de himnos, invocaciones y gestos.

Mientras tanto, en Constantinopla se vivía la disputa llamada *de los Tres Capítulos*. Se trataba, una vez más, del deseo de ganarse el apoyo de los monofisitas, haciéndoles concesiones, para superar de ese modo las divisiones internas del Imperio de Oriente, amenazado por los numerosos enemigos que apremiaban en las fronteras. Los *Tres Capítulos* son un documento redactado por Justiniano, con el que el emperador condenaba a tres teólogos ya desaparecidos —Ibas de Edesa, Teodoro de Mopsuestia y Teodoreto de Ciro— acusados de tendencias filonestorianas. Justiniano convocó en el año 553 el concilio de Constantinopla, que condenó a los tres autores. Pero no sólo no se consiguió la reconciliación de los disidentes, sino que, de hecho, aumentó la oposición a la política eclesiástica de Constantinopla. Y por mucho tiempo, las Iglesias occidentales, absolutamente libres y autónomas en todo lo concerniente a la doctrina y a los dogmas, no aceptaron esta condena y no reconocieron la validez del concilio.

ETIMOLOGÍAS DE ISIDORO. ESQUEMA DE LA OBRA, DISTRIBUIDA EN 20 LIBROS
La obra póstuma *Etimologías (Originum sive Etymologiarum libri XX)* del arzobispo de Sevilla, Isidoro (570-636), fue la última de las enciclopedias clásicas. Durante el florecimiento cultural carolingio, la obra se encontraba en casi todas las bibliotecas, y más tarde sirvió de base a los maestros de la escolástica. Obra de carácter enciclopédico, las *Etimologías* constituyeron un primer esbozo de la herencia latina a transmitir a las generaciones futuras.

I GRAMÁTICA	VIII LA IGLESIA Y LAS SECTAS	XIV GEOGRAFÍA
II RETÓRICA Y DIALÉCTICA	IX LENGUAS Y PUEBLOS	XV ARQUITECTURA Y AGRIMENSURA
III MATEMÁTICA MÚSICA ASTRONOMÍA	X LEXICOLOGÍA	XVI MINERALOGÍA
IV MEDICINA	XI ANATOMÍA	XVII AGRICULTURA
V DERECHO Y CRON.	XII ZOOLOGÍA	XVIII GUERRA Y JUEGOS
VI BIBLIA Y OTROS LIBROS	XIII GEOGRAFÍA	XIX NAVÍOS Y CASAS
VII TEOLOGÍA		XX ALIMENTOS Y HERRAMIENTAS

23. De la Antigüedad a la Edad media

Las permanentes invasiones y emigraciones de los llamados pueblos bárbaros destruyeron el Imperio y, en gran parte, la civilización romana. Desapareció el orden establecido, la organización administrativa, el ambiente cultural y la actividad intelectual. Los continuos saqueos y muertes, las poblaciones reducidas a esclavitud, la destrucción de edificios y ciudades, acabaron con un sistema de vida. Roma a lo largo del siglo V fue amenazada tres veces: saqueada por los visigodos de Alarico en el 410; en el 451 san León Magno consiguió que los hunos dirigidos por Atila no la saquearan; en el 455 los vándalos penetraron en una ciudad que mantenía poco de los antiguos esplendores.

La vida ciudadana, naturalmente, desapareció con las ciudades y se convirtió en rural y primitiva. Surgía Occidente, aparecía el Medioevo.

La Iglesia salvó la civilización y cuidó, una vez más, de los más pobres y marginados. Los obispos se convierten en piezas importantes de una sociedad en la que la Iglesia irá adquiriendo un lugar relevante.

En Occidente, la cultura se salva gracias a los monjes que copiarán los códices que conservaban la cultura clásica, transmitiendo así a la posteridad los escritos de los autores grecorromanos, y también los de algunos autores de su tiempo como san Isidoro. La desaparición de la organización política romana creó un vacío que sólo pudo ser llenado por la Iglesia, educadora y legisladora de los nuevos pueblos. Ambrosio, Agustín, León y Gregorio fueron, en un sentido real, los padres de la civilización occidental al incorporar estos pueblos a la comunidad espiritual de la cristiandad.

Una consecuencia más discutible fue la estrecha unión-confusión de las instituciones del Estado con las de la Iglesia. Los concilios nacionales de Toledo constituyen un ejemplo elocuente de esto. Recaredo y sus sucesores convocaban los concilios, determinaban las materias de las deliberaciones, dirigían el desarrollo de las sesiones y firmaban las actas. En realidad, eran al mismo tiempo asambleas eclesiales y asambleas del reino, y de hecho influyeron eficazmente en la marcha de este. Los obispos crearon una ética de los soberanos marcada por las virtudes de *iustitia* y *pietas* de la antigüedad, objetivaron la soberanía regia como oficio regio e introdujeron la consagración del rey para fortalecer la autoridad del soberano.

No todo se había perdido en el ámbito cultural a pesar del grave deterioro. Tendríamos que señalar algunos mediadores de la cultura clásica gracias a su obra y a su actuación:

Boecio (480-524), filósofo y hombre de Estado con Teodorico, quien le acusó de traición y le encarceló. Entre sus muchos escritos sobresale el *De consolatione philosophiae*, escrito en la cárcel.

Casiodoro (477-570), noble romano y monje. Ocupó importantes cargos en la administración de los reyes ostrogodos. Sus obras constituyen una importante fuente para el conocimiento de la situación en la transición del Imperio a los reinos bárbaros. Hacia el 540 se retiró al sur de Italia a un monasterio que él mismo había construido, convirtiéndolo en un importante centro de enseñanzas seculares y religiosas. Fomentó la copia de manuscritos, colaborando eficazmente en la conservación de la cultura clásica.

Isidoro de Sevilla (560-636) y su hermano Leandro consiguieron que Sevilla se convirtiese en un centro cultural cristiano. Isidoro tenía conocimientos enciclopédicos. Sus estudios, que tenían en cuenta las aportaciones de Boecio y Casiodoro, abarca-

A la derecha: Isidoro de Sevilla, *De natura rerum:* la rueda de las estaciones y los meses.

Abajo: la Filosofía visita a Boecio en la cárcel, inspirándole su obra, *El consuelo de la filosofía.* De un manuscrito alemán del siglo XII.

En la página anterior: Casiodoro, bajo las apariencias del profeta Esdras, copia las Sagradas Escrituras. Del Códice Amiatino, manuscrito inglés de finales del siglo VII y comienzos del VIII.

En estos siglos la Iglesia fue la única representante de la alta cultura y tuvo el monopolio de todas las formas de instrucción, enseñanza y producción literaria. La relación entre cultura y religión alcanzó un nivel que no se ha vuelto a repetir en la historia. El cristianismo, nacido en el ámbito cultural mediterráneo, fue trasplantado a las tierras que rodean el mar del Norte, donde ejerció un influjo decisivo para la organización social de aquellos pueblos. Dejó de ser una religión urbana, se rompió la tradicional relación entre obispo y ciudad y los monasterios erigidos en el campo se convirtieron en importantes focos de vida y de cultura.

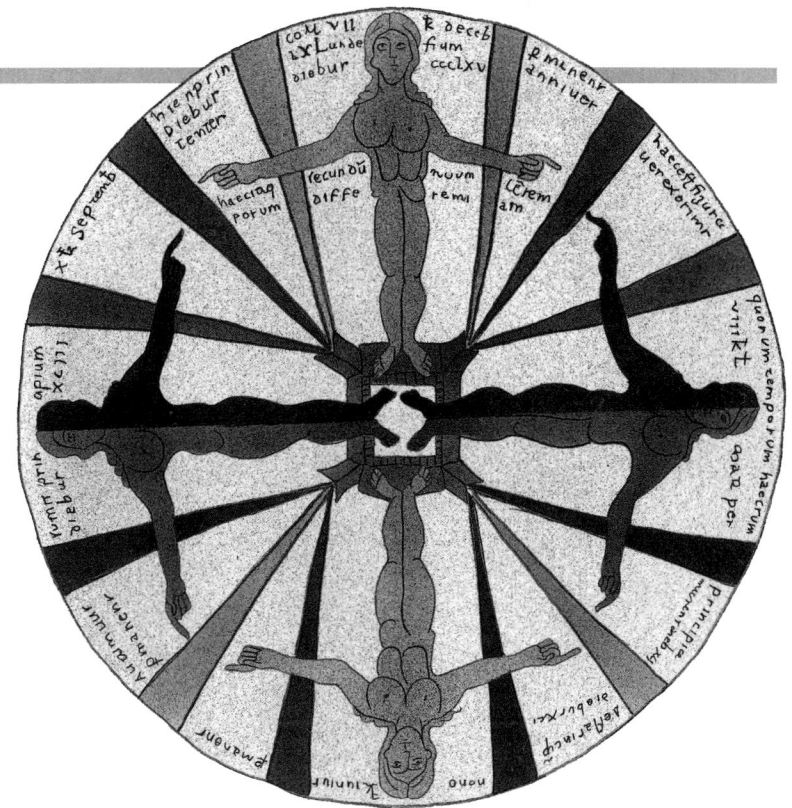

ban todas las áreas del conocimiento contemporáneo. Hacia el 600 fue nombrado arzobispo y como tal fundó escuelas, favoreció un nuevo sistema educativo y presidió concilios tanto en Sevilla como en Toledo. Debe su fama fundamentalmente a sus escritos. Las *Etimologías* constituyen una enciclopedia en veinte volúmenes que presenta todos los conocimientos de su tiempo en todos los campos: gramática, retórica, matemáticas, música, jurisprudencia, historia, teología, herejías, geografía, geología, vestidos, agricultura y antropología.

Esta summa del conocimiento humano, que se convirtió en la base de toda enseñanza en Occidente durante 800 años, colocaba en el mismo centro del universo intelectual la doctrina y la enseñanza cristianas. San Isidoro completa la revolución agustiniana: la Iglesia abarca cualquier aspecto de la sociedad y tiene respuestas para todas las cuestiones. Por esta razón se le consideró el maestro del medioevo.

Beda el Venerable (673-735), monje y Padre de la historia inglesa. Se convirtió en uno de los hombres más instruidos de Europa. Conoció la cultura de Italia, los autores clásicos, el latín, el griego y el hebreo y los escritos de los Padres de la Iglesia latinos. Escribió sobre historia natural, cronología y Escritura, pero su obra fundamental fue la *Historia Eclesiástica,* una historia de la Iglesia centrada y enmarcada en la historia general de los ingleses.

Naturalmente, se podrían presentar otros autores, pero estos cuatro son suficientemente representativos de un clero conocedor del pasado y maestro de sus contemporáneos y de cuantos les iban a suceder.

El sistema educativo abarcaba las siete artes liberales: gramática, retórica, dialéctica, aritmética, geometría, música y astronomía; las artes dependientes: medicina, leyes y cronología, y, finalmente, Escritura y derecho canónico.

24. Bizancio y el islam

La Kaaba, representada esquemáticamente en esta placa de cerámica que decoraba la tumba del Profeta en Medina, es el mayor santuario del islam y hace de La Meca la meta de multitudes de peregrinos. El edificio, en forma de cubo, encierra la famosa Piedra Negra, muy probablemente un meteorito considerado sagrado y venerado desde tiempos antiquísimos. Según la tradición musulmana, la primera Kaaba (la casa de Dios), erigida por Adán después de la expulsión del Edén y arrasada por el diluvio universal, fue reconstruida por Abrahán y por su hijo Ismael, fundador de la estirpe árabe. Los dos patriarcas rodearon con un muro la Piedra Negra, recibida del arcángel Gabriel, el mismo a través del cual Alá se reveló a Mahoma, convirtiéndolo en su enviado y entregándole el Corán. La cerámica lleva la inscripción de la *sahada*, la breve fórmula de profesión de fe del islam: «No hay más Dios que Alá, y Mahoma es su enviado».

Arabia central, donde Mahoma predicó, estaba habitada por poblaciones nómadas y sedentarias. El fundador y profeta del islam había nacido en La Meca de una familia de mercaderes. En su tiempo, un reducido grupo de comerciantes poseía la mayor parte de la riqueza de la ciudad, mientras aumentaba rápidamente el número de pobres. Efectivamente, la limosna que hay que dar a los necesitados es uno de los «cinco pilares» del islam.

Otro pilar del islam es la obligación de realizar, por lo menos una vez en la vida, la peregrinación a La Meca; en la otra página, reproducción de una caravana de peregrinos en un cuadro del siglo XIX.

En el mapa: la rápida expansión inicial del islam, mediante la conquista efectuada con la *yihad*, la guerra santa, destinada a difundir la religión de Mahoma. Si esta se afirmó en poquísimo tiempo como fe, como imperio y como civilización, fue gracias a la mediación y a la tolerancia religiosa más que a la fuerza de las armas. Su penetración en el Imperio bizantino se vio facilitada por las luchas entre los bandos cristianos y por la opresión que el Imperio cristiano ejercía sobre las poblaciones.

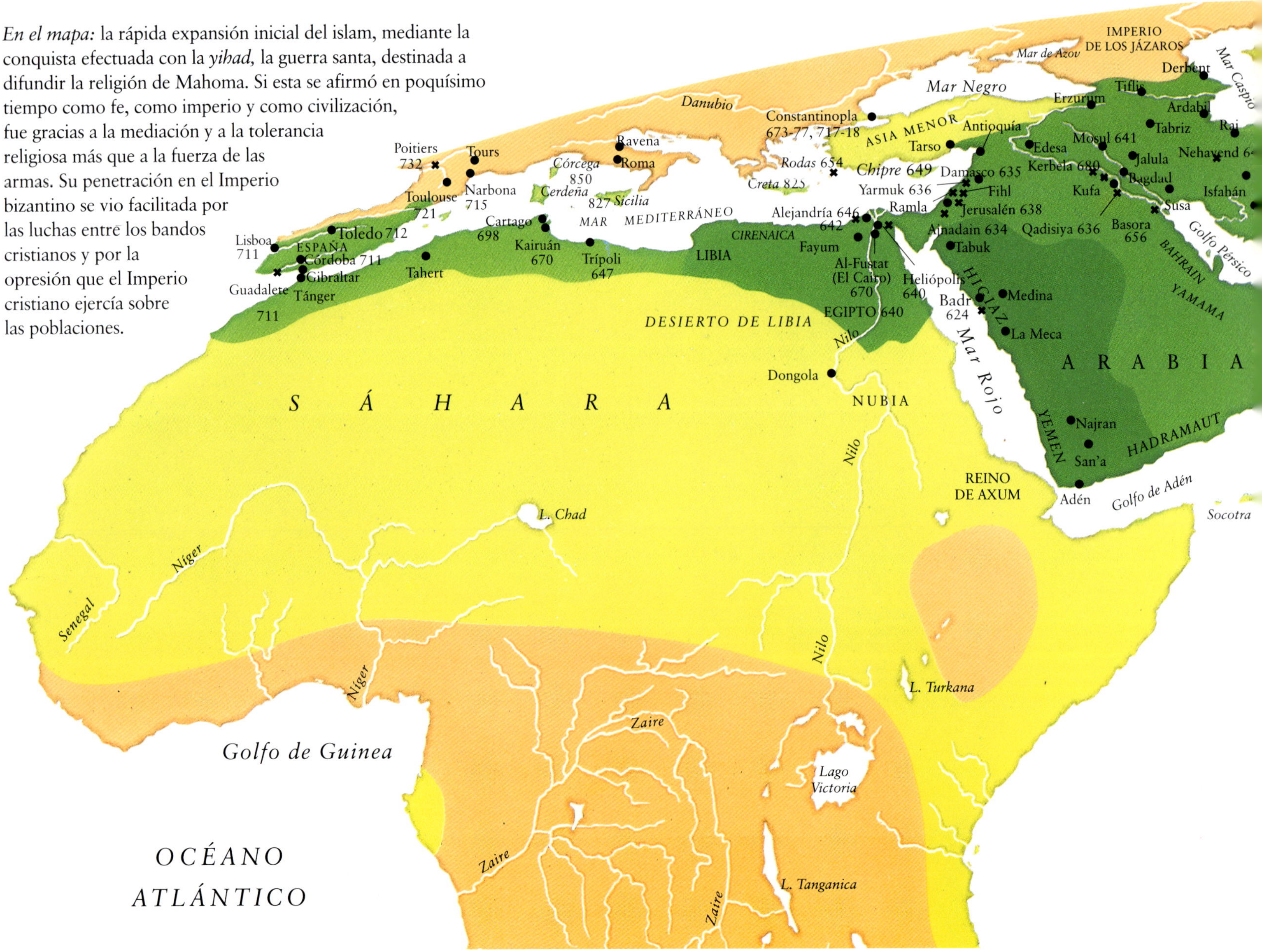

A la derecha: miniatura árabe del siglo XIII que muestra una biblioteca con maestros y alumnos en conversación. La cultura medieval de Europa debe mucho a los intelectuales islámicos que conservaron, tradujeron y transmitieron a Occidente muchos textos clásicos, especialmente de la filosofía griega.

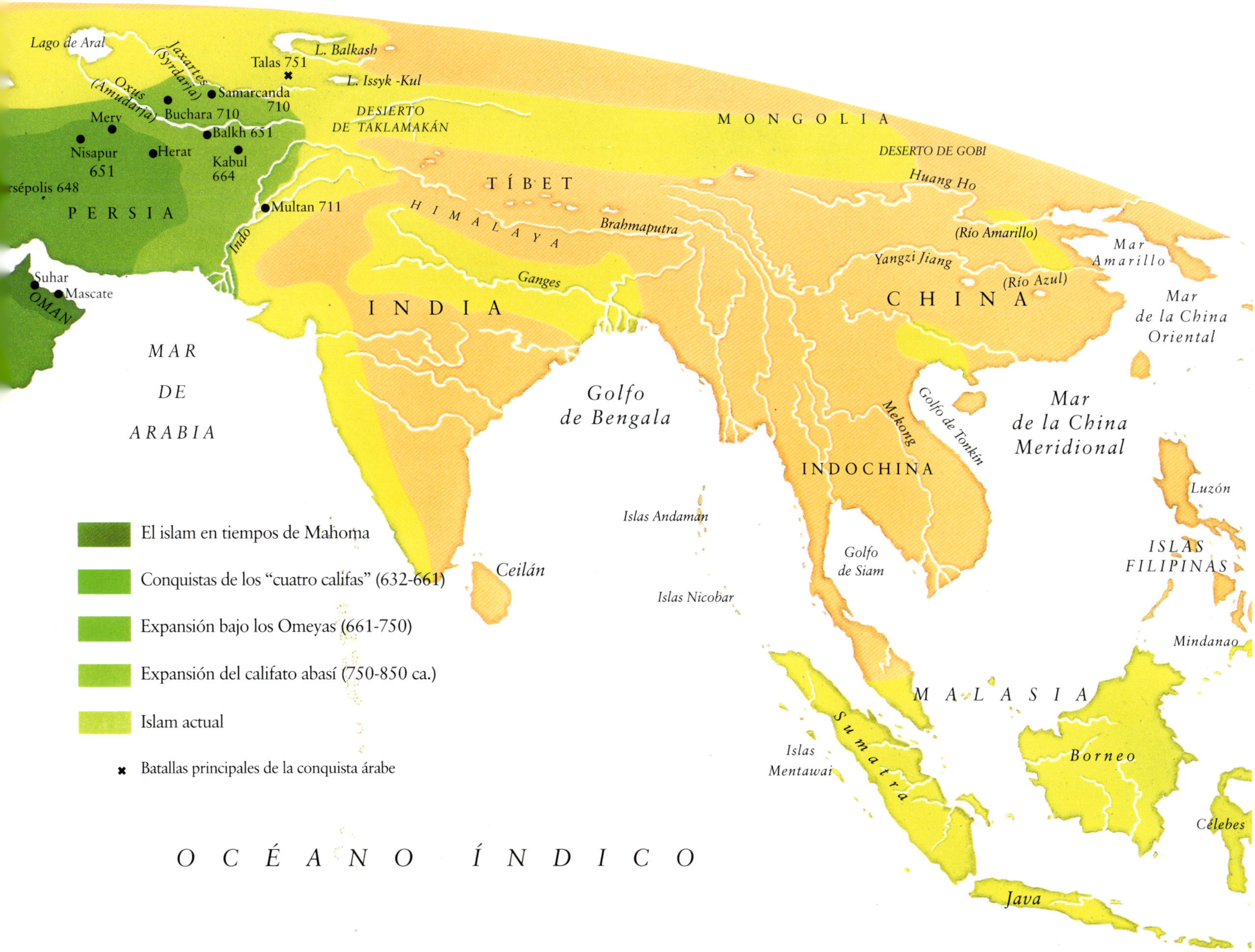

- El islam en tiempos de Mahoma
- Conquistas de los "cuatro califas" (632-661)
- Expansión bajo los Omeyas (661-750)
- Expansión del califato abasí (750-850 ca.)
- Islam actual
- ✕ Batallas principales de la conquista árabe

24. Bizancio y el islam

Entre mediados del siglo VII y mediados del VIII el "mare nostrum" romano y cristiano sufrió un cambio de consecuencias incalculables. El pueblo árabe, utilizado a menudo como barrera de protección entre bizantinos y persas que vivían en permanente confrontación, afirmó su identidad, inició una imparable guerra de expansión, hasta el punto de que toda la cristiandad pareció estar en peligro de ser invadida.

En el 570 nació Mahoma, en el 610 inició su acción de predicación y atracción a su doctrina, en el 622, convencido de predicar un mensaje divino, tiene que huir a Medina a causa del rechazo de sus conciudadanos de La Meca que no estaban dispuestos a abandonar sus ídolos y a aceptar la inmortalidad del alma, la resurrección de los muertos y un Dios único creador, todopoderoso y juez soberano. Durante la siguiente década, hasta su muerte, fundó las bases de la posterior expansión y recibió del arcángel Gabriel el Corán, la palabra increada de Dios. En poco tiempo consigue la coordinación de los árabes de la península Arábiga, de Siria y de Irak, integración lograda no tanto por fanatismo religioso cuanto por la ambición política de unir al pueblo árabe.

Los éxitos fueron espectaculares: Bizancio fue derrotada en Siria (634), Jerusalén conquistada (638), en el 640 Mesopotamia y en el mismo año llegaban a Armenia. España fue conquistada en muy poco tiempo y sin apenas resistencia (711), y asimismo Creta (823) y Sicilia (827), y en el norte de África, una de las regiones con el cristianismo más estructurado y organizativamente implantado en más de ochocientas diócesis, la Iglesia desapareció de la noche a la mañana, y lo mismo sucedió en tantos otros lugares. La misma Roma fue saqueada en el 846. Intentaron también conquistar Francia, pero Carlos Martel los detuvo y venció en Poitiers en el 732. La lengua árabe reemplazó al griego como vehículo de civilización.

El islam era una religión que se imponía fácilmente a quienes tenían un cristianismo muy superficial y ritual: se trataba de una doctrina clara, centrada en la trascendencia de Dios, con un culto muy simple, sin clero y sin liturgia; con una moral poco exigente en el plano personal y con mayor exigencia de las virtudes sociales de hospitalidad, generosidad y fidelidad. A pesar de esto, tenemos que reconocer que los musulmanes han conseguido, a menudo, incorporar a los cristianos a la sociedad y religión musulmana mientras que lo contrario no ha sido posible.

Resulta sorprendente comprobar que en todas las conquistas y anexiones los invasores encontraron complicidades por parte de cristianos que pertenecían a grupos heréticos o a nacionalidades enfrentadas a los bizantinos. En la batalla de Yarmuk, en la que fueron destrozados los ejércitos del Imperio, 12.000 cristianos árabes se pasaron al enemigo. Los cristianos monofisitas casi siempre prefirieron estar sometidos a los mahometanos antes que a los católicos.

Si los cristianos no reaccionaron y a menudo facilitaron la invasión árabe se debió a la crisis que atravesaban: las permanentes y extenuantes divisiones doctrinales, las intervenciones intolerables de un poder político arrogante en el campo doctrinal, la pérdida del sentido comunitario y la decadencia de la vida espiritual que a menudo se reducía a unos ritos externos, fueron algunas de sus causas.

Mahoma y sus seguidores consideraban que el islam era la religión monoteísta más antigua y más perfecta, la religión original de Abrahán. Después de él fueron enviados algunos profetas, entre ellos Moisés y Jesús, aunque los judíos y los cristianos pervirtieron sus revelaciones. A causa de esta relación con las otras dos religiones monoteístas, la persecución violenta de los cristianos fue rara, gozaron de un status especial, aunque eran tratados como ciudadanos de segunda clase y tenían que pagar fuertes impuestos especiales. En principio no se les forzaba a convertirse, aunque a menudo quedaban ante el dilema de convertirse o emigrar. De hecho, el cristianismo desapareció prácticamente del norte de África y de tantas otras regiones donde poco antes era la religión de la mayoría.

Los cristianos fueron conscientes de la amenaza y respondieron a la guerra santa con la cruzada y las guerras de reconquista. El caso más llamativo fue el de España, donde un pequeño grupo de cristianos se reunió junto a Pelayo, nuevo rey hispanovisigodo, y comenzaron un esfuerzo de recuperación de las tierras arrebatadas que durará desde el 711 hasta 1492, cuando con la conquista de Granada España volverá a ser un reino íntegramente cristiano.

La expansión musulmana redujo considerablemente la extensión del Imperio bizantino, aunque, probablemente, lo hizo más fuerte y homogéneo, ya que fuera de sus nuevas fronteras quedaban los monofisitas y otros grupos disidentes que durante más de dos siglos habían sido causa permanente de desintegración. Es verdad que desde ese momento tanto árabes como turcos intentarán quedarse con el Imperio y ocupar Constantinopla, pero los bizantinos demostraron coraje y recursos y pudieron defenderse y mantenerse hasta 1453. En cualquier caso, desde este momento Bizancio dejó de ser un punto de referencia para Occidente, que quedó marcado por el temor a las invasiones y los saqueos de los árabes y, al mismo tiempo, estuvo abierto a los influjos de su cultura, sobre todo a través de Córdoba y Toledo.

Arriba: página de uno de los más antiguos manuscritos del Corán, de la época abasí (siglo IX).

A la derecha: los bizantinos destruyen la flota enemiga con la ayuda del «fuego griego»; de una miniatura del siglo XII.

El choque entre Bizancio y los árabes demostró la debilidad del imperio plurinacional, donde el cristianismo se encontraba dividido por herejías y cismas y la fuerza del movimiento árabe-islámico, especialmente durante los primeros años. Los árabes supieron aprovechar la debilidad de los bizantinos, mientras que estos últimos no lograron darse perfecta cuenta del peligro que procedía de la península Arábiga.

En la página anterior, arriba: el sagrado nombre de Alá, en una cerámica sepulcral.

En la página anterior, abajo: Jesús llevado al cielo por los ángeles; de una miniatura persa.

25. La Iglesia y el mundo bárbaro

Bonifacio, apóstol de los germanos, bautiza a los frisones y padece el martirio, en esta miniatura realizada en torno al año 975 en el monasterio de Fulda (fundado por él en el año 744), uno de los mayores centros religiosos e intelectuales de la Edad media.

En el mapa: las fundaciones misioneras irlandesas y anglosajonas en Europa.

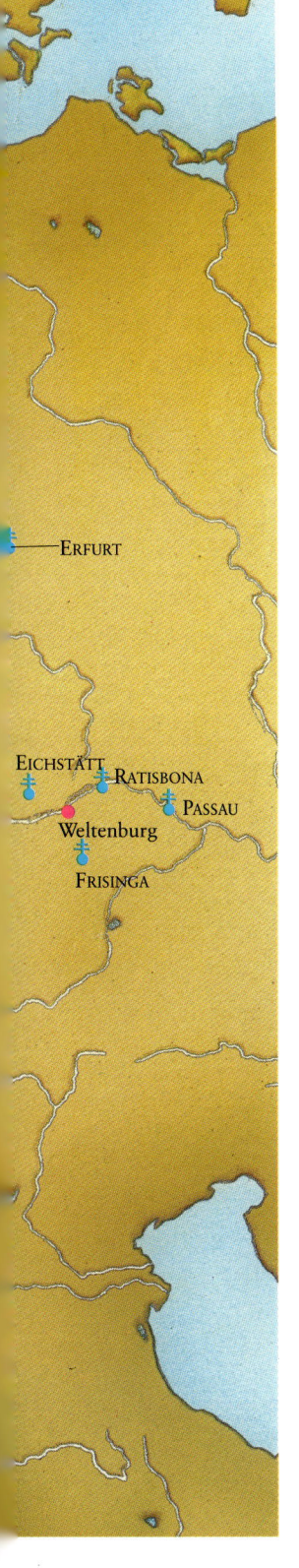

Con la llegada de Columbano y sus discípulos a las Galias (últimos decenios del siglo VII), tomaron gran impulso el monacato y la actividad misionera en Europa occidental. El influjo de Columbano actuó directamente con la fundación del monasterio de Luxeuil y sus filiales; pero igualmente importante fue la protección del rey de los merovingios. Muchos seguidores de Columbano fueron ordenados obispos para apoyar a la corte, consiguiendo, además del magisterio espiritual, importantes cargos civiles destinados a aumentar su influencia y prestigio.

La misión anglosajona de Wilfrido de York entre los frisones, que comenzó en los años 678 y 679, llegó a su apogeo con la llegada de Wilibrordo y de Bonifacio (Wynfrid). Bonifacio, además de desempeñar las tareas propias de su misión entre los frisones, en Turingia y en Asia, se dedicó a reorganizar toda la Iglesia franca y los obispados bávaros. Su obra y la de sus hombres fueron paralelas

Arriba: la corona votiva, de oro y piedras preciosas, del rey visigodo Recesvinto (653-672). Entre los colgantes están las letras que componen su nombre. Recesvinto mandó compilar un código de leyes común para los godos y los romanos (*Lex Visigothorum*).

A la derecha: miniatura de la *imago leonis*, símbolo del evangelista Marcos, del evangeliario irlandés de san Wilibrordo, llamado también «Evangelio de Echternach», de finales del siglo VII.

En la página anterior, abajo: la «cruz de Wilton», realizada en Norfolk en el siglo VII.

a la afirmación política del reino franco bajo la guía de la nueva dinastía carolingia.

Contemporáneamente otros misioneros trabajaban con celo en Europa central: Pirmino en Alemania suroccidental fundó probablemente más de diez obispados.

En la segunda mitad del siglo VIII, bajo el impulso de los reyes carolingios Pipino el Breve y su hijo Carlos, el futuro Carlomagno, la Iglesia franca comenzó espontáneamente una actividad misionera propia. Entre las figuras más eminentes está Ludgerio de Utrecht, que fundó la diócesis de Münster, y su hermano Hildegrim, primer obispo de Osterwiek. Resulta muy difícil señalar todos los nuevos monasterios misioneros, cuya fecha de fundación es, a menudo, sumamente incierta.

25. La Iglesia y el mundo bárbaro

Al tiempo que Mahoma comienza su labor de adoctrinamiento y mientras los árabes van ocupando los territorios de antiguas comunidades cristianas en Oriente y en África, en Europa son cristianizados los pueblos del Norte, el complejo mundo de los pueblos germánicos.

Gregorio Magno envió a Inglaterra (596) a cuarenta monjes de su monasterio romano, al mando de los cuales se encontraba Agustín, quien se convertirá en el obispo de Canterbury y en el organizador de la Iglesia anglosajona. En el norte de la isla se encontraban los cristianos celtas, que no estaban dispuestos a relacionarse con los invasores sajones ni siquiera para evangelizarlos. Serán necesarios casi cien años para conseguir una Iglesia unificada.

El punto de partida de la acción evangelizadora del Norte europeo es la Iglesia de Irlanda, donde los monasterios constituían un potente foco de irradiación del cristianismo. Los monjes aceptaban las peregrinaciones en nombre de Cristo y por el amor de Dios. Abandonaban su patria y, movidos por un ideal religioso de gran fecundidad, se lanzaban a los caminos del continente. Tal vez el monje irlandés más conocido de todos fue san Columbano, predicador de paganos a lo largo del Rin y fundador de numerosos monasterios en el continente, capaces de renovar la vida religiosa y los conocimientos culturales. Sin embargo, estos monjes, dado su carácter demasiado individual, apenas consiguieron establecer comunidades cristianas organizadas.

Los primeros misioneros benedictinos de la Iglesia anglosajona llegados a Europa fueron a evangelizar a los frisones (desde la actual Bélgica hasta el Weser) porque estaba enfrente de Inglaterra. En 689 el monje Wilibrordo se dirigió a la costa de Frisia, predicó, visitó al papa Sergio (692), fue nombrado arzobispo e instaló su sede en Utrecht. En el 698 Wilibrordo convirtió el monasterio de Echternach (actual Luxemburgo) en un plantel de misioneros. De aquí partió la decisiva evangelización de Alemania, sobre todo gracias a la acción de san Bonifacio.

Este recibió del papa la misión de organizar la Iglesia germánica y despertar de su mediocridad la Iglesia franca, y la consigna de recurrir a la Santa Sede en caso de dificultades. A este encargo dedicó todo su tiempo y todas sus energías. Al final de su vida pudo afirmar con verdad: «Yo soy el discípulo de la Iglesia romana; he vivido siempre al servicio de la Sede Apostólica».

Misionó en Hesse con tanta intensidad que en el 722, en Pentecostés, muchos miles de personas pidieron el bautismo; se estableció en Turingia durante once años y con el auxilio de gran número de refuerzos venidos de Inglaterra, a los que se añadieron importantes personalidades de los monasterios de mujeres, completó una fecunda labor evangelizadora creando parroquias y monasterios. Más tarde, reorganizó la Iglesia bávara creando cuatro obispados y nuevos monasterios que sirvieron de punto de apoyo a la vida religiosa y eclesiástica de estos territorios. Los sínodos provinciales, celebrados periódicamente, contribuyeron a suprimir los defectos y a fomentar las virtudes del clero y del pueblo.

San Bonifacio se había convertido en el primado efectivo de las Iglesias de Alemania. Esto se manifestó claramente en su actuación en el sínodo general del 742, donde se reunieron obispos de toda Centroeuropa. Allí consiguió que los obispos prestasen juramento de fidelidad al papa y que los monasterios aceptasen la regla de san Benito, al tiempo que se aprobaron normas de formación

En la página anterior: Santa María del Naranco, en Oviedo. Salón real de los visigodos en su origen, fue transformada en iglesia en el siglo IX.

A la izquierda: una típica cruz irlandesa, procedente del cementerio del monasterio de Clonmacnoise. Estas cruces, historiadas con relieves que representan escenas evangélicas, se remontan generalmente a los siglos IX y X.

Abajo: facsímil de una página del *Heliand*, una traducción de los Evangelios en sajón antiguo, escrita tal vez por un monje de Fulda, en torno al año 830. Poema épico de 6.000 versos aliterados, narra los principales episodios de la vida de Cristo en un tono más popular que teológico. Es también el primer intento de crear una lengua literaria germánica y el más antiguo documento literario en lengua sajona.

tanto para sacerdotes como para obispos que, a menudo, llevaban vidas irregulares desde el punto de vista moral y canónico.

Bonifacio fundó el monasterio de Fulda como escuela modelo para toda Alemania. Al poco tiempo, se convirtió en un foco de vida tanto en lo religioso y económico como en lo científico y artístico. Apenas consagrado por Gregorio II arzobispo de Maguncia (753), Bonifacio escribió una carta a los obispos y abades de Inglaterra con el fin de animar las vocaciones, y desde allí llegaron numerosos refuerzos. Tomó las medidas oportunas para conseguir un clero indígena, creó numerosos monasterios e invitó a las mujeres a participar en la tarea misional.

En el 754, animado por su celo apostólico, volvió a Frisia con el fin de predicar a los paganos que aún permanecían atados a sus creencias ancestrales. El 5 de junio fue martirizado por una turba de infieles. Su cadáver fue trasladado a Fulda como había pedido. Todavía se muestra en este monasterio el devocionario que el santo leía en el momento en que fue atacado. Su martirio tuvo enorme repercusión. En el 755 un concilio de Inglaterra decidió celebrar su fiesta junto a la de san Gregorio y san Agustín de Canterbury.

De la historia de estas misiones deducimos que el papado tenía una idea muy clara sobre la necesidad de instituir Iglesias bien organizadas alrededor de las sedes metropolitanas y contar con obispos que reconocieran la primacía y la jurisdicción de Roma. En efecto, tanto en Alemania como en Francia, Inglaterra y España, existía el peligro de fragmentación y de sometimiento de las Iglesias a los poderes políticos, convirtiéndose en Iglesias nacionales sin relación entre ellas. No olvidemos que la compenetración del cristianismo con el nacionalismo viene de los primeros tiempos. Roma superó el peligro por medio de la dirección permanente de las actividades misionales, del seguimiento atento de las elecciones episcopales y de la promoción y control de la celebración de sínodos regionales.

Esta política consiguió la renovación de la Iglesia francesa, la sólida instalación de la estructura eclesial en Europa central y unas relaciones fluidas con la Iglesia hispano-visigoda, que recibió a menudo de Roma consejos y recomendaciones. Europa se fundó con el sufrimiento y sacrificio de muchos, con la integración de las diversas poblaciones gracias al cristianismo, con la organización eclesial alrededor de las catedrales, los obispos y las escuelas, alrededor de los monasterios y su dedicación a la cultura, y con los ejércitos de misioneros que atravesaron mares y recorrieron innumerables caminos anunciando el Evangelio.

26. El mundo eslavo

Arriba: san Jorge, el soldado mártir de Capadocia —representado aquí en un icono del siglo XV de la escuela de Nóvgorod— es uno de los santos más queridos de la cristiandad eslava. El dragón contra el que lucha y al que mata simbolizaba para los primeros cristianos el mal, especialmente el paganismo, que el santo guerrero había derrotado en su región natal.

Los primeros intentos de misión entre los pueblos eslavos los llevó a cabo, en la primera mitad del siglo VII, el emperador bizantino Heraclio, que envió a Croacia misioneros procedentes de Roma y de otras ciudades de Occidente. Es probable que también los cristianos que quedaron en Sirmium y Pécs tras la llegada de los ávaros hicieran proselitismo entre los recién llegados.

Con las victorias de Carlomagno sobre los ávaros a finales del siglo VIII, toda Europa oriental se convirtió en escenario de expansión para la evangelización. Por voluntad de Carlomagno las diócesis de Salzburgo y de Aquilea tuvieron nuevos y más amplios confines, gobernando la actividad eclesiástica hasta el Drave y el Danubio. En los siglos IX y X se distinguieron por su extensión y el brío de su impulso misionero el obispado de Freising, que trabajó en Carintia, el monasterio de Ratisbona en Bohemia y Panonia y el de Passau en Nórica y Panonia.

En el año 864, Boris, príncipe de los búlgaros, había sido bautizado en Constantinopla. El príncipe de Kíev, Vladimiro, se convirtió en el año 989. Su bautismo marcó la adopción del cristianismo por parte de los pueblos rusos, entonces reunidos en gran parte en el reino de Kíev, el inmenso Estado que había ido formándose a lo largo de las grandes vías fluviales del comercio escandinavo con el imperio bizantino. Hasta el año 1240, en que Kíev fue destruida por los mongoles, la Iglesia rusa permaneció estrechamente vinculada a la división de este vasto territorio en principados, que tuvo lugar tras la muerte del príncipe Yaroslav (1054), que la había repartido entre sus cinco hijos.

En la época de Vladimiro, además de la sede metropolitana de Kíev, existían ya probablemente los obispados de Chernígov, Biélgorod, Vladímir de Volinia, Rostov y Nóvgorod; este último se transformó en arzobispado en 1165. Otros se fueron añadiendo durante el siglo XII (Turov, Pólotsk, Tmutarakán, Pereiáslavl, Iuriev, Smolensk, Halicz, Riazán) y el siguiente.

Especial importancia para la formación del cristianismo ruso tuvo el monaquismo, cuyos orígenes se remontan al reino de Yaroslav de Kíev (siglo XI), que instituyó en la capital los dos primeros monasterios: el masculino de San Jorge y el femenino de Santa Irene.

- Arzobispado
- Obispado
- Monasterio
- Iglesia

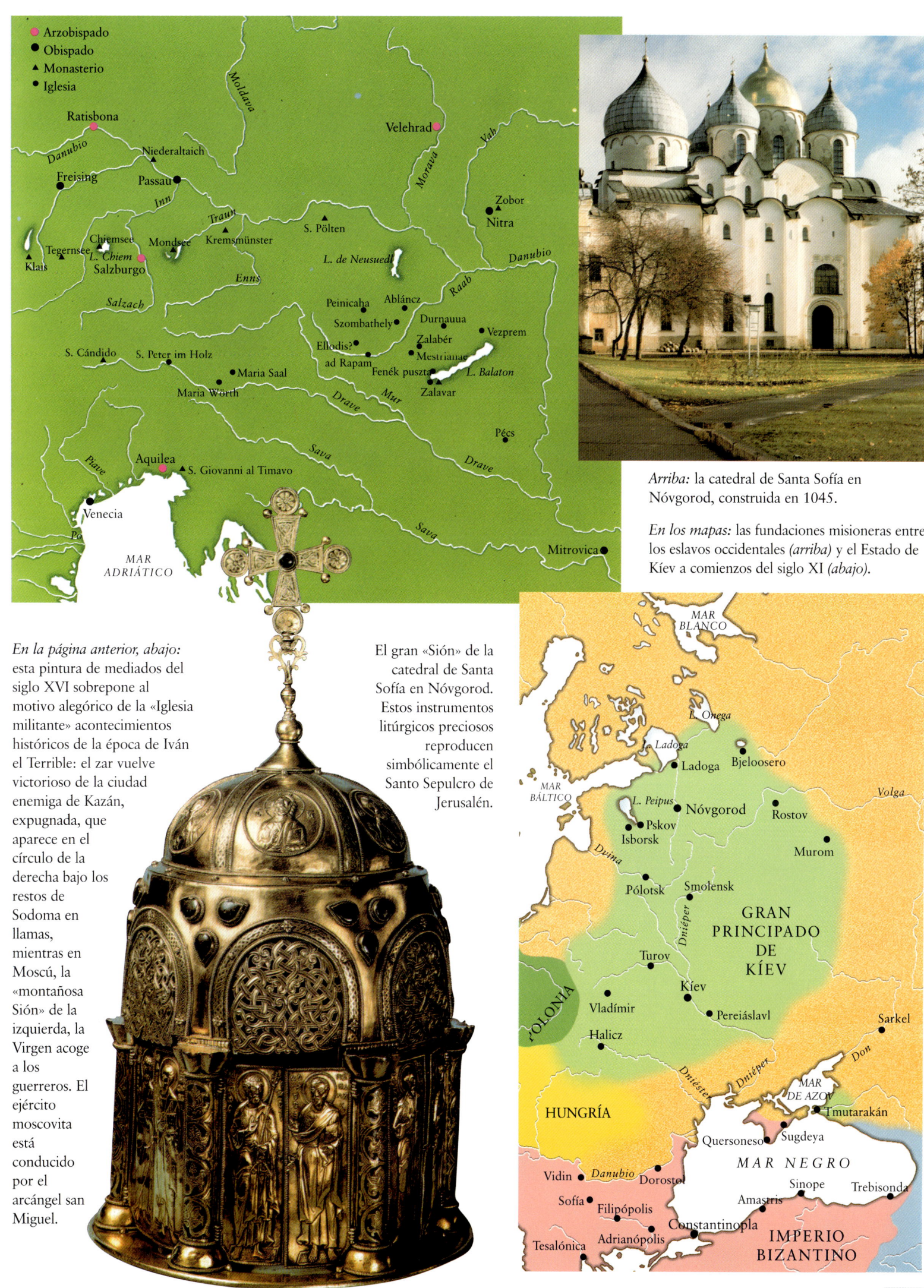

Arriba: la catedral de Santa Sofía en Nóvgorod, construida en 1045.

En los mapas: las fundaciones misioneras entre los eslavos occidentales *(arriba)* y el Estado de Kíev a comienzos del siglo XI *(abajo)*.

En la página anterior, abajo: esta pintura de mediados del siglo XVI sobrepone al motivo alegórico de la «Iglesia militante» acontecimientos históricos de la época de Iván el Terrible: el zar vuelve victorioso de la ciudad enemiga de Kazán, expugnada, que aparece en el círculo de la derecha bajo los restos de Sodoma en llamas, mientras en Moscú, la «montañosa Sión» de la izquierda, la Virgen acoge a los guerreros. El ejército moscovita está conducido por el arcángel san Miguel.

El gran «Sión» de la catedral de Santa Sofía en Nóvgorod. Estos instrumentos litúrgicos preciosos reproducen simbólicamente el Santo Sepulcro de Jerusalén.

109

26. El mundo eslavo

Los francos en Occidente y los bizantinos en Oriente constituían los dos polos más activos, pero un conjunto de pueblos eslavos actuaban, se movían y peleaban entre la península de Crimea y el mar Báltico. Es en esas tierras inmensas donde van a nacer Rusia, Bulgaria, Lituania, Bohemia y otros pueblos y naciones que serán importantes en la historia europea y que fueron convirtiéndose al cristianismo en los siglos IX y X.

Entre las causas de conversión de estos pueblos encontramos razones políticas y militares, pero, también, el hecho de que las religiones germánicas no explicaban suficientemente qué sucedía tras la muerte, a diferencia del cristianismo, que ofrecía una explicación coherente y decidida. El cristianismo que se les ofrecía aparecía expresado en dos culturas que representaban dos mundos políticos y sociales diversos.

En el último tercio del siglo IX había tres Estados eslavos importantes: Bulgaria, Moravia y Rusia, que había de crecer considerablemente.

El príncipe Ratislao de Moravia, la actual Bohemia y Eslovaquia, queriendo liberarse del influjo del Imperio germano, decidió apoyarse en Bizancio y les pidió misioneros evangelizadores. Esta petición fue muy bien acogida por Constantinopla, ya que significaba extender su influjo más allá de sus fronteras. Enviaron a los hermanos Cirilo, profesor de filosofía, y Metodio, gobernador provincial, de Tesalónica, que conocían la lengua eslava y que crearon un alfabeto, dado que no lo tenían, pudiendo así traducir al eslavo la Escritura y los libros litúrgicos.

No pocos pensaban que la liturgia debía celebrarse sólo en hebreo, griego o latín, las tres lenguas de la inscripción de la cruz, por lo que no admitían las novedades de Cirilo y su hermano. Además, tuvieron dificultades de jurisdicción con los obispos alemanes, pero el papa apoyó el uso de la lengua eslava como lengua litúrgica, «ya que quien creó las tres lenguas litúrgicas creó también las otras para su alabanza y gloria» y les respaldó en su acción. Cirilo murió en Roma y está enterrado en la hermosa basílica de San Clemente, y Metodio fue ordenado obispo con autoridad sobre una enorme diócesis que abarcaba lo que ha sido Checoslovaquia y Yugoslavia.

Sin embargo, hay que reconocer que la mentalidad dominante defendía que en Oriente la lengua que se debía utilizar era la griega y en Occidente la latina. Tal vez fue el precio que había que pagar para conseguir el sentido de unidad y coherencia que adquirió la Iglesia occidental. De hecho, Cirilo y Metodio representaron tanto a Roma como a Constantinopla, pero no cabe duda de que el mundo eslavo que nacía al cristianismo iba a tener una impronta fundamentalmente bizantina. Macedonia y Serbia entraron en la órbita bizantina y Moravia y Croacia en la romana, aunque la última mantuvo la liturgia eslava.

El siglo IX es un siglo de rivalidad misionera entre las dos grandes metrópolis. No se trataba tanto de búsqueda de poder y prestigio cuanto de dos culturas y dos personalidades en expansión que necesariamente rivalizaban en su proceso de desarrollo.

En Bulgaria el rey Boris, dándose cuenta de que los estados limítrofes habían pasado al cristianismo, se hizo bautizar en el año 863 y obligó a la nobleza a imitarlo. Pidió a Bizancio que pusiera a la cabeza de su Iglesia a un patriar-

A la derecha: San Nicolás, en Súzdal, una de las primeras iglesias construidas en Rusia después de la conversión de los rusos.

Abajo: relieve con los santos Boris y Gleb, hijos de Vladimiro, príncipe de Kíev, cuyo bautismo dio comienzo a la cristianización de Rusia.

En la página anterior: Cirilo y Metodio crean el alfabeto eslavo (cirílico); de una crónica de finales del siglo XV.

Antes de su misión en Moravia, Cirilo fue bibliotecario patriarcal, vivió en un monasterio, enseñó filosofía y fue varias veces embajador imperial. Su hermano Metodio, jurista de relieve, tuvo la misión de administrar Macedonia, renunció al cargo y se retiró a un monasterio. Ambos se dedicaron a la oración y al estudio y desarrollaron un cristianismo interiorizado y doctrinalmente maduro.

ca independiente. Dado que los bizantinos no estaban muy conformes, se dirigió a Roma con la misma petición y con una serie de preguntas que le inquietaban. Tampoco Roma accedió a sus pretensiones y Boris se entregó a manos de los bizantinos. Pero estos misioneros predicaron en eslavo, celebraron los oficios en esta lengua y constituyeron un nuevo alfabeto, el cirílico. Boris se dio cuenta de que este era el modo de conciliar su pertenencia espiritual a Bizancio y sus deseos de autonomía. Desde ese momento, la cristiandad búlgara actuará como lazo de unión entre la cultura y religiosidad griega y los pueblos eslavos.

Por otra parte, Vladimiro (978-1015), casado con la princesa Ana, hermana de los emperadores griegos Basilio II y Constantino, se bautizó en el año 988 y ayudó eficazmente a implantar el cristianismo en Kíev, «la madre de las ciudades rusas», favoreciendo un bautismo colectivo: «Un pueblo innumerable entra en las aguas del Dniéper mientras los sacerdotes de pie en la orilla, recitan las plegarias del bautismo». El desarrollo cultural y religioso de la joven Rusia se realizó bajo el influjo bizantino, gracias también a la implantación del derecho canónico bizantino y a su concepto de relaciones jurídicas entre Iglesia y Estado. Los mosaicos de la iglesia de San Miguel y de la catedral de Santa Sofía son una expresión del arte bizantino del siglo IX.

Tal vez fueron sacerdotes y obispos búlgaros los primeros evangelizadores, pero, en cualquier caso, la herencia cristiana griega les llegó a través de la liturgia eslava y de los textos relacionados con la concepción cristiana del mundo desde Bulgaria. La recensión eslava de la cultura bizantina tuvo por ello un rostro propio, que fue aquel de una nueva unidad de religión, de visión del mundo y de la sociedad, de literatura, de pintura y de arquitectura. Al morir Vladimiro (1015) residía un obispo en Nóvgorod, la otra capital del reino. La Iglesia rusa estaba en marcha, una Iglesia bizantina en su filiación espiritual y eslava en sus elementos exteriores y anímicos. Naturalmente, este hecho colocó a la naciente Rusia al margen de lo que era y, sobre todo, iba a ser Europa occidental. No faltaron relaciones, ciertamente, con la Iglesia occidental. Vladimiro y los papas Juan XV y Silvestre II se enviaron legados recíprocamente, pero, después del cisma de 1054 entre Constantinopla y Roma, sin necesidad de ruptura formal, la Iglesia rusa se fue separando de Roma.

27. La Iglesia occidental en tiempos de Carlomagno

A la izquierda: estatua-relicario de santa Fe, la mártir patrona de la abadía de Conques, en Francia. Por su semejanza tipológica con las Vírgenes en majestad, a la fastuosa obra de finales del siglo IX se la denomina «Majestad de santa Fe». En su época la estatua escandalizó a no pocos fieles por su aire de «ídolo pagano». Efectivamente, bustos o estatuas-relicarios de los patronos se llevaban en procesión y en las batallas como divinidades tutelares.

Abajo: Europa en tiempos de Carlomagno.

- Imperio de Carlomagno
- Conquistas de Carlomagno
- Patrimonio de san Pedro
- Imperio bizantino
- Islam

- ▲ Sedes de Carlomagno
- • Ciudades
- ☩ Arzobispados
- ✠ Monasterios

Donaciones y privilegios de Carlomagno en favor de monasterios e iglesias. El incremento patrimonial de las sedes eclesiásticas por parte del emperador iba paralelo con su política de consolidación del poder imperial y de seguridad de las fronteras. Por eso, junto a los monasterios de sus tierras de origen entre el Mosa, el Rin y el Main, él dio preferencia a monasterios y diócesis políticamente fieles a él en Francia, Alemania e Italia (aquí especialmente la Iglesia de Aquilea), lo mismo que los que estaban situados en las rutas misioneras del este, que, convirtiendo a los pueblos eslavos, daban seguridad a las fronteras amenazadas por continuas incursiones y constituían, de hecho, unos territorios almohadilla entre el Imperio y las huestes asiáticas paganas.

En la página anterior, a la derecha:
Alcuino presenta a su discípulo Rabano Mauro a san Martín de Tours; miniatura de mediados del siglo IX.
Alcuino, un monje inglés, teólogo, historiador y científico, llamado por Carlomagno para dirigir la escuela de su palacio en Aquisgrán, se convirtió en animador del Renacimiento carolingio, que se difundió en el Imperio a través de las escuelas que había en todos los monasterios imperiales. Entre sus méritos estuvo la recopilación sistemática de textos germánicos antiguos, destruidos después por Ludovico Pío, a causa de su «paganidad». Carlomagno recompensó a Alcuino por sus servicios nombrándolo abad de San Martín de Tours.

Reconstrucción del *palatium*, el palacio de Carlomagno, en Aquisgrán, quicio de la civilización carolingia. La capilla imperial, un macizo edificio octogonal, recuerda los modelos bizantinos, como queriendo indicar simbólicamente que el Imperio carolingio era el heredero del de Justiniano.

Izquierda: difusión del arte en la época carolingia.

27. La Iglesia occidental en tiempos de Carlomagno

Con Carlomagno y sus sucesores la Iglesia occidental adquiere su contorno más definido y la configuración que se va a mantener a lo largo de la Edad media. Por otra parte, la conversión e integración de los sajones en el mundo occidental junto a la conversión e integración de los eslavos en el Imperio oriental señala el mapa del cristianismo y las fronteras de las dos grandes obediencias, Roma y Constantinopla. Pero hay que añadir que germanos y eslavos aportarán parte de su talante y espíritu a un cristianismo que hasta ese momento había sido fundamentalmente semita, griego y romano.

Con Carlomagno se creó el Imperio cristiano, una renovación del Imperio romano pero con un carácter religioso-eclesial. En realidad, fue una idea y una determinación de los papas. En la Navidad del año 800 el papa León III coronó emperador a Carlomagno con un ceremonial solemnísimo que recordaba al bizantino. El emperador se convertía en el protector de la Iglesia y del Romano pontífice. Este le coronaba, otorgándole así la dignidad imperial, pero, a su vez, el emperador adquirirá el derecho de confirmar la elección del Papa.

La instauración del Imperio occidental desembocará casi necesariamente en frecuentes tensiones y enfrentamientos con el pontificado. Se enfrentaban dos poderes que tenían aproximadamente las mismas pretensiones, pero contrapuestas. A lo largo del medioevo, hasta la Reforma, ambas instituciones se ayudarán con frecuencia, pero también se combatirán con dureza.

Carlomagno, «nuevo David», «Rey y Sacerdote», sujetó y obligó a aceptar el cristianismo a los pueblos sajones, de Frigia, los vendos, los ávaros, los moravos y los bohemios, formando un reino imponente en el que quiso instaurar la fe y la cultura cristiana. Para lograr esto lo organizó eclesiásticamente creando los arzobispados de Colonia, Tréveris, Maguncia, Salzburgo, a los que se añadirán poco después de su muerte los de Hamburgo-Bremen y Magdeburgo, de los que dependían numerosos obispados. Esta organización favoreció una rica vida eclesiástica, religiosa y espiritual.

Su preocupación por la cultura se plasmó en la obligación que tenían catedrales y monasterios de fundar una escuela en la que se enseñaban los conocimientos elementales. El despertar cultural de Occidente encontró en Carlomagno su animador. Llamó a su corte a los hombres más eruditos de su tiempo de todos los países europeos y realizó un programa sistemático de reforma de la instrucción eclesiástica. En la escuela palatina, dirigida por Alcuino, estableció un centro de estudios superiores, donde por primera vez en el medioevo los eruditos y los nobles, laicos y clérigos, se encontraban en un terreno común de humanismo literario y discusión racional, con el objetivo de crear una cultura cristiana. Este espíritu de humanismo cristiano aparece en la carta de Alcuino a Carlomagno: «Si tus proyectos se realizan puede ser que una nueva Atenas nazca en el país franco, y una Atenas más bella de la antigua, porque nuestra Atenas, ennoblecida por la doctrina de Cristo, sobrepasará la sabiduría de la Academia». Carlomagno fue consciente de que un renacimiento cultural inspirado y dirigido por la Iglesia resultaba el medio más decisivo para conseguir una sociedad cristiana.

sión. Se trató, en una palabra, de renovar la vida espiritual de los fieles, a los que se inculcó la necesidad de aprender algunas oraciones y fórmulas devocionales.

La obra arquitectónica más interesante construida por el emperador es la capilla de su palacio imperial en Aquisgrán. Debió de ser un monumento extraordinario. Los escritores de su tiempo hablan de ella como de un edificio maravilloso. Allí fue enterrado y allí estaba su sepulcro antes del bombardeo de 1944.

La copia y miniatura de manuscritos salvaron muchas obras de la antigüedad y dieron origen a un nuevo arte pictórico.

A la izquierda: la iglesia abacial de Corvey, en Alemania, construida entre los años 873 y 885.

Abajo: díptico de marfil de comienzos del siglo IX con escenas de la vida de Cristo.

En la página anterior, arriba: flabelo litúrgico de época carolingia.

En la página anterior, abajo: sacramentario de Marmoutier, en torno al año 850. El abad Rainaldo bendice a sus monjes y al pueblo.

Esta cultura tuvo un carácter monástico. Los grandes monasterios fueron los centros culturales del Imperio carolingio y gracias a ellos el emperador pudo realizar sus ambiciosos proyectos de reforma eclesiástica y litúrgica que, en gran medida, contribuyeron a crear las características de la cristiandad medieval. En este campo se manifiesta la separación entre laicos y clérigos. Estos sabían latín y aquellos no. En el Este el lenguaje social y el litúrgico era el mismo, pero en Occidente en el siglo VIII nadie aprendía latín como su lengua vernácula, pero toda obra culta, litúrgica o devocional estaba escrita en latín. El latín se convirtió en un lenguaje clerical y la cultura también. Esto llevará a que sean clérigos quienes dirijan las cancillerías y las haciendas.

Carlomagno impuso, también, una reforma litúrgica que adoptó el rito romano como rito común para todo el Imperio carolingio. En realidad, Carlomagno había quedado impresionado durante sus viajes a Roma por la belleza y la sencillez de la liturgia que vio allí. Poco después este rito se impuso en Europa occidental. Este rito romano era el resultado de la fusión de elementos romanos y galicanos, fruto de la revisión de los libros litúrgicos realizada por Alcuino y sus colaboradores. Aparecen el Confíteor y los inciensos en la misa. Los fieles, a los que el oficiante da la espalda, ya no ofrecen los dones en el ofertorio y no se asocian al Canon de la misa, que es recitado sólo por el sacerdote.

Durante este reinado se prepararon una serie de esquemas de sermones con el fin de que las homilías fueran mejores; el canto enriqueció los oficios litúrgicos; se renovó la penitencia pública por los pecados graves y se insistió en la importancia de la confe-

28. El nacimiento del Estado pontificio

1. Sto. Espíritu
2. S. Juan de los Florentinos
3. Sta. María dell'Anima
4. Hospicio bohemio
5. S. Lorenzo in Damaso
6. Gran hospicio de peregrinos
7. Sta. María in Ara Coeli
8. Stos. Cosme y Damián
9. Stos. Juan y Pablo
10. S. Gregorio Magno
11. Sta. María in Domnica
12. Hospital de S. Juan

Abajo: reconstrucción de un mosaico perdido del siglo IX, que se encontraba en el triclinio de León III en el Palacio de Letrán, en Roma, primera residencia de los pontífices. En él se ve a san Pedro, en su cátedra, confiriendo el poder espiritual (la estola) al papa León III y el poder temporal (el estandarte) al emperador Carlomagno.

En la página anterior, arriba: plano de la Roma medieval, que destaca los edificios religiosos más importantes de la época, y representación sintética de la ciudad y de sus monumentos en un fresco de principios del siglo XV.

En la página anterior, abajo: este fresco del siglo XIII representa la llamada «donación de Constantino», hecho legendario atestiguado por un documento apócrifo, considerado auténtico hasta el siglo XV, cuando el humanista Lorenzo Valla lo confutó con argumentos filológicos. El escrito fue creado para justificar las posesiones territoriales y el poder temporal de la Iglesia. El fresco muestra al emperador Constantino que, curado de la lepra gracias al bautismo recibido de manos del papa Silvestre I, le entrega la tiara, confiriéndole simbólicamente el poder sobre todo el Occidente.

- ♁ Sede pontificia
- ✝ Arzobispado
- ♦ Obispado suburbicario
- ▲ Obispado suburbicario extinto
- ✚ Monasterio

- El Patrimonio de san Pedro en 754-756
- Donaciones de Pipino el Breve 756
- Adquisiciones 757-817
- Adquisiciones 962
- Normandos
- El Estado de la Iglesia tras las pérdidas de los ss. X y XI
- Nuevas adquisiciones en 1201-1209

En sus comienzos, el «Estado de la Iglesia» estaba formado por un conjunto de pequeños dominios *(patrimonia)* donados por reyes y señores a la Iglesia. Muchas de estas posesiones se habían perdido, en el norte y centro de Italia a raíz de la invasión longobarda, y en el sur a causa de la hostilidad de los emperadores bizantinos en la época de la gran controversia iconoclasta y de las conquistas islámicas. Estas pérdidas fueron compensadas por los francos en tiempos de Pipino y de Carlomagno con donaciones en Italia central. Los sucesores de Carlomagno confirmaron y ampliaron estas concesiones. En 1115, la condesa Matilde de Canossa dejó al papado sus vastas posesiones en Italia centro-septentrional. Los papas no gobernaron de forma continuada estos territorios, cuya propiedad era frecuentemente contestada y objeto de reivindicaciones. Más tarde, incluso ciertos territorios reivindicados por los papas se les reconocían sólo con dificultad (era el caso de la Pentápolis, el territorio que rodeaba la antigua capital imperial de Ravena), mientras que su posesión efectiva dependía de la política de las grandes potencias del tiempo: el Sacro Imperio romano, el Imperio bizantino, el rey de Italia y los duques normandos. Hasta finales del siglo XII no consiguieron los papas tener el control completo de los territorios del Estado de la Iglesia.

28. El nacimiento del Estado pontificio

Es bien conocido el papel preponderante ejercido por los obispos romanos, a partir de Constantino, tanto en la ciudad como en la región romana. Parece cierto que el emperador Constantino ofreció al papa como residencia el palacio de una familia patricia romana, los Laterani. De hecho, allí establecieron su sede y, todavía hoy, la catedral de Roma, San Juan de Letrán, se encuentra en el mismo lugar.

Tras la caída de Italia en manos de los pueblos bárbaros y la desaparición del Imperio romano de Occidente, Roma siguió dependiendo del emperador de Constantinopla, pero, a menudo, su autoridad era más teórica que real. Seguía denominándose emperador romano, pero ni sus ejércitos vigilaban o protegían la ciudad ni su hacienda era capaz de dirigir un país caótico y desorganizado por las frecuentes invasiones. En esos momentos de auténtico caos, la única autoridad real era la del papa, el único que podía defender la ciudad, organizar las milicias y proporcionar alimentos. Efectivamente, la Iglesia romana poseía grandes propiedades en la península y en Sicilia, «el Patrimonio de san Pedro», y desde allí llegaban los cargamentos de trigo que los pontífices repartían entre una población a menudo hambrienta y necesitada. De esta forma, el papa se convirtió en la única persona con autoridad. Es decir, a mediados del siglo VII los pontífices detentaban, de hecho, la soberanía sobre buena parte de la Italia central. Durante el siglo siguiente esa autoridad fue con frecuencia impedida y atacada por los longobardos.

Los bizantinos no podían ayudar al papado, aunque lo hubiesen deseado, porque todo su esfuerzo estaba centrado en defenderse de los árabes. Esteban II (752-757) pidió ayuda a los francos, y en el 754 atravesó los Alpes, acudió a la residencia del rey Pipino el Breve, se entrevistó con él, le ungió en San Denis «anatematizando a quienquiera que no se sometiese a ellos y a su descendencia», y ambos acordaron una alianza. Pipino se comprometió a restituir al Papa los territorios de la Italia central ocupados por los longobardos. Poco después, tras unas victorias en el campo de batalla, destruyó el reino longobardo, que constituía una permanente amenaza a Roma y cumplió su promesa. Así nacieron los Estados Pontificios como complejo político, Estados que durarán hasta 1870. Carlomagno renovó la donación de Pipino auméntandola con ciudades y territorios nuevos. En el 800, León III le coronaba emperador en Roma. Esta coronación y la entrega de territorios que habían pertenecido al Imperio causaron el rechazo violento de Constantinopla, que decidió que la ruptura política suponía también una ruptura religiosa. La alianza del papado con el reino franco parecía abrir una nueva era al futuro destino de Occidente y respaldaba la existencia del nuevo estado eclesial.

En el 846 los sarracenos desembarcaron en Ostia, cercaron Roma y la saquearon. León IV construyó una muralla que rodeaba lo que desde entonces se llama la ciudad leonina, un intento de defender sobre todo el sepulcro de san Pedro y los edificios cercanos. Este pontificado representa bien la situación del papado, que tuvo que enfrentarse a las diversas monarquías carolingias que, cada una por su lado, pretendían dominar y manejar a su gusto las Iglesias y diócesis de sus dominios.

Se trató de una lucha en la que la Iglesia de Roma no consiguió siempre imponerse, aunque señaló siempre que pudo los límites del poder político y del religioso. La disgregación política existente empujó a los papas, preocupados por la unidad de la Iglesia, a reforzar la autoridad de la sede romana sobre las Iglesias locales

con el fin de que no quedasen demasiado aprisionadas y determinadas por las condiciones políticas nacionales.

El pontificado fortalecido por estos hechos reivindicó con claridad su autoridad sobre la Iglesia y su primacía en la sociedad. Nicolás I (858-867), probablemente el papa más importante de la época, afirmó con fuerza que «Cristo ha concedido y confiado a Pedro el derecho del reino celeste y del reino terreno» y Juan VIII reivindicó en el 879 el derecho del papa a confirmar la elección imperial «porque quien está a la cabeza del Imperio debe ser llamado y elegido por Nos».

Nicolás I se esforzó por conseguir que en el interior de la Iglesia se respetase la independencia y supremacía espiritual de la Sede Apostólica, y que los reyes aceptasen su eminente papel político. Por primera vez encontramos expresada la idea de una potestad directiva de la Iglesia y del papa sobre los soberanos en materias de carácter religioso-moral.

Es a Nicolás I a quien el rey búlgaro Boris envía un documento con ciento seis preguntas que exigen contestación. Esta petición indicaba, por una parte, consideración y respeto hacia la sede romana y, por otra, el convencimiento de que Roma representaba con relación a Constantinopla no sólo una alternativa eclesial sino, también, política. La respuesta pontificia constituye uno de los documentos más fascinantes de todo el período.

Al mismo tiempo que los papas manifiestan una clara conciencia de su papel en la Iglesia y en la sociedad, aumentará la tentación de los señores feudales de inmiscuirse en la organización eclesial. Cuanto más poder temporal ejerza el papado más se multiplicará el deseo y la ambición de ocupar tal puesto. Los siglos siguientes serán testigos de la profunda decadencia a la que llegó esta institución tanto por motivos externos como internos. La búsqueda del poder oscurecía y anulaba cualquier consideración religiosa.

Arriba: la coronación imperial de Carlomagno por el papa León III el día de Navidad del año 800, en una miniatura del siglo XIV.

Abajo: la preciosa cátedra de madera, llamada «cathedra Petri», que Carlos el Calvo regaló al papa Juan VIII con motivo de su coronación, en el año 875.

En la página anterior: miniatura que muestra a Carlos el Calvo conversando con el papa Nicolás I.

29. Los últimos concilios orientales

Arriba: la Santa Faz desfigurada por los iconoclastas, en una miniatura bizantina llevada a Calabria por monjes que huyeron de las persecuciones.

Las antiguas tierras de la Magna Grecia (Italia meridional y Sicilia) fueron los lugares elegidos por el monaquismo griego medieval. Aquí se dirigieron muchos monjes basilios de Siria y Palestina que huían de las invasiones árabes. Este monaquismo tuvo gran éxito en la época de las luchas iconoclastas; es más, constituyó la avanzadilla política y religiosa occidental en el Imperio de Bizancio.

Abajo: moneda con la efigie del emperador bizantino León III, feroz opositor del culto a las imágenes.

Arriba: un monasterio de las Meteoras, en Tesalia. Estos monasterios, lo mismo que los del monte Athos, fueron construidos sobre terrenos escarpados poco menos que inaccesibles. El aislamiento total permitía a los ocupantes vivir mejor su huida del mundo.

Hacia mediados del siglo X tuvo lugar un acontecimiento de gran importancia para la Iglesia ortodoxa: la fundación de la «laura» de Atanasio en el monte Athos, que dio paso a la colonización monástica de la península. Ya antes de Atanasio la península estaba habitada por ascetas residentes en eremitorios, federados bajo la dirección de un jefe; pero el año 958 marcó el comienzo de una serie de fundaciones destinadas a permanecer a lo largo de los siglos. El aspecto más llamativo de la república del Athos será su carácter internacional, que permitirá ver junto a los griegos, monjes rusos, amalfitanos, georgianos y otros. Los monasterios más famosos del Athos son los de Gran Lávras, Vatopédi, Ivíron y Xeropotamou.

A la izquierda: miniatura que muestra a san Teodoro Estudita atravesando el Bósforo para llegar al monasterio de Studium, en Constantinopla. Lo dirigió desde el año 798 al 826, dando un fuerte impulso a la renovación del monacato oriental.

29. Los últimos concilios orientales

Hay que recordar que los ocho primeros concilios tuvieron lugar en Oriente, convocados y dirigidos por los emperadores bizantinos. En un imperio permanentemente dividido por querellas religiosas, en constante tensión por los ataques a sus fronteras, las divisiones religiosas tenían siempre consecuencias políticas tal como hemos visto al estudiar las Iglesias orientales separadas o al tratar el cesaropapismo oriental. Sólo en este contexto es explicable la complicada y embarullada historia del monofisismo.

Dentro de esta historia se encuadra una nueva controversia teológica, la monoteleta. ¿Cristo tenía una o dos voluntades? El emperador Heraclio publicó una declaración (638) del patriarca Sergio que afirmaba que en Cristo existía una sola voluntad. En el 641 Juan IV convocó un concilio romano en el que se condenó la herejía monoteleta. En el 649, un nuevo papa, Martín I, reunió un concilio en Letrán que afirmó solemnemente que en Cristo hay «dos voluntades y dos operaciones, divina y humana». La reacción del emperador Constante II fue brutal: Martín I fue llevado prisionero a Constantinopla, vejado, degradado, encarcelado y exiliado. Fue considerado mártir, así como Máximo el Confesor, a quien se le arrancó la lengua y un brazo muriendo mártir en el 662 con ochenta años cumplidos. Años más tarde, el concilio Constantinopolitano III (680-681) enseñó explícitamente la existencia en Cristo de dos voluntades naturales «sin división, sin cambio, sin separación, sin confusión». Se ponía así fin a la querella monoteleta, afirmando nuevamente las dos naturalezas en la unidad de una misma Persona, «un Cristo operante», descartando así el peligro del nestorianismo.

Decenios más tarde la comunidad oriental volvió a enardecerse, esta vez con motivo de las imágenes. Hemos visto cómo a partir del siglo III aparecen las primeras imágenes con un carácter catequético: la historia de la salvación, de los sacramentos, de Cristo... Desde el siglo IV se multiplica la construcción de iglesias y se cultivan todas las artes capaces de ornamentarlas. El pueblo cristiano aumentó su devoción a las imágenes a pesar de que algunos teólogos llamaron la atención sobre sus peligros. No obstante estas advertencias, se mantuvo el convencimiento de que las imágenes, como las reliquias, protegían, curaban y ayudaban en todas las necesidades, y como ellas debían ser veneradas.

El emperador León III (713-741), de origen sirio, tal vez influido por la concepción monoteísta y antidólatra judía, y también islámica, inició una lucha feroz contra las imágenes, destruyendo no pocas. Esta política le enfrentó con patriarcas, papas, sacerdotes y, sobre todo, con los monjes que defendieron sus devociones con valentía. Constantino V (741-755) exigió el juramento de no venerar las imágenes. Muchos monjes fueron asesinados o mutilados y las imágenes destruidas y reemplazadas por decoraciones profanas. Los monjes sufrieron el martirio, pero triunfaron en la consideración del pueblo cristiano.

El cambio se produjo con la emperatriz Irene, que convocó el concilio de Nicea II, que inició sus sesiones con la lectura de dos cartas del papa Adriano a los emperadores y al patriarca, defendiendo la legitimidad de las imágenes. El concilio justificó la doctrina sobre las imágenes con la Sagrada Escritura y con la Tradición, y distinguió su culto del que se puede atribuir sólo a Dios. La imagen, se dijo, posee una capacidad real de representación. La Encarnación hace a Dios visible dentro de las limitaciones de la naturaleza humana. Representarle en su forma humana es confesar que se ha encarnado realmente y no en apariencia.

Este concilio aprobó unas resoluciones fundamentales sobre la naturaleza y la función de las imágenes y sobre la veneración que se les puede conceder y facilitó el renacimiento del arte del icono. A pesar de que el concilio fue aceptado, durante varios decenios hubo dificultades y retrocesos según las opiniones de los emperadores. En el 843 se estableció la fiesta de la ortodoxia para señalar la aceptación universal de las afirmaciones conciliares.

A la derecha: decoración anicónica de la época iconoclasta con cruces estilizadas y motivos geométricos, en un monasterio rupestre de Capadocia.

Abajo: Crucifixión y escena de eliminación de iconos; de un salterio bizantino del siglo IX.

En la página anterior: un iconógrafo, o sea, un pintor de imágenes sagradas, copia un modelo; de una miniatura del siglo IX.

En el siglo IX se celebraron los dos últimos concilios orientales: el Constantinopolitano IV (869-870) y el Constantinopolitano V (879-880). El primero fue reconocido por Roma como ecuménico, pero el segundo no. En realidad, ambos trataron fundamentalmente de asuntos internos de la diócesis de Constantinopla: la condenación en el primero y la rehabilitación en el segundo del patriarca Focio. Sobre todo en el segundo descubrimos la existencia de un conflicto latente entre Roma y la metrópolis oriental. Estos no soportaban la pretensión primacial romana y el papa no estaba dispuesto a que una sede fuera más importante y prepotente por motivos políticos. Para Focio, la importancia de las sedes estaba determinada por la importancia civil de las ciudades. Es una pretensión que se impondrá a menudo, por ejemplo, en el caso de Moscú, pero los papas reaccionarán siempre con la misma afirmación: la Santa Iglesia Romana es cabeza de todas las Iglesias porque ha sido fundada por Pedro, su primer obispo, porque en ella ha dejado su herencia y su tradición, en ella se encuentra su sepulcro y sigue viviendo en sus sucesores. No hay que olvidar, tampoco, un alejamiento psicológico entre dos pueblos distintos por su historia, su cultura y su mentalidad.

En estos últimos concilios, compuestos casi exclusivamente por obispos orientales, la presencia de los legados del papa garantizaba su ecumenicidad. Los temas tratados nos parecen a veces sorprendentes o poco importantes o demasiado locales, pero debemos recordar que la teología y la clarificación de la doctrina han avanzado con frecuencia a través de semejantes discusiones y enfrentamientos. Recordemos, finalmente, cómo descubrimos el aumento progresivo de la separación entre Oriente y Occidente.

30. La constitución de la Iglesia bizantina

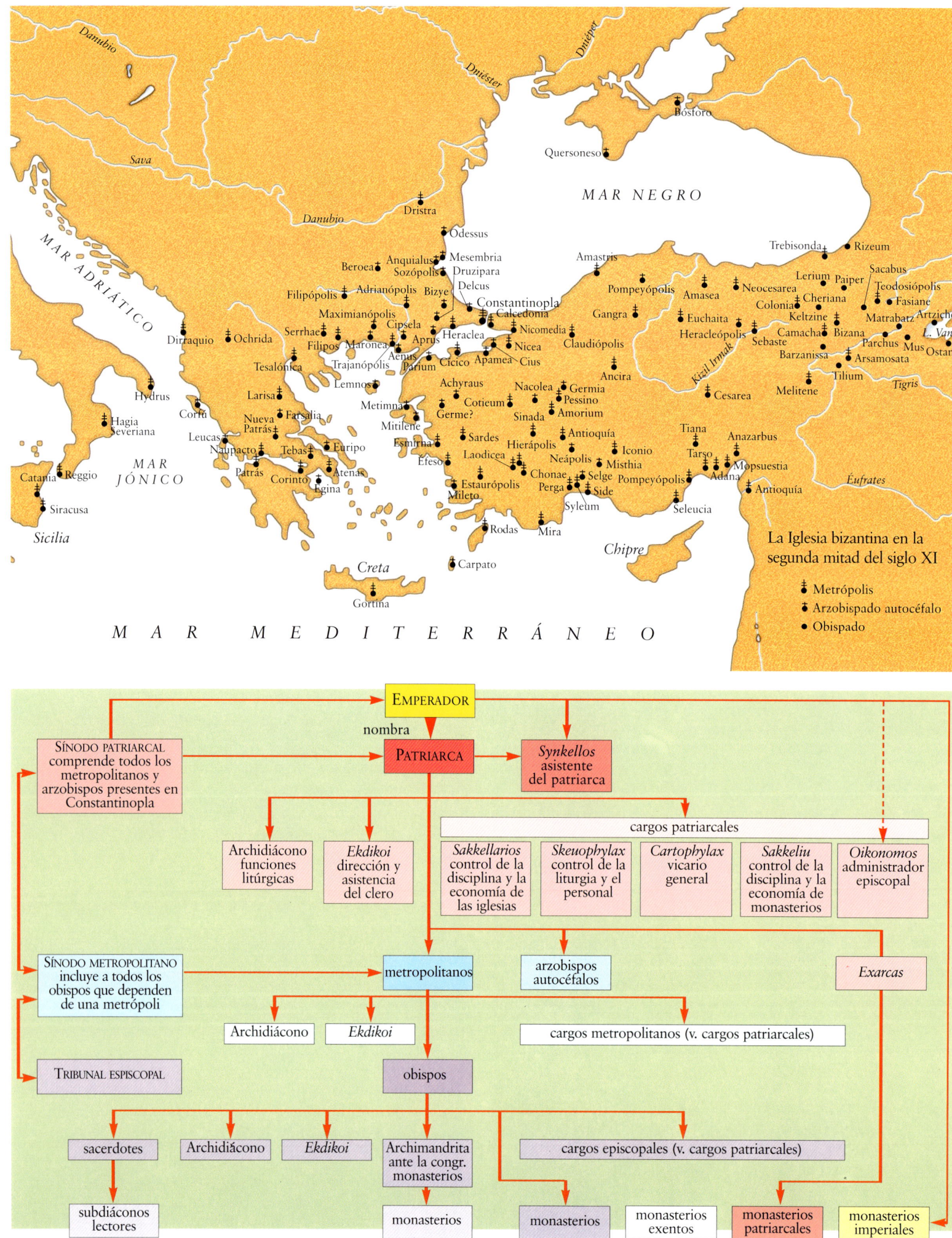

La Iglesia bizantina en la segunda mitad del siglo XI

Cáliz bizantino de sardónica, del siglo X, conservado en Venecia; la montura de oro está adornada con esmaltes y perlas. Objetos preciosos bizantinos como este llegaron en gran número a Occidente después del saqueo de Constantinopla durante la cuarta cruzada (1202-1204).

Arriba: Constantinopla en el paisaje de los Dardanelos y del mar de Mármara; de un grabado del siglo XVIII.

A la derecha: progresivas pérdidas territoriales por parte del Imperio bizantino. En 1204, la cuarta cruzada vio a las fuerzas de Occidente dirigirse hacia Constantinopla, en vez de contra el islam. Atraídos por las inmensas riquezas de la mayor metrópoli del tiempo, señores y guerreros apoyaron la política expansiva de Venecia y dieron vida a un efímero «Imperio latino de Oriente» o «Romania».

En la página anterior: esquema resumido de la organización de la Iglesia bizantina en el siglo X. Por estas fechas el Imperio bizantino había desarrollado ya sus principales instituciones, que no sufrieron cambios significativos hasta la caída del Imperio y la llegada de la dominación musulmana.

Cristo Pantocrátor, mosaico de alrededor del año 1100, en el ábside de la iglesia del monasterio de Dafni, cerca de Atenas. *Pantocrátor* (en griego: «todopoderoso») es para los cristianos orientales el atributo de Cristo, Señor del mundo.

125

30. La constitución de la Iglesia bizantina

La concepción bizantina de las relaciones entre la Iglesia y el Estado tenía como fundamento la doctrina de su solidaridad. Atacar al cristianismo era poner en peligro el equilibrio social y, naturalmente, el poder político. En Bizancio, el emperador, imagen viviente de Cristo y depositario de todo derecho, era el protector nato de la Iglesia que, a su vez, le ofrecía su apoyo.

Hasta el último día del Imperio la teología fue vista como un asunto de Estado y los emperadores pretendieron tener siempre la última palabra en las controversias doctrinales. La contaminación entre teología y política era completa. Nicéforo Focas, por ejemplo, legisló sobre la extensión de los monasterios y sobre la necesidad de que sus monjes fueran más espirituales y menos ávidos de riquezas. Otros se entrometieron en cuestiones más estrictamente doctrinales como años antes otros emperadores legislaron sobre las imágenes.

Una característica esencial de esta Iglesia, como en general de todas las orientales, fue la preponderancia de los monasterios en su vida religiosa. Su número era extraordinario y su influjo en los fieles sorprendente a causa de la enorme admiración de la que eran objeto. La vida religiosa en general estaba bastante más dirigida por los monjes que por el clero secular. Los monjes servían al mundo permaneciendo recogidamente en la presencia de Dios. En los monasterios se formaban los teólogos, surgían las controversias teológicas y nacían, a menudo, las herejías. Allí se reclutaban los obispos e, incluso, los patriarcas, que, a menudo, continuaban viviendo en monasterios después de su nombramiento.

Desde el siglo VIII al XII el territorio patriarcal en el que ejercía su jurisdicción Constantinopla aumentó considerablemente con la anexión de Tesalónica, Siracusa, Creta, Corinto, Atenas, Patrás, Bulgaria y otros territorios. Reservándose el derecho de nombrar al arzobispo de Ochrida, el emperador mantenía el control sobre las iglesias de los pueblos eslavos del sur. Nicéforo Focas, en el mismo momento en que Italia meridional volvió a la soberanía bizantina, elevó al arzobispado autocéfalo de Otranto en Italia al rango de metrópoli con cinco obispos sufragáneos dependiente del patriarcado.

A causa de los desastres que sufrió Bizancio a partir de finales del siglo XI, el territorio patriarcal experimentó los mismos desmembramientos que el territorio del Imperio, pero sorprendentemente su prestigio y su autoridad espiritual aumentaron en los países de rito ortodoxo. Además, desde que en Occidente los papas se aliaron con los carolingios, el patriarca de Constantinopla se convirtió en el único patriarca del Imperio.

El patriarca era elegido por el Sínodo de metropolitanos y por la promoción del emperador, y se convertía automáticamente en el segundo personaje del Imperio. Poseía la jurisdicción suprema en materia eclesiástica y recibía la apelación de todas las demás jurisdicciones.

En Occidente la autoridad de los arzobispos, primados y metropolitanos fue reducida por los papas del siglo XI a privilegios honoríficos. Por el contrario, en Oriente su autoridad permaneció intacta, gracias a la regular celebración de los concilios provinciales, de ahí la necesidad de los patriarcas de hacerse obedecer por estos potentes personajes. El medio principal para conseguirlo consistía en vigilar su elección y en no reconocer su poder hasta haberles concedido la investidura por el envío de lo que en Occidente se llama el «pallium romano» y que representa la misma idea de comunión y de sujeción.

Desde el siglo X al XIII se vivió la edad de oro de los monasterios bizantinos. Se multiplican las fundaciones suntuosas, debidas a los emperadores, a los príncipes y a los grandes personajes eclesiásticos y laicos. Tal vez el más conocido y el que tendrá consecuencias más permanentes en el mundo ortodoxo es el centro monástico del monte Athos, una auténtica colonización monástica de la península. Tenía y mantiene un carácter internacional, griego, ruso, serbio y, en algunos momentos, latino. Alguno de sus monasterios llegó a tener más de setecientos monjes. Otra colonia monástica importante fue la instalada en una región volcánica de Capadocia.

Resulta sorprendente la continuidad fundamental del mundo bizantino. El mismo derecho público y privado, las mismas instituciones reinaron sin interrupción durante diez siglos. A comienzos del siglo X Bizancio aparece como el único Estado civilizado de la cristiandad, el único que tiene el aspecto de un Estado moderno.

El cristianismo transformó la religión imperial en su espíritu, pero no en sus ritos, y el absolutismo fue atenuado por la intervención y la presencia de la Iglesia y por el respeto a la ley. Emperador y patriarca constituyen no sólo dos polos del poder sino, también, manifestaciones de dos maneras de ver la realidad que convivían y actuaban generalmente en armonía.

Sin embargo, durante estos siglos la Iglesia griega no contó con un santo Tomás de Aquino, un Abelardo o un san Anselmo. Se dedicó más a los ritos, a las fórmulas y a los gestos. No debemos olvidar las obras religiosas y asistenciales, las manifestaciones de caridad, fruto del ejemplo cristiano y de la predicación. La filantropía, como elemento de la civilización bizantina, era heredera de la antigüedad griega y cristiana. La motivación religiosa se nutre del deseo de agradar a Dios, de recibir el perdón de los pecados, de expresar el amor al prójimo. El emperador Nicéforo Focas (963-969) es un representante típico de esta mentalidad. Su única pasión era la lucha en el campo de batalla; la oración y el trato con hombres de vida santa su única necesidad espiritual: guerrero y monje en una misma persona, fue un ferviente admirador de san Atanasio, fundador del gran monasterio en el monte Athos. Bajo su mando empezó el apogeo de este centro monástico, y durante toda su vida pareció jugar con la idea de retirarse del mundo y hacerse monje.

El siglo XII constituyó el período más importante en el desarrollo del derecho canónico bizantino. Hasta entonces, la continua simbiosis entre derecho civil y derecho eclesiástico constituía la expresión del típico sistema de relaciones político-religiosas de la historia ortodoxa. El organismo estatal-eclesiástico aparece aquí como una unidad compuesta por muchas partes y miembros, sobre la cual el emperador y el patriarca se elevan como las dos cabezas de la *Ecumene* para procurar el bien de la humanidad en una estrecha y pacífica colaboración. En el desarrollo del derecho canónico encontramos una tímida pero progresiva autonomía de la concepción eclesiástica.

La ortodoxia, que es tradición, persigue un ideal de fe que es inmutable, de un Estado intocable y de una sociedad que tiende a ser inmóvil en sus costumbres y hábitos, en su equilibrio social, en su moral tradicional. De aquí nace un terror instintivo a todo lo nuevo y, sin embargo, la permanente enemistad de árabes, turcos, búlgaros y normandos les obligó a estar siempre atentos y a adaptarse, al menos externamente, a las necesidades siempre cambiantes.

Con el eclipse de la cristiandad griega bajo el dominio turco, el liderato del mundo ortodoxo pasó a la Iglesia rusa. En la segunda mitad del siglo XV los grandes duques de Moscú alcanzaron la soberanía y comenzaron a considerarse como los herederos del imperio bizantino, y miraron a Moscú como la Tercera Roma. Estas pretensiones se consolidaron en 1589, cuando la cabeza de la Iglesia rusa se convirtió en patriarca. Esto había sucedido ya antes con los búlgaros y los serbios. Ante la sorpresa de no pocos, fueron dándose cuenta de que era posible confesar la misma doctrina, venerar al mismo Dios y a los mismos santos sin que esto significase pertenecer a un cuerpo político unitario. Apareció el divorcio entre ortodoxia e Imperio, que adquirió diversas traducciones en función de los diversos países que se conformaron alrededor de la doctrina y práctica cristiano-ortodoxa.

Abajo: un rito de la Iglesia oriental en una miniatura bizantina del siglo X: la ostensión de la Santa Cruz.

En la página anterior: finísima pieza de orfebrería bizantina del siglo XII, reproducción de una iglesia. Se usaba en la basílica de San Marcos, en Venecia, para guardar el pan consagrado; pero en su origen debía de ser un objeto profano, tal vez un quemador de perfumes.

31. La Iglesia feudal

A partir de la era carolingia, pero con especial ímpetu después del año mil, la cristiandad se reorganizó con nuevo fervor religioso, que se manifestó no sólo con el desarrollo de los «imperios monásticos», como Cluny primero y Cîteaux después, sino también, y sobre todo, con la edificación de lugares para el culto en territorio rural. Fue en primer lugar el poder laico, la nueva clase de señores feudales que se había impuesto en el Occidente europeo, el que promovió las construcciones rurales, donde siervos de la gleba y campesinos libres pudieran reunirse en las ocasiones litúrgicas bajo el control del señor del lugar, lejos del influjo del obispo o del abad, frecuentemente temidos y antagonistas. La reciente y ávida nobleza feudal ejercía así un poder cada vez más estricto y opresor sobre la población que le estaba sometida, maltratada ya por la prohibición de moler particularmente los cereales, y obligada a servirse del molino estatal, con el fin de dar al señor la oportunidad de controlar la producción y aplicar otro impuesto a los ya miserables recursos económicos. El esfuerzo de los reformadores de los siglos XI y XII se orientará a sustraer los lugares de culto al poder de los laicos y a permitir una relación más amplia entre el clero y la sociedad.

La economía feudal se fundaba en el *curtis*, una o más posesiones agrícolas sobre las que el señor ejercía el *banno*, es decir, el poder absoluto. El terreno de cada *curtis* estaba dividido en dos partes: la primera, el *dominicum*, estaba reservada al señor, que ejercía sobre ella un poder directo, y era cultivada por siervos de la gleba; la segunda era el *manso*, cultivado por hombres libres, aunque sujetos al *banno*. Estos últimos pagaban al señor, laico o eclesiástico, una renta por la tierra, parte en especie producida y parte con la odiada *corvea*, es decir, la obligación de prestar servicio gratuito en los campos del *dominicum* y en los trabajos extraordinarios de construcción y mantenimiento de los inmuebles.

Reparto entre Ludovico Pío y sus hijos (817-819)

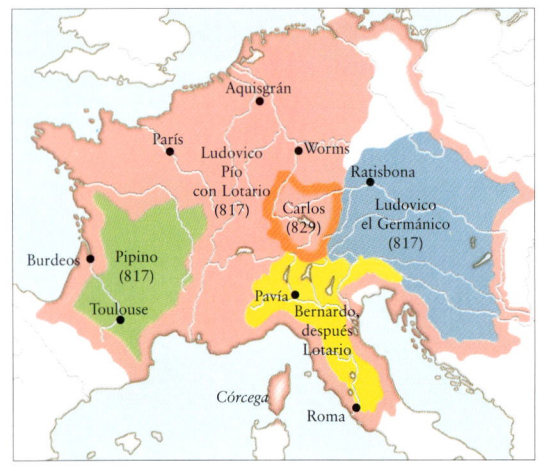

En los tres mapas: las sucesivas divisiones del Imperio carolingio entre los descendientes de Carlomagno. La unidad del Imperio duró poquísimo, apenas 17 años, y las reunificaciones bajo un único soberano fueron efímeras. Muy pronto, en el siglo X, se delinearon tres formaciones políticas distintas, que distinguieron a la Europa medieval: el Sacro Imperio Romano —formado principalmente por el reino de Germania y por el reino de Italia—, el reino de Francia y el reino de Borgoña.

División a la muerte de Lotario II (tratado de Mersen, 870)

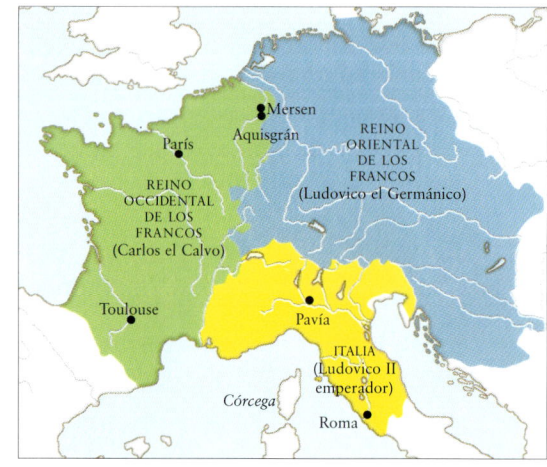

A la izquierda: investidura de un obispo por el emperador Otón II. Como en la Edad media obispos y abades eran también frecuentemente feudatarios de la corona, los reyes tenían sumo interés en mantener el control de los cargos eclesiásticos.

En la página anterior, arriba: la corona del Sacro Imperio romano.

En la página anterior, centro: un castillo francés, en una miniatura medieval. La morada señorial domina el poblado que está a sus pies y la iglesia rural.

El monasterio de Sankt Gallen, en la actual Suiza, no lejos del lago de Constanza, es uno de los grandes monasterios altomedievales. Fue fundado a comienzos del siglo VIII por el monje Otmaro, después canonizado, sobre el lugar en el que, algunos decenios antes, san Galo, un monje irlandés que llegó siguiendo a san Columbano, había erigido una ermita y comenzado a reunir discípulos. Tras un período en el que tuvo que defender su independencia contra los intentos de los obispos de Constanza, que no toleraban las crecientes riquezas y el poder del monasterio, Sankt Gallen consiguió, en el siglo IX, el favor de los carolingios. Posteriormente sus posesiones se multiplicaron, su peso político en el reino de Germania y en el Imperio aumentó enormemente, y la abadía, administrada con gran habilidad, llegó a ser un importante centro cultural, donde vivió y trabajó el monje poeta Notker Balbulus. Sus abades fueron en varias ocasiones consejeros y cancilleres imperiales, y en una ocasión hasta regentes de la corona. Las propiedades de Sankt Gallen alcanzaron su máxima extensión en el siglo IX, con posesiones incluso muy distantes de la abadía.

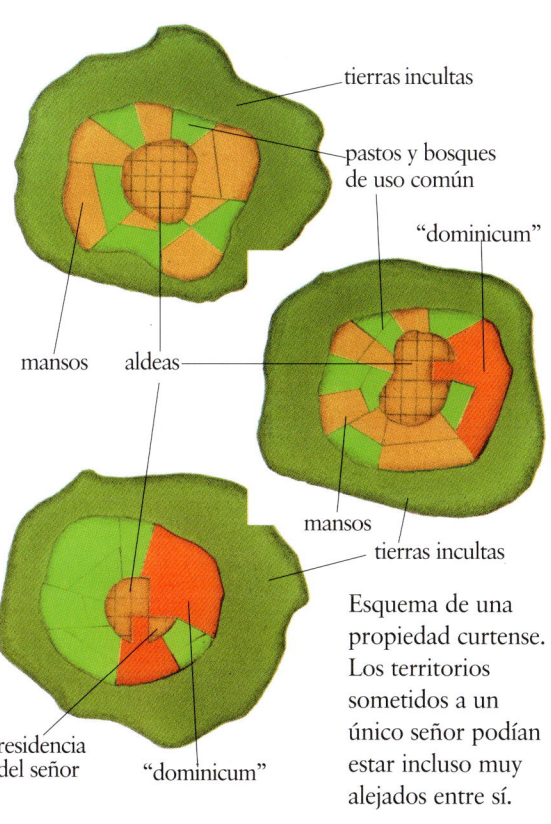

Esquema de una propiedad curtense. Los territorios sometidos a un único señor podían estar incluso muy alejados entre sí.

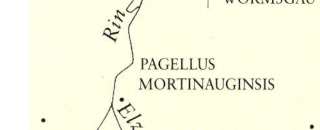

Abajo: la extensión de los bienes de la abadía de Sankt Gallen en el siglo IX.

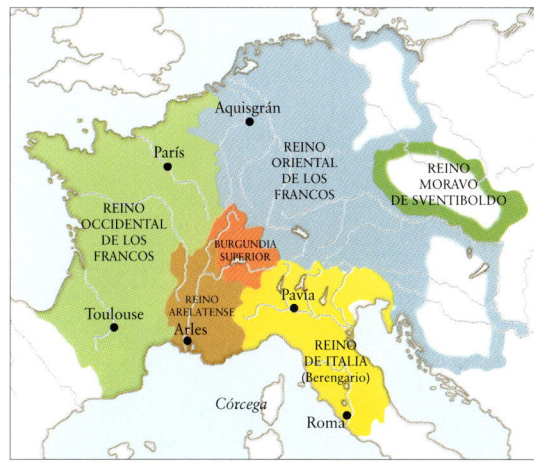

División del año 888 (disposición de Carlos el Gordo)

31. La Iglesia feudal

La desaparición del Imperio carolingio exacerbó una situación que se había iniciado con la caída del Imperio romano: las ciudades fueron descomponiéndose y la población y los señores se movieron hacia el campo. Este hecho influyó de manera determinante en la Iglesia, institución fundamentalmente urbana, centrada en la persona del obispo y en la iglesia catedral donde el obispo tenía su cátedra y desde la cual dirigía toda la vida religiosa y eclesial de la diócesis. La autoridad central se desvaneció y fue fragmentándose, al tiempo que se creaba una vasta red de señores y vasallos, de propietarios y siervos, a menudo enfrentados entre sí. El valor central era la tierra, su propiedad. Los reyes o los señores entregaban tierras a cambio de fidelidad y vasallaje.

A lo largo de dos siglos la Iglesia queda en poder de los laicos y estos se entrometen y la utilizan para su exclusivo interés. Esta injerencia de los laicos desemboca en una situación anárquica y, sobre todo, poco eclesial, en la cual los valores eclesiásticos y espirituales decaen fuertemente. Es la conocida como edad oscura o siglo de hierro. La costumbre de que los laicos ofrecieran beneficios eclesiásticos, la intromisión en la elección de los obispos, la creación de auténticas dinastías episcopales en algunas familias aristócratas, la violencia de los potentes señores contra clérigos e iglesias, la costumbre de encomendar abadías a los laicos constituyen algunos de los aspectos negativos de la subordinación de la Iglesia a los laicos.

Entre las características que definen esta época, la iglesia propia es la más determinante. Los señores construían capillas e iglesias o monasterios en sus territorios, en sus fincas, y ponían al frente de ellas a un clérigo, frecuentemente uno de sus siervos, al que el obispo ordenaba sacerdote. El señor percibía una parte o todas las rentas y hasta las oblaciones de los fieles, incluso el diezmo desde el siglo VIII. Naturalmente, este clero elegido y mantenido por sus señores no tendrá autonomía ni, a menudo, formación teológica o vinculación eclesial.

Por una parte, esta multiplicación de iglesias supuso el acercamiento de la Iglesia al mundo rural, antes muy abandonado, pero, por otra, contribuyó a la pérdida absoluta de libertad y de disciplina. Estas iglesias propias se convirtieron, a menudo, en parroquias, es decir, en ellas se desarrollaban todos los ritos y los sacramentos necesarios para la vida espiritual, pero no se resuelve la dependencia de los obispos y no existía, en realidad, un sentido de diócesis, de Iglesia local dirigida por el obispo. Precisamente en el año mil, la Iglesia de Occidente acoge por fin las antiquísimas creencias en la presencia de los muertos, en su supervivencia, invisible pero, sin embargo, poco diferente de la existencia carnal. Ellos habitan un espacio impreciso entre la tierra y la ciudad divina. Allí esperan, de sus amigos y parientes, oraciones y gestos litúrgicos capaces de aliviar sus penas. Cluny reguló y extendió la liturgia en favor de los difuntos.

También los obispos acabaron formando parte de este engranaje feudal: eran vasallos de los reyes y, a su vez, señores de otros vasallos, terminando por secularizarse y actuando como un señor más. La confusión sistemática entre ambos poderes dañó fundamentalmente a la Iglesia. Es sabido que en caso de confusión entre el ámbito temporal y el espiritual, siempre pierde el espiritual. Mientras tanto, la decadencia de Roma y del pontificado resultó imparable. A partir de la muerte de Nicolás I (858-867), que pretendió atajar la feudalización de la Iglesia francesa, comenzó un largo período de oscurecimiento de su función primacial. Esto se debió a que tras la desaparición de la unidad carolingia, en un momento de inestabilidad de la península italiana a causa de la conquista normanda de Sicilia, de las frecuentes incursiones de sarracenos, de las luchas permanentes de los señores locales, los papas no tenían quién les defendiera, por lo que cayeron bajo el dominio de las grandes familias romanas e italianas. El poder del papado aceptado por toda la Iglesia y el respeto y veneración que se le tenía desaparecieron. La pérdida de prestigio pontificio favoreció las pretensiones de autonomía de obispos y abades que se convirtieron en señores feudales. Los puntos de vista y las actuaciones de papas, obispos y abades se fueron secularizando progresivamente. Todo el esfuerzo de los reformadores de los siglos XI y XII tenderá a sustraer los lugares de culto y la elección de los ministros eclesiásticos del poder de los laicos. De esta situación surgirá la lucha de las investiduras.

En el siglo X existe una preocupación por el derecho, por la búsqueda de reglas capaces de poner orden en el mundo eclesial. De este modo nacen importantes colecciones de decretos y reglas que regularán la organización interna de la Iglesia y sus relaciones con otras instituciones sociales.

Otón I (936-973) representó el inicio de una época que tardó en imponerse. Fue coronado en Roma emperador del Sacro Imperio Romano Germánico (962), impuso un orden político en Italia y respaldó la actuación de los papas. Sus sucesores, Otón II (973-983) y Otón III (983-1002) continuaron en la misma dirección.

Crucifijo de marfil de Fernando I, rey de Castilla y León, que a comienzos del siglo XI expulsó a los moros de buena parte de España y Portugal.

En la otra página: placa de marfil que representa al emperador Otón I con su mujer y su hijo, el futuro Otón II, a los pies de Cristo en el trono, y miniatura con Otón II recibiendo el homenaje de las provincias del Imperio.

Con la coronación de Otón I dio comienzo el Sacro Imperio Romano Germánico, la mayor potencia política de Europa durante varios siglos. Herencia del Imperio de Carlomagno, fue concebido idealmente como gobierno temporal unitario de todos los reinos de Occidente, paralelo al gobierno espiritual que la Iglesia católica ejercía en toda la cristiandad por medio del papado. Pero esta pretensión universalista se encontró, en realidad, con unos límites muy estrictos: Francia e Inglaterra, por ejemplo, jamás se sometieron de veras al Imperio. A lo largo de toda la Edad media, los emperadores alemanes trataron de controlar el papado, mientras la Iglesia tendía a ver en el Imperio su brazo secular; un contraste que alcanzó su cumbre con la lucha de las investiduras, en el siglo XI.

32. La apertura al norte

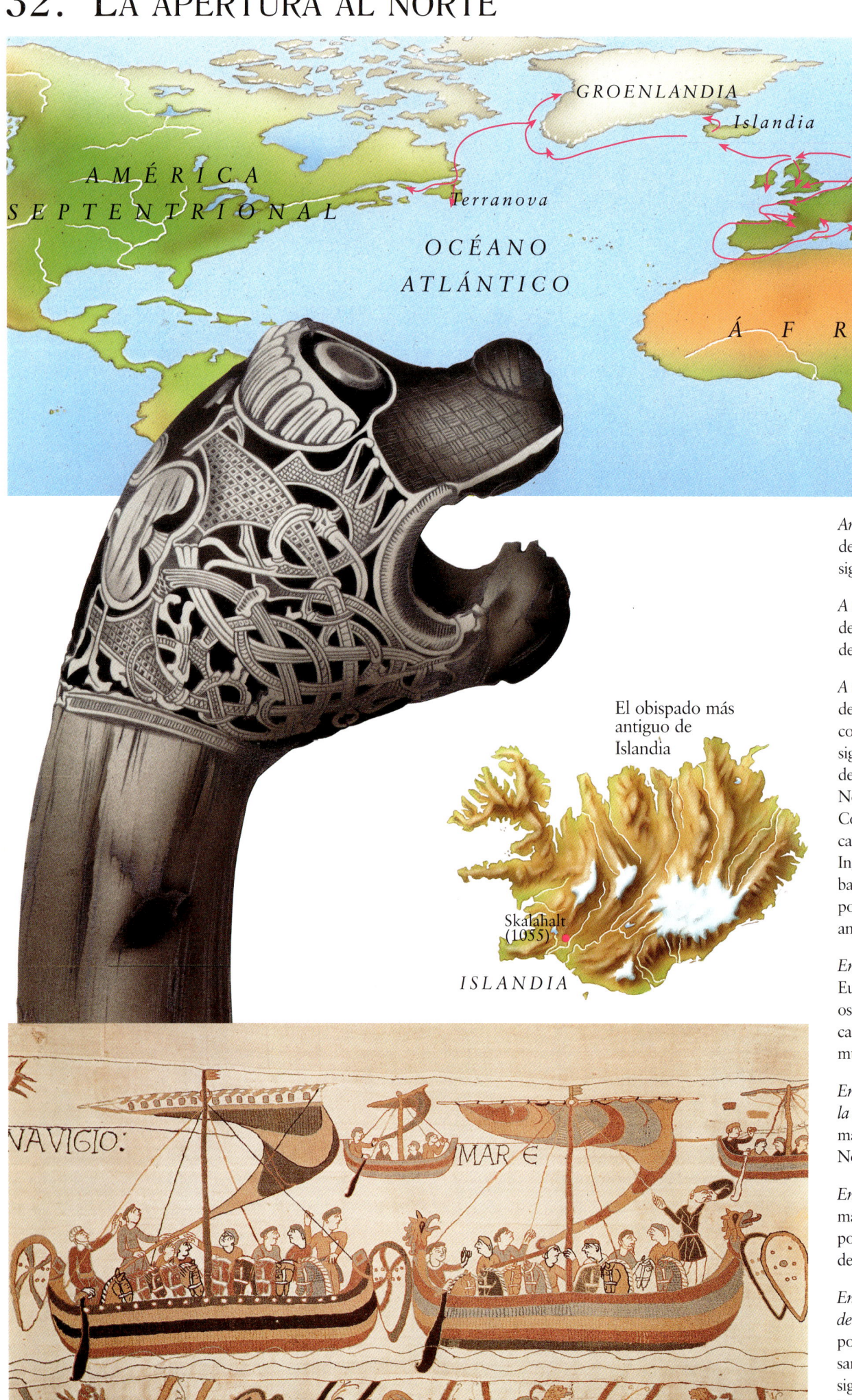

Arriba: incursiones y migraciones de noruegos y daneses en los siglos IX y X.

A la izquierda: figura ornamental de madera que adornaba la proa de las naves vikingas.

A la izquierda, abajo: en este detalle de la tapicería de la condesa Matilde, de finales del siglo XI, se ve la flota normanda de Guillermo, duque de Normandía, llamado el Conquistador, que atraviesa el canal de la Mancha hacia Inglaterra, donde la victoria en la batalla de Hastings (1066) pondrá fin a la dinastía anglosajona.

En la página siguiente, arriba: Europa en el siglo IX. En rosa oscuro el territorio del Imperio carolingio; en verde oscuro el mundo islámico.

En la página siguiente, arriba, a la derecha: pieza de ajedrez de marfil, que representa un obispo. Noruega, finales del siglo XII.

En la página siguiente, abajo: el más extenso territorio ocupado por los daneses en la Inglaterra del siglo IX.

En la página siguiente, abajo, a la derecha: bordado sueco de gusto popular, que representa tres santos reyes escandinavos de los siglos XI y XII: Canuto IV de Dinamarca, Olav II de Noruega y Erik de Suecia.

ISLANDIA
OCÉANO ATLÁNTICO
Feroe ca. 800 Normandos
Shetland ca. 700
Normandos
Orcadas ca. 800 Normandos
MAR DEL NORTE
Nidaros
VIKINGOS
Upsala
Birka
Ladoga ca. 820 Normandos
Nóvgorod
Rostov
Isborsk
Polozk
Lindisfarne 793 Normandos
IRLANDA
Man 820 Normandos
Limerick
York
Cork
Dublín 839
Normandos
GRAN BRETAÑA
Jellinge
MAR BÁLTICO
Hamburgo
Jumne
844 Normandos
principales incursiones de sarracenos, normandos y húngaros
Londres 842
Normandos
La Mancha
REINO DE GERMANIA
Lowen 891 Normandos
Aquisgrán
Fulda
Unstrut 933 Húngaros
Magdeburgo
Rin
Elba
Oder
Vistula
Dniéper
PRINCIPADO DE KÍEV
Kíev 882 Normandos
Ruán 841 Normandos
París
Maguncia
Nantes
Loira
Orleans
Estrasburgo
Ratisbona
Danubio
Augsburgo 955 Húngaros
Enns
Bratislava 907 Húngaros
HÚNGAROS
Sarkel
Volga
Itil
Don
REINO DE LOS JÁZAROS
Dniéster
Dniéper
Tmutarakan
Quersoneso
Sudak
Normandos 827-843
Oviedo
Santiago
Burdeos
REINO DE FRANCIA
St. Gallen
Lyon
Drave
Sava
Toulouse
Ródano
Pavía
Po
Venecia
León
Duero
Ebro
Narbona
Génova
Luni
Marsella
Frassineto 888-975 Húngaros
Pisa
REINO DE ITALIA
Córcega
Tajo
Lisboa 844 Normandos
Toledo
Zaragoza
Barcelona
EMIRATO DE CÓRDOBA
Normandos 859-861
Mallorca
Valencia
798 Sarracenos
Baleares
Sevilla 844
Córdoba
Normandos
Cádiz
Málaga
Cartagena
Cerdeña
Roma 846 Sarracenos Húngaros
Ragusa
Sarracenos 868
Bari 841-71
Sarracenos Húngaros
Ochrida
Tarento 840-80 Sarracenos
Brindisi 840-70 Sarracenos
Sarracenos
Palermo 831
Mesina 843
Sicilia
Taormina 902 Sarracenos
Siracusa 878 Sarracenos
BÚLGAROS
Danubio
Dorostol
Preslav
MAR NEGRO
Normandos 882-909-941
Constantinopla
Adrianópolis
Tesalónica
Nicea
Sinope
Trebisonda
Tephrika
GEORGIA
Tiflis
Kars
ARMENIA
IMPERIO BIZANTINO
Atenas
Éfeso
Iconio
Tarso
Edesa
Alepo
Seleucia
Antioquía
Chipre
Creta
CALIFATO
Fez
Túnez
Kairuán

Edimburgo
Dublín
York
Leicester
Londres
Winchester
Canterbury
Hastings

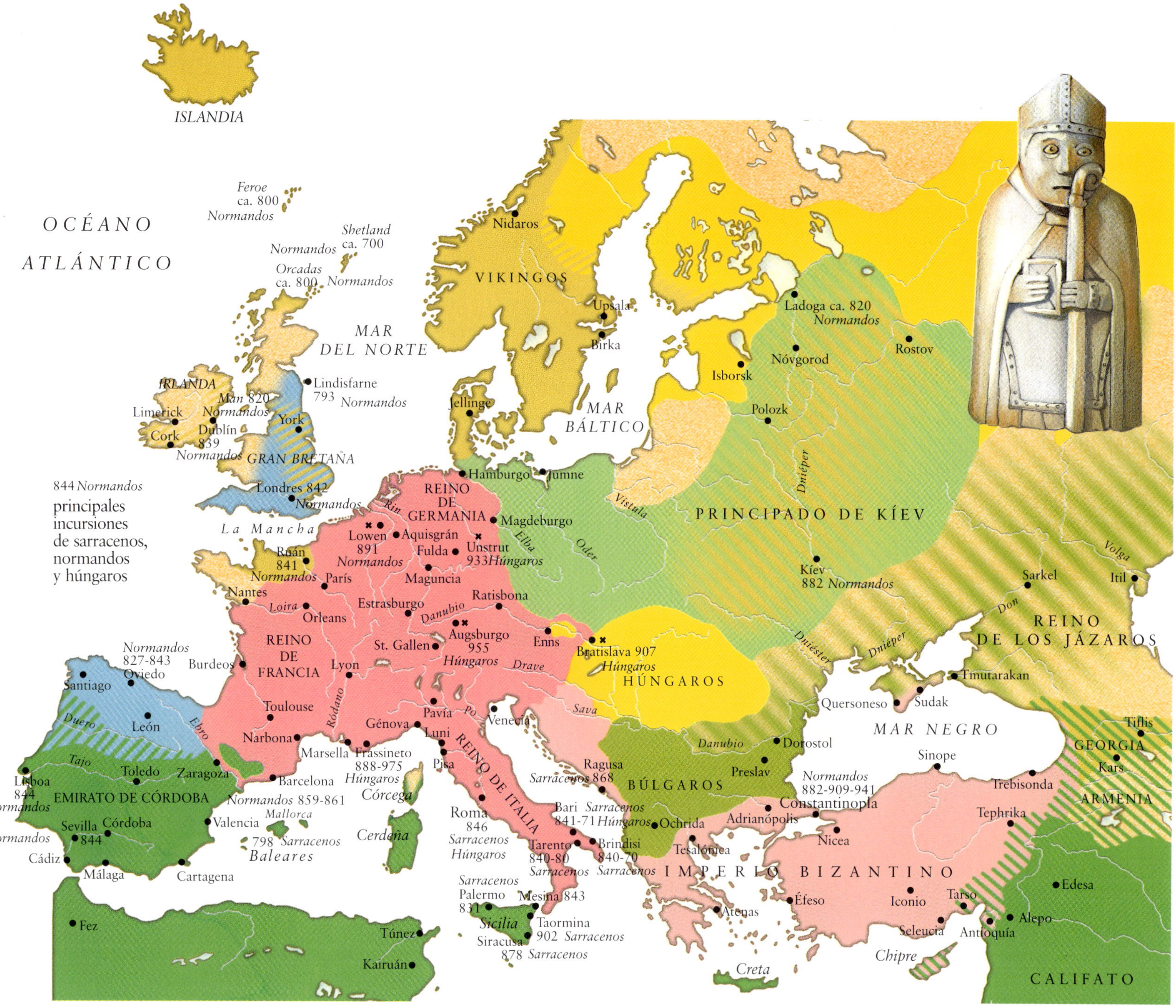

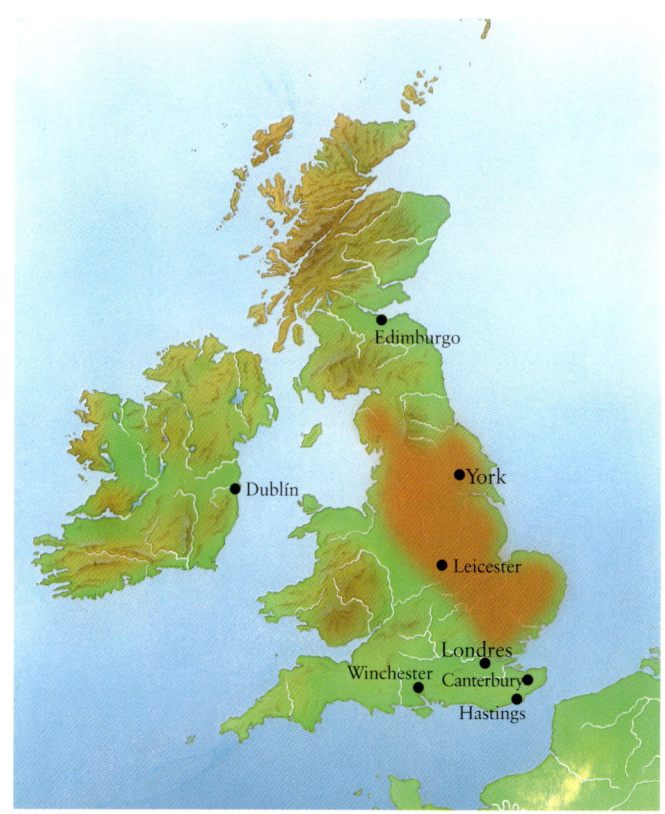

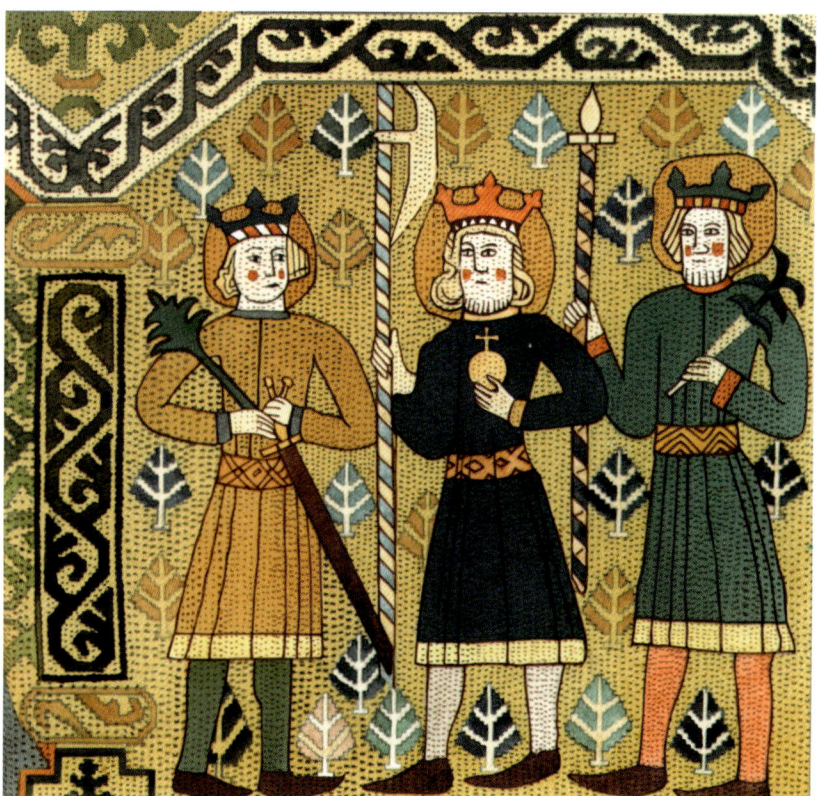

32. La apertura al norte

Los llamados siglos oscuros están recorridos por los movimientos e invasiones de los pueblos del norte de Europa que demostraron en este tiempo su fortaleza, su necesidad de movimiento y expansión y sus sorprendentes capacidades bélicas. Nos referimos fundamentalmente a los normandos, los vikingos y los pueblos escandinavos en general. No podían permanecer al margen de Europa, pero sus contactos de todo orden ponían en evidencia su paganismo y su primitivismo frente a un continente unido fundamentalmente por su cristianismo.

La historia de Noruega, Suecia y Dinamarca durante los siglos IX y X es la historia de sus continuas luchas, del establecimiento y destrucción de reinos sucesivos, pero, también, de manera especial, es la historia de sus correrías por Rusia, por Inglaterra, con la creación del gran reino de Canuto el Grande, y por el norte de Alemania. Poco a poco, no sin dificultades, fueron incorporados a la gran comunidad del Occidente cristiano.

En el 912, cuando el príncipe normando Rollón fue bautizado con el nombre de Roberto y recibió en dote de su esposa las tierras que se llamarán más tarde Normandía, comenzó la romanización de este pueblo que se integrará plenamente en las costumbres y forma de vida occidentales, aunque sin perder sus dotes guerreras, que les llevarán a comienzos del siglo XI a conquistar la Puglia y Sicilia, constituyendo un reino normando en el sur de Italia. Años más tarde, estos normandos, dirigidos por Roger I y su hermano Roberto Guiscardo, se convertirán en los defensores y protectores del pontificado, de manera especial del papa Gregorio VII. Canuto el Grande peregrinó a Roma, y nos queda la carta que envió desde allí a los prelados y al pueblo inglés anunciando su sincera conversión. Su legislación eclesiástica fue un intento serio de reforma general de las costumbres cristianas. Su celo por la restauración del ideal cristiano se manifestó en su apoyo a la propagación del Evangelio tanto en Inglaterra como en Dinamarca, Suecia y Noruega. Su reino supuso el fin definitivo del paganismo en estas regiones, que sólo sobrevivirá en forma de supersticiones populares.

Durante el siglo IX aparecen a menudo las poblaciones eslavas occidentales, los vendos, asentados en los territorios que limitan al oeste y al este del Elba y al norte del Báltico. Otón I intentó transformar el país vendo en país germánico, pero esta fusión no resultaba fácil y, en cualquier caso, no podía darse sin la conversión de los primeros al cristianismo. El emperador creó diócesis, levantó iglesias, y los monasterios de hombres y mujeres no eran raros, pero, al principio, se trató de un cristianismo demasiado superficial, demasiado condicionado por las rivalidades entre los pueblos, para resistir adecuadamente a las convulsiones políticas constantes en aquel siglo. Fue necesario, como siempre en todo proceso espiritual, más tiempo y, sobre todo, la aplicación de métodos de persuasión y convencimiento para que el cristianismo penetrara y se instalara más profundamente.

Los obispados de Magdeburgo y de Hamburgo-Bremen fueron los dos centros de irradiación del cristianismo. Los motivos fueron varios: el interés político de Otón I por extender el cristianismo más allá de sus fronteras, el deseo de los príncipes de los pueblos vendos y vikingos de aprovecharse de la acción educadora de la Iglesia para su política de modernización social y cultural de sus pueblos y, naturalmente, el ansia evangelizadora de no pocos monjes y obispos alemanes e ingleses. Pero nos encontramos, una vez más, con el problema de todos los tiempos: Dinamarca estaba subordinada eclesiásticamente a la diócesis de Hamburgo-Brema y no se resignaba fácilmente al predominio y a la influencia de estas ciudades del norte. No podemos olvidar que la organización eclesial implicaba, de hecho, un importante influjo social y cultural. En el siglo XII estas Iglesias estaban ya autónomamente organizadas con la creación del arzobispado de Lund (1104) en Dinamarca, el de Trondheim (1152) en Noruega y el de Upsala (1164) en Suecia.

En la región de Pomerania figura otro personaje de gran talla, Otón de Bamberg. Boleslao III de Polonia, en 1120, había sometido a los pomeranios, y, entre las cláusulas de paz, se estipulaba su conversión al cristianismo, pero el rey no encontraba obispos y misioneros que aventurasen su vida entre aquellas poblaciones.

Entonces entró en escena el gran Otón de Bamberg. Este obispo se presentó ante los pomeranios con todo el fasto de un príncipe de la Iglesia y del reino, rodeado de su clero, y con la decisión

de anunciar el Evangelio hasta conseguir su conversión. Se dice que en su primera entrada de 1124 bautizó a veinte mil pomeranios. La adhesión a la nueva fe se hacía por decisión colectiva: hubo conversiones a millares, se erigieron iglesias, se organizaron parroquias y las principales ciudades abrazaron la fe de Cristo.

En todo este período se deja entrever demasiada violencia por todas partes. Los métodos utilizados distaban mucho de ser los más evangélicos. Las costumbres eran muy rudas y el sistema de represión y de cruzada flotaba en el ambiente. La distinción entre motivos políticos y motivos religiosos era imperceptible y, naturalmente, el concepto de libertad religiosa resultaba impensable.

A la izquierda: lugar de la asamblea popular en Thingvellir, en Islandia. Adosada a la parte trasera de la iglesia, se ve la plaza circular del *althing*, donde, desde hace siglos hasta tiempos recientes, se reunía el pueblo una vez al año para tomar decisiones jurídicas y políticas.

Arriba: medallón de marfil de foca de mediados del siglo XII, con una alegoría de la Vida; esta entalladura adornaba la cruz de la princesa danesa Gunhild-Helena.

En la página anterior: la *stavkirke* (típica iglesia escandinava construida en madera) de Gol, en Noruega, del siglo XIII.

135

33. En los albores del milenio

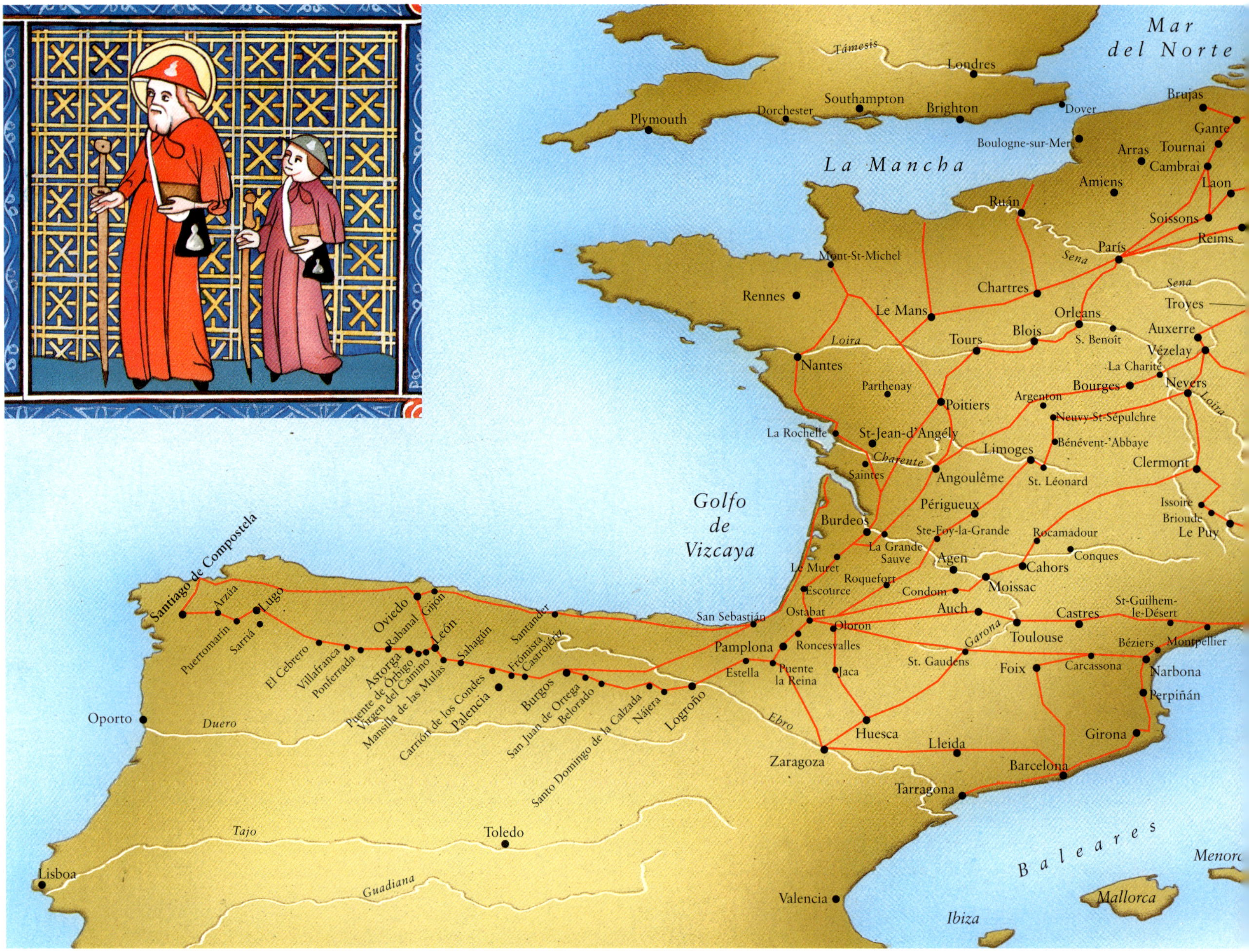

Arriba: la red de caminos que conducían a Santiago de Compostela, a Roma y a Tierra Santa, metas principales de los fieles que emprendían una peregrinación en cumplimiento de un voto o para hacer penitencia, o incluso como simple práctica devocional. En general los peregrinos viajaban a pie, dotados de unas alforjas y del bastón de caminante, con vestidos sencillos, que los hacían reconocibles como tales (a menudo llevaban cosida una concha procedente de las playas gallegas, «distintivo» del peregrino y prueba de haber estado en Compostela). Así los presenta una miniatura del siglo XIV *(arriba, a la izquierda)*. Viajar de este modo no era sólo fatigoso, sino también peligroso, a causa de los bandidos y los lobos, que no raramente atacaban a los caminantes, como en la escena reproducida en un tapiz *(en la página siguiente, arriba)*.

A la izquierda: reconstrucción de la abadía de Cluny en torno al año mil. La orden cluniacense experimentó un gran florecimiento y se difundió no sólo en Francia, gracias a la independencia que los monasterios tenían de los obispos y de los señores feudales.

La congregación de Cluny en los siglos X-XI

- ■ Abadía "madre" de Cluny
- ■ Las 5 "filiales" principales
- ▲ Centros guía de la reforma
- ● Prioratos dependientes
- ○ Reforma de Fleury
- ▲● Principales centros y prioratos dependientes de reformas afines

33. En los albores del milenio

La voluntad de reforma fue creciendo como una marea imparable en los grupos, las personalidades y las instituciones religiosas más sensibles, de forma que poco a poco la Iglesia fue recobrando su independencia y renovando su fortaleza interior. Fue un siglo de gran movilidad social en el que aumentó sensiblemente la población. El hambre, las pestes frecuentes y las guerras estaban muy presentes y atemorizaban y hacían difícil la vida de la gente.

La dificultad de viajar a Tierra Santa, en manos de los árabes, provocó deseos y fantasías de peregrinación. La predicación estaba en manos de gente ambulante, no apegada a lugares estables y concretos, y esto favorecía una espiritualidad más espontánea y no siempre ortodoxa, más acorde a este estilo. La vida del peregrino era presentada como la vida de Cristo, la vida del hombre en tránsito hacia una Jerusalén renovada, descontento por el presente y que apuesta por lo que va a venir. Representaba, pues, una comprensión y devoción a Cristo presentado e imaginado como camino. Frente al vínculo feudal, el peregrino representaba la libertad de quien se mueve sin ataduras.

El descubrimiento del sepulcro del apóstol Santiago en Compostela a principios del siglo IX y la consiguiente devoción se propagó rápidamente por toda Europa, provocando riadas de peregrinos que desde los reinos hispanos, Francia, Alemania y Flandes caminaban hacia el sepulcro con ánimo de encontrar a Dios. Los peregrinos, tras hacer testamento, eran despedidos en sus poblaciones de origen, donde recibían el sayal, que llevaba un capuchón, el bordón o bastón de marcha y la escarcela, además de los necesarios salvoconductos. En grupos hacían el viaje por etapas ya previstas y, al llegar a la catedral compostelana, cumplían una serie de ceremonias tales como la entrada procesional en el templo, la noche de vela en sus naves, la veneración del sepulcro y la entrega de ofrendas, después de lo cual recibían el documento llamado *Compostellanum* que acreditaba el cumplimiento de la peregrinación.

Se construyeron caminos, se tendieron puentes y se edificaron hospitales y albergues en los que se atendía a los peregrinos sin distinción de clases o de nacionalidad. Surgió, incluso, un nuevo estilo de santidad, el de quienes dedicaron su vida al servicio de los peregrinos. Los monjes cluniacenses colaboraron en la propagación de esta devoción con más eficacia que nadie. Ellos levantaron conventos, hospederías y hospitales en la ruta que seguían los peregrinos.

El camino de Santiago no fue sólo un camino religioso, de penitencia y generosidad, sino que, al mismo tiempo, se convirtió en una extraordinaria autopista de cultura, de intercambio de estilos arquitectónicos y escultóricos, de formas litúrgicas, de códices y de literatura en general, y de escuelas de espiritualidad. Era una espiritualidad, a veces, muy material, muy necesitada de ver y tocar. Se multiplican las reliquias, que se buscan en Roma o en Palestina o en los lugares más impensados. Se trasladan cuerpos de mártires, a menudo, con la finalidad de dar importancia a unas sedes determinadas, y se multiplican los relicarios de todas las formas y materiales posibles. El culto a las reliquias fue el gran motor que impulsó a las multitudes hacia los santuarios, que, a su vez, se convirtieron en focos de irradiación de doctrinas y ritos espirituales.

Naturalmente, esta devoción a las reliquias presupone o fomenta la devoción a los mártires y los santos, pero nada era comparable al culto y a la devoción a la Madre de Dios. La espiritualidad de Cluny fomentó sistemáticamente esta devoción. No habrá monasterio sin capilla dedicada a la Virgen ni oficio piadoso sin letanías marianas.

La paz y la justicia tenían sus raíces y su fundamentación en el orden religioso, pero se cumplían poco. Prelados y monjes se esforzaron por restablecer en la sociedad que les rodeaba un mínimo de orden y seguridad. Reunieron asambleas de paz, que pusieron bajo su protección, contra la violencia de los laicos, a las masas rurales indefensos, a los peregrinos y los comerciantes, a las mujeres y los niños. Se trataba de una manera revolucionaria de actuar que atrajo el respeto de los más pobres y débiles. El siguiente paso consistió en instituir una «tregua de Dios», es decir, el compromiso de no luchar durante unos días de la semana, desde la noche del miércoles a la mañana del lunes, o durante los principales tiempos litúrgicos, como Adviento, Cuaresma o Pascua. Esta tregua era considerada como un pacto con Dios, destinado a alejar el pecado del mundo gracias al fortalecimiento de las prácticas penitenciales.

Los monasterios constituyeron el auténtico motor de la renovación religiosa. Monasterios en los que se vivía la pobreza, la castidad y la obediencia, que cultivaron la liturgia y la formación de los monjes y que irradiaban espíritu y exigencia evangélica. El más famoso, sin duda, fue el de Cluny, en la Borgoña francesa, abadía exenta, es decir, independiente de cualquier autoridad civil o religiosa, ofrecida como propiedad a los apóstoles Pedro y Pablo, con lo cual dependía directamente del papa, que se convertía en su único defensor. Cluny tuvo la suerte de contar con espléndidos abades y consiguió crear, animar y dirigir una auténtica familia de abadías, todas dependientes de su abad. A la reforma del monacato se añadió su organización. Hacia el año 1100 eran mil cuatrocientas cincuenta casas, pobladas por diez mil monjes, las que dependían de Cluny.

Ascesis, oración, evangelización y cultura son las líneas de fuerza de Cluny, «refugio de la sabiduría», cuya irradiación durará doscientos cincuenta años, porque literatura, poesía, música, arquitectura y escultura se crean en Cluny, se desarrollan y se estudian en Cluny y desde este monasterio se extienden por el mundo. Estos monjes defendieron la libertad de la Iglesia, favorecieron eficazmente la reforma de costumbres y de la liturgia y fomentaron la aceptación de la disciplina eclesiástica que derivó y se tradujo en la reforma del clero.

Arriba: el diluvio universal, ilustrado en un manuscrito del *Comentario sobre el Apocalipsis* del Beato de Liébana, de mediados del siglo XI; una imagen que parece condensar todas las angustias de aquella época.

En la página anterior, arriba: báculo francés de marfil, de finales del siglo XI; la voluta está poblada de seres fantásticos, sarmientos y mascarones.

En la página anterior, abajo: detalle de los relieves de la puerta de San Bernardo, de la iglesia de San Miguel, en Hildesheim, con historias de Adán y Eva, de comienzos del siglo XI.

34. La renovación de la Iglesia en Occidente

Báculo de Roberto de Molesmes, fundador de Cîteaux en 1098.

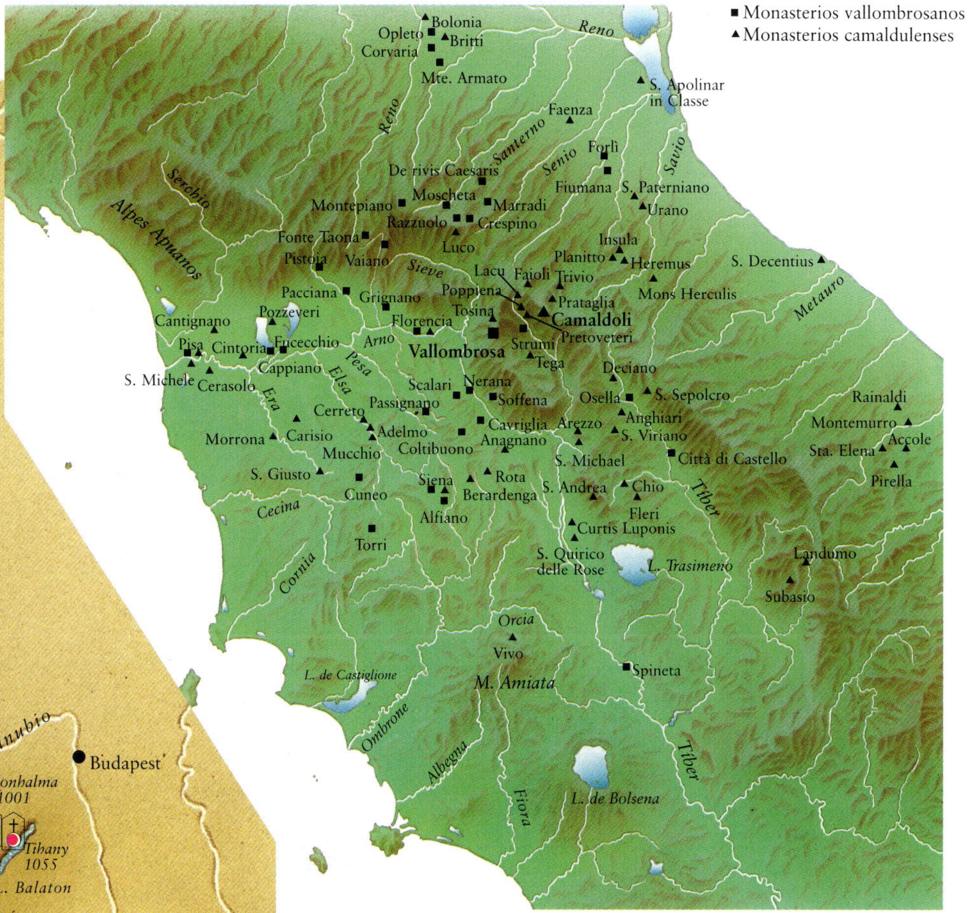

La abadía de Vallombrosa, en las proximidades de Florencia, fue fundada por san Juan Gualberto siguiendo la forma monástica primero eremítica y después cenobítica, bajo la Regla de san Benito. Este fresco del siglo XVI permite comprobar cómo el lugar, en aquella época agreste y aislado, se ha transformado en tiempos más recientes en una zona muy poblada.

34. La renovación de la Iglesia en Occidente

A la izquierda: la cartuja de Pavía en construcción, detalle de un cuadro de comienzos del siglo XVI.

En la página siguiente, arriba: un cuadro del retablo de la santa Humildad, de Pietro Lorenzetti: la santa, fundadora de una orden femenina de inspiración vallombrosana, lee las Sagradas Escrituras en el refectorio.

En la página siguiente, abajo: esta imagen de san Bernardo conversando con la Virgen y de san Juan Gualberto con los hermanos de su orden, está tomada de una *Tebaida* pintada por Paolo Uccello a mediados del siglo XV.

El ansia de cambio y renovación se extendió por todas partes, desembocando en una profunda reforma del papado y de la Iglesia, de manera que esta reforma, llamada gregoriana por el nombre del papa que jugó en ella un papel decisivo, tiene que situarse y ser comprendida dentro de un movimiento amplio y complejo de la sociedad cristiana. La reforma gregoriana intentó separar a la Iglesia del siglo, es decir, de la mentalidad y los hábitos dominantes y de las autoridades civiles y, en cierto sentido, atenuó el papel y la responsabilidad de los laicos, con el fin de que la Iglesia pudiese entrar en la nueva época con más facilidad y con menos daños espirituales. «A los laicos los asuntos del mundo, a los clérigos las cosas del espíritu» fue la premisa de no pocos reformadores. El movimiento de reforma religiosa, en el que habían tomado parte activa laicos de todas las condiciones, desembocaba así en una exaltación de la función y el papel de los clérigos en la Iglesia y en la sociedad.

León IX reunió concilios en Francia, Alemania e Italia con el fin de condenar dos de los pecados dominantes, la simonía y el nicolaísmo, es decir, la compra de oficios eclesiásticos y el incumplimiento de la continencia y el celibato. La legislación canónica sobre el celibato quedará definitivamente trazada en el concilio de Letrán (1123), estableciendo que el matrimonio de los sacerdotes y de los diáconos y subdiáconos no solamente era ilícito, sino inválido.

Una de las características de la vida religiosa en el cambio de milenio fue la creciente tendencia hacia la vida eremítica. Los ideales del monacato primitivo despertaban con nuevas fuerzas, tal vez debido al ejemplo de la persistencia de la vida anacoreta en la Iglesia oriental. Un ejemplo de esto lo tenemos en san Nilo de Rossano, que trajo desde Calabria a Italia central el estilo de vida religiosa griega según la regla de san Basilio y que fundó en 1004, cerca de Roma, la abadía de Grottaferrata que todavía florece en nuestros días.

San Romualdo (950-1027) renunció al mundo conmovido por la muerte de un caballero de la que fue responsable su padre. Fundador de colonias de eremitas en el norte de Italia y en el sur de Francia, su fundación más importante, Camaldoli (1012), fue la casa madre de la exigente y austera congregación camaldulense. Allí vivían los monjes en pequeñas chozas, y sólo se reunían para la oración litúrgica. Entre sus seguidores encontramos a san Bruno de Querfurt, primer apóstol de Prusia, a san Pedro Damiano y a san Juan Gualberto, quien, conmovido por una visión de Cristo crucificado cuando quería ejecutar una venganza de sangre por el asesinato de un pariente, fundó una comunidad de eremitas en Vallombrosa, cerca de Florencia. Para proveer a las necesidades materiales de los eremitas surgen por primera vez los hermanos laicos, sujetos sólo parcialmente a la regla.

La reforma promovió, en diversas regiones también, nuevos modelos de vida monástica distintos del ideal de Cluny, llamados a protagonizar la última gran renovación del monacato europeo hasta finales del siglo XII. En todos encontramos el deseo de volver a la pureza original monástica y a una vida más acorde a las exigencias evangélicas. Pobreza, penitencia, trabajo manual y, en la mayoría de los casos, soledad constituían las características de todas estas reformas.

Sobre la base eremítica y benedictina, renovada en su sentido original, surgieron los dos movimientos más importantes de este tiempo: la Cartuja y el Císter. San Bruno (1032-1101) representa con su vida el itinerario de la vida religiosa de la reforma. Estudiante en Colonia, canónigo, profesor de la escuela capitular de Reims, colaborador de tres arzobispos mundanos y secularizados, es consciente de la necesidad de una Iglesia más evangélica, menos secularizada, con una religiosidad más profunda. Con varios compañeros se retira a los agrestes montes de Cartusium, cerca de Grenoble, y allí funda la Gran Cartuja (1084), donde vivieron conforme al modelo benedictino original, con unas exigencias estrictas de aislamiento y silencio. La vida de estos religiosos constituía una llamativa protesta contra la mediocridad y el aseglaramiento de la Iglesia y una vuelta a los ideales evangélicos. Las exigencias estrictas de aislamiento y silencio permitieron a la Cartuja ser la única de las órdenes medievales que no perdió su ideal primitivo con el paso de los siglos, aunque, también, la radical simplicidad de sus exigencias impidió que tuviese una difusión e influencia social comparables a Cluny o al Císter. Los cartujos formaron una sólida organización internacional, en oposición a la antigua costumbre de que cada monasterio fuese independiente.

La reforma gregoriana, suscitadora de tantas energías espirituales, favoreció, también, un pensamiento más rico y el desarrollo de la teología, repitiéndose, una vez más, el caso de que una Iglesia que vive en profundidad la exigencia religiosa tiene la necesidad de expresar intelectualmente las razones de su fe.

La Iglesia clerical y jerárquica se robusteció, y el clero, mejor preparado y más instruido, gracias al renacimiento de las escuelas

teológicas, se encontró más capacitado para dar a su disciplina y a su fe una estructura y una formulación intelectuales. Las obras canónicas, teológicas y espirituales fueron en aumento. La Iglesia se intelectualizó, pero esta presentación más intelectual de la fe, al tiempo que repetía con san Anselmo «creo para comprender», manifestando el predominio de la fe sobre el saber, pero señalando, al mismo tiempo, su intención de dar una explicación racional de la fe, desconcertaba a numerosos fieles enamorados y atraídos por la simplicidad del espíritu evangélico, los cuales, ante las «sutilezas» del clero, se sentían tentados de atenerse sólo a la Escritura, tomada al pie de la letra. Permanente tensión en la vida de la Iglesia entre quienes sienten la necesidad de dar razón de su fe y quienes consideran que una intelectualización del Evangelio constituye siempre una traición a su espíritu.

35. LA ABADÍA CISTERCIENSE

Arriba: fotografía aérea de la abadía cisterciense de Sénanque, en Provenza, fundada en el siglo XII.

A la derecha: las cinco abadías «madres» de la ordèn cisterciense, fundadas todas ellas en el corazón de Francia, entre finales del siglo XI y comienzos del XII.

A la izquierda: como demuestra esta miniatura del siglo XIII, los cistercienses ocupaban con frecuencia cargos administrativos en la epoca medieval.

En la página siguiente, arriba: vista planimétrica de las propiedades de la abadía cisterciense de Maulbronn, representada en una acuarela del siglo XVII. Una abadía cisterciense era un sistema económico autárquico, con sus colonos, sus factorías, granjas, pastos, molinos, etc.

En la página siguiente, abajo: el establecimiento de molinos hidráulicos para la elaboración de los metales, en la abadía de Fontenay (Francia), en el siglo XIII.

145

35. LA ABADÍA CISTERCIENSE

La vida eclesial, como la humana, constituye un ciclo de permanentes acciones y reacciones. La Iglesia se encuentra en necesidad de permanente reforma porque las tentaciones y las infidelidades son también constantes.

A comienzos del siglo XII las riquezas y el enorme poder adquirido habían sumido a Cluny en cierto sopor espiritual y cultural. Los monasterios se habían multiplicado tanto que resultaba difícil visitarlos y controlarlos, de modo que fue languideciendo la estricta observancia de la regla. La dedicación exagerada a una liturgia cada día más prolongada y complicada acabó en rutina y en puro preciosismo. Surgieron en diversos lugares fundaciones que pretendían volver a la simplicidad, austeridad, espiritualidad y soledad inicial. La más importante, sin duda, fue la de san Roberto de Molesmes, monje benedictino, que el 21 de marzo de 1098 se retiró con otros compañeros a un lugar desierto y pantanoso llamado Cîteaux, en latín Cistercium. Debían vivir de lo que producían los campos por ellos mismos cultivados, sin recibir diezmos ni ejercitar ministerio alguno fuera del monasterio. El hábito consistía en una túnica de lana natural, blanca o gris, con escapulario negro. Serán conocidos como los monjes blancos en comparación con los negros benedictinos. Como alimentación, ni carne, ni pescado, ni grasas, ni lacticinios, ni huevos; nada más que legumbres hervidas; y además, desde el catorce de septiembre a Pascua, una sola comida por día. Dormían en un jergón, sin ropa, en el que se acostaban vestidos. En medio de la noche, a la voz de la única campana del monasterio, se levantaban para rezar y cantar Maitines.

El rigor con que estos monjes observaban la Regla de san Benito asustaba a muchos, pero, a su vez, atraía a numerosos espíritus generosos. Uno de ellos fue san Bernardo (1090-1153), quien con veintiún años se presentó en la abadía rodeado de un numeroso grupo de familiares y amigos. Él fue el auténtico fundador del Císter, sobre todo desde el monasterio de Claraval que él fundó y cuidó. A la fama de santidad que rodeó enseguida aquel monasterio acudieron innumerables jóvenes deseosos de seguir a Cristo en pobreza, humildad y penitencia.

Claraval llegó a ser el mayor centro de irradiación cisterciense. De los 343 monasterios que tenía la orden a la muerte de san Bernardo, unos 160 habían sido fundados por esta abadía. Con el fin de salvaguardar la unidad y el espíritu de la orden ante un crecimiento tan rápido, los monjes redactaron los estatutos llamados Carta de Caridad, que marcaban las señas de identidad de la orden. Se evitaba la excesiva centralización, propia de Cluny, pero, al mismo tiempo, rechazaban el aislamiento y la autonomía excesiva de los diversos monasterios. Cada abad era plenamente responsable de la vida espiritual de sus monjes, pero el modo cisterciense de vivir la regla benedictina tenía fuerza de ley. Para

mantener esta unidad, los abades de todos los monasterios se reunían anualmente en torno al abad del Císter, y todos los años cada abadía debía ser visitada por el abad de la abadía fundadora. Las ricas iglesias cluniacenses fueron sustituidas por iglesias desnudas, sin campanarios ni imágenes, con ornamentos litúrgicos muy sencillos. Explotaban directamente sus tierras con la ayuda de hermanos conversos íntimamente unidos a la vida monástica. Esto permitía a los campesinos iletrados acceder a la vida monástica, al tiempo que nos explica el sorprendente éxito económico del Císter. Estos monjes modificaron las relaciones entre la condición monástica y la vida rural. Restablecieron el contacto directo, inmediato, físico, de todos los religiosos con la tierra, de forma que la roturación de los campos y la explotación del patrimonio territorial eran verdaderamente realizadas por la comunidad. El modelo de actividad temporal que proponía la reforma cisterciense se mostraba muy ajustado a las condiciones económicas del siglo XI. En la época en que las prestaciones personales desaparecían progresivamente, en que el empleo de asalariados agrícolas reducía notablemente el margen de beneficios de la explotación directa, el disponer de los conversos como mano de obra gratuita, entusiasta y superabundante, colocó a las empresas agrícolas cistercienses en una posición privilegiada. Por otra parte, la exigencia de pobreza y ascesis impedía gastar en objetos y ornamentos suntuarios y acumular riquezas no productivas, de forma que sólo podía acrecentarse el capital territorial. Es decir, la vocación de estricto ascetismo favoreció la difusión de explotaciones rurales altamente producti-

Arriba: el *Descendimiento,* relieve de Benedetto Antelami, del 1178.

Abajo: interior de la iglesia de la abadía de Fontenay, fundada por san Bernardo en 1119.

En la página anterior: Pantocrátor, fresco de comienzos del siglo XII del ábside de la iglesia de San Clemente de Tahull (Lleida).

El estilo románico tiene una extraordinaria capacidad de expresión y ofrece una síntesis de elementos culturales de origen diverso, especialmente de Roma, Bizancio y los pueblos del norte. Fue una época complicada, tanto para la historia como para el arte, aunque tuvo una dimensión unificadora en el mundo monástico. Estas comunidades, que vivían el ideal cristiano tal como se concebía entonces, constituían islas de civilización en un mundo lleno de agitaciones y luchas. El repertorio de las imágenes románicas es, ante todo, cristológico. Cristo domina toda la época. Se concibe por vez primera la figura de Cristo crucificado, agonizante e impasible, rígido. Pero preferiblemente se presenta como Pantocrátor, o como juez de los últimos tiempos. Hay que subrayar la importancia del simbolismo, que es tal vez el rasgo más característico de la escultura y la pintura. Para el hombre románico todo irradiaba significados que escapan a nuestro mundo simbólico. La obra fundamental para interpretar la iconografía románica son las *Alegorías,* de san Isidoro de Sevilla.

vas. Además, el establecimiento de monasterios en las soledades no cultivadas y la elección de un sistema de cultivos de tipo silvopastoral acentuaron las ventajas económicas en una época en que el progreso de la civilización material confería más valor comercial a productos que no provenían de las viñas o de los campos de cereales, sino de los pastos y los bosques, como la lana, la carne, la madera de construcción y el carbón vegetal.

El Císter colaboró de manera decisiva en la colonización y evangelización de tierras nuevas, como Castilla, a medida que avanzaba la Reconquista, o la Alemania al este del Elba. Los cistercienses resucitaron en los desiertos y en los valles arbolados un ámbito digno de la tradición galorromana, y, del mismo modo que los cluniacenses, sus predecesores, sanearon los lugares pantanosos con grandes obras de drenaje y construcción de estanques sucesivos.

No resulta difícil comprender, por otra parte, la importante aportación de estos monasterios a la economía medieval, pero, al mismo tiempo, el beneficio económico y la prosperidad monetaria derivada contrastaba llamativamente con la austeridad de vida de los cistercienses, provocando en su vida contradicciones difíciles de resolver. Con su engrandecimiento y progresivo enriquecimiento, tropezó con las mismas tentaciones, acumulación de propiedades e inserción en las relaciones socioeconómicas propias de la época que habían experimentado anteriores reformas.

36. La lucha de las investiduras

Mapa político simplificado de Europa entre los siglos X y XII, desde el tiempo de los Otones hasta el de los emperadores Salios.

El reino de Francia, nominalmente regido por la dinastía de los Capetos, en realidad estaba dividido en grandes feudos semiautónomos si no totalmente independientes del monarca, que dominaba directamente sólo la pequeña región central de Francia con París como capital. Toda Aquitania estaba dividida en grandes feudos, a menudo mucho más ricos y poderosos que el dominio real, que gravitaban más sobre Toulouse, antigua capital visigoda, que sobre la lejana París, nórdica y extraña. Los normandos estaban sólidamente asentados desde hacía tiempo en Normandía, mientras que Bretaña, de tradición celta, permaneció siempre independiente al abrigo de sus florestas, hasta el matrimonio de la duquesa Ana con el rey Carlos VIII en 1491.

El sureste de Francia —el antiguo reino de los burgundios— pasó al imperio germánico en los primeros decenios del siglo XI.

Germania estaba dividida entre los poderosos ducados de la Alta y Baja Lotaringia, al oeste del Rin, de Sajonia al norte, de Franconia en el centro, de Suabia al sur y de Baviera al sureste.

En el reino de Italia se afirmó durante el siglo XI la casa de Canossa, que alcanzó un formidable aunque efímero poder político y militar en la parte centroseptentrional de la península, con la condesa Matilde.

Arriba: los principales feudos de la condesa Matilde de Canossa.

Arriba, a la derecha: el emperador Enrique IV, recibido por Gregorio VII y la condesa Matilde, que había mediado en este encuentro, en el castillo de Canossa.
Aquí Enrique se sometió al papa, que lo había excomulgado. Miniatura de la *Crónica* de Juan Villani, de comienzos del siglo XIV.

En la página anterior, abajo, a la izquierda: esta ilustración del *Espejo de Sajonia*, la primera obra escrita importante de derecho alemán (hacia 1225), muestra al papa y al emperador sentados en el trono, dividiéndose fraternalmente el dominio del mundo.

Abajo: interior de la mezquita de Córdoba, construida en el siglo VIII, y una lámpara de una mezquita siria del siglo XIV.

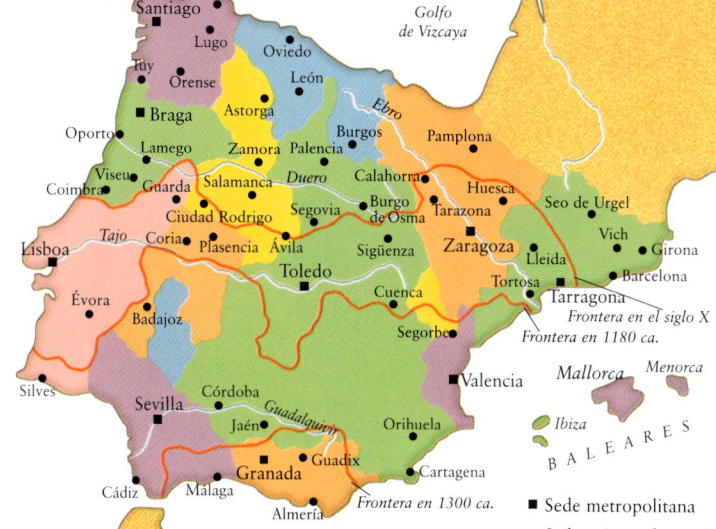

Arriba: las divisiones eclesiásticas de la península Ibérica restauradas de acuerdo con las diversas etapas de la Reconquista.

Durante mucho tiempo, en los territorios arrebatados a los moros se intentó restaurar el orden eclesiástico del antiguo reino visigodo, desaparecido repentinamente a causa de la invasión árabe, entre los años 711 y 714.

En la página anterior, abajo, a la derecha: los obispados renanos en 1254.

En el siglo XIV los arzobispos de Maguncia, Colonia y Tréveris elegían al rey de Germania, junto con cuatro electores laicos: el conde palatino del Rin, el duque de Sajonia, el margrave de Brandeburgo y el rey de Bohemia.

149

36. La lucha de las investiduras

Desde mediados del siglo XI eran ya muchos quienes eran conscientes de que la Iglesia no podía sobrevivir a la amenaza de disolución que hacía pesar sobre ella la mentalidad feudal, a no ser que se liberara de la tutela de los reyes y de los señores. Estos disponían a su voluntad de las cosas sagradas, desde las funciones episcopales hasta las iglesias y los altares, y los reformadores afirmaban la necesidad de distinguir claramente entre los poderes y de liberar al clero de la sujeción a los laicos. Se trataba de conseguir la «libertad de la Iglesia». El pueblo, los monjes y los ermitaños exigían, al mismo tiempo, un clero mejor preparado y, sobre todo, más digno en su vida moral y en su actuación pastoral. En realidad, la corruptela de las investiduras constituía la causa y la situación moral existente el efecto. Entre 1049 y 1085, en medio de dificultades y enfrentamientos, pero contando con el apoyo de los monjes cluniacenses y de muchos creyentes que buscaban una Iglesia más pura, se produce el restablecimiento de la independencia papal y, consiguientemente, la reafirmación de la primacía del papa en lo espiritual y de su autoridad en el mundo cristiano.

León IX enlazó con las exigencias de los reformadores alemanes y se identificó con las reformas cluniacenses. Se insistió en la elección canónica de los papas, se reorganizó la Curia romana según el modelo imperial y pusieron en práctica las visitas de los legados pontificios a otras Iglesias con el fin de reformarlas y reafirmar su autoridad. Este papa y sus teólogos tendían a concebir la Iglesia como un reino único bajo la monarquía papal, de la cual los obispos no hacían más que participar, dividiéndose parcialmente la responsabilidad universal y el poder. En 1047 se celebró un sínodo en Roma que adoptó severos decretos contra la simonía y el matrimonio de los clérigos.

En el importante sínodo de Letrán de 1059, Nicolás II estableció las leyes de elección del papa que han llegado hasta nosotros. El colegio electoral de cardenales era el único responsable de esta elección, liberándola de la influencia de la nobleza romana y del emperador alemán. En este sínodo se defendió un principio que resultará revolucionario y grávido de consecuencias en los años siguientes: la necesidad de la libertad de la Iglesia. Libertad de la Iglesia significaba libertad de cualquier interferencia ajena a la Iglesia y a sus intereses espirituales.

Gregorio VII (1073-1085) es el papa más importante de la época y representa la victoria de la monarquía centralizadora pontificia, tal como se manifiesta en el famoso documento *Dictatus Papae*, según el cual el papa es el jefe supremo y absoluto de la Iglesia universal, y tiene el derecho de deponer no sólo a los obispos sino, también, a los reyes, cuya función les ha sido asignada por Dios, pero, también, por la Iglesia.

El sínodo romano de 1075, al prohibir severamente la investidura de los laicos, inició el enfrentamiento con el emperador Enrique IV. Este respondió con la destitución del papa, pero los tiempos habían cambiado. Gregorio VII en la Cuaresma de 1076 declaró excomulgado y destituido al emperador, desligando a sus súbditos de su juramento de fidelidad. El acto de Gregorio contra el emperador, que ponía de manifiesto la poderosa conciencia de su poder, era inaudito y causó verdadero estupor. La asamblea de príncipes alemanes decidió destituir a Enrique IV si en el plazo de un año no se le levantaba la excomunión. El emperador se vistió de penitente y acudió al castillo de Canossa, donde se encontraba el papa, con el fin de conseguir su perdón. Este acto ha quedado en la memoria histórica occidental: ir a Canossa significa humillarse y pedir perdón. En realidad, este acto tan llamativo no supuso la conversión del emperador que, una vez conseguido el

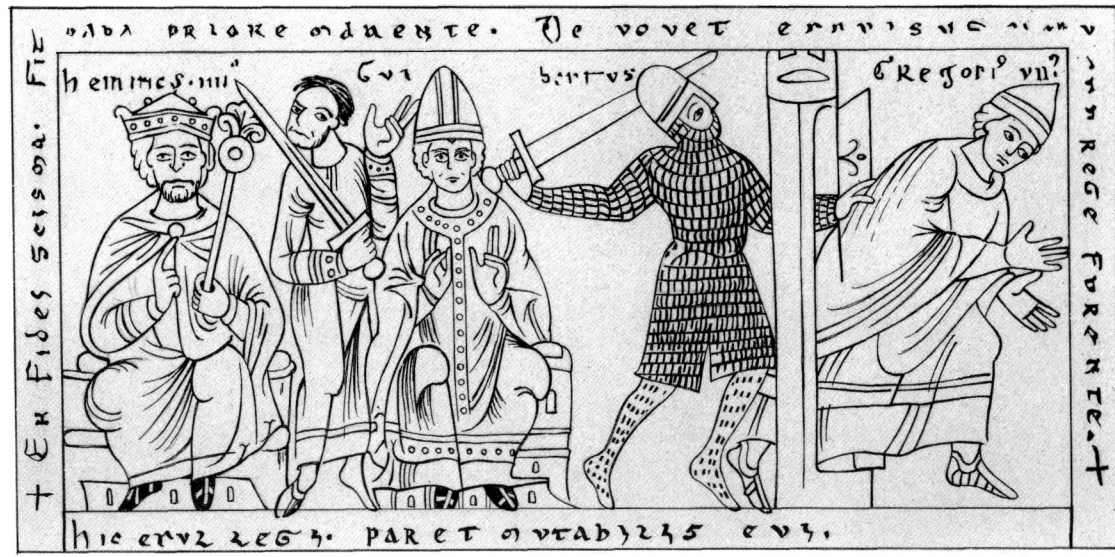

A la derecha: destitución de Gregorio VII, miniatura de una crónica alemana del siglo XII.

En la página anterior: fresco del siglo XII que representa el martirio de santo Tomás Becket.

perdón, siguió actuando con prepotencia sin límite, pero sí quedaron claras las atribuciones de la autoridad pontificia.

Otro ejemplo llamativo y cruento del enfrentamiento de ambos poderes se desarrolló en Inglaterra entre el despótico Enrique II y el arzobispo de Canterbury, Tomás Becket, que había sido canciller del reino. El rey impuso unas leyes que limitaban considerablemente la autonomía de la Iglesia y la capacidad de actuación del papa. El arzobispo se opuso, tuvo que vivir en exilio durante seis años y, a su vuelta a Inglaterra, fue asesinado por unos esbirros del rey (1170), convirtiéndose en un mártir venerado por el pueblo que convirtió su tumba en lugar de peregrinación.

Aunque la reforma de la vida eclesial y la lucha de las investiduras no encontraron una solución mágica, el concordato de Worms (1122) representó un buen punto de partida al establecer una clara distinción entre los poderes espirituales y los temporales. Los obispos ya no serán considerados como funcionarios del Estado.

La reforma gregoriana fue la ofensiva de mayor envergadura para salir del debilitamiento de la Iglesia. Gregorio VII pretendió reformar la Iglesia debilitada por la simonía y la incontinencia de los clérigos, restablecer la unidad y mantener los derechos de la sede romana, y colaborar con los príncipes, pero en caso necesario castigarlos. No era nuevo lo que pedía el Papa, pero, no cabe duda de que era nueva la radicalidad con que lo exigía.

La obra gregoriana no se limitó a liberarse de los poderes seculares, postulando la total independencia de la Iglesia con respecto al Estado, sino que constituyó un movimiento irreversible de espiritualización del clero y de centralización eclesial. En realidad, la concepción monárquica del papado encontró un fundamento propio en la piedad eclesial de los reformadores.

El obispo de Roma consiguió una dignidad y un prestigio nunca conseguidos previamente, poder y prestigio que consiguieron mantener unida a la Iglesia en los difíciles siglos siguientes.

En el Sacro Imperio Romano Germánico, la elección del rey de Germania pasó a un colegio de príncipes, llamados electores, compuesto por laicos y eclesiásticos. Aquí vemos a los electores —en este caso cinco obispos y cuatro laicos— aprobando la elección del rey mediante la indicación con el dedo. Del *Espejo de Sajonia*, un compendio jurídico alemán del siglo XIII.

37. Las cruzadas y la Iglesia oriental

Sobre estas líneas: reproducción de una miniatura del siglo XIII con un duelo entre un caballero cristiano y otro musulmán. El cristiano lleva las insignias de Ricardo Corazón de León, mientras su adversario podría ser Saladino. Probablemente se trata de un torneo que expresa bien el espíritu de rivalidad y de propaganda política que animó las cruzadas.

A la izquierda: reconstrucción de Jerusalén en la época de las cruzadas, con los principales monumentos religiosos y Santos Lugares de la cristiandad.

En la página siguiente: reconstrucción de la mayor fortaleza de los cruzados en Tierra Santa (sobre el Yébel Jalil en Siria) llamada «Crak de los caballeros», ocupada por los Hospitalarios de san Juan desde 1142 hasta 1271, cuando fue expugnada por los mamelucos.

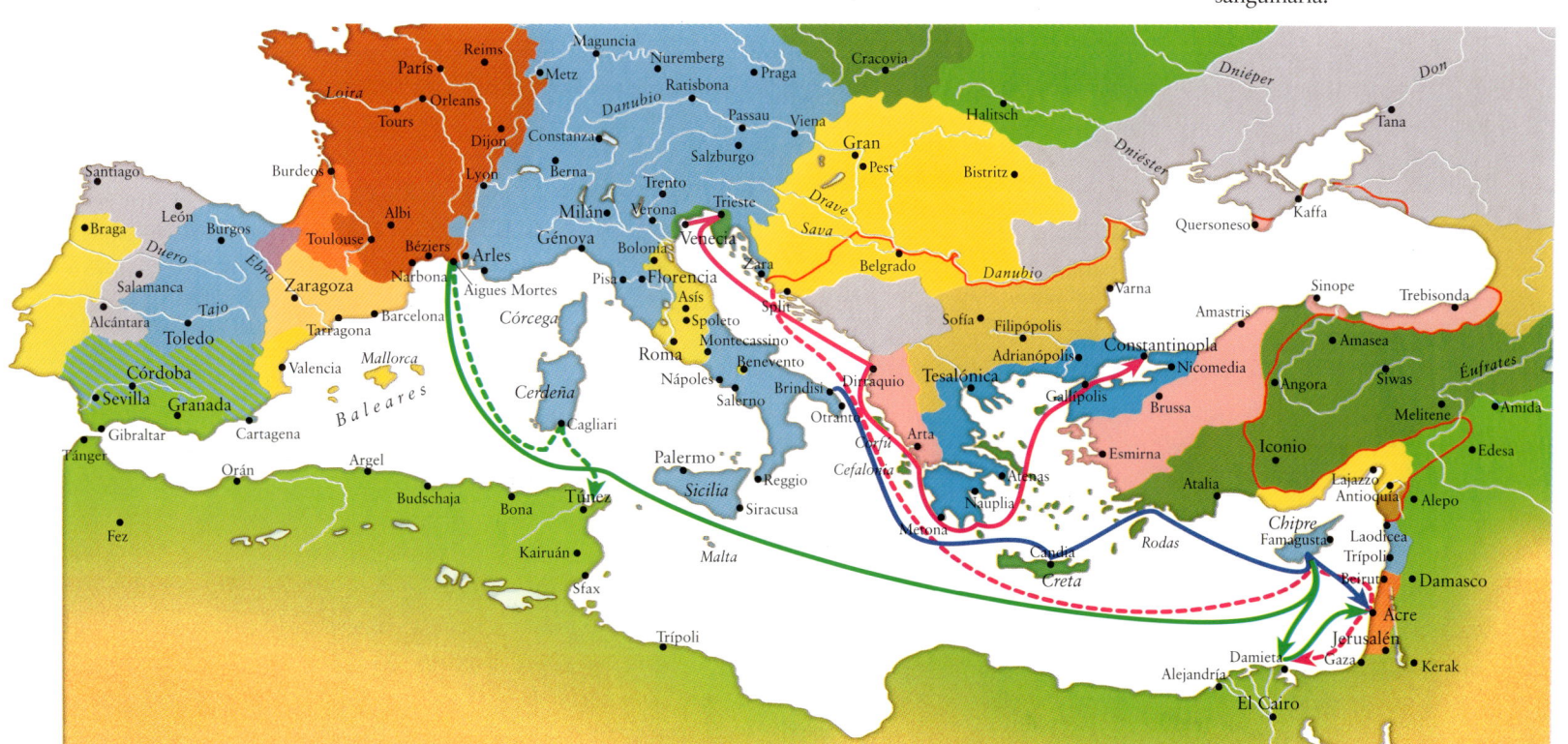

Las Cruzadas y los Estados Latinos en Tierra Santa

En la otra página:

I cruzada 1096-1099
— Godofredo de Bouillon
--- Raimundo de Toulouse
··· Roberto I el Frisón

II cruzada 1144-1148
— Luis VII de Francia
--- Conrado III y Luis VII

III cruzada 1189-1192
— Felipe Augusto de Francia
--- Ricardo I *Corazón de León*
··· Flota de Ricardo I

Abajo:

IV cruzada 1202-1204
— Flota veneciana

V Cruzada 1215-1221
--- Andrés II de Hungría y Leopoldo de Austria

VI cruzada 1223-1229
— Federico II emperador

VII cruzada 1244-1254
VIII cruzada 1268-1272
— San Luis IX de Francia (VII)
--- San Luis IX de Francia (VIII)

☩ Sede de Patriarcado
▲ Ciudades fortificadas
◆ Castillos amurallados y fortalezas menores

En rojo: últimos baluartes cristianos en Siria, abandonados en 1291

Arriba, a la izquierda: los reinos de los cruzados en Tierra Santa. Las cruzadas, que en Occidente fueron consideradas como una epopeya, los pueblos islámicos las vieron como una invasión injustificada y sanguinaria.

153

37. Las cruzadas y la Iglesia oriental

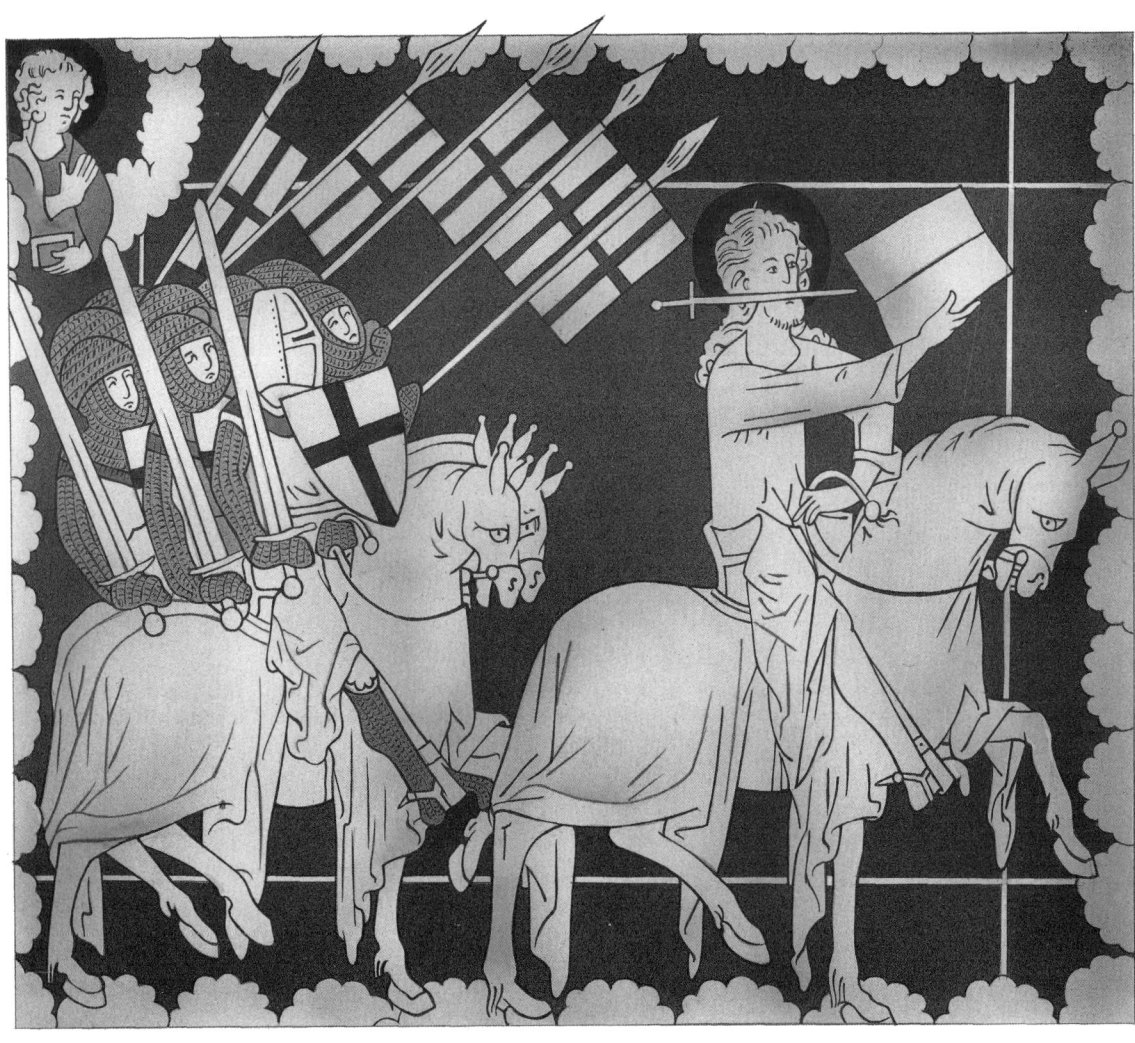

A la izquierda: esta miniatura de la Baja Edad media, que muestra a Cristo, armado con el Libro y con la espada, a la cabeza de un pelotón de caballeros, ilustra con eficacia la idea de los cruzados, que se consideraban guerreros de Dios.

En la página siguiente: representación simbólica de la defensa de Jerusalén, en una miniatura del siglo XIII. Tomar y conservar Jerusalén fue el móvil principal de las cruzadas; la opinión pública participaba vivamente en las periódicas vicisitudes de la ciudad santa.

La renovación general producida por Cluny y por tantos otros movimientos religiosos logró que la conciencia cristiana y el sentimiento de unidad entre los pueblos cristianos, todo relacionado y dirigido por el pontificado romano, despertase en Occidente en plenitud de fuerza y entusiasmo.

Urbano II (1088-1099), movido por la petición de auxilio de los embajadores del emperador bizantino Alejo Comneno, fue el primero en ocuparse de un tema que preocupaba y que va a ser central durante el siglo XII: la situación de los Santos Lugares en manos de los turcos. En el concilio de Clermont (1095), convocó una «cruzada» para liberar Tierra Santa de manos de los infieles. Esta cruzada tenía un componente religioso profundo: purificar la cristiandad de sus pecados tanto sociales como individuales. El papa concedió indulgencia plenaria a los cruzados, es decir, dispensa completa de todas las penitencias aún no realizadas por los pecados confesados.

La cruzada se presentó, en la conciencia de la época, como un imperativo religioso, asumido por los diversos sectores de la cristiandad latina según su situación peculiar: para los papas y el alto clero era un medio de estimular el entusiasmo colectivo tanto espiritual como penitencial, al tiempo que subrayaban su autoridad e influencia aun a riesgo de una cierta confusión entre los aspectos específicamente religiosos y los militares y políticos. Para los emperadores y reyes, dirigir la cruzada era un medio extraordinario de aumentar su condición de dirigentes seculares de la cristiandad y, en muchas ocasiones, una sustanciosa fuente de ingresos para sus siempre maltrechas economías. No podemos olvidar tampoco el espíritu aventurero y audaz de los caballeros medievales, que pondrán sus ideales y su energía al servicio de la idea de las cruzadas. Constantinopla, por su parte, se encontraba acosada por los turcos y era consciente de que sólo de Occidente podía venirle una ayuda capaz de repeler sus constantes ataques. Urbano II pensó en la ayuda a Bizancio como medio de reconciliación de las Iglesias. A lo largo de siglo y medio hubo cuatro cruzadas importantes por el número de cruzados que movilizaron, por las acciones emprendidas y por las conquistas conseguidas.

En la primera participaron cuatro ejércitos de franceses, italianos, normandos y flamencos. Miles de campesinos, dirigidos por predicadores populares, pretendieron organizarse y actuar por su cuenta, pero su enfrentamiento con los caballeros demostró la complejidad y los diversos intereses presentes. Desde el comienzo, los roces entre los cruzados y el emperador bizantino, Alejo Comneno, descubrieron, también, que los objetivos no eran tan comunes como podían presumirse. Los cruzados cercaron Nicea, conquistaron Antioquía, tomaron Jerusalén (1099) y fundaron el reino de Jerusalén con Godofredo de Bouillon como su primer rey. Al poco tiempo, se añadieron otros estados feudales:

Antioquía, Edesa, Trípoli, etc., que, desde el primer momento, lucharon entre sí, con Bizancio y, naturalmente, con los musulmanes. Entre estos se desarrolló, a su vez, la idea de guerra santa vinculada al proyecto de recuperación de la también para ellos ciudad santa de Jerusalén.

La caída de Edesa (1144) en manos de los turcos motivó la segunda cruzada (1147-1149), que contó con la ardiente y eficaz predicación de san Bernardo. Este extraordinario santo fue capaz de absorber e irradiar todo el entusiasmo que la imagen de cruzada despertaba aún. Dirigida por el emperador Conrado III y Luis VII de Francia, con ejércitos poco cohesionados y nada profesionales, más dispuestos a las rencillas internas que a planes estratégicos e incapaces de coordinarse con Bizancio que, a su vez, no supo aprovecharlos en su defensa, esta cruzada constituyó un fracaso notable, produciendo en Europa un amargo desencanto. Muchos levantaron su voz contra san Bernardo, echándole la culpa de todo, porque con sus ilusionadas promesas había lanzado a tantos hombres a la muerte.

En 1187 la caída de Jerusalén en manos de Saladino causó estupor y desolación en Occidente. Tantas ilusiones, esfuerzos y sangre vertida perdida inútilmente. Gregorio VIII escribió una conmovedora encíclica a todos los fieles, exhortándoles a una nueva cruzada. Ordenó oraciones públicas, prescribió ayunos y abstinencias, proclamó una "tregua de Dios" por siete años y anunció la indulgencia plenaria para cuantos tomasen la cruz.

El emperador Federico I Barbarroja (1189), Felipe Augusto de Francia y Ricardo Corazón de León de Inglaterra tomaron parte en la tercera cruzada. El ejército estaba preparado y la coordinación fue buena, pero la muerte del emperador en Cilicia supuso si no el fracaso sí la drástica limitación de sus objetivos y logros. La cuarta cruzada ha pasado a la historia por la conquista y el brutal saqueo de Constantinopla. La fundación del Imperio latino (1204-1261) sólo consiguió el odio de los bizantinos y la consolidación de la separación.

El balance de las cruzadas fue complejo. No cabe duda de que constituyeron una manifestación sorprendente del espíritu y del entusiasmo religiosos presentes en Occidente y, también, de la unidad eclesiástica capaz de movilizar a reyes y pueblos. Es verdad que estuvieron demasiado presentes otros intereses menos dignos, pero no invalidan los anteriores, sino que manifiestan, una vez más, la realidad de un espíritu presente siempre en vasijas de barro, mezclado siempre con el egoísmo y la estrechez de miras de los humanos. No se consiguió el dominio permanente de Tierra Santa, pero se impidió a los turcos atacar el Mediterráneo. Creció hasta el abuso la práctica de las indulgencias y se multiplicaron las reliquias, no siempre verdaderas, traídas de Oriente, fecundando la piedad popular, pero, a menudo, mezclándola con intereses y motivaciones espúreas.

La creación de las distintas órdenes militares enriquecieron la vida religiosa, y la presencia en Oriente favoreció el ímpetu misionero y la aproximación de los maronitas del Líbano, jacobitas sirios y armenios, que decidieron su adhesión a la Iglesia de Roma.

38. Cronología II – La Alta Edad media

El infierno, detalle del Juicio universal en los mosaicos medievales que adornan el interior de la cúpula del baptisterio de Florencia.

El Juicio universal se representa frecuentemente en lugares preferentes de las iglesias medievales, para recordar a los fieles la segunda venida de Cristo, que tendrá lugar al fin de los tiempos para juzgar a vivos y muertos y asignar a cada ser humano el lugar que le corresponde: el paraíso, lugar de perfecta alegría, acogerá las almas de los justos, mientras que en el infierno los condenados sufrirán el castigo eterno. Esta idea cristiana de la parusía —el retorno de Cristo a la tierra para resucitar a los muertos, inaugurar el reino mesiánico y realizar el juicio final sobre las almas— debe mucho a la escatología judía; efectivamente, el Nuevo Testamento, al tratar el tema, emplea con

libertad el lenguaje y las imágenes de la literatura apocalíptica judía.

El arte medieval ha dejado algunas representaciones del infierno realmente impresionantes, a veces espeluznantes, capaces de infundir terror. La imaginación de aquella época, haciendo referencia incluso a creencias más antiguas en un más allá subterráneo, destinado a los malos, poblaba este lugar de castigo, cuyo elemento principal es el fuego, de demonios y de monstruos que infligen torturas inenarrables a los que están condenados. La más alta descripción literaria del infierno se encuentra en la *Divina Comedia* de Dante que, narrando su viaje a partir del Infierno, pasando por el Purgatorio hasta el Paraíso, da una valiosa visión alegórica del mundo moral, científico, político y religioso de la Edad media.

38. Cronología II (500-1000)

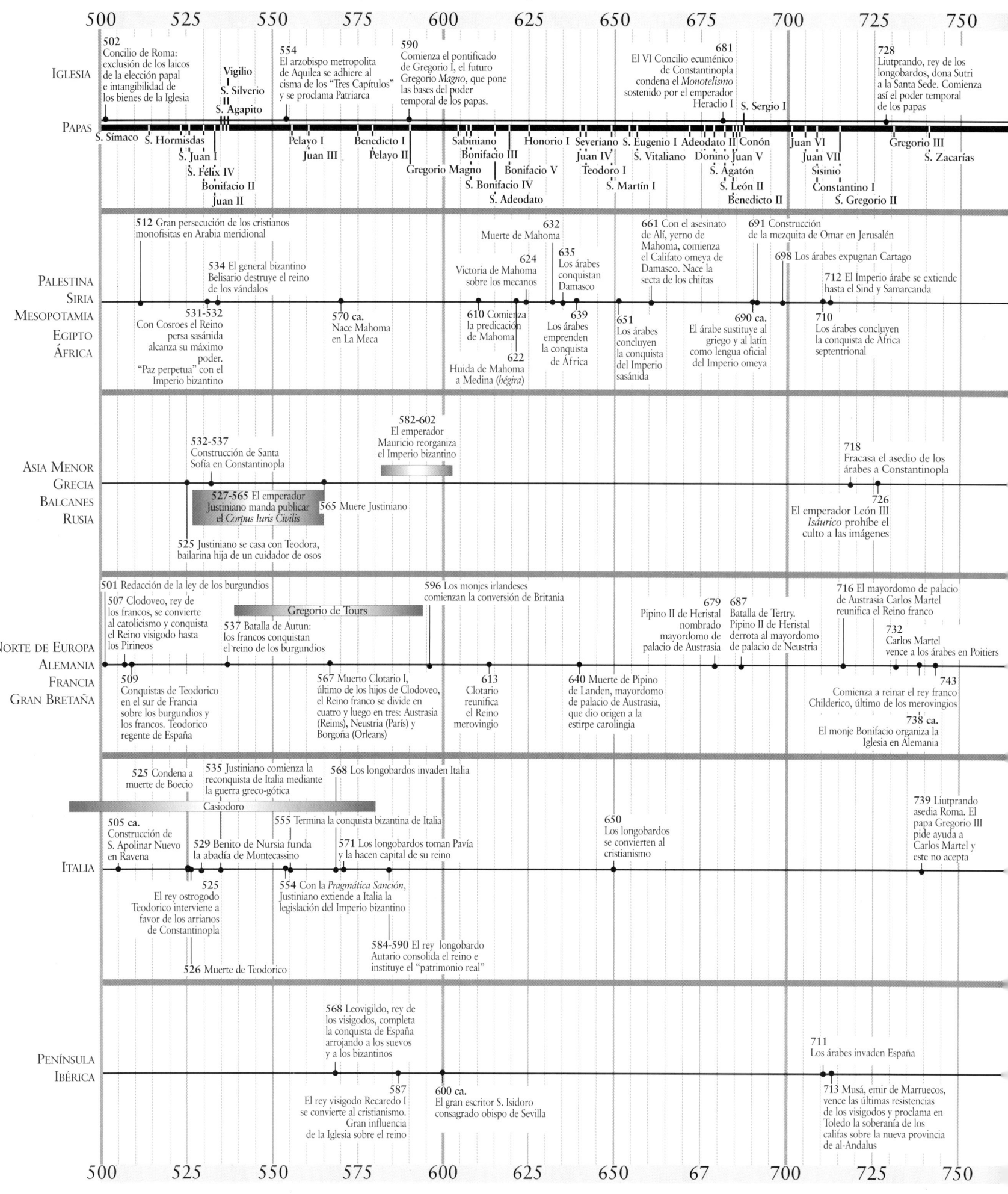

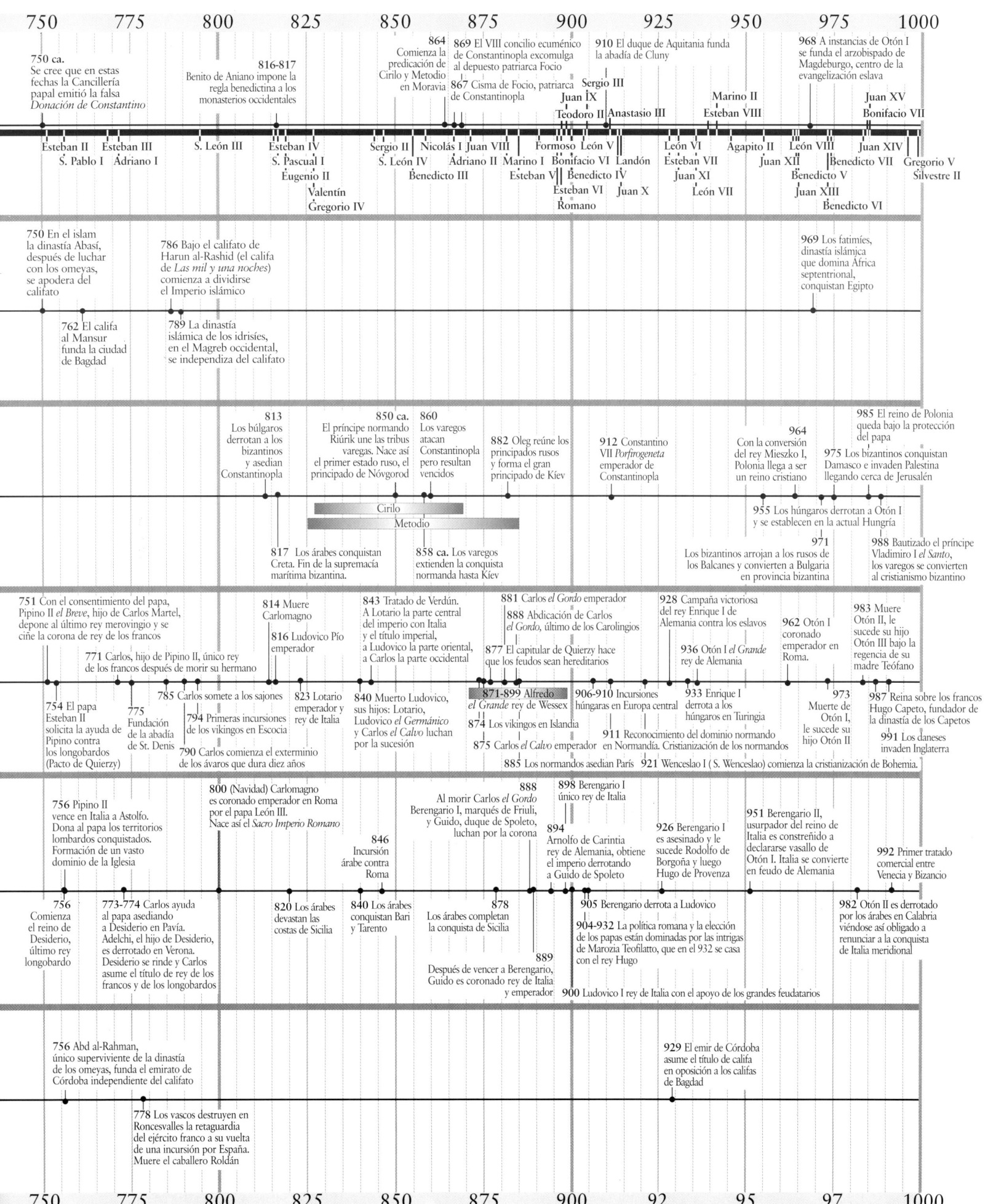

39. Las herejías medievales

- ☩ Obispados católicos
- ☩ Obispados cátaros
- • Sedes de comunidades cátaras (*perfectae*)

conversión de los albigenses se dedicó, en cambio, santo Domingo de Guzmán, que fundó la orden de predicadores para que, con el ejemplo de su vida y el estudio de la doctrina, preservara a los fieles de las herejías. A pesar de que gozaron de la protección de Raimundo, conde de Toulouse, los albigenses fueron completamente exterminados por las guerras promovidas contra ellos por la Iglesia y dirigidas por Simón de Montfort, quien aprovechó la ocasión para conquistar y anexionar las ricas provincias aquitanas, hasta entonces fundamentalmente independientes bajo la hegemonía de los condes de Toulouse.

Arriba: el área de Francia meridional, de cultura occitana, donde se concentró en los siglos XII y XIII la herejía cátara, y *(a la derecha)* un castillo que sirvió de refugio a los herejes durante su cruenta persecución.

La obstinada resistencia de los herejes albigenses (cátaros de la región de Albi, en Francia) a todo intento de retorno al seno de la Iglesia, indujo a Inocencio III a proclamar contra ellos una cruzada. A la pacífica

Las comunidades valdenses

- ▲ Lugar de origen de valdenses
- • Lugar habitado por valdenses
- ■ Presencia de *escuela* valdense
- ☩ Sede arzobispal
- ☩ Sede episcopal

Las principales sedes del catarismo y las directrices de su difusión de Oriente a Occidente, y la presencia de la herejía en Italia centro-septentrional.

En Languedoc, Albi fue probablemente la primera sede episcopal cátara. El obispo búlgaro Nicetas fundó, en torno al año 1165, las diócesis de Toulouse, Agen y Carcasona, mientras que Razés se añadió en 1225. En Italia los primeros obispados eran los de Toscana, Lombardía y la Marca de Treviso. En los Balcanes y en el Imperio bizantino los obispados estaban casi siempre vinculados a la personalidad de los obispos, generalmente itinerantes. Las Iglesias de Drugonthia y Bulgaria se consideraban como Iglesias madres de todas las demás.

LA DIFUSIÓN DE LAS HEREJÍAS EN OCCIDENTE

La época de la reforma gregoriana había conocido ya predicadores radicales, cuya actitud antieclesiástica había encontrado un eco favorable en los sectores más humildes de la población. Después de 1135, una nueva oleada de herejía, y más fuerte aún, surcó la cristiandad en el Meridión y en Occidente. El jefe de esta oleada herética fue Enrique de Lausana, que predicó la penitencia en Le Mans, Lausana, Pisa, Poitiers, Burdeos y, finalmente, en Albi.

A comienzos de 1140 hace su aparición la herejía cátara, que pronto se convirtió en un movimiento de masas no dependiente ya de la presencia de un predicador más o menos famoso. El movimiento cátaro se relaciona con los desplazamientos a causa de las cruzadas o bien por motivos comerciales. Comerciantes y cruzados importan de Oriente tendencias bogomilas. Los bogomilos habían emigrado a Bulgaria procedentes de Bizancio. En línea con los bogomilos, los cátaros (que más tarde se llamarán también albigenses, por la ciudad de Albi) predicaban una doctrina impregnada de dualismo maniqueo. Al Dios bueno, creador de los espíritus, se opone el Dios malvado, creador del mundo visible. A diferencia de los demás movimientos heréticos, los cátaros se organizaron como una verdadera Iglesia con su propia jerarquía que comprendía: oyentes, fieles, sacerdotes y prelados. Después de 1165, el catarismo se difundió desde Francia meridional a Italia septentrional, en las ciudades de Lombardía y Toscana.

Independientemente de los cátaros, apareció también en Francia meridional un movimiento laical, fundado en torno al 1175 por el comerciante de Lyon Pedro Valdo. Mandó traducir al provenzal el Nuevo Testamento y algunos libros del Antiguo; y después de acomodar a su mujer y a sus hijas, entregó el resto de su patrimonio a los pobres. Luego se puso a predicar la pobreza y la penitencia, consiguiendo numerosos prosélitos en todos los sectores de la población.

LA CRUZADA CONTRA LOS ALBIGENSES

A comienzos del año 1200, Inocencio III emprendió una enérgica lucha contra la herejía en todos los frentes de la cristiandad y con todos los medios espirituales y temporales que tenía a su disposición. El papa comenzó exhortando a los obispos a tomar conciencia del creciente peligro de los movimientos heréticos y a adoptar algunos antídotos. En Francia meridional Inocencio III encargó primero a algunos miembros de la orden cisterciense que obstaculizaran la avanzadilla herética. Los métodos de los cistercienses, sin embargo, se demostraron ineficaces y provocaron las críticas de los espíritus católicos más iluminados, como el obispo Diego de Osma y su compañero santo Domingo de Guzmán. Pero en 1208 fue asesinado el jefe de la delegación pontificia, el cisterciense Pedro de Castelnau. Despechado por la actitud de Raimundo de Toulouse, fundamentalmente favorable a los herejes, el Papa proclamó la cruzada. Fue un grave error. La invitación del Papa fue acogida por Simón de Montfort, conde de Leicester, que aprovechó la ocasión para apoderarse de las tierras de Raimundo de Toulouse. Como consecuencia, se desarrolló una guerra fratricida sin cuartel. El 21 de julio de 1209 fue conquistada la ciudad de Béziers. A la conquista le siguió un baño de sangre de 7.000 mujeres, niños y ancianos, refugiados en la iglesia de Santa Magdalena, y el incendio de la catedral. Simón de Montfort continuó después su batalla, llegando a conquistar todo el territorio en torno a Toulouse, mientras Raimundo VI era hecho prisionero. Con bastante retraso y poco enérgicamente el papa se distanció de Simón de Montfort, hasta el punto de que, si no se le puede atribuir la responsabilidad de las matanzas, sobre su pontificado pesa ciertamente la deshonra de la cruenta cruzada contra los albigenses.

39. Las herejías medievales

La herejía surgió como una novedad, cuyas primeras manifestaciones ocurrieron ya en los primeros decenios del año mil y se extendieron oscuramente durante los diferentes procesos de reforma eclesiástica. No fue tanto fruto de la ignorancia religiosa cuanto de los esfuerzos realizados por mejorar y profundizar la fe y las prácticas cristianas a partir de mediados del siglo XI. En efecto, la herejía y la renovación de la Iglesia son dos realidades más complementarias que contradictorias.

A menudo, representa una oposición a la ideología dominante, deseando las más de las veces volver a la antigüedad, a un cristianismo más riguroso y más puro. Las sectas reclutan sus miembros sobre todo entre las clases bajas populares, es decir, constituyen un movimiento democrático-religioso y laico, que, por otra parte, subraya unilateralmente el esfuerzo personal del hombre en el proceso de la salvación.

Los movimientos de pobreza voluntaria, participados fundamentalmente por laicos, nacieron dentro de los fenómenos de reforma del siglo XI y de retorno a los ideales de pobreza evangélica, como medio de conseguir la renovación eclesiástica. Unos lo consiguieron mediante la renovación del monacato y otros lo intentaron atacando al alto clero, rico y mundano, sus prácticas de simonía y concubinato, y negando la validez de los sacramentos por ellos administrados. Exigían reformas eclesiásticas, al principio no raramente animados por la misma jerarquía, pero, a medida que creció su actitud polémica y combativa contra la jerarquía comenzaron a ser declarados heterodoxos, y esto, a su vez, les llevó a ser más radicales y atrevidos. El caso de Arnaldo de Brescia tal vez sea el más conocido.

Una nueva variante del movimiento de pobreza apareció algo más tarde con Pedro Valdo, mercader de Lyon, que abandonó familia y riquezas (1175) y, junto a sus compañeros, practicó la vida itinerante, la mendicidad y la predicación, sin dejar el estado laico. Sus excesos verbales y sus críticas contra el clero y la institución eclesiástica le valieron la excomunión.

La «fraternidad» valdense se constituyó como Iglesia aparte antes de 1220 con obispos, presbíteros y diáconos. Rechazaban el purgatorio, la oración por los difuntos, las indulgencias, el culto a los santos y toda oración que no fuese el Pater Noster. Practicaban la fracción del pan, según el modelo de la última cena de Cristo, la confesión laica, como medio de dirigir la conciencia de los conversos, y la predicación encomendada a los «per-

Un milagro de santo Domingo en un cuadro de Pedro Berruguete, del siglo XV: *La quema de los libros heréticos*.

El santo había acudido al encuentro de los albigenses de Francia meridional para reconducirlos a la verdadera fe por medio de la persuasión, mientras el ejército de Simón de Montfort, apoyado por el legado pontificio, los estaba exterminando. Tuvo lugar una quema de libros heréticos, de la que salió intacto el libro de santo Domingo, arrojado al fuego por los infieles.

fectos». El hecho de ser condenados por la Iglesia aumentó su difusión. La predicación itinerante logró crear entre el pueblo llano una red de comunicaciones heréticas. Los valdenses se extendieron por el norte de Italia, sur y este de Francia, noreste de España, y más tarde el centro de Europa.

El maniqueísmo cátaro se individualizó a partir de 1170 en Lombardía y Languedoc, en especial en torno a Albi, de ahí la denominación de albigenses. Resumían en su predicación y en su vida varias corrientes heréticas antisacerdotales y antisacramentales, tendencias ascéticas con respecto a los tabúes sexuales y alimenticios, rechazaban el latín litúrgico, aspiraban al contacto personal con Dios, bien directamente o bien a través de la palabra evangélica. Estaba dirigido por una verdadera organización eclesiástica, formada por una categoría inferior de fieles y un clero de «perfectos» y obispos. Su base era una creencia dualista, la coexistencia de un principio del mal, representado por las tinieblas y asimilado a la materia, y un principio del bien, simbolizado por la luz, ambos en lucha universal y perpetua. El Dios del Antiguo Testamento, creador de la materia, puede asimilarse al principio del mal, que se encarna en la Iglesia.

Relieve de siglo XIII que representa el asedio de Carcasona por las tropas de Simón de Montfort, jefe de la cruzada contra los albigenses, que se distinguió por su crueldad en la represión de la herejía. Como recompensa, obtuvo el señorío de las tierras ocupadas.

Se reunían en asambleas de enseñanza y de oración. Sólo admitían el Pater Noster, ligeramente modificado, y practicaban una especie de bautismo o acto litúrgico de renuncia al mal, administrado con imposición de manos por un «perfecto», a partir del cual vivían en castidad, abstinencia y pobreza.

Los mitos milenaristas comenzaron a difundirse por entonces en la historia y en la conciencia europeas, fecundados por la creencia, de tipo apocalíptico, en el fin de los tiempos, el retorno del Mesías y la instauración de un nuevo cielo y una nueva tierra perfectas y que tendría lugar tras un tiempo de degradación y triunfo del mal. Durante el siglo XII el Apocalipsis, como el conjunto del Nuevo Testamento, era un libro sumamente actual.

La instauración de la Iglesia de Cristo era señal de que el fin, la llegada del «milenio» futuro estaba próximo. Otras señales eran el rechazo de la riqueza y la «dictadura de los pobres», como anticipo del reino de los justos. Ideas milenaristas influyeron en el desarrollo de las ideas de peregrinación y cruzada, dado que ambas tenían relación con el auge de sensibilidad escatológica y milenarista, centrada especialmente en Jerusalén.

Estos movimientos y sus múltiples variantes comenzaron a ser muy populares y alarmaron a las autoridades civiles y eclesiásticas, dado que sus críticas se dirigían a unos y otros. La represión sistemática se desencadenó desde comienzos del siglo XIII, dado que la herejía se enfrentaba con el derecho pontificio de fijar el dogma, la disciplina y la organización eclesial de la cristiandad. Por otra parte, ciertos grupos heréticos habían tomado gran auge: movimientos de pobreza, dualismo maniqueo de los cátaros y creencias milenaristas, que, a menudo, conseguían una influencia mutua entre sus doctrinas. Inocencio III proclamó una cruzada contra los albigenses que se convirtió en una guerra cruel y exterminadora (1209-1229).

En 1224, Federico II proclamó una ley imperial imponiendo la pena de muerte a quienes fueran declarados herejes. En 1231, Gregorio IX aceptó esta medida y la extendió a toda la Iglesia, creando el nuevo Tribunal de la Inquisición, al tiempo que encargaba su gestión a los dominicos. San Raimundo de Peñafort escribió poco después el *Manual práctico para inquisidores*. La Inquisición ha quedado en la historia del cristianismo como un elemento de desconcierto y perturbación.

40. Las órdenes mendicantes

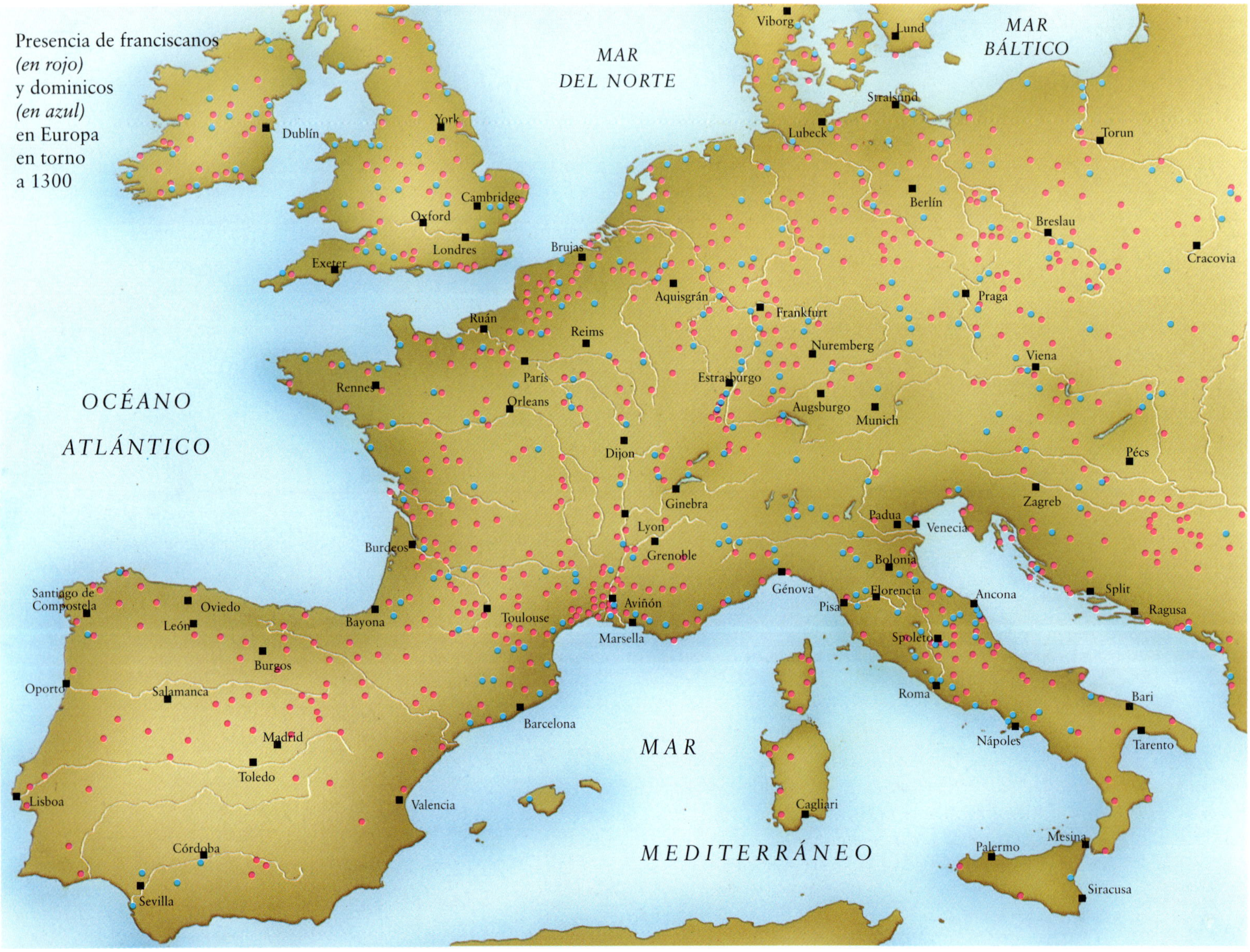

Conventos franciscanos en Toscana en 1234

Presencia de franciscanos *(en rojo)* y dominicos *(en azul)* en Europa en torno a 1300

Abajo: Este cuadro del siglo XIII, que representa a san Francisco, pertenece a un modelo de iconografía de los santos muy difundida en la pintura medieval; el santo aparece de cuerpo entero, rodeado de historias de su vida que forman un relato visual para uso del pueblo, que en aquel tiempo era en gran parte analfabeto. Las escenas, que se leen en sentido contrario al del reloj, comenzando arriba, a la izquierda, recuerdan los hechos más salientes de la vida del «pobrecito de Asís»: la renuncia al mundo; la aprobación de su regla por el papa Inocencio III; y algunos episodios que han conseguido para este santo un especial afecto del pueblo, como la institución del belén en Greccio y el sermón a los pájaros; su misión entre los infieles en Egipto durante el asedio de Damieta por los cruzados (1219); el retiro al eremitorio de la Alvernia y la estigmatización; el cuidado de los leprosos; la muerte, la canonización y los milagros a él atribuidos después de su muerte.

Arriba: El eremitorio de la Alvernia, en los Apeninos toscanos, en un fresco de Ghirlandaio, del siglo XV, que forma parte de un ciclo dedicado a la vida de san Francisco. El lugar, hoy santuario muy frecuentado, fue donado por un ciudadano de Chiusi al santo, que transcurrió allí largos períodos de oración y meditación ascética, y donde recibió los estigmas.

En la página anterior, arriba: Andrea de Bonaiuti decoró con frescos el capítulo de Santa María Novella, la primera iglesia dominicana en Florencia, con un ciclo dedicado a la exaltación de la orden fundada por santo Domingo, que traduce las tesis doctrinales del santo a una compleja iconografía. En este detalle, el santo discute con los herejes, confutándolos con tal maestría, que uno de ellos, convencido, rompe su propio libro. El perro blanco y negro mordiendo a otro de color leonado, simboliza (según una etimología popular o, mejor, en un juego de palabras: *Domini canis* = perro de Dios) la orden dominica combatiendo el error.

165

40. LAS ÓRDENES MENDICANTES

Hay que situar el nacimiento de las órdenes mendicantes en el contexto del pontificado de Inocencio III (1198-1216) y del fortalecimiento y desarrollo social y económico de las ciudades, tras el renacimiento intelectual del siglo XII. Se trataba de atender a las nuevas demandas de religiosidad en un contexto cultural nuevo, ya que las estructuras tradicionales no daban respuesta a las necesidades y aspiraciones de las masas ciudadanas.

Francisco de Asís (1182-1226) y Domingo de Guzmán (1170-1221) constituyen los dos exponentes decisivos de la nueva situación. Francisco de Asís formó una pequeña comunidad de hermanos con una forma de vida colectiva e individual radicalmente pobre, itinerante, sin residencia fija, dedicada a la predicación de tipo moral y profético, que expresaba las aspiraciones de la religiosidad laica de su tiempo, que no se consideró nunca como un movimiento de protesta, con la pretensión de evangelizar a los medios sociales urbanos.

En 1210 Inocencio III aprobó verbalmente el programa de vida de los miembros de la Orden de los hermanos menores, pero Francisco de Asís nunca pretendió fundar una orden tradicional, porque en la constitución de una orden preveía la permanente tentación de poseer y dominar. Sin embargo, la jerarquía lo consideró indispensable, dado que el creciente número de sus seguidores exigía una organización. Hay que recordar que en algunas regiones alemanas y francesas, los primeros predicadores franciscanos fueron confundidos con herejes por su pobreza, su rechazo a tener una vivienda estable y por su forma de vida.

San Francisco redactó la regla primera en 1221 y otra más breve, precisa y menos rigurosa en 1223, viviendo apartado del gobierno de la orden hasta su muerte (1226) tras redactar un testamento en el que insistía sobre la necesidad de la pobreza, la falta de privilegios y bienes y la simplicidad intelectual en la vida franciscana. San Francisco ha sido a lo largo de la historia del cristianismo uno de sus pocos puntos de referencia constantes.

En esta orden surgió con pasión, sobre todo a partir de 1245, la tensión entre las radicales aspiraciones fundacionales y la necesidad de organización, disciplina y obediencia a la jerarquía que se repetirá a lo largo de los siglos en otras órdenes.

Domingo de Guzmán, camino del Báltico, donde pensaba predicar el Evangelio a los paganos, se encontró con el problema cátaro en el Languedoc, y este encuentro cambió su vida. Estableció comunidades de sacerdotes consagrados a la predicación de la doctrina cristiana, radicados en conventos donde se formaban los novicios y estudiaban los frailes, pero itinerantes y pobres, al modo apostólico, para asegurar su santificación personal y mostrar un

ejemplo comparable al de los «perfectos» cátaros, que estaban consiguiendo mucha popularidad entre el pueblo llano.

Los dominicos cultivaban su capacidad intelectual y mantenían una disciplina organizativa que estaba basada en un principio de autoridad más compartida de lo que era habitual. A partir de 1259, el sistema de estudios quedaba establecido: cada convento contaba con medios para impartir la enseñanza de las Artes *(Trivium)* y de filosofía; cada provincia disponía de centros de estudios bíblicos y teológicos, y los miembros más preparados de la orden acudían a los Estudios Generales que los dominicos instalaron en las grandes ciudades universitarias: París, Oxford, Bolonia, Montpellier.

Franciscanos y dominicos, con su organización supranacional, su autonomía del poder episcopal y la capacidad de movimiento de sus miembros, en función de las necesidades de predicación o enseñanza, se convirtieron en un potente instrumento de acción religiosa y eclesial al servicio de la voluntad reformadora y centralizadora del papado. Los primeros ejercieron una influencia más directa sobre la religiosidad laica, a través de la predicación sencilla y testimonial y del confesionario, mientras que los dominicos

En la página anterior: san Bernardino de Siena, famosísimo predicador franciscano del sigo XV, predica en la plaza principal de su ciudad, en una pintura de la época.

Abajo: la institución del belén o nacimiento, la sacra representación de la noche de Navidad, por san Francisco.

En algunas escenas de la Natividad de Jesús representadas en el antiguo arte cristiano, aparecen los dos animales descritos por el profeta Isaías: «Conoce el buey a su señor y el asno el pesebre de su amo» (Is 1,3). También san Ambrosio y Prudencio hablan de los dos animales. Más de un sarcófago nos muestra al Niño en medio de ellos, a veces acompañado de la Virgen y un pastor. La basílica de Santa María la Mayor, de Roma, que desde el siglo VI se llama «Santa María ad praesepe», era un oratorio que reproducía la cueva de Belén. El nacimiento se representó continuamente durante toda la Edad media, y los pintores renacentistas utilizaron el tema en muchos de sus cuadros. Hay que recordar los nacimientos de barro cocido de los Della Robbia y de otros muchos autores, que se colocaban en parroquias y conventos. También son famosos los elaboradísimos nacimientos barrocos de Nápoles, modelos de expresividad, ternura y riqueza plástica.

El notable éxito del belén se debe, entre otras cosas, a que el pueblo cristiano ha considerado la escena representada como una proyección idealizada de la propia familia, centro esencial de los afectos humanos. En el tiempo de Navidad las familias cristianas conservan aún la costumbre de colocar un nacimiento en el centro de la casa. Es una manifestación paralitúrgica que prepara el ambiente religioso para las grandes celebraciones litúrgicas que se concentran en el tiempo de Navidad.

se adecuaron mejor a las funciones universitarias e intelectuales, aunque estas prioridades hay que tomarlas siempre con precaución, porque tanto el pensamiento como la pastoral popular fueron fecundas en ambas órdenes.

Las órdenes mendicantes rechazaban la estructura agraria de las órdenes monásticas, su estabilidad y la autonomía de cada monasterio, y adaptaban su forma de vida a las exigencias pastorales del momento, viviendo o acudiendo al lugar donde era necesario su testimonio o su palabra. Evidentemente, resultaban más acordes a las condiciones de vida del momento que los monjes.

Con Francisco y Domingo nace una espiritualidad nueva. El Dios todopoderoso y omnipotente de la espiritualidad monástica cede el puesto, tanto en el pórtico de las catedrales como en el «belén» de Francisco o en la explicación del Evangelio que hace Domingo, a la humanidad de Jesús, que aparece como un hermano del hombre. La primera respuesta verdadera a las nuevas necesidades de los laicos fue dada por la predicación popular y emotiva de las órdenes mendicantes. Agustinos y carmelitas, las otras dos órdenes mendicantes, nacieron de la unión de grupos de eremitas que, de pronto, se vieron en una sociedad que sólo valoraba a los religiosos en las órdenes mendicantes existentes.

El privilegio papal para que los mendicantes pudieran predicar y confesar en cualquier parte de la cristiandad interfería en las funciones y los derechos de obispos y sacerdotes seculares, y sus fuentes de renta, lo que produjo violentas situaciones de hostilidad y conflicto entre el clero regular y el diocesano que se prolongarán a lo largo de los siglos. En realidad, estaban en juego el concepto de organización diocesana y la armonización entre la jurisdicción pontificia y episcopal.

41. La Europa de las ciudades

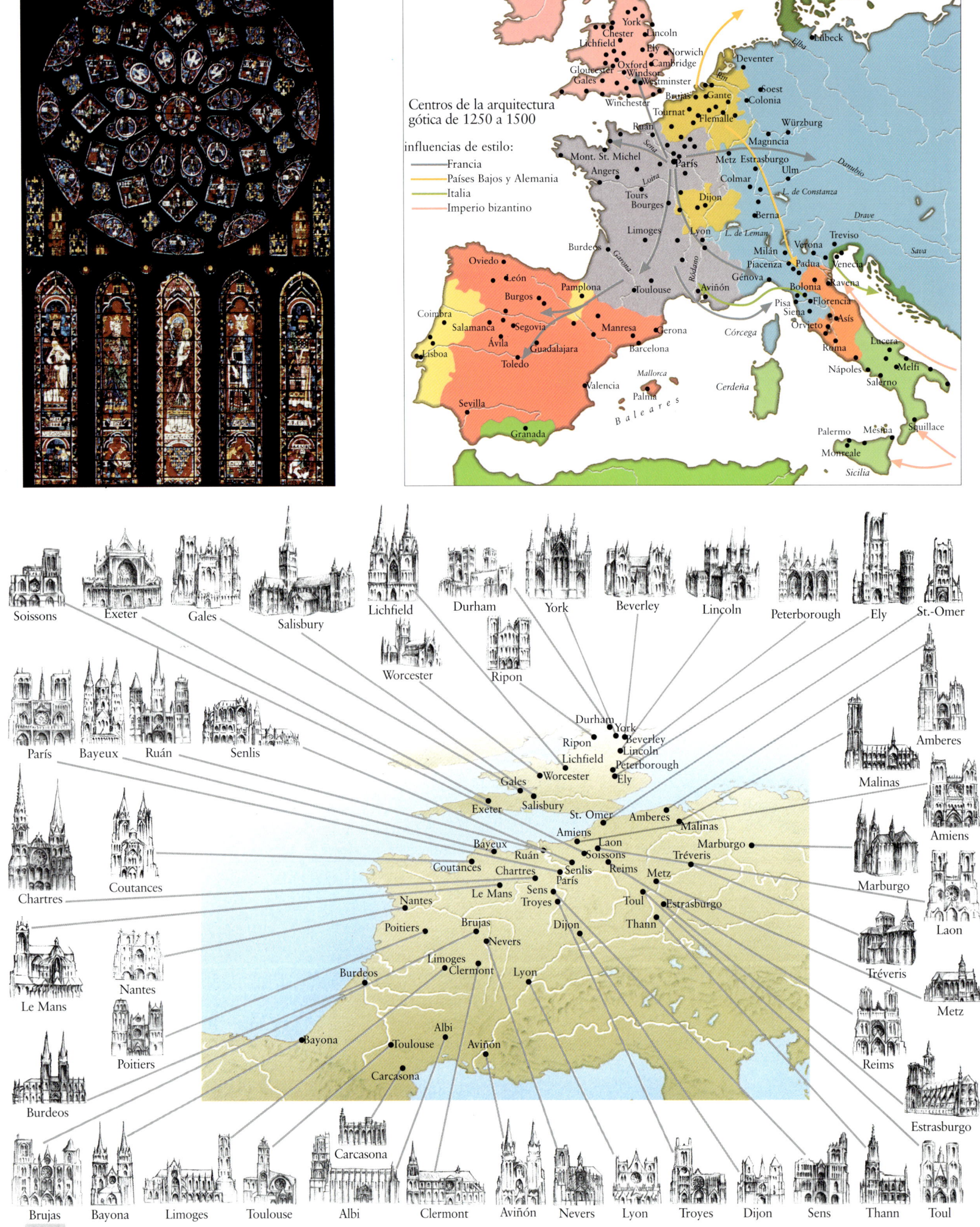

Centros de la arquitectura gótica de 1250 a 1500

influencias de estilo:
- Francia
- Países Bajos y Alemania
- Italia
- Imperio bizantino

168

A la derecha y abajo dos obras maestras de la arquitectura gótica: la fachada de Notre-Dame, en París, y el interior de la catedral de Reims.

En la página anterior: el rosetón de la catedral de Chartres.

El arte de las vidrieras experimentó un florecimiento especial en la época gótica. La luz, filtrada por los vidrios coloreados e historiados, contribuye a crear la atmósfera solemne de las grandes catedrales que invita al recogimiento.

Expansión de las catedrales góticas derivadas de las catedrales reales francesas

El vocablo «gótico», que se remonta a la época del renacimiento, tiene una connotación de desprecio, con una clara alusión a la tribu bárbara de los godos. Efectivamente, esta fase estilística de la Edad media fue considerada durante mucho tiempo como basta e inculta. Hasta el siglo XVIII no se comenzó a valorar la complejidad y sutil elegancia de este arte totalmente cristiano, que representó el pleno florecimiento del medievo europeo y que, en la arquitectura, supo proporcionar magníficos éxitos a la búsqueda de altura, luz y belleza. El gótico es expresión de un mundo joven, rico en inventiva, abierto siempre a nuevos movimientos que ponen en discusión a la humanidad y al lugar que ocupa en el mundo. Con la catedral, centro y principal cantera de la ciudad, esta afirma definitivamente su rol de referencia religiosa, intelectual, económica y política. La arquitectura se hace vehículo de esta primacía. El uso del triforio abierto que permite la entrada de la luz, el desarrollo decididamente vertical de las naves, las nuevas funciones de las vidrieras, hacen de la catedral gótica el lugar privilegiado de una nueva valoración de los sentidos y de los sentimientos humanos, preludio del triunfo de lo físico en el Renacimiento.

El nuevo lenguaje de la arquitectura que se desarrolló en la primera mitad del siglo XII en las catedrales francesas, se difundió rápidamente por toda Europa durante más de tres siglos. En la Edad media la mayor comitente de edificios de grandes dimensiones era la Iglesia, y fue en este ambiente donde las nuevas ideas tomaron cuerpo y encontraron su expresión más perfecta.

41. La Europa de las ciudades

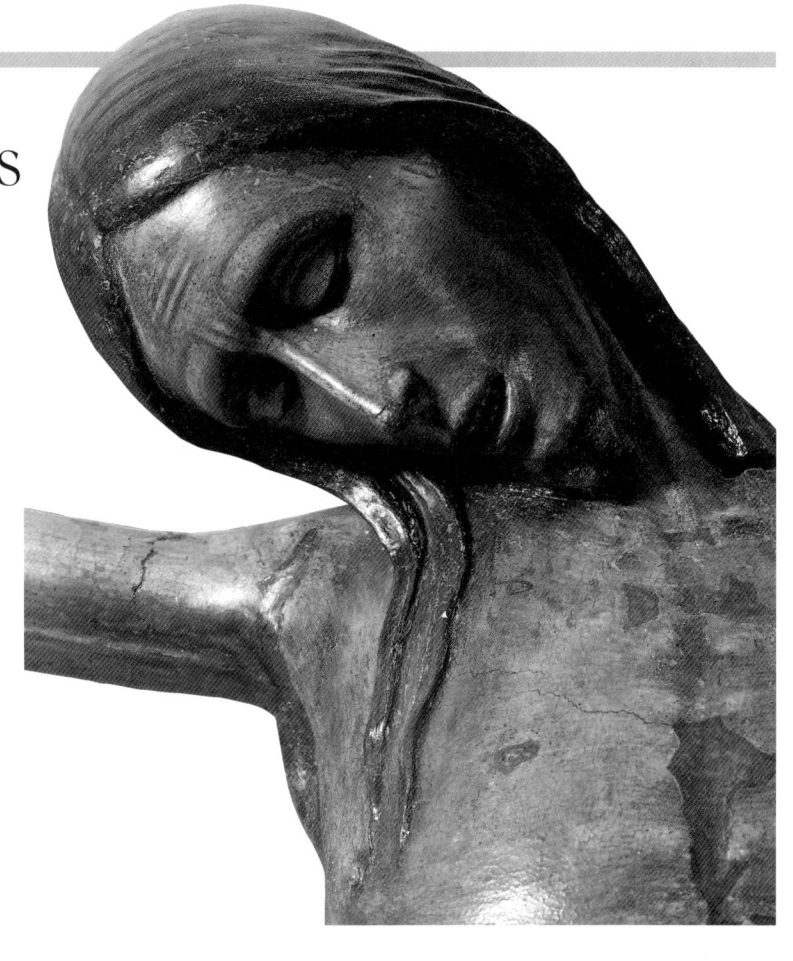

Si nos acercamos a alguna ciudad europea que fue importante en el medioevo tenemos la sensación de que se trata de una enorme iglesia rodeada de edificios a los que protege. La catedral es la iglesia de la ciudad medieval cuyo centro es la cátedra de un obispo que gobierna la ciudad cristiana. Estas enormes construcciones góticas constituirían una manifestación del espiritualismo cristiano dominante en aquellos tiempos y del gusto por lo sensitivo y lo real.

A lo largo del siglo XIII se produce en Europa uno de los mayores movimientos de urbanización de la historia que da origen a una cultura urbana muy diferente de la que pocos años antes estaba representada por los monasterios. La Iglesia diocesana asumió este profundo cambio, comprendió el sentido de este movimiento y su futuro, empezó tímidamente a racionalizar su doctrina y bendijo el nacimiento de las órdenes mendicantes, abiertas al mundo urbano, cuyos fundadores supieron interpretar la nueva sensibilidad. Por otra parte, la construcción de una catedral fue el fruto de la participación de toda la sociedad: caballeros y damas, nobles, labradores o artesanos, todos participaron según sus posibilidades y habilidades. Los constructores de las catedrales eran hombres de oficio, pero también y al mismo tiempo hombres de fe. El número de catedrales góticas construidas en poco tiempo fue sorprendente. Nada explica mejor la vitalidad de una época para la cual creer en Dios era creer en el progreso. En este sentido, resulta comprensible que la catedral fuera comprendida como la casa de todos, el lugar donde cabían todas sus actividades, religiosas, civiles y aun profanas.

El arte gótico es de esta manera el estilo que más se acomoda a la teoría que interpreta el arte como expresión de la estructura social de una época. La catedral gótica es la manifestación de una sociedad de laicos que no sólo construyen el edificio religioso sino que lo aman y viven en él, porque viven y respiran lo que él representa: la fe cristiana. Entendido así, podemos comprender que el arte cumple una función evangelizadora y religiosa: es una obra de alabanza y de sacrificio, obra propiciatoria y de fervor y, también, se convierte en obra que consagra y justifica la riqueza.

El arte gótico, manifestado en su máximo esplendor en las catedrales, es, como las Sumas teológicas, una expresión de las leyes lógicas y de la profundidad de la fe de un pueblo capaz de elevar en piedra su oración. Estas catedrales, sus estatuas, sus vidrieras y pinturas, tuvieron una gran importancia en la educación religiosa de Occidente: nos ofrecen la historia de Cristo, de la Virgen y de los santos de forma fácilmente inteligible por los más simples. Casi todas las grandes catedrales góticas contaban con biblioteca y escuelas donde enseñarán algunos de los maestros más importantes de aquellos siglos. De la escuela episcopal se pasa a la organización de las universidades en los comienzos del siglo XIII. Del nuevo método de investigación y de enseñanza ya en las escuelas catedralicias y luego en las universidades nacieron, en gran parte, las formas expresivas del arte gótico en toda su variedad de técnicas. Catedrales góticas y universidades marcarán la cultura y la ciencia de la nueva época.

En el siglo XIII, a diferencia de los anteriores, los obispos predominan social y políticamente sobre los abades, lo cual no deja de reflejarse en el arte, pues los monumentos más suntuosos, que en el período románico eran las iglesias de los monasterios, en el gótico son las iglesias catedrales. Coincidiendo la fundación de los cistercienses con los inicios del gótico, es natural que sus iglesias se acomodasen a los primeros pasos del nuevo arte aunque manifiesten aún un aire románico. Pero san Bernardo, que tanto condenó el lujo cluniacense, sólo permitió conventos e iglesias con la máxima austeridad y sencillez, aunque reconoció que esta exigencia era para los monjes y no para el pueblo, que necesitaba de ornamentos y mediaciones materiales para ser incitado a la devoción.

El problema que preocupó a los arquitectos góticos —muchos de los cuales fueron laicos agrupados en hermandades y gremios— fue el de cubrir sin excesivo peso grandes espacios y dar clara iluminación a las naves. Esto lo lograron por medio de la ojiva, dando lugar a una arquitectura más esbelta, más diáfana, de mayores dimensiones que la románica y, al mismo tiempo, más economizadora de piedra y materiales.

Se trata de una arquitectura con una articulación estructural —es decir, el muro pierde su función de soporte y la carga de las bóvedas se localiza en puntos determinados fuera del edificio—, con una gran luminosidad nunca vista en iglesias anteriores, muy vertical —se las ha denominado iglesias en pie— y con una decoración figurativa que tiende a independizarse de la arquitectura. Los campanarios, por su parte, como arrebatados por la fuerza ascendente que levantaba todo el edificio, se elevaron a unas alturas jamás alcanzadas, a 82 metros en Reims, a 123 en Chartres, a 142 en Estrasburgo, a 160 en Ulm.

Al reducirse los lienzos de pared en las iglesias góticas y concederse ancho espacio a los ventanales, las vidrieras cobraron enorme importancia, hasta ser consideradas por algunos como la más extraordinaria creación del arte de la Edad media. Las vidrieras y la luminosidad del espacio gótico constituían un instrumento sensible para sentirse más cerca de Dios. El escritor místico Hugo de San Víctor había desarrollado una teología de la belleza y de la luminosidad y no cabe duda de que muchos arquitectos góticos tenían en su mente estos planteamientos.

La iconografía gótica refleja también el cambio de sensibilidad y, en cierto sentido, de espiritualidad. La piedad cristiana que antes necesitó ver en Cristo al Dios Supremo, al Pantocrátor, inmutable e inaccesible en su infinita majestad, necesita ver ahora al hombre «nacido de mujer», más cercano y más humano. El arte plástico es expresión de este profundo cambio de la sensibilidad cristiana.

En los crucifijos ya no aparece Cristo triunfante sino el Varón de dolores, el Cristo paciente, con corona de espinas y con los pies taladrados por un solo clavo, dando a la imagen más dramatismo. Aunque algunos protestaron por la innovación, se impuso la costumbre, porque correspondía a la piedad más humana y menos mayestática de aquella época. La nueva tendencia a la expresión patética se hace especialmente evidente en el arte italiano del siglo XIII, y de ella son claros exponentes Giunta y Cimabue.

La escultura de las catedrales evocaba la historia del mundo y del hombre, en un completo resumen de los conocimientos de la época. La creación era su punto de partida, con la historia de la tentación y de la caída. Luego seguían los libros del Antiguo Testamento y no faltaban los precursores de Cristo, patriarcas y profetas. Por fin venía Cristo en sus sucesivas épocas y de muchas maneras. A su alrededor un cortejo de santos y de santas y en primer lugar María, a quien con frecuencia se consagraba un pórtico entero. Toda esta historia religiosa formaba un conjunto imponente de centenares de figuras.

Víctor Hugo escribió que «en la Edad media el género humano no pensó nada importante que luego no escribiera en piedra». No cabe duda de que el arte gótico en todas sus manifestaciones ofreció una enciclopedia de los conocimientos de la época.

Arriba: díptico francés del siglo XIV en marfil, con historias de la Virgen.

En la página anterior, arriba: el rostro sufriente del Redentor, de un crucifijo catalán de madera, del siglo XIV.

En la página anterior, abajo: un cáliz para la misa, del siglo XIII.

42. Teocracia y cristiandad medieval

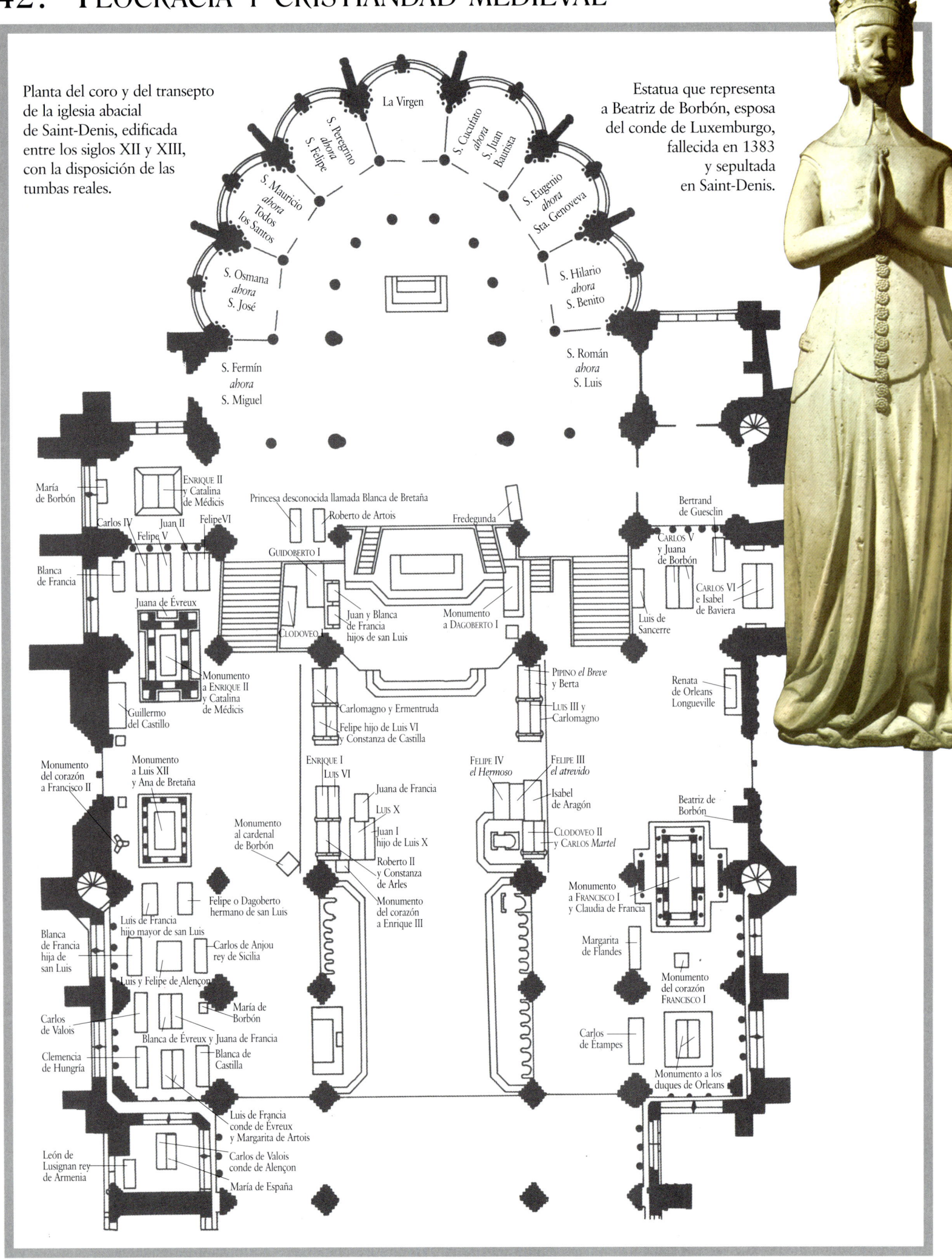

Planta del coro y del transepto de la iglesia abacial de Saint-Denis, edificada entre los siglos XII y XIII, con la disposición de las tumbas reales.

Estatua que representa a Beatriz de Borbón, esposa del conde de Luxemburgo, fallecida en 1383 y sepultada en Saint-Denis.

A la derecha: esquema del ordenamiento de la curia desde el siglo XII al XVI. Hacia el siglo XI comienza a delinearse una verdadera administración de la Iglesia y un gobierno del dominio pontificio distinto de un simple gobierno cortesano. El vocablo «curia» indicaba al principio la corte del papa, y sólo más tarde comenzó a designar el conjunto de la administración de los bienes apostólicos y del gobierno de la Iglesia. En el siglo XII toman forma estable tres instituciones: la cámara apostólica, la cancillería y el consistorio. Posteriormente se asignan a prelados, personalmente o en grupos, tareas temporales, que con el tiempo llegan a ser instituciones estables, dando vida a los dicasterios judiciales de la signatura, la penitenciaría y la rota, y al secretario para cartas latinas. La equívoca figura del cardenal nepote fue abolida en 1692 en favor de un mayor poder del secretario secreto.

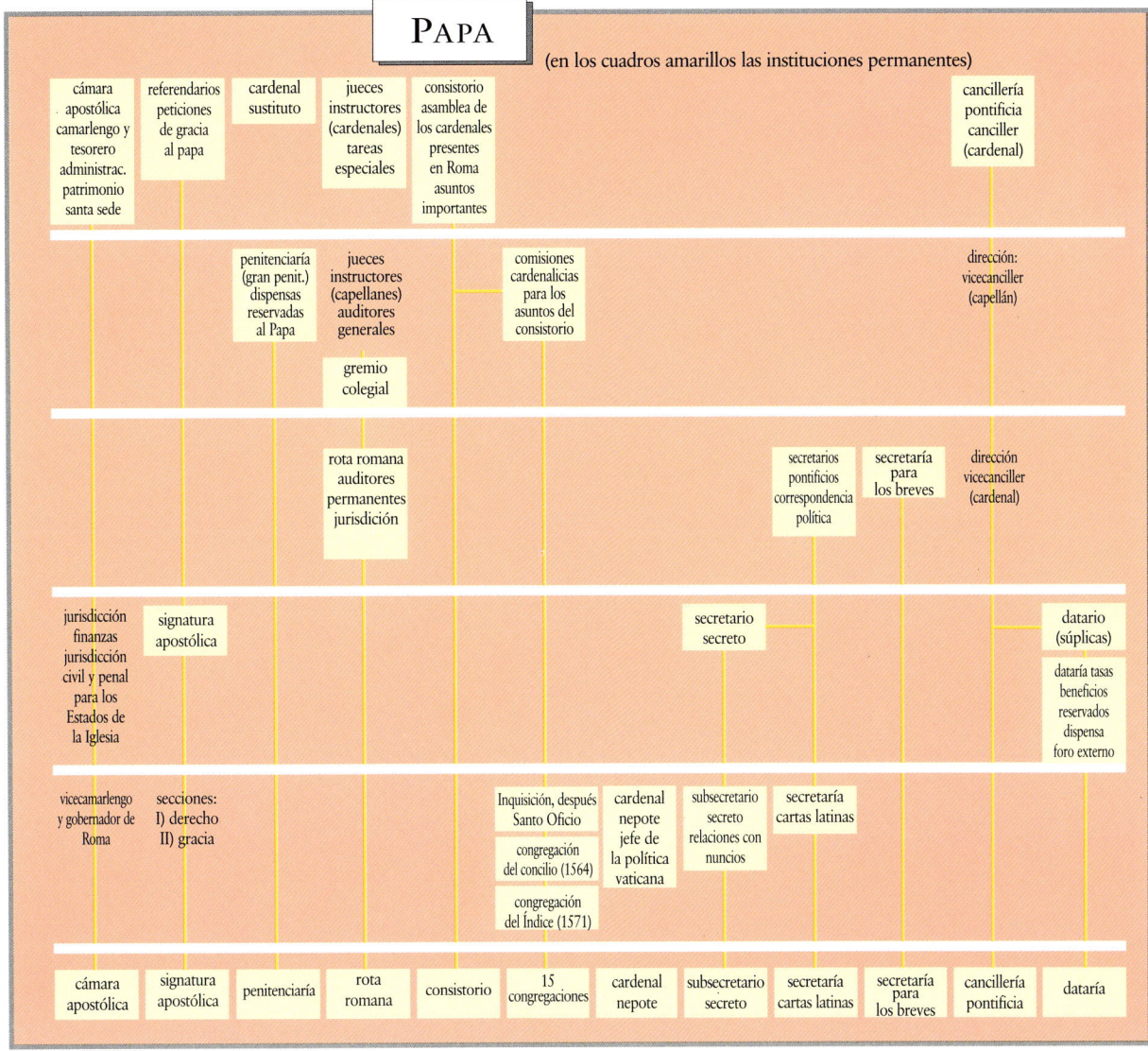

La abadía real de Saint-Denis fue el centro en que el arte gótico halló su primera expresión, queriendo manifestar al mismo tiempo un pensamiento religioso y político. Precisamente Saint-Denis, con sus sucesivas construcciones, testimonia la evolución de un ideal, la íntima unión de monarquía y sacralidad, sobre la que Francia construyó a lo largo de los siglos la epopeya de su identidad nacional.

La formación de un fuerte poder abacial en Francia coincide con la idea de unir el país en sentido nacional bajo la monarquía. Esta idea tuvo sus primeros representantes decisivos en el abad Suger y en el rey Luis VI el Gordo hacia finales del siglo XI.

Según una tradición que se remonta al siglo IX, san Dionisio (Denis), primer obispo de París, se identificaría con el griego Dionisio el Areopagita (o Pseudo Dionisio), figura legendaria que habría sido convertida por san Pablo. Esta leyenda fue confutada después por Abelardo; pero su extraordinaria difusión muestra la intención de difundir la popularidad de san Dionisio, precisamente por estar vinculada al lugar, París y alrededores, centro del poder personal de los reyes y núcleo de irradiación de las vías de comunicación francesas.

Aquí, sobre un núcleo del siglo V, parece que debido a la voluntad de aquella santa Geneviève (Genoveva) que liberó París de la pesadilla de los hunos, el rey merovingio Dagoberto I levantó en el siglo VII la primera iglesia abacial, donde quiso ser sepultado. Desde ese momento Saint-Denis se convirtió en abadía real y allí fueron sepultados los reyes de Francia. Carlos el Calvo y Hugo Capeto fueron sus abades laicos.

Con las sucesivas generaciones, la abadía llegó a ser muy extensa y poderosa, dotada de una administración muy compleja y eficiente. Su misma centralidad hacía que el abad de Saint-Denis fuera una de las primeras personalidades del reino, a menudo consejero del rey, representante de la corona, regente de Francia. Gran centro cultural, fue una de las escuelas monásticas promovidas por Carlomagno; a partir del año 830, tuvo un «scriptorium» y albergó una de las más grandes bibliotecas de la Alta Edad media. En el siglo XIII se redactaron allí los primeros Anales del reino (que después se dispersaron durante las guerras de religión).

Pero sobre todo, Saint-Denis es el lugar consagrado donde descansan los restos de los reyes de Francia. Allí recibieron sepultura los últimos merovingios y muchos carolingios y, a partir de Hugo Capeto hasta el siglo XVI, sólo tres reyes tuvieron una sepultura diversa. Entre los tesoros de la abadía, se conservaban las insignias reales y la Oriflama, la bandera de la abadía, que en tiempos de guerra el abad de Saint-Denis entregaba al mariscal de Francia, como suprema insignia de guerra del reino. En la batalla, el grito de guerra francés era: «Mont-Joie-Saint-Denis».

Por impulso del abad Suger, la gran abadía se convierte en centro de la superación de la concepción universalista, fundada sólo sobre dos sujetos políticos: el Papado y el Imperio. Surge una nueva idea de poder, fundado sobre el territorio y las ciudades, que tiene en cuenta nuevas realidades sociales ignoradas hasta entonces. La nueva manifestación artística, el arte que después se llamará «gótico», se convierte en su expresión.

42. Teocracia y cristiandad medieval

Inocencio III (1198-1216), el más poderoso de los papas medievales, refleja meridianamente hasta dónde llega el máximo poder eclesiástico y, al mismo tiempo, las contradicciones que esto comporta en una sociedad religiosa. Este papa, que afirmó que un papa «es menos que Dios, pero más que un hombre», recibió y animó en 1210 a san Francisco de Asís: el papa que tal conciencia poseía de gobernar el mundo y el santo más pobre de la Iglesia parecían perseguir el mismo fin, pero ciertamente no con los mismos medios.

Desde mediados del siglo XI se produce en la Iglesia un triple proceso convergente: de una parte el papado comenzó a desarrollar su primado jurisdiccional y sus capacidades para controlar el aparato gubernamental de la Iglesia latina en su conjunto, y para ello hubo de unificar y potenciar los elementos institucionales existentes. Por otra parte, progresó el diseño y el establecimiento de una fiscalidad pontificia capaz de permitir al pontificado contar con recursos estables y suficientes para conseguir sus objetivos cada día más ambiciosos. Recordemos el «dinero de san Pedro», óbolo que recogían y enviaban a Roma los fieles de algunos países, las tasas, cada día más frecuentes, sobre iglesias y monasterios, y los derechos de visita y el otorgamiento del *pallium* a los nuevos arzobispos, que comportaban nuevos impuestos.

Pero lo más importante fue el control de la Iglesia mediante la sistematización y ampliación del derecho canónico y a través de organismos judiciales adecuados. La formación de nuevas colecciones canónicas culminó con la obra del monje camaldulense Graciano, *Decretum*, que resultó ser la compilación jurídica más completa hasta entonces existente, que alcanzó una fama inmensa y que fue utilizado hasta 1918. Con el progreso del Derecho canónico fue posible la aplicación más constante de los poderes judiciales de la Santa Sede, basados en el derecho de apelación a ella que cualquier cristiano tenía. Estuvo íntimamente relacionado con esto el desarrollo de la otra gran fuente de Derecho canónico, las *Decretales* pontificias sobre cuestiones de disciplina o moral, emitidas a instancia de parte y que fundaban derecho en todos los tribunales eclesiásticos. El dominico catalán Raimundo de Peñafort compiló por encargo de Gregorio IX el *Liber Decretalium* que comprendía documentos de este tipo desde 1127 a 1141, en cinco volúmenes. En 1298, Bonifacio VIII promulgó un Libro Sexto, con decretales más recientes. El conjunto de *Decretum* y *Decretales* será denominado Cuerpo de Derecho Canónico a partir de 1582.

Los papas fueron asumiendo más y más competencias exclusivas: convocar concilios ecuménicos, influir en el nombramiento de obispos, realizar canonizaciones, absolver pecados especialmente graves. Mientras la centralización pontificia se afianzaba y maduraba la ordenación y el comentario del derecho canónico, el pensamiento teocrático, que venía de antiguo, alcanzó su culmen con Inocencio III en torno al concepto central de la plenitud de la potestad pontificia, debida a su superior autoridad de naturaleza espiritual.

El papa se titulaba ya Vicario de Cristo y mantenía no sólo el control sobre la dirección de los asuntos eclesiásticos y espirituales, sino también la reserva de intervención en no pocos casos relacionados con la esfera de poder de emperadores y reyes. Esto se debía a que podía tomar decisiones espirituales que tuviesen consecuencias políticas y, también, ocuparse de asuntos

Arriba: estatua de Bonifacio VIII, de Arnolfo di Cambio.

Bonifacio VIII fue quizás el papa medieval que más tuvo que sufrir a causa de los contrastes entre el poder temporal de los soberanos de Europa y el derecho de la Iglesia al gobierno universal de la cristiandad, que él defendió con gran decisión en la bula *Unam Sanctam* (1302). Su enfrentamiento con Felipe IV el Hermoso, rey de Francia, indujo a este último a atacarlo en su residencia de Anagni; murió poco después como consecuencia de los malos tratos recibidos.

En la página anterior: el sueño de Inocencio III, en uno de los frescos que Giotto dedicó a la vida de san Francisco, en la basílica del santo en Asís.

La leyenda afirma que el Papa, afligido por la decadencia moral de la Iglesia, tuvo un sueño en el que un joven penitente salvaba a la Iglesia en peligro, sosteniéndola con su propia espalda. El Papa reconocería después a este joven en san Francisco, cuando acudió a Roma para conseguir la aprobación de su orden.

temporales que tuviesen una derivación espiritual, esto es, *ratione peccati,* tal como lo hicieron varios papas.

Recordemos el caso de Juan «sin Tierra», rey de Inglaterra (1199-1216), sucesor de Ricardo Corazón de León, que actuó despóticamente con la Iglesia. Inocencio III lo excomulgó (1209) y lo declaró destituido del trono. Juan se sometió y declaró Inglaterra e Irlanda feudos de la Santa Sede.

De esta manera, bajo la idea de cristiandad, utilizada con frecuencia desde el siglo XII, se ha entendido a la sociedad y al pueblo cristiano guiados por la autoridad suprema del pontificado que, aun distinguiendo nítidamente las dos espadas y los dos poderes, reivindica una síntesis de todas las actividades y las subordina al objetivo final de la Iglesia.

Esta conciencia del poder absoluto pontificio coexistió con frecuentes y casi crónicos enfrentamientos con los emperadores alemanes, con algunos cismas y nombramientos de antipapas y, sobre todo, con el prolongado episodio de la «república romana», protagonizado por Arnaldo de Brescia y parte de la población romana, entre 1144 y 1155, que mantuvo al papa fuera de su sede durante más de diez años y que puso de manifiesto la fragilidad del poder temporal que el papa ejercía sobre Roma y que sólo concluyó gracias a la acción militar del emperador Federico I Barbarroja.

La acusación fundamental de Arnaldo en su oposición al papa fue la de avidez de dominio temporal y de riquezas y la de mundanización de la Curia romana. Aunque esta concepción hierocrática del papado sirvió en algunos casos para unir a los pueblos y para animarlos a embarcarse en empresas idealistas y generosas, no cabe duda de que encubría una peligrosa tentación de dominio y poder que se manifestaba apenas las consideraciones más idealistas eran suplantadas por otras más políticas y egoístas.

Por otra parte, la tendencia espontánea y, a menudo, puesta en práctica de los emperadores alemanes consistía en apropiarse del significado universalista de la Iglesia, convirtiendo a los pontífices romanos en obispos palatinos y colaboradores de su política. En este sentido, hay que decir que la conciencia que de su oficio tenían los papas salvó la universalidad y la unidad de la Iglesia.

Entre 1123 y 1215 se celebraron cuatro concilios generales en la basílica de San Juan de Letrán, de la que tomaron su nombre. Son los primeros celebrados en Occidente y en ellos aparecerá con claridad el reconocimiento primacial del Romano pontífice en la Iglesia latina. En el Lateranense IV (1215), el más importante de los cuatro, se prescribió la obligación de confesarse y comulgar, al menos, una vez al año.

43. La Escolástica

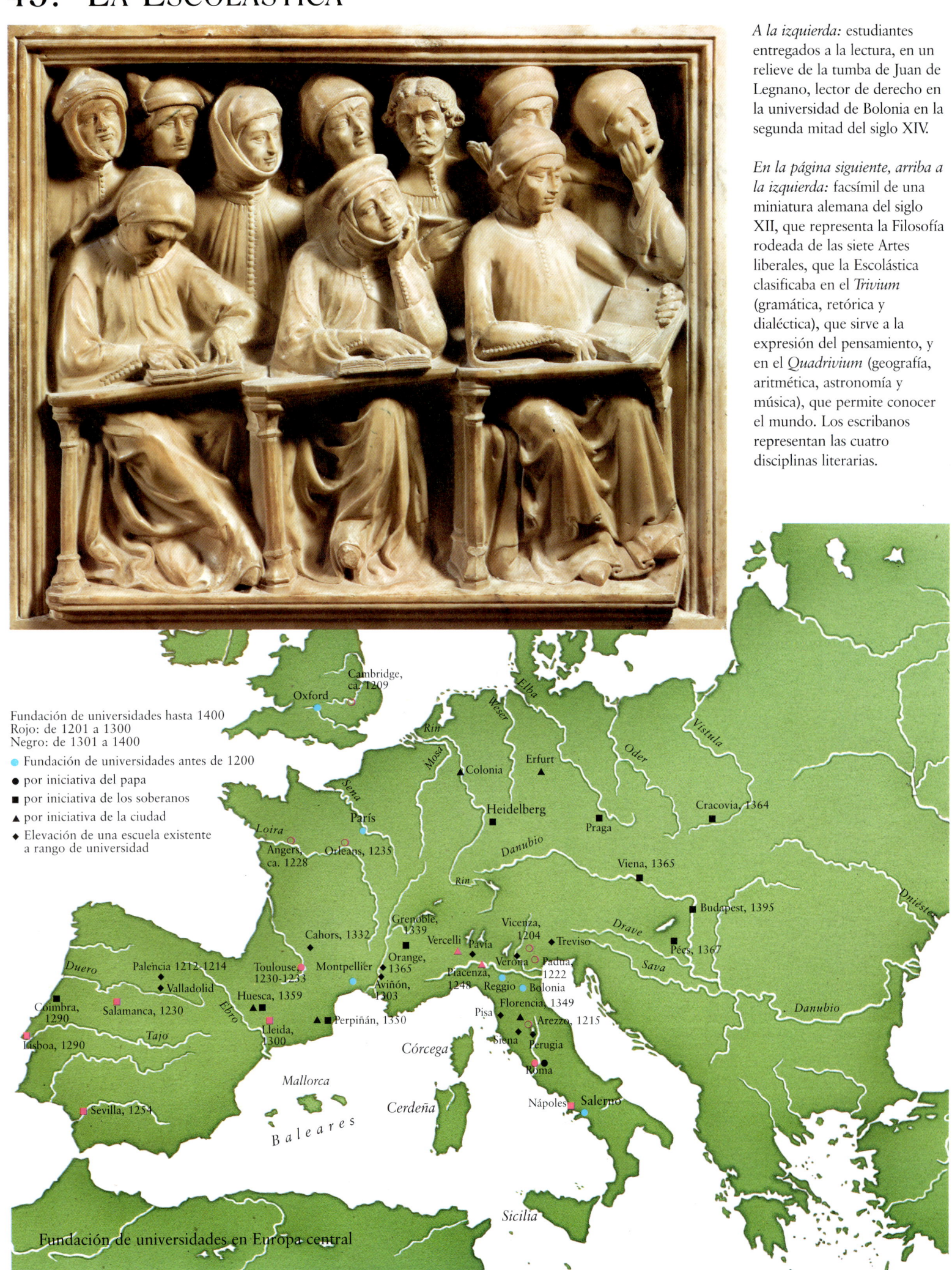

A la izquierda: estudiantes entregados a la lectura, en un relieve de la tumba de Juan de Legnano, lector de derecho en la universidad de Bolonia en la segunda mitad del siglo XIV.

En la página siguiente, arriba a la izquierda: facsímil de una miniatura alemana del siglo XII, que representa la Filosofía rodeada de las siete Artes liberales, que la Escolástica clasificaba en el *Trivium* (gramática, retórica y dialéctica), que sirve a la expresión del pensamiento, y en el *Quadrivium* (geografía, aritmética, astronomía y música), que permite conocer el mundo. Los escribanos representan las cuatro disciplinas literarias.

Fundación de universidades hasta 1400
Rojo: de 1201 a 1300
Negro: de 1301 a 1400

- 🔵 Fundación de universidades antes de 1200
- ● por iniciativa del papa
- ■ por iniciativa de los soberanos
- ▲ por iniciativa de la ciudad
- ◆ Elevación de una escuela existente a rango de universidad

Fundación de universidades en Europa central

Abajo: la capilla del King's College, edificada en el siglo XV en estilo gótico tardío, en Cambridge. La universidad de esta ciudad inglesa se separó de la de Oxford en 1209 y tuvo un notable incremento por el éxodo de los estudiantes de París en los años 1229-1231.

Arriba: Triunfo de santo Tomás de Aquino, de Francisco Traini (siglo XIV). Inspirado por los profetas y por los filósofos antiguos, Platón y Aristóteles, el gran dominico, conocido como «doctor angélico», transmitió su ciencia a los discípulos, reunidos abajo, a sus dos lados. A sus pies yace derrotado Averroes, el filósofo árabe del siglo XII, traductor y comentador de Aristóteles, que fue muy seguido por los intelectuales del Occidente medieval, pero ásperamente combatido por Tomás y sus discípulos.

Santo Tomás, que enseñó en París, Bolonia y Nápoles, fue ciertamente uno de los más grandes pensadores de su tiempo y el mayor exponente de la Escolástica. Su filosofía, el tomismo, tuvo el mérito de reconciliar el cristianismo con la filosofía aristotélica, sentando las bases para la posterior especulación filosófico-teológica cristiana. La *Summa Theologica* sintetiza lo mejor del pensamiento medieval cristiano.

43. La Escolástica

El «creo porque es absurdo» de Tertuliano se transformará en el «creo para entender» de Anselmo de Canterbury. La formación intelectual comenzaba en las escuelas monacales y palatinas, y proseguía después en las diversas facultades de las universidades: Medicina, Derecho y Teología. La filosofía estaba dividida en las siete artes liberales, encuadradas en el *Trivium*, con la gramática, retórica y dialéctica y el arte de razonar, y el *Quadrivium*, que abarcaba la geometría con la geografía, la aritmética, la astronomía y la música. Es evidente que a la aparición de las universidades precedió un gran movimiento intelectual de honda vitalidad, que arranca desde que en el siglo IX se despierta un pensamiento original con Escoto Eriúgena y sobre todo desde que en los siglos XI y XII surgen pensadores de la talla de Abelardo, Juan de Salisbury, Pedro Lombardo, san Bernardo, san Anselmo, etc. Paralelamente se enriquece la enseñanza con nuevas materias de estudio y se perfecciona y define el método que se dirá escolástico.

Ya a comienzos del siglo XII la fama de Abelardo convirtió a París en el centro de instrucción más popular de Francia, y hacia la mitad del siglo el creciente número de escuelas y la emulación entre maestros rivales hizo de ella la capital intelectual de la cristiandad. Comienza así un período sorprendente, que llega hasta nosotros, en el cual la exposición de la doctrina cristiana no dependía, como en el pasado, de los obispos, sino de la nueva fuerza emergente en la Iglesia, los maestros que enseñaban en las universidades.

A la izquierda: la Universidad de Salamanca, fundada en 1218.

En la página siguiente, arriba: relieve del sepulcro de Cino da Pistoia (1270-1337) con una escena de enseñanza.

En la página siguiente, abajo: fresco del siglo XIV que representa a san Alberto Magno. La obra forma parte de un ciclo que muestra a 40 dominicos más o menos ilustres, todos ellos entregados al estudio en su propia celda.

En el siglo XIII aparece, en efecto, un nuevo poder: la universidad. Se trata de un campo reservado a los especialistas: maestros y estudiantes, que constituyen una corporación, *universitas*, que goza de sus propios privilegios. Fueron centros de intensa vida intelectual, en donde los más grandes espíritus se afrontaban en apasionadas discusiones. De la misma manera que París fue esencialmente la gran escuela internacional de teología y filosofía, Bolonia, desde sus inicios, fue el centro internacional para el estudio del derecho. Allí renació la jurisprudencia y el estudio del derecho romano y, a su vez, este hecho estuvo estrechamente relacionado con el desarrollo del nuevo derecho canónico que tanto contribuyó a la organización de la cristiandad medieval. Otras universidades importantes fueron Oxford, Cambridge, Salamanca, Palermo, Montpellier o Toledo. Las universidades constituyeron los viveros de los altos funcionarios eclesiásticos y civiles. En realidad, se trataba de un cuerpo y de un organismo fundamentalmente eclesiástico. Inocencio IV la definió: «Río de ciencia que riega y fecunda el campo de la Iglesia universal». La idea de especialización no existía: hombres como Abelardo en el siglo XII, Alejandro de Hales, Alberto Magno, santo Tomás de Aquino y, más tarde, Bacon abarcaron verdaderamente todos los conocimientos de su tiempo. Nada más característico de esta mentalidad que la palabra *summa*.

La Escolástica se caracteriza y se define por el intento de demostrar la armonía de la tradición teológica y la armonía de una concepción unitaria del mundo, en el que fe y ciencia, razón y revelación se integren, de buscar los fundamentos de la fe y de elaborar sistemáticamente, en torno a ciertos puntos centrales, los conocimientos así adquiridos. En tiempos de Abelardo y de Juan de Salisbury, la pasión por la dialéctica y el gusto por la especulación filosófica comenzaron a transformar la atmósfera intelectual de la cristiandad. Desde entonces, los estudios fueron dominados por la técnica de la argumentación lógica y por la controversia

pública. Los dogmas eran analizados con severo análisis lógico, eran defendidos de todas las posibles objeciones, para demostrar que no eran contrarios a la razón, y el conjunto era elaborado en construcciones unitarias.

La traducción de los textos griegos, fundamentalmente, a través de la escuela de traductores de Toledo, resultó decisiva, sobre todo, cuando entraron en contacto con Aristóteles, que les descubrió no sólo su obra lógica, sino también la metafísica, física y biología. El enorme interés de la síntesis entre aristotelismo y pensamiento cristiano reside no en su perfección lógica sino en el modo en que el pensamiento de la cristiandad occidental reconquistó el mundo perdido de la ciencia griega, consiguiendo añadir el mundo exótico del pensamiento musulmán sin perder nada de su continuidad espiritual y de sus valores específicamente religiosos.

Santo Tomás de Aquino (1226-1274), discípulo de Alberto Magno (1193-1280), fue probablemente el filósofo y teólogo escolástico más importante, capaz de descubrir nuevos métodos y de emplear nuevos sistemas de pruebas. En su imponente obra, en la que se combina la adhesión al dogma y la inquietud de pensador, planteó en su justo medio la relación entre filosofía y teología, y afirmó que más allá del orden sobrenatural de la gracia, existía un orden natural que podía ser estudiado por la razón y que, a su vez, tendía hacia Dios. Existían pruebas naturales de la existencia de Dios y un campo natural para la ética. Para él, la teología corona el edificio del saber y determina los sectores de competencia de las demás disciplinas. Se admite, así, la relativa autonomía de las ciencias profanas, la unidad del trabajo intelectual humano y la imposibilidad de una contradicción entre ciencia y fe.

Si tenemos en cuenta el desarrollo de la cristiandad medieval en su conjunto, nos damos cuenta de que la síntesis intelectual del siglo XIII constituyó la realización de largos siglos de esfuerzo por integrar la doctrina religiosa cristiana con la tradición intelectual de la cultura clásica.

44. La Iglesia en Asia

Arriba: la Iglesia en Asia, en la Edad media.

A la derecha: un camello de viaje; cerámica china de la época Tang, siglos VIII-IX.

A la izquierda: mapa del Imperio mongol en tiempos de Kublai Kan.

La seguridad a lo largo de todos los caminos del inmenso Imperio constituyó un orgullo para los emperadores de la dinastía de los mongoles. Los grandes viajeros franciscanos se lanzaron por las pistas de la antigua Ruta de la seda para traer a Europa informes y noticias de la rica y fabulosa Asia, y para fundar centros de evangelización entre unas poblaciones generalmente abiertas y tolerantes, pero también con el sueño de ganar para la cristiandad un formidable aliado contra el islam.

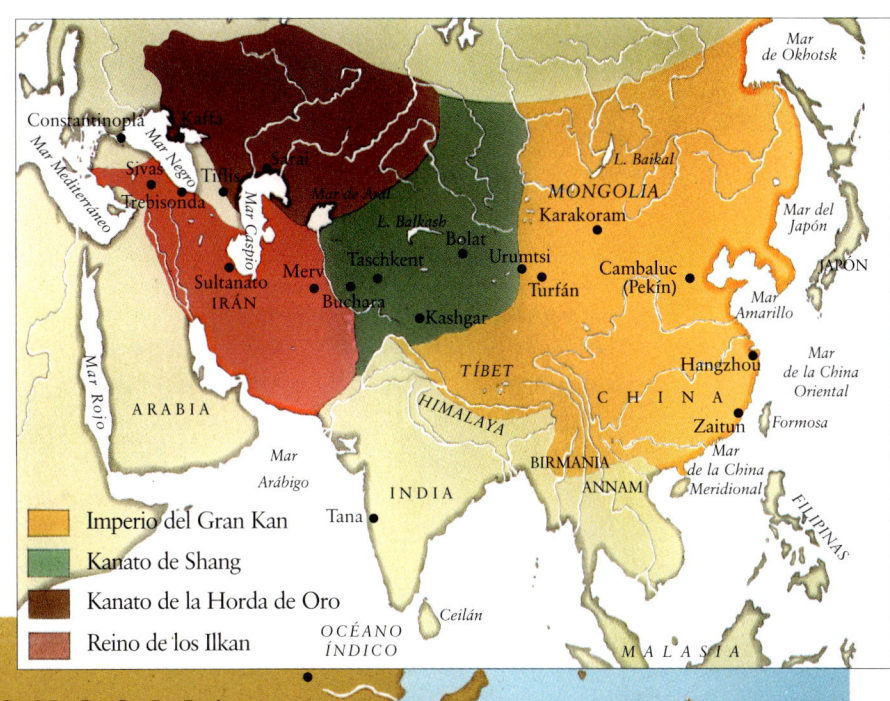

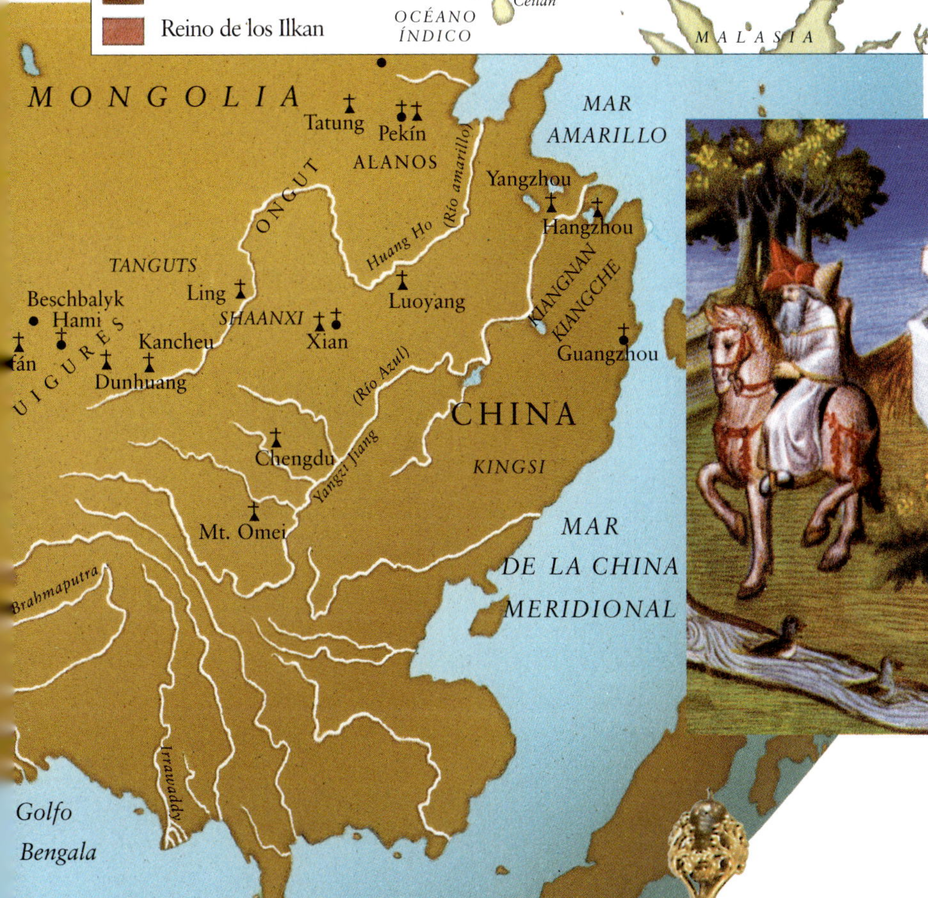

Arriba: miniatura del siglo XIV del *Libro de las maravillas del mundo* de Marco Polo, que representa la ciudad de Cambaluc (Pekín). Como puede verse, el ilustrador no tenía ninguna noción figurativa del mundo oriental.

En la página anterior, arriba: manuscrito del año 1466, en alemán, que contiene la relación del viaje que condujo al franciscano Odorico da Pordenone hasta Catay. Llegó a la capital, Cambaluc (Pekín), donde trabajó en la última época de dominación mongol en China (dinastía Yuan), poco antes de que la nueva dinastía Ming cerrase las fronteras que los herederos de Gengis Kan habían querido abrir.

A la izquierda: copa china de celadonita, una piedra dura oriental, de los siglos XII-XIII (dinastía Yuan). Se trata de uno de los primeros objetos chinos que llegaron a Alemania, donde, en 1435, recibió una montura gótica tardía.

44. La Iglesia en Asia

A la izquierda: la llegada de Francisco Javier a Japón, ilustrada sobre un biombo japonés de finales del siglo XVI.

En la página siguiente: pintura japonesa que representa el martirio colectivo de los jesuitas en Japón, en 1622.

Durante varios siglos pareció que Europa se encontraba ensimismada en sus problemas y que los cristianos se preocupaban sólo de cuanto sucedía en este continente, aunque, por otra parte, el desarrollo de las cruzadas dio a entender que Oriente no había sido olvidado.

San Francisco de Asís dio un vuelco simbólico a esta situación. Su viaje a Tierra Santa y el envío de algunos compañeros suyos a Marruecos demostraron que la evangelización de los pueblos que desconocían a Cristo seguía siendo un objetivo importante. Algo semejante sucedió con santo Domingo, el fundador de los dominicos, y sus discípulos. Por otra parte, algunos de los esfuerzos intelectuales más importantes de miembros de estas órdenes estuvieron orientados, también, a encontrar y elaborar razones y argumentos para predicar a Cristo y refutar errores. A lo largo de los siglos XIII y XIV numerosos franciscanos recorrieron Armenia, Georgia y Persia predicando, levantando conventos e iglesias y consiguiendo conversiones.

Durante bastante tiempo el «país de los mongoles» constituyó una esperanza y el objetivo de proyectos y programas tanto por la paz conseguida en un extenso territorio como por su buena disposición con relación al cristianismo, propia de un talante sincretista. Hay que recordar que entre los mongoles había no pocos cristianos nestorianos ocupando cargos importantes, incluso en las mismas familias reales. Fueron enviadas desde Roma embajadas cristianas que, sin olvidar su carácter diplomático, dedicaron su atención a una posible evangelización. La mayoría de estas embajadas iban dirigidas por franciscanos o dominicos y no olvidaban, naturalmente, el objetivo apostólico, pero siempre ofrecían, también, objetivos políticos, entre ellos la posibilidad de alcanzar una alianza sólida contra el islam, el gran enemigo común.

En 1289, Nicolás IV creyó llegado el momento de enviar a Oriente una nueva misión dirigida por Juan de Montecorvino, franciscano italiano. En 1294 llegó a Pekín, capital de la dinastía mongol que dominaba China. Tres años más tarde, el papa Clemente V le nombró arzobispo de Pekín. Parecía que, finalmente, el cristianismo podía instalarse en Asia; llegaron más franciscanos, se erigieron nuevas diócesis y se levantaron iglesias y capillas. Pero el fin de la dominación mongola en China asestó un golpe mortal a las misiones cristianas. La nueva dinastía indígena Ming atacó y destruyó cuanto había sido alentado y protegido por los ocupantes a quienes acababan de vencer. El ocaso de los herederos y sucesores de Gengis Kan significa también el ocaso del catolicismo y de la influencia cultural europea en Asia central y en China.

El mismo fracaso se produjo en África. Raimundo Llull, que sufrió al final el martirio de la lapidación (1316), preparó el primer programa misionero moderno con un talante dialogante, y estableció un colegio que enseñaba lenguas orientales a los misioneros que pretendían viajar a Oriente. En el momento en que el espíritu de cruzada desaparecía, este franciscano genial de Mallorca formuló el principio de sustitución del método de la fuerza por otro, presentido ya por san Francisco: «Vi que los caballeros mundanos iban a ultramar y a Tierra Santa, imaginándose que la recuperarían por la fuerza, hasta que, al fin, todos se agotaban allí sin lograr conseguir su propósito. Por eso pensé que esta conquista no debía realizarse más que como Tú la hiciste, Señor, con tus apóstoles, es decir, mediante el amor, las oraciones y la efusión de las lágrimas». En 1311 el concilio de Vienne, con la misma finalidad, pidió a las universidades la organización de cursos en lenguas orientales, pero todo quedó en buenas intenciones.

En Palestina, tras la desaparición del dominio occidental, los franciscanos volvieron a establecerse en 1336, se ocuparon de la iglesia del Santo Sepulcro y de otras relacionadas con algunos momentos de la vida de Jesús, y han permanecido allí ininterrumpidamente hasta nuestros días.

La evangelización de Asia significaba enfrentarse con cultos organizados, bien establecidos, muy estructurados y, sobre todo, muy integrados en la idiosincrasia y cultura de aquellos pueblos. Los portugueses crearon una diócesis en Madeira en 1514, en Goa en 1532, en Malaca en 1557 y en Macao en 1576. Los españoles se encontraban en Filipinas, donde crearon la diócesis de Manila en 1579. Pero resultaba casi imposible la evangelización de poblaciones donde el hinduismo, el budismo y el confucionismo estaban bien establecidos. En efecto, a estos países asiáticos, los cristianos llegaban sin el apoyo de ejércitos coloniales y, sobre todo, sin el prestigio de una cultura superior. Para hindúes y chinos la cultura y las formas de vida europeas no sólo no resultaban superiores sino que, a menudo, eran consideradas inferiores.

En la India, además, se planteó el problema de las castas. Los portugueses sólo consiguieron convertir a miembros de la casta inferior, los parias. Esto, desde el punto de vista más puramente cristiano, resultaba acorde con la voluntad de Cristo, pero, por otra parte, era evidente que una religión que sólo era capaz de atraer a los parias no tenía ningún futuro en la India. Algunos jesuitas, como el italiano Nobili, se presentaron como representantes de una casta superior, dedicados a la alta filosofía, y consiguieron encontrarse y dialogar con los brahmanes. Para conseguir esto, tuvieron que aceptar algunas de las costumbres hindúes y abandonar algunas costumbres occidentales, incluso en los ritos litúrgicos, como el uso de saliva en el rito del bautismo.

San Francisco Javier fue el primer jesuita misionero, viajante incansable, que predicó y bautizó a un ingente número de personas. A partir de su experiencia llegó a la conclusión de que China era la llave de la evangelización de Asia.

A China llegaron también, años después, algunos jesuitas dirigidos por el P. Ricci, con la intención de presentar el cristianismo de una manera aceptable a los dirigentes culturales y sociales chinos, comenzando por la familia imperial. Aceptaron ritos propios de los confucianos, que consideraron que no tenían nada que ver con la religión en su sentido más estricto, sino más bien con las costumbres sociales y patrióticas chinas; enseñaron matemáticas y astronomía; fueron aceptados y considerados como importantes científicos y enseñaron un cristianismo que utilizaba un vocabulario y unas manifestaciones externas más acordes con su cultura y costumbres.

Este planteamiento creó divisiones y provocó enfrentamientos entre los misioneros de las diversas órdenes religiosas. En realidad, la cuestión de fondo era la relación del cristianismo con las diversas culturas. La cristianización de la cultura apareció como una condición necesaria para la conversión de los dirigentes culturales e intelectuales de un pueblo, y a fin de cuentas para la inserción de manera durable del cristianismo en un pueblo. Pero se temía el peligro de sincretismo. Se preguntaron hasta qué punto los misioneros podían consentir que sus neófitos participasen en las ceremonias tradicionales de carácter social y familiar, cuando dichas ceremonias parecían incluir un cierto significado religioso o estar contagiadas de paganismo. En el caso de la India, se preguntaban los misioneros hasta dónde se podía permitir a los convertidos el respeto a las prohibiciones que determinaban la vida de las castas y las relaciones con personas de casta diferente. ¿Podían los misioneros, en la administración de los sacramentos, tener en cuenta ciertas prohibiciones y repugnancias, propias de los hindúes, de los chinos o de los vietnamitas, y suprimir esta o aquella ceremonia del bautismo, abstenerse de administrar la extremaunción o adaptar la legislación canónica sobre el matrimonio en función de las costumbres de los pueblos?

No cabe duda de que el cristianismo forma parte del patrimonio de la cultura occidental porque se ha incorporado a ella, pero no sucede lo mismo con las demás culturas. El cristianismo aparece como algo totalmente ajeno a ellas. No forma parte de su tradición. Y esto tiene una gran importancia en la acción misionera. Asia no se convirtió al cristianismo por diversas razones, pero una de ellas, sin duda, fue la incapacidad de este de encarnarse en las culturas orientales. En efecto, los hombres cultos de aquellos países no estaban dispuestos a abrazar la religión, la moral y la filosofía occidentales.

45. El cisma de Occidente

El cisma de Occidente se inició a la muerte de Gregorio XI, en 1378, y terminó en el concilio de Constanza, en 1417, con la elección de Martín V.

Abajo: mapa de las obediencias durante el cisma.

El territorio de Aviñón.

Ya antes del cisma de Occidente los papas residieron en Aviñón durante la llamada «cautividad de Aviñón» (1309-1377). Para poder administrar la Iglesia en semejante situación, los papas reforzaron la curia.

Secuencia de los papas durante el cisma de Occidente

papas de Roma	papas de Aviñón	papas de Pisa
Urbano VI (1378-1389)	Clemente VII (1378-1394)	
Bonifacio IX (1389-1404)		
Inocencio VII (1404-1406)	Benedicto XIII (1394-1415)	Alejandro V (1409-1410)
Gregorio XII (1406-1409)		Juan XXIII (1410-1415)

■ Arzobispado
● Obispado

Los arzobispados y obispados indicados sufrieron diversas evoluciones durante el cisma, generalmente cambiando de obediencia más de una vez.

En los años 1347-1350, Europa sufrió un terrible flagelo: la peste bubónica («muerte negra»), que en poco más de dos años redujo en un tercio la población del continente, causando su más grave crisis demográfica, económica y social. El terror y la desesperación de aquellos años generaron muchos movimientos de religiosidad popular, a menudo con posturas extremistas, y a veces heréticos en la interpretación de la fe. En general, eran hostiles al clero oficial, a cuya corrupción —y consiguiente ira divina— atribuían la terrible calamidad.

El más notable de estos movimientos fue el de los flagelantes, cuyos miembros se autoazotaban públicamente durante largas procesiones. Nacido en tierras austríacas —algunos dicen que en Hungría— este movimiento de rasgos históricos acabó por contagiar a gran parte de Europa. En la primavera de 1349 los flagelantes destacan en Bohemia, Polonia y Germania oriental, desde donde, por caminos diversos, llegan al Rin; en el verano de ese mismo año aparecen en los Países Bajos para difundirse rápidamente en Francia septentrional y en Inglaterra. El movimiento, varias veces condenado por la Iglesia, no se extinguió hasta el siglo XV.

Arriba: la «Muerte negra», como se llamó la gran peste de los años 1347-1350, en una crónica italiana de principios del siglo XV; y, *abajo*, un grupo de flagelantes en una ilustración alemana del siglo XIV.

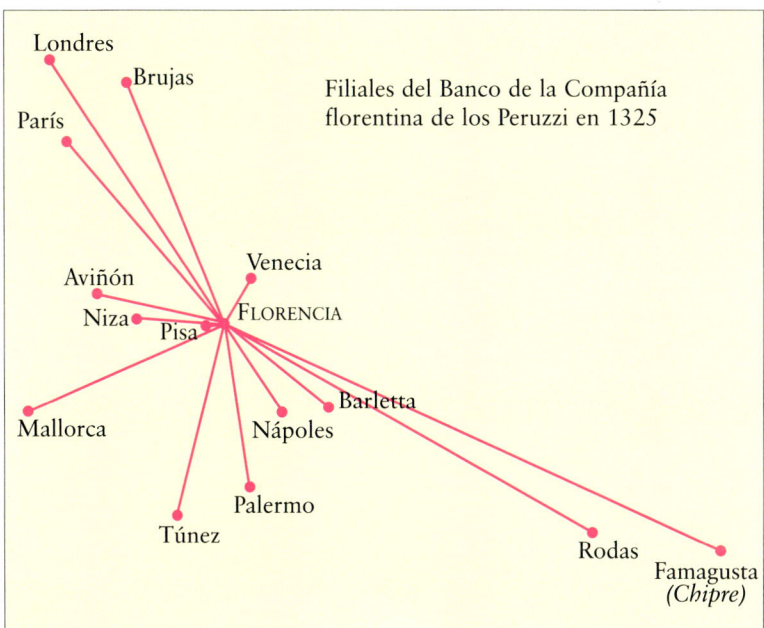

Filiales del Banco de la Compañía florentina de los Peruzzi en 1325

Desde el siglo XIII hasta el XVI, las finanzas papales fueron administradas por compañías privadas de grandes comerciantes-banqueros, entre ellos los Bonsignori de Siena (siglo XIII) y los Bardi, Peruzzi y Alberti de Florencia (siglo XIV). Algunas de estas grandes compañías llegaron a ser las máximas potencias financieras europeas de su época, pero en la plenitud de su éxito fracasaron clamorosamente por exponer demasiado ante reyes y príncipes insolventes. A mediados del siglo XIV, en la corte pontificia de Aviñón trabajaban nada menos que 13 compañías florentinas que participaban con beneficio en la recaudación de impuestos; pero los colosales fracasos que tuvieron lugar en torno a 1346 y la gran peste de los años siguientes pusieron en crisis el sistema bancario, demasiado vinculado a los intereses eclesiásticos. En 1376, a raíz de un conflicto con el ayuntamiento de Florencia, el papa Gregorio XI ordenó la expulsión de los mercaderes florentinos de todos los Estados cristianos, y autorizó la expropiación de sus bienes. En el siglo siguiente fueron los Médicis de Florencia quienes hicieron los mejores negocios con el papado, ya de vuelta a Roma, consiguiendo el control de la extracción y venta del alumbre de Tolfa; este elemento era indispensable en la industria de la lana, que era, con diferencia, la principal de la época.

45. El cisma de Occidente

Aviñón se convirtió en una Corte con todas sus corruptelas, ambiciones e intrigas y se caracterizó por tener un gobierno muy autoritario y centralizado. El espléndido e inmenso edificio gótico construido como residencia papal manifiesta, todavía hoy, la importancia y los medios de que disponían. En una sociedad plurinacional como es la Iglesia, esta centralización se manifestaba, sobre todo, en que era allí donde se nombraban buena parte de los cargos eclesiásticos y en la multiplicación de los impuestos que por muy diferentes motivos tenían que pagar los cristianos y las organizaciones eclesiásticas. Durante el pontificado de Juan XXII se acentuó la centralización de la administración eclesiástica, el desarrollo del sistema fiscal y beneficial y la extensión del derecho pontificio de conferir beneficios eclesiásticos en todas las diócesis. El tesoro pontificio se enriqueció pero la cristiandad tuvo más motivos de descontento, rechazo y oposición. De esta manera, además, resultaba más dicífil elegir a los buenos candidatos, ya que acudían a Aviñón en busca de prebendas los más ambiciosos y, no pocas veces, los más indignos.

Por otra parte, la permanencia de la curia pontificia durante más de 70 años en la ciudad de Aviñón supuso, naturalmente, el abandono de Roma, su empobrecimiento y el traslado de todos los órganos de gobierno a la pequeña y agradable ciudad de la Provenza que, aunque no era de soberanía francesa, no dejaba de estar bajo el influjo de la política del rey francés. Los romanos clamaron contra esta situación que les dejaba huérfanos y sin vida, y la cristiandad exigió la vuelta del pontífice a Roma, consciente de que este era cada día más francés y menos universal, más político y menos eclesial. Además, como es bien sabido, el papa gobernaba la Iglesia en cuanto obispo de Roma, y no dejaba de ser anómalo y poco edificante que uno tras otro siete papas-obispos de Roma ejercieran su cargo sin poner pie en su diócesis. Petrarca expresa la indignación de los italianos al escribir: «¡Qué vergüenza ver Aviñón transformada en capital del mundo, cuando sólo es una ciudad digna de ser situada en el último puesto!».

En 1378, al morir Gregorio XI se celebró en Roma el primer cónclave después de 75 años. La mayoría de los cardenales eran franceses y se esperaba un nuevo papa francés, pero el pueblo romano reclamó amenazádoramente la elección de un papa romano o, al menos, italiano. Bajo la presión de la masa, los cardenales, que no pudieron ponerse de acuerdo sobre un cardenal, eligieron con toda rapidez al arzobispo de Bari —que al no ser cardenal no se encontraba en el cónclave—, quien tomó el nombre de Urbano, y que tenía un carácter autoritario y altanero.

Evidentemente, no fue elegido en las mejores condiciones. No pocos pensaron que se trataba de una elección inválida porque no había sido suficientemente libre. De hecho, algunos meses más tarde, trece cardenales se separaron de su obediencia, afirmaron que la elección había sido forzada y, por consiguiente, inválida, y eligieron a un cardenal francés que tomó el nombre de Clemente y que se fue a vivir a Aviñón.

El mundo católico se encontró con dos papas sin saber cuál era el verdadero y se dividió en dos obediencias. Con Clemente VII estaban Francia, Nápoles, Saboya, los reinos ibéricos, Sicilia y Escocia, mientras que obedecían a Urbano VI el Imperio, Italia central y septentrional, Inglaterra, Hungría y los reinos escandinavos.

La situación se complicó más cuando se reunieron en Pisa los cardenales de los dos papas con el deseo de solucionar el problema y eligieron un nuevo papa, Alejandro V. Ninguno quiso ceder y cada uno de los tres papas se consideró el único legítimo. Parecía que no había salida, sobre todo porque todos admitían que no existía una autoridad superior al papa. Se dividieron las diócesis y las congregaciones religiosas y hubo santos, como santa Catalina de Siena y san Vicente Ferrer, y grandes personalidades en ambos bandos. La situación disciplinar y religiosa de la Iglesia se deterioró gravemente.

Todos buscaron remedios para la situación. Algunos profesores de la Sorbona, la famosa universidad de París, recomendaron la convocatoria de un concilio. Nacía así la teoría conciliar o conciliarista que dominaría largamente en algunos países y en algunas universidades. El origen de la teoría residía en la doctrina aristotélico-tomista sobre la soberanía popular, y especialmente en la concepción democrática de la Iglesia difundida por Guillermo de Ockham y por Marsilio de Padua.

Según estos autores, la plenitud del poder en la Iglesia se encuentra en la masa total de los fieles, no en las manos de una cabeza suprema. El concilio representaba a toda la Iglesia y, de hecho, tenía en la Iglesia plenos poderes, de forma que el papa estaba sometido a sus decisiones doctrinales y disciplinares. Transformaban el régimen monárquico eclesial en un parlamento. Estas ideas aparecerán más tarde en algunos reformadores protestantes. En realidad, el planteamiento era contrario a la tradición, pero parecía que, en las condiciones de emergencia en que vivía la Iglesia, constituía la única solución posible.

De hecho, colaboraron diversas instancias: tomó la iniciativa el emperador Segismundo y firmó la convocatoria del concilio uno de los papas, Juan XXIII, sucesor de Alejandro V. Se reunieron en el concilio de Constanza, pequeña ciudad situada en la actual Suiza y entonces bajo control imperial, numerosos obispos de toda Iglesia y no pocos laicos, que participaron activa y solemnemente y decidieron que en aquellas circunstancias no era posible constatar quién era el papa verdadero, por lo que aceptaron la renuncia de uno, destituyeron a los otros dos y eligieron en 1417 a Martín V. Después de 39 años, la Iglesia tenía de nuevo una cabeza visible única aceptada por todos.

Nunca más ha habido en la Iglesia católica un problema de este género. En 1870, como lejano eco de esta controversia conciliarista, el concilio Vaticano I definía que el papa estaba por encima del concilio, que era la única y suprema autoridad en la Iglesia. El Vaticano II equilibraría las funciones del pontificado y del concilio en la vida eclesial.

Arriba: este fresco de Pinturicchio muestra la partida de Enea Silvio Piccolomini, el futuro Pío II, para el concilio de Basilea, convocado por Martín V poco antes de su muerte.

En la página anterior, arriba: la coronación del papa Martín V en la catedral de Constanza, por dos cardenales y el emperador Segismundo, en una crónica alemana de mediados del siglo XV. Con la elección de Martín V concluyó el cisma de Occidente y los papas volvieron definitivamente a Roma.

En la página anterior, abajo: el antipapa pisano Juan XXIII, que convocó el concilio de Constanza bajo presión del emperador Segismundo, recibió sepultura en el baptisterio de Florencia, en este espléndido sepulcro, obra de Donatello y Michelozzo.

46. El culto a los santos

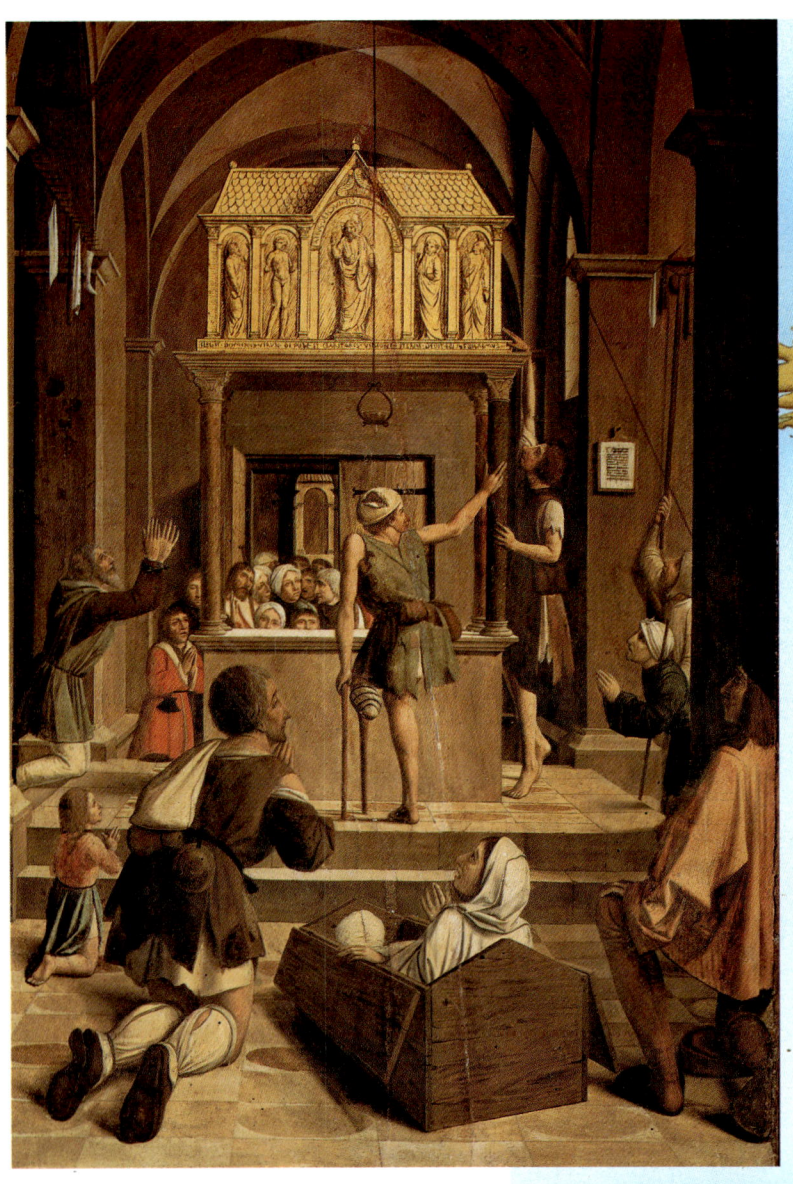

Arriba: cojos y enfermos congregados alrededor de la tumba de un santo con la esperanza de encontrar, gracias a las reliquias, la curación o el alivio de los males que les afligen. Pintura provenzal del siglo XV.

En la página siguiente: brazo-relicario de san Jorge, preciosa obra del siglo XIII, en oro, plata y piedras, que se conserva en la abadía de Conques y que fue meta de peregrinaciones desde la época carolingia.

El culto de los santos, que ejercían el patronato de las ciudades, regiones, Estados, artes y oficios, fue típico de la Edad media y, en gran parte, ha llegado hasta nosotros. Las reliquias de los santos eran objeto de gran veneración, y grande era el prestigio de las iglesias que albergaban las reliquias más famosas o más antiguas. A veces objeto de verdadero fanatismo, dieron lugar a un mercado excesivamente floreciente.

46. El culto a los santos

El tema de la religiosidad popular en el cristianismo, de sus fiestas y devociones más profundas, debe ser abordado desde la comprensión de la evolución histórica de la vida de los pueblos y dentro del conjunto de necesidades, miedos y esperanzas que componen la vida humana.

En muchas ocasiones, la Iglesia cristiana sucedió al santuario pagano sin solución de continuidad, de modo que la adopción del cristianismo no interrumpió la continuidad de la vida y de las costumbres de los pueblos. Las masas rurales habían sido influidas sólo superficialmente por la cultura antigua, un fenómeno esencialmente urbano. Su vida religiosa había seguido alimentándose por las viejas raíces: culto a las fuerzas de la naturaleza, concretizado en fiestas y ritos tradicionales asociados a lugares en que los hombres sentían la presencia cercana de lo sagrado: montaña, bosque o árbol sagrado, fuente santa. Con estas disposiciones anímicas y personales, pasaron sin más al cristianismo. Otro tanto podríamos afirmar de los pueblos bárbaros y, a menudo, de los amerindios. Esto no quiere decir, evidentemente, que no aceptasen con total sumisión y convencimiento las verdades y los ritos cristianos, pero no cabe duda de que esta aceptación no supuso, en muchos casos, olvido o abandono total de las costumbres anteriores.

Con frecuencia, se contentaron con mantener una vieja tradición, una fiesta inmemorial, una costumbre arraigada, cambiando el objetivo final, es decir, cristianizándolo. Del mismo modo, antiguos ritos referentes a las siembras, a la inauguración de una obra, las bendiciones de los animales, de los establos, de los campos, de los granos que iban a ser sembrados, de las cosechas, etc., fueron adoptados y adaptados por la liturgia cristiana.

La religiosidad popular ha impregnado la vida de la Iglesia, tal vez no en sus aspectos más llamativos ni más conocidos, pero sí ciertamente en los que han constituido la vida diaria de la inmensa mayoría de sus miembros. Se trata de una religiosidad compleja en la que vamos descubriendo elementos permanentes de la vida humana y características circunstanciales de un momento histórico determinado.

En el medioevo, apenas se distinguía lo que era aceptable de lo que no lo era. Se buscaba lo maravilloso, lo extraordinario, la presencia cercana de fuerzas sorprendentes que fueran capaces de dar esperanza y ánimo a gentes, a menudo, desprovistas de ello. En una vida que transcurría en medio de tristezas, enfermedades y epidemias, buscaban no sólo la salud espiritual, sino también la corporal. Deseaban salir de su situación, a menudo angustiosa, a través de acciones e intervenciones milagrosas, extraordinarias.

Se multiplicaron las reliquias de santos y mártires. En realidad, trataban de poseer recuerdos tangibles de quienes habían destacado en su servicio al Señor. Naturalmente, no se trataba sólo de un reconocimiento histórico sino también de una confianza ilimitada en el poder milagroso de las reliquias. Esto llevó al desmembramiento de cuerpos de mártires y de santos que se repartían a lo largo y a lo ancho de la geografía cristiana, y a la manipulación de reliquias de toda clase. Constantinopla se convirtió en el centro de un tráfico sorprendente. Allí se inventaron, falsearon y vendieron las reliquias más increíbles. Estas reliquias fueron acogidas, sin ninguna preocupación por su autenticidad, en abadías, iglesias y

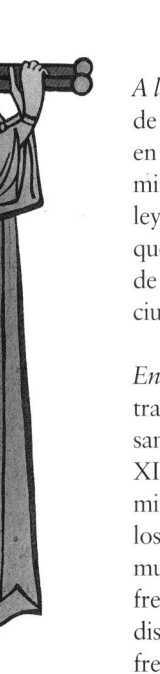

A la izquierda: las reliquias de santa Genoveva, llevadas en procesión a París, en una miniatura del siglo XII. Una leyenda cuenta que la santa, que vivió en el siglo V, salvó de una terrible carestía a la ciudad, de la que es patrona.

En la página siguiente: la traslación del cuerpo de un santo, en un fresco del siglo XIII. Gracias a los poderes milagrosos que se atribuían a los restos de los santos, eran muy ambicionados y, con frecuencia, incluso disputados; esto explica los frecuentes traslados a que se les sometía en la Edad media.

catedrales, y se convirtieron inmediatamente en objeto de devoción y de peregrinaciones masivas, a menudo más masivas cuanto más increíbles.

Es verdad que el importante concilio de Letrán de 1215 prohibió venerar un objeto sin permiso de las autoridades eclesiásticas, pero esto era más fácil de mandar que de cumplir y aceptar. Cuando el rey san Luis de Francia compró en Constantinopla la corona de espinas de Nuestro Señor, todo París se entusiasmó con un recuerdo tan extraordinario de la pasión de Cristo, y, de hecho, se construyó para guardarlo la Santa Capilla, uno de los edificios góticos más extraordinarios. Nadie se preguntó sobre la verosimilitud de tal reliquia.

Algo parecido sucedió con la vida de los santos. Desde los siglos III y IV la veneración de los mártires se prolongó y perfeccionó con el culto a los santos. Estimados oficialmente como modelos de virtud e intercesores espirituales cerca de Dios, se convirtieron en algunos casos en una especie de divinidades de segunda clase especializadas en la curación de enfermedades o en la consecución de algunas gracias especiales. A veces, los cristianos, en su vida diaria y en los problemas rutinarios, no quisieron y no han querido dirigirse directamente a Dios, sino que lo hacían a los santos, cuyos restos e imágenes conocían, podían ver y tocar, y cuyas vidas admiraban y deseaban imitar. Es verdad que en estas vidas se mezclaban, a menudo, verdad y leyenda, de forma que las hazañas y proezas resultaban siempre sorprendentes y extraordinarias. Jacobo de Vorágine, autor de *La leyenda áurea,* uno de los libros decisivos en todo el medievo para el conocimiento pormenorizado de la vida de los santos, no utilizó en el examen de sus fuentes ningún espíritu crítico, de forma que prevaleció en él y en quienes lo leyeron el interés por exaltar los aspectos maravillosos y milagrosos de estas vidas. Habrá que esperar a los siglos XVI y XVII para que se inicie un estudio más riguroso y crítico de las fuentes documentales de estas narraciones.

Junto a esta realidad, que indica la necesidad que sienten los cristianos y en general todos los seres humanos, de contar con ejemplos de conducta y con intercesores poderosos y cercanos, capaces de alimentar y reforzar la religiosidad diaria con el ejemplo de su vida y sus actuaciones, tenemos que tener en cuenta que estos fueron siglos de grandes apóstoles y de grandes santos. Anselmo, abad de Bec y arzobispo de Canterbury, Bernardo de Claraval, el beato Joaquín de Fiore, la mística santa Gertrudis o la fundadora Brígida de Suecia, san Francisco y santo Domingo, constituyen sólo algunos ejemplos de personalidades extraordinarias que vivieron durante estos siglos influyendo decisivamente en la vida de la Iglesia y de la sociedad. Sus vidas fueron conocidas en toda Europa y sus ejemplos seguidos e imitados. Hubo santos en todos los países, de toda condición y en todas las clases. Las esculturas y vidrieras de las catedrales, el auténtico catecismo de los ignorantes, constituían su recordatorio permanente, sus tumbas eran objeto de veneración y de peregrinaciones, sus vidas y milagros eran leídos y glosados en la predicación.

Los laicos de estos siglos desarrollaron su piedad y sus obras de caridad a través de asociaciones que se convirtieron en auténticos focos de vida religiosa y, a menudo, de formación personal y comunitaria. Hermandades del rosario, del escapulario, de la Madre de Dios o de algunos santos más conocidos cuyo estilo de vida imitaban y propagaban, terciarios dominicos o franciscanos, confraternidades de la buena muerte o de penitencia, asociaciones cuyo único fin era servir a los pobres y a los enfermos o redimir a los cristianos de manos de los infieles, y tantos otros grupos capaces de encauzar la devoción, las ideas y los sentimientos de los cristianos de estos siglos. En estas confraternidades encontramos, por una parte, el influjo patente de la devoción a los santos y, al mismo tiempo, constatamos cómo esta devoción era relativizada y encuadrada en el conjunto de la doctrina cristiana por un planteamiento predominantemente cristológico y por una actividad fuertemente motivada por la caridad.

47. Cronología III – Baja Edad media

Quicio del paisaje urbano de la ciudad gótica era su catedral. La fábrica del templo principal de la ciudad representaba generalmente su más conspicua inversión financiera y el principal taller que no sólo daba trabajo a los obreros locales, sino que empleaba también a artistas, maestros canteros, artesanos, obreros y peones forasteros.

Los ingentes medios necesarios para la construcción provenían generalmente de donaciones. Pero sin la recuperación económica que distinguió aquella época no habría sido posible emprender obras de esas dimensiones y magnificencia.

Los arquitectos del tiempo se formaban en los monasterios, donde parece que se admitían también alumnos laicos. Los más valorados eran llamados a las ciudades, incluso lejanas; no obstante, seguían permaneciendo casi siempre en el anonimato.

Así, por ejemplo, aun conociéndose sus viajes por Francia, Suiza, Alemania y Hungría, no tenemos ningún testimonio cierto de la actividad de Villard de Honnecourt, uno de los más prestigiosos arquitectos franceses del siglo XIII, que dejó un rico álbum de croquis arquitectónicos y de técnicas de construcción, así como modelos para la representación de la figura humana, de animales y de plantas, destinado a la formación de los miembros de su taller.

Abajo: la catedral de Laon, terminada hacía ya treinta años cuando se ejecutó este boceto de Villard de Honnecourt, que reproduce una de sus torres.

193

47. Cronología III (1000-1400)

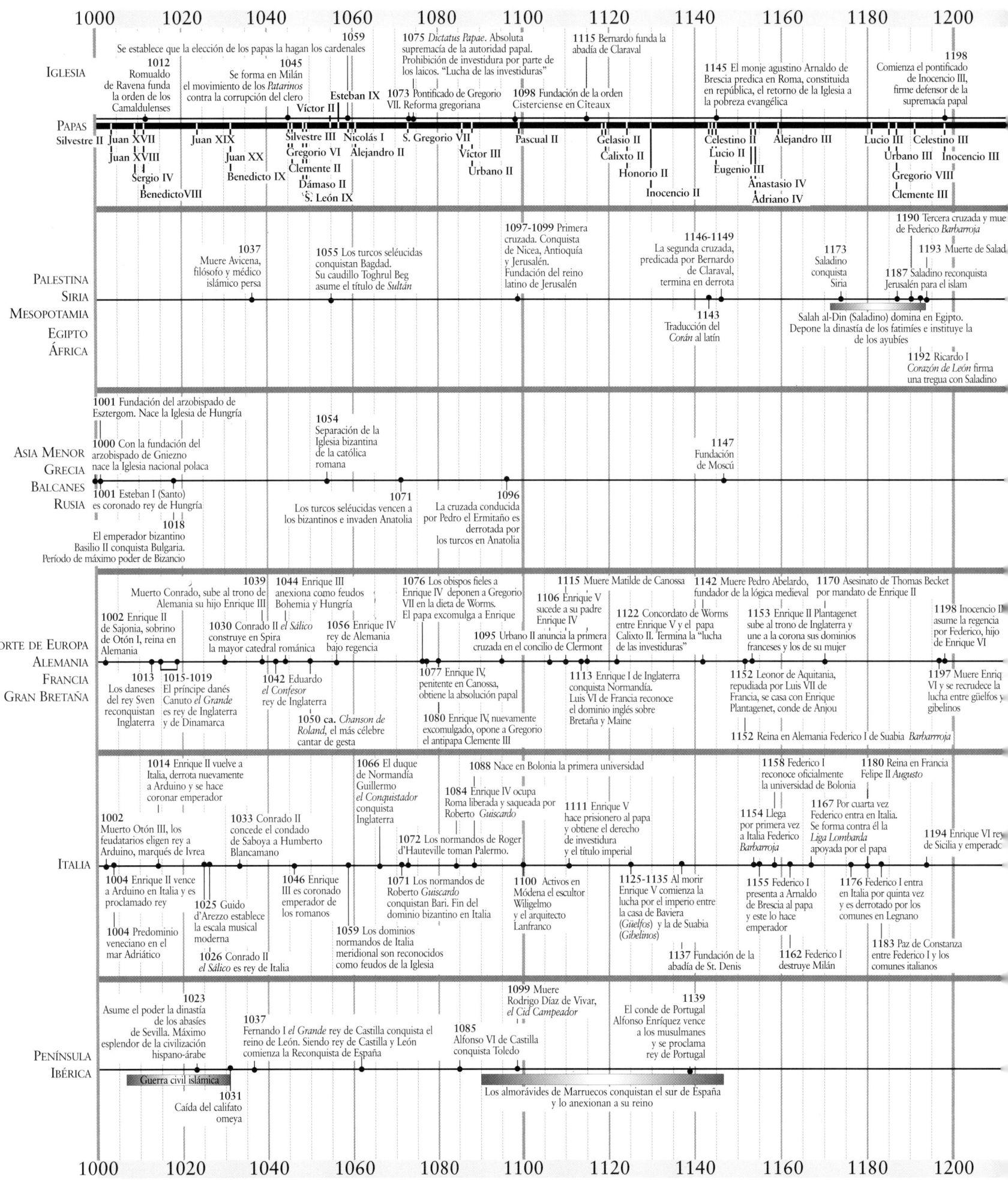

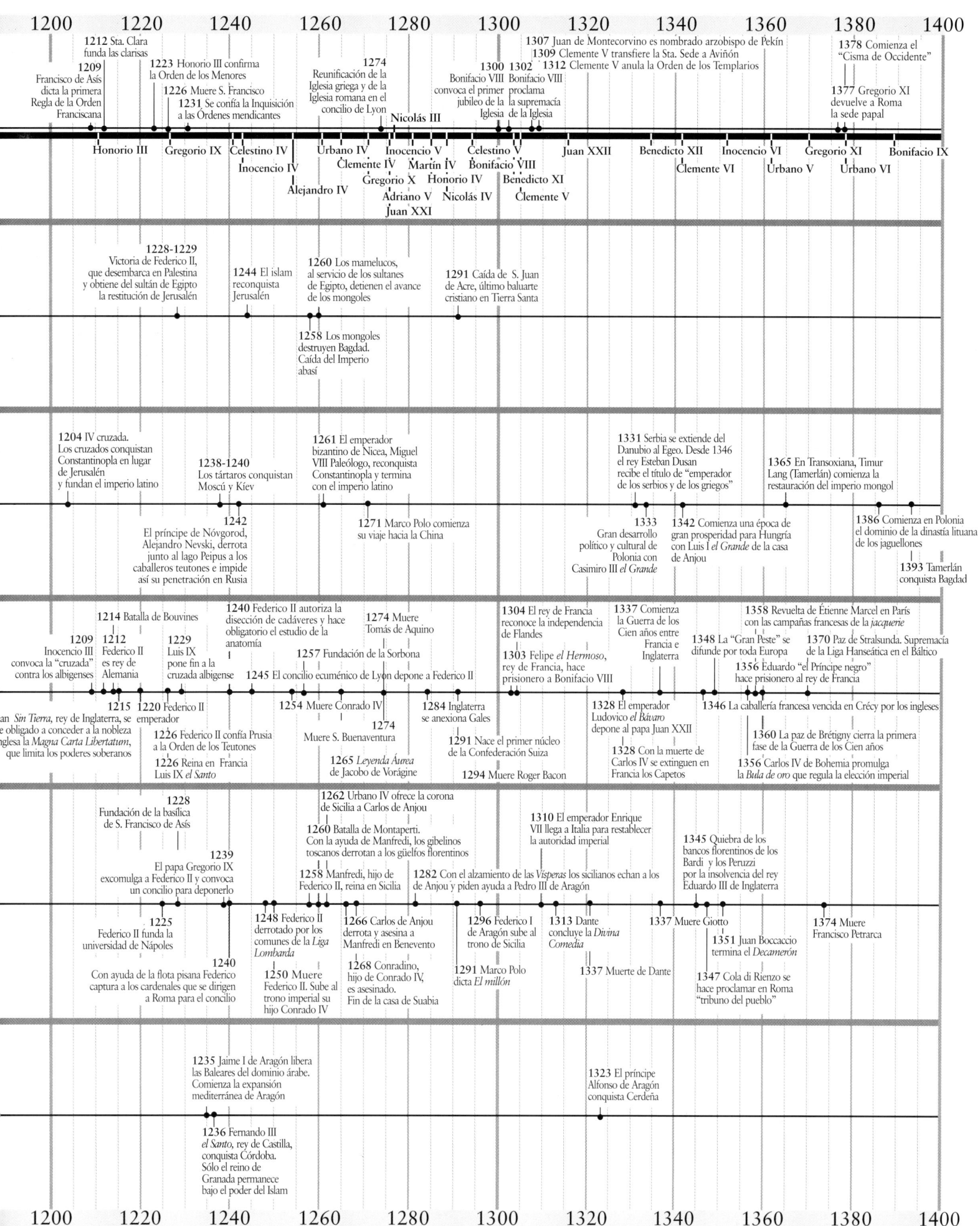

48. El islam y el Imperio bizantino bajo los Paleólogos

En la página anterior: el *Sermón de san Marcos en Alejandría*, pintado por Gentile Bellini en los primeros años del siglo XVI para la Escuela de San Marcos de Venecia, presenta un Oriente fastuoso transportado a la moderada perspectiva, típica del Renacimiento, de una plaza de la ciudad. La mezquita recuerda las formas de Santa Sofía de Constantinopla. El auditorio está vestido al estilo turco; las mujeres acurrucadas al modo oriental, en primer plano, llevan el velo musulmán. A la izquierda, detrás del santo, asisten a la escena personajes venecianos del tiempo ante un fragmento del Palacio Ducal.

A la derecha: el pequeño «Sión» mandado realizar en 1486 por Iván III para la catedral de la Dormición en el Kremlin.

Abajo: los avances del islam en Europa oriental entre los siglos XIV y XVII. Como consecuencia de las conquistas de los otomanos, las Iglesias de Asia Menor y del Imperio bizantino se encontraron viviendo dentro del Imperio turco. En él los cristianos ortodoxos estaban reconocidos como una de las naciones que lo constituían, bajo la guía del patriarca de Constantinopla. Desaparecieron, en cambio, los obispados latinos que sobrevivieron a la época de las cruzadas.

Conquistas y pérdidas del islam en Europa

- a finales del s. XIII
- s. XIV
- s. XIV, pérd. XV, reconq. XVI y XVII
- pérdidas en el s. XV
- s. XIV, pérd. s. XVII
- s. XIV, pérd. XV, XVI y XVII
- s. XV
- s. XVI

El Imperio bizantino bajo los Paleólogos (1349)

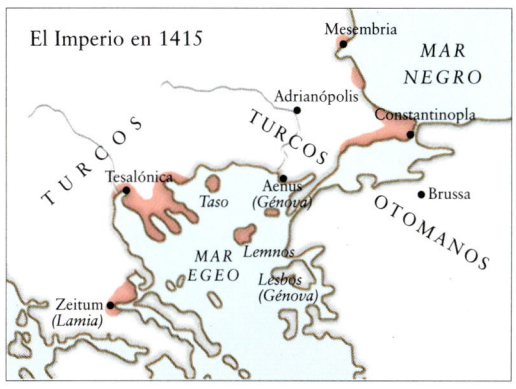

El Imperio en 1415

48. El islam y el Imperio bizantino bajo los Paleólogos

A la izquierda: el emperador Juan VIII Paleólogo acude al concilio de Florencia-Ferrara (1431-1443), en los frescos de Benozzo Gozzoli, encargados para la ocasión por los Médicis en la capilla de su palacio de Florencia. El fabuloso fasto de los bizantinos suscitó gran admiración en la ciudad toscana, cuna del Renacimiento.

En la página siguiente: miniatura de la época, que representa el asedio de Constantinopla por los turcos, en el año 1453.

La historia religiosa de la época de los Paleólogos coincide con los años de zozobra y temor a caer en manos de los turcos y, por esta razón tiene íntima conexión con los intentos de conseguir la unión de la Iglesia oriental con la romana. Los emperadores pensaban que el peligro turco sólo podía conjurarse mediante la intercesión pontificia ante la Europa occidental.

La Santa Sede no quería una nueva cruzada pero, naturalmente, ansiaba la unión de los orientales. Estos desconfiaban de los occidentales, pero no veían otro modo de salir de su desventura. Para colmo de males, los orientales se encontraron con la amenaza de Carlos de Anjou, rey de Sicilia, que aspiraba a dominar Oriente. Los papas utilizaron argumentos religiosos y el emperador, que deseaba recuperar los territorios en manos occidentales, argumentos políticos para convencer a sus respectivos aliados o súbditos.

Miguel VIII, tras la reconquista de Constantinopla (25 de julio de 1261), envió una embajada a Urbano IV con la petición de entablar un diálogo sobre la unión de sus Iglesias. El emperador mantenía la tradición imperial de inmiscuirse en temas teológicos, presionado por razones políticas.

Pero este planteamiento no gustaba a las corrientes que controlaban la opinión pública ni a los monjes, muy en contacto con el pueblo, ni a una parte de la jerarquía menos acorde con la clase imperial. Los patriarcas se oponían a estos intentos por cuestiones dogmáticas, la del Espíritu Santo, y jurisdiccionales. Sin embargo, poco a poco fue aumentando el número de quienes pensaban que históricamente las Iglesias de Occidente y de Oriente se habían combatido sin razones sólidas.

Quien facilitó la política imperial fue el papa Gregorio X, elegido en 1271, quien desde el inicio tuvo el propósito de recomponer la unidad de la comunión eclesiástica.

Una delegación bizantina llegó a Lyon, donde estaba celebrándose el concilio, el 24 de junio de 1274, y cinco días más tarde se celebró el acto de unión sobre las bases siguientes: el emperador adoptaba el «filioque» y el pan ázimo (sin levadura) y aceptaba la supremacía papal.

La unión no satisfizo a ninguna de ambas partes. El emperador halló obstinada resistencia en la masa del clero griego. En Tesalia se celebró un concilio antiunionista, opuesto al emperador y al patriarca. La línea intransigente volvió a predominar y los eclesiásticos unionistas fueron depuestos y marginados. No se puede olvidar que la mayoría del pueblo rechazaba la unión con Occidente. En este estado de ánimo, las cruzadas resultaban más decisivas que los anatemas de 1054.

El saqueo de Constantinopla de 1204 durante la cuarta cruzada no fue nunca olvidado ni perdonado. Desde entonces la mayoría de los griegos consideró a los latinos como los enemigos de su nación y de su religión. Tampoco el nuevo papa, Martín IV, estaba dispuesto a apoyar políticamente al Paleólogo. Pasó siglo y medio antes de que se hablase de un nuevo concilio.

Mientras las provincias bizantinas de Asia Menor caían en manos mahometanas, los habitantes de lo que quedaba del Imperio luchaban entre sí por motivos doctrinales o místicos. Cuanto más desesperada era la situación política más intransigentes se volvían los monjes, que influían determinantemente en la marcha de la Iglesia. Pero, al mismo tiempo, crecía la presencia de exponentes y manifestaciones de la cultura latina, antes impensable en Bizancio. Agustín, Boecio, Anselmo o santo Tomás de Aquino fueron traducidos al griego.

En 1359, tras la conquista de Gallípoli, los otomanos estaban bajo las murallas de la capital: habían conquistado una a una las ciudades del Imperio. En Occidente, la existencia de dos o tres papas imposibilitaba cualquier acción de ayuda efectiva. En Constantinopla, el patriarca, aunque en condiciones económicas precarias, mantenía su pretensión de jurisdicción sobre territorios que ya no dominaba el emperador. Prefiriendo «el turbante a la tiara», el mundo bizantino caminó inexorablemente hacia su desaparición, a pesar de estar inspirado por los ideales monásticos de la ortodoxia más tradicional.

Una vez más, el nacionalismo resultaba más importante y determinante que la tradición religiosa. En el último período de Bizancio, los monjes consiguieron preservar la ortodoxia del influjo occidental, pero al mismo tiempo impidieron conseguir las ayudas occidentales para su propia defensa.

La Unión más conocida es la de Florencia, concluida en 1439. En aquel momento el ambiente político en Oriente era casi desesperado. La devastación turca de Serbia y Bulgaria, la derrota de los cruzados en Nicópolis, el viaje infructuoso de Manuel II a Europa occidental y la toma de Tesalónica en 1430 ponían al Imperio en una situación crítica. Además, los éxitos de los turcos comenzaron a ser vistos como una amenaza para Occidente. Por tanto en el concilio de Florencia pareció muy obvia la necesidad de una lucha común grecolatina contra los turcos.

El concilio florentino transcurrió en medio de una solemnidad extraordinaria. El emperador Juan VIII y su hermano; el patriarca de Constantinopla José; Marcos, metropolitano de Éfeso y encarnizado enemigo de la unión; Besarión, metropolitano de Nicea, partidario de la unión, así como otras muchas personalidades eclesiásticas y laicas hasta un número cercano a las setecientas personas, llegaron al concilio. El Gran Duque de Moscovia, Basilio el Ciego, envió como representante a Isidoro, poco antes designado metropolitano de Moscú, y partidario de la unión. Le acompañaban muchos clérigos y seglares rusos. Las discusiones del concilio, centradas en el «filioque» y en la supremacía pontificia, se arrastraban con lentitud. El emperador, cansado, se dispuso a partir. El patriarca José murió en plena discusión. Isidoro de Moscú trabajó activamente en favor de la unión, aunque los otros miembros de su delegación eran muy reticentes. Al fin se redactó el decreto unificador (la bula *Laetentur coeli*), en dos lenguas, promulgándose solemnemente el 6 de julio de 1439. Algunos griegos, con Marcos de Éfeso a la cabeza, se negaron a firmar el acta. De hecho, ni Oriente ni el mundo eslavo lo aceptaron. La unión no prosperó pues rechazaron toda injerencia romana. En 1441, en Moscú, un sínodo de cinco obispos condenó a Isidoro por haber firmado la unión de Florencia.

Tras la toma de Constantinopla por los turcos, la religión e instituciones religiosas griegas subsistieron bajo el dominio turco. Hay que reconocer que los derechos religiosos concedidos a los cristianos fueron respetados con bastante rigor. La persona del patriarca, las de los obispos y las de los sacerdotes fueron declaradas inviolables. Todos los miembros del clero quedaron exentos de impuestos, mientras el pueblo griego debía pagar la contribución anual.

La mitad de las iglesias de la capital, comenzando por Santa Sofía, fueron transformadas en mezquitas y la otra mitad quedaron en manos de los cristianos. Continuó existiendo el Santo Sínodo, que se ocupaba, con el patriarca, de la dirección de los asuntos eclesiásticos.

Mahomet II tomó al patriarca bajo su protección y le confió la responsabilidad de la nación ortodoxa. En cierto sentido, gozó de más autoridad que sus predecesores, ya que el poder del sultán estaba tras él, pero, al mismo tiempo, el sultán impuso que nada pudiese hacer el patriarca sin el consentimiento del Santo Sínodo.

Hay que recordar, también, que, a pesar de los privilegios, los cristianos eran ciudadanos de segunda clase y que no fue nada rara la política de forzar a los cristianos de pasarse al Islam. Tenían que pagar fuertes impuestos y, como señal de discriminación, fueron obligados a llevar un vestido que los distinguía de los demás ciudadanos. Se pasaba de una civilización cristiana dominante y civilizadora a una cristiandad en cautividad.

49. El Renacimiento

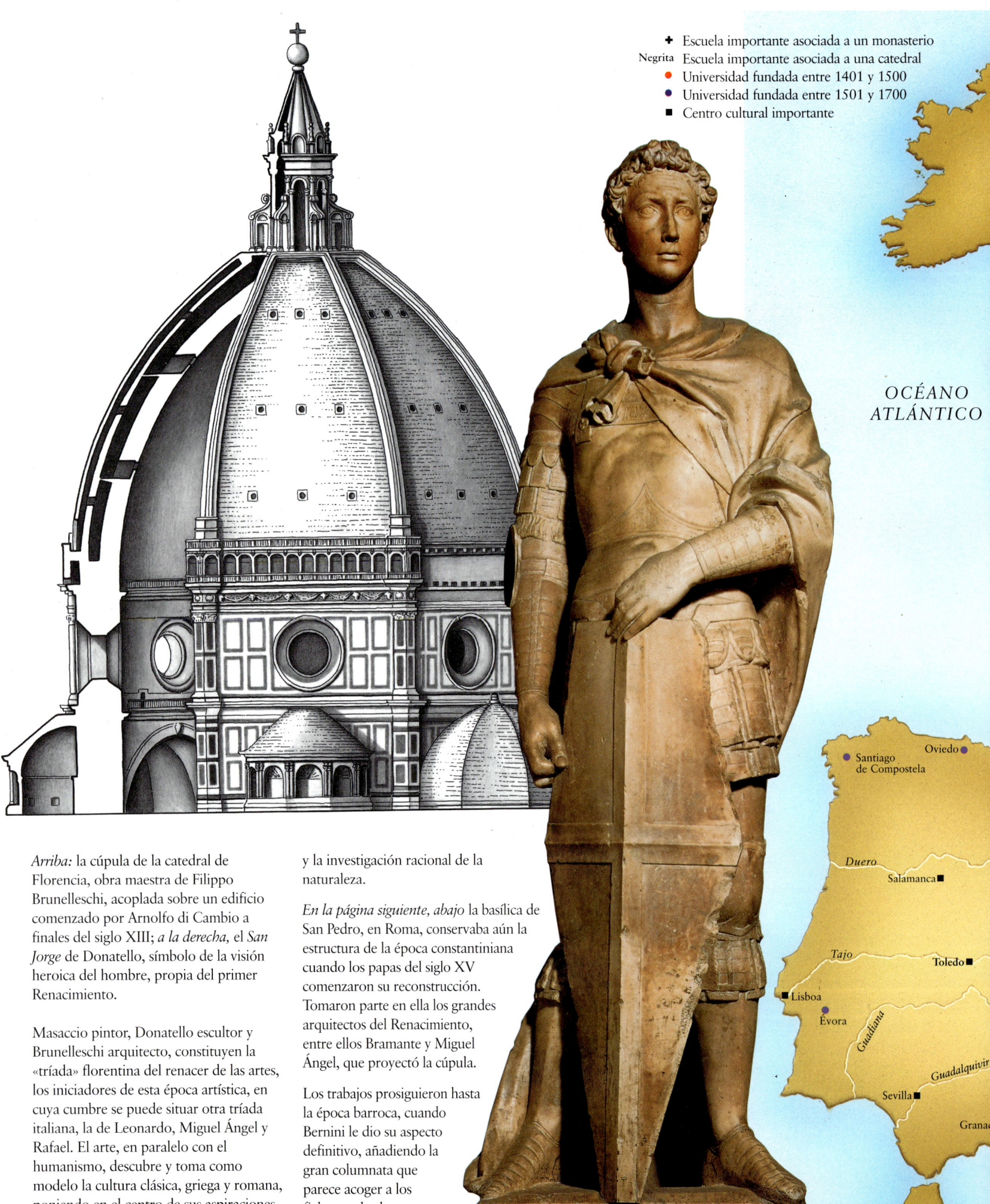

Arriba: la cúpula de la catedral de Florencia, obra maestra de Filippo Brunelleschi, acoplada sobre un edificio comenzado por Arnolfo di Cambio a finales del siglo XIII; *a la derecha*, el *San Jorge* de Donatello, símbolo de la visión heroica del hombre, propia del primer Renacimiento.

Masaccio pintor, Donatello escultor y Brunelleschi arquitecto, constituyen la «tríada» florentina del renacer de las artes, los iniciadores de esta época artística, en cuya cumbre se puede situar otra tríada italiana, la de Leonardo, Miguel Ángel y Rafael. El arte, en paralelo con el humanismo, descubre y toma como modelo la cultura clásica, griega y romana, poniendo en el centro de sus aspiraciones al hombre, entendido como individuo, y la investigación racional de la naturaleza.

En la página siguiente, abajo la basílica de San Pedro, en Roma, conservaba aún la estructura de la época constantiniana cuando los papas del siglo XV comenzaron su reconstrucción. Tomaron parte en ella los grandes arquitectos del Renacimiento, entre ellos Bramante y Miguel Ángel, que proyectó la cúpula.

Los trabajos prosiguieron hasta la época barroca, cuando Bernini le dio su aspecto definitivo, añadiendo la gran columnata que parece acoger a los fieles con los brazos abiertos.

49. El Renacimiento

El Renacimiento constituye una apasionante época histórica, considerada fundamentalmente en su desarrollo cultural-artístico, que, en su sentido más general, va desde el nacimiento de Petrarca (1304) hasta mediados del siglo XVI. El factor fundamental que condiciona y anima este tiempo de renovación y de búsqueda de nuevos horizontes es el Humanismo, que influye determinantemente en el arte, la filosofía, la pedagogía y la misma teología, y que acabará planteando con intensidad el tema de la relación entre la fe y la nueva cultura. Para numerosos autores, el Renacimiento constituye la autoafirmación del hombre como individuo, que se libera y se emancipa de la sociedad y de la Iglesia. En efecto, el individualismo constituye seguramente la característica fundamental y más definitoria del Renacimiento. No raras veces el individualismo derivó en subjetivismo, y en casos extremos en rechazo de toda autoridad y tradición. Para otros, el Humanismo fue una reafirmación de la ortodoxia católica contra el racionalismo y el naturalismo aristotélico propio de la escolástica.

El arte renacentista, que constituye una de sus características esenciales, se manifiesta como una decidida oposición y rechazo del estilo gótico hasta entonces dominante y que para los renacentistas significaba un arte bárbaro. Algunos artistas intentaron asociar una sincera piedad cristiana al culto de la belleza y a la exaltación del hombre más propia del paganismo, pero en esta confrontación casi siempre salían perdiendo los auténticos valores religiosos. Esta oposición presente en el campo artístico aparece también en los cultivadores de la literatura latina, que se opusieron al latín bárbaro de teólogos y filósofos escolásticos, y en los renovadores del derecho romano, que se contraponían a los legistas medievales. Se trataba de una nueva época, de un nuevo talante y de una nueva mentalidad.

La ciencia realizó progresos decisivos. Las obras de Copérnico, los descubrimientos de Galileo y las aplicaciones de Leonardo da Vinci resultaban extraordinarias y revolucionarias y abrían enormes posibilidades a la capacidad de conocer el cosmos.

Desde el primer momento se concedió un relieve especial a la educación y a los métodos pedagógicos. Se trataba de uno de los aspectos fundamentales, configuradores de la nueva época. Desde Luis Vives a Campanella numerosos autores pretenderán un nuevo modelo de educación capaz de configurar el hombre nuevo que deseaban y pretendían conseguir. Ambicionaban una humanidad más libre, hermosa y armónica.

Renacimiento supone, también, una vuelta a los orígenes, que es también la idea fundamental de todas las reformas que se han dado en la Iglesia. La pretensión de reforma general de la Iglesia presente en aquellos años miraba a la Iglesia apostólica como al modelo que había que imitar. Lo mismo se puede decir del movimiento reformador protestante: deseaban volver a la antigüedad, a los primeros siglos, saltándose el medioevo, época considerada corrupta y corruptora. También la reforma católica del siglo XVI busca el alma profunda y originaria de la Iglesia. La renovación de los valores humanos más profundos, propia del humanismo, supuso también una renovación de los valores cristianos. Esta es la tendencia de Petrarca, Pico, Erasmo, Moro, Vives, etc... Por desgracia, a menudo, este retorno a los orígenes despreciaba cuanto la comunidad cristiana movida por el Espíritu había conseguido y elaborado a través de los siglos. Pico de la Mirandola dio su forma definitiva a un humanismo cristiano, con su gusto por la exégesis, su filosofía optimista, sus interpretaciones no siempre sujetas al dogma, su apego sentimental a las experiencias místicas del cristianismo, su deseo de una Iglesia más simple, purificada y tolerante, y su defensa de las instituciones tradicionales. Defiende la posición de una colaboración del hombre con Dios, como si Dios quisiera dejar sin rematar su obra, para que el hombre colabore en su propia realización.

Para los humanistas, el sentimiento y la inquietud religiosa formaban parte de la concepción completa del hombre existente después de Cristo. Este planteamiento se complementaba con su concepción optimista del hombre y de sus fuerzas, hombre creado a imagen de Dios y que puede demostrar sus capacidades de inteligencia y voluntad, de opción y libertad. Procuraron fundamentar un nuevo método teológico basado en las fuentes: Escritura y Tradición patrística serían capaces de liberar la teología de su formalismo escolástico. Erasmo de Rotterdam (1466-1536) fue el principal exponente, estimulado por John Colet. Erasmo contribuyó a dar nueva vida a la religión por su constante preocupación por conseguir una religión interiorizada y purificada.

Este humanismo cristiano estaba caracterizado por una firme fe interior, sincera y consciente, por una búsqueda de Cristo como objetivo y modelo a descubrir en el Evangelio e imitar en la vida, por una caridad fraterna como norma suprema que revela la sinceridad de los actos de culto y de devoción. En base a esta religiosidad interior criticaban las ceremonias externas y las devociones a los santos vividas sin auténtico espíritu cristiano por un pueblo a menudo ignorante y poco formado religiosamente.

La vida cristiana es «perpetua milicia»: una lucha continua contra los demonios, el mundo, la carne y el viejo Adán que nunca muere en nosotros. Las armas de esta lucha son la oración y la ciencia. La ciencia es el conocimiento profundo de la Escritura, inspirada por Dios y que debe ser leída con fe y pureza de corazón. En esta época se estudia en profundidad la Escritura, se buscan los códices más antiguos y se comparan las distintas traducciones existentes. Recordamos la famosa edición trilingüe de la nueva universidad Complutense, es decir, la de Alcalá de Henares, universidad fundada por el cardenal Jiménez de Cisneros y que responderá en sus métodos de enseñanza a la nueva mentalidad humanista. Insisten en la necesidad de establecer los textos seguros de las Escrituras, gracias, sobre todo, a los estudios filológicos. Lefévre publicó su traducción del Salterio (1509), de las Epístolas de San Pablo (1512) y de los Salmos (1525), y Erasmo publicó desde 1516 hasta 1535 cinco ediciones de su Nuevo Testamento griego. Estos humanistas exigían una reforma de la Iglesia, cuyas desviaciones, usurpaciones y carencias criticaban, al tiempo que pedían un retorno a su misión espiritual. A menudo, sus permanentes ataques a la institución eclesial desembocaron en relativismo, hipercriticismo y separación de la vida y la doctrina.

Por otra parte, la búsqueda del prestigio cultural y artístico se tradujo en una extraordinaria proliferación de edificios, monumentos y obras artísticas, expresión, también, de una manera hedonista de vivir. Roma se convirtió en el centro cultural y artístico del tiempo. Este fasto pudo favorecer los sentimientos de admiración y devoción a la Iglesia, pero, ciertamente, se tradujeron en una secularización y disolución de la vida religiosa. Los papas se convirtieron en cabezas de cortes seculares y mundanas con todos sus vicios y características. Al erigirse en protectora de las artes y de las letras, la Iglesia permanecía fiel a su más auténtica tradición de integrar la cultura y el espíritu. La basílica de San Pedro, la capilla Sixtina, iglesias, esculturas y obras de arte maravillosas constituyen en nuestros días legados de aquella mentalidad y de aquella sorprendente capacidad artística, pero, al mismo tiempo, aquel espíritu mundano y aquella frivolidad tan presente en hombres e instituciones eclesiales impidieron comprender a tiempo la necesidad angustiosa de una reforma profunda existente en la comunidad eclesial.

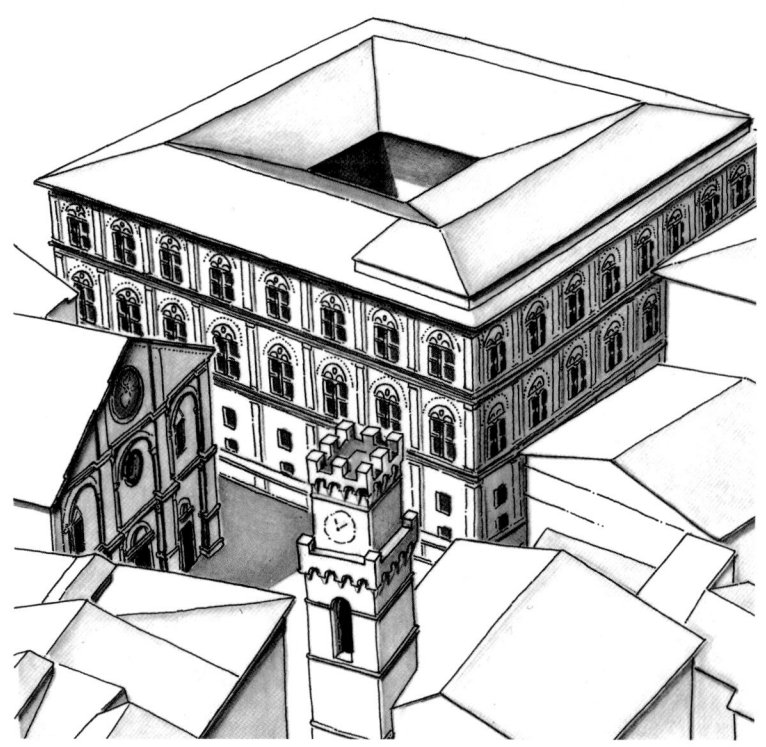

Arriba: la plaza de Pienza, con la catedral y el palacio Piccolomini, obra maestra de arquitectura y urbanismo del Renacimiento, de Bernardo Rossellino. Fue mandado construir en 1459 por el papa Pío II, en el siglo Enea Silvio Piccolomini, perteneciente a una familia de banqueros de Siena, en su juventud reconocido humanista y secretario del emperador Federico III.

En la página anterior, arriba: Virgen con el Niño y san Juan niño, llamado *Tondo Taddei,* de Miguel Ángel.

En la página anterior, abajo: Cristo en medio de los apóstoles (fragmento de *El tributo),* uno de los frescos de Masaccio, en la iglesia florentina de Santa María del Carmen, encargados por un rico comerciante para su propia capilla familiar.

50. La reforma protestante

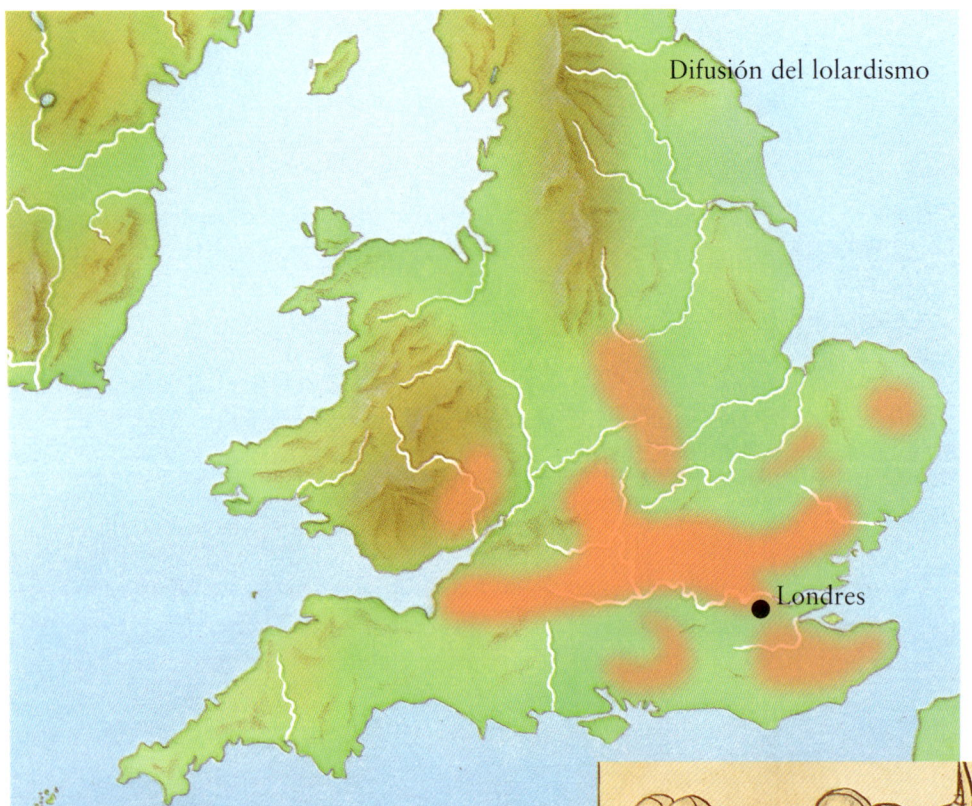

Difusión del lolardismo

Londres

Los lolardos

Al principio se llamaron «lolardos» los misioneros herejes que aparecieron en los Países Bajos a comienzos del siglo XIV; pero en general, se conoce con este nombre a los «pobres predicadores», una secta de misioneros ambulantes sin regla ni votos, fundada en 1380 por influencia de John Wyclif. Wyclif, que tradujo o mandó traducir la Biblia en inglés, aportó una crítica radical a la Iglesia: todo está ya en las Escrituras, ninguna añadidura tiene sentido, luego Iglesia y clero son inútiles. Además negó el dogma de la transustanciación. Después de su muerte, en 1384, el movimiento de los lolardos se difundió por toda Inglaterra meridional, encontrando apoyo en las clases más pobres y en la burguesía ciudadana contra el excesivo poderío del alto clero y de la gran nobleza. Perseguidos más por sus ideas sociales que por su doctrina herética, muchos de ellos hallaron la muerte en Londres, en la matanza de St. Giles' Field, en 1414. Reducidos a una secta de pobres e incultos, los lolardos eran todavía numerosos a finales del siglo XV en el sur de Inglaterra, hasta el punto de granjearse nuevas persecuciones.

A la derecha: Hus en la hoguera, de una crónica alemana del siglo XV.

Jan Hus, reformador bohemio y precursor de la Reforma, censuró los vicios del clero y la falta de disciplina dentro de la Iglesia. Excomulgado, fue convocado al concilio de Constanza para disculparse, pero, a pesar del salvoconducto del emperador Segismundo, fue arrestado y quemado como hereje. Sus seguidores fundaron en Praga una Iglesia husita que defendieron con ahínco contra los imperiales católicos.

La liga de las ciudades husitas

Tras la muerte de Hus (1415), se formaron en Bohemia, entre sus seguidores, diversas tendencias, incluso ideológicamente muy distantes entre sí, desde las monárquicas moderadas a las sociales-revolucionarias. Estos grupos de seguidores, sumamente fluctuantes y en continuo cambio, tenían sus dos principales puntos de referencia política en Praga y en la nueva ciudad de Tábor. La corriente de Praga pensaba poder evitar una ruptura definitiva con la Iglesia, si aceptaba, al menos en parte, las exigencias reformistas (comunión con el cáliz para los laicos, pobreza del clero, libertad de predicación, castigo para los pecados mortales), mientras los taboritas propugnaban ideas religiosas, litúrgicas y sociales abiertamente inconciliables con la doctrina de la Iglesia.

Las ligas de ciudades nacían de la persuasión —y no raramente de la constricción— de ciudades y burgos para ponerse de acuerdo con la parte vencedora del momento.

Fenómeno popular, nacional, social y político, además de religioso, el movimiento husita, acusado de sublevar al pueblo checo contra la Iglesia y el emperador, padeció la más violenta represión.

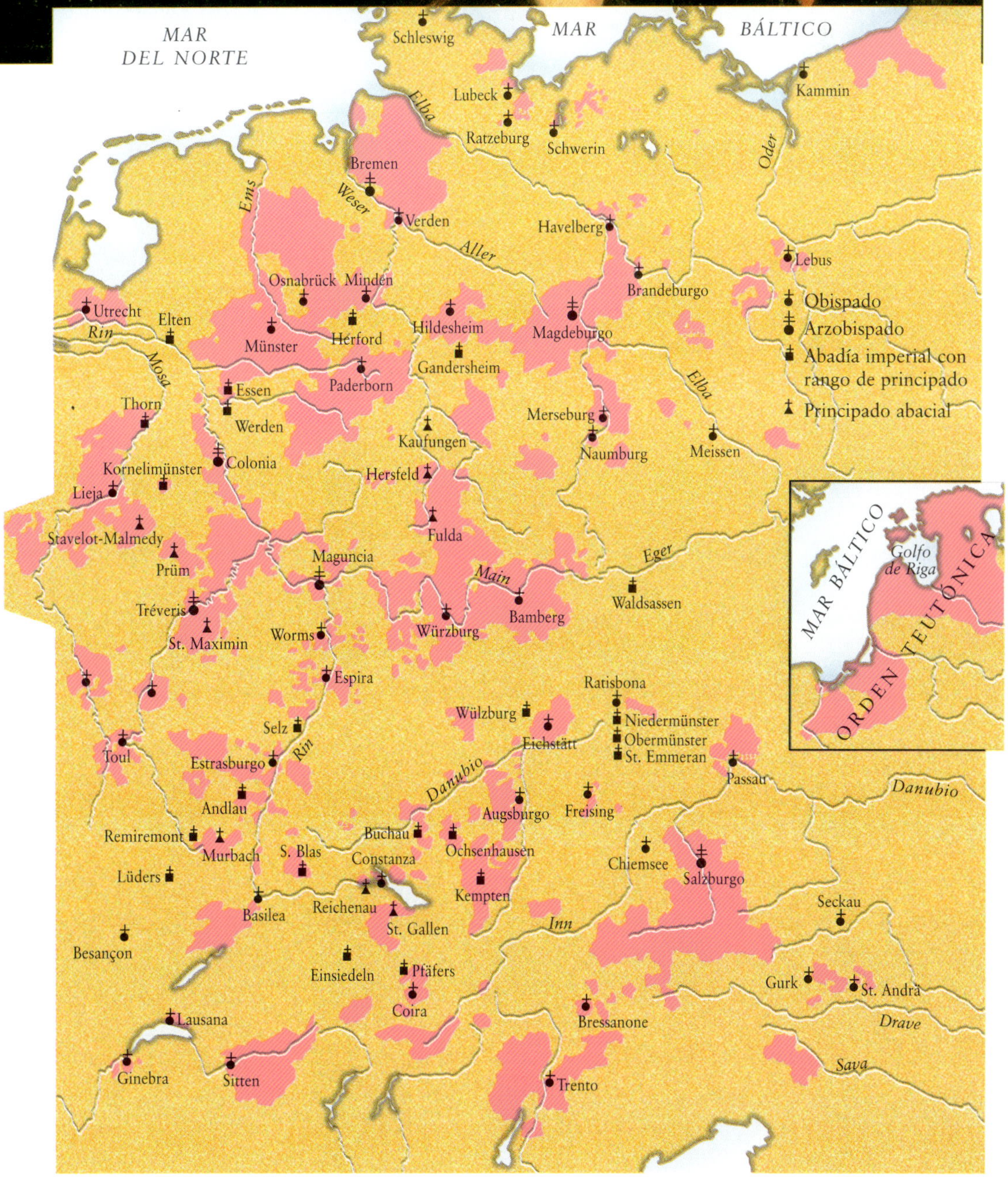

Arriba: en este retrato, Lutero aparece rodeado de sus más estrechos amigos y colaboradores, entre ellos Philipp Melanchthon (último a la derecha) y el gran humanista flamenco Erasmo de Rotterdam (cuarto por la derecha).

A la derecha: los principados eclesiásticos en Alemania a comienzos del siglo XVI.

El principado eclesiástico es una institución que nace en la Edad media, a causa de la rivalidad y los conflictos entre el emperador, los señores y los príncipes feudales. Otón I aumentó el poder de los obispos otorgándoles derechos cada vez mayores y posesiones cada vez más extensas. Como los bienes episcopales, a la muerte de su poseedor, retornaban al emperador, el nombramiento de obispos como príncipes del Imperio resultaba positivo para los emperadores, ya que significaba aumento de su poder. Con el paso del tiempo, estos príncipes acrecentaron su independencia y autonomía, y contemporáneamente secularizaron sus cortes, su modo de actuar e, incluso, su propia vida ordinaria. En concreto, el carácter principesco llegó a tener más importancia que el episcopal. Cada vez con mayor frecuencia, la política y los intereses personales prevalecieron sobre los intereses eclesiásticos y pastorales. Esta situación duró hasta el año 1803, cuando Napoleón secularizó estos principados y asignó sus territorios a príncipes hereditarios.

50. LA REFORMA PROTESTANTE

A lo largo del siglo XV la Iglesia latina vivió momentos de desconcierto que aflojaron sus lazos de comunión y pusieron al descubierto sus debilidades doctrinales y organizativas. El cisma de Aviñón y las teorías conciliaristas consiguientes debilitaron la autoridad pontificia, mientras que el nacionalismo antirromano centroeuropeo siguió vigente en todas sus manifestaciones. La teología resultaba demasiado especulativa y, a menudo, alejada de las fuentes patrísticas y poco fundamentada en la Escritura, los teólogos no habían elaborado aún un tratado completo sobre la Iglesia de forma que incluso después del concilio de Florencia quedaban muchas cuestiones sin perfilar ni definir. De ahí que muchos autores siguiesen defendiendo proposiciones antitéticas sobre la institución de la Iglesia y del primado del papa, así como sobre la potestad del papa y del concilio. A esto habría que añadir la gran necesidad sentida por el pueblo cristiano de una mayor purificación en las costumbres, en los ritos litúrgicos y en las manifestaciones de religiosidad popular, en la vida del clero y en la organización eclesial. Existía un clamor generalizado en favor de una reforma de vida y costumbres. Se deseaba una vuelta al cristianismo primitivo, genuino y simple, más interiorizado, sin las adherencias que la tradición, la costumbre y la rutina le habían ido añadiendo a lo largo de los siglos, y se hablaba y escribía, en tono espiritual y también satírico, contra la observancia farisaica de los ritos externos y contra los excesivos preceptos, leyes y «constituciones humanas». El *Enchiridion militis christiani* de Erasmo de Rotterdam constituye la mejor síntesis de semejantes ideas, aspiraciones y sentimientos. Por esta razón tuvo tanto éxito en toda Europa.

En este ambiente aparecieron casi al mismo tiempo, en diversos países, líderes y reformadores religiosos que consiguieron ser escuchados y seguidos e imponer sus concepciones sobre el cristianismo y la Iglesia en amplias regiones europeas. Lutero, Zuinglio, Muntzer y Calvino son seguramente los más conocidos de estos reformadores. Algunos de ellos son considerados como los inspiradores de algunas de las Iglesias cristianas más importantes.

Martín Lutero fue el primero y el que marcó una impronta más decisiva. Nació en 1483 en Eisleben, perteneció a la orden religiosa de los agustinos. Hombre devoto y escrupuloso, tenaz y apasionado, iracundo y obsesivo, unió al frenesí teológico esa experiencia mística que está en el fondo de toda gran revolución histórica. El problema fundamental de su vida fue el saber si y cómo puede el hombre alcanzar la certeza de su salvación eterna. Esto no le parecía posible por el simple ejercicio de ciertos actos salvíficos y por el cumplimiento de determinados preceptos, puesto que pen-

Lutero en el púlpito, de una pintura de Cranach, y portada de la primera edición de la Biblia traducida por Lutero, impresa en Wittenberg en 1534. Comenzada en Wartburg, el castillo donde Federico el Prudente de Sajonia hospedó secretamente al reformador, esta traducción es la primera gran obra literaria alemana en lengua moderna.

saba que el hombre jamás puede saber si realmente ha dado satisfacción adecuada a lo que Dios le exige. Lutero se inclinó más bien a creer que la solución estaba en una fe incondicional en la gracia divina. En consecuencia, las obras salvíficas y la observancia formal de los mandamientos, le parecían menos necesarios, ya que por determinados actos u omisiones no podía el hombre ganar derecho alguno a su salvación, sino que esta podía obtenerse sólo por medio de una fe firme y confiada. Lutero se enfrentó al papa León X, de la familia florentina de los Médicis, e invitó a la demolición de las tres murallas que defendían y protegían, según él, la Iglesia romana: la distinción entre el clero y el laicado, el derecho exclusivo de la jerarquía eclesiástica a interpretar la Escritura y el derecho exclusivo del papa a convocar los concilios. La doctrina de Lutero sobre el sacerdocio universal de los creyentes, que él opone al sistema jerárquico, no implica un individualismo religioso, sino que incluye en sí misma la realidad de la comunidad, en cuanto «comunidad de los santos». Lutero se convirtió en el héroe de la libertad de conciencia, al tiempo que el protestantismo se convertirá para sus seguidores en principio de libertad.

Juan Calvino organizó en Ginebra una Iglesia según unos principios muy elaborados, expuestos en su obra «Institución de la religión cristiana» que acabó por imponerse en la sociedad y en la política ginebrina. De hecho, Calvino reconocía a la Iglesia el derecho de imponer al Estado sus principios morales, sus leyes y su organización. Más que el amor personal por Cristo, Calvino subraya la adoración al Señor de la gloria, a quien todo pertenece y a quien debe referirse todo. Negó la presencia real en la Eucaristía, aunque admitió una presencia virtual. El organigrama eclesial estaba compuesto por diáconos, para las obras de caridad; doctores, que dirigían las escuelas; ancianos, laicos que vigilaban las costumbres y la vida de piedad, y pastores, dedicados a la predicación y administración de sacramentos.

Muntzer y Zuinglio, por su parte, fueron otros exponentes del deseo de cambio y radicalidad. Al primero se le describe como profeta de la revolución, imbuido de ideas milenaristas de la implantación por la espada del Reino escatológico de la justicia. Ulrico Zuinglio, por su parte, desarrolló su reforma en la Suiza alemana. Sus teorías eclesiológicas y sacramentales eran más radicales que las de Lutero: rechazó la Iglesia visible, la tradición, el papado y el sacerdocio, la misa, los votos monásticos, el purgatorio, las indulgencias y el ayuno, y atribuyó a la autoridad civil el derecho a gobernar la Iglesia.

El origen del anglicanismo no fue tanto doctrinal sino estrictamente existencial. Enrique VIII de Inglaterra deseó separarse de su mujer Catalina de Aragón para casarse con Ana Bolena, de la que se había enamorado. El papa no quiso o no pudo conceder la anulación de este matrimonio y Enrique se separó de Roma y se declaró Cabeza de la Iglesia de Inglaterra con el fin de conseguir su propósito. A su muerte, la organización eclesial y la formulación doctrinal permanecían intactas según la tradición católica. Fue con sus hijos Eduardo VI e Isabel I cuando el anglicanismo adquirió una configuración doctrinal que permanecía a mitad de camino entre el catolicismo y el luteranismo. Los 39 artículos recogen todo lo que un anglicano debe aceptar.

Arriba: xilografía de la época: un grupo de campesinos prestando el juramento de fe.
Las nuevas ideas reformistas estimularon a la clase campesina a la defensa de los antiguos derechos de sus comunidades y fomentaron revueltas que fueron sofocadas con sangre.

Abajo: el obispo Sherburne solicita a Enrique VIII la aprobación de un documento; cuadro de 1519.
En Inglaterra la Reforma no tuvo motivos doctrinales, sino políticos. El rey se convirtió en jefe de la Iglesia anglicana, por lo que también dispuso de los bienes eclesiásticos. Quien no aceptaba esta supremacía era ajusticiado, como le sucedió a Tomás Moro.

51. La Europa reformada

REFORMA: 1517-1648
- ▫ Centros principales de la Reforma
- ○ Centros principales de la Contrarreforma
- • Ciudades

Minorías religiosas
- ❶ anabaptistas
- ❷ calvinistas
- ❸ católicas
- ❹ judías
- ❺ musulmanas

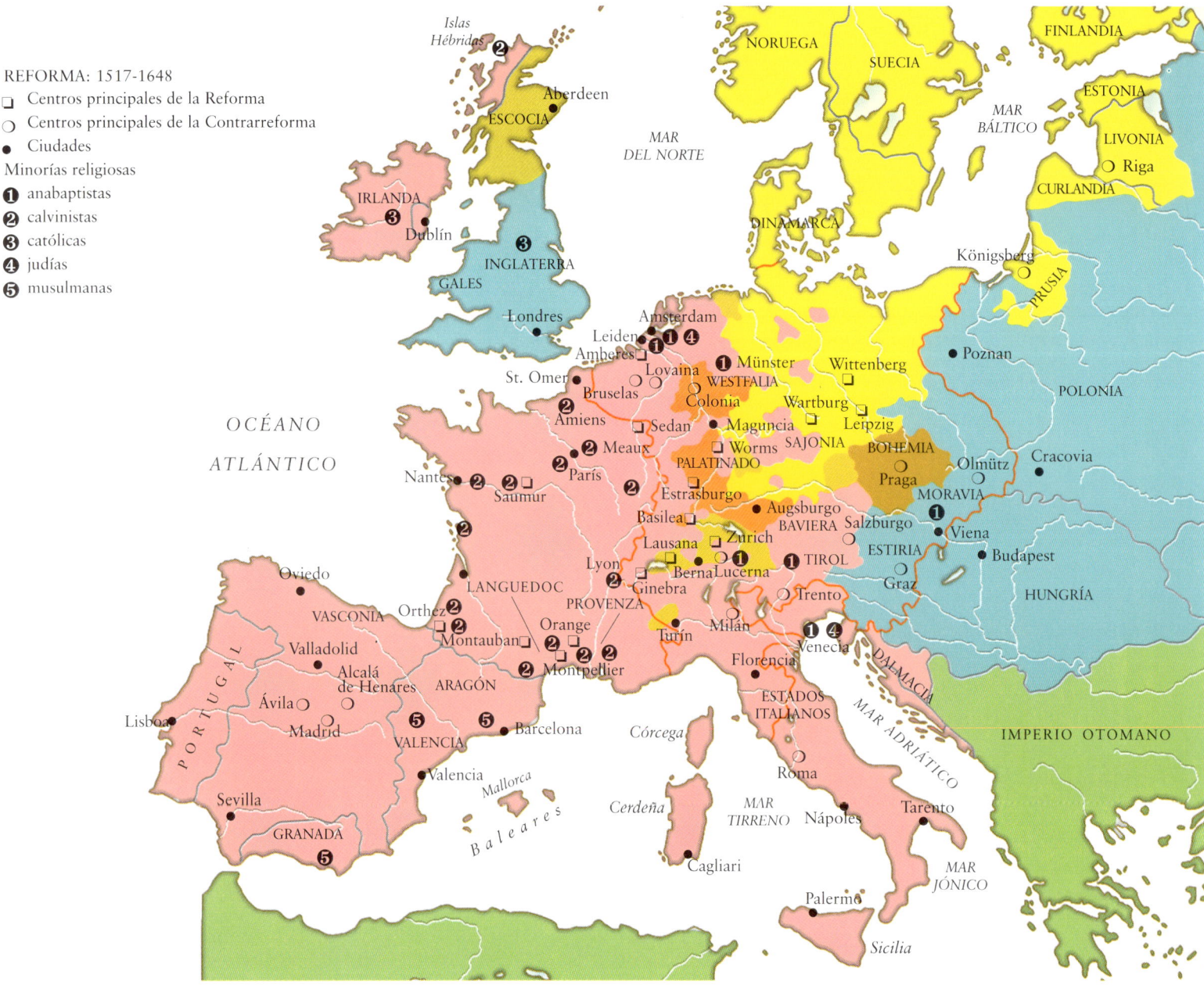

Un factor decisivo en la geografía político-religiosa de Europa después de la Reforma es la profesión de fe del príncipe. El principio por el que la profesión de fe del pueblo sigue a la de su soberano *(cuius regio, eius religio)* está en la base de los sucesivos desarrollos políticos en Alemania y en toda Europa central. Es verdad que no siempre el pueblo se adhería de forma unánime a una opción de conciencia que venía de arriba, y así se daban sólidas minorías evangélicas en territorios con un soberano católico, y minorías de católicos en territorios protestantes.

A lo largo del siglo XVI el peso de la Iglesia se vio reducido. El aumento de la población, la fuerza económica de las ciudades comerciales, la consolidación de formaciones estatales con capacidad autónoma para organizar un aparato económico, administrativo y financiero son realidades ya bastante difundidas, que hacen surgir un pluralismo de sujetos sociales, políticos y culturales que la Iglesia ya no es capaz de dominar. Estructurándose en entidades políticas nacionales de media magnitud, dentro y fuera de los viejos límites imperiales, los Estados europeos van apartándose progresivamente de la vieja universalidad cristiana. Mezclando exigencias espirituales con intereses diversos, están ya dispuestos a aceptar la diversidad de credos y ritos.

A lo largo de los siglos XVI y XVII la Iglesia se ve inducida lentamente a reconocer la razón de Estado, acabando por convertirse en un apoyo insustituible del orden constituido. Comienza el matrimonio entre el trono y el altar, que no son ya antagonistas, como en la Edad media, sino recíprocamente funcionales. Se delinea así una nueva forma de inserción del clero en la vida de las nuevas clases dirigentes. Todas las Iglesias desempeñan su rol en el funcionamiento del Estado: enseñanza, beneficencia, predicación, diplomacia, en un amplísimo entramado de funciones y en coherencia de intereses políticos y religiosos. En este vasto proceso, cada país adopta sus propios modelos.

La función de mayor potencia militar de Europa y eje de la política hegemónica de los Habsburgo, hace de España el país menos permeable a las ideas reformistas, y hasta punta de diamante de la política «católica». Por otro lado, aquí actuaban fuerzas auténticamente religiosas que crearon el *humus* del que se formaron algunas grandes figuras de la reforma católica: san Ignacio de Loyola, fundador de los jesuitas, santa Teresa de Jesús, reformadora del Carmelo, capaz de ejercer un gran influjo espiritual en España y en toda Europa, san Juan de la Cruz, místico y poeta, que señaló el camino para superar las disputas eclesiásticas y las guerras de religión en el encuentro del alma con Dios.

En Alemania, el particularismo del viejo territorio imperial ve, sí, la gran difusión del luteranismo, pero no el nacimiento de un gran Estado luterano.

Francia se verá afectada durante varios decenios por una sangrienta y demoledora guerra civil entre sus dos almas: la católica y la calvinista, en las que se esconden viejos y no apagados rencores, que se remontaban a la época de la cruzada albigense.

Los Países Bajos sobrepusieron a la lucha religiosa entre católicos y calvinistas su epopeya de independencia nacional. La hegemonía de la ética calvinista exaltará la tradicional capacidad de trabajo de este pueblo, haciendo nacer el primer Estado burgués moderno.

Inglaterra, pasada al campo protestante y a punto de convertirse en gran potencia marítima, será la natural antagonista de la España católica.

En Italia, finalmente, el particularismo y la debilidad de los pequeños Estados, el fin de un papel central en los asuntos económicos, políticos y culturales europeos y la presencia del papado, hacen muy difícil la penetración de las ideas reformistas, limitadas generalmente a pequeños grupos del norte del país, que está destinado a ser campo de batalla de los mayores intereses europeos.

Arriba: una celebración en el templo calvinista de Lyon, llamado «Paraíso», en torno a 1565.

Los ritos de los protestantes se distinguían por su sencillez y sobriedad, en neto contraste con la tendencia católica a cierta teatralidad, de la que el arte barroco, al servicio de la reforma católica, haría posteriormente un uso inteligente.

A la izquierda: estampa del siglo XVI que ilustra la destrucción de reliquias e imágenes en las iglesias durante la revuelta de los Países Bajos.

En sus formas más radicales, el rechazo que opuso el protestantismo a la tradición artística de la Iglesia católica indujo, sobre todo a los calvinistas, a excesos de signo iconoclasta, como sucedió en los Países Bajos, donde estas violencias perpetradas en las iglesias suscitaron la sangrienta represión del catolicísimo Felipe II, rey de España y soberano de los Países Bajos.

51. LA EUROPA REFORMADA

A la izquierda: la «defenestración de Praga», xilografía de la época. El 23 de mayo de 1618, los habitantes de Praga se alzaron contra el Imperio, que intentaba poner límites a su libertad religiosa y arrojaron por la ventana del castillo de Hradschin a los dos enviados imperiales. Este acto de violencia marcó el comienzo de la serie de guerras entre príncipes católicos y protestantes del Imperio, que se conoce con el nombre de Guerra de los Treinta años.

En la página siguiente: jesuitas y protestantes discuten en un encuentro que tuvo lugar en Ratisbona, en 1601.

En la primera mitad del siglo XVI una parte importante de Europa fue aceptando la doctrina y las instituciones de las diversas confesiones protestantes: gran parte de Alemania, casi toda Suiza, el reino de Dinamarca, que entonces englobaba Suecia y Noruega, Islandia, regiones de Moravia y Hungría, y algunas zonas de Francia habían adoptado la reforma.

Naturalmente, el paso a la nueva religión fue generalmente zigzagueante y los modos fueron diversos. Alberto Hohenzollern era el Gran Maestro de los Caballeros Teutónicos, la orden religiosomilitar que tanta parte había tenido en la evangelización de aquellos territorios y, en cuanto tal, gobernaba el territorio de Prusia. Se hizo luterano, se casó, estableció una dinastía y siguió gobernando Prusia. Otros gobernantes utilizaron también estos mismos sistemas de progreso personal, pero la mayoría aceptó la reforma por convencimiento personal.

Por su parte, Carlos V no podía aceptar una situación que, además de sus componentes religiosos para él intolerables, tenía importantes y peligrosas consecuencias políticas. Procuró imponer sus puntos de vista y para conseguirlo buscó acuerdos con los príncipes. Hay que tener en cuenta que, a pesar del título imperial, el emperador tenía un poder bastante relativo sobre los príncipes territoriales alemanes. Además, al principio, no se veía muy bien en qué consistían las diferencias doctrinales de los nuevos reformadores, por lo que el emperador abrigó durante mucho tiempo la esperanza de conseguir la reconciliación entre católicos y protestantes de Alemania. Con este fin, convocó en 1530 una Dieta en Augsburgo a la que acudió Philipp Melanchton con una profesión de fe luterana redactada por él en 28 artículos, de carácter moderado y que subrayaba sobre todo las concordancias doctrinales con los católicos. No obstante, no se consiguió llegar a ningún acuerdo.

Creció la tensión y los príncipes protestantes unieron sus fuerzas en la Liga de Esmalcalda. En un primer enfrentamiento con las tropas del emperador fueron aniquilados (1547), pero vencieron a las tropas imperiales en 1552, gracias, también, a la eficaz ayuda del rey de Francia. En la paz de Augsburgo (1555) se aprobó y se impuso, de hecho, el principio *«cuius regio, eius religio»,* por el cual se determinaba que la religión de un reino era la religión de su Señor. Además, se acordó que, entre los grupos protestantes, sólo el luteranismo sería tolerado en el Imperio.

Fueron años de divisiones internas entre los protestantes luteranos y los reformados (los que seguían a Zuinglio, Calvino, Farel y Butzer) y de serias disensiones entre los luteranos entre sí. Los puntos de vista teólogicos eran poco acordes y, a menudo, muy enfrentados sobre temas tales como la presencia real o ideal en la eucaristía, la aceptación o el rechazo de la palabra sustancia, la importancia concedida al Antiguo Testamento, el tema de la predestinación, el número de los sacramentos, el concepto de sucesión apostólica de los obispos, la necesidad de buenas obras como prueba de salvación y tantos otros de parecida importancia.

En 1580 se llegó a la Fórmula de Concordia, fórmula que fue capaz de representar las convicciones de una gran mayoría de luteranos germanos. Progresivamente, a lo largo del siglo, se dio mayor consideración e importancia al dogma y a las confesiones históricas. En el siglo XVII se produjo una fuerte reacción pietista, reacción que se ha repetido con una cierta frecuencia en el luteranismo.

Los países de lo que llamamos Escandinavia aceptaron el luteranismo de forma masiva y homogénea. Christian III de Dinamarca impuso el luteranismo en su reino y fortificó con ello la autoridad de la corona. Noruega estaba unida a Dinamarca en la figura del rey, recibió algunos predicadores de la nueva doctrina y la fue adoptando sin traumas ni dificultades. En Suecia, por su parte, Gustavo Vasa fue elegido rey en 1523, arrojó a los daneses de su reino y fue coronado en 1528. El resurgir del nacionalismo sueco coincidió con la introducción del luteranismo y se tradujo en una íntima unión de la Iglesia con el Estado. Los ritos litúrgicos en Suecia son más parecidos a los romanos que los de las otras Iglesias luteranas. En la historia del luteranismo sueco resultaron determinantes la actitud y las decisiones doctrinales de la universidad de Upsala.

Los residuos valdenses se asociaron al poco tiempo con las iglesias reformadas. Se habían refugiado en los valles del Piamonte, cerca de la frontera suiza. Las doctrinas propias de la reforma suiza les fueron llevadas entre 1530 y 1540, en parte por Farel y en parte por una delegación de pastores de sus comunidades que visitaron Estrasburgo, Basilea y Berna. Acogieron las nuevas tendencias con entusiasmo y, al mismo tiempo, influidos por sus libros y pastores, experimentaron una renovación y expansión importante.

Francia recibió fundamentalmente la predicación calvinista. Calvino envió desde Ginebra a más de cien pastores que tuvieron acogida y éxito sobre todo en las regiones periféricas, las más alejadas de París. El calvinismo se impuso, también, en Escocia. El parlamento escocés abolió el catolicismo y adoptó en 1560 la confesión calvinista presentada por Knox, que se enfrentó a la reina María Estuardo. En Holanda, por su parte, el calvinismo se afirmó gracias al apoyo de Guillermo de Orange. Estas Iglesias se convirtieron en una verdadera potencia política, estructurada y bien organizada.

En España no faltaron unos grupos de seguidores de las nuevas ideas, pero su expansión fue mínima, a causa de que la Iglesia española había experimentado ya una profunda reforma durante el reinado de los Reyes Católicos, porque los teólogos de Salamanca y Alcalá habían elaborado una teología bien fundamentada en la Escritura y, también, por la rápida acción de la Inquisición, que reprimió con dureza los primeros brotes calvinistas.

En pocos años se consiguió lo que no había sucedido desde el arrianismo: el establecimiento de una Iglesia disidente organizada y potente en gran parte de Europa. La cristiandad europea se encontraba dividida en dos campos semejantes en extensión e importancia y con un rechazo mutuo absoluto.

No podemos olvidar a los anabaptistas, que volvían a bautizar a los adultos convertidos, que subrayaban con vehemencia el sacerdocio universal de los fieles y la inspiración directa personal de los fieles frente a la opresión de las Iglesias y los Estados.

Desde mediados del siglo XVI, el cristianismo reformado se dedicó a definir su doctrina, a afirmar y estructurar sus Iglesias y a establecer una sólida alianza con el Estado. Naturalmente, los matices y peculiaridades fueron numerosas, pero también en este campo, las aplicaciones prácticas, tanto doctrinales como organizativas, de Calvino ejercieron una influencia decisiva.

Sin embargo, la indudable ventaja que supuso para la Reforma su definición en sólidas fórmulas dogmáticas, eclesiásticas y políticas, tuvo también su reverso. Su institucionalización y su enfeudamiento a las potencias seculares favorecieron el declive de su fulgurante y creativo impulso inicial, al tiempo que el catolicismo conocía tras la celebración de Trento un verdadero renacimiento. Esta fue la historia de la primera parte del siglo XVII.

52. El concilio de Trento y la reforma católica

Arriba: Pablo III, asistido por la Fe, prepara el concilio de Trento; cuadro del siglo XVII.

A la derecha: Ignacio de Loyola con la regla de la Compañía de Jesús, por él fundada, y con las siglas IHS *(Iesus Hominum Salvator),* adoptadas por los jesuitas.

Abajo: interior de la iglesia barroca de Vierzehnheiligen, en Alemania, un santuario meta de peregrinaciones, dedicado a catorce santos intercesores.

52. El concilio de Trento y la reforma católica

La reforma católica tuvo su centro de inspiración y de actuación en el concilio de Trento. Por una parte, este concilio constituyó el punto de llegada y el resultado de innumerables sensibilidades, esfuerzos y tendencias presentes en la jerarquía, en las órdenes religiosas y en las confraternidades laicales desde comienzos del siglo XV, dispuestas a renovar y purificar la vida de la Iglesia. Por otra parte, se convirtió en el punto de partida de una autorreforma eclesial decisiva, en cuanto sus decisiones doctrinales y las reformas adoptadas penetraron en el cuerpo eclesial y configuraron su sistema teológico, su doctrina espiritual, la disciplina y la acción pastoral de su clero y de su laicado más comprometido. El concilio de Trento constituirá durante cuatro siglos la fuerza interior y el punto de referencia de la vida eclesiástica católica en sus diversas dimensiones. Este concilio, exigido por todas las partes, fue dirigido y llevado adelante por el papado con su curia romana, y por el episcopado, especialmente el italiano y el español. Pero no resultó fácil su convocatoria. Tanto el emperador Carlos V como Francisco I de Francia y los príncipes protestantes de la Liga de Esmalcalda pusieron toda clase de dificultades, aunque por distintos motivos. Se encontraban en guerra entre ellos y no querían que el concilio favoreciese al contrario. Además, los intereses y las tendencias nacionalistas, sobre todo francesas y españolas, complicaron la situación. Por su parte, ni los papas ni la Curia romana mostraron mucho interés en la reunión de un concilio que podía escapárseles de las manos si era concebido como un instrumento de ataque al pontificado, tal como lo deseaban los protestantes. El recuerdo de las tensiones conciliaristas permanecía todavía demasiado vivo en Roma. Por una razón u otra, pasó demasiado tiempo entre la proclama de Lutero, la expansión protestante y la reunión de Trento.

Después de unos papas que parecieron no darse cuenta de la gravedad de la situación, Pablo III (1534-1549) se comprometió personalmente con la reforma y apoyó a los reformadores de las órdenes religiosas, transformó el colegio cardenalicio nombrando personas de categoría intelectual y moral, exigió a los obispos la residencia en sus diócesis y aprobó diversas disposiciones contra abusos y corruptelas existentes en la Iglesia. Después de diversos intentos fallidos, convocó el concilio en la ciudad imperial de Trento, lugar fronterizo entre la protestante Alemania y el mundo latino católico. Era 1545, demasiado tarde para conseguir la unidad de los cristianos.

El concilio tuvo tres sesiones: 1545-1547; 1551-1552; 1562-1563. El número de los obispos presentes varió según los momentos, pero las grandes Iglesias estuvieron en general bien representadas, aunque predominaron los obispos italianos y españoles. Carlos V deseaba que el concilio afrontase directamente la reforma de la Iglesia mientras que Roma quiso que se estableciese una clara base doctrinal como presupuesto de la necesaria reforma. Se llegó al acuerdo de tratar simultáneamente ambas cuestiones.

El concilio estableció en sus diferentes sesiones cuáles eran las fuentes de la Revelación: la Escritura y la Tradición, y el canon de Libros Sagrados; emanó el decreto sobre el pecado original y sobre la justificación, señalando que la principal causa eficiente de la justificación es la gracia de Dios, pero recordando que también puede actuar y decidir la siempre libre voluntad del hombre; definió la doctrina sobre los siete sacramentos y afirmó la institución divina del sacerdocio en sus diversos grados. El problema central de la reforma fue el clero diocesano y regular, es decir, la forma-

Una reunión de la comisión para la reforma del calendario, emprendida por el papa Gregorio XIII.

El nuevo calendario gregoriano, que es el que está todavía en uso en todo el Occidente cristiano, corrigió algunas imprecisiones del anterior calendario juliano (que se remontaba al tiempo de Julio César) e introdujo reglas para determinar la fecha de las grandes fiestas religiosas, basadas tanto en el año solar como en el lunar.

Éxtasis de santa Teresa, de Bernini. Esta obra maestra de la escultura barroca hace referencia a un hecho conmovedor de la autobiografía de la santa: «No procura el alma que duela esta llaga de la ausencia del Señor, sino hincan una saeta en lo más vivo de las entrañas y corazón, a las veces... En esta visión quiso el Señor le viese así: no era grande, sino pequeño, hermoso mucho... Veíale en las manos un dardo de oro largo, y al fin del hierro me parecía tener un poco de fuego».

ción, purificación y acción pastoral de un clero reformado, en base al principio: el obispo y el párroco son los responsables del cuidado pastoral de las almas y a este objetivo deben dedicar su formación y su acción. Exigió la correspondencia entre lo que se era y cómo se vivía. Esto implicaba una buena formación, una vida moral digna y una dedicación total a la tarea sacerdotal.

Entonces nacieron los seminarios diocesanos y se estableció la obligación de residir allí donde se tenía el trabajo, el obispo en su diócesis y el párroco en su parroquia. En Trento se insistió en la obligación de reunir periódicamente sínodos diocesanos y concilios provinciales capaces de seguir de cerca la vida de las Iglesias locales y de sus miembros. Tal como enseña la historia, los sínodos constituyen siempre una ocasión extraordinaria de revisión de la realidad, de autocrítica y de reforma comunitaria. Durante mucho tiempo habían caído en desuso.

El concilio había sido convocado para extirpar la herejía, reformar la Iglesia y unir a los cristianos. Consiguieron aclarar y establecer muchas doctrinas no suficientemente claras hasta entonces, pero su formulación estuvo muy condicionada por las afirmaciones de Lutero y Calvino, es decir, por la controversia y la necesidad de corregir cuanto se consideraba erróneo en los adversarios. En el campo de la reforma institucional, fue muy eficaz el análisis de las causas de los males de la Iglesia, de forma que sus disposiciones en favor de la reforma fueron eficaces y su efecto duradero. No fue capaz, sin embargo, de conseguir el diálogo con los protestantes, de forma que estos no se sintieron interpelados por el concilio.

El concilio de Trento constituye la derrota efectiva de la teoría conciliarista y de las eclesiologías que de una manera u otra dependen de ella. El pontificado se presenta como el núcleo vital de la Iglesia, como su punto de referencia más operativo. No cabe duda de que la cuestión de la Iglesia estuvo en la base de todos los problemas de este tiempo. En el trasfondo de muchas discusiones y afirmaciones estaba la siguiente cuestión: hasta qué punto la tradición doctrinal eclesial y el consenso eclesial en materia de fe vincula a cada cristiano. Este era el núcleo de la discusión y Trento elaboró algunas bases de respuesta que han llegado hasta nosotros.

Trento constituyó el punto de partida de una profunda reforma de la Iglesia católica. No todo nació con ocasión del concilio, ya que este no hubiera sido posible sin los movimientos y las organizaciones reformistas ya existentes en la Iglesia, pero no cabe duda de que a partir de este concilio la Iglesia fue consciente de la necesidad de una profunda conversión interior e institucional y puso todos los medios a su alcance para conseguirlo.

La liturgia postridentina se caracterizó por la exaltación de la presencia real en la Eucaristía, la devoción a los santos, el reconocimiento de la misión de enseñar de la Iglesia tanto en el púlpito como en la catequesis, y la recuperación del domingo como día del Señor y de la parroquia como lugar de encuentro de la comunidad. El concilio de Trento puso el dedo en tres llagas tradicionales: la ignorancia del clero y del pueblo, la división del clero y su distanciamiento con respecto al pueblo y la sumisión del clero al poder laico.

No se puede comprender la rapidez con que el espíritu de este concilio se impuso en la Iglesia si no se conocen las nuevas órdenes de clérigos regulares que nacieron al amparo del nuevo talante: los teatinos, los barnabitas, los somascos, los escolapios, los camilos, los filipenses o del Oratorio y los jesuitas. Su organización moderna y centralizada, su movilidad y la capacidad de adaptación a las nuevas circunstancias, ambientes y culturas fueron la causa de su rápida expansión, de su enorme influjo y de su éxito. Pero toda esta movilidad y acción no impidió la aparición de dos de las personalidades místicas más importantes de la historia del cristianismo: santa Teresa de Ávila y san Juan de la Cruz, santos reformadores del Carmelo.

53. Las guerras de religión

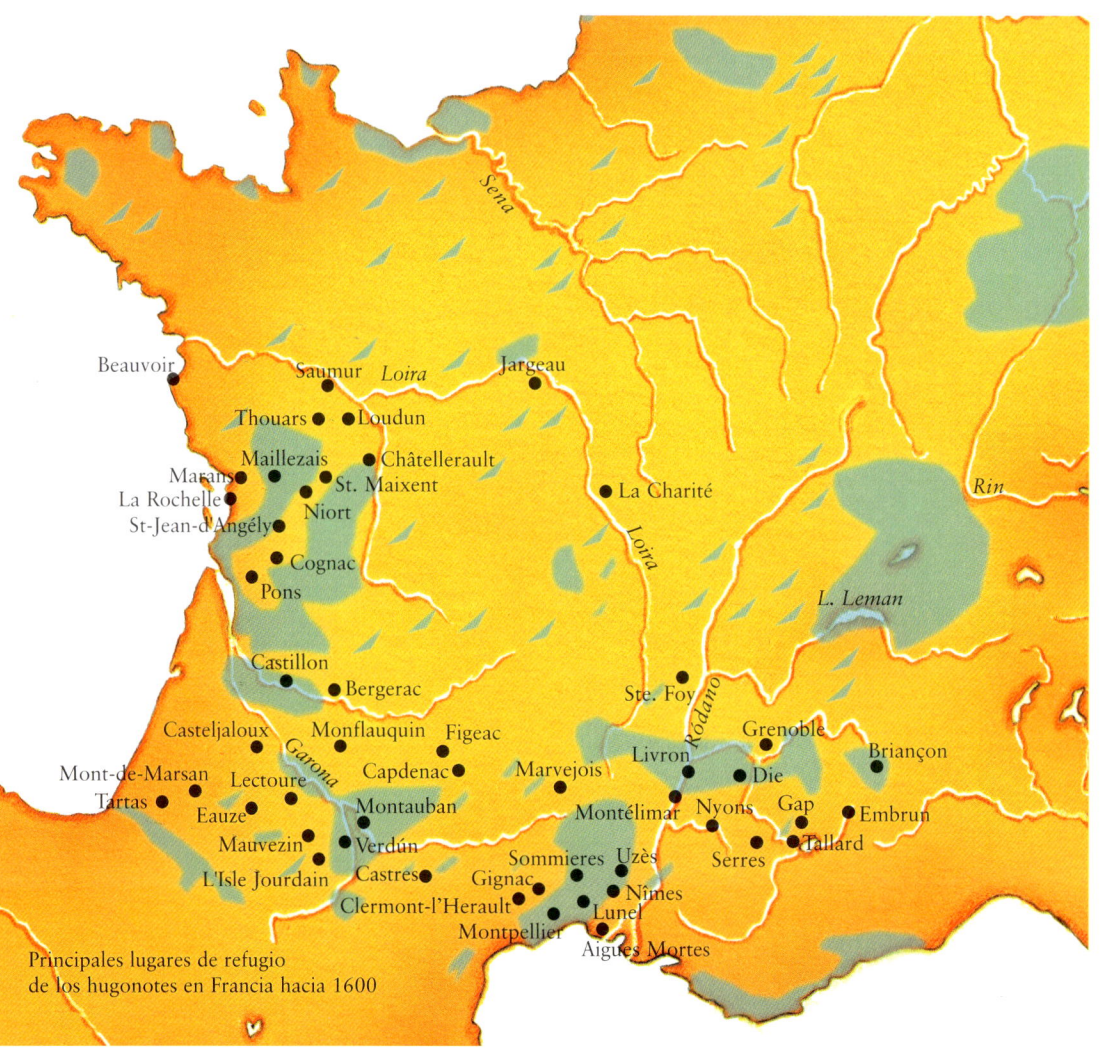

Arriba: la masacre de la «noche de San Bartolomé» de 1572, en una pintura contemporánea. En la matanza, llevada a cabo por orden de Carlos IX y de su madre, Catalina de Médicis, perecieron miles de hugonotes.

A la derecha: los principales lugares de refugio de los hugonotes en Francia. Los hugonotes tenían más de doscientas fortalezas, reconocidas por el Edicto de Nantes, divididas en cuatro categorías: 1) las ciudades libres de La Rochelle, Montauban, Sainte-Foy, Nîmes y Uzès, autogobernadas y privadas de tropas reales; 2) los «lugares de refugio» propiamente dichos, 48 ciudades del Sur y del Oeste, con tropas reales, pero bajo un alto mando reformado; 3) centros menores con pequeños presidentes; 4) lugares y ciudades pertenecientes a la nobleza de los hugonotes; a esta categoría pertenecen las ciudades del Delfinado: Montélimar, Nyons, Grenoble, Die y Embrun.

En la página siguiente, abajo: detalle de la *Matanza de los Inocentes*, de Pieter Bruegel el Viejo, en una réplica de su hijo. El pintor alude claramente a las empresas de los soldados españoles en su país durante la lucha por la independencia.

Principales lugares de refugio de los hugonotes en Francia hacia 1600

CONFESIONES DE LOS PRINCIPADOS ALEMANES Y DEL REINO DE BOHEMIA

BOHEMIA Y MORAVIA
Soberanos católicos. 1609 libertad religiosa. Desde 1620 catolicismo religión de Estado.

BRANDEBURGO
1613 el príncipe pasa al calvinismo, la población permanece luterana. 1615 libertad de profesión luterana.

ANHALT
1606 se divide en dos: Dessau, Zerbst y Plötzkau luteranas, en Bernburg la confesión del Palatinado.

BADEN-DURLACH
1599 el margrave adopta el calvinismo, la población sigue luterana.

HESSE-KASSEL
En 1618 se impone el catecismo de Heidelberg, rico en influjos calvinistas, aun reconociendo la *Confessio Augustana*.

HESSE-DARMSTADT
Sigue siendo luterana.

CONDADO DE ORTENBURG (BAVIERA)
Reforma calvinista hacia 1600. Palatinado y Alto Palatinado 1563 calvinistas. 1576-1583 luteranos. Desde 1583 reformados de nuevo (catecismo de Heidelberg).

PALATINADO-ZWEIBRÜCKEN
1588 catecismo de Heidelberg.

PALATINADO-SIMMERN
1598 catecismo de Heidelberg.

ELECTORADO DE SAJONIA
Luteranos.

BRUNSWICK
Luteranos

FRISIA ORIENTAL
Catecismo de Heidelberg y catecismo de Emden.

Arriba: las ciudades imperiales divididas por profesión de fe en torno al año 1600. La realidad religiosa y política de las ciudades alemanas era verdaderamente mucho más diversificada. En general, en las ciudades, como también en las aldeas, vivían minorías de las que resulta difícil dar cuenta, ya que variaban mucho en cantidad y peso político.

A la derecha: la formación de los Países Bajos (1586-1648). En verde: la Unión de Utrecht 1579. En rojo: los Países Bajos españoles.

53. Las guerras de religión

Francia vivió a lo largo del siglo XVI años de división y de enfrentamientos feroces. Los hugonotes consiguieron una cierta expansión y la adhesión de importantes familias de la nobleza e incluso de algunos miembros de la familia real, pero no alcanzaron la fuerza suficiente como para constituirse en una auténtica alternativa al catolicismo. En 1559 se celebró en París un gran sínodo nacional que elaboró una confesión de fe probablemente redactada por el mismo Calvino. Más que en otros países, la cuestión religiosa se entremezcló con la política y la cuestión dinástica, es decir, las ambiciones de los diversos pretendientes a la corona.

La noche de San Bartolomé de 1572, en la que murieron miles de calvinistas, ha pasado a la historia no sólo como ejemplo de intolerancia religiosa sino, sobre todo, como ejemplo de los métodos utilizados por quienes pretenden conseguir por encima de todo sus ambiciones políticas y, también, de lo complicado que resultaba mantener la tolerancia religiosa allí donde prevalecían confesiones religiosas íntimamente unidas a la organización política y ciudadana. De todas maneras, San Bartolomé fue una operación esencialmente política que, dadas sus consecuencias, obligó a los responsables a intentar un arreglo civilizado.

Durante mucho tiempo arreció la guerra civil entre católicos y protestantes franceses. Los ejércitos de unos u otros y las milicias populares fueron crueles y expeditivas. Los católicos españoles apoyaban a unos y los ingleses protestantes a los otros. Los hugonotes consiguieron organizar un estado paralelo con sus plazas y ciudades fuertes, sus ejércitos y sus estructuras políticas y administrativas. En un momento concreto pareció que el enfrentamiento entre catolicismo y protestantismo iba a dirimirse en Francia. Los resultados fueron inciertos durante muchos años. Finalmente, el 25 de julio de 1593, Enrique IV de Borbón abjuró del calvinismo y fue aceptado como rey católico de Francia. Corresponde a este momento la famosa frase: «París bien vale una misa».

Arriba: los horrores de la Guerra de los Treinta años, en un grabado de Jacques Callot.

En la página siguiente: retrato del cardenal Richelieu, de Philippe de Champaigne. Estadista sin escrúpulos, ministro de Luis XIII, consolidó la supremacía de Francia, estableciendo alianzas con las naciones protestantes contra los Habsburgo en la Guerra de los Treinta años.

En 1598 el rey aprobó el Edicto de Nantes, por el que se reconocía en el reino de Francia una libertad de conciencia absoluta y un ejercicio público del culto bastante amplio. Se les concedía a los hugonotes lugares de refugio, plazas de seguridad y ciudades libres con gobernadores y soldados protestantes.

El Estado francés se convertía en un Estado católico y protestante: católico en la mayor parte de sus tierras y para la mayoría de sus vasallos; protestante en y para las regiones protestantes. El rey era personalmente católico, pero era también el protector de las Iglesias protestantes. No suponía una convivencia asumida con entusiasmo, pero se pretendía favorecer la tolerancia entre comunidades enfrentadas.

Esta situación se mantuvo con diversas alternativas hasta el reinado de Luis XIV. La interpretación restrictiva del Edicto permitió limitar el ejercicio del culto reformado y la actividad pública de sus fieles. En 1685, el rey revocó el Edicto de Nantes con una medida que suprimía, de hecho, la Iglesia protestante, aunque permitía la libertad de conciencia. No se trató tanto de una manifestación de intolerancia cuanto de la incapacidad de la monarquía absoluta de aceptar espacios de autonomía dentro de su soberanía.

Los Países Bajos agrupaban lo que hoy es Holanda y Bélgica. El pueblo de Holanda mantuvo una guerra larga y cruel con la dominación española. En 1609 Felipe III de España reconoció prácticamente su independencia. La paz religiosa y política consolidada a partir de esta fecha permitió a la nación responder a su vocación secular, es decir, la comercial, y la situó en condiciones de sacar el máximo provecho de las facilidades particulares que encontraba en la ética calvinista, convirtiéndose Holanda en una próspera nación marítima y comercial. En la nueva nación se desarrollará una decidida tolerancia religiosa que la convertirá en meca de disidentes y perseguidos por su fe de otras naciones europeas.

Desde 1619 hasta 1648 Europa sufre un conjunto de guerras que han quedado en la historia con el nombre de Guerra de los Treinta años, la última gran guerra religiosa europea. Las causas de esta guerra fueron la rivalidad siempre presente entre católicos y protestantes, el deseo de los protestantes de convertirse en religión predominante, por lo que era necesario rechazar el yugo del imperio, la mentalidad de los Habsburgo de identificar su causa con el catolicismo, el deseo de los calvinistas de aprovecharse de las concesiones de la paz de Augsburgo, la dificultad de aplicar el principio *cuius regio, eius religio*, la tradicional rivalidad de Francia con la casa de los Habsburgo. Estas razones, tanto políticas como religiosas, convirtieron el centro de Europa en un inmenso campo de batalla.

En realidad, una vez más, resulta difícil desligar las causas políticas de las religiosas. Durante los primeros quince años las tropas imperiales mantuvieron el predominio, pero a partir de 1635, el cardenal Richelieu, que gobernaba Francia, se alió con los protestantes, con Holanda, con Gustavo Adolfo de Suecia, suscitó rebeliones contra los españoles en Italia y envió sus ejércitos contra el emperador. Resultaba sorprendente, pero ilustraba la realidad: Richelieu persiguió a los protestantes dentro de Francia, pero favoreció de manera determinante su victoria contra los Habsburgo, es decir, contra los católicos.

En 1648, los acuerdos firmados en Westfalia (Paz de Westfalia) en las ciudades de Münster y Osnabruck pusieron fin a la Guerra de los Treinta años (sin embargo, el conflicto franco-español siguió en pie hasta la paz de los Pirineos en 1659). Los tratados comportaron tres tipos de cláusulas, que modificaron profundamente la situación interior: cláusulas territoriales, constitucionales y religiosas. Así quedó configurado un nuevo mapa político y se fijó el mapa religioso, que permanecerá inalterable hasta la I Guerra mundial: Austria, Baviera, la Europa latina y Bélgica fueron católicas, mientras que Escandinavia, el Báltico, Inglaterra, Escocia y gran parte de Alemania fueron protestantes. Suiza, Polonia, Hungría e Irlanda quedaron divididas. Francia se convirtió en el árbitro político y el emperador perdió su autoridad y su influjo, restringiendo su autoridad estrictamente al propio territorio hereditario, mientras que el imperio se dividió en multitud de Estados independientes.

Nació y se desarrolló la idea del Estado moderno: Estado laico y racional, independiente de la intervención de la Iglesia. Lo que era útil para el Estado, era bueno en sí. Se desarrolló el absolutismo político, los reyes fueron conscientes de que recibían la potestad directamente de Dios y sólo a Dios tenían que dar cuenta, mientras ejercían el cuidado paternal de todos los ciudadanos. El influjo del Estado sobre la Iglesia se acentuó: en los países protestantes por su propia configuración y en los católicos porque el Papa encontró toda clase de dificultades para intervenir directamente en las Iglesias nacionales.

En la paz de Westfalia triunfaron tres principios que configurarán la nueva época: el principio del equilibrio europeo, es decir, la determinación de que no hubiese una nación preponderante; el principio de la igualdad de cultos, es decir, la equiparación jurídica de calvinistas con católicos y protestantes, y el principio de la supremacía del poder civil.

219

54. La Iglesia en América Latina

Organización eclesiástica y misiones en América meridional desde el siglo XVI hasta mediados del XVII, cuando los jesuitas fueron expulsados de Brasil (1759) y más tarde de los territorios españoles (1767).

Con el Tratado de Tordesillas (1494) se estableció una línea de demarcación entre las colonias españolas y portuguesas. En América meridional el tratado atribuía Brasil a Portugal, y el resto del continente a España. Hasta 1546, cuando se constituyeron las provincias eclesiásticas de México, Quito y Lima, todas las diócesis de la América española dependían del arzobispo de Sevilla. En Brasil, hasta 1676 había un solo obispado, San Salvador, erigido en 1551 y dependiente del patriarca de Lisboa. Los confines de las provincias eclesiásticas corresponden a las divisiones políticas de la época. Los mayores artífices de las misiones fueron las órdenes religiosas. Las fundaciones de franciscanos y dominicos, y luego de los jesuitas, eran muy numerosas al final del siglo XVII.

A la derecha: la portada de la iglesia de San Lorenzo de los Carangas, en Potosí, Bolivia.

En la página siguiente: la construcción de una *reducción* en alta montaña a manos de los indígenas que trabajan bajo la guía de los religiosos. Se trataba de comunidades en las que los indios, convertidos y dirigidos por los misioneros, constituían una colonia cerrada y autosuficiente.

54. La Iglesia en América Latina

Para la Iglesia católica la época moderna y el descubrimiento del Nuevo Mundo representaron una nueva experiencia después de siglos de cristiandad reducida al Occidente europeo: la posibilidad de llevar el mensaje de Jesús a nuevos pueblos y a nuevas tierras, renovando métodos catequéticos, imaginando nuevas posibilidades para acercarse y convertir a un continente inmenso, a innumerables etnias con historia, costumbres y lenguas diversas. Esto se dio en América al mismo tiempo que la Iglesia romana se veía reducida en Europa al mínimo de su extensión geográfica a causa de la reforma protestante.

Este proceso de evangelización se desarrolló a través de una acción sorprendentemente rápida y compleja: en pocos decenios, franciscanos, dominicos, mercedarios, agustinos y jesuitas recorrieron el continente en una y otra dirección, predicaron, bautizaron y educaron a centenares de millares de personas, levantaron iglesias, escuelas y hospitales y organizaron cristiandades. En muy poco tiempo la organización diocesana, con sus obispos, catedrales y seminarios, estaba en marcha. Al mismo tiempo que se celebraba en Europa el concilio de Trento, se reunían los obispos americanos en las ciudades de México y Lima, en concilios capaces de vertebrar aquellas cristiandades nacientes. La labor catequética resultó sorprendente por su creatividad y su capacidad expansiva. En Brasil, o mejor dicho, en la zona costera de aquella región, también por el carácter relativamente primitivo de la población indígena, la penetración evangélica fue más difícil y más lenta.

Esta eficacia se debió en parte a la colaboración permanente de los llamados «Patronatos Regios», tanto portugués como español, es decir, a la ayuda de estos Estados que recibieron de Roma el mandato de evangelizar las tierras recién descubiertas. De hecho, las Iglesias americanas dependían directamente de los reyes español y portugués. Nada se podía realizar sin su aprobación: ni erección de diócesis, ni nombramiento de obispos, ni construcción de seminarios, ni envío de misioneros, ni convocatoria de concilios. El patronato era omnipresente. Fue durante mucho tiempo el auténtico papa de América. La ventaja de esta situación resultó evidente: la Iglesia utilizó todos los medios del Estado y pudo llegar con la eficacia de la organización estatal a todos los lugares del continente. Así se explica mejor la rapidez con que la Iglesia se organizó y trabajó en su campo. Los inconvenientes del patronato se manifestaron también con total claridad: aun en el mejor de los casos, aun contando con monarcas profundamente religiosos y preocupados por la evangelización de los nuevos pueblos, el peligro de utilizar la Iglesia y la religión para su política, de identificar el bien de la Iglesia con el del Estado, era real y muy presente.

Religiosos y sacerdotes llegaron allí donde la organización estatal no había podido o no había querido y se enfrentaron con decisión y valentía cuando consideraron que los colonizadores se extralimitaban o actuaban injustamente. No sólo fray Bartolomé de las Casas fue considerado el defensor de los indios, sino que este título pudo ser apropiado por muchos clérigos, religiosos y obispos, que con su trabajo incansable salvaron buena parte de la cultura y de los derechos indígenas. Conviene recordar la línea evangélica desarrollada por Bartolomé de las Casas en México entre 1550 y 1556, por Pedro Claver y por Luis Bertrán en las tierras de Nueva Granada entre 1550 y 1580, por los dos jesuitas Anchieta y Vieira en territorio brasileño en los últimos años del siglo XVI y por el franciscano Antonio de Solano en el Río de la Plata hacia el mismo tiempo, y también, en Norteamérica, la de los jesuitas Brébeuf, Lalemant y Jogues, mártires de las tribus residentes en el actual Québec.

Generalmente, la conversión de estos pueblos fue masiva. Parece que lo que, a menudo, les decidió a abrazar el cristianismo no fue, en primer término, su verdad, sino su poder, el poder del Dios católico, que había vencido a sus dioses, que había ayudado decisivamente a los españoles en su victoria. Como otras veces en la historia, la consideración del poder superior de un dios decidió sobre su reconocimiento. El problema de la legitimidad de la vieja o de la nueva religión no se les planteó a los indios, que eran poco dados a la filosofía, desde la perspectiva de la doctrina, sino desde la realidad entendida como poder. El elemento de la doctrina cristiana que de manera más expresa coincide con esta actitud es la doctrina del Dios todopoderoso.

Para entender cómo se desarrolló la evangelización de estos pueblos tenemos que comprender que no sólo la conciencia parti-

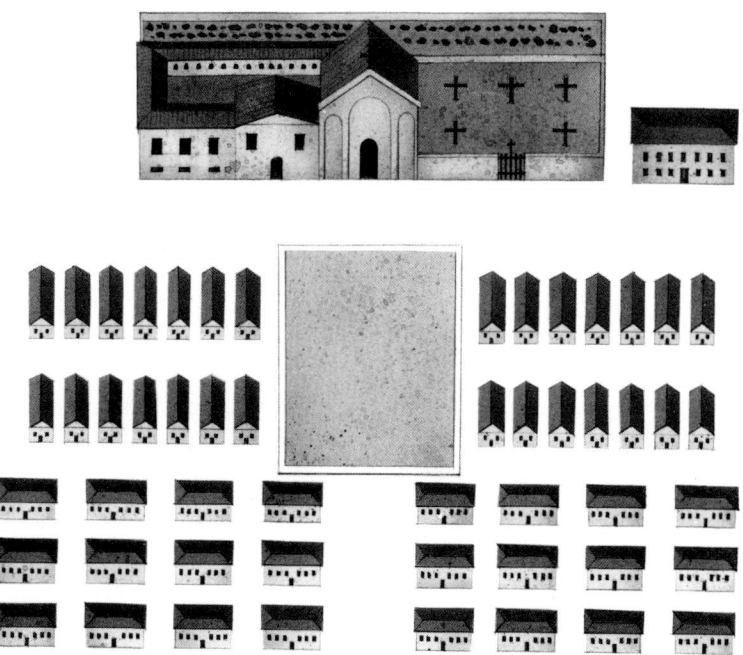

A la derecha: el trabajo en una mina de Potosí; grabado de finales del siglo XVI.

El centro minero de Potosí, en Bolivia, lo fundaron los españoles en 1546; en torno al 1600 Potosí era la ciudad más grande del mundo, después de Londres. La explotación masiva de las minas de plata de la zona causó una espantosa inflación en Europa. Los indígenas, obligados al trabajo en las minas, sucumbían generalmente a los pocos años, ante las inhumanas condiciones laborales. Fue precisamente su escasa resistencia física lo que indujo a los colonizadores a la importación de esclavos más vigorosos de África.

cular, al emitir un juicio sobre la doctrina cristiana, puede realizar una decisión moral valiosa. Estos pueblos, como siglos antes los germanos, los francos o los visigodos, aceptaban una religión y rechazaban otra comunitariamente, como tales pueblos, realizando una opción igualmente valiosa. El abrazar el reino de Dios no está reservado únicamente a los sabios. Los indios «sentían» o «intuían» la realidad más poderosa del cristianismo al compararla con su propia religión, que no sólo era inferior en cuanto doctrina, exigencias o estructura, sino que generalmente se encontraba corroída y en situación decadente.

No obstante esta reflexión, no cabe duda de que este modo de convertirse, de aceptar el cristianismo, plantea un problema difícil para su valoración religiosa. Si toda conversión es metanoia, cambio interior antes que aceptación exterior, no hay duda de que esto no se dio en la mayoría de los casos, sino que el paso al cristianismo fue bastante más elemental y gregario.

Pero sería falso concluir que los indios aceptaron la nueva religión sin motivo, coaccionados y, por lo tanto, falsamente. A este efecto, tendríamos que recordar que los misioneros exigieron siempre un mínimo, tal como lo exigió el concilio Limense I (1551): «Antes de que lo reciban (el bautismo), entiendan lo que reciben y a lo que se obligan... Ordenamos y mandamos que ningún sacerdote de aquí en adelante bautice indio alguno adulto, de ocho años y desde arriba, sin que primero, a lo menos por espacio de treinta días, sea instruido en nuestra fe..., y dándoles a entender cómo hay un Criador y Señor de todas las cosas a quien adorar...». Recordemos, también, que en estas conversiones se volcaba el orden tradicional: antes, en los primeros siglos, se catequizaba primero y después se bautizaba, mientras que en estos casos, como en el bautismo de los niños, la catequesis viene después del bautismo y durará el resto de la vida.

Los misioneros fueron conscientes de la dificultad que suponía evangelizar a los indígenas que vivían muy dispersos en territorios tan extensos y sometidos a los malos ejemplos de los cristianos españoles. No siempre el testimonio de los cristianos era semilla de nuevos cristianos. Nació así la idea de las reducciones, es decir, pueblos compuestos sólo por indígenas dirigidos por algunos religiosos.

Abajo: plano de una *reducción,* una especie de asentamiento, proyectado por los misioneros jesuitas, para acoger a los indígenas y dar vida a sus estructuras comunitarias, trastornadas por la violenta penetración colonial. En Paraguay, los jesuitas lograron generalizar el sistema de las *reducciones* hasta llegar a constituir un verdadero Estado.

En la página anterior: el Padre Eterno, talla de madera policromada de la primera mitad del siglo XVII, de un convento de Potosí.

55. La Iglesia en Norteamérica

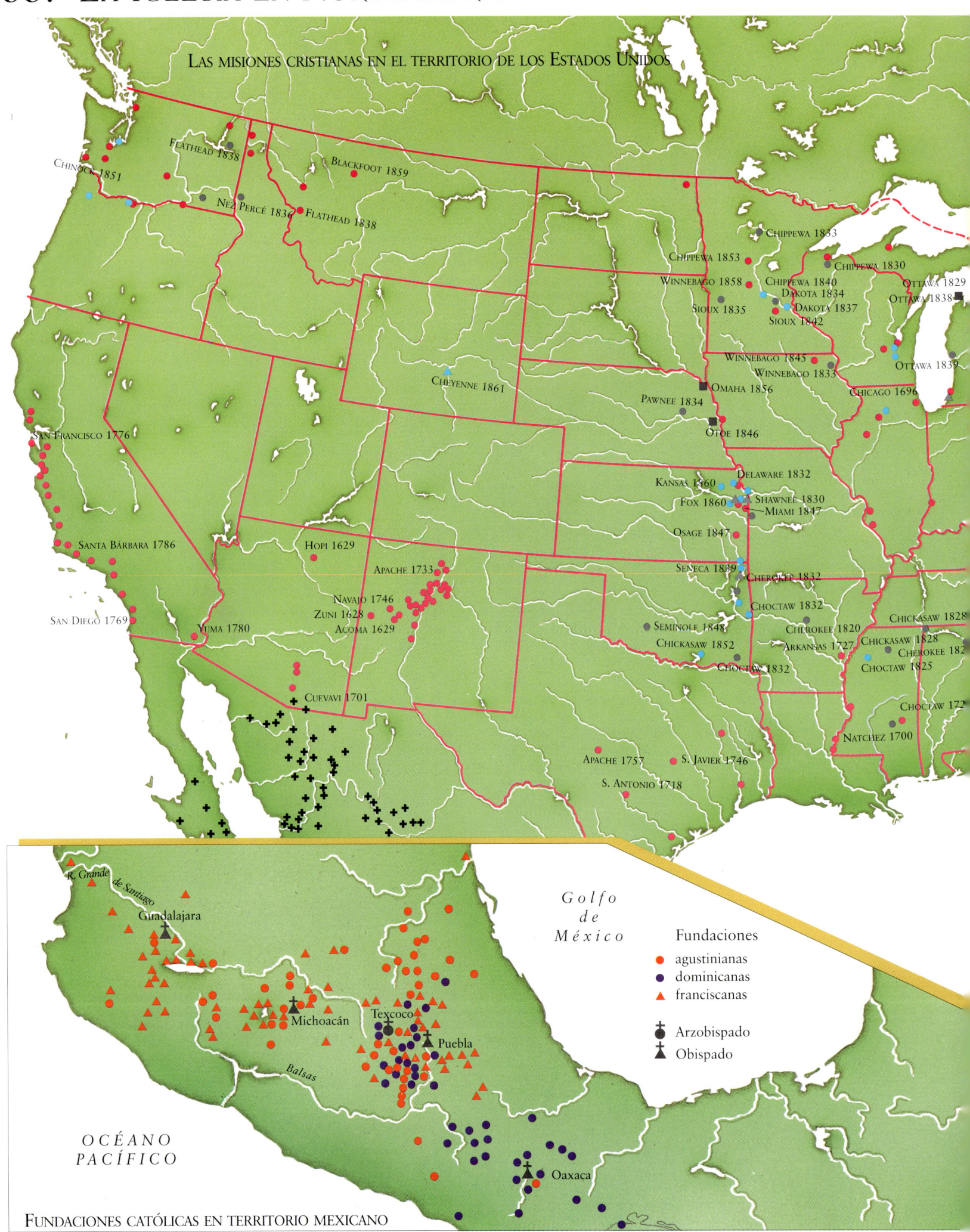

Las misiones cristianas en el territorio de los Estados Unidos

Fundaciones católicas en territorio mexicano

Fundaciones
- agustinianas
- dominicanas
- franciscanas
- Arzobispado
- Obispado

Durante todo el período colonial la vasta actividad misionera en el territorio de Estados Unidos reflejó la penetración de los Estados europeos en el Nuevo Mundo. Con la formación de los Estados Unidos de América en el último cuarto del siglo XVIII las confesiones se mezclaron, siguiendo las grandes directrices migratorias de los colonos. La obra misionera católica la realizaron siempre las órdenes religiosas. A finales del siglo XIX, tanto católicos como protestantes se dedicaron a la elaboración de atlas misioneros que tuvieron gran importancia para comprender la complejidad étnica y cultural de las poblaciones indias, o de lo poco que quedaba de aquellas orgullosas naciones, tras el genocidio llevado a cabo con el alcohol, las armas y la expoliación de las tierras y zonas de caza.

Abajo: masacre de misioneros a manos de los indios iroqueses; grabado de mediados del siglo XVII.

55. La Iglesia en Norteamérica

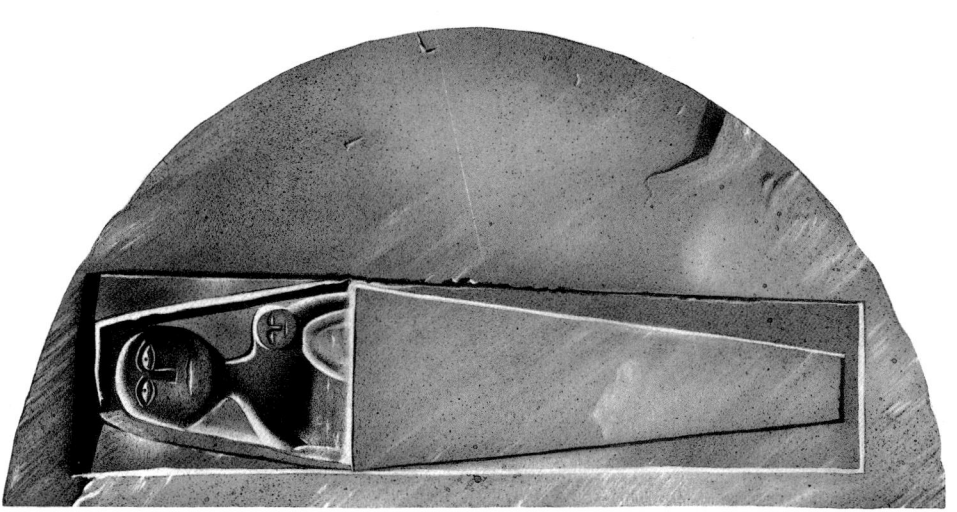

La revolución americana, que desembocó en la independencia de Estados Unidos, representó para los católicos americanos un cambio espectacular. Aunque los católicos habían estado presentes en todas las primeras páginas de la historia americana, la verdad es que durante la época colonial habían vivido como ciudadanos de segunda clase, discriminados política, profesional y socialmente. La revolución cambió todo esto. Desde ese momento, los católicos se sintieron, también, responsables de la marcha de la nación, actuaron en política, publicaron periódicos y revistas, abrieron instituciones educativas. Sus relaciones con los protestantes mejoraron sensiblemente.

John Carroll fue el primer obispo católico de la nueva nación. Representaba una mentalidad, bastante común entre aquellos católicos, que buscaba armonizar su fe con sus convicciones ilustradas y liberales. Por esa razón, no dudaron en defender la separación de la Iglesia y el Estado, la absoluta autonomía de las Iglesias y todas las libertades liberales que tantos problemas iban a causar a los católicos europeos. Demostraron, también, una especial sensibilidad por el papel activo y responsable de los laicos en la marcha de la Iglesia. Su eclesiología mantenía ciertamente el papel del papa en la Iglesia, pero limitaba bastante su capacidad de acción.

Comenzó muy pronto la expansión de la pequeña comunidad existente, presente sobre todo en Maryland, hacia Detroit y hacia los fértiles y prometedores territorios de Kentucky, y la imparable emigración irlandesa, sobre todo, al área de Nueva York, donde se erigió una diócesis cuyos primeros obispos fueron irlandeses.

A comienzos de siglo se fundaron cinco congregaciones religiosas femeninas seguidas muy pronto de otras muchas. Elisabeth Seaton, fundadora de las Hermanas de la Caridad, será la primera norteamericana canonizada. La dedicación a la educación de la juventud por parte de estas congregaciones religiosas femeninas constituye una de las características más decisivas del catolicismo norteamericano, sobre todo, a través de las escuelas parroquiales. En efecto, la escuela parroquial se convirtió en un punto cardinal en todas las parroquias de toda la nación, aunque el ideal de una escuela católica para todos los jóvenes católicos nunca pudo ser alcanzado.

En realidad, esta Iglesia alcanzó su configuración y desarrollo más completo con motivo de la gran emigración que va desde 1820 hasta 1920. A lo largo de estos cien años, casi 34 millones de emigrantes con diversas culturas y diferentes backgrounds desembarcaron en Estados Unidos, y entre 1850 y 1900 el número de católicos pasó de 1.606.000 a 12.041.000. Durante los mismos años se crearon 55 nuevas diócesis. Fueron irlandeses y alemanes quienes marcaron más el catolicismo americano. A finales de siglo se produjo la masiva emigración italiana y polaca, a la que hay que añadir, por su número y su influjo en el catolicismo contemporáneo, la población hispana. La pequeña Iglesia angloamericana fue barrida por la Iglesia de los emigrantes que, insensiblemente, supuso el predominio de las ideas y de las prácticas europeas.

El desarrollo de instituciones universitarias católicas fue muy lento y puede explicar la ausencia de líderes laicos y de intelectuales de renombre. Georgetown (1791), la Universidad Católica de Washington, Fordham, St. Louis University, Notre Dame y algunas otras se encontraban, a menudo, con dificultades económicas, lo que les impedía convertirse en instituciones de prestigio.

Durante el siglo XIX se desarrolló en Estados Unidos una tradición de concilios eclesiásticos que no tuvo parangón en el catolicismo occidental y que marcó autoritariamente el catolicismo de Estados Unidos. En efecto, este catolicismo, de tendencia presbiteriana durante su primer siglo y medio de existencia, con una respetable tradición de participación laica en aquella fase colonial, durante el siglo XIX alcanzó un acentuado carácter episcopal y papal. En Baltimore se celebraron siete concilios provinciales entre 1829 y 1849, a los que siguieron en 1852, 1866 y 1884 los conocidos concilios nacionales plenarios. En estas reuniones los obispos consiguieron tratar los problemas reales de la Iglesia tal como los vivían en su país, con una actitud a menudo más positiva que la mantenida en Europa.

En la segunda mitad del siglo se produjo la guerra civil y la industrialización del país. Esta industrialización y el componente emigrante explica una de las características de este catolicismo, su predominante carácter urbano y su capacidad de articular organizaciones caritativas de carácter social. En 1900 existían 827 instituciones de caridad, aparte los innumerables grupos locales semejantes a la Sociedad de San Vicente de Paúl.

Durante la guerra civil entre el norte y los confederados millares de católicos lucharon en ambos bandos, más de setenta capellanes sirvieron en los dos ejércitos y unas seiscientas religiosas actuaron como enfermeras en los hospitales militares. Sin embargo, no se tomaron medidas vigorosas y creativas para la evangelización de los cuatro millones de negros liberados tras la guerra, en parte a causa de la división interna de los obispos.

Los obispos americanos acogieron el concilio Vaticano I, demasiado marcado por la problemática europea, con escaso entusiasmo, pero hablaron y aportaron a los debates la sensibilidad propia de su país. El obispo de Little Rock fue uno de los dos obispos que votaron no a la definición de la infalibilidad pontificia.

Llama la atención una cierta tendencia anticatólica que se manifestó con furia a mediados del siglo pasado y que se ha repetido en otras ocasiones utilizando argumentos teológicos y psicológicos, pero que, a veces, ha sido la expresión de sentimientos xenófobos. Probablemente, la elección de Kennedy a la presidencia de la nación supuso, también en este tema, un cambio de página.

A finales de siglo, la Iglesia católica era una Iglesia de obreros y de habitantes de ciudad, de guetos y suburbios miserables, y conservó tal imagen hasta después de la II Guerra mundial. La pobreza de los católicos obligó a la Iglesia a concentrarse en la instrucción primaria y en las obras de caridad. Quedaba poco tiempo y pocos recursos disponibles para la cultura y la instrucción universitaria. Una Iglesia activa, cercana a las necesidades de sus miembros y preocupada por ayudar a resolver sus problemas era necesariamente una iglesia endeudada. Por esta razón, a menudo, eran más importantes los conocimientos económicos y las cualidades administrativas que las estrictamente pastorales en obispos y párrocos.

La vida de los católicos se concentraba en la parroquia y en las tradiciones de su grupo étnico. En este tiempo, probablemente, el prelado más importante fue el cardenal Gibbons, arzobispo de Baltimore, conocido también por sus inquietudes sociales, sus críticos mensajes de reforma social y su apoyo a los sindicatos, de manera especial a los Knights of Labor. Se impuso la idea de que la misión de la Iglesia no consistía sólo en salvar almas, sino también en salvar la sociedad.

Tras la I Guerra mundial, la comunidad católica adquirió un notable nivel de seguridad en sí misma. No sólo era la minoría más numerosa del país sino que su presencia en el mundo de la cultura, de la economía y de la vida sociopolítica, en general, mostraba una comunidad dinámica y respetada. Las energías hasta entonces desplegadas para afrontar las necesidades religiosas de los emigrantes fueron aplicadas a la consolidación de las estructuras institucionales. Creció la educación católica, el número y la calidad de sus universidades.

En nuestros días los católicos americanos, como los de otros países, están viviendo un período de transición. Un modelo de Iglesia está desapareciendo, pero no se ve muy claro el modelo que va a sustituirlo. Mientras tanto, aunque los conflictos y las divisiones constituyen verdaderos problemas, permanece presente la capacidad de renovación y de afrontar los problemas en profundidad. No olvidemos que en los monasterios cistercienses norteamericanos hay unos setecientos monjes y que no hace mucho se abrió en Vermont el primer monasterio cartujo de América.

Abajo: Atala en la tumba, cuadro del pintor neoclásico Girodet-Trioson.
El motivo está sacado de una novela del escritor romántico Chateaubriand, autor de *El genio del cristianismo:* Atala, una joven india convertida al cristianismo y consagrada a la Virgen María, temiendo que su amor por un joven indio sea causa de faltar a ese voto, decide suicidarse.

En la página anterior: lápida funeraria de una mujer y su hijo, muertos en 1785, en Massachusetts.

56. Las Iglesias reformadas

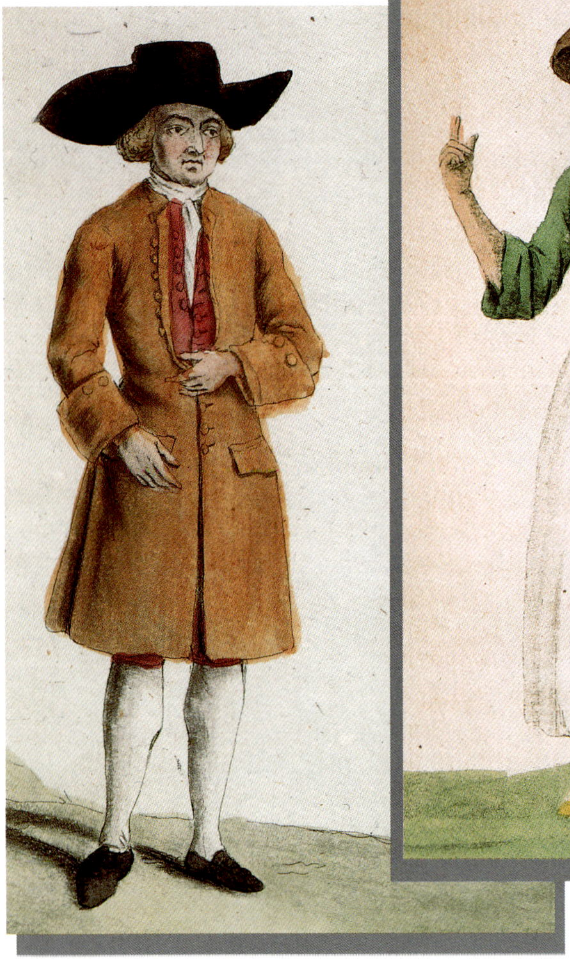

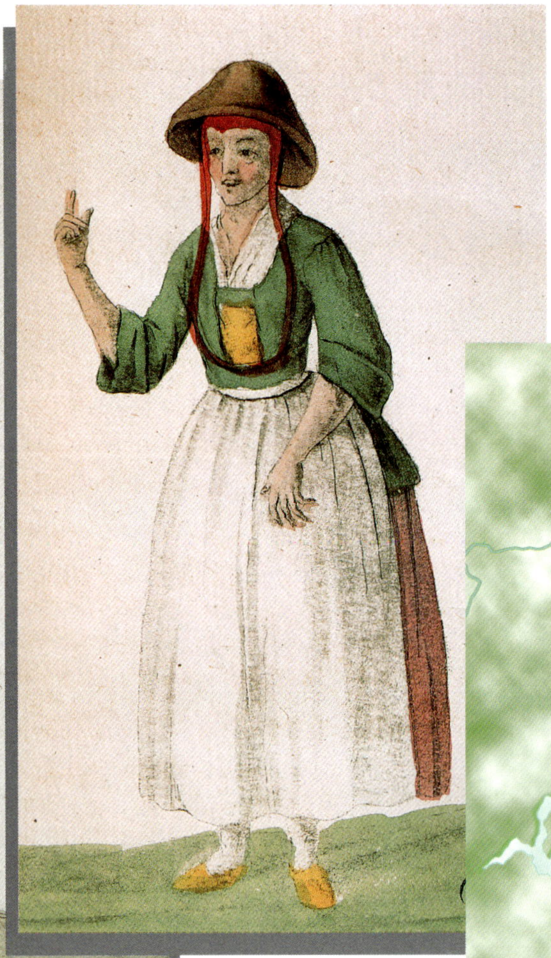

A la izquierda: una pareja de cuáqueros de la segunda mitad del siglo XVIII con su indumentaria tradicional. En el campo social, los cuáqueros americanos, profundamente pacifistas, siempre estuvieron comprometidos con las grandes cuestiones civiles: abolición de la esclavitud, derechos de los indios, reforma de las escuelas y de las prisiones, emancipación femenina y, en tiempos recientes, ecología (el fundador del movimiento «Greenpeace» fue un cuáquero).

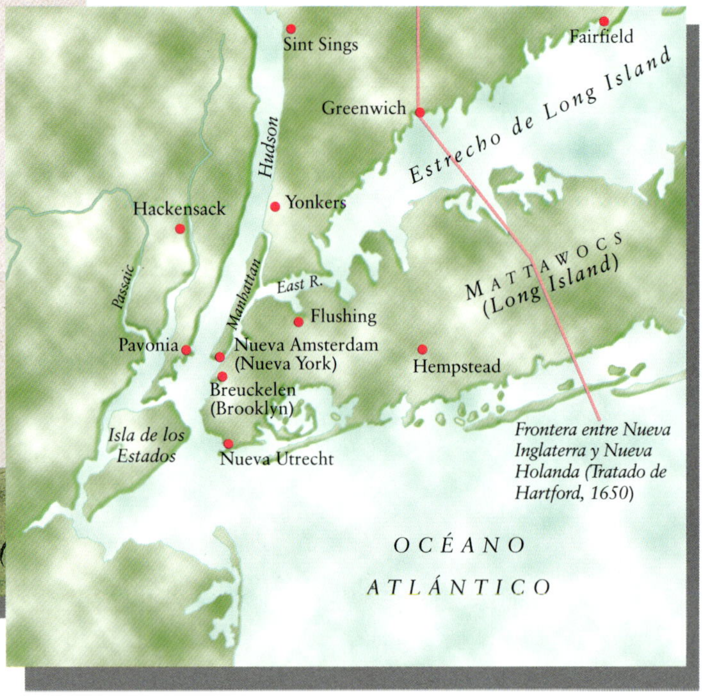

Sint Sings
Fairfield
Greenwich
Estrecho de Long Island
Hudson
Yonkers
Hackensack
MATTAWOCS (Long Island)
East R.
Passaic
Manhattan
Flushing
Pavonia
Nueva Amsterdam (Nueva York)
Hempstead
Breuckelen (Brooklyn)
Isla de los Estados
Nueva Utrecht
Frontera entre Nueva Inglaterra y Nueva Holanda (Tratado de Hartford, 1650)
OCÉANO ATLÁNTICO

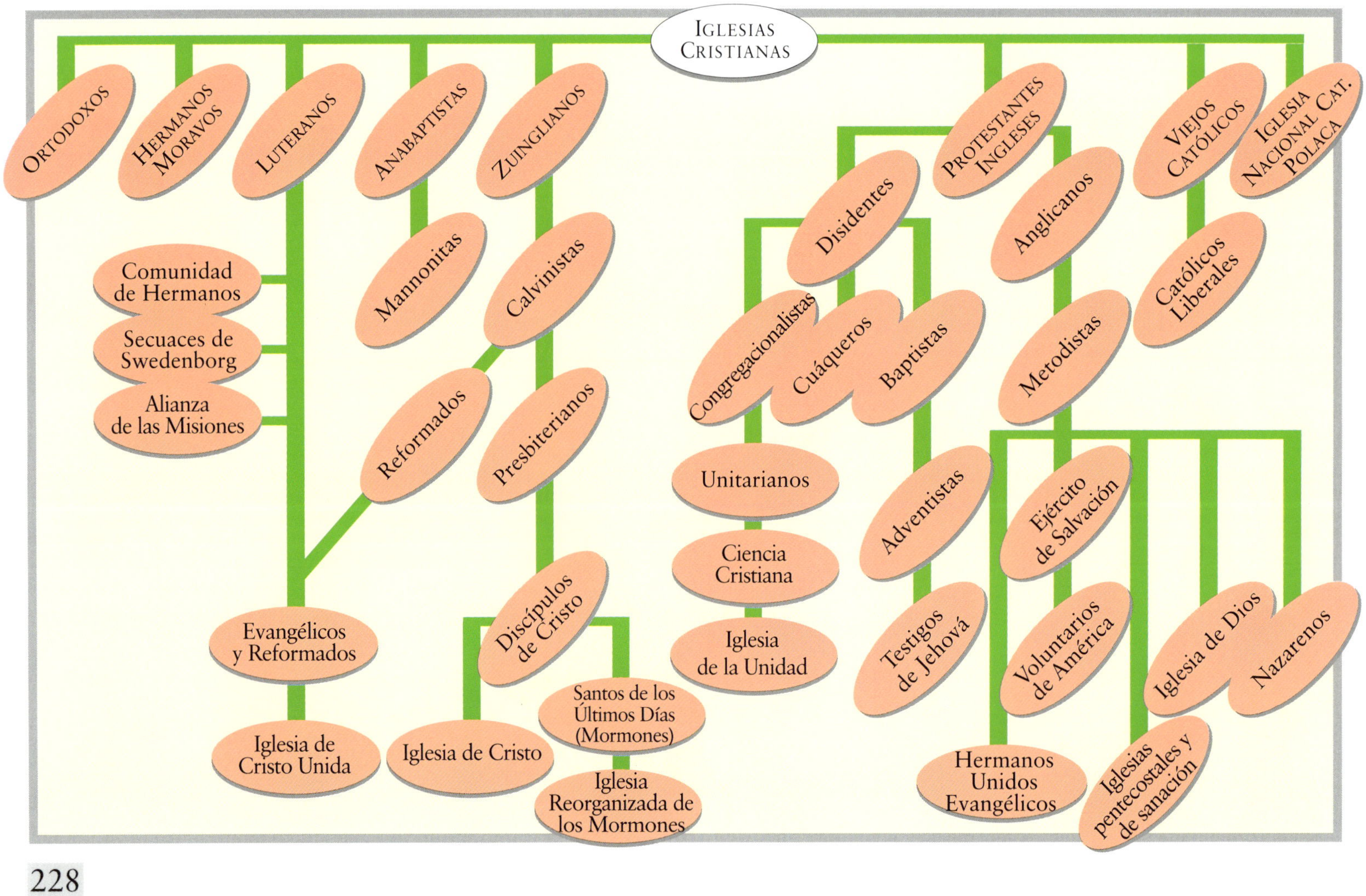

Iglesias Cristianas
Ortodoxos
Hermanos Moravos
Luteranos
Anabaptistas
Zuinglianos
Protestantes Ingleses
Viejos Católicos
Iglesia Nacional Cat. Polaca
Comunidad de Hermanos
Secuaces de Swedenborg
Alianza de las Misiones
Mannonitas
Calvinistas
Reformados
Presbiterianos
Disidentes
Anglicanos
Católicos Liberales
Congregacionalistas
Cuáqueros
Baptistas
Metodistas
Unitarianos
Ciencia Cristiana
Iglesia de la Unidad
Adventistas
Testigos de Jehová
Ejército de Salvación
Voluntarios de América
Iglesia de Dios
Nazarenos
Evangélicos y Reformados
Iglesia de Cristo Unida
Discípulos de Cristo
Iglesia de Cristo
Santos de los Últimos Días (Mormones)
Iglesia Reorganizada de los Mormones
Hermanos Unidos Evangélicos
Iglesias pentecostales y de sanación

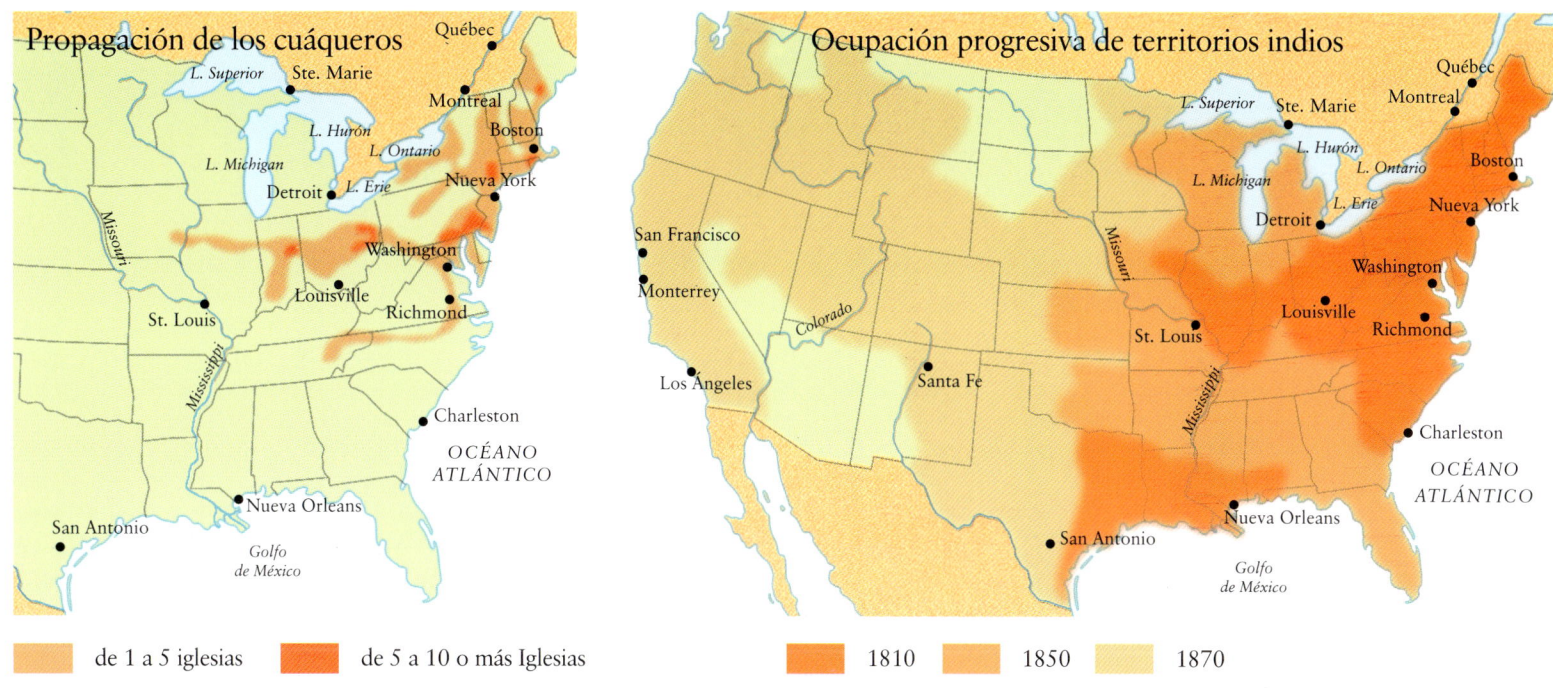

| de 1 a 5 iglesias | de 5 a 10 o más Iglesias | 1810 | 1850 | 1870 |

En el mapa de la página anterior: el área donde surgió Nueva York.
Al principio, en el siglo XVII, estos lugares fueron tierras de colonización holandesa. Los colonos y mercaderes de los Países Bajos, a los que se unieron muchos hugonotes huidos de Francia después de la revocación del Edicto de Nantes, fundaron muchos centros comerciales, puertos y astilleros para la navegación. Nueva Amsterdam, en el extremo de la isla de Manhattan, fue el núcleo original de la gran metrópoli.

Arriba: la expansión de la Iglesia cuáquera en Estados Unidos a mediados del siglo XIX *(a la izquierda),* y el avance de las «fronteras» durante ese mismo siglo *(a la derecha).*

En la página anterior, abajo: genealogía de las principales Iglesias no católicas en Estados Unidos.

Abajo: las fundaciones científicas y universitarias del Nuevo Mundo hasta comienzos del siglo XIX. En las trece colonias angloamericanas la enseñanza alcanzó enseguida un alto nivel; especialmente el colegio de Harvard, fundado en 1636, gozó muy pronto de gran renombre. En las colonias españolas, en el continente centro-meridional, comenzaron a surgir universidades ya desde mediados del siglo XVI, según el modelo de Alcalá o Salamanca, divididas en generales y particulares (colegios). Estas últimas eran escuelas privadas pertenecientes a una orden, generalmente dominicos y jesuitas, que se disputaban honores y privilegios para sus respectivos institutos.

1 Harvard 1636
2 Boston 1816 Escuela para niños de 4 años
3 Troy 1821 primera escuela superior femenina
4-5 Kinderhook y Litchfield 1784 primeras escuelas de leyes
6 Rhode Island 1764 Universidad
7 Yale 1701 Universidad
8 King's College (Columbia) 1754 Universidad
9 Queens College 1766 Universidad
10 Princeton 1746 Universidad
11 Franklin's Academy 1751
12 Johns Hopkins 1876 Univ.
13 William y Mary 1693 Univ. Escuela Normal del Estado
14 Mount Holyoke 1836 primer colegio permanente femenino

1 Guadalajara Colegio de Sto. Tomás; 1791 Univ.
2 Guanajuato 1732 Col. de la Purísima; Univ.
3 La Habana 1728 Univ. S. Jerónimo
4 México 1551 Real y Pontificia Univ.
5 Puebla 1578 Col. Espíritu Santo; Univ. de Puebla
6 Santo Domingo 1538 Real y Pont. Univ. Sto. Tomás; 1583 Univ. Santiago de la Paz
7 Guatemala 1676-1681 Univ. S. Carlos Borromeo
8 León siglo XVIII Universidad
9 Panamá 1749-1767 Univ. S. Francisco Javier
10 Caracas 1696 Col. sem. de Sta. Rosa; 1721 Univ. Real y Pontificia
11 Mérida 1785 Col. sem. 1810 Universidad
12 Santa Fe de Bogotá 1623 Ac. S. Francisco Javier; 1704 Univ.; 1639 Univ. Tomista de los Dominicos
13 Quito 1586 Univ. S. Fulgencio; 1620 Univ. S. Gregorio Magno
14 Lima 1551 Univ. S. Marcos
15 Huamanga 1697 Real Univ. S. Cristóbal
16 Cuzco 1692 Real y Pontificia Univ.
17 La Plata 1622 Univ. S. Francisco Javier
18 Asunción 1598 y 1788 intentos de fund. Univ.
19 Santa Fe siglo XVII Univ. Pont. Sto. Tomás; Univ. Javierana; Univ. S. Nicolás
20 Córdoba 1610 Col. Máximo; 1621 Univ.; 1800 Univ. S. Carlos y Ntra. Sra. de Montserrat
21 Santiago 1617 Col. dominico; 1685 Univ.; Col. Máximo S. Miguel; 1625 Univ.; 1738-1758 Univ. S. Felipe
22 Concepción siglo XVIII Universidad.

56. Las Iglesias reformadas

En las regiones de América central y del sur se estableció sólidamente el catolicismo, que era la religión de España y Portugal, los dos países que mantuvieron su dominio en aquellas inmensas extensiones hasta su independencia; pero en el norte la situación resultó bastante más plural y compleja.

Durante el largo reinado de Isabel I de Inglaterra los puritanos aumentaron en número y en importancia. Buscaban una religión con muy pocos ritos y de estructura presbiteriana, capaz de mantener la simplicidad y pureza de los primeros tiempos cristianos. Un grupo de ellos, los más radicales, los «Padres peregrinos» embarcaron en el Mayflower y fundaron la primera colonia puritana de América. Años más tarde, no pocos puritanos formados en la tradicional universidad de Cambridge fundaron en la región que llamaron Nueva Inglaterra un pueblo con el nombre de Cambridge y allí establecieron el primer colegio puritano americano al que bautizaron con el nombre de Harvard, la primera institución en impartir enseñanza superior en Norteamérica y la que más ha influido en su clase dirigente. Es del puritanismo calvinista de donde proviene el moralismo y el legalismo de la piedad americana de los orígenes, la rigurosa reglamentación de la vida por medio de ordenanzas que, en cierto sentido, le dieron un carácter casi más propio del Antiguo Testamento que de la tradición cristiana.

Durante la agobiante dictadura de Cromwell fueron fieles de la Iglesia anglicana quienes emigraron de Inglaterra y se establecieron en Virginia, Maryland y las Carolinas, pero hay que decir que la Iglesia anglicana no tuvo, en general, un estatuto especial, no contaba con obispos propios y sus sacerdotes tenían que ser ordenados en Londres, de cuyo obispo dependían. Tras la guerra de la Independencia, los anglicanos de la nueva nación se constituyeron en Iglesia independiente de la de Inglaterra con el nombre de episcopaliana. Los episcopalianos constituyen por su número el segundo grupo anglicano del mundo y de él forman parte, en general, las clases adineradas de los Estados del Este.

En estos años de opresión política y, también, religiosa, George Fox (1624-1691) predicó que Dios iluminaba directamente a cada alma y que no eran necesarios para salvarse ni los sacerdotes ni los libros ni los credos o las instituciones. Los cuáqueros se colocaban directamente bajo el hálito del Espíritu, insistían en la necesidad de despertar a las almas de su rutina y formalismo, y animaban a separarse del resto de los cristianos para formar una comunidad de santos. Fox y sus cuáqueros consiguieron numerosos adeptos, entre ellos William Penn, quien había recibido como herencia tierras en América hacia las que se dirigió la emigración cuáquera europea. La capital de Pennsylvania fue Filadelfia, la «ciudad del amor fraterno».

Igual acogida recibieron en el nuevo continente aquellos escoceses que habiéndose establecido en el norte de Irlanda se vieron forzados a emigrar, y numerosos holandeses y alemanes que en distintos momentos de su historia tuvieron que abandonar sus respectivas patrias. A todos ellos les caracterizaba el ser minorías no aceptadas o perseguidas en sus países de origen. De esta forma, el linaje reformado, procedente de Inglaterra, fue reforzado y completado por los reformados llegados de Holanda y Alemania y por los presbiterianos escoceses

A la izquierda: comunión luterana en una iglesia de Augusta, en 1732. Entre los primeros emigrantes alemanes a América había muchos protestantes procedentes de zonas predominantemente católicas.

A la derecha: litografía de mediados del siglo XIX que ilustra el culto, caracterizado por danzas, gritos y estados de trance, de los shakers, una secta cristiana de origen cuáquero. Tanto *quakers* como *shakers* eran sobrenombres (ambas palabras significan «los que tiemblan») debidos a sus extraños movimientos a causa del fervor místico-religioso. El nombre correcto de los cuáqueros es «Sociedad de amigos», y el de los shakers, «Sociedad de creyentes en la segunda aparición de Cristo», o también Iglesia milenaria.

de Irlanda. Este espíritu, en su complejidad, caracterizará la población de la nueva nación.

Las colonias americanas ofrecieron desde el primer momento asilo a los radicales religiosos. William Penn y sus compañeros fueron generosos al invitar a otros radicales perseguidos, tales como los menonitas, los moravos, la Iglesia de los Hermanos y tantos otros, a escapar de la persecución e instalarse en sus tierras. Los principios de los bautistas y de los cuáqueros fueron traducidos al poco tiempo en sólidas organizaciones eclesiásticas. Todos estos grupos encontraron su liberación y su capacidad expansiva en América, una tierra donde no existían ni obispos ni personalidades eclesiásticas de primer rango, que hizo posible un permanente debate libre sobre todas las cuestiones religiosas, favoreciendo un individualismo religioso que no existía en ningún otro lugar.

La emigración del siglo XVIII llevó también a Norteamérica masas de luteranos alemanes y escandinavos. Separados al principio unos de otros por las enormes distancias del continente americano, se fueron reagrupando a lo largo del siglo XIX según su origen nacional, por razones de vecindad o en virtud de afinidades espirituales hasta lograr una fuerte organización. Hoy día el grupo luterano más importante fuera de Alemania se halla en Estados Unidos.

Por otra parte, la mayoría de los habitantes de estas colonias no pertenecía a ninguna Iglesia. Se trataba de europeos sin formación religiosa que habían emigrado al nuevo continente por motivos económicos. Esta situación, común a todas las colonizaciones, y el mantenimiento de una cultura de frontera en una nación en permanente expansión territorial favorecieron el florecimiento de grupos e Iglesias muy espontáneas con poca relación con las Iglesias y los grupos religiosos tradicionales.

Como consecuencia de esta peculiar agrupación de pueblos diversos, bastante antes de conseguir la independencia, la libertad religiosa o, al menos, una amplia tolerancia, había prevalecido en Norteamérica. La gran diversidad de creencias de quienes habían sido atraídos por estas tierras, la necesidad de conseguir colonos que cultivasen los enormes ranchos, prescindiendo de su religión, y el hecho de que una parte importante de los habitantes no perteneciese a ninguna Iglesia favorecieron el establecimiento de un espíritu de tolerancia que caracterizará a la nueva nación. De todas maneras, conviene recordar que la primera colonia de América que estableció el principio de tolerancia religiosa fue la de Maryland, por obra del católico lord Baltimore.

Contrariamente a lo que sucedió con el luteranismo, el calvinismo casi nunca fue implantado por voluntad de los príncipes o gobernantes. Sin embargo, a menudo, su expansión se vio favorecida por circunstancias de tipo económico o sociológico. En gran medida, el calvinismo fue la religión de una naciente burguesía que iba desarrollando con fortuna una economía capitalista. La idea de Calvino de que el éxito material podía ser considerado una prueba de la elección divina pudo contribuir a acelerar este proceso. Además, el imparable proceso de democratización de la sociedad, íntimamente relacionado con la burguesía, favoreció las buenas relaciones entre calvinismo y regímenes democráticos. En este sentido, resulta general la afirmación de que la república democrática y liberal-capitalista de Estados Unidos fue calvinista en su inspiración inicial, y de que a ello debe algunas características fundacionales.

57. Cronología IV – Renacimiento y Barroco

Este cuadro del siglo XVII describe una espectacular procesión en Bruselas, entonces capital de los Países Bajos españoles y bastión del catolicismo en Europa septentrional.

Después del concilio de Trento, que había reforzado el orden dogmático y la disciplina eclesiástica y pastoral de la Iglesia de Roma, el catolicismo desplegó su propio arte barroco triunfal y una nueva pompa en las manifestaciones públicas. Las prácticas colectivas de la devoción —celebraciones populares, peregrinaciones masivas, procesiones

ciudadanas— se expresaban en el marco de las hermandades, que perdieron su carácter estrictamente profesional, vinculado a las corporaciones, prevaleciendo la connotación espiritual sobre la que tradicionalmente estaba vinculada al oficio o a la profesión.

La veneración de la Virgen María —herencia afectiva de la Edad media— experimentó un nuevo impulso, tanto en sus formas populares y más exteriores, como en la devoción más interior, suscitándose así la polémica protestante.

57. Cronología IV (1400-1800)

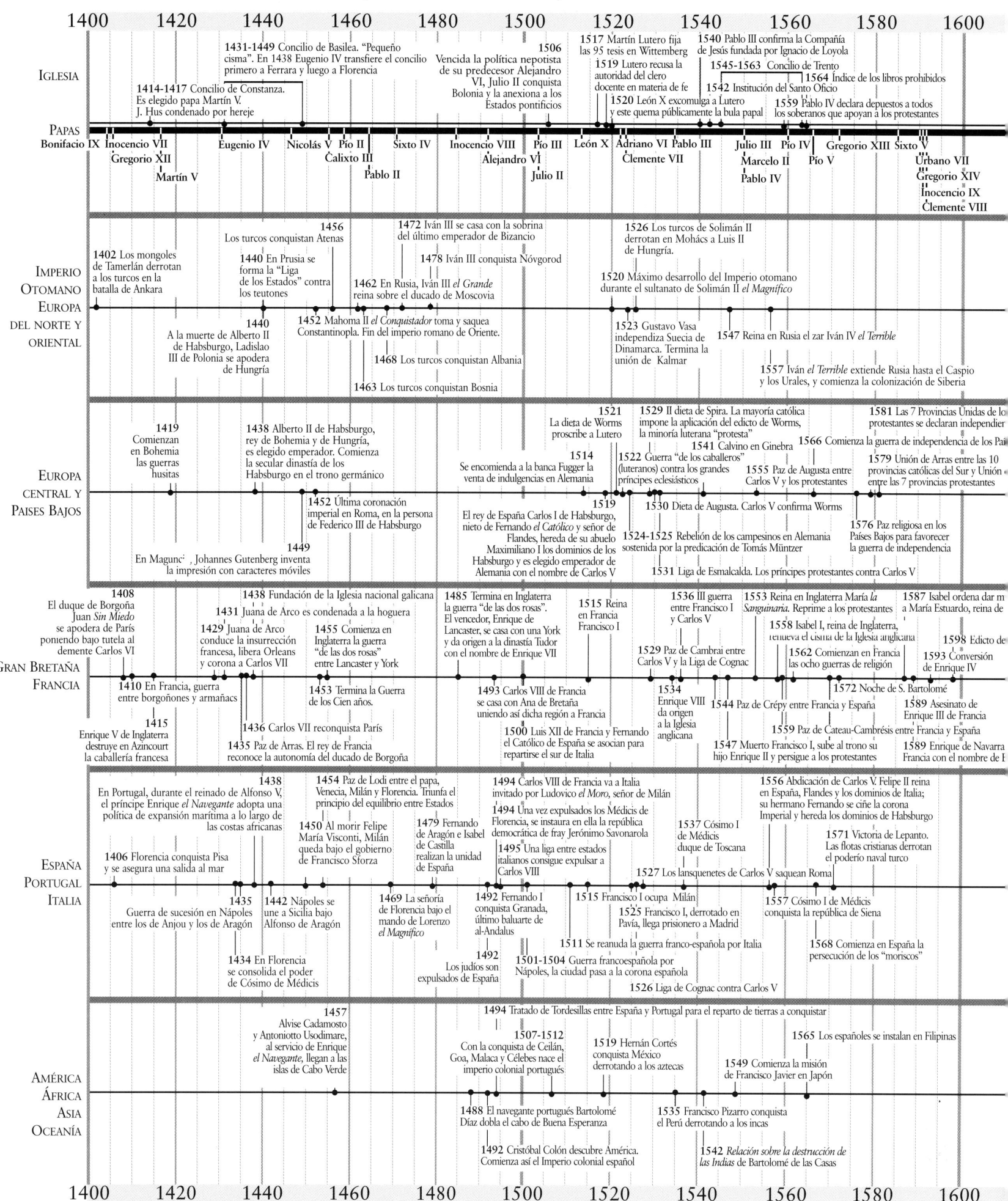

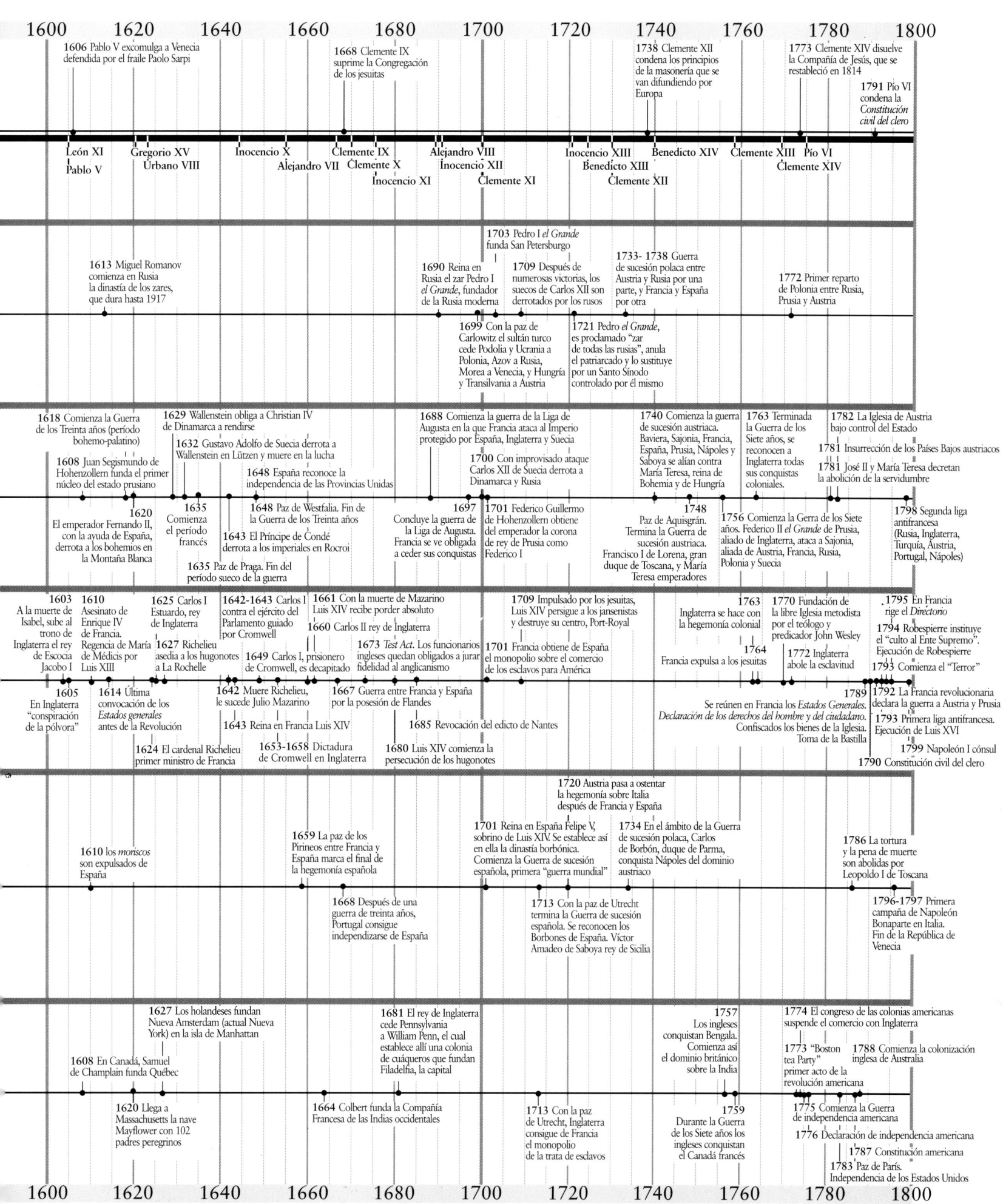

58. El despertar cristiano

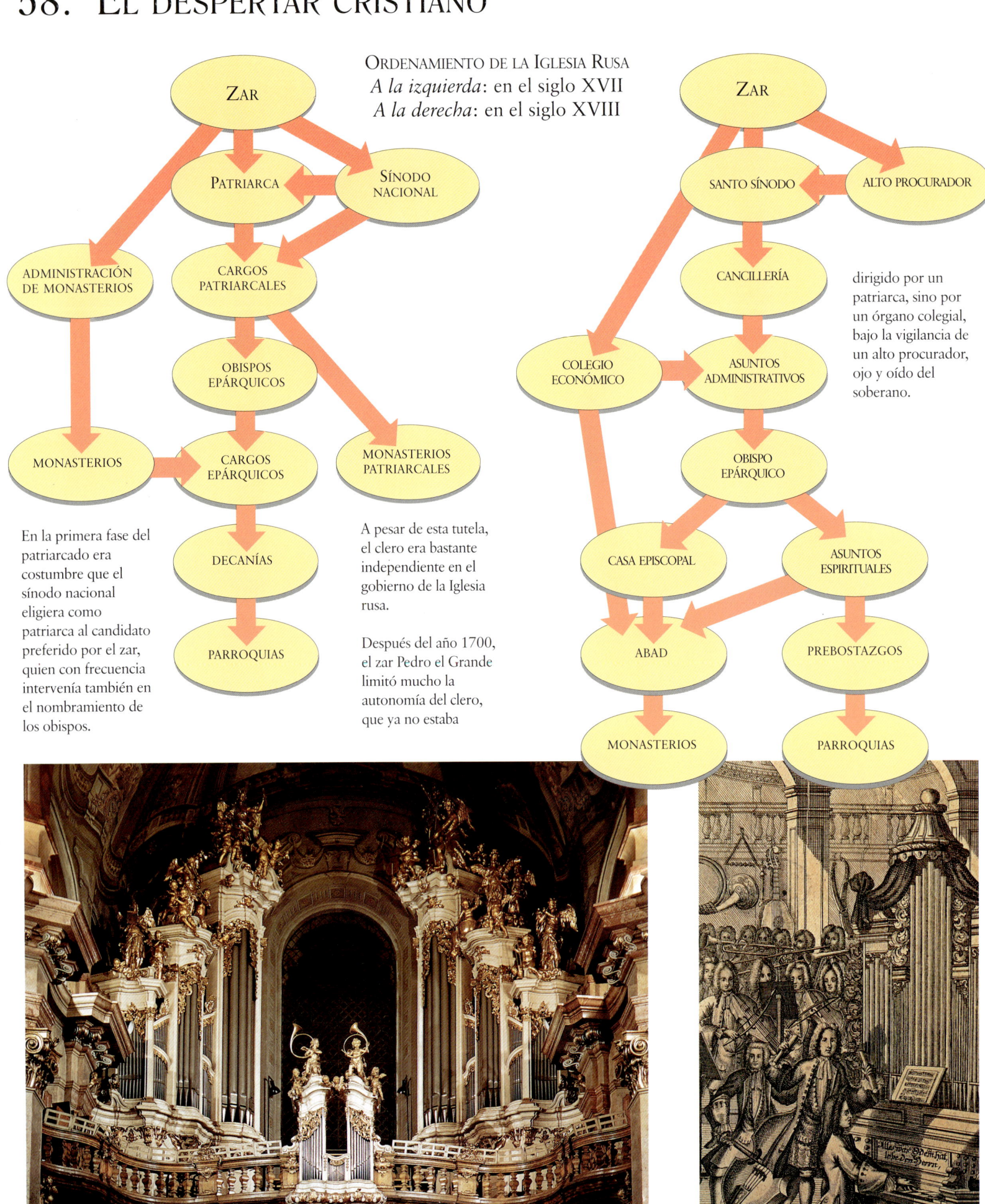

Ordenamiento de la Iglesia Rusa
A la izquierda: en el siglo XVII
A la derecha: en el siglo XVIII

En la primera fase del patriarcado era costumbre que el sínodo nacional eligiera como patriarca al candidato preferido por el zar, quien con frecuencia intervenía también en el nombramiento de los obispos.

A pesar de esta tutela, el clero era bastante independiente en el gobierno de la Iglesia rusa.

Después del año 1700, el zar Pedro el Grande limitó mucho la autonomía del clero, que ya no estaba dirigido por un patriarca, sino por un órgano colegial, bajo la vigilancia de un alto procurador, ojo y oído del soberano.

236

Arriba: las iglesias del Kremlin en un cuadro de finales del siglo XVIII.

Abajo: la expansión de la Iglesia metodista en Estados Unidos a mediados del siglo XIX.

El Kremlin, el área fortificada de Moscú, fue la residencia de los zares rusos hasta 1712, cuando la capital se trasladó a San Petersburgo. Los zares eran coronados en la catedral de la Asunción y sepultados en la catedral del Arcángel San Miguel, mientras que la catedral de la Anunciación era su iglesia privada.

En la página anterior: el órgano de la iglesia de San Nicolás, en Praga, y concierto de órgano en un grabado del tiempo de Bach.

Johann Sebastian Bach, desarrolló al máximo el arte del contrapunto, especialmente en sus composiciones religiosas. Ocupó durante mucho tiempo el cargo, entonces de gran prestigio, de maestro de capilla de la iglesia de Santo Tomás, en Lipsia. A aquel período se remonta gran parte de su inmensa producción de música sagrada.

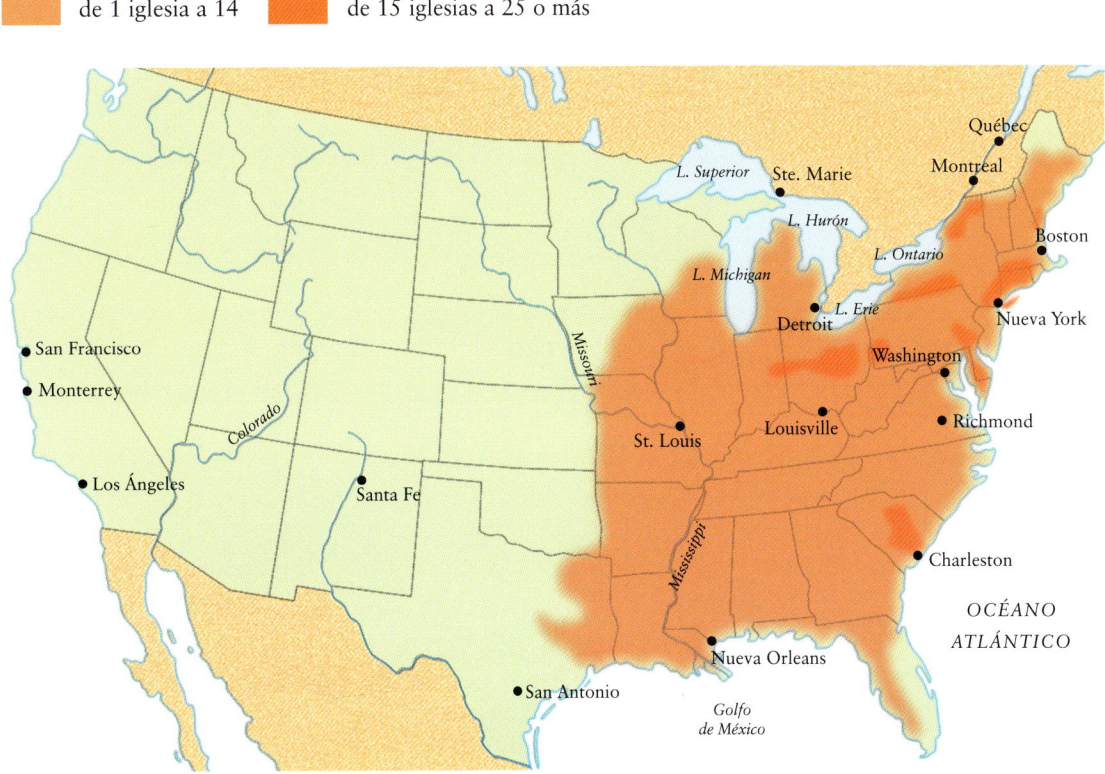

de 1 iglesia a 14   de 15 iglesias a 25 o más

58. El despertar cristiano

El siglo XVIII, período de decadencia eclesial en tantos sentidos, fue también una época de renovación religiosa y espiritual. No pocos representantes de diversas Iglesias protestantes buscaron un poco menos de especulación y más práctica, ser menos curiosos de novedades y más esfuerzo por la propia santificación, buscaron renovar una Iglesia, a menudo, demasiado anquilosada por su ritualismo anacrónico y por la comodidad de los apoyos económicos estatales.

El *revival*, en su sentido más amplio, significa una renovación del fervor religioso en un grupo cristiano, en una Iglesia o en una comunidad protestante. Se trata de un evangelismo intensamente emocional que subraya la importancia del pecado, de la salvación y de las experiencias, a menudo dramáticas, de conversión. Ya los anabaptistas, puritanos o pietistas buscaron renovar la tradición, pero es en el siglo de la Ilustración, con un cristianismo tentado por el racionalismo, cuando su produjeron importantes movimientos que insistían en la experiencia religiosa personal, en el sacerdocio de todos los creyentes, en la necesidad de una vida santa, rechazando los sistemas y prácticas de las Iglesias establecidas demasiado sacramentalistas y clericales.

En los países alemanes fue Spener quien renovó la vida cristiana del protestantismo. En sus encuentros los laicos eran animados a hablar y tomar parte activa en la oración, y Spener consideraba que esta participación era una manifestación del sacerdocio espiritual de todos los creyentes. A través de sus seis «deseos piadosos» creó el pietismo, un movimiento de fe, sin formulaciones, organizaciones ni barreras: la institución de grupos encargados de propagar el conocimiento de la Palabra; el restablecimiento del sacerdocio universal; la enseñanza del predominio de la vida cristiana sobre la teología; la introducción de la caridad en las polémicas; el restablecimiento de los estudios teológicos; una reforma completa de la predicación.

Este movimiento, que insistió en la importancia de la experiencia personal en el proceso de la justificación por la fe y en el carácter emocional de la comunión directa con Dios, se extendió por ciudades y campos de tal forma que se puede afirmar que la Alemania de la primera mitad del siglo XVIII fue pietista. La insistencia en la necesidad de actuar bien como manifestación de la fe auténtica desembocó en una pujante acción misionera.

Entre los pietistas hay que recordar a Zinzerdorf y a sus Hermanos moravos cuya teología se fundaba sobre la divinidad y la expiación vicarial de Cristo, la corrupción total del hombre y la labor del Espíritu Santo en el alma rescatada. Su piedad se manifestaba de manera especial a través del cultivo del canto de himnos, canto que ha constituido una de las características de todos los *revivals* modernos. Los misioneros moravos extendieron su predicación a África del Sur y las Indias Occidentales.

John Wesley (1703-1791), junto a un grupo de amigos entre los que destacan su hermano Karl, G. Whitefield y H. Harris, constituye un nombre decisivo en la historia del despertar religioso británico y americano, que desembocó en la Iglesia metodista. Predicó a los pobres y marginados de la sociedad inglesa en reuniones de tipo espiritual donde se practicaba la manifestación mutua de los pecados y de las experiencias. Al mismo tiempo creó escuelas para analfabetos y para los niños.

Wesley se convenció de que Dios podía actuar al margen de los espacios eclesiásticos oficiales, viajó más de trescientos mil kilómetros predicando sin cesar y se convirtió en el líder de un grupo de sociedades organizadas para ayudarse mutuamente tanto espiritual como socialmente.

El metodismo está marcado por el énfasis que se pone en el poder del Espíritu Santo en confirmar la fe del creyente y transformar su vida personal; por la insistencia en que el núcleo de la religión consiste en la relación personal con Dios; por la simplificación de la liturgia, por la corresponsabilidad de los laicos en la organización eclesial. Este movimiento *revival* era optimista en su idea de la capacidad humana, favorecía un cristianismo vital que animaba a contestar con todos los resortes humanos, tanto emocionales como intelectuales, a la invitación evangélica al arrepentimiento y al renacimiento espiritual. Exigía una vida reformada y consagrada y se preocupaba bastante menos por la doctrina y la ortodoxia. Fue un

A la izquierda: sermón de un pastor metodista un domingo de verano por la tarde, en campo abierto, en un cuadro de finales del siglo XVIII.

En la página anterior: algunos hermanos moravos postrados ante Dios. Esta comunidad protestante procedía de los husitas bohemios del siglo XV, cuyos descendientes se habían adherido a la Reforma. A comienzos del siglo XVII, algunas familias que se habían pasado a Sajonia se declararon independientes del luteranismo oficial.

antídoto poderoso contra la Ilustración, y transformó el protestantismo puritano del siglo XVII en el protestantismo evangélico del XIX. A pesar de que Wesley no quiso en ningún momento separarse de la Iglesia de Inglaterra, los clérigos de esta Iglesia se opusieron con todas sus fuerzas a los metodistas, por lo que Wesley terminó por ordenar sus propios ministros y el metodismo acabó separándose de la Iglesia anglicana.

Con frecuencia, los fenómenos de *revival* son asociados a la religión americana, sobre todo en sus manifestaciones menos institucionales y espontáneas desarrolladas en la gran expansión hacia el Oeste. En ningún lugar como en Estados Unidos las Iglesias deben tanto de su expansión y prosperidad a los *revivals*. Un conjunto de *revivals* religiosos conocido como el *Great Awakening* (1720-1750) se extendió a lo largo de las colonias norteamericanas, dirigido por Jonathan Edwards, graduado en Yale, por George Whitefield, el discípulo de Wesley, y por otros, a menudo, predicadores ambulantes, consiguió revitalizar la religión en las colonias norteamericanas.

El *Great Awakening* constituyó una reacción contra la creciente secularización de la sociedad y contra la demasiado establecida y centralizada naturaleza de las principales Iglesias americanas. Predicaban sobre el pecado con el fin de despertar las conciencias. Al exigir la conversión como el primer paso para la salvación y al abrir esta a cuantos reconocían su situación de pecado, los predicadores del *Great Awakening* democratizaban la teología calvinista y, de alguna manera, ponían en cuestión uno de sus elementos esenciales, la predestinación. En efecto, este *reveil* tuvo una extrema influencia sobre las comunidades congregacionistas: dio el sentido de la primacía del ministerio unido a la acción filantrópica, insistiendo en la necesidad de vivir por el espíritu más que de acuerdo con la ley; pero, por otra parte, a causa de sus llamadas a la voluntad del pecador, el *reveil* arruinaba la afirmación calvinista de la voluntad soberana de Dios. Al mismo tiempo cuestionaron muchas formas tradicionales de las autoridades institucionales eclesiásticas. El segundo *Awakening* americano, durante el siglo XIX, comenzó como un movimiento presbiteriano, pero fueron los metodistas y los baptistas quienes encontraron las técnicas adecuadas para predicar sus doctrinas. La característica más original fue la de las reuniones en el campo, sobre todo en la siempre cambiante frontera del oeste. El pueblo se desplazaba desde sus viviendas para convivir unos días discutiendo sus problemas religiosos. La primera de estas reuniones se celebró en Logan County, Kentucky, predicada por James McGready. La complejidad de estas masivas reuniones favorecía el caos emocional, pero, al mismo tiempo, creaba lazos y robustecía la fe de seres que vivían en condiciones duras y difíciles. Resulta digno de mención, también, el método de los *circuit riders* predicadores ambulantes metodistas que predicaban a los habitantes de la frontera americana en términos sencillos, pero que, a menudo, constituían el único contacto con hombres de Iglesia y con predicadores evangélicos. Fue la época en la que todo el país se sentía inspirado por su *manifest destiny* de americanizar y protestantizar el mundo. Para el protestantismo americano fueron años dorados de iglesias abarrotadas y de influjo determinante, un período de autocomplacencia en el que el reino de Dios sobre la tierra y el *american way of life* se identificaban.

Los que se dedicaban a promocionar estos *revivals* se centraban en los pecados personales. Dado que el planteamiento doctrinal era secundario o inexistente, el *revival* quedó, a menudo, en manos de clérigos poco formados, sobre todo en el campo teológico. Una de sus consecuencias fue que las Iglesias presbiteriana y congregacionalista perdieron muchos de sus miembros, que se convirtieron en metodistas y baptistas. No pocos teólogos protestantes acusaron a estos movimientos de exagerado individualismo, de incomprensión hacia las funciones de la Iglesia, la familia y el Estado, o por el significado del bautismo entre las experiencias de vida.

59. El cristianismo ilustrado

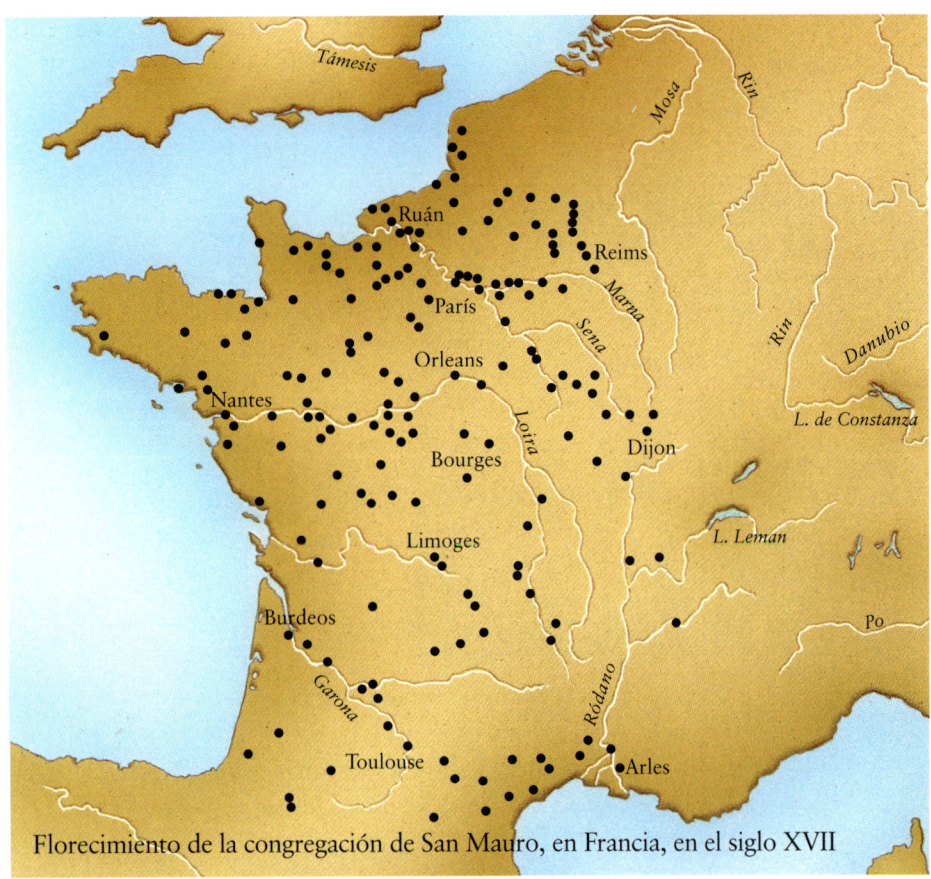

Florecimiento de la congregación de San Mauro, en Francia, en el siglo XVII

Un elemento importante en el desarrollo de la Ilustración católica fue la dedicación de numerosas personas e instituciones eclesiales al estudio de la historia eclesiástica. Desde Pierre Bayle a Voltaire los ilustrados habían atacado los fundamentos históricos del cristianismo y de la organización eclesiástica, provocando el escepticismo. La respuesta fue desigual según los países, pero en todos se dio un intento serio de conocer mejor el pasado, tanto de la doctrina como de las instituciones. Un ejemplo eminente de ese talante es el de los maurinos, la congregación francesa de benedictinos, célebre por la erudición de sus religiosos. En el corazón de esta congregación, cuyo centro fue Saint-Germain-des-Prés, estaba el estudio, sin el cual «la oración resulta árida y el retiro y el silencio insoportables». Las bibliotecas de estos monasterios eran imponentes y en ellas se prepararon y se publicaron excelentes trabajos sobre la historia monástica en general, y también sobre la historia de Francia.

El benedictino Mabillon y los jesuitas Bollandus y Papebroch son los representantes más conocidos de un grupo de estudiosos católicos, generalmente religiosos, que supieron aplicar la crítica histórica a la historia de la Iglesia, de manera especial a la vida de los santos y a la historia de las congregaciones religiosas. Después vendrá el interés por conocer mejor el desarrollo de los concilios, decisivos para la comprensión de la historia de las doctrinas teológicas, y el magisterio de los Padres de la Iglesia. Naturalmente, este intento de purificar tradiciones, costumbres y ritos, acudiendo a las fuentes, a los primeros tiempos del cristianismo, tuvo también repercusión en la vida religiosa y en la vida espiritual de los cristianos. En realidad, se trató de una nueva manifestación del racionalismo propio de la época, aplicado en este caso a los estudios y a las experiencias eclesiales. El mismo intento de renovación y purificación de métodos se realizó con el estudio de la Escritura. Numerosos estudios se dedicaron a demostrar la credibilidad de los relatos evangélicos.

En este mismo sentido, la auténtica renovación y la manifestación más adecuada de la Ilustración católica y, también, de sus limitaciones, se encuentra en el modelo y en las fórmulas de enseñanza. Desde Trento la Iglesia católica y las otras Iglesias cristianas fueron conscientes de que el futuro de la religión se jugaba en el campo de la enseñanza. Jesuitas, escolapios, somascos, religiosas de Mary Ward y otras congregaciones dedicarán sus esfuerzos a la construcción y dirección de colegios y escuelas. También las universidades estarán dirigidas por religiosos. La Ratio Studiorum de los jesuitas constituirá el método más generalizado de la organización de los estudios. La Ilustración, hostil a todo influjo de los religiosos en la educación, criticará y rechazará este método que, en realidad, había quedado un poco anticuado y no respondía a los retos de los nuevos métodos científicos. Por este motivo, la Ilustración católica procuró introducir el método inductivo y experimental en su propio método pedagógico.

A la izquierda: el cardenal Federico Borromeo organiza un grupo de maestros de la doctrina cristiana; cuadro de finales del siglo XVI.

Vista de la abadía de Port-Royal des Champs, cerca de Versalles, y una escena de la vida cotidiana en el refectorio; pintura de finales del siglo XVII.

El monasterio de las monjas cistercienses de Port-Royal, fundado en el siglo XIII, se convirtió en el siglo XVII en el centro espiritual del movimiento jansenista. Numerosos nobles, parlamentarios e intelectuales hicieron aquí sus retiros espirituales, y aquí vivían los llamados solitarios —entre ellos Antoine Arnauld, Pasquier Quesnel, Blaise Pascal y Jean Racine—, que fundaron las Escuelas de Port-Royal, notables por la novedad de los métodos adoptados. También otras grandes personalidades del tiempo, como Jacques Bossuet y Madame de Sévigné simpatizaron con el jansenismo. En 1709 Luis XIV mandó cerrar la abadía, y al año siguiente fue demolida.

Jansenio (Corneille Jansen), de cuyo nombre viene el término jansenismo, fue un teólogo holandés, profesor de la universidad de Lovaina y obispo de Ypres, fallecido en 1638 a causa de la peste contraída asistiendo a los enfermos. El movimiento jansenista partió de una obra suya póstuma (1640), el *Augustinus,* una exposición del pensamiento agustiniano, que pone el acento en la predestinación, dejando poco espacio a la libertad humana en la obra de la salvación. Bajo este aspecto, el jansenismo se aproxima a la doctrina calvinista; sin embargo, los jansenistas no han renegado nunca de su adhesión a la Iglesia católica.

En el plano moral, los jansenistas exigían una vida austera y cultivaban una interioridad espiritual que con frecuencia se expresaba en una religiosidad sumamente tétrica. Pero, al afirmar los derechos de la conciencia frente al aparato burocrático del Estado y de la Iglesia, este movimiento se encuadraba en el marco del desarrollo del espíritu liberal y del individualismo burgués, por lo que significaba un peligro para la unidad de la monarquía y para la autoridad del Estado. Efectivamente, ya desde los primeros años de su reinado, Luis XIV decidió eliminar, si era necesario con la fuerza, este tipo de disidencia. Sobre los jansenistas se polarizó la hostilidad del gobierno real, que los asociaba al «partido devoto», comprometido con la Fronda, y la de los jesuitas, duramente criticados por ellos. Este último contraste tomó la forma de una profunda controversia entre dos visiones del cristianismo, una más rigurosa, y la otra más comprensiva. La Iglesia condenó repetidamente la doctrina jansenista con bulas emanadas por varios papas a partir de mediados del siglo XVII. La última, *Unigenitus,* de 1713, la relegó definitivamente al campo de las herejías.

En el siglo XVIII el jansenismo se difundió por el resto de Europa, sobre todo en Italia y España; y los jansenistas franceses, con la esperanza de obtener un concilio que considerase de nuevo su condena, se aliaron con la corriente galicana, que propugnaba una relativa independencia del papa por parte de la Iglesia de Francia. La expulsión de la Compañía de Jesús de muchos países europeos y la posterior supresión de la orden por Clemente XIV constituyeron una tardía revancha del jansenismo sobre su adversario principal; pero después de este triunfo, el movimiento fue declinando rápidamente. Hoy subsiste únicamente una reducida comunidad jansenista en Holanda (diócesis de Utrecht).

59. El cristianismo ilustrado

Entendida la Ilustración en su sentido filosófico racionalista y deísta, no encontramos dentro del catolicismo un movimiento que intente compaginar la vida eclesiástica y los principios iluministas. Pero no hay duda, sin embargo, de que el nuevo espíritu de mayor libertad y tolerancia, de racionalización de la vida social y religiosa, penetró profundamente en algunos ambientes católicos, provocando el deseo de una Iglesia purificada del fasto barroco y de la ambición de poder y de riquezas, que diese paso a la simplicidad de la Iglesia primitiva idealizada. Creían que esta Iglesia encontraría de nuevo, gracias a una serie de reformas urgentes, su razón de ser, y podría emprender el diálogo con el mundo e incluso con la ciencia contemporánea. A este intento se denomina Ilustración católica. A menudo, esta voluntad reformadora estaba identificada con el galicanismo o con el regalismo.

Las corrientes teológicas a la base de la Ilustración católica correspondían a universidades que habían defendido una teología episcopaliana y una eclesiología más descentralizada como Lovaina y a grupos más cercanos a la tradición rigorista jansenista. No cabe duda de que el jansenismo en sus diversas acepciones favorecía las corrientes reformistas eclesiásticas. No olvidemos que en Lovaina apareció el *Pastor Bonus*, manual clásico de todos los obispos reformistas ilustrados, y la obra de Van Espen, en la que la referencia a la Iglesia primitiva justificaba una eclesiología que exigía reformas eclesiales importantes.

Esta teología ilustrada cultivaba la historia de la Iglesia y, en general, la teología positiva, y combatía las supersticiones, las leyendas y las creencias populares. Apelaba a la teología natural como punto de partida, insistía en la superioridad y en la necesidad de la religión revelada, en los principios pedagógicos modernos, en la referencia a la Iglesia antigua como modelo; comienza a desarrollarse la apologética moderna, antideísta; se busca la eficacia en la vida de los religiosos y se intenta la coordinación de las diversas funciones pastorales.

Intentaron reformar las costumbres litúrgicas comenzando por el breviario, suprimiendo los altares laterales en las iglesias y no permitiendo la celebración de misas simultáneas, reduciendo o incluso suprimiendo el mundo variopinto de imágenes de santos y de la Virgen que abarrotaban las iglesias y capillas, suprimiendo buena parte de las devociones populares; limitaron las peregrinaciones, favorecieron la participación del pueblo en las funciones sacras, gracias, sobre todo, a una mayor utilización de las lenguas vernáculas en los cantos, en la oración y en la mayoría de las funciones litúrgicas. Influidos por la corriente imperante de racionalización de la vida, herederos de actitudes rigoristas jansenistas, muchos clérigos ilustrados adoptan, a menudo, una actitud elitista de la que fueron víctimas sus feligreses más indefensos, es decir, el pueblo, en su mayoría ignorante y desconocedor de las nuevas corrientes.

La mayoría de los obispos eran prelados dignos y conscientes de su misión, pero no se caracterizaban por un celo reformador ni por el deseo de liberar la Iglesia de las ataduras políticas y gubernamentales. Sin embargo eran conscientes de la necesidad de un clero más instruido y activo que el existente, y no pocos organizaron catequesis para adultos, reorganizaron la asistencia pública e insistieron en la utilidad y la necesidad social de la religión, base de toda sociedad y fuente única de la moral colectiva e individual.

Los sacerdotes eran considerados los pedagogos de la comunidad en su sentido religioso y también social, idea ya desarrollada por los josefinistas en Austria y por otros ilustrados, aunque en Pistoia los jansenistas insistieron en su función espiritual y trascendente. Pero este interés por el clero diocesano quedó contrarrestado por su desprecio por las congregaciones religiosas, no sólo las de clausura o contemplativas, abiertamente marginadas por buena parte del mundo católico del siglo XVIII, sino todas en general. Nació así una discriminación y antipatía hacia los regulares, que habría de constituir un rasgo distintivo de la época contemporánea. Esto explica la escasa reacción ante la persecución, primero, y supresión, después, de los jesuitas.

Resulta digno de atención el estudio de los libros de teología o de piedad utilizados por quienes pretendían renovar la Iglesia. El jansenismo de Quesnel poseía una concepción comunitaria de la Iglesia e insistía en la lectura personal de la Escritura. Propugnaron, además, que la Biblia fuese la base de la predicación y de la piedad familiar. Pascal, Arnauld, Nicole y san Agustín fueron más leídos que nunca, y junto a ellos, paradójicamente, una serie de

Una reunión de magistrados en la Sorbona, el 15 de marzo de 1717, apelando contra la bula *Unigenitus,* con la que se había condenado la obra del jansenista Pasquier Quesnel.

Muchos jansenistas eran literatos y juristas y ocupaban puestos relevantes en la burocracia estatal; la Iglesia menos centralizada y más pura que ellos soñaban era, en realidad, una Iglesia más elitista.

libros que, abandonando el estilo tradicional, insisten en los argumentos racionales.

En Italia, Muratori constituyó uno de los ejemplos más claros de católico reformista ortodoxo; pero, naturalmente, no todos conservaron el equilibrio necesario y, además, se repitió la experiencia de que, cuando se intentan cambiar usos y costumbres tradicionales, surgen tantas oposiciones y condenaciones injustas, que no resulta fácil seguir manteniendo el equilibrio necesario.

Por ejemplo, Muratori afirmó que la Biblia se adaptaba, a veces, a las concepciones populares y conservaba la forma común de expresarse de la cultura del momento. Aunque tímida y marginalmente, estaba acercándose a uno de los problemas básicos de la época, el de la autoridad y el carácter literario de las Sagradas Escrituras, atacadas de mil maneras por enciclopedistas y deístas y aceptadas en su sentido más literal por el mundo cristiano.

Una cierta alianza de racionalismo y pietismo, que explica la ausencia de anticlericalismo en la Ilustración alemana, contribuyó a una liturgia más sencilla y purificada, más comunitaria, a una devoción más interiorizada, a un espíritu más ecuménico. La fuerza de esta Ilustración católica consistió en su interno dinamismo y en un espíritu más acogedor.

No podemos olvidar la dedicación a los estudios históricos no sólo por motivos de controversia con protestantes e ilustrados, sino también a causa del influjo de los nuevos tiempos que tanta importancia daban a la historia. Recordemos a los bolandistas en Bélgica, a los maurinos en Francia, a Muratori y Vico en Italia y a Flórez y Mariana en España. Sin embargo, las ciencias naturales quedaron bastante descuidadas. En realidad el espíritu de renovación católica, que concedía más atención al pasado, a la riqueza de la tradición, chocaba con los nuevos métodos inductivos, basados en la observación y el experimento.

Richard Simon (1638-1712), por su parte, se acercó al libro sagrado con una nueva mentalidad, con el espíritu crítico de quien iba a estudiar un problema técnico sin la ayuda de la teología o de la fe. Se apoyó en la filología, que se convirtió en el eje fundamental de su intento. Con Simon la crítica fue utilizada por primera vez con rigor y autonomía en el estudio de la Biblia. No tenía en cuenta ni la filosofía ni la teología; sólo atendía al manuscrito, la escritura, las letras, las comas, los puntos y los acentos. Defendió el valor de la tradición, pero examinó esta tradición con espíritu crítico. Su obra representó un gran paso adelante en la exégesis científica y provocó un movimiento de estudios bíblicos, pero las autoridades eclesiásticas, asombradas por su audacia, se contentaron con condenarlo. Probablemente, se perdió una gran ocasión.

Pascal representa de manera especial una renovación del catolicismo que no por ser autónoma del espíritu ilustrado es menos actual y contemporánea. Había meditado una apología del cristianismo pero no pudo acabarla, y sus notas y apuntes fueron recopilados en la obra titulada *Pensamientos*. En ella encontramos la intención de atraer a los libertinos-ilustrados a creer en la religión de Cristo. Pascal se dirige a ellos tratando de demostrarles que el hombre sólo puede encontrar la explicación de sí mismo en la religión, y que la religión católica es la que mejor identifica la doble naturaleza humana: su grandeza –que proviene de la Creación– y su debilidad –el pecado original–. En el tiempo de la razón nos habla de la importancia del corazón y de la intuición. Hay que evitar dos excesos: excluir la razón y no admitir sino la razón. «El corazón tiene sus razones, que la razón desconoce. No conocemos a Dios sino por Jesucristo».

60. El siglo de las Luces

Las reformas del siglo XVIII no fueron sólo fruto de la política de las monarquías absolutas, sino también del impulso al cambio procedente de los diversos sectores sociales, que se manifestaban en círculos intelectuales y en iniciativas culturales: academias, periódicos... En estas agrupaciones no institucionales se fue formando ese conjunto de actitudes críticas de la sociedad que se llamará «opinión pública».

A la izquierda: visita de Carlos III de Borbón al papa Benedicto XIV en la *Coffee-House* del Quirinal, en 1746; cuadro de Giovanni Paolo Pannini. El fasto de las cortes papales de esa época no era menor que el de los monarcas del *Ancien Régime*.

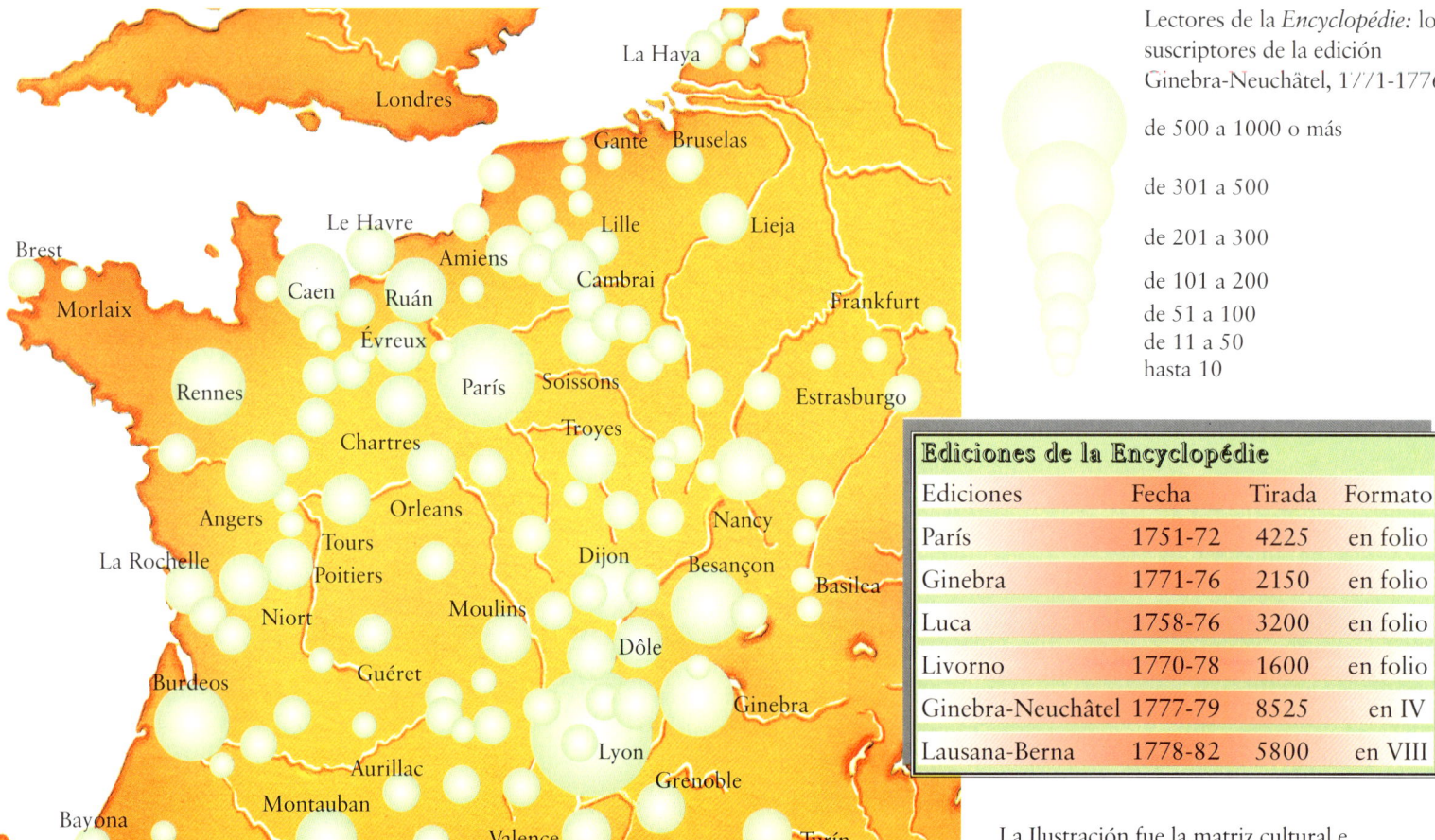

Lectores de la *Encyclopédie:* los suscriptores de la edición Ginebra-Neuchâtel, 1771-1776

de 500 a 1000 o más

de 301 a 500

de 201 a 300

de 101 a 200
de 51 a 100
de 11 a 50
hasta 10

Ediciones de la Encyclopédie			
Ediciones	Fecha	Tirada	Formato
París	1751-72	4225	en folio
Ginebra	1771-76	2150	en folio
Luca	1758-76	3200	en folio
Livorno	1770-78	1600	en folio
Ginebra-Neuchâtel	1777-79	8525	en IV
Lausana-Berna	1778-82	5800	en VIII

La Ilustración fue la matriz cultural e ideológica de la renovación de Europa. Cuando entre los años 40 y 70 del siglo XVIII llegó a su madurez, sobre todo en Francia, demostró una gran capacidad de atracción y formación ética con la monumental iniciativa de la *Encyclopédie*.

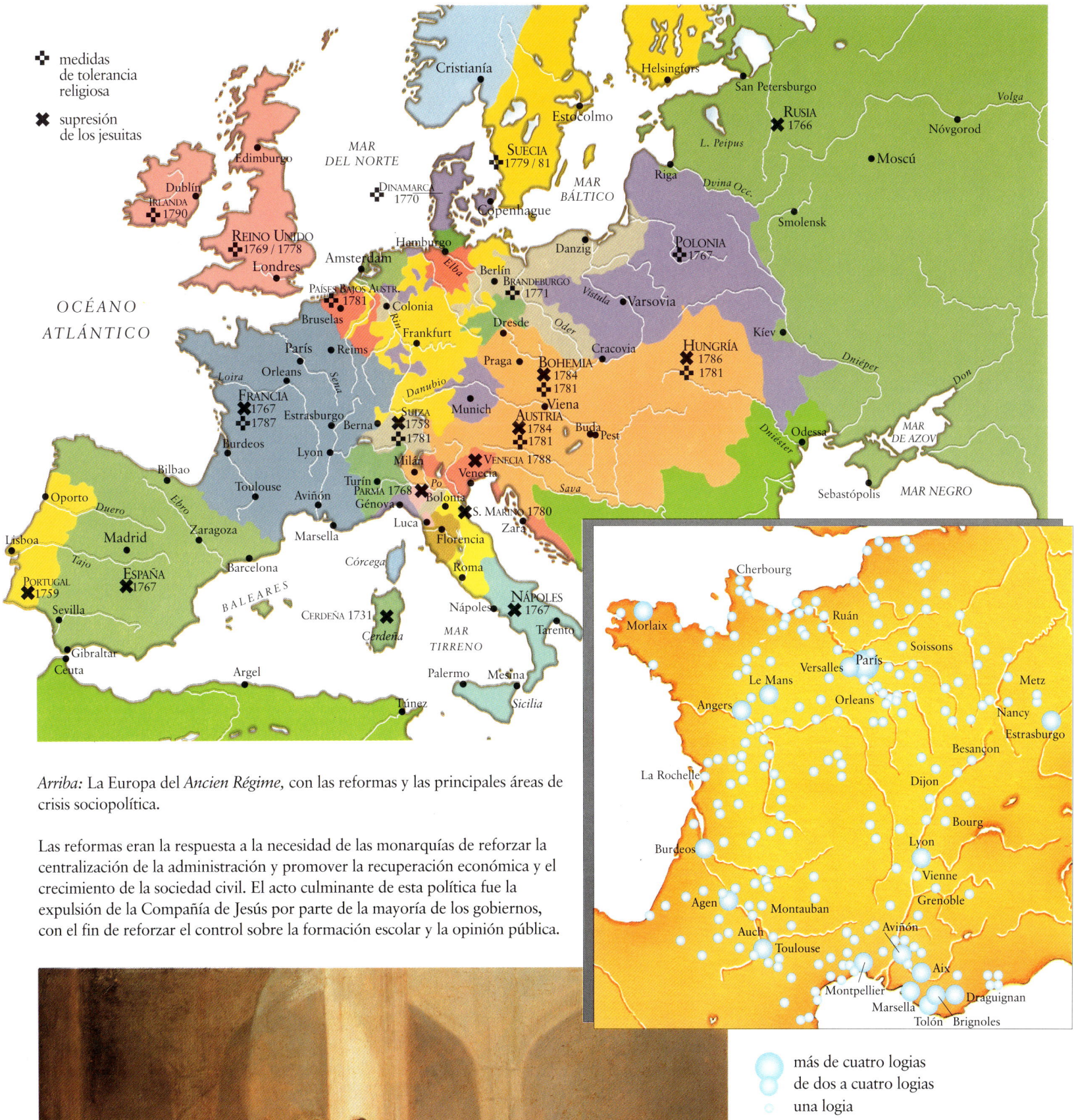

Arriba: La Europa del *Ancien Régime*, con las reformas y las principales áreas de crisis sociopolítica.

Las reformas eran la respuesta a la necesidad de las monarquías de reforzar la centralización de la administración y promover la recuperación económica y el crecimiento de la sociedad civil. El acto culminante de esta política fue la expulsión de la Compañía de Jesús por parte de la mayoría de los gobiernos, con el fin de reforzar el control sobre la formación escolar y la opinión pública.

Arriba: la difusión de las logias masónicas en Francia, a finales del siglo XVIII. Nacidas como nuevos centros de agrupación de las elites económicas e intelectuales, a menudo en contacto con los ambientes científicos, desarrollaron con frecuencia una crítica radical al absolutismo monárquico y al conjunto de las instituciones políticas del *Ancien Régime*.

A la izquierda: escena de la Inquisición, de Goya. En España y Portugal la Inquisición perduró hasta el siglo XIX.

60. El siglo de las Luces

Rito masónico de iniciación (*a la izquierda*) y emblema masónico italiano del siglo XIX *(arriba)*. Los orígenes de la masonería se remontan probablemente a las asociaciones de albañiles *(maçons)* que, a partir del siglo XV, se transmitían en secreto las reglas del oficio y perseguían los mismos ideales ético-religiosos y de ayuda recíproca. La masonería de la época de la Ilustración se proponía combatir la intolerancia y el absolutismo, la ignorancia y la superstición; sin embargo, sus ritos y símbolos estaban impregnados de un acentuado esoterismo.

En realidad, tratamos siempre de saber quién y cómo se puede explicar razonablemente el origen de la vida y del cosmos, el ser del hombre y la muerte. El cristianismo ha acudido siempre al depósito de la Revelación, y durante siglos no se puso en duda lo que en las Escrituras se afirmaba, aunque no pocas veces algunos autores habían ofrecido teorías que no concordaban del todo con la narración de la creación tal como aparece en el Génesis, o con el diluvio o con aspectos y explicaciones de la vida de Jesús.

En el siglo XVIII estas dificultades aumentaron, dado que se cuestionaron, también, la vida, la organización y la forma de actuar de la Iglesia. Las destrucciones causadas por la Guerra de los Treinta años, en parte religiosa y en parte política, favorecieron las críticas a las Iglesias y a sus pretensiones de exclusividad. El indiferentismo y las diversas formas de deísmo se confirmaron en su postura: no podían ser buenas unas actitudes o unas religiones que eran causa de tantos males. Todos los enciclopedistas y, en general, los ilustrados defenderán con ardor la tolerancia y acusarán a las religiones y, en especial, a la Iglesia católica de dogmatismo, fanatismo e intolerancia, motivo y ocasión de tantos sufrimientos y enfrentamientos.

Las manifestaciones tradicionales de las creencias religiosas fueron atacadas desde diversas direcciones, creándose un estado de opinión en el que la explicación sobrenatural de los fenómenos naturales dejó de satisfacer, dejando paso a una visión del universo dirigido por la llamada Gran Máquina y regido por leyes predeterminadas. En palabras de Locke, «las obras de la naturaleza demuestran suficientemente la existencia de la Divinidad». No se conocía exactamente en qué consistía esta Divinidad pero parecía suficiente. Se deducía, en consecuencia, que no valía la pena complicarse con los arduos y enrevesados temas de la Revelación.

Voltaire, Rousseau y tantos otros autores defenderán una antropología contraria a la cristiana tradicional: el hombre era bueno en sí mismo, no había sido corrompido por el pecado, no tenía necesidad de una redención que bajase desde lo alto para salvarlo. Era capaz de conquistar su felicidad, descubrir la verdad y hacer el bien con sus propias fuerzas. La razón, siempre igual en todos los tiempos y en todos los pueblos, se constituía en la vía y la norma única y absoluta de la verdad.

Rechazaban, por consiguiente, la Revelación, el misterio y lo sobrenatural. Salvaban una religión natural, reducida a un vago deísmo en el que la esencia divina permanecía alejada, incognoscible, poco preocupada por el género humano y sus problemas. Pretendieron construir una filosofía que renunciara a los sueños metafísicos, una política sin derecho divino, una religión sin misterio y una moral natural sin dogmas.

A una civilización fundada sobre los deberes para con Dios y el príncipe sucede otra fundada en la idea de los derechos de la conciencia individual, de la crítica, de la razón, del hombre y del ciudadano. A la Tradición se contrapone el progreso, a la Verdad absoluta revelada por Cristo la tolerancia y el relativismo, al inmovilismo del *Ancien Régime* la modernidad, a la jerarquía y el Magisterio eclesiástico la libertad, al pecado original y al Evangelio la religión natural y el mito del buen salvaje, a la presencia del misterio el convencimiento de que sólo hay que creer lo que se entiende.

Según Kant, la religión en cuanto institución, en cuanto disciplina cultual y en cuanto modo de pensamiento, tenía que inscribirse en adelante «en los límites de la razón».

Se trataba, en realidad, de la muerte de una época y del nacimiento de una sociedad nueva, basada en la libertad, la separación de poderes y la invocación a la historia como negación del derecho divino. Toda religión positiva, toda revelación, todo dogma, toda institución que intente ser mediadora entre Dios y los hombres es negada. Hay que «destruir al infame» afirma Voltaire refiriéndose a la Iglesia católica. Los enciclopedistas realizaron una crítica brutal a las Iglesias, a las que acusaron de fomentar la superstición, la intolerancia y la barbarie y de frenar el progreso.

Se trataba de un planteamiento muy utilitario: la conducta, el bien actuar, constituye el eje central de la vida y de la religión. Por esto, de hecho, las iglesias, religiones y sacerdotes son reducidos a academias en las que se enseña a actuar racionalmente, dado que el hombre es bueno por naturaleza y sólo necesita que se le enseñe lo que es recto.

El cambio fue paulatino pero imparable. Las logias masónicas, presentes en todas las ciudades importantes, contribuyeron a la expansión de la nueva mentalidad. Hay que enmarcar en este cambio mental y social la expulsión, primero, y la extinción después de la Compañía de Jesús. Los jesuitas dirigían buena parte de las universidades y centros de estudios existentes, y representaban mejor que nadie lo que se pretendía cambiar. Por esto su desaparición fue considerada como un gran triunfo de la nueva filosofía, pero, al mismo tiempo, demostraba la debilidad en que se encontraba la Iglesia católica, incapaz de defender y mantener uno de sus principales baluartes.

La Ilustración constituyó, en cierto sentido, un proceso al cristianismo, a su historia, a sus doctrinas, a sus organizaciones sociales. A lo largo del siglo asistimos a la erosión intelectual de las Iglesias. La confianza en sí mismas y el dominio que ejercían en la mente de los hombres educados irá debilitándose gradualmente con el desarrollo y triunfo de la nueva actitud.

Escena de conversación, cuadro de Joseph MacPherson, un inglés que vivió en Italia.

El clero no desdeñaba en absoluto las tertulias mundanas y los círculos intelectuales, donde se reunían para discutir apasionadamente de filosofía, música, arte y política. Entre los grandes eruditos de la época, destacan no pocos hombres de Iglesia, como el napolitano abad Galiani, diplomático en París, insigne economista y jurista, autor también de un imponente epistolario que refleja mejor que una gran novela el pensamiento, las costumbres y los acontecimientos de su época.

61. El cristianismo en la formación de Estados Unidos

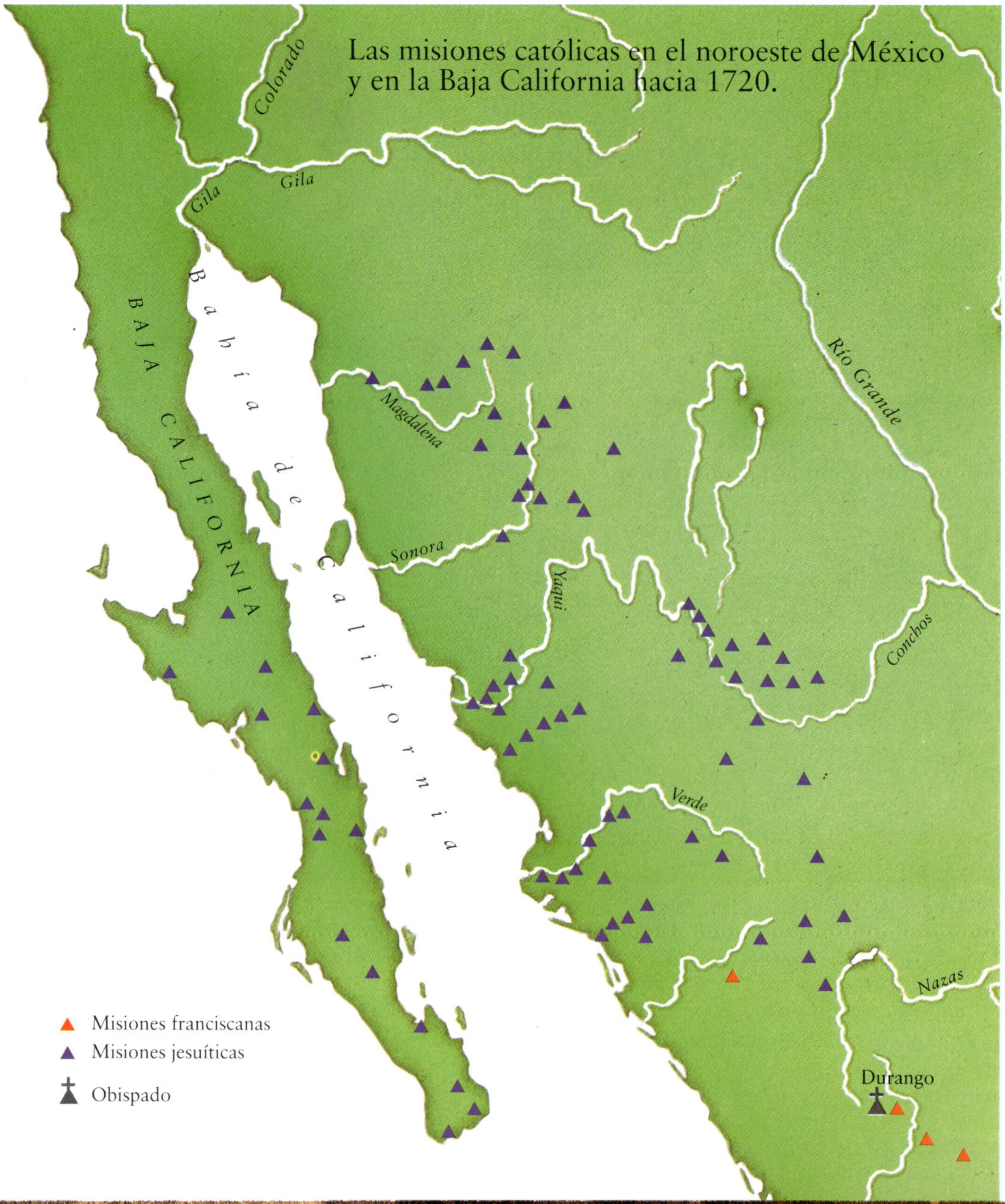

Las misiones católicas en el noroeste de México y en la Baja California hacia 1720.

▲ Misiones franciscanas
▲ Misiones jesuíticas
☧ Obispado

Desde finales del siglo XVI las órdenes religiosas, que se habían establecido sólidamente en México central, comenzaron a extenderse hacia el norte. Los jesuitas fundaron sus misiones sobre todo en el noroeste de México y en la península de California, mientras los franciscanos penetraron hacia el noreste. Después de 1767, cuando los jesuitas fueron expulsados de todas las tierras del Imperio español, generalmente ocuparon su lugar los franciscanos y los dominicos en la región de la Baja California. Parece que en el momento de la transición de las misiones de los jesuitas a los franciscanos, estas se encontraban en un estado de abandono. Los franciscanos reactivaron la acción misionera y la penetración territorial a lo largo de toda la costa californiana, donde fundaron misiones que darían lugar a un desarrollo grandioso como el de San Francisco.

Abajo: la caída de Richmond la noche del 2 de abril de 1865, en un grabado de la época.

Richmond, en Virginia, durante la Guerra de Secesión (1861-1865) fue la capital de la Confederación de los Estados del Sur. La ocupación de la ciudad por parte del ejército nórdico tuvo como consecuencia la victoria del Norte y el fin de la guerra civil entre los Estados septentrionales (Estados de la Unión) y la Confederación de los Estados del Sur.

Trece colonias que dieron vida a los Estados Unidos

A la derecha: «El Árbol de la Vida», grabado del siglo XIX que ilustra las virtudes cristianas que conducen a la Gracia.

Abajo: la Guerra de Secesión (1861-1865) fue el hecho más dramático de la historia de los Estados Unidos. Se trató de un conflicto terriblemente cruento en el que se emplearon por primera vez con fines bélicos los productos de la revolución industrial, sobre todo el ferrocarril y la artillería pesada. Los motivos fundamentales del contraste entre los Estados meridionales y los septentrionales eran de orden económico. La enorme producción de algodón de la economía esclavista meridional, que desembocaba en los mercados europeos, hacía que los grandes propietarios fueran favorables al libre intercambio. Además, el Sur mantenía una mentalidad aristocrática y hereditaria que tendía a la rigidez racial y social. Al Norte prevalecían, en cambio, la industria pesada, la movilidad social y un fundamental igualitarismo que tenían un potente aliado en el mundo de los pioneros del Oeste, representantes de un amplio espíritu empresarial, vinculado a la gran industria.

En este clima, el tema de la liberación de los esclavos negros se convirtió en piedra angular ideológica de la propaganda nórdica, por otro lado no exenta de hipocresía. La abolición de la esclavitud con la consiguiente movilidad de la población negra y la oportunidad de la reconstrucción posbélica dieron un gran impulso a la economía americana, abriendo al país a la inmigración. Entre 1870 y 1920, más de 20 millones de europeos y asiáticos llegaron a América, dando origen a un gran crisol étnico y cultural.

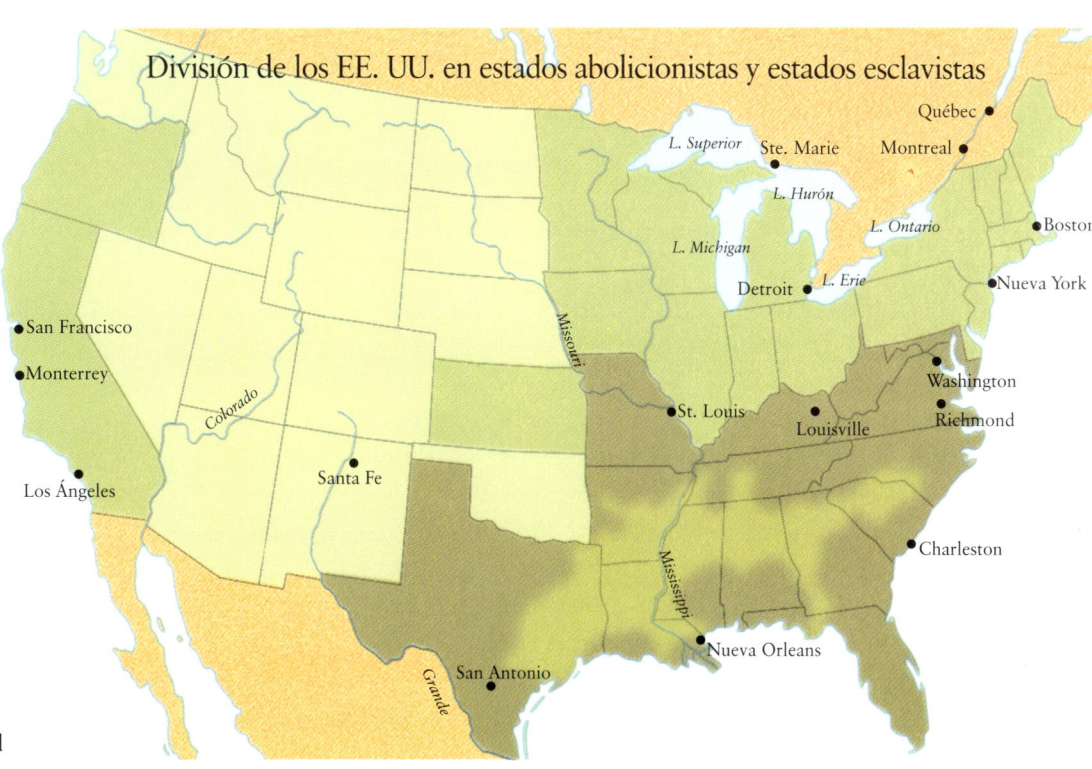

División de los EE. UU. en estados abolicionistas y estados esclavistas

- Estados abolicionistas
- Estados esclavistas
- Área de cultivo de algodón
- Territorios abiertos a la esclavitud

249

61. El cristianismo en la formación de Estados Unidos

Vista de Nueva York y Brooklyn en un grabado del siglo XIX.

En la historia contemporánea del inmenso continente norteamericano, el cristianismo ha constituido sin duda un factor decisivo en la formación de su personalidad y de su historia. La primera diócesis creada en los actuales Estados Unidos fue la de San Juan de Puerto Rico (1511), y desde entonces la presencia católica fue incrementándose en un arco que iba desde Florida hasta California. Fray Juan de Padilla intentó convertir a los indios wichita de Kansas y fue martirizado por ellos en 1542, convirtiéndose en el primer mártir americano. En el siglo XVIII fray Junípero Serra y sus compañeros franciscanos fueron levantando en la costa de California las misiones de San Diego, San Carlos, San Gabriel, San Antonio, San Luis Obispo y dieciséis más con una distancia de un día de camino entre una y otra desde la bahía de San Diego hasta Santa Bárbara y la actual Sonora. Permanece todavía hoy el recuerdo de este arte colonial misional, pero hay que reconocer que cuando se independizó la nueva nación norteamericana quedaba muy poco de esta prehistoria católica.

Los franceses por su parte desembarcaron en el actual Maine en 1604, y religiosos franceses comenzaron de inmediato a evangelizar a las tribus indias de los territorios relacionados con las expediciones francesas. En 1608 Samuel de Champlain fundó Québec. La mayor empresa de la misión francesa fue la llevada a cabo por los jesuitas entre las tribus de los hurones. No pocos murieron mártires de los iroqueses, de los mohawk y de otros. Los nombres de Brébeuf, Jogues y Goupil nos recuerdan estos tiempos difíciles. Luisiana fue controlada por Francia (1699-1766) y por España (1766-1803) y durante estos años fueron sacerdotes católicos quienes predicaron y actuaron, pero en realidad la huella francesa ha quedado sobre todo en el Canadá francés y resultó poco consistente en la nación del sur.

En efecto, ha sido la cultura inglesa protestante la que puso los fundamentos de los futuros Estados Unidos. Los famosos «peregrinos» de 1620 y los puritanos que les siguieron eran calvinistas con un fuerte sentimiento anticatólico. Por otra parte, la hostilidad entre los franceses del norte y los españoles del sur, todos católicos, con las colonias inglesas acentuó el enfrentamiento. Una ley de 1647 de Massachusetts amenazaba con la muerte a todos los sacerdotes católicos. No obstante este sentimiento «antipapista» no hubo demasiados enfrentamientos porque el número de los católicos era pequeño, aunque no faltaron en Maryland, Pennsylvania, Virginia, Nueva York y Nueva Jersey.

Estos protestantes llegaron a las nuevas tierras con el propósito de crear una sociedad íntegramente cristiana, una sociedad capaz de constituirse en la ciudad colocada en lo alto del monte para ser admirada por todos los ojos, en el candelero que iluminase a los demás. Los habitantes de Massachusetts y Connecticut gozaban de una buena formación doctrinal y mantuvieron una estrecha relación con sus orígenes históricos. En este ámbito, no se buscaba una sociedad tolerante ni pluralista, aunque, desde el primer momento, los clérigos tuvieron menos capacidad de actuación e influjo que en cualquier otro país cristiano.

Estados Unidos nacerá con esta conciencia protestante que le suministrará una serie de principios comunes y sobre todo una sólida base ética, sin perjuicios o enfrentamientos debidos al clericalismo o anticlericalismo tan típicos de Europa, y con la aceptación de no tener una tradición excesivamente definida. En poco tiempo grupos y personas pertenecientes a los diversos territorios defendieron la libertad religiosa. La Carta real que establece los principios reguladores de Providence insiste en que ninguno de sus habitantes podrá ser molestado, castigado o cuestionado por sus opiniones en materia religiosa. Este planteamiento llevó necesariamente no sólo a la práctica de la libertad religiosa, sino también al establecimiento de la separación entre el Estado y la Iglesia, planteamiento que será robustecido y confirmado por motivaciones económicas, sobre todo cuando fueron llegando los sucesivos grupos de emigrantes con una fuerte diversidad étnica, nacional, lingüística y religiosa. La burguesía comerciante tendía a aceptar una Iglesia abierta y acogedora sin intolerancias que desembocaran en los tristes sucesos de Salem, cuando por un momento pareció que se iban a establecer prácticas propias de la Inquisición. Para inicios del siglo XVIII el estricto monopolio calvinista había desaparecido. Un grupo más liberal tomó posesión del Harvard College en 1707 y nueve años más tarde fundaron Yale.

Esta libertad no desembocó en una sociedad secularizada sino que, por el contrario, el cristianismo continuó siendo la fuerza dinámica de la sociedad americana. Pero se trataba de un cristianismo compuesto por una serie de grupos que creían y actuaban con total libertad. La multiplicidad dinámica de la estructura religiosa americana tan relacionada con su ideal de libertad constituirá uno de los rasgos decisivos del carácter nacional americano. Este principio de libertad se basaba en la certeza de que las convicciones religiosas personales asumidas libremente y traducidas en asociaciones e Iglesias, permearían la sociedad con su persuasión y ejemplo. Además, se puede afirmar que en esta nación existió un diálogo vivo y enriquecedor con todo el contexto que rodeaba al cristianismo.

De esta manera, los Padres de la independencia comprendieron que la libertad religiosa y la separación de las Iglesias y el Estado respondían a la historia y a las necesidades de la nación. Las libertades no sólo no se ejercitaban en contra de la religión sino que, como señaló Tocqueville en su conocido estudio sobre América, la religión «resultaba indispensable para el mantenimiento de las instituciones republicanas». La libertad y la independencia, conquistadas con los esfuerzos conjuntados de conciudadanos protestantes y católicos, debían ser igualmente disfrutados por todos. Cada grupo religioso, sin ninguna ayuda gubernamental, pero, también, sin ninguna traba, era libre de levantar sus propias escuelas, de formar y organizar su propio personal, de dirigir sus Iglesias, de reclutar y sostener sus propios misioneros. La Constitución americana es la primera de la historia que concede igualdad de oportunidades a todas las creencias religiosas y que establece la absoluta separación del Estado y las Iglesias con todas sus consecuencias.

A comienzos del siglo XIX las principales denominaciones eran los congregacionalistas, los presbiterianos, los anglicanos, los baptistas, los luteranos, los católicos y los metodistas. Pocos años más tarde su importancia fue variando en función del origen de los emigrantes y del nacimiento de nuevas organizaciones y congregaciones.

La armonía se deshizo con el tema de la esclavitud y la abolición y, naturalmente, con la Guerra civil. Las Iglesias del norte y del sur se dividieron y creyentes, sacerdotes y obispos de cada Iglesia se encontraron en cada uno de los bandos enfrentados. Al final de la guerra se cicatrizaron las heridas y las congregaciones religiosas volvieron a alcanzar su unidad, de forma que la Guerra civil no fue considerada como una derrota del cristianismo sino como la victoria del igualitarismo cristiano. Los esclavos liberados formaron sus propias Iglesias, fundamentalmente baptistas y metodistas.

Al mismo tiempo, coincidieron dos importantes retos: la expansión hacia el Pacífico y la fuerte emigración europea a los Estados del Atlántico. Por una parte la rápida expansión por territorios inmensos favoreció la presencia de predicadores y misioneros que actuaban sin ataduras eclesiales, con mucha espontaneidad y que se basaban en su personal interpretación de la Escritura, dando lugar al nacimiento de nuevos grupos religiosos no siempre integrados en la tradición cristiana. Por otra parte, la fuerte emigración irlandesa y alemana favoreció que la Iglesia católica se convirtiera en el grupo religioso más numeroso del país.

Across the continent. Westwards the course of empire takes its way es el título de este grabado que ilustra bien el dinámico optimismo que impulsaba a los colonos americanos a la conquista de nuevas tierras.

62. La Revolución francesa y la Iglesia

Durante la Revolución francesa la cuestión religiosa ocupó un puesto de primer plano. Teóricamente la libertad de culto estaba a salvo, pero en la práctica fue violada en numerosas regiones. Muchos representantes del tercer estado consideraban sospechoso a todo el clero; los sacerdotes eran encarcelados y a veces se llegó hasta a demoler iglesias y abadías. En lugar del domingo, el gobierno revolucionario intentó, sin gran éxito, imponer la fiesta de la «década», que celebraba la Libertad, la Patria y la Razón, tratando de sustituir el sentimiento religioso con los valores civiles. Pero el pueblo no quiso renunciar a su propia tradición de fe; hubo sublevaciones en los pueblos y en las ciudades, y en muchas parroquias, ante la imposibilidad de celebrar la misa, se recurrió a las «misas ciegas», presididas por el sacristán o el maestro de la escuela.

El Comité de Salud Pública, que de hecho mantenía al gobierno, intentó relacionar la moral política inculcada por las ceremonias cívicas con una moral filosófica, fundamento de la virtud privada, y Robespierre pronunció el 18 de Floreal (7 de mayo) de 1794 un discurso que conmovió a la nación. En él afirmaba que la Revolución, imbuida ya de una doctrina filosófica y moral, no tenía nada que temer a un posible retorno de las viejas religiones y predecía la reconciliación nacional en torno al culto del Ser supremo y de la Naturaleza, que se identificaban el uno en la otra. A la cabeza de la Convención Nacional, Robespierre presidió en París la magnífica fiesta celebrada en medio de una enorme participación popular el 20 de Pradial (8 de junio, día de Pentecostés) del mismo año, en honor del Ser supremo y de la Naturaleza. Fiestas análogas tuvieron lugar en toda Francia, y por todas partes los templos republicanos ostentaban en la fachada la divisa: «El pueblo francés reconoce al Ser supremo y la inmortalidad del alma». Parecía que el gobierno había conseguido su objetivo de reunir a todos los franceses en el sentimiento común de «liberté, égalité, fraternité» y de remplazar el culto cristiano con las misas cívicas.

En 1795, después del golpe de Estado de los termidorianos y el fin del «Terror», y tras los intentos de reconciliación entre el gobierno y los revoltosos monárquicos de la Vendée, dio comienzo el retorno del clero expatriado y la llegada de sacerdotes extranjeros, sobre todo belgas. Los curas «refractarios», es decir, los que no habían prestado el juramento a la Constitución y que si no habían sido detenidos o guillotinados habían tenido que abandonar el país, comenzaron a celebrar misas clandestinas (se les llamaba «los párrocos de la maleta», porque se trasladaban llevando consigo los ornamentos y los vasos sagrados).

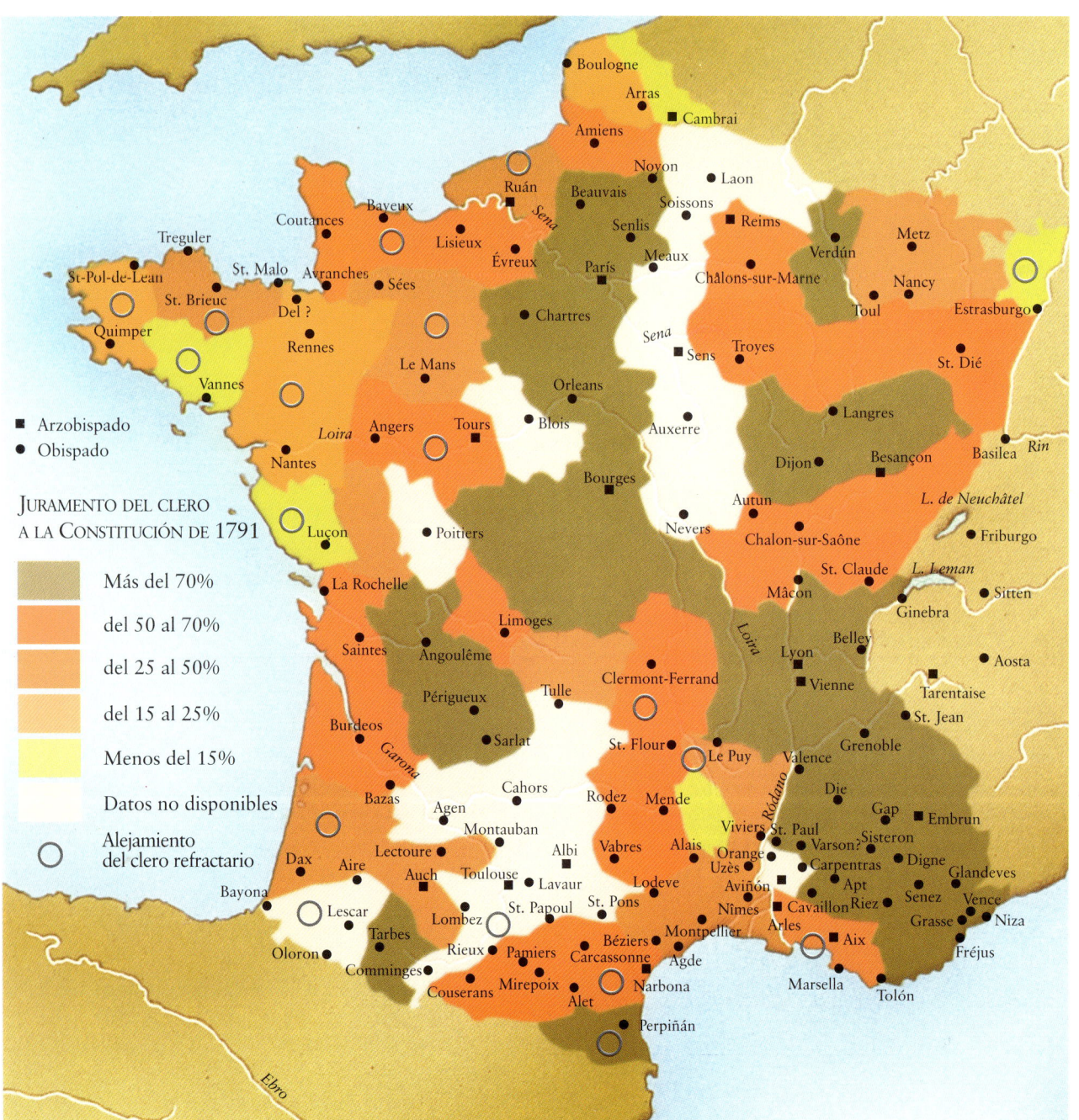

La población, especialmente la femenina, reclamaba con creciente vehemencia la libertad de culto, hasta que el gobierno se vio obligado a ceder para evitar la amenaza de motines. Si bien las iglesias permanecían adscritas al culto cívico, se permitió la celebración de los cultos tradicionales en las casas privadas, aunque sin usar símbolos externos, campanas y procesiones. Pero el pueblo no se resignó en absoluto a la desaparición de las expresiones públicas de la fe, y las misas secretas aumentaron. Algunos exponentes del clero refractario se unieron a bandas de rebeldes, que dieron vida al «Terror blanco», el terrorismo contrarrevolucionario.

En cambio, el 25 de Ventoso (15 de marzo) los obispos que habían suscrito la Constitución publicaron una encíclica para la reorganización de la Iglesia francesa.

En el mapa: los porcentajes del clero que prestó juramento a la Constitución revolucionaria.

Abajo: La coronación de Napoleón I, del pintor neoclásico Jacques Louis David. Napoleón coloca la corona a su mujer, la emperatriz Josefina de Beauharnais, después de haberse coronado con sus propias manos como emperador de los franceses, en presencia del papa Pío VII.

La montaña de la Razón, proyecto de 1794 para la construcción de un templo subterráneo dedicado a la Razón, en Burdeos.

62. La Revolución francesa y la Iglesia

La historia de Occidente y de la Iglesia conocerá una nueva época con motivo de los sucesos revolucionarios de 1789 y años siguientes. Desde ese momento debemos distinguir entre un antes y un después. El Antiguo Régimen, un talante y una concepción sociopolítica determinada, se desmorona de repente y, a pesar de toda clase de intentos, no vuelve a resurgir.

Para la Iglesia supuso, también, el inicio de un cambio irreversible que ha marcado la vida religiosa y eclesial de los dos últimos siglos. No se pueden comprender los sucesos de estos años si no se valoran las consecuencias de la Ilustración y de la evolución de la sociedad a lo largo del siglo XVIII. No cabe duda de que la labor de los filósofos desembocó en una depreciación del papel de la Iglesia y de los sacerdotes en particular y en el convencimiento de que bastaba una religión sin grandes complicaciones para moderar la sociedad y contentar al pueblo. Por otra parte, no podremos explicarnos el complejo y contradictorio proceso de modernización y adaptación eclesiástica durante nuestra época contemporánea si no nos damos cuenta del profundo trauma sufrido por el mundo católico a causa de los sucesos y la mentalidad revolucionaria.

Al inicio de la revolución no sólo no se pretendía atacar o perseguir a la Iglesia, al clero o a la religión, sino que «los cuadernos de quejas», es decir, las peticiones que los ciudadanos franceses dirigieron a los Estados Generales manifestaban su adhesión generalizada a la religión, pero la dinámica revolucionaria y la tradición galicana llevó inexorablemente a entrometerse en la vida de la Iglesia y a intentar dirigir la organización eclesial, a apoderarse de sus bienes, a atropellar derechos y libertades. Por otra parte, la progresiva radicalización de la revolución llevó sucesivamente al mando político a hombres cada vez más alejados del sentimiento religioso y más cercanos a postulados racionalistas. No habían cambiado ni el pueblo ni su apego a la religión, pero la actuación de sus dirigentes evolucionó desde el respeto y la aceptación hasta la persecución.

Los hechos evolucionaron con rapidez. Primero se aprobó la Declaración de los derechos humanos (26 de agosto de 1789) y en este documento se proclamó la tolerancia religiosa, la libertad de pensamiento, de opinión, de conciencia y de prensa. Y poco después la Asamblea Constituyente se negó a declarar el catolicismo como religión del Estado francés. Esto significaba no sólo que Francia abandonaba una tradición de mil años y dejaba de ser un Estado confesional sino, sobre todo, que el catolicismo no seguiría constituyendo la fuente de su identidad, que se aceptaba la libertad religiosa y que, de alguna manera, se convertía en un Estado laico y plural. Poco después, se nacionalizaron y se vendieron los bienes eclesiásticos y se suprimieron las congregaciones religiosas. De hecho, la Iglesia quedó en manos de los políticos. La Asamblea, que había proclamado la libertad y la igualdad como los principios fundamentales del nuevo orden político, actuó con la Iglesia como si esta no tuviese ningún derecho ni sus miembros fuesen ciudadanos iguales a los demás.

La aprobación de la Constitución civil del clero (julio de 1790) constituyó el siguiente paso: decidieron organizar la Iglesia como si se tratase de un órgano más de la administración estatal; se redujo el número de diócesis y se delimitaron sus confines sin tener en cuenta la historia y las tradiciones, se reglamentó la elección de los párrocos y de los obispos y se reguló la organización económica de los diversos estamentos eclesiásticos. El clero se convertía en una parte más de la burocracia estatal. Naturalmente, no contaron con el papa en la elaboración de estas disposiciones. Para mantenerse en sus puestos, el clero debía jurar esta Constitución, pero dos tercios de los sacerdotes y religiosos se negaron a aceptarla, por lo que quedaron sin función, y la mayoría de los obispos abandonaron el país.

La Iglesia se dividió en «juramentados» y «no juramentados» o en «constitucionales» y «no constitucionales». La inquietud religiosa consiguiente y la preparación de la guerra declarada a los países vecinos llevó a la Asamblea legislativa a mantener una política represiva con los no juramentados, a quienes consideraron un peligro interno y traidores a la patria. Se trataba del inicio de una cruel persecución. Comenzaron los arrestos en masa de sacerdotes

A la derecha: los concordatos de 1801-1803. El concordato es un acuerdo formal entre la Iglesia y el Estado, que delimita sus respectivos ámbitos de competencia. En este sentido, el primer concordato considerado como tal, es el de Worms (1122), firmado por el papa y el emperador, que acabó con la lucha de las investiduras. El que firmó Napoleón con Pío VII, en 1801, puso fin a diez años de áspera hostilidad entre la Iglesia católica y la Revolución francesa y proporcionó el modelo para toda una serie de concordatos estipulados con Estados europeos en la primera mitad del siglo XX.

En la página anterior: caricaturización de una de las últimas procesiones de clérigos «refractarios».

y religiosos, se produjeron centenares de asesinatos incontrolados de sacerdotes, otros fueron deportados a la Guayana francesa y al norte de África en condiciones imposibles. Conocemos casos impresionantes, como los llamados «matrimonios republicanos», cuando arrojaban al mar a sacerdotes atados a mujeres dentro de un saco, o cuando mantenían a decenas de sacerdotes hacinados en las bodegas de algunos barcos hasta que perecían víctimas de consunción o de enfermedad. Sobrecogedores también, los interrogatorios y las muertes de tantas religiosas que nos recuerdan los primeros tiempos del cristianismo. El éxodo se convirtió en huida desordenada. Se habla de cerca de cuarenta mil sacerdotes refugiados en todos los países europeos, mientras otros miles permanecían en Francia ejerciendo su ministerio de forma oculta, con grave peligro de su vida. Organizaron una auténtica Iglesia de catacumbas, con una organización pastoral muy completa con misioneros que recorrían el territorio asignado, asegurando los servicios religiosos, reanimando el celo de los fieles y dirigiendo la instrucción religiosa de los catequistas. En un paso más radical, los revolucionarios pretendieron atacar la misma idea religiosa. Para ello cerraron todas las iglesias, transformándolas, a menudo, en templos dedicados a la Razón, destruyeron edificios, imágenes e instrumentos religiosos, fundieron las campanas, propagaron el ateísmo, elaboraron una especie de culto dedicado a la República con procesiones cívicas y oraciones a la naturaleza, modificaron el calendario suprimiendo los domingos y prohibieron los nombres de santos tanto en los pueblos como en las personas. Se trató de un auténtico proceso de descristianización organizado desde el poder.

Estas actuaciones políticas traumatizaron a buena parte de los habitantes y les empujaron a levantarse en contra para defender sus creencias, sus ritos y costumbres. La guerra de la Vendée, iniciada en marzo de 1793, fue la más tenaz y la de consecuencias más dolorosas a causa de la sangrienta y cruel represión. Para los revolucionarios esta reacción significaba la confirmación de su idea de que la Iglesia era la aliada natural de la reacción y de los movimientos contrarrevolucionarios y decidieron que, por consiguiente, había que proseguir en el camino de la persecución y de la descristianización, pero, por otra parte, los más abiertos y sensibles comprendieron que no era posible una pacificación real de la nación sin un arreglo del problema religioso. La muerte de Robespierre y el final del segundo período del «Terror» significó el lento comienzo de una vuelta a la normalidad. Poco a poco resultó evidente que el catolicismo mantenía su fuerza y que la adhesión de buena parte del pueblo francés a la Iglesia permanecía inalterable.

La paz llegó con Napoleón, político de gran visión y tenaz en sus ideas, sin sensibilidad religiosa, pero capaz de intuir que la paz interior y la creación de una nueva sociedad que integrase las características más notables de la tradición con el talante de la Ilustración no era posible sin conseguir la activa participación de los católicos, y que esto exigía un acuerdo con el papa Pío VII (1801-1823). Napoleón fue consciente, también, de que los ideales de igualdad, fraternidad y libertad, tan proclamados y publicitados por los revolucionarios, eran difícilmente realizables en la sociedad existente, por lo que pretendió que la Iglesia predicase la armonía y resignación social. Es decir, la religión se convertía en este planteamiento en el elemento imprescindible para la consecución de la paz y el orden social. Napoleón consiguió la paz con los católicos con el concordato de 1801. En este importante documento se subrayaba el hecho sociológico de que el catolicismo era la religión de la mayoría de los franceses, se reconocía el papel central de Roma en el catolicismo, aceptación significativa en un país que durante un decenio había intentado la experiencia de una Iglesia nacional, y el gobierno se comprometía a atender las necesidades económicas de los sacerdotes y del culto litúrgico.

Aunque fuese por motivos políticos, Napoleón colaboró eficazmente en la restauración de la Iglesia francesa, una Iglesia que demostró una notable capacidad de resistencia y de recuperación, gracias, también, a la visión de Pío VII, que no dudó en sacrificar costumbres y derechos tradicionales con el fin de que la Iglesia recuperase en la Europa revolucionaria la fuerza y los medios necesarios para realizar su labor de evangelización en unas circunstancias dramáticas y bien diferentes de las anteriores.

63. Entre restauración y revolución

Arriba: Pío IX bendice el campo español en Gaeta. En 1848 y 1849 los movimientos revolucionarios de Roma provocaron que el papa y la curia abandonaran la capital y se proclamara la República romana. Fue una experiencia breve y singular: en la ciudad símbolo de la cristiandad se centraron los fermentos innovadores, y las ideas democráticas que agitaban por aquellos años a toda Europa. Un papel preeminente correspondía a los «forasteros» procedentes de los otros Estados italianos. Entre ellos estaba Giuseppe Mazzini, cuya acción y pensamiento fueron determinantes.

A la izquierda: calendario del año 1863 con un busto-relicario de Garibaldi sobre el altar, con bayonetas y cañones en lugar de velas y los exvotos de las ciudades afectadas por sus campañas. El letrero dice: «Hijos de Italia, si queréis secar el largo llanto de Venecia y de Roma, poco os importe que no cante el cura; estas son las velas y este es el santo».

El fenómeno del anticlericalismo no es nuevo, pero sí son nuevas su expansión y su virulencia. Los autores ilustrados atacan al clero como a un grupo ignorante que favorece las supersticiones, provoca la intolerancia generalizada y obstaculiza tenazmente cualquier proceso de cambio o progreso. No es extraño que, desde entonces, para los liberales la lucha por la enseñanza consista fundamentalmente en arrancar al clero cualquier posibilidad de influir en la educación y en la sociedad. El anticlericalismo se nutre también de los valores de la Revolución francesa, de la exaltación de la libertad de conciencia, de enseñanza, de pensamiento y de prensa. La burguesía liberal fue anticlerical porque lo eran sus autores y maestros preferidos, y porque consideraba a la Iglesia como baluarte de los principios que ella más odiaba. Hay otra raíz anticlerical que fue igualmente importante en el último siglo: la social. La clase obrera y sus organizaciones sociales sostenían que, tradicionalmente, la Iglesia está unida al capitalismo y a los responsables de su opresión. En algunas corrientes anárquicas las posturas anticlericales alcanzaron el paroxismo.

Históricamente ha sido más fácil desarmar al anticlericalismo social que al intelectual. En ambos campos la Iglesia ha cambiado mucho y se han encontrado cauces de entendimiento con los movimientos sociales; al contrario, las incomprensiones y el anticlericalismo de la mentalidad liberal se muestran más impermeables a los cambios y menos favorables a las posibilidades de diálogo.

La Europa restaurada a partir del Congreso de Viena

En 1815 las potencias vencedoras del largo ciclo de guerras desencadenado por la Revolución francesa, y que concluyó con la derrota de Napoleón en Waterloo, se reunieron en Viena y dibujaron un nuevo mapa político de Europa, obedeciendo al principio de la «legitimidad», es decir, restituyendo a los soberanos destronados sus antiguos tronos. Gran Bretaña, la mayor artífice de la victoria, y el país donde la Revolución industrial daba los resultados más espectaculares, vio consolidarse su dominio marítimo, la expansión colonial y la superioridad manufacturera y comercial.

Sin embargo, el equilibrio construido en Viena era inestable por la creciente oposición de las ideas liberales, necesarias, por lo demás, para el mismo desarrollo industrial. Las potencias garantes del mantenimiento «del trono y del altar» —las cortes de Viena, Berlín y san Petersburgo— se unieron en la «Santa alianza» con el fin de intervenir de forma solidaria en cualquier parte donde «trono y altar» se vieran amenazados. La naturaleza internacional de estos acuerdos tenía la característica de provocar disensiones y revueltas que se propagaban como una especie de reacción en cadena.

Desde 1820 hasta 1848 hubo una sucesión de insurrecciones destinadas a conseguir más democracia en los Estados e independencia para los pueblos sujetos a dominaciones extranjeras. En 1848 a estos temas políticos y nacionales se añadió la «cuestión social», vinculada sobre todo al creciente proletariado urbano, sometido a condiciones de vida inhumanas, y agravada por una crisis económica de naturaleza internacional que despoblaba los campos (en Irlanda la población rural fue diezmada por el hambre) y creaba en las ciudades enormes masas de desocupados.

63. Entre restauración y revolución

La revolución política había destruido los cimientos del Antiguo Régimen. La autoridad absoluta, el derecho divino de los reyes, los privilegios estamentales y la preponderancia social y cultural de la Iglesia fueron reemplazados por un planteamiento democrático, igualitario, basado en el sufragio universal y en las elecciones directas. No podríamos comprender la historia religiosa del siglo XIX sin estudiar el enfrentamiento de estos dos principios y estas dos mentalidades y, sobre todo, seríamos incapaces de captar la compleja evolución de la Iglesia de este siglo sin adentrarnos en este marco político-social-cultural que tanto influyó en la vida eclesiástica.

El talante restauracionista se caracterizó por una visión íntegramente religiosa de la sociedad. Protestaron contra la indiferencia religiosa de la sociedad civil, contra la decadencia de la jurisdicción episcopal y contra las facilidades, de hecho, conseguidas por la propaganda laica y liberal. El despertar religioso del siglo XIX, en contraposición a lo que sobrevivía de la Ilustración y al triunfante movimiento liberal, fue marcadamente conservador y tradicionalista, admiró el medioevo como la época histórica ideal y creyó que la revolución había sido posible por la anterior marginación de la Iglesia y el abandono de los principios religiosos. Al escribir Chateaubriand en 1816: «Cuando Dagoberto hizo construir Saint-Denis colocó entre los fundamentos del edificio sus joyas y lo que tenía de valor. Colocaba así la religión y la justicia en los fundamentos de nuestro templo», manifestaba el sentimiento común de los tradicionalistas: la monarquía y la sociedad restaurada serían religiosas o no serían.

Los restauracionistas identificaron liberalismo con revolución y esta con subversión, por lo que rechazaron con decisión las novedades, las nuevas ideas, las nuevas libertades. La Iglesia y los eclesiásticos se identificaron en gran parte con esta mentalidad, no sólo porque era más congenial con su educación y su visión del mundo sino, también, porque la alternativa, el liberalismo, aparecía como una ideología disolvente y antirreligiosa. Sin embargo, esta identificación resultaba suicida ya que el Antiguo Régimen estaba muerto, y la única solución real era llegar a un acuerdo con la nueva mentalidad por muy difícil que resultase. En efecto, los liberales estaban convencidos de que la realidad social estaba demasiado sacralizada y de que la presencia y el influjo de la Iglesia eran excesivos y perjudiciales. Pensaban que no era posible modernizar la sociedad y trabajar por conseguir su progreso sin conseguir la secularización y laicización de la vida en todas sus manifestaciones. Naturalmente, este planteamiento provocó un enfrentamiento generalizado en todos los países con el clero y con la Iglesia.

Era verdad que los modos de presencia y el enorme influjo eclesiástico correspondían a otros tiempos, a otra mentalidad, y que, por consiguiente, la nueva realidad política, social y cultural exigía otra actitud más modesta y más respetuosa con la pluralidad de opiniones y sensibilidades religiosas existentes. Pero el liberalismo, a menudo, tendía a convertirse en un laicismo que rechazaba toda presencia y todo influjo social eclesiástico. Se pasaba de un exceso a otro. No querían que la Iglesia dominase en todos los campos pero acababan pretendiendo que no tuviese voz ni presencia en ninguno. «La Iglesia a la sacristía» ha quedado como expresión de esta actitud.

Los gobiernos liberales quitaron a la Iglesia los registros de nacimientos, matrimonios y defunciones, nacionalizaron todos sus bienes, pretendieron la total estatalización de la enseñanza, dificultaron la presencia eclesial en los hospitales y, en general, pretendieron que su acción se redujera a lo exclusivamente espiritual y litúrgico.

La mentalidad liberal pretendía liberar al hombre del control eclesiástico y del dogmatismo religioso, y mantenía la pretensión de «recortar los abusos que la irracionalidad y el fanatismo religioso han canonizado a través de los siglos». Para conseguir esto desarrollaron desde el poder un programa que contaba con tres puntos básicos: nacionalización de los bienes eclesiásticos, expulsión o neutralización de los religiosos y monopolio de la escuela y de la actividad asistencial.

A la derecha: con la proclamación de la República romana (1849) la Constituyente romana declaró el fin del poder temporal del papa; poco después, Pío IX volvería una vez más a Roma, ocupada por los franceses, afirmando su autoridad como jefe del Estado de la Iglesia por un último y breve período. Al concluir las guerras de Independencia del movimiento por la unidad italiana, Roma se convertiría en capital del nuevo Reino de Italia (1861).

En la página anterior: el congreso de Viena (1814-1815), que reunió a todos los Estados europeos bajo el mando de las grandes potencias —Austria, Inglaterra, Rusia y Prusia—, se propuso restaurar el equilibrio político de Europa, roto por la Revolución francesa y las guerras napoleónicas, dibujando de nuevo las fronteras de los Estados y consolidando sus gobiernos monárquicos, amenazados por las revueltas populares.

Esta actitud buscaba configurar un modelo de sociedad en el cual, por primera vez en la historia, Iglesia y Estado constituían entidades separadas y, a menudo, paralelas. Partiendo del supuesto de que la religión pertenecía exclusivamente al ámbito de la conciencia, mientras que el Estado se encargaba de todo lo social, convencidos de que entre Dios y la tierra no había puntos en común, establecían como objetivo a conseguir la separación tajante y, a menudo, conflictiva entre ambas realidades.

En realidad, esta política laicista, que dominará la política europea y latinoamericana del siglo XIX, fue fruto de una ideología de combate contra la potencia intelectual y espiritual de la Iglesia y contra su poder social y, a menudo, no intentaron tanto el distribuir adecuadamente las diversas competencias y el separar los diversos campos, cuanto el destruir sin más la fuerza eclesial.

Naturalmente, la Iglesia no podía admitir este planteamiento porque iba contra su naturaleza comunitaria. Estaba en juego su supervivencia. El peligro consistió en oponerse a esta política liberal con talantes y políticas anacrónicas, de añoranza del pasado, poniendo su esperanza en formas de presencia y de influjo que correspondían a una historia que no iba a repetirse. La mayoría de los hombres de Iglesia fue incapaz de comprender el valor de la libertad en todas sus manifestaciones, de aceptar las consecuencias del pluralismo existente, de aceptar los condicionamientos de una sociedad laica. El diálogo parecía imposible.

Esto sí lo comprendieron los llamados católicos liberales, es decir, aquellos católicos que buscaron unir en su vida y en sus obras la grandeza cristiana y la dignidad humana, la ley del Evangelio y las libertades propugnadas por la Revolución francesa. Lamennais tuvo como lema armonizar las libertades con Dios, y el programa de su periódico L'Avenir hablaba de libertad de conciencia, de enseñanza, de prensa, de asociación y de sufragio. Para él como para Rosmini, Gioberti, Montalembert, Acton, Dollinger y tantos otros era posible y necesario compaginar los derechos de los creyentes y de la Iglesia con las afirmaciones y los derechos de la conciencia moderna.

La batalla ha resultado ardua y complicada. Para unos sólo la verdad tenía derechos y, naturalmente, la verdad se identificaba con el catolicismo. Para ellos las libertades de conciencia, de culto, de cátedra, de opinión y de prensa desembocaban en ataque y menoscabo de la verdad objetiva y de la Iglesia. Esta es la argumentación del *Syllabus* (1864), documento de Pío IX que ha quedado en la historia como ejemplo de ataque clerical a las libertades modernas. Para otros, es el hombre quien tiene derechos, el hombre que libremente camina hacia Dios y coloca en Él su fe y su esperanza. El documento *Dignitatis humanae* (1964) del Vaticano II expresa este punto de vista.

A lo largo de los cien años que han transcurrido entre ambos documentos los cristianos se han visto obligados a reflexionar sobre los elementos caducos, anacrónicos, de su presencia en la sociedad. Gracias a Rosmini han comprendido el valor de una Iglesia más pobre, diversa del Estado, más específicamente religiosa, y gracias a Lamennais han valorado la libertad, la convivencia con otras mentalidades y, de manera especial, la conveniencia de formar mejor a sus miembros para que fuesen capaces de dar razón de su fe, en lugar de centrarse en protegerles de todo peligro. Porque de esta manera, la Iglesia tenía el peligro de convertirse en un coto cerrado que necesitaba el apoyo político para mantenerse, mientras que de la otra manera no temía tanto la concurrencia de otras propuestas propias de una sociedad plural.

En el camino, en 1870, Italia se convirtió en un Estado unitario, a costa de la desaparición de los pequeños Estados que la componían. Esto supuso la pérdida del poder temporal de los papas, la desaparición del Estado pontificio, que había durado más de mil años. Era una manifestación más de los nuevos tiempos, pero para la Iglesia constituyó un nuevo reto: el ser consciente de que se trataba de una sociedad estrictamente religiosa, no ajena al mundo, pero sustancialmente distinta de los modos de política y poder propios de los Estados, de una sociedad que contaba con medios propios de formación, de vida interior y de presencia social. Y el papa abandonaba su poder político siempre polémico y ambiguo y recuperaba su exclusivo oficio de líder moral.

64. El siglo de las misiones

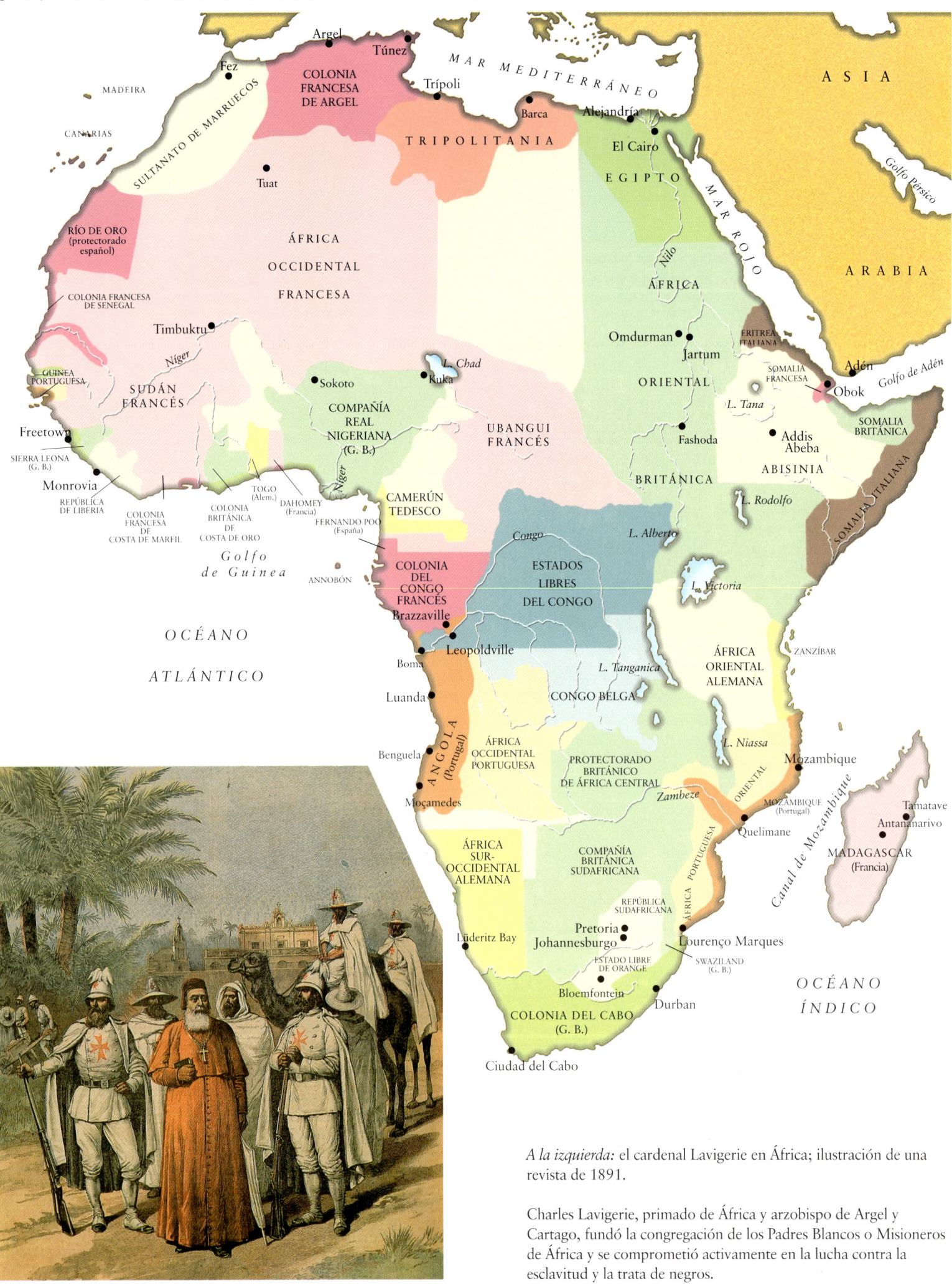

A la izquierda: el cardenal Lavigerie en África; ilustración de una revista de 1891.

Charles Lavigerie, primado de África y arzobispo de Argel y Cartago, fundó la congregación de los Padres Blancos o Misioneros de África y se comprometió activamente en la lucha contra la esclavitud y la trata de negros.

En la página anterior: la repartición de África que llevaron a cabo las potencias europeas en los últimos veinte años del siglo XIX, completada con la conquista de Libia y Abisinia (Etiopía) por Italia entre los años 1911 y 1933.

A la derecha: América Latina colonial a comienzos del siglo XIX. El imperio español comprendía todo México, el suroeste de los actuales Estados Unidos y Florida, no incluidos en el mapa.

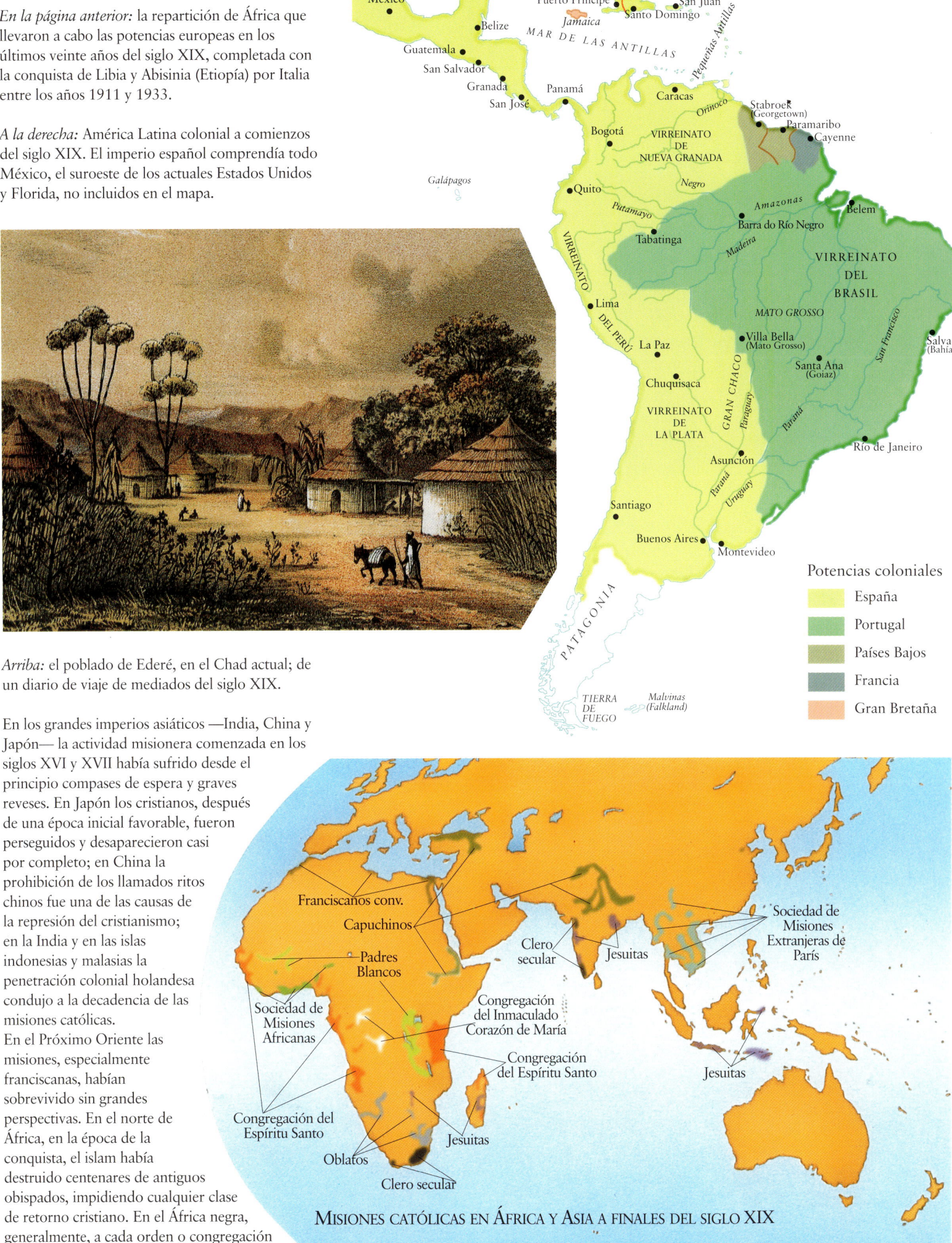

Arriba: el poblado de Ederé, en el Chad actual; de un diario de viaje de mediados del siglo XIX.

En los grandes imperios asiáticos —India, China y Japón— la actividad misionera comenzada en los siglos XVI y XVII había sufrido desde el principio compases de espera y graves reveses. En Japón los cristianos, después de una época inicial favorable, fueron perseguidos y desaparecieron casi por completo; en China la prohibición de los llamados ritos chinos fue una de las causas de la represión del cristianismo; en la India y en las islas indonesias y malasias la penetración colonial holandesa condujo a la decadencia de las misiones católicas.
En el Próximo Oriente las misiones, especialmente franciscanas, habían sobrevivido sin grandes perspectivas. En el norte de África, en la época de la conquista, el islam había destruido centenares de antiguos obispados, impidiendo cualquier clase de retorno cristiano. En el África negra, generalmente, a cada orden o congregación se le encomendaba todo un territorio.

64. El siglo de las misiones

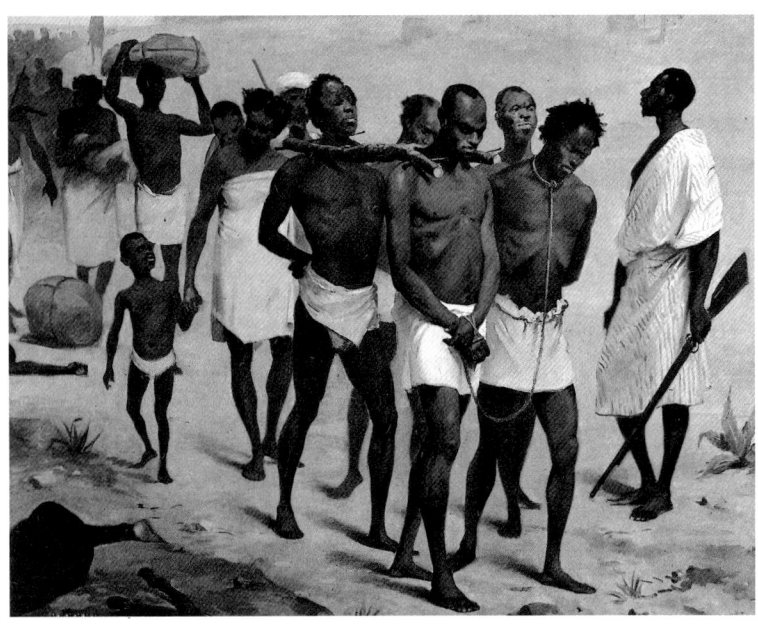

La actividad misionera de la Iglesia católica a lo largo del siglo XIX fue extraordinaria. Nadie a comienzos de siglo podía sospechar que una Iglesia que parecía moribunda podría producir tal manifestación de energía, tal creatividad, tal generosidad. Se multiplicaron las instituciones, las congregaciones religiosas, las ideas aplicadas a la evangelización de extensiones enormes e innumerables pueblos y etnias que no habían oído hablar de Cristo. Tras un siglo muy marcado por la visión relativista de la Ilustración que atacaba todo proselitismo y equiparaba todas las religiones, el nuevo siglo se presenta con un optimismo y curiosidad, con una generosidad y capacidad creativa que favorecerá las exploraciones de nuevas tierras y el impulso misionero. El rapidísimo progreso de las comunicaciones, que culminó con la apertura del canal de Suez, favoreció y facilitó los viajes; la progresiva colonización de estas tierras por parte de las potencias europeas ofrecía a los misioneros orden y seguridad; la presencia de Francia e Inglaterra en India, Burma, Ceilán e Indochina y de Holanda en Indonesia, y la apertura de naciones hasta entonces cerradas al cristianismo tales como Siam, Camboya, China, Corea y Japón hicieron posible una presencia del cristianismo en Asia antes impensable. También posibilitaron el contacto con el mundo musulmán, hasta entonces imposible, la ocupación de Argelia por parte de Francia en 1830. No debemos olvidarnos de Filipinas, donde la presencia española había conseguido la única nación católica de Asia. Su organización eclesiástica contaba con la archidiócesis de Manila y con cinco diócesis sufragáneas.

También influyeron de manera decisiva en este despertar misionero el renacimiento religioso de Europa y la conciencia de universalidad de la Iglesia producida por el concilio Vaticano I. Además, el florecimiento de órdenes religiosas antiguas y, de manera especial, la fundación de numerosas nuevas congregaciones dedicadas exclusivamente a la obra misionera agilizaron la presencia de la Iglesia en África y Asia. Resultó novedosa y muy importante la presencia de la mujer en el proceso de evangelización. Las congregaciones religiosas femeninas realizaron una labor decisiva tanto en la catequesis como en la enseñanza y en los hospitales, porque no hay que olvidar que hablar de acción misionera significa hablar de obras sociales, de escuelas e institutos de formación, de hospitales y ambulatorios, de orfanatos y centros de acogida. Siempre ha resultado inseparable la acción evangelizadora y la acción caritativa.

La primera congregación misionera en aparecer fue la Sociedad de los Sagrados Corazones (1805), a la que se añadieron en poco tiempo, entre otros, los Oblatos de María Inmaculada, evangelizadores del norte canadiense y de África del Sur, los Maristas, enviados por Gregorio XVI a Oceanía, los Padres de las Misiones Africanas de Lyon, los Palotinos (1834), los Padres de las Misiones Extranjeras de Milán (1850), los Hijos del Sagrado Corazón de Verona para las Misiones de África (1874), Misioneros de la Consolata (1902), Misiones Extranjeras de Burgos (1899), Salvatorianos (1881), Sociedad del Verbo Divino (1875), Maryknoll (1911), la Sociedad de San Columbano para las Misiones Chinas (1911) y tantas otras en diferentes países. Por otra parte, tenemos que tener en cuenta el romanticismo literario de tema misional. Chateaubriand, Lamartine y tantos otros escritores, junto a un despliegue llamativo de revistas misioneras, contribuyeron a despertar en el pueblo cristiano un marcado interés y una fuerte preocupación por la expansión de la doctrina cristiana en territorios y pueblos cuya presencia e historia comenzaban a conocer. Los laicos, marginados en tantas tareas eclesiales, tendrán un papel importante en el despertar y desarrollo misioneros. Resulta sorprendente el enorme esfuerzo de quienes se encontraban en la retaguardia: organizaciones de todo tipo, sacerdotes, medios sencillos y sofisticados. Toda la Iglesia se sentía implicada. No podemos olvidar la ambigüedad derivada del hecho de que las misiones se situaban en el contexto general de la expansión mundial de Occidente, que llevó a identificar colonización y evangelización. Tendríamos que señalar también que los misioneros europeos eran conscientes de la superioridad cultural europea, de forma que pretendieron por todos los medios imponer esa cultura a pueblos que vivían generalmente en condiciones muy precarias y elementales.

En los años 1884-1885 se celebró la Conferencia de Berlín, y en ella se repartió África entre las grandes potencias europeas. A pesar de las solemnes profesiones de neutralidad y de la indiferencia religiosa de los gobernantes europeos, las tierras colonizadas fueron repartidas, de hecho, entre naciones protestantes, como Inglaterra y Alemania, y católicas, como Francia y Bélgica. Esto favoreció la política misionera de estas naciones, de forma que las rivalidades religiosas coincidieron o agudizaron las diferencias políticas. A menudo, pues, se terminaba por identificar católico y francés o protestante e inglés.

Los papas tomaron parte principal, activa y personal en la dirección universal de la obra de evangelización. Con determinación y autoridad hicieron prevalecer el carácter universal de las misiones, y el principio de subordinación a la Santa Sede, que se convirtió en la responsable directa del apostolado misionero. Se precisaron los métodos de evangelización, sobre todo en lo relacionado con la fundación de las Iglesias locales y la formación adecuada del clero autóctono. Poco a poco fue esbozándose una doctrina misional pontificia, lo que supuso casi un estatuto de las misiones que más tarde aparecerá plasmado y consagrado en las grandes encíclicas dedicadas al anuncio del Evangelio. Fueron importantes las experiencias directas de los misioneros que poco a poco se convirtieron en métodos, normas y ciencia, traducidas en cátedras de misionología, la primera de ellas en la universidad de Münster, en 1911, gracias al esfuerzo del gran historiador Schmidlin.

La primera tarea emprendida por los papas consistió en reorganizar la Congregación de Propaganda Fide, que había dejado de existir, de hecho, con la ocupación de Roma por las tropas francesas revolucionarias y el consiguiente saqueo de sus bienes. Fue restaurada en 1814 con el retorno a Roma de Pío VII, dotada generosamente, asignándole competencias y autoridad exclusiva en todas las misiones con la excepción de las colonias portuguesas que siguieron dependiendo del Patronato portugués.

El primer objetivo de Propaganda fue el de constituir en todos los territorios misionales un clero autóctono, esperando así hacerlos independientes desde el punto de vista eclesial, convirtiéndolos en Iglesias diocesanas. El problema resultó complicado y durante mucho tiempo el clero local sólo fue numeroso en Asia, donde a veces superaba al clero extranjero, mientras que en África su número se mantuvo muy escaso. La causa, a menudo, fue más política que religiosa: la desconfianza en un clero autóctono que podía convertirse en importante elemento anticolonial.

Gregorio XVI (1831-1846) reanimó y reorganizó la acción misionera. Se interesó por la creación de vicariatos apostólicos que ofrecían mayor capacidad de actuación sobre el propio terreno y multiplicó las circunscripciones eclesiásticas. En África erigió la diócesis de Argel en 1838, el vicariato de Túnez en 1843, los de Guinea y Sierra Leona, que se extendían por toda la costa occidental, en 1842, la nueva prefectura de Abisinia en 1839, la de Madagascar en 1835, el vicariato del Cabo de Buena Esperanza en 1837. En 1846 creó el vicariato de África Central, que se extendía desde Argelia y la costa occidental hasta Abisinia. Hizo otro tanto en los países asiáticos.

Quizás el centralismo que caracterizó a todo su pontificado recogió mayores frutos en las misiones, ya que consiguió unificar y potenciar tantos intereses dispersos y, a veces, contradictorios. El inconveniente más criticado fue el de que todo era diseñado y organizado desde Roma sin tener en cuenta las características específicas y las aportaciones de las culturas existentes en aquellos territorios. Por el contrario, hay que recordar el gran respeto de Gregorio XVI por los africanos y por su entorno, que le llevó a luchar con ahínco contra la esclavitud y el comercio de negros, que condenó en la Carta Apostólica In Supremo de 1839, que si bien no cortó este trágico comercio humano, sirvió para subrayar la gravedad del problema y mentalizar a muchos europeos.

La política misionera de la Iglesia del XIX se conformaba alrededor de los siguientes principios: organizar los territorios en función de las futuras diócesis con el propósito de establecer obispos donde y cuando fuera posible; urgencia de levantar seminarios donde se formase el clero indígena; el episcopado debía ser elegido entre el clero indígena en cuanto fuera posible; orientar a los jóvenes capaces hacia el sacerdocio; no ejercer presión en favor del rito latino en las cristiandades de rito oriental; no mezclarse en asuntos políticos no sólo por las complicaciones consecuentes con los representantes de la metrópoli sino, sobre todo, por no aumentar la confusión entre la religión y la política colonial; consagrarse, sobre todo, a la educación de los indígenas y patrocinar cuanto favoreciese el enraizamiento de la religión en la sociedad. Probablemente, el paternalismo constituyó la mayor debilidad del trabajo misionero a lo largo de este siglo. Los misioneros, en gene-

A la izquierda: el padre Carlos de Foucauld, en torno al 1905, en su yermo sahariano. En su juventud, el ascético misionero solitario había servido en el ejército francés, llevando una vida disoluta. Foucauld vivió mucho tiempo con los tuareg musulmanes del Ahaggar y estudió a fondo su lengua. Luchó contra la trata de esclavos, que aún era tolerada por las autoridades coloniales. Fue asesinado, durante la revolución de los tuareg contra los franceses, en 1916.

En la página anterior: prisioneros negros en marcha hacia la costa, donde embarcarán para ser deportados a América como esclavos.

ral, consideraban a los africanos como niños que necesitaban dirección y protección. Y, sin embargo, ser cristiano significaba, una vez más, rechazar tradiciones y costumbres que constituían el tejido de su vida social, es decir, no resultaba nada fácil pasar al cristianismo. A menudo, los convertidos eran considerados como ajenos a la tribu. Apenas podían ser testigos de su fe. A pesar de esto, la labor de los catequistas nativos ha sido extraordinaria, no obstante su escasa formación y sus limitados conocimientos de la doctrina cristiana.

65. Las misiones protestantes

En la página siguiente: las primeras actividades misioneras protestantes siguieron las huellas de los imperios coloniales en formación; desde el siglo XVII hubo misiones holandesas, y en 1701 nació la «Society for the Propagation of the Gospel», cuyo objetivo era la evangelización de los indígenas de las colonias inglesas. Pero hasta el siglo XIX no se desarrolló a escala mundial la actividad misionera de las Iglesias protestantes.

En 1795 había sido fundada la «London Missionary Society», de orientación congregacionista, de la que, a finales de siglo, se separaron los anglicanos dando vida a la «Church Missionary Society». En 1815 nació la «Methodist Episcopal Church», y en 1820 la «Protestant Episcopal Church». En Alemania, de la «Berliner Missionsanstalt», fundada en 1800, tuvieron origen dos sociedades misioneras luteranas, la «Berliner Missionsgesellschaft» (1824), y la «Hermannsburger Mission» (1849). Una sociedad no confesional, la «Rheinische Missionsgesellschaft», surgió en 1828.

Todas estas sociedades actuaban de forma muy dispersa, y el intento de coordinar fuerzas, emprendido a comienzos del siglo XX por la Conferencia misionera mundial, se vio anulado por el estallido de la I Guerra mundial y el posterior desmembramiento de los imperios coloniales.

A la izquierda: una expedición a Suráfrica conducida por un pastor presbiteriano, en 1822.

En la página anterior, abajo: un colono en África, en 1817.

Los colonos europeos que se asentaron en los territorios ocupados por sus países desarrollaron una ideología, llamada precisamente «colonialista», basada en el desprecio hacia los pueblos de raza y cultura diferentes de la propia, justificando con su presunta inferioridad el pillaje de sus recursos y toda clase de vejaciones contra ellos.

65. Las misiones protestantes

Durante el siglo XIX coincidieron en los países protestantes tres circunstancias que desembocaron en un extraordinario florecimiento de las actividades en favor de las misiones. Por una parte, el espectacular despertar de la inquietud religiosa a causa del llamado *Great Awakening* de las Iglesias evangélicas en Estados Unidos y de la predicación de John Wesley en Gran Bretaña, traducida en innumerables obras e instituciones de finalidad religiosa. Por otra parte, las exploraciones del capitán Cook, Livingstone, Cecil Rhodes, Stanley, Carey y muchos otros, que suscitaron el interés y el entusiasmo por los habitantes de las lejanas y misteriosas tierras. Finalmente, la presencia de la administración americana y, sobre todo, inglesa en extensos territorios de África y Asia facilitó la presencia y actuación de los misioneros enviados por numerosas sociedades misioneras, creadas por cada Iglesia tanto en Gran Bretaña como en América, tales como la Church Missionary Society, la London Missionary Society y los Wesleyan Methodists, y por las Sociedades bíblicas.

El misionero más famoso de África fue sin duda el escocés David Livingstone (1813-1873), médico y teólogo, profundamente preocupado por la evangelización de los africanos. Tanto en África como en la India los misioneros establecieron plantaciones y desarrollaron el comercio como una forma de ayuda a los africanos, estableciendo una estrecha relación entre estas actividades y la acción misionera. Introdujeron el cacao en Ghana y en poco tiempo consiguieron que este país fuera el mayor productor del mundo. Algunos, como Livingstone, eran de la opinión de que si se quería suprimir la esclavitud y elevar las condiciones morales y sociales de los africanos era necesario ofrecer al mismo tiempo comercio y cristianismo.

En 1857, David Livingstone publicó su *Missionary Travels and Researches in South Africa,* una narración que provocó entusiasmo. Los cristianos quedaron convencidos de que había llegado el momento de convertir África al cristianismo. Se realizó un enorme esfuerzo y no faltaron medios humanos, económicos y creativos imaginados y utilizados para enseñar, adoctrinar y paliar la miseria existente.

La presencia de misioneros anglicanos o baptistas o de otras confesiones fue menos centralizada que la de los católicos, pero no resultó menos eficaz. Charles Simeon, del Trinity College envió a la India algunos de sus mejores discípulos a partir de 1787. Poco después fueron nombrados los primeros obispos y creadas las instituciones formativas para los pastores, y los colegios de enseñanza superior adquirieron fama y fueron frecuentados por miembros de las clases superiores, muchos de los cuales formaron parte de la administración británica. También llegaron misioneros luteranos de Alemania y Basilea. Los encontraremos al poco tiempo en los países budistas de Nepal, Indochina y Burma. Las conversiones fueron escasas, pero su presencia fue activa y generosa. La respetada y valorada actividad educativa en la India fue una de las causas principales del interés de las castas superiores por el cristianismo.

La apertura de China a los occidentales fue aprovechada inmediatamente por las sociedades misioneras metodistas, presbiterianas, congregacionalistas americanas, baptistas y episcopalianas, que enviaron con rapidez representantes que trabajaron en situaciones difíciles y con no pocas restricciones. En realidad, los resultados tangibles fueron mínimos a lo largo del siglo XIX. Además, los políticos chinos temían que los misioneros facilitasen la dominación de China por parte de los occidentales. Esta fue una de las causas de la guerra de los bóxers.

La mayoría de los habitantes de Indonesia era musulmana, pero quedaban animistas en algunas islas y en las montañas que fueron aceptando el cristianismo a partir de mediados del siglo pasado.

En Australia la Iglesia metodista comenzó sus actividades en 1815, y en 1840 más de cien mil aborígenes se habían convertido al cristianismo. Esta comunidad, de la misma manera que la de Suráfrica, adquirió su independencia antes de fin de siglo. En realidad fueron los metodistas quienes con mayor facilidad concedieron la autonomía a las diversas comunidades de los diferentes países de misión.

Los metodistas americanos, en general, desarrollaron una entusiasta actividad misionera, y sus abundantes medios económicos les llevaron a predicar en la India, México y, en general, en los países latinoamericanos, Corea, Japón, Taiwan y en gran parte de África. Conviene recordar de manera especial a la American Board of Commissioner for Foreign Missions, la primera sociedad misionera americana (1810). Sus misioneros fueron enviados a muchos países, pero su labor en Hawai fue la más importante y la que más frutos inmediatos consiguió.

En 1845 llegó a Camerún un baptista inglés, Alfred Saker. Allí trabajó durante 31 años dedicándose a la evangelización, pero, también, al trabajo agrícola, artesanal, de traducción y de impresor de la Biblia. Los misioneros tenían que ser polifacéticos si querían resolver los problemas y los objetivos de sus misiones. En 1964 los baptistas contaban con unos tres millones de fieles encuadrados en las misiones americanas o inglesas. Casi cada grupo baptista desarrollaba una labor misionera en países de África, Asia o Latinoamérica por medio de más de cinco mil misioneros. Tenían 190 colegios y escuelas bíblicas y 346 hospitales.

La actuación de estos misioneros tenía motivaciones profundamente religiosas y muchos de ellos murieron en el empeño. Pero no cabe duda de que vivieron presos de la compleja situación colonial de estos países, viéndose movidos a aceptar con mayor o menor entusiasmo la presencia y la dominación europeas. Para los misioneros americanos o europeos, la cultura occidental era sin duda superior a las culturas africanas. Su ayuda era, ciertamente, desinteresada desde su punto de vista personal, pero no pocas veces acompañaba y favorecía la presencia colonial.

Por otra parte, la presencia activa de los catequistas negros que, a menudo, eran quienes más directamente estaban con la población autóctona, favoreció un cristianismo más encarnado y más cercano a las realidades locales.

La existencia de tantas denominaciones diversas complicaba la situación. Las cartas de los misioneros dan a entender con claridad la dificultad de las relaciones no sólo entre católicos y protestantes sino entre protestantes de diversas Iglesias. A veces se intentó dividir los países en función de las diversas denominaciones.

Estas dificultades fueron la causa de la reunión de la Conferencia misionera internacional de Edimburgo donde, por una parte, se manifestó un fuerte espíritu ecuménico, pero, por otra, la ausencia de africanos en sus deliberaciones demostró la debilidad de unas cristiandades cuyos representantes eran todos extranjeros. Esta marginación oficial de los autóctonos y de sus culturas desembocó en algunas ocasiones en la formación de algunas Iglesias negras independientes que dieron mucho más espacio que las Iglesias tradicionales a los bailes y a la música popular en sus liturgias.

A mediados del siglo XX casi la mitad de los habitantes al sur del río Congo eran cristianos. Tras la independencia, la mayoría de sus ministros eran africanos y su teología, arte y liturgia tenían una importante impronta africana. La elección de Desmond Tutu como arzobispo anglicano de Ciudad del Cabo es un buen símbolo de esta actitud.

La vivienda de David Livingstone en Zanzíbar, en un grabado de una edición de su último diario de viaje (1866-1873).

El misionero y explorador escocés Livingstone, que a mediados del siglo XIX llevó a cabo numerosas expediciones en el continente africano, es el principal artífice de la apertura de África a Occidente. Fue el primer explorador que penetró en el corazón del continente negro y el primero en atravesar toda la franja central de África, desde el océano Índico hasta el Atlántico. Su incansable actividad misionera se basaba en la convicción de que sólo una nueva religión y nuevas formas de economía podían abrir el África negra a la civilización moderna y librarla de la abominable plaga de la trata de esclavos. Livingstone murió de malaria, en el año 1873, en África, donde había gastado gran parte de su vida.

66. La cuestión social

Arriba: grabado de mediados del siglo XIX con una vista de las fábricas de Le Creusot, un importante núcleo de extracción de carbón, en Francia central.

A la izquierda: El ángelus, de Jean François Millet, 1858.

Los campesinos vivieron en unas condiciones de austeridad y pobreza que obligaron a muchos a emigrar a los centros industriales, rompiendo así sus puntos de referencia eclesiales y sociales. Quienes se quedaron en sus casas, en el campo, conservaron, en general, las costumbres, ritos y formas de vida tradicionales. Para ellos la Iglesia continuó siendo el lugar de encuentro social, de enseñanza y de oración comunitaria. No resultaba extraño encontrar en el campo a personas rezando el ángelus, costumbre que resultaría imposible mantener en fábricas y talleres industriales.

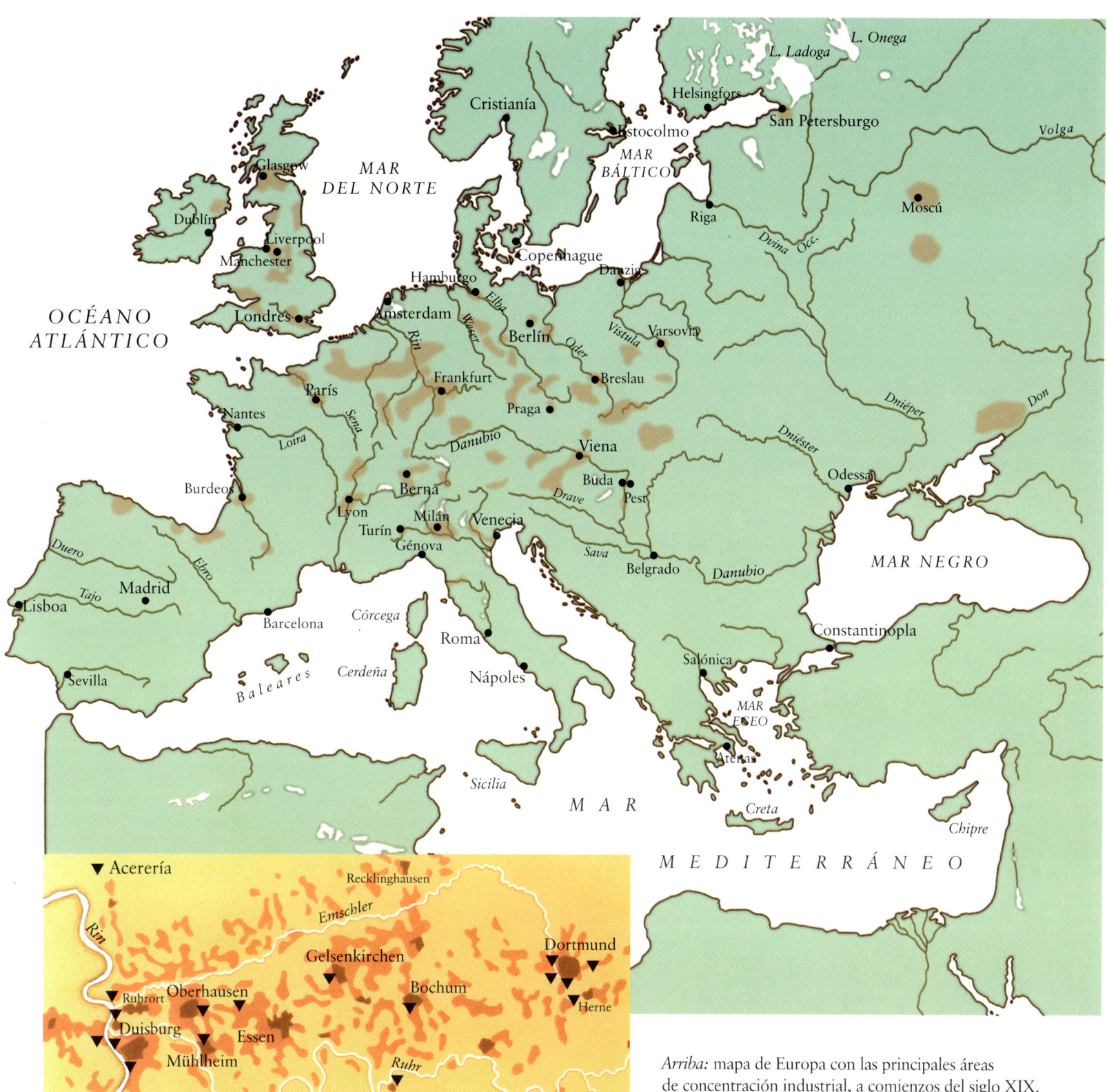

Arriba: mapa de Europa con las principales áreas de concentración industrial, a comienzos del siglo XIX. *Detalle:* la cuenca minera de Ruhr, en Alemania noroccidental, zona que experimentó una industrialización rapidísima y masiva que la convirtió en el corazón de la industria pesada.

La industrialización provocó la concentración urbana y unas condiciones de vida durísimas, con jornadas de trabajo de 12, 14 y hasta 17 horas, para hombres, mujeres y niños, a veces desde los siete años. Todo por un salario mínimo, insuficiente para mantener la familia, al menos sin la ayuda de la limosna. Consecuencias inevitables eran una alimentación inadecuada y unas condiciones de alojamiento inhumanas. La miseria obrera fue impresionante y sus consecuencias muy graves: tuberculosis, mortandad infantil, raquitismo y deformaciones físicas profesionales.

El capitalismo moderno resultaba irreligioso y deificaba un estilo de vida y unos valores que tenían poco que ver con el cristianismo. No cabe duda de que la filosofía del capitalismo liberal imperante ponía al hombre al servicio de la economía y no la expansión económica al servicio del hombre. Sólo las Iglesias supieron organizarse para conseguir unas condiciones de vida más humana, aunque no fueron capaces de exponer con la misma rapidez una doctrina teórica.

Las congregaciones religiosas en el catolicismo y algunas instituciones en el anglicanismo y el protestantismo, supieron, con frecuencia, superar el egoísmo reinante y dedicarse a los marginados, a los enfermos, a los que vivían en el mundo de la prostitución y a los ancianos sin medios económicos, poniendo en práctica la caridad y la generosidad que predicaban y que la sociedad capitalista había eliminado de su ideología.

66. La cuestión social

El clima que surge y se consolida en ámbitos intelectuales a lo largo del siglo XVIII es de secularización, de anticlericalismo y, en buena medida, de descristianización. Voltaire o Rousseau, Montesquieu o Diderot, Helvetius o Bayle fueron debilitando la credibilidad de las Iglesias, demostrando sus aparentes o reales contradicciones, insistiendo en su negativo influjo en contra del progreso y de la modernización de la sociedad. Fomentaron la idea de que si se quería cambiar el modelo de sociedad era necesario marginar a la organización eclesiástica, debilitarla, reducir o suprimir su influjo. La mayor novedad del siglo XIX consistió en la secularización de las masas.

Por otra parte, las revoluciones de 1789, 1830 y 1848 no sólo terminaron con una época y con un mundo determinado sino que también crearon expectativas de una sociedad distinta y mejor. Constituyeron hitos de emancipación, esperanza y cambio. Estaban dispuestos a levantar una nueva sociedad rechazando los obstáculos necesarios y, de hecho, casi siempre, la Iglesia se encontraba encuadrada entre los obstáculos que había que desplazar.

En Francia, Inglaterra y Alemania, el espíritu religioso estaba muy extendido no sólo entre los medios cultos sino también entre los obreros, desde los años del adoctrinamiento jacobino y de la tradición popular anticlerical surgida durante la Revolución de 1789 al abrigo del anticlericalismo ilustrado.

Es decir, las Iglesias cristianas se encontraron con un triple problema: responder a las objeciones doctrinales presentes en ámbitos universitarios, reconciliarse con la revolución liberal afianzada en el poder político-económico y, al mismo tiempo, comprender la cuestión social, el significado y la mentalidad de los obreros, la nueva clase social emergente, y particularmente el socialismo.

Pío IX dedicó un pasaje de la encíclica *Quanta Cura* a denunciar no sólo la ilusión del socialismo, que pretendía reemplazar a la Iglesia por el Estado, sino también el carácter pagano del liberalismo económico, que prescindía de la moral en las relaciones entre el capital y el trabajo. Por su parte, Ketteler, el obispo alemán que más se esforzó por responder al reto socialista, intentó probar que la solución al problema obrero no podía concebirse más que en función de una visión general de la sociedad capaz de oponerse directamente tanto al individualismo liberal como al totalitarismo del Estado centralizador moderno. Ketteler inició en Alemania uno de los actos más corporativos y comunitarios del catolicismo europeo, el Katholikentag, que sigue celebrándose en nuestros días.

No faltaron personas e instituciones cristianas que estudiaron el problema y sugirieron soluciones: Lamennais y Ozanam o La Tour du Pin en Francia; Vogelsang en Austria; Harmel en Bélgica; Toniolo, l'Opera dei Congressi o san Juan Bosco –el primero que estableció un verdadero contrato en favor de los jóvenes– en Italia; Balmes, Vicent o Arboleya en España; los Caballeros de Colón en Estados Unidos; la Unión de Friburgo en Suiza; las Conferencias de San Vicente de Paúl.

En buena parte de los reformadores sociales cristianos se produjo una clara evolución: primero pensaron que la miseria social era sobre todo un problema de reforma moral, y pretendieron encontrar su remedio en la práctica de la caridad. La experiencia personal les hizo ver que la reforma interior no era suficiente y que era necesario añadir la reforma de las instituciones. Fueron creativos y tradujeron sus ideas en multitud de iniciativas, pero no conviene olvidar que, en general, no aceptaban la lucha de clases y no tenían el poder político.

Más importante en su concreción práctica, aunque menos llamativo, es el inmenso esfuerzo realizado por las asociaciones cristianas con el fin de paliar la miseria y los sufrimientos de cuantos componían los cinturones obreros de las grandes ciudades industriales, donde se hacinaban en condiciones inhumanas millares de inmigrantes. Esta historia de caridad, de generosidad y creatividad hace mención de algunas de las personalidades más atrayentes de estos dos últimos siglos. Fundadores de congregaciones religiosas que dedicaron sus esfuerzos a la marginación, niños abandonados, jóvenes dedicadas a la prostitución, ancianos desamparados, enfermos sin ninguna asistencia, obreros angustiados por la usura de los prestamistas, enseñanza gratuita. Tanto en el mundo católico como en el protestante comenzó a desarrollarse la educación femenina. Hay que reconocer sin embargo, que esta historia extraordinaria quedó oscurecida y maltratada por el planteamiento reivindicativo y combativo de los movimientos sociales que consideraron y definieron como peligroso paternalismo lo que fue una sorprendente muestra de solidaridad y fraternidad.

A pesar de esto, hay que admitir que desde el punto de vista pastoral y evangelizador, gran parte del alejamiento de la clase obrera fue debido a la incapacidad de las viejas Iglesias de adecuarse a las grandes ciudades, a los nuevos núcleos industriales y a la nueva clase social que resultaba tan extraña a su práctica y a su experiencia. Estos inmigrantes, nuevos obreros, sin apenas formación doctrinal religiosa, al abandonar sus pueblos de origen perdían, también, sus puntos de referencia religiosa, su parroquia, sus devociones y su párroco que los conocía personalmente, sin encontrar nada de esto en el nuevo puesto de trabajo. En efecto, en las nuevas ciudades industriales los lugares de culto no bastaban, la experiencia de los párrocos rurales no servía para las nuevas condiciones sociales y, en conclusión, las Iglesias descuidaron a las nuevas comunidades y las abandonaron casi completamente a la fe laica de los movimientos obreros que a finales del siglo XIX les conquistaron del todo. Esto no sucedió así en Boston, Nueva York o, en general, en Estados Unidos, donde los emigrantes, irlandeses o alemanes generalmente, encontraron en las parroquias lugares de acogida y encuentro tanto más necesarios cuanto más solos y perdidos se encontraban.

En el mundo protestante inglés, Guillermo Booth (1829-1912) fundó el Ejército de Salvación que se extendió rápidamente por las colonias británicas, la India y Estados Unidos. Con el objetivo de aliviar las desesperadas condiciones económicas, sociales y morales de quienes habitaban en los barrios más miserables, propuso medidas concretas, como la formación de colonias agrícolas, la emigración a colonias de ultramar, hogares de acogida para prostitutas y hogares asistenciales para niños, así como institutos de crédito para los pobres.

Por su parte, los partidos socialistas nunca asumieron oficialmente una actitud de rechazo o persecución del fenómeno religioso. En el programa de Erfurt de la socialdemocracia alemana (1891), el punto sexto hablaba de la religión como un hecho privado, pero hay que reconocer que la actitud general tanto de las Iglesias como de los socialistas fue la de un rechazo mutuo absoluto y de abierta incompatibilidad.

En 1891, León XIII publicó la encíclica *Rerum Novarum*, el primer documento pontificio que trata de estudiar en profundidad el problema social ocasionado por la industrialización. En este documento, al mismo tiempo que se condena el liberalismo y el socialismo, se reconoce el derecho natural a la propiedad y se subraya su valor social, se atribuye al Estado el papel de promover el bien común, la prosperidad pública y la privada, con lo que supera el absentismo social de Estado liberal, se reconoce al obrero el derecho al salario justo, se condena la lucha de clases y se acepta el derecho del obrero a asociarse para la defensa de sus intereses.

A pesar de sus limitaciones, el documento resultó muy importante en la vida del catolicismo. Dejaba de lado las utopías de los católicos sociales y se colocaba con realismo en un terreno análogo al del socialismo reformista, buscando la promoción de la clase obrera en el cuadro de las instituciones existentes, incluso el sindicalismo obrero.

Desde entonces, papas, obispos y laicos han escrito sobre estos temas, elaborando lo que se conoce como doctrina social, es decir, una doctrina fundamentada en el Evangelio y en el derecho natural capaz de analizar la realidad social en su complejidad y de ofrecer pautas y normas de comportamiento. Como fruto evidente de la doctrina social aparece con claridad que del Evangelio se desprende la necesidad de un compromiso sociopolítico del cristiano.

Abajo: santa Luisa de Marillac y las hermanas de la Caridad distribuyen la limosna a los pobres; pintura de 1920.

En la página anterior: ilustración de un periódico de los primeros años del siglo XX: distribución de la sopa en la refacción popular.

A comienzos de siglo se multiplicaron las iniciativas religiosas y laicas para mitigar los sufrimientos más inmediatos y cotidianos de los marginados de la sociedad.

67. El movimiento de Oxford

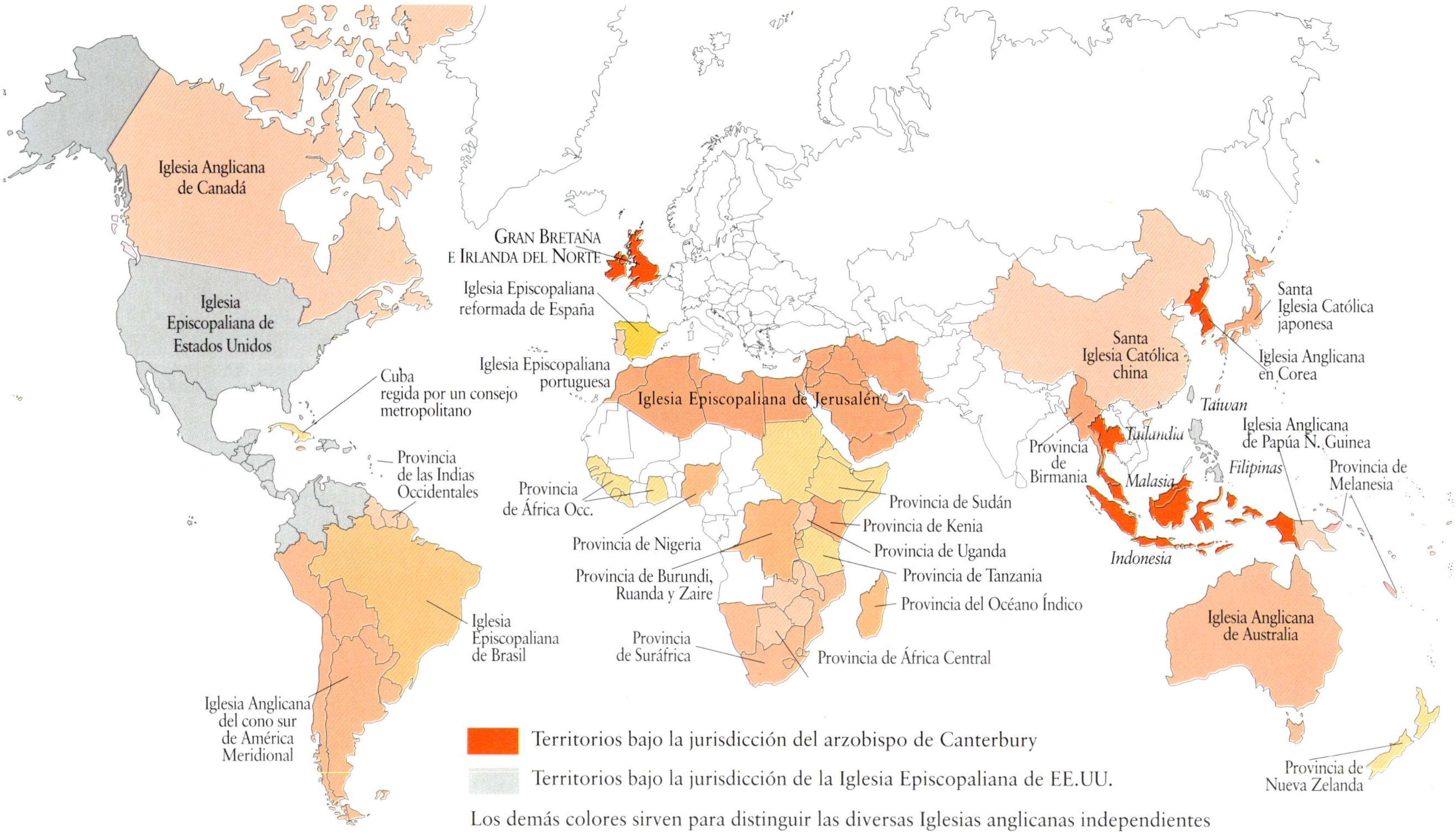

Territorios bajo la jurisdicción del arzobispo de Canterbury

Territorios bajo la jurisdicción de la Iglesia Episcopaliana de EE.UU.

Los demás colores sirven para distinguir las diversas Iglesias anglicanas independientes

Arriba: la comunión anglicana es una comunidad de diócesis, provincias e Iglesias regionales, en comunión con la sede arzobispal de Canterbury, dentro de la «única Iglesia santa, católica y apostólica». Cada Iglesia está organizada con su propia estructura nacional, que a veces puede tomar importantes decisiones propias en materia de fe y de culto.

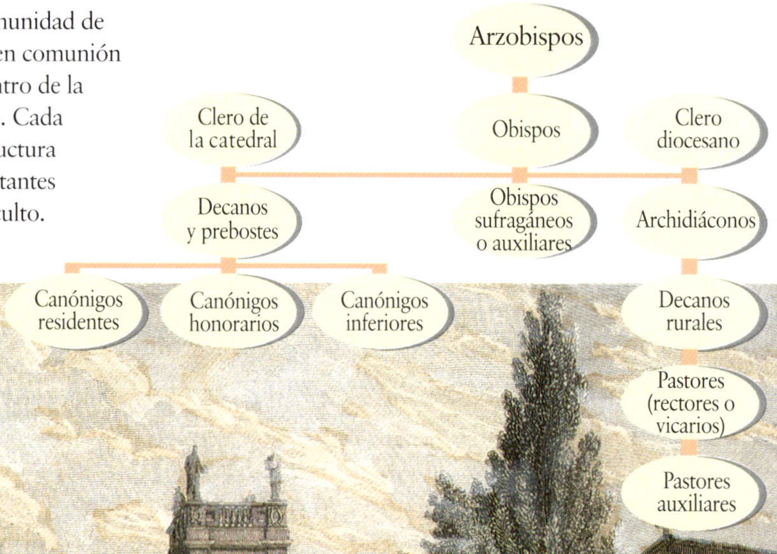

A la izquierda: organización del clero de la Iglesia de Inglaterra. Recientemente la Iglesia anglicana ha concedido a las mujeres la ordenación sacerdotal.

Los dos grabados de los años treinta muestran el Trinity College de Oxford *(a la izquierda),* donde John Henry Newman realizó sus primeros estudios, y el interior de St. Mary-the-Virgin *(en la otra página),* la iglesia de la universidad de Oxford, de la que fue vicario, antes de uno de sus sermones, muy apreciados en la sociedad de su tiempo.

En la página siguiente: el 90º *Tract,* de 1841, con el que Newman intentó reconciliar los 39 artículos de la Iglesia anglicana con la doctrina católica, suscitó una violenta polémica en el mundo anglicano.

Tras el paso de Newman a la Iglesia católica, Keble y Pusey fueron los responsables del movimiento de Oxford, que poco a poco extendieron su influencia a toda la Iglesia anglicana. Algunas de sus consecuencias fueron el incremento de las ceremonias, los ritos y las vestiduras en la liturgia, la restauración de comunidades monásticas de hombres y mujeres y una conciencia más clara de la necesidad de una mayor distinción entre el gobierno político y la organización eclesiástica. Aunque el 90º fue el último de los *Tracts for the Times*, su doctrina fue asimilada por no pocos anglicanos.

67. El movimiento de Oxford

La Ilustración inglesa no fue anticlerical como la Ilustración francesa, pero consiguió lo que no logró esta: vaciar dogmáticamente buena parte de la vida religiosa y, sobre todo, doctrinal del anglicanismo. A comienzos del siglo XIX Gran Bretaña se presenta en Occidente como una gran potencia política, social y cultural, pero da la impresión de que su pueblo no está influido ni dirigido por los principios dogmáticos cristianos, a pesar de que la Iglesia anglicana sigue teniendo el carácter de estatal y nacional.

En los años veinte, en Oxford, ciudadela de la formación clerical anglicana, un grupo de clérigos anglicanos, de gran preparación intelectual y espiritual, se propuso restablecer el patrimonio doctrinal de su Iglesia, liberarla de su pesada servidumbre estatal e insistir en la necesidad de promover un ideal de santidad cristiana.

Frente a los evangélicos anglicanos, que defendían una religión sentimental y antidogmática, es decir, una versión reducida del anglicanismo tradicional, la sola autoridad de la Escritura y la secundariedad de la Iglesia como misterio y organismo de salvación, Keble, Froude, Newman y Pusey, en sus estudios y escritos, sobre todo a través de unos pequeños estudios, los *tracts*, volvieron sistemáticamente a los primeros tiempos del cristianismo y leyeron con entusiasmo a los Padres de la Iglesia; subrayaron que no es posible concebir y mantener la religión viviente sin una enseñanza definitiva, verdadera e irreformable sobre Dios y nuestra relación con Él; lucharon contra toda tendencia dirigida hacia el liberalismo teológico y contra cualquier intento de relativizar la simple verdad del credo cristiano.

Ángel de madera policromada, diseñado por el arquitecto Augustus Welby Pugin, uno de los mayores exponentes del neogótico victoriano, también él convertido al catolicismo.

Newman era un maestro de la prosa inglesa y dejó, aparte de sus escritos teológicos y sus sermones, diversas obras históricas y filosóficas, una autobiografía y dos novelas, además de poesías de notable mérito, como esta:

«Amaba el día claro,
el orgullo me guiaba,
despreciaba el temor:
no recordar esos años.

Siempre me bendijo tu poder;
aún hoy me guiará
...
Y me sonrían al alba
los rostros de ángeles
antes amados y ahora perdidos».

(de *The Pillar of the Cloud*)

Esto les llevó a criticar los aspectos más protestantes del anglicanismo y a revalorizar sus componentes católicos. De hecho, Newman y no pocos miembros del movimiento terminaron en la Iglesia católica, con el convencimiento de que más que cambiar de religión habían evolucionado hacia la plenitud. Newman y sus compañeros atrajeron a no pocos estudiantes universitarios primero por su postura ética y después por la fuerza de sus argumentos. Quienes no dieron el paso mantuvieron su propósito de conseguir un anglicanismo más libre de las ataduras políticas y más centrado en el credo apostólico y en la tradición primitiva.

El movimiento de Oxford ha quedado en la memoria colectiva como un intento serio de revitalización religiosa y doctrinal de una Iglesia cristiana utilizando como vía adecuada la vuelta a los orígenes históricos: ¿qué se creía en los primeros tiempos y qué se cree hoy; cómo actuaban y se organizaban entonces y cómo lo hacemos hoy? Newman, de manera especial, introdujo un factor que se convertirá en muy importante en la teología de nuestro siglo: para que esta comparación sea apropiada, hay que tener en cuenta el concepto de desarrollo, la evolución que a lo largo de los siglos han tenido las instituciones y las doctrinas, movidas por el Espíritu Santo, y que ha hecho posible que el mensaje de Jesús haya llegado hasta nuestros días sustancialmente fiel.

Se trataba de un desarrollo coherente cuya marca de autenticidad era la analogía entre las formas antiguas y las nuevas. No era suficiente la repetición de las antiguas fórmulas, sino que era preciso profundizar en su sentido, descubrir lo que en ellas había de implícito, madurar lo que había de embrionario, de manera que pudiera afirmarse que las nuevas fórmulas eran verdaderamente las mismas que las antiguas, aun cuando las desbordaran, a la manera como el hombre adulto es el mismo que era niño, aunque lo supera en mucho. La verdad divina se nos da realmente en la historia, pero, siendo infinita y eterna, desborda todas sus expresiones históricas.

Estos principios comienzan a ser operativos en los diálogos ecuménicos de la segunda parte de nuestro siglo, pero tanto en el siglo XIX como en los primeros decenios del nuestro las relaciones entre las Iglesias cristianas fueron prácticamente inexistentes. Tanto los ortodoxos como los católicos, convencidos de que conservaban todo el patrimonio dogmático, permanecieron aislados y no concebían el ecumenismo sino como acercamiento de los demás a sus posiciones. Por su parte, protestantes y anglicanos tenían que contar con sus diversidades doctrinales, a veces con no pocos recelos mutuos y con el rechazo altanero de las dos Iglesias mayoritarias. A esto habría que añadir el nacimiento, sobre todo en Estados Unidos, de numerosos grupos religiosos que, de alguna manera, también se refieren a Cristo como fundador, que, generalmente, no son admitidos entre los protestantes, aunque, desde fuera, se considera que forman parte del mundo protestante.

El colonialismo de las grandes potencias europeas, que se identificaban con las diversas Iglesias tradicionales, ahondaron los enfrentamientos. Sólo la tragedia de las dos guerras mundiales obligó a fijarse más en el patrimonio común que en las diferencias, por profundas que pudieran parecer. En todo este complejo y doloroso proceso de relaciones interconfesionales ha quedado de manifiesto, una vez más, que existen factores psicológicos e históricos que pueden resultar más decisivos que los estrictamente doctrinales, entre otros motivos porque impiden afrontarlos serenamente. La persecución religiosa, tanto en los países comunistas como en la Alemania nazi, primero, y el aumento del ateísmo y del indiferentismo, después, han hecho recapacitar a las Iglesias cristianas, haciéndoles comprender que manteniendo la primacía absoluta de Cristo y conservando su doctrina tienen los elementos decisivos para mantener la comunión entre ellas de acuerdo con el Evangelio.

Arriba: John Henry Newman recibe la púrpura cardenalicia; fotografía de 1879.

En la página anterior, abajo: la biblioteca del cardenal Newman en Birmingham.

La acción de Newman —guía intelectual y espiritual del movimiento de Oxford— hasta su conversión al catolicismo, en 1845, tuvo un impacto profundo en la vida religiosa de la Iglesia anglicana.

68. La relación entre cristianismo y ciencia

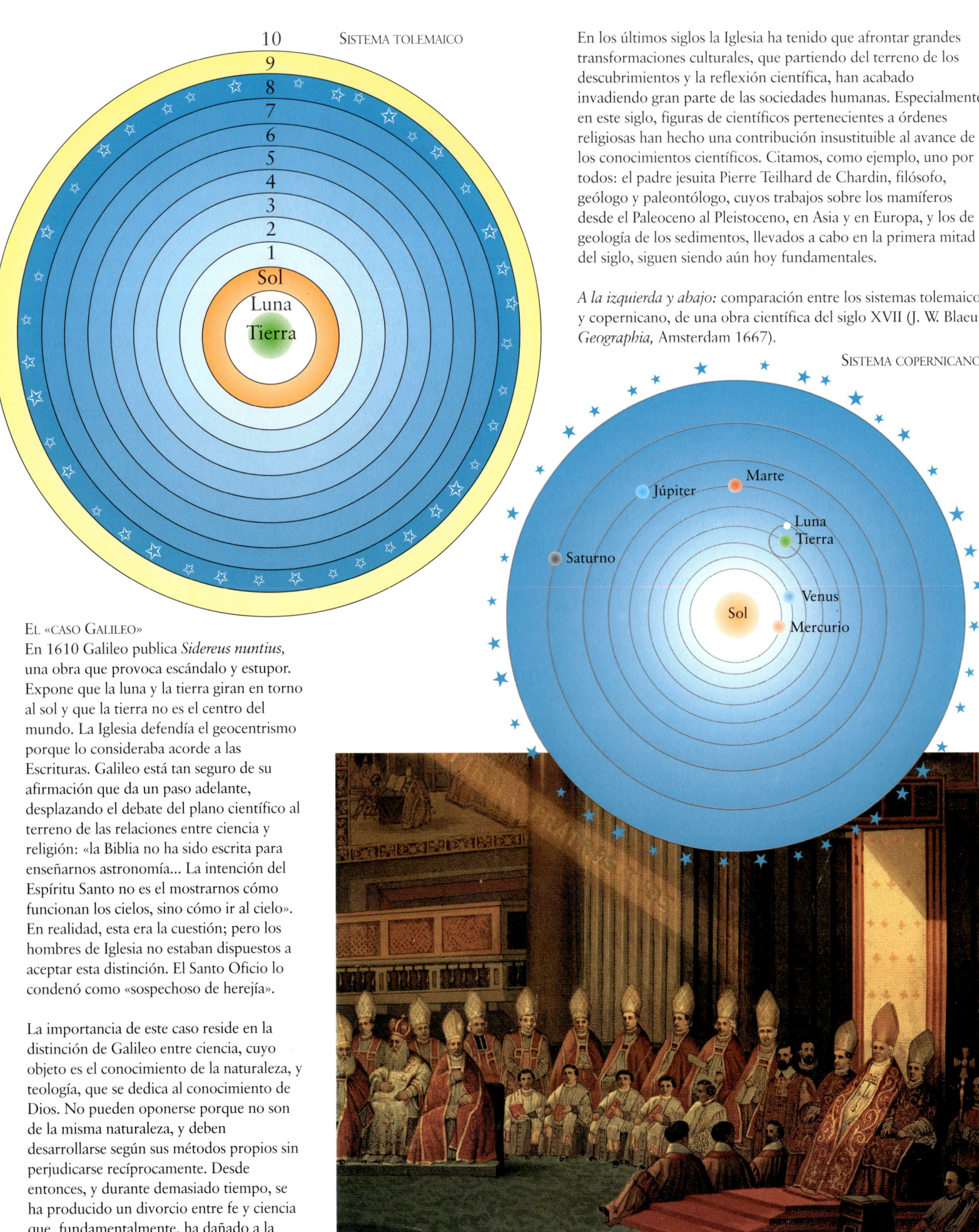

Sistema tolemaico

En los últimos siglos la Iglesia ha tenido que afrontar grandes transformaciones culturales, que partiendo del terreno de los descubrimientos y la reflexión científica, han acabado invadiendo gran parte de las sociedades humanas. Especialmente en este siglo, figuras de científicos pertenecientes a órdenes religiosas han hecho una contribución insustituible al avance de los conocimientos científicos. Citamos, como ejemplo, uno por todos: el padre jesuita Pierre Teilhard de Chardin, filósofo, geólogo y paleontólogo, cuyos trabajos sobre los mamíferos desde el Paleoceno al Pleistoceno, en Asia y en Europa, y los de geología de los sedimentos, llevados a cabo en la primera mitad del siglo, siguen siendo aún hoy fundamentales.

A la izquierda y abajo: comparación entre los sistemas tolemaico y copernicano, de una obra científica del siglo XVII (J. W. Blaeu, *Geographia,* Amsterdam 1667).

Sistema copernicano

El «caso Galileo»

En 1610 Galileo publica *Sidereus nuntius,* una obra que provoca escándalo y estupor. Expone que la luna y la tierra giran en torno al sol y que la tierra no es el centro del mundo. La Iglesia defendía el geocentrismo porque lo consideraba acorde a las Escrituras. Galileo está tan seguro de su afirmación que da un paso adelante, desplazando el debate del plano científico al terreno de las relaciones entre ciencia y religión: «la Biblia no ha sido escrita para enseñarnos astronomía... La intención del Espíritu Santo no es el mostrarnos cómo funcionan los cielos, sino cómo ir al cielo». En realidad, esta era la cuestión; pero los hombres de Iglesia no estaban dispuestos a aceptar esta distinción. El Santo Oficio lo condenó como «sospechoso de herejía».

La importancia de este caso reside en la distinción de Galileo entre ciencia, cuyo objeto es el conocimiento de la naturaleza, y teología, que se dedica al conocimiento de Dios. No pueden oponerse porque no son de la misma naturaleza, y deben desarrollarse según sus métodos propios sin perjudicarse recíprocamente. Desde entonces, y durante demasiado tiempo, se ha producido un divorcio entre fe y ciencia que, fundamentalmente, ha dañado a la teología, dejándola aislada y debilitada dentro del mundo de la cultura.

A la izquierda: Pierre Teilhard de Chardin (tercero por la derecha) en 1929, en China, con el grupo de científicos que investigó la cueva de Zhoukoudian, donde se encontró el «sinantropo» (*homo erectus* chino).

Abajo: modelo de una cadena de ADN.

En la página anterior: Pío IX en el concilio Vaticano I, que proclamó la infalibilidad del papa en cuestiones de fe y moral. Este nuevo dogma no significaba una novedad en la tradición de la Iglesia; sin embargo, las polémicas que lo acompañaron aumentaron la escisión entre el catolicismo y el mundo moderno.

Darwin y el origen del hombre

A mediados del siglo XIX pareció que la ciencia, la filosofía y la historia se habían confabulado para poner en crisis el cristianismo. Darwin, autor del *Origen de las especies,* es el nombre clave de este aparente ataque a las bases del cristianismo. En efecto, si el hombre descendía del mono, ¿cómo podía mantenerse que el mundo era fruto de un Dios inteligente y amante que había previsto cada cosa? Si no existieron ni Adán ni Eva, ¿cómo se explicaba la existencia del pecado original y la necesidad de un Redentor? Dios parecía convertirse en una hipótesis innecesaria.

Frente a la creación del mundo en seis días, Darwin propuso la evolución a lo largo de millones de años, durante los cuales los seres se habían desarrollado de acuerdo con el principio de selección natural. Las reacciones fueron de distinto signo, desde la ironía y el sarcasmo hasta la aceptación entusiasta.

Muchos cristianos comenzaron a pensar que tal vez las narraciones del Génesis sobre la creación no pretendían ser descripciones exactas, literales y científicas de cuanto había sucedido, que no era conveniente una interpretación demasiado literal de la Escritura. No en vano en el Génesis existen dos descripciones de la creación y no son iguales. Poco a poco, los teólogos intentaron imaginar y plantear la acción creativa de Dios en el proceso de la evolución. Esto ha exigido una mejor comprensión de lo que es realmente la Biblia y un conocimiento más exacto de la ciencia moderna.

Genética y moral

Las ciencias modernas constituyen un permanente reto a la moral cristiana de nuestros días. El tema de la fecundación artificial y la clonación de seres humanos plantea a las Iglesias cristianas problemas siempre nuevos, muy graves e inéditos. Otro tanto sucede con la eutanasia y con los problemas surgidos ante el aumento espectacular de ancianos en una población que, al mismo tiempo, ve disminuir el número de jóvenes en los países más desarrollados y la explosión demográfica en el tercer mundo. Por otra parte, la responsabilidad ecológica ha hecho nacer una nueva sensibilidad para con la naturaleza y con la herencia que se deja a las generaciones futuras.

Una vez más, la ciencia y la modernidad parecen enfrentarse con la doctrina tradicional. Pero en el fondo, la cuestión está en saber defender a la persona humana en su integridad, en su calidad de vida y en su dignidad.

68. La relación entre cristianismo y ciencia

Es en el siglo XVII cuando se descompone el sistema aristotélico que había imperado en la enseñanza eclesiástica durante siglos, cuestionando no pocos de los planteamientos y métodos empleados por los hombres de Iglesia tanto en la teología como en la filosofía. La ciencia experimental tomó el puesto de la teología como principio regulador de la investigación y de la ciencia y dio paso a la ciencia moderna fundada en las matemáticas, los instrumentos de precisión y la experiencia.

Galileo, uno de sus iniciadores, reivindicó la autonomía del método científico para descifrar los misterios de la naturaleza. Su condenación por el tribunal del Santo Oficio en 1633 revistió un valor de símbolo, y su recuerdo ha intranquilizado la conciencia católica desde entonces.

Los cristianos habían conseguido laboriosamente una inteligente concordia entre la Biblia y el aristotelismo. El conjunto no podía ser más racional, perfectamente apto para satisfacer la exigencia de acuerdo entre la fe y la razón, que caracteriza al tomismo. La teología daba las últimas razones, los últimos fundamentos al aristotelismo y este parecía dar la razón y comprobar los grandes relatos y las afirmaciones bíblicas, estableciendo entre ambos una armonía que parecía definitiva.

Desde 1620 la ciencia mecanicista aniquiló la ciencia aristotélica, y a partir de 1680 los inicios de un nuevo método de interpretación de las Escrituras, iniciado con Richard Simon, sembraron la duda en todo lo relacionado con el verdadero sentido de la Palabra bíblica. El acuerdo formal entre Biblia y ciencia, que era, en realidad, un acuerdo entre el sentido literal de la Escritura y la ciencia aristotélica, demostró su caducidad cuando los dos componentes de la alianza fueron criticados y superados por los nuevos métodos científicos. El prolongado malentendido entre Iglesia y ciencia que comienza a principios del siglo XVII se funda y se explica por esta doble crisis. La Iglesia que había elaborado la gran síntesis escolástica pensaba que resultaba intolerable cualquier cambio que pusiera en peligro el acuerdo fundamental entre ambas. De lo contrario, tenían la sensación de que los relatos bíblicos permanecían en el aire, sin una suficiente fundamentación.

De esta manera, durante los siglos siguientes los cristianos rechazaron con demasiada frecuencia las nuevas investigaciones y las nuevas teorías cuando no podían concordarlas con las afirmaciones de la doctrina tradicional y la literalidad de la Biblia. Por esta razón, se dieron no pocas dificultades con la física mecanicista de Descartes, el atomismo, el darwinismo y los primeros resultados de la geología y de la prehistoria, al resultar evidente que contradecían la cronología bíblica y la narración del diluvio universal.

La fe estudia las causas, el porqué de las cosas, y la ciencia se fija en el cómo. Para la Iglesia, para conocer el cómo hay que conocer antes el porqué. Para Galileo y los científicos, la ciencia tiene un objeto propio, el estudio de los fenómenos, el cómo, las causas segundas, y dejan para la Iglesia el estudio y la determinación del sentido último. Evidentemente, la consecuencia de este planteamiento era la autonomía completa de la ciencia y de la teología.

Aquí estaba el problema. Para la Iglesia, esta emancipación de los métodos científicos de toda vigilancia teológica tenía el peligro de desembocar en la emancipación de los resultados, es decir, en la laicización del mundo. Para los teólogos, Dios y la naturaleza estaban a la vez separados y unidos indisolublemente, y querer estudiar una cosa sin la otra significaba condenarse a no comprender nada y cometer el error de creer que la naturaleza podía existir sin Dios.

Pascal encarnó el drama de la conciencia cristiana dividida entre la nueva ciencia y las exigencias religiosas. Lejos de probar que resultaba fácil armonizar la fe con la ciencia, este gran cristiano sufrió la tensión constante e irreductible entre dos órdenes de verdad: el Dios de Isaac y el Dios de los sabios eran como dos entidades enfrentadas en un torneo dialéctico que engendraba una profunda inquietud existencial en el cristiano. El Dios de los patriarcas hablaba al corazón y consolaba; el Dios de los geómetras hablaba a la inteligencia e inquietaba al ofrecer a nuestro estudio los espacios infinitos donde no parecía encontrarse el Dios cristiano. A lo largo del siglo XVIII, D'Alembert, Holbach, La Mettrie, los enciclopedistas e ilustrados, en general, defendieron que la ciencia y el progreso eran contrarios a la Revelación, mientras que los cristianos los identificaron sin más con los libertinos y corruptos. Todo resultaba o blanco o negro sin más matices.

Sin embargo, la realidad en los años siguientes no fue tan simple. Por una parte, no pocos científicos, traspasando los límites de la ciencia, se dedicaron a la metafísica y anunciaron que con la ciencia se comprobaba la no existencia de Dios. El positivismo y el cientificismo mantuvieron a lo largo del siglo XIX su propósito de acabar con la religión, que consideraban un fósil de una edad caduca. El agnosticismo inglés y el materialismo alemán añadieron sus ataques a la religión. Recordemos a Spencer, Stuart Mill y Drapper. Por otra parte, dentro del cristianismo no faltaron abundantes científicos que realizaron sus investigaciones e hipótesis con gran libertad y sin problemas de conciencia. Numerosos clérigos cultivaron las ciencias tanto en los colegios o instituciones eclesiales como en la soledad de las parroquias. La botánica, las matemáticas, la geometría y el álgebra fueron muy populares entre el clero. Pero, de todas maneras, a pesar de numerosas excepciones, las relaciones entre la fe y la ciencia continuaron siendo tensas o inexistentes, sobre todo en el siglo XIX.

Darwin con sus teorías sobre la evolución de las especies puso en serias dificultades la teología tradicional. Darwin representa la introducción del relativismo en una explicación de la creación del universo que parecía definitiva. Con las teorías de Darwin, daba la impresión de que Dios ya no era el Señor de una creación que evolucionaba según una selección natural que no tenía nada que ver con la Providencia tal como había sido presentada tradicionalmente. La Biblia ofrece un relato explícito de la creación que había sido aceptado sin más durante siglos. Poner en duda la realidad de Adán y Eva parecía arruinar el fundamento de la historia de la salvación. La existencia del mal sobre la tierra y la venida del Salvador, de un Redentor, se hacían incomprensibles. ¿Qué quería decir un nuevo Adán si el anterior era una fábula? Ciertamente, no todos los creyentes encontraron inaceptable la hipótesis evolucionista, por ejemplo Newman y tantos otros, pero la mayoría quedaron desconcertados.

Poco a poco los estudios exegéticos comenzaron a evolucionar. Se renunció a considerar la Biblia como un manual científico, a considerar el Génesis como un libro de historia, de prehistoria, de geología y de biología. Los cristianos comprendieron que la Escritura Santa quería simplemente declarar que el mundo había sido creado por Dios y, para enseñar esta verdad, se expresaba con los términos de la cosmología que se utilizaba en aquel tiempo. La Biblia no quería enseñar cómo había sido hecho el cielo, sino cómo se iba al cielo. En una palabra, no se debía acudir a la Biblia para encontrar verdades científicas.

Este cambio de perspectiva coincidió, por otra parte, con el abandono del dogmatismo positivista y el reconocimiento del carácter enigmático de la realidad y, por consiguiente, de la posibilidad de lecturas no exclusivamente científicas de la misma. Los cristianos y los científicos, más humildes que en el pasado, son capaces en nuestros días de reconocer los límites de sus saberes y de sus métodos, los científicos han tomado conciencia de los límites de su conocimiento y las Iglesias han aprendido a respetar más la autonomía de la investigación experimental.

En 1986, la UNESCO organizó en Venecia un coloquio sobre el tema: «La ciencia en los confines del conocimiento». En la declaración final leemos: «El conocimiento científico, por su propio movimiento interno, ha llegado a los confines en los que puede iniciar el diálogo con otras formas de conocimiento. En este sentido, reconociendo las diferencias fundamentales entre la ciencia y la tradición constatamos no su oposición sino su complementariedad. El encuentro insospechado y enriquecedor entre la ciencia y las diferentes tradiciones permite pensar en la aparición de una visión nueva de la humanidad, de un nuevo racionalismo que podría conducir a una nueva perspectiva metafísica».

A la izquierda: la *Mano de Dios,* de Auguste Rodin.

En la página anterior: caricatura española de comienzos del siglo XX sobre las teorías de Darwin: «¡Señores, nosotros descendemos del mono!».

69. Las Iglesias y los regímenes totalitarios

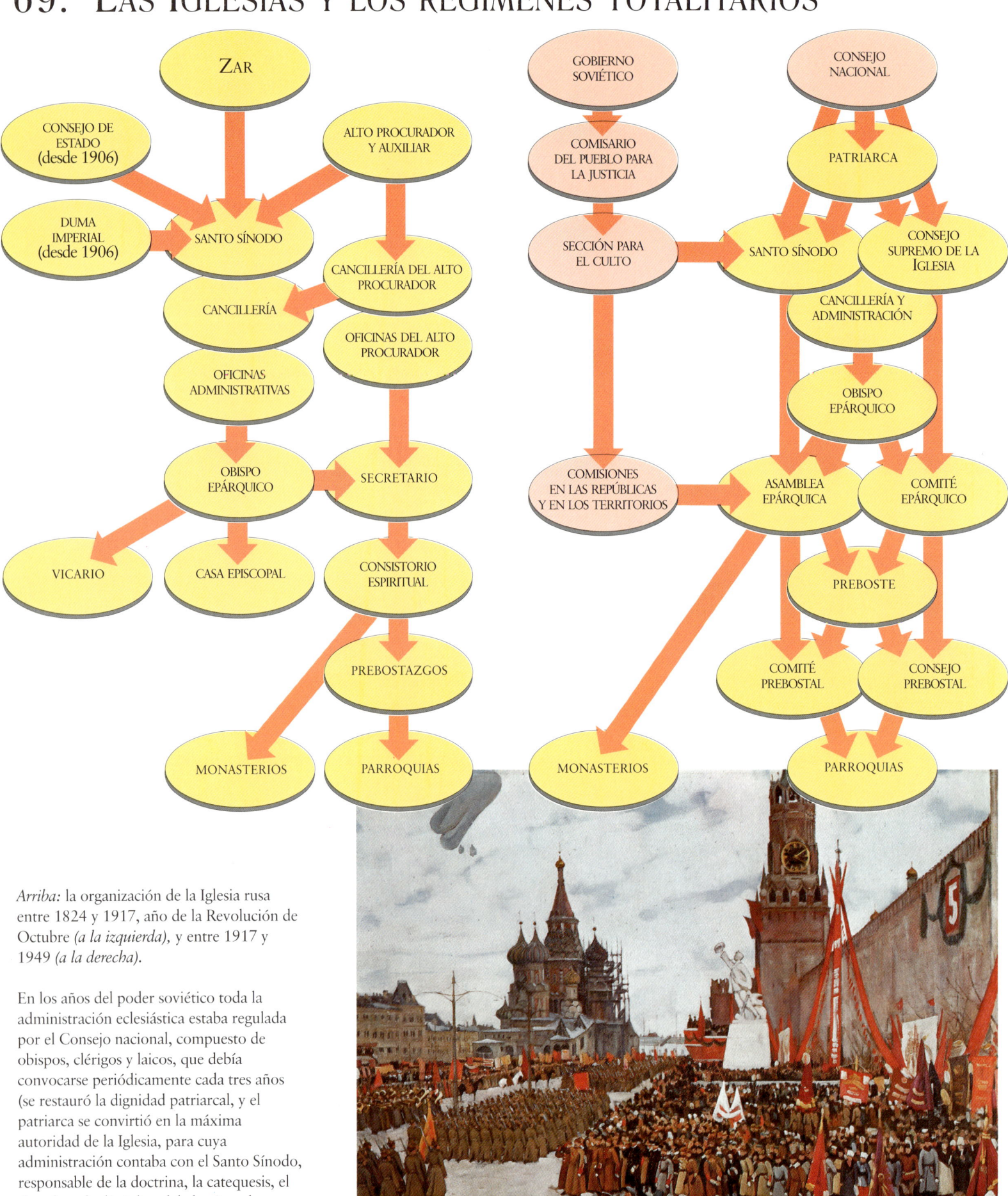

Arriba: la organización de la Iglesia rusa entre 1824 y 1917, año de la Revolución de Octubre *(a la izquierda)*, y entre 1917 y 1949 *(a la derecha)*.

En los años del poder soviético toda la administración eclesiástica estaba regulada por el Consejo nacional, compuesto de obispos, clérigos y laicos, que debía convocarse periódicamente cada tres años (se restauró la dignidad patriarcal, y el patriarca se convirtió en la máxima autoridad de la Iglesia, para cuya administración contaba con el Santo Sínodo, responsable de la doctrina, la catequesis, el derecho y la disciplina del clero), y el Consejo supremo de la Iglesia, responsable de las finanzas y las cuestiones económicas.

A la derecha: Parada de la armada roja en la *Plaza Roja de Moscú*, cuadro de Juon Konstantin, de 1923.

La Europa de los años treinta de este siglo, con los estados fascistas en marrón, la Unión Soviética estalinista en verde claro y las democracias liberales en verde oscuro.

El padre Kolbe, detenido en Auschwitz, en una obra de arte de los años sesenta.

El franciscano polaco Raimundo Kolbe, más conocido con el nombre de religión, Maximiliano, es un ejemplo extraordinario de resistencia a la dictadura y de generosidad en el testimonio cristiano. Arrestado por la Gestapo en 1941, fue internado en el campo de concentración de Auschwitz, donde voluntariamente sustituyó a un padre de familia en un grupo de diez detenidos condenados a muerte por represalia. «El odio no es una fuerza creadora; la única fuerza creadora es la caridad». Son las palabras que pronunció en el abismo de la humillación del hombre por el hombre. Fue canonizado y declarado mártir en 1981.

Otro cristiano ejemplar de la época oscura de los regímenes totalitarios fue el pastor y teólogo protestante Dietrich Bonhoeffer. Bajo el influjo de Karl Barth desarrolló la búsqueda de un cristianismo adulto, capaz de opciones responsables: «No puede cantar gregoriano quien no grita en favor de los judíos». Tomó parte activa en la resistencia contra el nazismo, fue detenido en el campo de Buchenwald y ahorcado en el de Flossenbürg, en 1945, a los 39 años. Son célebres sus cartas desde la prisión, publicadas con el título *Resistencia y sumisión*.

69. Las Iglesias y los regímenes totalitarios

Arriba: El cortejo pontificio en la basílica de San Pedro tras la reconciliación entre la Iglesia y el Estado, en febrero de 1929.

El siglo XX para el cristianismo europeo ha estado teñido de sangre, de revoluciones y de retos muy importantes a su coherencia y su sentido ecuménico: la Revolución rusa, la Guerra civil española, la persecución religiosa en los países europeos con régimen comunista y las dos guerras mundiales han marcado dramáticamente estos años.

La Revolución rusa constituyó un ataque a la tradición y a las normas religiosas y eclesiales heredadas, y durante más de veinte años intentó aniquilar el cristianismo. La Iglesia ortodoxa fue maltratada, sus seminarios e iglesias cerrados, su clero sufrió toda clase de cortapisas y dificultades. Sólo la angustia producida por los ataques del ejército alemán en 1941 y la necesidad de una respuesta unánime del pueblo ruso hicieron posible un trato mejor de Stalin a una Iglesia que supo demostrar su patriotismo y su colaboración.

En España, durante los primeros meses de la Guerra civil hubo unos diez mil asesinatos de sacerdotes, religiosos y religiosas, la persecución religiosa más sangrienta de la historia de la Iglesia. No resulta fácil una valoración objetiva de este hecho acaecido en una nación oficial y uniformemente confesional. La fuerza del anarquismo español y la existencia de un agudo anticlericalismo social constituyen una de las explicaciones más convincentes. No hay que olvidar tampoco el ejemplo de cuanto había sucedido en Rusia y en México, países, sobre todo el primero, admirados por los obreros, los revolucionarios y los voluntarios internacionales que aterrizaron en la península Ibérica. A esto hay que añadir los rasgos de una Iglesia que no era consciente de los profundos cambios experimentados por la sociedad española. El régimen de Franco, vencedor de la guerra, pretendió mantener durante los decenios siguientes unas características sociales y eclesiásticas que ya resultaban anacrónicas.

En las dos guerras mundiales apareció con claridad la dificultad de mantener en algunas circunstancias la pretensión de universalidad y de defensa del ideal de fraternidad, propias del cristianismo. La Iglesia católica, por su parte, era la única sociedad implantada sólidamente en todos los países en guerra, dirigida por hombres que se consideraban por encima de las partes, gobernada desde una sede independiente y neutral. Estas circunstancias podían proporcionarle unas condiciones inmejorables de mediación, pero, al mismo tiempo, suscitaban suspicacias y rechazos sin cuento, precisamente por el hecho de que la Santa Sede no estaba identificada con ninguno de los bandos.

Benedicto XV intentó por todos los medios poner su autoridad moral al servicio del restablecimiento de la paz, exhortando repetidas veces a una paz justa, pero en ningún momento encontró eco en los responsables de las naciones. Al contrario, esas exhortaciones le granjearon incomprensiones y rechazo, pues los dos bandos, persuadidos del derecho y la razón que los asistía, se indignaron al constatar que el Papa se limitaba a censuras generales y abstractas en lugar de condenar formalmente a sus adversarios. Recordemos que la declaración de guerra de Alemania fue redactada por el conocido teólogo luterano Adolf Harnack y que los católicos franceses respaldaban unánimemente la actuación bélica de su gobierno.

Atacaron al Papa por no haber condenado las atrocidades de los otros y porque sus discursos en favor de la paz enfriaban el ardor combativo de los pueblos. También fueron negativos los resultados de sus gestiones diplomáticas secretas, sobre todo las que llevó a cabo en la primavera de 1915 para evitar que Italia entrara en la guerra, y en el verano de 1917 cuando propuso a los combatientes un plan de conciliación.

Estos esfuerzos se fundaban indudablemente en razones humanitarias y cristianas, pero se debían también a consideraciones de política eclesiástica. La guerra alejaba de su ministerio a numerosos sacerdotes, dificultaba considerablemente la dirección centralizada de la Iglesia y comprometía la unidad del mundo católico, suscitando entre los fieles de ambos bandos sentimientos de odio y de rechazo. El Papa anhelaba, sobre todo, que Italia no entrase en la guerra porque deseaba ahorrar los horrores del conflicto a un país que era el suyo, porque temía que en caso de derrota estallara en Roma una revolución socialista, y porque era consciente de que la Santa Sede se hallaría en una situación sumamente delicada el día en que se encontrase rodeada por un país beligerante.

Años más tarde, Pío XII se encontró con una situación semejante con motivo de la II Guerra mundial, agravada por el carácter maligno que para las democracias occidentales tenían tanto el fascismo como el nazismo. Todos sus esfuerzos en favor de una paz negociada chocaron con la incomprensión y la desconfianza de unos y otros. Más éxito tuvo sin duda la eficaz organización de ayuda e información organizada por el Vaticano con el fin de relacionar a familiares y prisioneros de ambos bandos. La labor de los nuncios en los respectivos países resultó decisiva en este campo.

En Italia, dentro de las nuevas relaciones con el Estado fascista, la libertad de la Iglesia y de las asociaciones católicas no fue abordada desde el planteamiento moderno de las libertades constitucionales, sino desde el plano de los derechos de la Iglesia y de su libertad para actuar y enseñar. Este planteamiento explica los concordatos de estos años con Mussolini (1929) y con Hitler (1933). Ante las violencias de que fueron objeto las asociaciones católicas, el Papa no protestó en nombre de la libertad de asociación o de los derechos ciudadanos sino en virtud de la naturaleza religiosa de dichas asociaciones. Este punto de partida, aparentemente unilateral y egoísta, puede explicar que, sobre todo en los primeros tiempos, se diesen protestas de la Iglesia sólo cuando se atacaban sus derechos.

Más desigual y rica en matices y actitudes fue la relación de los cristianos con el nazismo. Las autoridades eclesiásticas realizaron numerosas advertencias contra el nacionalsocialismo, cuya ideología era apenas conocida, hasta que Hitler, tras la toma del poder en marzo de 1933 dio su palabra de no atentar contra los derechos de las Iglesias: «El gobierno nacional ve en ambas confesiones cristianas importantísimos factores de conservación de nuestra nacionalidad. Reservará y asegurará a las confesiones cristianas en la escuela y en la educación la influencia que les corresponde. Es una preocupación suya la leal coexistencia entre Iglesia y Estado...». Durante tres años los gobernantes nazis pretendieron convencer a las comunidades cristianas de la necesidad de contar con su apoyo con el fin de implantar sus ideas nacionalistas y racistas. No pocos cristianos de una y otra Iglesia quedaron convencidos de la bondad de esta doctrina, pero la resistencia fue aumentando a medida que resultaba más claro el proyecto nazi.

Entre los protestantes, no pocos se sintieron atraídos por el nuevo nacionalismo nazi y muchos se encuadraron en sus organizaciones partidistas. Esto puede explicar que tanto católicos como, sobre todo, protestantes no fuesen capaces de protestar suficientemente contra las primeras leyes antijudías. La llamada Iglesia confesante, nacida en 1934, en el sínodo de Barmen, como un acto de fe en el Evangelio frente a las manipulaciones nazis, se manifestó como un signo del despertar de la conciencia religiosa y de la resistencia cristiana al nazismo. El teólogo suizo, aunque profesor en Alemania, Karl Barth mantuvo y estructuró sus ideas de gran influjo posterior.

Entre los católicos la resistencia fue dirigida por algunos obispos y sacerdotes que encontraron en 1937 el apoyo de Pío XI con su encíclica *Mit brennender Sorge* en la que criticaba global y radicalmente algunos de los principios y actuaciones del nacionalsocialismo y que fue leída en la mayoría de los púlpitos católicos ante la indignación de Hitler y sus colaboradores. Ya en 1931 una instrucción pastoral declaraba que el partido nazi se encontraba «en neto contraste con verdades fundamentales del cristianismo y con la organización de la Iglesia católica fundada por Cristo», y en 1935 una serie de conferencias, predicaciones y escritos sostuvieron el valor de la revelación de Jesucristo contra el mito de la sangre y la raza. No cabe duda de que la organización más compacta y vertical de la Iglesia católica favoreció su capacidad de mantener incólumes sus señas de identidad y la posibilidad de enfrentarse con más éxito a la política eclesiástica nazi.

La terrible experiencia de estos años no sólo sirvió para favorecer en Alemania un clima ecuménico antes impensable, sino que, también, desembocó en un examen de conciencia sobre la especificidad de una comunidad creyente por encima de doctrinas políticas, sociales o filosóficas. Además ha favorecido el convencimiento de la necesidad de defender por encima de todo a la persona humana sin tener en cuenta sus creencias y sus ideas.

70. La espiritualidad afroamericana

En 1441 dos aventureros portugueses que habían llegado hasta Río de Oro, al sur de Marruecos, por orden del príncipe Enrique el Navegante, volvieron a su patria con una docena de indígenas de los que se habían adueñado. Animado por el éxito, el osado príncipe envió una embajada al papa para exponerle sus planes de posteriores redadas y conquista de aquellas tierras africanas. El papa aprobó esta nueva cruzada y garantizó para «todos los que se alisten en dicha guerra la total remisión de todo pecado».

De este modo el comercio de esclavos africanos dejó de ser monopolio de los musulmanes, y dio comienzo la trata europea y cristiana.

Muy pronto los jefes de las tribus bereberes de la zona de Gambia, en las hoces del Níger, convencieron a los portugueses de que la adquisición de esclavos era mucho más rentable y cómoda que las acciones de guerra. Las demás potencias europeas siguieron el ejemplo de Portugal en cuanto al comercio de materias primas; pero al no tener, como los ibéricos, escasez de mano de obra, tenían poco interés en la trata; Francia incluso la condenó; una famosa sentencia de 1571 declaraba que «en este reino todos son libres; apenas un esclavo cruza estas fronteras y recibe el bautismo, es libre». Tuvo que pasar un siglo y medio para que también Inglaterra llegara a una actitud semejante.

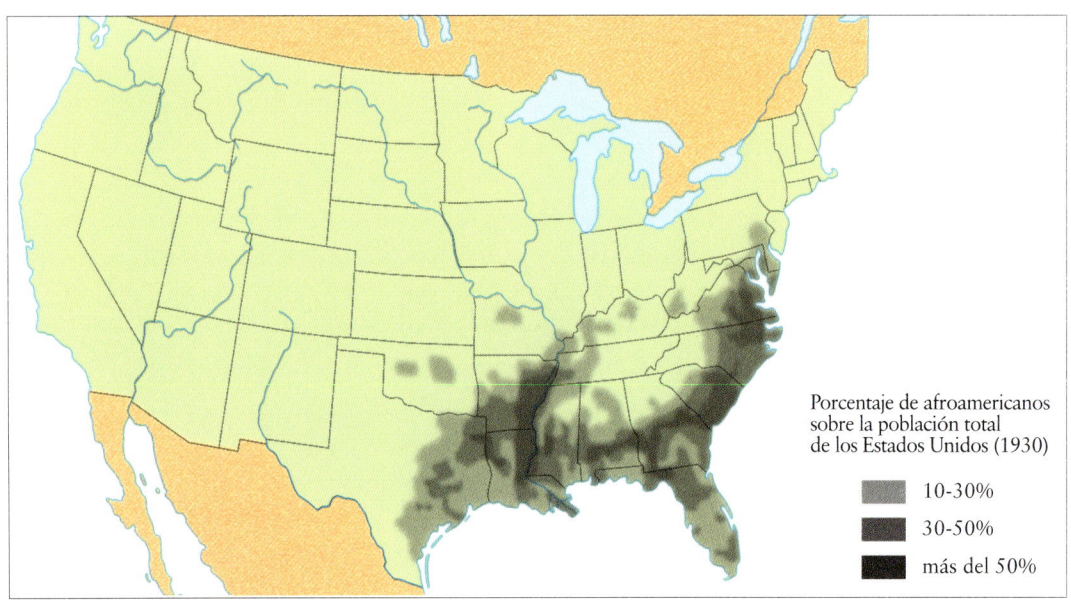

Porcentaje de afroamericanos sobre la población total de los Estados Unidos (1930)
- 10-30%
- 30-50%
- más del 50%

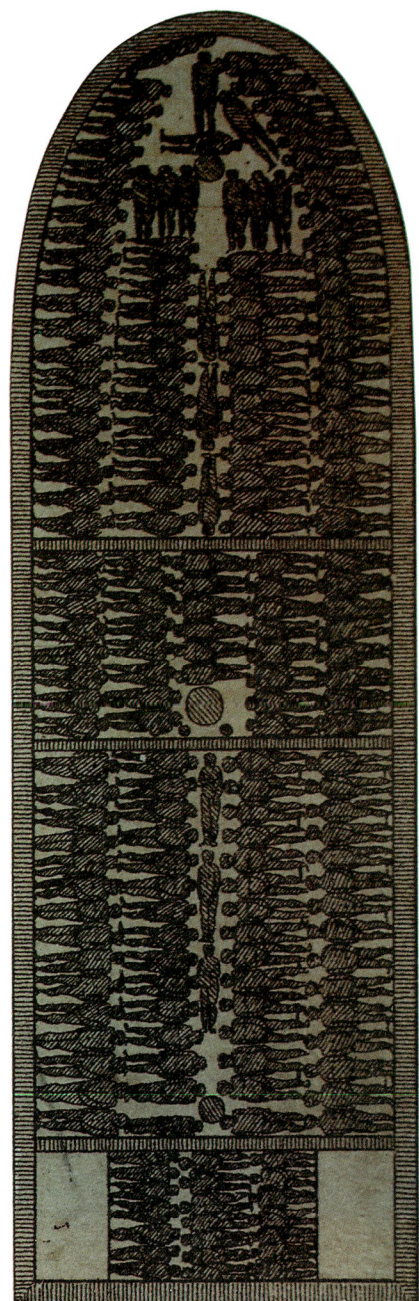

Arriba: grabado del siglo XVIII que muestra la distribución «racional» del cargamento humano de esclavos en la bodega de una nave.

A la izquierda: interior de una nave negrera viajando hacia el continente americano, en una acuarela del tiempo de la trata.

En la página siguiente, arriba: una familia de esclavos negros en una plantación de Luisiana transporta a casa el algodón recogido durante la semana; ilustración de mediados del siglo XIX.

Entre los siglos XVI y XIX, no menos de doce millones de africanos fueron deportados como esclavos, y se estima que muchos millones más murieron durante las travesías, víctimas de las condiciones inhumanas del transporte. En Estados Unidos la esclavitud fue abolida en 1863 por Lincoln, pero el pleno reconocimiento de los derechos civiles de la población negra se vio contrastado durante mucho tiempo por una difundida mentalidad racista.

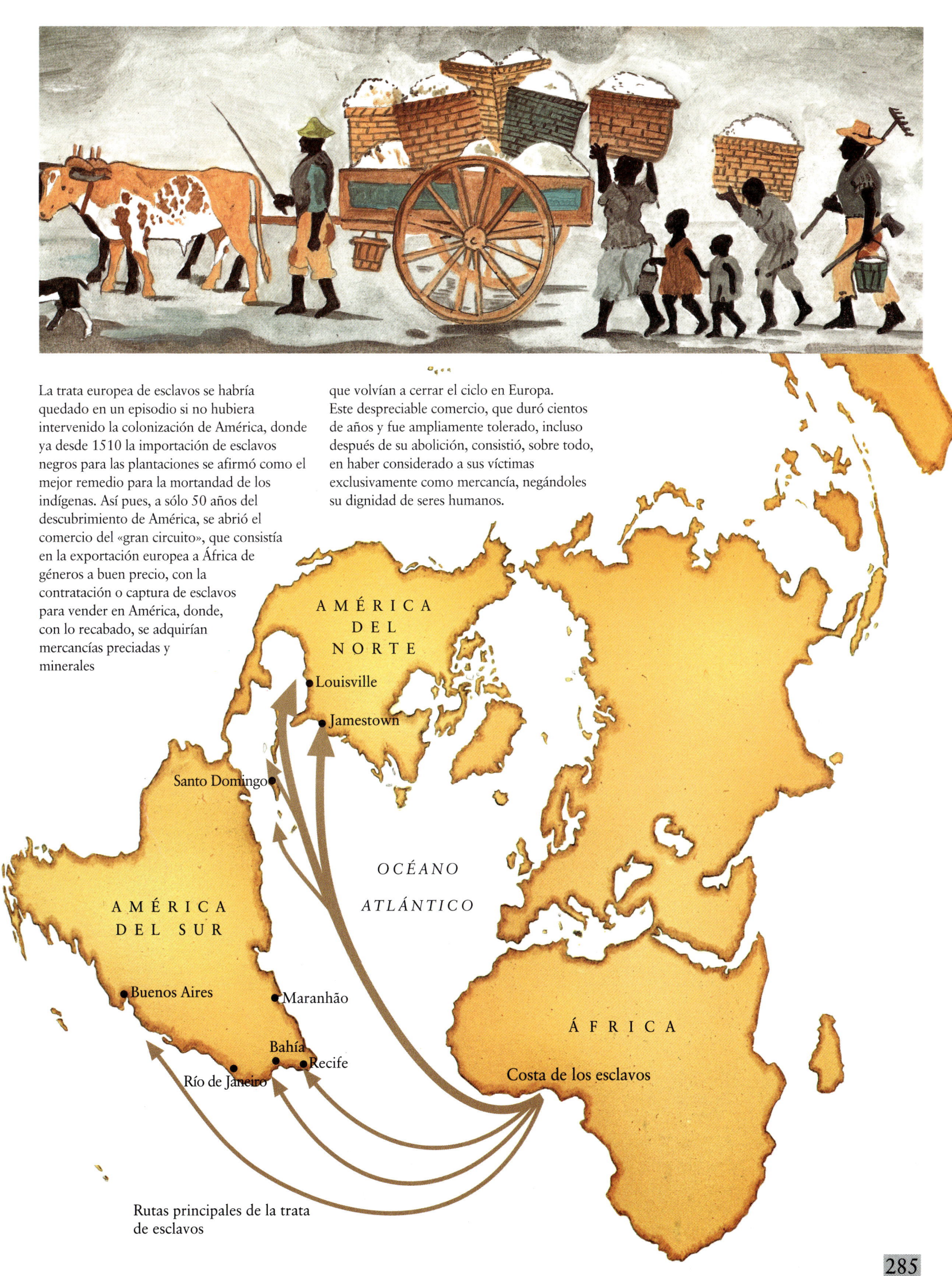

La trata europea de esclavos se habría quedado en un episodio si no hubiera intervenido la colonización de América, donde ya desde 1510 la importación de esclavos negros para las plantaciones se afirmó como el mejor remedio para la mortandad de los indígenas. Así pues, a sólo 50 años del descubrimiento de América, se abrió el comercio del «gran circuito», que consistía en la exportación europea a África de géneros a buen precio, con la contratación o captura de esclavos para vender en América, donde, con lo recabado, se adquirirían mercancías preciadas y minerales que volvían a cerrar el ciclo en Europa. Este despreciable comercio, que duró cientos de años y fue ampliamente tolerado, incluso después de su abolición, consistió, sobre todo, en haber considerado a sus víctimas exclusivamente como mercancía, negándoles su dignidad de seres humanos.

Rutas principales de la trata de esclavos

70. La espiritualidad afroamericana

Para la comprensión de la realidad afroamericana se impone el estudio de la institución de la esclavitud y sus implicaciones culturales y sociales. La migración y el trabajo forzado sometieron a los negros a un proceso desculturizador y los obligaron a la búsqueda de nuevas formas de organización y expresión de la vida. En efecto la esclavitud no sólo significó métodos de trabajo inhumanos sino, también, una ruptura con el estilo familiar y con la cultura africana.

La creación de Iglesias negras les proporcionó un necesario orden espiritual y social que les posibilitó soportar el sufrimiento y el envilecimiento de la esclavitud sin perder un cierto control emocional y mental.

Pudieron rechazar desde muy pronto un cristianismo que conciliaba esclavitud con Evangelio, aceptaron la doctrina cristiana en su formulación tradicional, pero rechazaron la ambigua ética capaz de aplicar y justificar la esclavitud y la discriminación racial.

El estilo litúrgico de estas Iglesias es el producto de unas circunstancias bien especiales, está nutrido de la convicción del pueblo negro de que su vida y su personalidad no dependen de los códigos morales o legales, que consideran injustos porque son los de sus opresores, sino que están fundamentados en un futuro escatológico, un mundo sobrenatural en el cual Dios hará bien cuanto el hombre ha hecho mal. Las canciones espirituales negras constituían la expresión llena de fuerza de un pueblo que buscaba la justicia en un mundo que no abundaba en ella.

La oración de los esclavos hacía referencia a una supervivencia espiritual y física. El modelo que permanentemente estaba ante ellos era el de la liberación del pueblo judío de la opresión de los egipcios. De la misma manera, ellos serían liberados de su esclavitud. Su oración manifestaba esta certeza y esto explica su libertad de espíritu, la oración y los cantos y la predicación espontáneas, su esperanza contenida. Creían que Dios estaba presente en este mundo y que, a pesar del poder de sus opresores, terminaría imponiendo su voluntad.

Durante casi dos siglos tanto católicos como anglicanos, en su mayoría, no encontraron incompatibilidad entre Evangelio y esclavitud, aunque no faltaron quienes la criticaron y la combatieron. Pedro Claver, por ejemplo, se hizo cargo del cuidado religioso de los esclavos en Cartagena de Indias, desde 1617, y les dedicó su vida con un sentido asistencial y misionero. Pero la mayoría no sintió escrúpulos en admitir el comercio de esclavos porque consideraba que sin la esclavitud toda América vendría a la ruina.

A diferencia de las colonias hispanoportuguesas, en las colonias inglesas no se tuvo en un principio mucho interés en bautizar a los esclavos porque se temía que el bautismo implicara su libertad. En el siglo XVIII, con la aparición de baptistas y metodistas en las colonias inglesas comienzan los negros a hacerse cristianos, debido fundamentalmente al énfasis que estas Iglesias ponían en la libertad y en la igualdad y, sobre todo, en un estilo litúrgico mucho más sencillo y espontáneo. La primera Iglesia negra baptista fue fundada hacia 1774, en Carolina del Sur.

En el siglo XIX, en los Estados del norte, donde ya no existía la esclavitud, la segregación racial existente, de hecho, en las Iglesias blancas llevó a la creación de Iglesias metodistas y baptistas negras autónomas.

Estas Iglesias negras no sólo ofrecían una estructura que regulaba el estilo de vida y la moralidad de los negros, sino que, también, demostraban que este estilo de vida era acorde con los valores de la sociedad americana.

Los dirigentes de la Iglesia católica norteamericana, minoritaria y mal vista durante la primera parte del siglo XIX, consideraron que la esclavitud no era incompatible con la ley natural y no mantuvieron una actitud sustancialmente diferente de la de los protestantes. La primera Iglesia católica negra fue fundada en Baltimore en 1863. El número de negros en esta Iglesia fue exiguo hasta la II Guerra mundial. En 1965 se contaban más de 700.000 católicos negros.

A la izquierda: una cantante de *gospel*. Los cantos religiosos de los afroamericanos, a menudo improvisados, proceden, como el *blues*, de formas tradicionales de canto alternado del África negra.

En la página anterior: cartel de Martin Luther King, pastor baptista, que fue uno de los líderes del movimiento en pro de los derechos civiles, de los años sesenta, e iniciador de una teología de la liberación de los negros. A diferencia de los sectores más radicales del movimiento, él predicaba la no violencia. Premio Nobel de la paz en 1964, fue asesinado en 1968.

Fueron los cuáqueros quienes se opusieron más claramente a la esclavitud por motivos religiosos urgiendo a sus miembros a liberarlos. Ellos fundaron el primer sistema de escuelas dedicadas a la educación de los negros.

Poco a poco, sobre todo en el norte, las Iglesias negras se introdujeron en el mundo social y político, atacaron la segregación y la discriminación, defendieron los derechos civiles, desarrollaron temas sociales en los sermones, organizaron marchas y no pocos líderes nacieron en los ambientes eclesiales. En este contexto es comprensible la figura y el influjo de Martin Luther King. En ambientes fundamentalmente urbanos, donde se hacinaban los emigrantes, nacieron también sectas e Iglesias menos formales, más intimistas y menos ritualistas, que se centraban en la presencia y la acción del Espíritu Santo en la vida de los hombres. En algunas de estas sectas, sin embargo, de signo más radical y reivindicativo se insistía en que el cristianismo era la religión de los blancos mientras que el islamismo era la de los negros.

Las características habituales del culto de las Iglesias negras son la espontaneidad y la libertad de expresión en la manifestación de sus necesidades emocionales y espirituales. Esto explica que haya menos negros en las Iglesias que mantienen rituales y normas más rígidas. El estilo litúrgico y las canciones religiosas que lo enriquecen, llenas de poesía y nostalgia, deben ser entendidas desde la situación de opresión e injusticia en que vivieron quienes sintieron la necesidad de pedir a Dios su ayuda y protección. Cantar y predicar sobre el cielo y la felicidad en un mundo infeliz e injusto significaba asegurar y proclamar que los blancos no eran Dios, que no eran el definitivo destino de los negros. La sorprendente libertad de expresión del culto religioso manifestaba esta convicción. Ellos no acudían a la oración para informar a Dios sobre su situación, porque Dios ya la conocía. Ellos acudían al amigo y al Padre para renovar su esperanza y su fe y poder así continuar su difícil camino. Las canciones espirituales reafirmaban su dignidad y su convencimiento de que constituían un pueblo hermoso porque habían sido creados por Dios, y por esto daban gracias a Dios. Estas canciones y esta liturgia, el batir las manos y las continuas exclamaciones se transformaban en entusiasta acción de gracias.

En la segunda parte del siglo XX, algunos teólogos negros, en la misma línea de la teología de la liberación latinoamericana, han expresado su convicción de que la esencia del Evangelio se encuentra en la liberación humana. Dios es el Dios de los oprimidos y su revelación es comprendida como su identificación con los oprimidos y su capacidad de liberarlos de toda injusticia.

Entre los negros de Latinoamérica, con un catolicismo generalmente asumido, el sincretismo, característico de la religiosidad afroamericana, establece correspondencia entre los dioses africanos y los santos católicos; entre la creencia en la inmortalidad del alma y el culto a los muertos, el más difundido y mejor conservado; entre los lugares de culto, templos y altares; entre las festividades católicas y sus ritos ancestrales; entre las múltiples prácticas religiosas de contenido social y, por último, entre las prácticas mágicas indígenas y europeas con las africanas.

Como prototipo de esta religiosidad sobresalen las religiones afrobrasileñas y el Vudú, que además son las que han recibido más atención de los antropólogos. En cualquier caso, siempre está presente la misma estructura: emigración-inmigración, el precedente de la esclavitud, la situación de pobreza y los múltiples encuentros culturales.

Parte de la historia del Nuevo Mundo se refiere al encuentro de la negritud con el cristianismo. No constituye, ciertamente, la página más brillante del cristianismo, pero conviene valorarla en su complejidad. Esta historia recuerda a los cristianos de ascendencia europea las injusticias cometidas contra sus hermanos africanos, a menudo, en nombre de Dios y de la patria, y renueva la advertencia de que el Evangelio de Jesucristo no es compatible con el racismo, la esclavitud y la injusticia.

71. Misiones y descolonización

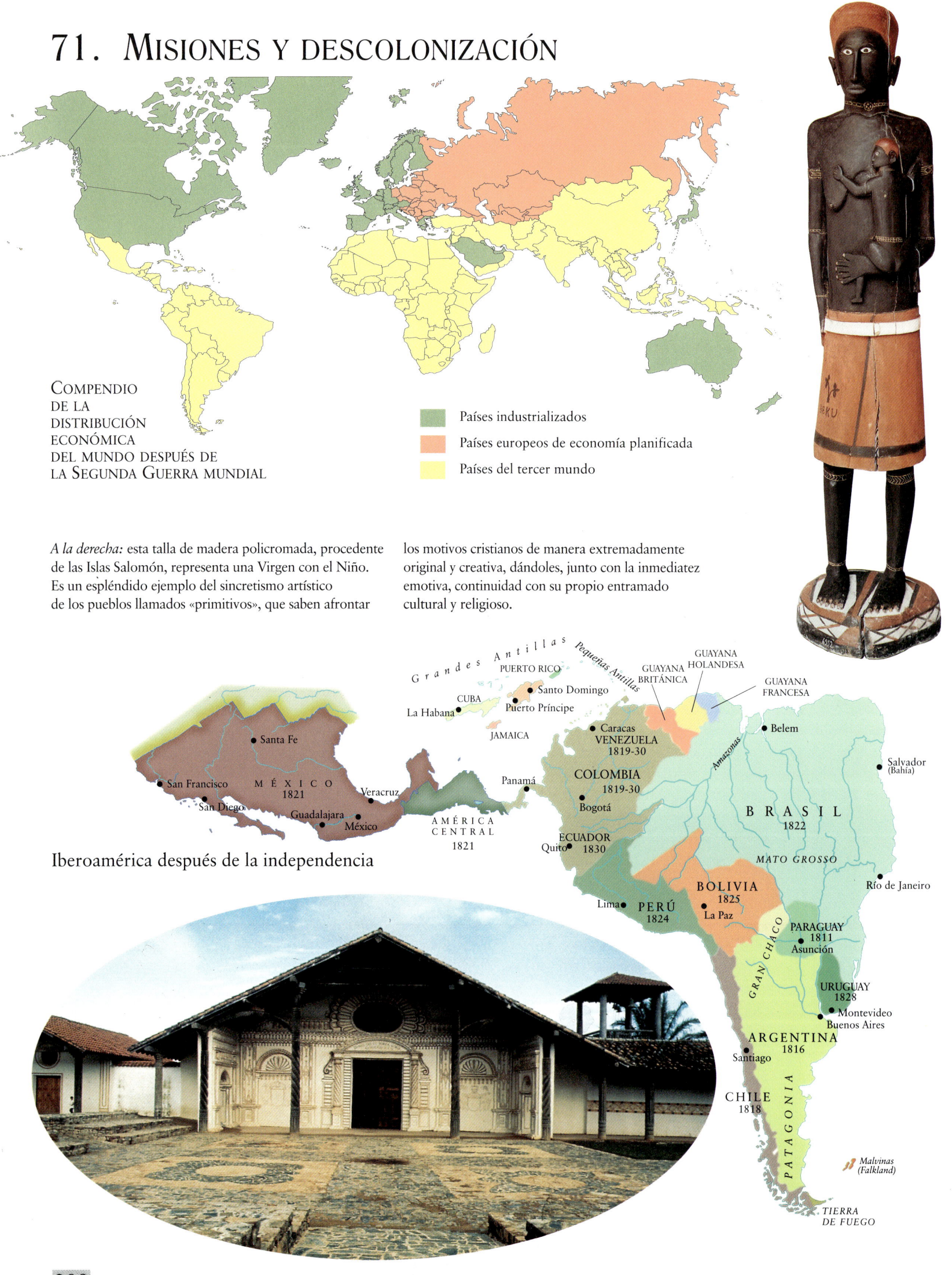

Compendio de la distribución económica del mundo después de la Segunda Guerra mundial

- Países industrializados
- Países europeos de economía planificada
- Países del tercer mundo

A la derecha: esta talla de madera policromada, procedente de las Islas Salomón, representa una Virgen con el Niño. Es un espléndido ejemplo del sincretismo artístico de los pueblos llamados «primitivos», que saben afrontar los motivos cristianos de manera extremadamente original y creativa, dándoles, junto con la inmediatez emotiva, continuidad con su propio entramado cultural y religioso.

Iberoamérica después de la independencia

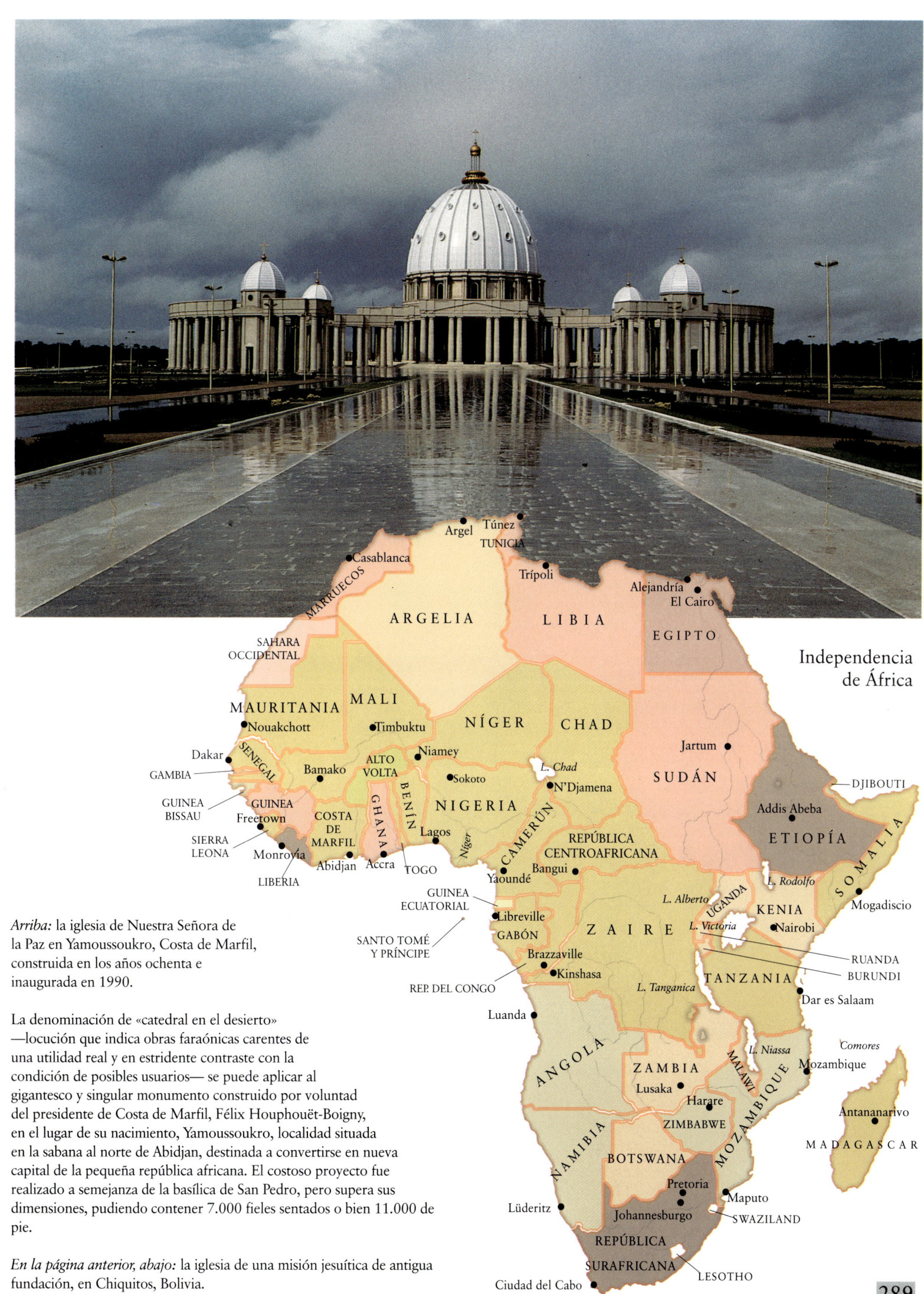

Independencia de África

Arriba: la iglesia de Nuestra Señora de la Paz en Yamoussoukro, Costa de Marfil, construida en los años ochenta e inaugurada en 1990.

La denominación de «catedral en el desierto» —locución que indica obras faraónicas carentes de una utilidad real y en estridente contraste con la condición de posibles usuarios— se puede aplicar al gigantesco y singular monumento construido por voluntad del presidente de Costa de Marfil, Félix Houphouët-Boigny, en el lugar de su nacimiento, Yamoussoukro, localidad situada en la sabana al norte de Abidjan, destinada a convertirse en nueva capital de la pequeña república africana. El costoso proyecto fue realizado a semejanza de la basílica de San Pedro, pero supera sus dimensiones, pudiendo contener 7.000 fieles sentados o bien 11.000 de pie.

En la página anterior, abajo: la iglesia de una misión jesuítica de antigua fundación, en Chiquitos, Bolivia.

71. Misiones y descolonización

Generalmente, a lo largo de los siglos, los misioneros y evangelizadores acompañaron o fueron acompañados por los soldados y comerciantes de la potencia colonizadora en sus movimientos de ocupación y conquista. Así sucedió en la ocupación de las tierras del centro europeo por parte de Carlomagno y así ocurrió con españoles y portugueses en América, con los holandeses en Indonesia y con franceses, ingleses o belgas en África durante el siglo pasado. Es el lado ambiguo y menos entusiasmante de muchos procesos de evangelización. Para los nativos, el anuncio de Jesús Salvador coincidía, de hecho, con la pérdida de su soberanía y, a menudo, de su libertad.

Para estas poblaciones el cristianismo se identificaba necesariamente con el ser español o francés o inglés, porque a estas nacionalidades pertenecían quienes les hablaban del nuevo Dios y quienes les adoctrinaban en la nueva religión. Por otra parte, los emigrantes de estos países, normalmente, no constituían ejemplos de coherencia cristiana, de desinterés ni de caridad practicada. Por esto los misioneros se encontraban con una dificultad añadida: los catecúmenos o aspirantes a la nueva fe no podían seguir el testimonio de los creyentes, de los viejos cristianos, porque no siempre resultaba edificante. Al contrario de lo que sucedió durante los primeros siglos, en las evangelizaciones posteriores, los nuevos cristianos tuvieron que convertirse a pesar del testimonio de vida negativo de la mayoría de los cristianos que conocían y con quienes convivían. Al mismo tiempo, los misioneros eran, casi por necesidad, abanderados de su cultura de origen, evidentemente muy superior a la indígena, y esto significaba que su enseñanza, liturgia y contacto social llevaban a los indígenas al abandono progresivo de su cultura tradicional, incluido el idioma materno, y la absorción de la forma de vida de los países colonizadores.

¿Significaba esto que el cristianismo se convertía en un elemento importante del proceso colonizador? No podemos olvidar que la Iglesia y los misioneros constituyeron, en todos los casos y desde el primer momento, el apoyo y el respaldo de las poblaciones autóctonas en sus dificultades y en sus enfrentamientos con los colonizadores. Ellos fueron llamados en América los «defensores

A la derecha: figuras de barro cocido de un belén andino. El niño está recostado en una cuna portátil, en forma de capacho, como se usa todavía entre las poblaciones indígenas para transportar a los pequeños.

En la página anterior: obispos de África, reunidos en San Pedro para la ceremonia de apertura del Sínodo africano de 1994.

de los indios», y con toda justicia pudo extenderse esta apelación a otros continentes. Los misioneros les enseñaron las artes y los oficios, les dieron educación y formas de comportamiento más civilizadas, les cuidaron en sus enfermedades, fundaron hospitales y, aunque pueda parecer contradictorio con lo antes afirmado, gracias a ellos se conservaron numerosas tradiciones y costumbres en las diversas etnias, y gracias a la catequesis y predicación habitual en las lenguas indígenas hoy se mantienen estas en amplias regiones del centro y sur de América. Bastaría poner como ejemplo el caso de la persistencia del guaraní en Paraguay debido a la acción de los jesuitas en las famosas reducciones.

Poco a poco, también, se estableció un clero y con más dificultad una jerarquía autóctona, de forma que, al producirse los procesos de independencia, en cada país existían Iglesias cuyos dirigentes pertenecían a las etnias dominantes en el país. Allí donde no se dio este proceso las dificultades experimentadas por las Iglesias cristianas en el momento de las independencias nacionales fueron sin duda mayores.

En efecto, cuando existía una vinculación excesiva entre los misioneros y el cristianismo implantado en las nuevas naciones y la civilización nacional europea o intereses políticos europeos, se manifestaba la confusión existente entre religión y política que no sólo llevaba en sí el peligro de una devaluación del mensaje religioso sino que, también, preparaba el camino a una reacción airada de quienes iban a dirigir las nuevas naciones independientes. Estos, a menudo, necesitaban argumentos capaces de cohesionar sociedades, con frecuencia, muy fragmentadas y utilizaron el ataque a las Iglesias «aliadas del colonialismo» como arma política.

Es verdad, también, que algunos nativos no pudieron o no fueron capaces de distinguir entre Iglesia universal-comunidad de los creyentes en Jesús, y las aventuras expansionistas occidentales. Este hecho unido a las corrientes nacionalistas y anticolonialistas, a menudo muy radicales, favoreció la acusación no pocas veces repetida de que las Iglesias cristianas habían sido fundamentalmente instrumento de colonización.

Otra acusación generalizada se centró en la destrucción de las culturas autóctonas. Evidentemente, todo colonialismo entraña por sí mismo destrucción de la organización política preexistente, y no cabe duda de que no le resultó difícil al inglés y al francés del siglo pasado desplazar las lenguas y dialectos, generalmente muy primitivos, hablados antes de la llegada de los europeos. No hay que olvidar, en cualquier caso, la impresionante labor de promoción humana y cultural llevada a cabo por los misioneros, no tan reconocida en los primeros años que siguieron a la independencia, pero hoy bastante más admirada y más objetivamente valorada. Está claro que a la hora de realizar un juicio global, no se puede olvidar que los misioneros, no sólo desde el punto de vista personal sino también institucional, casi siempre se esforzaron por distanciarse de las ambiciones políticas y económicas de sus compatriotas colonizadores, lo que con frecuencia les llevó a mantener relaciones difíciles y enfrentadas y a criticar con dureza los actos de explotación y abusos realizados por sus propios gobiernos y por sus compatriotas occidentales dedicados a la industria y el comercio.

En nuestros días, en las naciones surgidas tras la descolonización, se encuentran establecidas y en plena expansión las diferentes Iglesias ya plenamente nativas. En ninguno de estos países son consideradas como extrañas o ajenas, todas están gobernadas por obispos del país y todas desarrollan una liturgia y una teología marcadas por la cultura y las tradiciones propias. El Sínodo africano, celebrado en 1994, demostró la mayoría de edad de estas Iglesias.

72. América Latina

América Latina nació y se desarrolló con el barroco, es decir, bajo el signo del concilio de Trento. Para comprender la religiosidad americana no podemos olvidar las características de la religiosidad medieval y los puntos fuertes de la espiritualidad postridentina: la devoción a los santos y a la eucaristía.

En el catolicismo popular americano hay que subrayar dos componentes importantes: el valor y la necesidad de la intercesión, en la que se manifiestan la teología y la espiritualidad medieval, y la devoción a la Virgen María, que acoge y anima la experiencia angustiosa de desvalimiento y abandono en que se encuentran las masas americanas.

Conviene recordar también que el pueblo latinoamericano es el resultado del encuentro de tres componentes: los indios, los negros y los hispanoportugueses. Esto nos lleva a tener en cuenta las relaciones que nacen del encuentro entre la Iglesia, el proceso de evangelización y las formas religiosas tradicionales indígenas y africanas.

Se sabe que históricamente la Iglesia ha ido asumiendo formas religiosas de todos los pueblos en que se ha encarnado, transformándolas. Así fue también en América. Es cierto que no siempre se ha conseguido la necesaria transformación y, a veces, se ha caído en un burdo sincretismo.

El auténtico sentido de la fe se expresa en la piedad popular con diversa intensidad. La medida la proporciona la mayor o menor oposición de la piedad popular al pecado religioso, o sea, a la magia, el fatalismo y la opresión.

Las guerras por la independencia de América Latina plantearon a la Iglesia de Roma varios y delicados problemas, entre ellos el nombramiento de los obispos, el reconocimiento de los nuevos Estados y los derechos de patronato que los nuevos Estados ambicionaban heredar de la corona española. Los mismos ideales de la lucha de emancipación planteaban dilemas a la conciencia católica. ¿De qué parte había que estar? En general, el bajo clero fue favorable a la independencia, mientras que la jerarquía, por prudencia o fidelidad a las monarquías española y portuguesa, se opuso a ella. En 1816 Pío VII amonestaba al clero recordando la fidelidad debida a la vieja monarquía de España, restaurada hacía poco, mientras los enviados de Buenos Aires, y más adelante, en 1820, los de la Gran Colombia, no eran recibidos en Roma.

Nuevos estados de América Latina

Para la Iglesia era muy difícil modificar las relaciones con la monarquía española, su aliada desde hacía siglos. Especial problema planteaba el nombramiento de la jerarquía eclesiástica en el imperio americano. Si se efectuaban sin el *placet* de España, los nombramientos de los obispos romperían el Patronato vigente desde el siglo XVI; si recibían la aprobación por parte de España, no serían aceptados en los nuevos Estados. Por otra parte había que nombrar obispos para muchas sedes vacantes; se optó por designar vicarios apostólicos con competencias episcopales.

Arriba: la *Virgen de Guadalupe,* pintura mexicana del siglo XVIII. A los pies de la imagen aparecen catalogadas, como colocadas en una estantería, las clases sociales del México colonial.

La Virgen de Guadalupe recibe el nombre de un suburbio de la Ciudad de México, donde surgió un espléndido santuario barroco dedicado a ella. La fe popular defiende que esta imagen se imprimió en la tilma de un indio como prueba de la aparición de la Virgen.

En la página anterior, arriba: el encuentro de Cristo resucitado con la Magdalena, obra del siglo XVIII en madera policromada, representado en un objeto que servía de adorno.

En la página anterior, abajo: la capilla del Calvario en Carora (Lara, Venezuela).

293

72. América Latina

Desde el momento de su independencia, más allá de los sueños de Bolívar, la cohesión sociopolítica de las tierras iberoamericanas resultó difícil y problemática. Los sociólogos e historiadores insisten en la realidad de culturas yuxtapuestas y de sociedades escindidas, pero no cabe duda de que, en estas circunstancias, el catolicismo y el idioma mantuvieron la cohesión histórica del subcontinente.

En el plano ideológico, el enfrentamiento entre la mentalidad liberal y el positivismo, por una parte, y el catolicismo, por otra, han caracterizado la historia religiosa de la sociedad latinoamericana contemporánea. El hostigamiento y la continua intromisión del Estado en la vida y las instituciones de la Iglesia a lo largo de los dos últimos siglos han resultado gravemente disfuncionales para la vida del cristianismo.

Tras la independencia, la Iglesia quedó fragmentada y su destino varió de acuerdo con los gobiernos y regímenes de cada país. Mientras en la época colonial la movilidad de los obispos de un virreinato o gobernación a otro se debía a un simple mandato del rey o del papa, en la época republicana muchos estados exigieron la nacionalidad propia de los obispos y la Santa Sede debió enfrentarse a situaciones de la más diversa índole para atender a las necesidades espirituales de veinte comunidades nacionales civilmente heterogéneas y socialmente desarticuladas.

La corriente cultural y política dominante en las nuevas repúblicas hispanoamericanas apuntó a la ruptura renegando del pasado hispánico y católico. Se afirmó el empeño por romper con los vínculos culturales anteriores, lo que se logró en gran parte de tal modo que las generaciones siguientes identificaron hispano y católico con retrógrado y causa de los males americanos, al tiempo que se admiraba e imitaba cuanto provenía del mundo sajón. Esto explica el que no pocos gobiernos propiciaran la presencia de pastores protestantes al identificar protestantismo con modernización y progreso.

A lo largo de un siglo se multiplicaron las constituciones políticas de carácter anticlerical e, incluso, anticristiano, sin tener en cuenta los deseos y las protestas, a menudo sofocadas violentamente, de la mayoría del pueblo, que se mantuvo en su sencillez fiel a sus sentimientos religiosos. Sorprendentemente, esta actitud coexistió con el deseo de los gobernantes de entrometerse en la vida de la Iglesia muy al estilo del regalismo del Antiguo Régimen, controlando los nombramientos episcopales y, en general, toda la vida de la Iglesia hasta sus detalles más nimios. Se entrometían en la formación de los cabildos catedralicios, en la designación de los párrocos, en la vida de los seminarios, en el gobierno y reforma de las órdenes religiosas. La manipulación y supresión de los diezmos buscó también suprimir la independencia económica del clero para convertir a sus integrantes en simples empleados públicos. Se pretendió crear una barrera entre las Iglesias y la Santa Sede por medio del «exequatur», abuso heredado del gobierno español, de modo que los documentos y disposiciones pontificias no tenían vigencia sin autorización oficial.

Esta política anticlerical llevada a fondo pretendió conseguir la total secularización de la sociedad. En todas partes se introdujo el matrimonio civil, el divorcio, la prohibición de bautizar si no constaba el previo registro civil, y se prohibieron las manifestaciones externas religiosas sin autorización previa. Se laicizó igualmente la enseñanza y se secularizaron los cementerios.

En general, el catolicismo fue sorprendido demasiado impreparado en los primeros asaltos que, a menudo, más que violentos fueron insidiosos. La confusión ideológica de no pocos católicos, las divisiones y contradicciones internas, la debilidad estructural de la Iglesia carente durante largos períodos de obispos en muchas diócesis, y por ello el desbarajuste organizativo de la estructura eclesial favorecieron la marginación eclesial de la vida social.

La Santa Sede nunca reconoció la existencia de un patronato inherente a las nuevas repúblicas, pretensión exigida por todos los gobiernos. Para evitar males peores toleró ciertos abusos, lo que, a veces, fue interpretado como reconocimiento del patronato republicano. Esta situación anómala sobrevivió en algunas repúblicas como Argentina, Paraguay y Venezuela hasta los años del concilio Vaticano II.

Abajo: fiesta en una ermita, en Otuzco, Perú, 1947.

En la página anterior: el sonido de instrumentos musicales indígenas acompaña a este cortejo de bodas en Iruya (Jujuy, Argentina).

A lo largo del siglo XIX aumentó el número de diócesis, pero su extensión seguía siendo desorbitada y poco funcional desde el punto de vista pastoral. El número de sacerdotes disminuyó espectacularmente a causa de la aparición de otras profesiones, de las frecuentes vacantes en las sedes episcopales, de la extinción de los seminarios en muchos países, de la pobreza de medios a que fue reducida la Iglesia y de la persecución de tantos gobiernos hostiles.

La vida del Imperio brasileño, por su parte, discurrió en tres etapas: la primera, 1822-1831, con el emperador Pedro I, que no renunció a ser la primera autoridad religiosa de Brasil. La segunda, 1831-1840, que es etapa de regencias, en la que dominó un sacerdote galicano y antirromano, Diego Antonio Feijó. La tercera, 1840-1889, con un emperador, Pedro II, volteriano y nacionalista. No veía con buenos ojos el influjo de la Iglesia sobre el pueblo ignorante y por eso ejercía sobre ella una celosa vigilancia. La Iglesia era para él un departamento administrativo, y las órdenes religiosas, por su espíritu corporativo y su obediencia a Roma, fueron acorraladas y condenadas a la extinción. En general, gobernaba de manera poco democrática una minoría burguesa movida por sus planteamientos positivistas y anticlericales. La participación de siete obispos brasileños en el concilio Vaticano I dio a esta Iglesia un conocimiento mayor de la realidad eclesial y una conciencia más fuerte de su especificidad frente al Estado.

En 1899 León XIII celebró en Roma el primer concilio Latinoamericano, reunión de 13 arzobispos y 40 obispos que tuvo como objetivo examinar la difícil situación eclesial en aquellos países y buscar las soluciones adecuadas a tantos y tan complicados retos. La actitud que dominó esta reunión respondió a una teología y a una práctica pastoral de conservación y de defensa. No obstante sus limitaciones, provocó una primera experiencia de cohesión continental en el interior de la Iglesia y del episcopado y produjo un cuerpo disciplinar y doctrinal que vino a fortificar la conciencia unitaria de la Iglesia latinoamericana.

El cambio de siglo modificará algunas condiciones sociopolíticas. El fenómeno etnológico más sorprendente fue el de la inmigración europea que en forma de aluvión llegó entre 1870 y 1914 al sur de Brasil, a Uruguay, Argentina y Chile. Se calculan unos once millones procedentes especialmente de Italia, España y Portugal. Esta emigración fue acompañada de una mayor preocupación por las condiciones de aquellas Iglesias y por una colaboración pastoral más intensa de las Iglesias europeas.

El tema de la religiosidad popular ha marcado de manera especial la vida de estas Iglesias. Constituye su debilidad y, también, su fuerza. Aunque, por una parte, puede indicar falta de formación doctrinal y de religiosidad madura, constituye, por otra parte, una plataforma privilegiada de reevangelización en el contexto de la subcultura de los grupos rurales y urbanos marginados.

A lo largo del siglo XX han crecido las estructuras eclesiásticas y, sobre todo, se han multiplicado las diócesis, los obispos se reúnen más a menudo, llegan numerosas comunidades religiosas que aportan visiones y métodos pastorales más modernos, los laicos sienten con más urgencia su responsabilidad y el catolicismo social influye en programas y en la creación de sindicatos de inspiración cristiana. Ha resultado importante, también, la actuación de los partidos democristianos en los diversos países.

Dentro de la Iglesia católica este continente ha contado con organizaciones y reuniones que no se dan en otros conjuntos eclesiales: el CELAM y las reuniones de Río de Janeiro (1955), Medellín (1968), Puebla (1979) y Santo Domingo (1992). El trasfondo teológico de estas reuniones de las Iglesias latinoamericanas ha sido el convencimiento de que no existe dicotomía alguna entre las aspiraciones humanas y el proyecto salvífico de Dios en Cristo, es decir, entre la acción salvadora de Dios y la experiencia del hombre y el curso de la historia. La realidad de estas Iglesias resulta vital para el catolicismo. En realidad, hay que tener en cuenta que más de un tercio de los católicos existentes vive hoy en los países latinoamericanos. En este sentido conviene tener en cuenta la nueva realidad de un protestantismo pujante que ha multiplicado sus miembros a lo largo de este siglo, no tanto a través de las Iglesias más tradicionales sino, sobre todo, por medio de los grupos más informales de origen norteamericano. De todas maneras, en los últimos años se han multiplicado los pastores y ministros originarios de los propios países, de forma que en nuestros días estos grupos han adquirido carta de ciudadanía en cada comunidad.

73. El concilio ecuménico Vaticano II

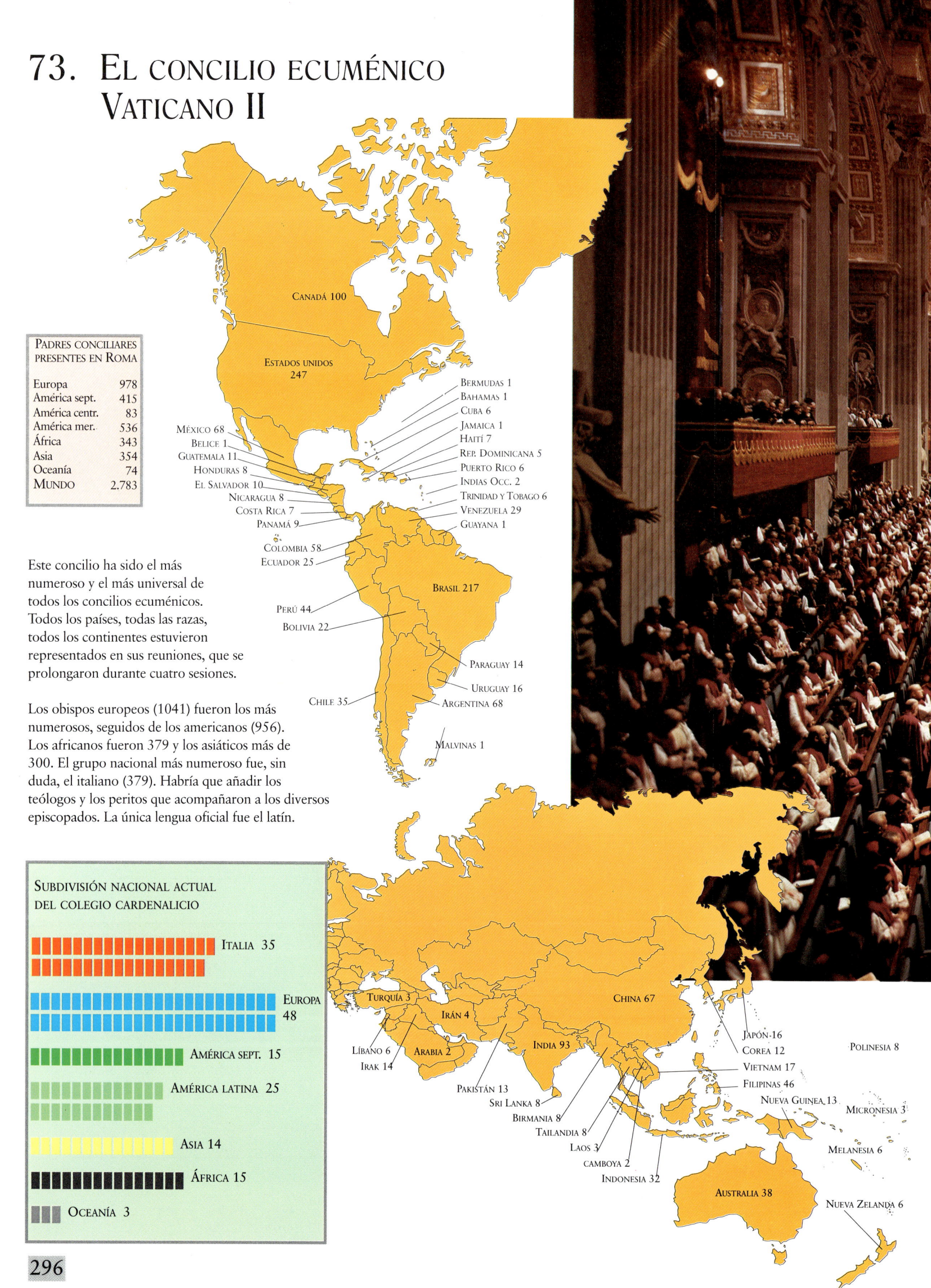

Padres conciliares presentes en Roma	
Europa	978
América sept.	415
América centr.	83
América mer.	536
África	343
Asia	354
Oceanía	74
Mundo	2.783

Este concilio ha sido el más numeroso y el más universal de todos los concilios ecuménicos. Todos los países, todas las razas, todos los continentes estuvieron representados en sus reuniones, que se prolongaron durante cuatro sesiones.

Los obispos europeos (1041) fueron los más numerosos, seguidos de los americanos (956). Los africanos fueron 379 y los asiáticos más de 300. El grupo nacional más numeroso fue, sin duda, el italiano (379). Habría que añadir los teólogos y los peritos que acompañaron a los diversos episcopados. La única lengua oficial fue el latín.

Subdivisión nacional actual del colegio cardenalicio

- Italia 35
- Europa 48
- América sept. 15
- América latina 25
- Asia 14
- África 15
- Oceanía 3

73. El concilio ecuménico Vaticano II

Tras la crisis teológica modernista del primer decenio de nuestro siglo y tras las dos guerras mundiales, la Iglesia católica vivía una situación bastante paradójica. Su prestigio universal y su influjo moral había aumentado considerablemente; la firma del Tratado de Letrán, en 1929, había cerrado el prolongado y doloroso conflicto con Italia, creando el Estado Vaticano, gracias al cual consiguió una estabilidad y una independencia notables; el contacto de los capellanes católicos con el ejército durante la guerra mundial acabó con un anticlericalismo popular que había causado numerosos inconvenientes a lo largo del último siglo.

Sin embargo, tras este influjo y prestigio crecientes y tras una apariencia de calma y de uniformidad, se ocultaban problemas intelectuales, doctrinales y de convivencia de indudable alcance. La represión antimodernista de principios de siglo aplastó multitud de iniciativas, inquietudes y discordancias, pero no solucionó los problemas reales. La fachada de unanimidad y de uniformidad ocultaba una Iglesia muy viva, creativa y plural que, a menudo, no aparecía tal como era por temor a las represalias y, sobre todo, porque no resultaba fácil presentar alternativas válidas al modelo eclesial existente.

Sin embargo, a mediados de siglo se había producido un desbordamiento de los planteamientos teológicos e intelectuales tradicionales. En todos los países trabajaban, enseñaban y escribían teólogos y filósofos que tenían en cuenta el pensamiento contemporáneo, los métodos científicos y la sensibilidad cultural predominante. Congar y Rahner, Von Balthasar y De Lubac, Chenu y Danielou son sólo unos ejemplos de cuantos con su enseñanza y sus escritos dieron paso a una mentalidad que parecía minoritaria pero que se iba a revelar pujante y extendida.

A la muerte de Pío XII (1958), tras un pontificado largo que caló en las masas tanto por la doctrina y la imagen externa del pontífice cuanto por la progresiva implantación de los modernos medios de comunicación, pareció que la Iglesia quedaba desvalida. La atrayente personalidad de Juan XXIII, su cercanía a las personas, creyentes o no, su imagen de bondad campechana y espontánea, ganaron inmediatamente a las masas tanto católicas como de otras confesiones e ideas. Por otra parte, tras la guerra fría y la difícil posguerra, Juan XXIII, Kennedy y Kruschev ofrecieron a la humanidad una nueva esperanza de paz y armonía. Surgió el incontenible deseo de una sociedad menos rígida, más abierta y más libre.

El anuncio del concilio (enero de 1959) provocó espectación y esperanza. En una época en la que la Iglesia católica constituía un tema de permanente discusión, el concilio iba a intentar presentarla en su, a menudo, desconcertante realidad, con su dinamismo y con su pretensión de apertura a todos los hombres. Por otra parte, quienes no estaban conformes con la situación eclesiástica existente creyeron que podía resultar la ocasión adecuada para conseguir un cambio en profundidad.

Los temas de fondo presentes y debatidos durante la larga preparación, traducidos en diversos documentos, fueron fundamentalmente de carácter pastoral: el deseo de revalorizar el episcopado, la reforma de la Curia romana, la adaptación de la liturgia, la restauración del diaconado permanente, el estudio de la Escritura en un momento en el que los nuevos métodos y estudios parecían poner en crisis algunos de sus datos tradicionales, y el acuciante tema de la relación de la Iglesia con el mundo contemporáneo. Es decir, se trataba de renovar la comunidad eclesial con el fin de colaborar más adecuadamente en el logro de una sociedad mejor, de poner al día las estructuras eclesiales y la presentación del mensaje de Jesús, y de esforzarse por facilitar la unión de los cristianos. Es verdad que no se trataba de temas novedosos en sí, pero el talante con el que la Iglesia del momento los afrontó resultó nuevo y esperanzador.

El concilio desarrolló su programa a lo largo de cuatro sesiones. Fue inaugurado solemnemente el 11 de octubre de 1962 bajo la presidencia de Juan XXIII y con la asistencia de más de tres mil obispos. Fue el primer concilio auténticamente universal de la historia: estos obispos representaban todos los países, continentes, sensibilidades y culturas existentes en ese momento. Hubo 85 embajadas extraordinarias, señal del interés suscitado por el acontecimiento y del peso moral adquirido por la Iglesia. El 8 de diciembre se clausuró la primera sesión.

A lo largo de los otoños de los tres años siguientes, dirigidas por el nuevo papa Pablo VI, se desarrollaron las restantes sesiones. No sólo no decayó el interés a pesar de su prolongada duración sino que el mundo occidental vivió en cierto sentido pendiente de sus deliberaciones. Existía una clara conciencia de que la transformación operada en el catolicismo iba a trascender sus fronteras e iba a influir en las otras Iglesias cristianas y, también, en el mundo laico y secularizado.

Al final del concilio, se tuvo la impresión de encontrarse con una Iglesia distinta de la tradicional, más espontánea y realista, más juvenil y esperanzada, más atenta y cercana a los problemas angustiosos del momento. Apareció una Iglesia bastante más plural y creativa de lo que podía presumirse.

Medalla de piedra dura, con efigie de Juan XXIII, el papa que convocó el concilio e inauguró su primera sesión. Tras su muerte en 1963, presidió las otras tres sesiones su sucesor, Pablo VI.

Evidentemente, esta sorprendente evolución sufrió un itinerario difícil y, a veces, convulso. Desde el primer momento resultó claro que los obispos estaban dispuestos a expresar con total libertad sus puntos de vista. Además, el desarrollo del concilio tuvo como efecto el nacimiento de una conciencia colectiva del episcopado y el convencimiento de que les correspondía, colectivamente, el cuidado y la preocupación de la Iglesia universal. Se trató del redescubrimiento del papel individual y colegial del episcopado en la marcha de la Iglesia, del paso de un modo de concebir la Iglesia, más vertical, juridicista, autoritario y clerical a otro más fraterno, de mayor corresponsabilidad, basado en la comunión de las Iglesias y de las personas.

Muchos obispos se encontraban demasiado alejados del pensamiento contemporáneo. Esta situación era debida a varios factores. En primer lugar, una sociedad universal como la eclesiástica manifestaba las diferencias de cultura y de formación de las diversas Iglesias. No era pensable que la jerarquía episcopal alemana o belga tuviese la misma sensibilidad teológica o las mismas preocupaciones sociales que los episcopados de Bolivia o Kenia.

Por otra parte, debido a motivos históricos, algunos episcopados habían vivido bastante al margen de las preocupaciones culturales de los dos últimos siglos. No cabe duda, por ejemplo, de que los obispos de Italia o de España no habían dialogado con las grandes corrientes filosóficas o científicas contemporáneas como lo habían hecho los franceses o los austríacos. Además, las circunstancias sociopolíticas de cada país condicionaban las actitudes respectivas. El episcopado norteamericano difícilmente comprendía el rechazo del episcopado español de cuanto significase libertad de conciencia o de culto.

El clima ecuménico resultó sorprendentemente bueno. Asistieron a la asamblea numerosos delegados de todas las Iglesias existentes. Pablo VI se reunió con el patriarca de Constantinopla y con el arzobispo de Canterbury, los canales de comunicación fueron fluidos y se estableció un cierto clima de confianza mutua. No es que desaparecieran las dificultades, pero sí que comenzaron a caminar juntos en una cierta dirección, instituyendo grupos de estudio y discutiendo los problemas existentes con total libertad.

También se puede afirmar que las deliberaciones conciliares resultaron muy importantes para las diversas Iglesias cristianas, que fueron capaces de confrontar su teología con lo que allí se debatía, y de renovar también su espíritu y su estructura en función de lo que sucedía en el seno del debate conciliar.

En realidad, los trabajos se desarrollaron según los métodos parlamentarios. Aunque es evidente que un concilio no es un parlamento representativo, tanto el clima como el método reflejaron el método parlamentario. Hubo mayorías y minorías, grupos de presión y utilización de influencias, pero, al mismo tiempo, todos manifestaron un deseo enorme de responder al reto que la sociedad lanzaba al mundo religioso para que fuese capaz de ofrecer un clima y unas posibilidades de mayor fraternidad, justicia, paz y libertad.

Quien compare este concilio con los anteriores quedará sorprendido del talante y clima dominantes en esta asamblea. Sin negar los errores doctrinales y los peligros existentes en la sociedad, la mayoría no se sentía llevada a lanzar anatemas, sino que deseaba, más bien, entrar en diálogo con una civilización descristianizada, con el fin de comprenderla e intentar hacerse comprender por ella. Pidieron una mejor organización del gobierno central de la Iglesia, que tuviera en cuenta la diversidad y la unidad creciente del mundo contemporáneo. Desearon una participación más efectiva del episcopado universal en la responsabilidad de toda la Iglesia. Buscaron un nuevo estilo jurídico, menos administrativo, más sencillo y más evangélico. Es decir, no trataron tanto de señalar errores y de condenar cuanto de buscar y proponer puntos de convergencia y de comprender la actitud y las opciones de los demás.

Tras un largo período en el que predominó el juicio negativo y condenatorio de la sociedad moderna, se puso el acento en cuanto podía unir. También en este campo se puso en práctica el consejo de Juan XXIII: buscar más lo que une que lo que separa.

74. El presente de las confesiones cristianas

A la izquierda: procesión con motivo de una solemnidad mariana en una zona rural de la ex-Yugoslavia; obra de los años sesenta, del pintor naïf Iván Lackovic.

En los recuadros: esta era la distribución geográfica de las diversas confesiones cristianas al final de los años ochenta.

ÁFRICA	
Habitantes	536.589.000
Anglicanos	19.570.000
Baptistas	1.295.000
Luteranos	3.908.000
Metodistas	7.460.000
Reformados	5.600.000
Ortodoxos	114.000
Igles. or. no calced.	16.035.000
Católicos	89.722.000

AMÉRICA SEPT.	
Habitantes	261.190.000
Anglicanos	7.616.000
Baptistas	27.800.000
Luteranos	8.811.000
Metodistas	49.453.000
Reformados	17.300.000
Ortodoxos	2.984.000
Igles. or. no calced.	148.000
Católicos	86.507.000

AMÉRICA CENTRAL Y MERIDIONAL	
Habitantes	397.138.000
Anglicanos	1.201.000
Baptistas	1.090.000
Luteranos	1.207.000
Metodistas	1.890.000
Reformados	1.050.000
Ortodoxos	365.000
Igles. or. no calced.	20.000
Católicos	368.118.000

ASIA	
Habitantes	2.777.385.000
Anglicanos	588.000
Baptistas	1.794.000
Luteranos	3.820.000

Una de las decisiones más revolucionarias del concilio Vaticano II fue el decreto sobre la libertad religiosa. No sólo porque constituía un cambio profundo en la postura tradicional de la Iglesia católica, sino también porque significaba poner la libertad religiosa como base y fundamento de toda proclamación de libertades y derechos humanos. Nos encontramos en un mundo gobernado por los medios de comunicación y los ordenadores, en el que la persona humana está dominada por la técnica y por la capacidad de información de los estados y de las grandes instituciones, influida por la publicidad y los intereses comerciales y políticos. Por otra parte, la cultura contemporánea tiende a relativizar toda verdad, a nivelar todas las religiones, convirtiéndolas en productos culturales y manifestaciones espontáneas del espíritu humano. Esto constituye dos de los retos más importantes que la modernidad plantea a la religión. En este contexto, las Iglesias deben convertirse, más que nunca, en espacio de libertad, de comunión y de fraternidad para todos los creyentes. El acto de fe en Jesús es un acto personal, intransferible, esencialmente libre. Constituye la opción fundamental de todo ser humano. Pero esta libertad no significa ni favorece el relativismo ni el irenismo ni el sincretismo. El cristianismo es una religión revelada, y su fidelidad a la palabra de Dios constituye su razón de ser. Tendrá que presentar este mensaje en las categorías culturales y con el lenguaje actual, pero manteniendo siempre la doctrina de Jesús. Sólo así seguirá siendo «buena noticia», evangelio de Jesús.

Estas Iglesias siguen siendo también, como en los primeros tiempos, como en toda su historia, lugares de acogida, de acompañamiento y de ayuda para los pobres y marginados, los ancianos, las viudas, los niños y desvalidos. Quienes pasan hambre, están desnudos y se encuentran en la cárcel son para los cristianos, hoy como ayer, el «tesoro de la Iglesia», según expresión de los Padres. Constituyen el lugar de encuentro del creyente con Cristo. Por esta razón, la historia de la Iglesia cristiana es también una historia de amor, de fraternidad y de misericordia.

Metodistas	10.726.000
Reformados	7.500.000
Ortodoxos	488.000
Igles. or. no calced.	1.673.000
Católicos	76.467.000
AUSTRALIA Y OCEANÍA	
Habitantes	**24.458.000**
Anglicanos	5.564.000
Baptistas	103.000
Luteranos	784.000
Metodistas	3.291.000
Reformados	1.800.000
Ortodoxos	165.000
Igles. or. no calced.	–
Católicos	7.447.000
EUROPA (INCLUIDA RUSIA)	
Habitantes	**766.325.000**
Anglicanos	33.507.000
Baptistas	1.109.000
Luteranos	49.840.000
Metodistas	2.613.000
Reformados	19.250.000
Ortodoxos	72.000.000
Igles. or. no calced.	1.101.000
Católicos	254.961.000
TOTAL	
Habitantes	**4.763.085.000**
Anglicanos	68.046.000
Baptistas	33.191.000
Luteranos	68.370.000
Metodistas	75.433.000
Reformados	52.500.000
Ortodoxos	76.116.000
Igles. or. no calced.	18.977.000
Católicos	883.222.000

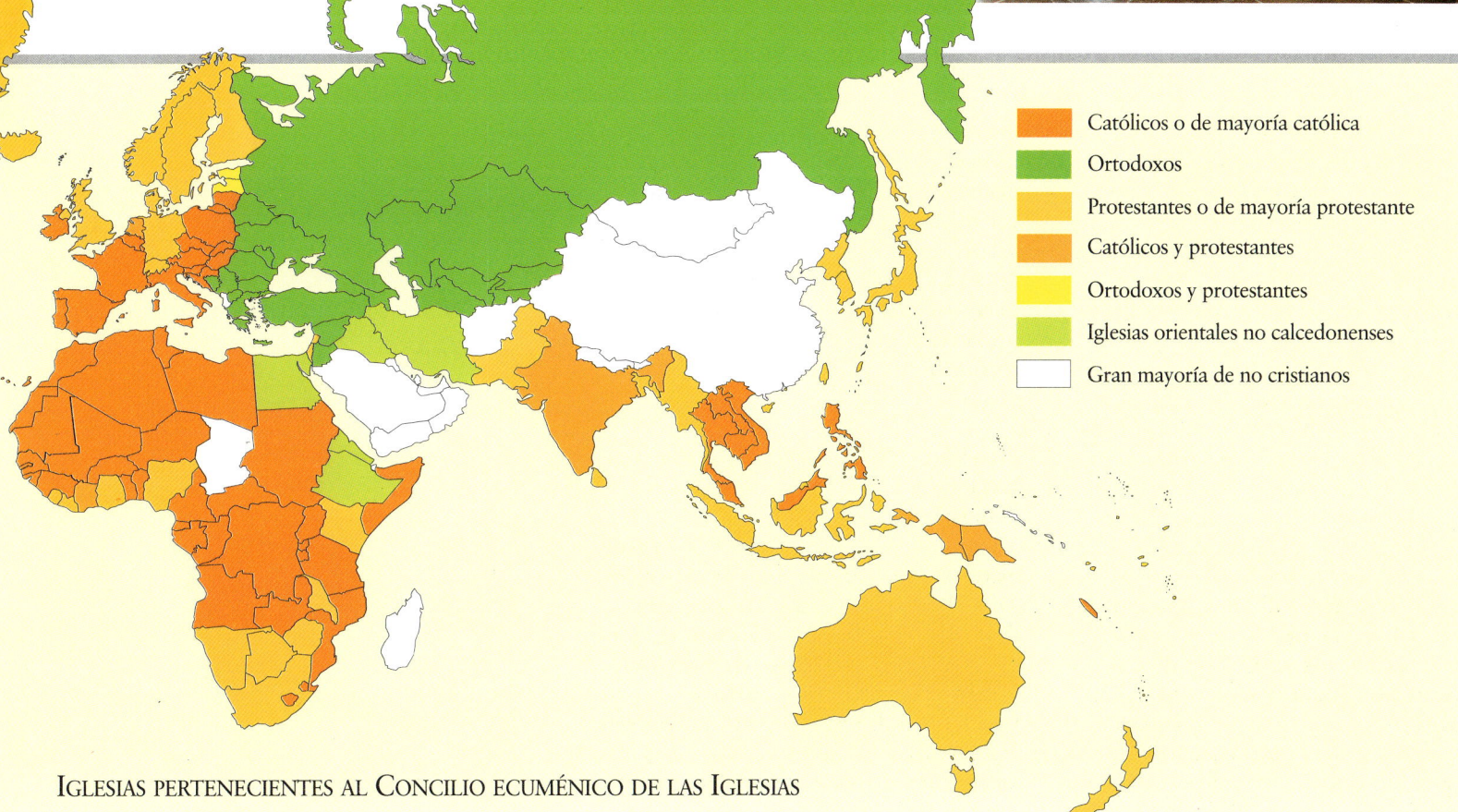

Interior de la iglesia de San Juan Bautista, construida en los años sesenta junto a la autopista del Sol en los alrededores de Florencia, obra del arquitecto Giovanni Michelucci.

IGLESIAS PERTENECIENTES AL CONCILIO ECUMÉNICO DE LAS IGLESIAS

- Católicos o de mayoría católica
- Ortodoxos
- Protestantes o de mayoría protestante
- Católicos y protestantes
- Ortodoxos y protestantes
- Iglesias orientales no calcedonenses
- Gran mayoría de no cristianos

74. El presente de las confesiones cristianas

De los casi 6.000 millones de personas que pueblan la tierra, el 30%, 1.834 millones, es cristiano. La figura central del cristianismo es Jesús, el Hijo de Dios hecho hombre para anunciar la Buena Nueva del reino de Dios. El mensaje cristiano ha sido repensado y formulado de distintas maneras a lo largo de los siglos, tal como aparece en estas páginas. Toda esta controvertida reflexión sobre la persona de Cristo, sobre su Iglesia y sobre el significado de sus palabras, ha dado lugar a la división del cristianismo en distintas tendencias y confesiones.

Los ortodoxos constituyen el 9,3%, los protestantes el 24,5% y los católicos el 56%. Los católicos representan el 18% de la población mundial, un poco más de 1.000 millones de fieles. En 1979, el 51% de los católicos habitaba en el Sur, el 60% en 1990, y serán cerca del 70% en el año 2000. En la actualidad, más de dos tercios de los católicos pertenecen a las Iglesias del Sur. En Asia hay 95 millones de católicos, pero no representan más allá del 2,6% de la población de este inmenso continente tan apegado a sus creencias tradicionales. Hay incluso varios países asiáticos en los que la comunidad católica representa sólo el 0,5% de sus habitantes. En Oceanía constituyen el 27% de la población. En el continente africano, los católicos constituyen el 14% de su población. En países como Zaire, Angola, Burundi, Gabón o Guinea Ecuatorial, el porcentaje de católicos alcanza el 50% de sus respectivas poblaciones. Con 2,5 millones de bautizados al año, la Iglesia católica de África tendrá 300 millones de fieles en el año 2000.

La Iglesia católica dispone de 998 territorios de misión en el Tercer mundo. Para atenderlos hay casi 200.000 misioneros. De ellos, 47.000 son sacerdotes y religiosos, entre nativos y extranjeros, y casi 150.000 misioneras. En el desarrollo de su labor de compromiso con los más necesitados cuentan con la colaboración de más de 400.000 catequistas, la mitad de ellos africanos. En nuestros días se ha multiplicado espectacularmente la presencia de voluntarios jóvenes en las actividades asistenciales y sociales.

La Iglesia ortodoxa cuenta entre 120 y 180 millones de fieles en el mundo, que se reparten, según las regiones y los países, en distintos patriarcados e Iglesias autocéfalas. Especialmente relevante es el crecimiento experimentado por la Iglesia ortodoxa rusa con la caída del comunismo. En 1989, el 46,4% de los nuevos nacidos recibió el bautismo ortodoxo, mientras que en 1985 este porcentaje era tan sólo del 16,4%. Algo semejante ha sucedido con las Iglesias tanto ortodoxas como católicas en los diferentes países comunistas del Este europeo. Se han abierto al culto numerosas iglesias que el Estado comunista había transformado en museos, fábricas... Concretamente, desde finales de los años 80, se ha ido restituyendo un promedio de cerca de 2.000 templos por año. Algo parecido, aunque, naturalmente, en una pequeña proporción, ha sucedido con la entrega de antiguos templos católicos o protestantes. Un renacimiento similar ha experimentado la vida monástica, tan importante siempre en el cristianismo oriental. El número de monasterios ha crecido de los 16 que había en 1987 a los 175 que se han contabilizado en 1993. La Iglesia ortodoxa rusa también ha sido autorizada a realizar un importante trabajo social en prisiones, hospitales y escuelas públicas. Esta Iglesia se enfrenta a dos graves problemas de difícil solución dada su historia secular: conseguir su separación del Estado y clarificar la vinculación de parte de su clero con el anterior régimen comunista.

En África nos encontramos con uno de los ejemplos históricos más sorprendentes de supervivencia y constancia en medio de las adversidades: tras siglos de dominio absoluto musulmán, los coptos constituyen todavía una importante minoría en Egipto.

Mujeres ordenadas en la Iglesia de Inglaterra, en Bristol, en 1994.

En las Iglesias luterana y anglicana la ordenación sacerdotal de las mujeres es una novedad y, al mismo tiempo, un importante factor de separación del catolicismo. Con ella, se ha resuelto temporalmente el problema de la falta de vocaciones sacerdotales, muy agudo en el cristianismo occidental y, al mismo tiempo, se ha introducido en la vida eclesial un elemento de renovación y creatividad.

Moscú: una antigua iglesia ortodoxa junto a un rascacielos de cristal y acero.

La caída del marxismo y el final de la Unión Soviética han hecho que las Iglesias ortodoxas ocupen nuevamente su lugar en la sociedad. Más de ochenta años de ateísmo oficial no han logrado anular en el alma y en la cultura de estos pueblos el significado profundo de los sentimientos religiosos. Y sin embargo, el conocimiento de la doctrina es tan pobre que existe el peligro real para muchos de que el cristianismo se reduzca a una manifestación simplemente folclórica y cultural.

También son una fuerte mayoría en Etiopía. En total, ortodoxos y cristianos de las antiguas Iglesias orientales de África representan un 13% del total de la ortodoxia mundial. En América es ortodoxo un 2,3% de su población.

El 7,9% de la población mundial, 450 millones de personas, profesa las distintas confesiones protestantes: luteranismo, calvinismo, anglicanismo, anabaptismo, presbiterianismo, cuaquerismo, metodismo, adventismo, mormonismo, baptismo, episcopalianismo... En Europa, cuna del protestantismo, se encuentran los países con mayores porcentajes entre su población: Noruega, el 97%; Islandia, el 96%; Dinamarca, el 95%; Finlandia, el 92%; Reino Unido, 72%; Suecia, 67%; Alemania, 42%. Todavía hoy, las Iglesias luteranas de Suecia, Noruega y Dinamarca y la Iglesia anglicana en Inglaterra son Iglesias de Estado.

Protestantes y anglicanos conforman el 40% de la población norteamericana y constituyen importantes minorías en África, con el 15% de su población, sobre todo en los países que antes fueron colonias inglesas; en Asia, con el 1% de su población; en Oceanía con el 57% de su población, fundamentalmente en Nueva Zelanda y en Australia. En la antigua URSS sus comunidades tienen la misma importancia numérica de los católicos, un 1,4% de su población, y han conocido en el pasado las mismas dificultades. Especialmente relevante es el crecimiento de estas confesiones en toda Latinoamérica. En Brasil, cada año ingresan 600.000 nuevos fieles en las denominaciones protestantes. En Guatemala, entre 1960 y 1985, el número de adeptos se ha multiplicado por siete. Hoy estas comunidades constituyen un tercio de los poco más de 10 millones de habitantes de este pequeño país. En Chile constituyen casi un cuarto de sus 13,6 millones de habitantes; en México, unos 2,5 millones, y en Argentina, casi 1,5 millones.

El número de cristianos supera los 1.500 millones, es decir, un 33% de la población mundial. Constituyen la familia religiosa más numerosa. Entre ellos, los católicos son el 64% de los cristianos; protestantes y anglicanos representan el 25% de los cristianos y los ortodoxos y miembros de las Iglesias antiguas orientales forman el 10%.

Entre las grandes religiones mundiales tenemos a los musulmanes, que son unos 1.000 millones, es decir, el 18% de la población mundial; los hinduistas, unos 600 millones; los budistas, unos 300 millones; los confucianos, unos 250 millones; los sintoístas, unos 60 millones, los taoístas, unos 45 millones y los animistas, unos 150 millones. Los judíos, por su parte, son unos 16 millones. Los musulmanes se encuentran en su mayoría, cerca del 70%, en Asia, donde constituyen el 18% de sus habitantes. En África son el 37% de la población local, y en la antigua URSS representan casi un 10% de la población. Los ateos y sin religión se encuentran fundamentalmente en Asia y en la ex-URSS, en menor proporción en el resto de Europa, y en un número todavía menor en América.

El siglo XX ha experimentado con más urgencia que nunca, tal vez a causa de la tragedia de las dos guerras mundiales, el escándalo de la desunión de los cristianos y la necesidad de encontrar cauces de diálogo y de unión. Así nació en 1948, con sede en Ginebra, el Consejo Ecuménico de las Iglesias, definido por ellos mismos como «una asociación fraternal de Iglesias que confiesan al Señor Jesucristo como Dios y Salvador según las Escrituras y se esfuerzan por responder juntas a su común vocación para la gloria del solo Dios, Padre, Hijo y Espíritu Santo». Sus objetivos son teóricos y prácticos: estudiar puntos de encuentro doctrinales y buscar y ofrecer toda clase de ayudas para la evangelización y las misiones. Cada seis años se han celebrado encuentros plenarios que, por una parte, han demostrado las dificultades para conseguir una unidad de doctrina y de acción en grupos, a menudo, muy dispares, pero, por otra, han señalado la necesidad de seguir avanzando juntos en la misma dirección.

La Iglesia católica no ha estado presente en esta organización. Sólo con motivo de la celebración del Vaticano II las relaciones comenzaron a ser más fluidas. La creación en Roma del Secretariado para la Unidad de los cristianos supuso un cambio de actitud importante, que ha dado origen a encuentros de teólogos y a reflexiones doctrinales en profundidad. El encuentro de Pablo VI con el patriarca Atenágoras, con el arzobispo de Canterbury y con otros líderes protestantes ha creado un clima de acercamiento antes impensable.

75. El futuro de las confesiones cristianas

El papa Juan Pablo II en Tanzania, 1990

El cristianismo se ha extendido a todos los pueblos, a todos los continentes. Se trata verdaderamente de una Iglesia universal, que reza con una misma fe, ante un mismo altar, a un único Señor. Pentecostés constituyó el punto de arranque de esta sorprendente aventura del anuncio y la predicación de la Buena Noticia.

Dos mil años más tarde, el futuro del cristianismo estará en función de la capacidad de los cristianos de ser dóciles a las llamadas y a la inspiración del Espíritu Santo. Deberán los cristianos ser sensibles a los «signos de los tiempos» para predicar a Jesús con fidelidad, pero de modo que puedan ser escuchados y comprendidos. Deberán mantener la esencia de la antigua doctrina, pero ser valientes y creativos en la formulación de su revestimiento, de forma que respondan a las necesidades del mañana mostrando la validez de su doctrina.

A partir de 1978, año en que inauguró su pontificado, Juan Pablo II ha realizado 84 viajes, visitando 117 países. En Italia ha hecho 130 viajes, y en Roma ha visitado 250 parroquias. Sumando los kilómetros recorridos, es como si el pontífice hubiera dado 26 veces la vuelta al mundo, viajando incomparablemente más que todos los papas anteriores juntos. Pronto acudirá a Jerusalén, meta emblemática de una incansable peregrinación.

Dos momentos de la Asamblea del Consejo Ecuménico de las Iglesias celebrado en Camberra en 1991: una manifestación contra la Guerra del Golfo *(arriba)*, y la ceremonia de acogida de las Iglesias chinas en la comunión de las Iglesias del Consejo *(a la derecha)*.

En Canberra (Australia), del 7 al 20 de febrero de 1991, se celebró la séptima Asamblea General del Consejo Ecuménico. 826 delegados de 317 Iglesias se reunieron en un clima de tensión bélica a causa de la Guerra del golfo Pérsico y de los enfrentamientos de algunas repúblicas soviéticas.

Los temas de ecología, el compromiso cristiano en el área de la liberación, la justicia y la paz y la lucha contra el racismo, junto con otros temas más específicamente teológicos y la búsqueda de una espiritualidad propiamente ecuménica, fueron el núcleo de sus trabajos.

El excesivo número de Iglesias, con intereses a veces encontrados, facilitaba la dispersión y la falta de comprensión mutua, dando con frecuencia la impresión de que un cierto sincretismo envolvía cada vez más el trabajo del Consejo Ecuménico. Algunos delegados ortodoxos reflejaron en un documento oficial el temor de que el Consejo se convirtiese en «un foro para un intercambio de opiniones, sin ninguna base teológica específicamente cristiana». Sin embargo, hay que tener en cuenta también el importante trabajo teológico elaborado por teólogos de diversas Iglesias, que están consiguiendo puntos de acuerdo que parecían imposibles hace pocos años. Es verdad que este trabajo se realiza al margen del Consejo, pero no al margen del espíritu ecuménico.

Al final de la asamblea de Canberra se hicieron públicas varias declaraciones y llamamientos centrados en la Guerra del Golfo, en los pueblos indígenas y su derecho a la propiedad de las tierras en las que viven, y en las denuncias ante las conflictivas y graves situaciones de Suráfrica, el Pacífico, Sri Lanka y El Salvador. Se invitó, finalmente, a celebrar el año 1992 como el «año de lucha contra el racismo».

305

75. El futuro de las confesiones cristianas

La reunión celebrada en Asís el 27 de octubre de 1986 en la que participaron los dirigentes y representantes de las organizaciones religiosas del mundo representó un hecho único en la historia de la humanidad. En un mundo secularizado, materialista, a menudo alejado de cualquier preocupación espiritual, los líderes religiosos se reunían para adorar al Dios verdadero y para rezar juntos más allá de sus diferencias y recelos mutuos.

Aparentemente, las religiones y las Iglesias se encuentran desconcertadas, incapaces de afrontar la ola de secularismo y de indiferencia religiosa dominante en la cultura contemporánea. Pero el cristianismo, establecido fundamentalmente en los países occidentales, parece ser la religión que debe soportar los retos y los ataques más fuertes de la modernidad. Este parece ser el motivo de la indudable reacción hoy presente en muchas comunidades cristianas: tenemos que subrayar cuanto nos une y nos define para poder pregonar con más fuerza la Buena Nueva de Jesucristo. No se trata de una cómoda actitud de irenismo o de sincretismo, siempre rechazada por el cristianismo como su mayor peligro, sino de una humilde búsqueda de la unidad partiendo de la fe en el Señor Jesús. Todos los responsables son conscientes de la necesidad de conseguir una mejor formación de los fieles. San Pablo afirmaba que los miembros de las primeras comunidades no pertenecían a ninguna clase de elite, y, sin embargo, conocemos la importancia concedida a un catecumenado exigente, prolongado, necesario para todos. Hoy más que nunca, precisamente porque nos encontramos en un mundo plural y secularizado, resulta necesario saber dar las razones de la propia fe.

El auge de las comunidades carismáticas en nuestros días plantea una necesidad siempre sentida en el cristianismo, pero no siempre vivida con la misma intensidad práctica en organizaciones que han buscado demasiado a menudo la eficacia y el éxito: la necesidad de proteger y cultivar el Misterio, la presencia de Dios en el mundo y en nuestro corazón, la actuación del Espíritu Santo en las comunidades creyentes. Por eso, mañana como ayer, la Iglesia necesitará con urgencia contar, al menos, con los diez justos de los que nos habla el Antiguo Testamento, es decir, con santos, con orantes, con hombres y mujeres que se retiren al desierto a rezar, con mártires que entreguen cuanto tienen por amor a Cristo. El carácter orante y místico de la comunidad cristiana debe constituir su característica más específica. Más allá de las controversias de la época de la Reforma, conviene insistir en el sacerdocio universal de los fieles y organizar la Iglesia en consecuencia. No se trata de devaluar la sucesión apostólica ni el sacerdocio ministerial, ni atacar o debilitar su identidad, sino de extraer las consecuencias del principio de que todo poder en la Iglesia es un servicio para la comunidad.

No resulta fácil pensar que la Iglesia del tercer milenio podrá mantenerse sin afrontar en profundidad el tema de la mujer. Con el cristianismo, la mujer consiguió una importancia, una apertura al mundo, un espacio, una capacidad de influjo que nunca antes había tenido. Encontramos importantes nombres de mujer en la actividad asistencial, en la mística, en la descripción de la vivencia espiritual, en la organización de la vida eclesial, en la historia de las fundaciones religiosas y de las misiones. Es verdad, pues, que, por una parte, la historia de la Iglesia, en contra de lo que a menudo se cree, manifiesta con claridad el papel significativo de la mujer en el desarrollo histórico de la institución eclesial, pero, por otra, parece evidente que no es razonable ni posible que se la pueda mantener por más tiempo alejada y al margen de la jurisdicción y el gobierno de esta Iglesia.

Por otra parte, en un mundo que vive y actúa con una falta notable de valores y de ideales, el cristianismo tendrá que ser capaz de ofrecer sentido escatológico a una existencia, a menudo desconcertante, y valores morales basados en el Evangelio e ideales de fraternidad a un mundo demasiado centrado en el puro individualismo egoísta. Hablar de fraternidad es reconocer al Padre que nos ha creado y nos ama. Es hablar de uno de los aspectos más hermosos y permanentes de la historia del cristianismo: el amor al prójimo. En nuestros días este amor tiene una proyección más social y global: no se puede ser cristiano y no preocuparse por las desigualdades entre el Norte y el Sur, entre el Primer y el Tercer mundo.

En este tema podemos centrar el permanente antagonismo entre modernidad y religión. Al concepto de modernidad se pueden dar diversas significaciones, pero una evidente en nuestros días es la de pérdida social e individual del sentido de la vida, de las relaciones, de los lazos y por ello de la experiencia religiosa que une al hombre con un origen, un destino y una comunidad. Esta situación se ha traducido en las relaciones entre países y entre hombres basadas en la violencia económica y en razones de intercambio cada vez más desiguales que desembocan en crisis producidas por la injusticia internacional y doméstica. La paradoja de esta situación consiste en que las sociedades más ricas son las sociedades llamadas cristianas. Quizás el peso que Juan Pablo II y los líderes religiosos sienten al pedir justicia, ceses de embargos, reparto de la riqueza, se debe al hecho de que una petición tan difícil de escuchar se dirige a las clases políticas y autoridades económicas de tradición cristiana. En esta clave económica hay que analizar también el apoyo prestado durante años por parte de los países más ricos a los grupos integristas de diversos países. Los cristianos del tercer milenio tendrán que ser más consecuentes que sus antepasados en el tema de la justicia y de las relaciones

humanas. No se puede creer en el Padre común a quien no vemos si no vivimos y practicamos la fraternidad y la solidaridad con nuestros hermanos más necesitados a quienes sí vemos.

A principios del cercano próximo siglo la mayoría del catolicismo y del cristianismo se encontrará en el Tercer mundo. No se podrá mantener la dirección y el dominio en manos occidentales tal como sucede ahora. Esto significará que la juventud y la pobreza, características del Tercer mundo, marcarán más profundamente el cristianismo del mañana. Y que la teología de estos mundos no occidentales, hoy ya existente pero sin apenas incidencia porque es desconocida, comenzará a influir en el pensamiento eclesial. Apenas la dirección de la Curia romana, de las principales congregaciones religiosas y del Consejo Ecuménico de las Iglesias esté en manos africanas, latinoamericanas e indias todo cambiará automáticamente. No se trata de que cambie la doctrina o la teología sino de que se instale una nueva psicología, un nuevo talante, una nueva sensibilidad.

Esta perspectiva nos ayuda a comprender la necesidad de profundizar en las dos notas que el credo da a la Iglesia: una y católica. Jesús quiso que su Iglesia fuese una. No es posible mantener por más tiempo una división pecaminosa y enfrentada entre quienes apelan a Cristo como a su fundador. Pero, al mismo tiempo, la historia y el sentido común nos enseñan la necesidad de la descentralización, de las Iglesias locales, de las comunidades que mantienen sus propias y peculiares características, su cultura y su historia propias. Oriente y Occidente, Norte y Sur, tantas expresiones para denominar culturas, situaciones sociales y actitudes psicológicas y espirituales distintas. El peligro de multiplicar las divisiones y generar nuevas sectas se mantiene y aumenta. El futuro inmediato tiene que ser capaz de congregar en el mismo espíritu y en la misma doctrina a las Iglesias europeas, africanas, latinoamericanas, indias y japonesas respetando su personalidad propia.

Por esto, también, resulta más importante que nunca conocer nuestra historia, acudir con humildad a nuestras raíces, comprender los caminos del Espíritu a través de los siglos, de las culturas, de las vicisitudes de los pueblos. El cristianismo es una religión histórica, surge en unos años determinados, se desarrolla en unas circunstancias concretas y el Espíritu Santo permanece con los creyentes a lo largo de los siglos. Esta historicidad explica el enraizamiento de la Iglesia en la historia humana, y explica también los pecados y la vida de gracia de sus miembros. El cristianismo no es una comunidad de santos sino de bautizados que se encuentran en camino hacia Cristo y que durante esa peregrinación son capaces de pecado y de gracia. Por este motivo, la urgente necesidad de inculturizar el cristianismo en las diversas culturas no contradice la necesidad de todos los pueblos de conocer el desarrollo histórico de las comunidades cristianas desde los primeros tiempos porque así experimentan la presencia del Espíritu de Jesús en la vida de los creyentes a lo largo de los dos mil años.

Por esto precisamente la Iglesia se encuentra en camino, siempre dispuesta a mantener la Tradición que la vivifica y siempre dispuesta a purificarse de cuanto inútil y nocivo ha ido acumulando en el camino. Porque la Iglesia no se identifica con el Reino de los cielos. El «ya pero todavía no» tiene en este campo una aplicación rigurosa. La presencia de Cristo en los sacramentos y en la vida de la Iglesia no impide la libertad de sus miembros, que no pocas veces actúan en contra de los deseos y enseñanzas de su fundador. En el medioevo se hablaba de una Iglesia santa y pecadora a la vez, porque entre los fieles existen y coexisten santos y pecadores, genios y mediocres, mártires y persecutores.

Los cristianos, a lo largo de los siglos, han sido muy conscientes de la eficacia de la promesa de Jesús: «Yo estaré con vosotros hasta el fin de los tiempos». Cristo es el fundamento, la piedra angular de la Iglesia, y los ritos litúrgicos actualizan permanentemente la presencia vivificante de Cristo. No se trata sólo de un recordatorio, de una vuelta a sus raíces, tal como sucede en los pueblos desarrollados cuando se quieren conmemorar sus orígenes históricos, sino que, en el caso del cristianismo, su origen y fundamento, Cristo, es su vida presente y permanentemente actuante.

Por esta razón, pensamos que la historia del cristianismo representa una fidelidad sustancial al mandato y a la doctrina de Cristo, pero, al mismo tiempo, somos conscientes de la necesidad de un permanente examen de conciencia y autocrítica con el fin de purificar cuanto es más humano, cuanto es más deudor del pecado. Pero no se trata de un examen individual y subjetivo sino de una vida, un peregrinar y una contemplación comunitaria. La historia del cristianismo es historia de comunidades, de Iglesias, de creyentes que celebraban la eucaristía, evangelizaban y manifestaban su caridad comunitariamente.

76. Cronología V
De la Ilustración hasta nuestros días

A la derecha: una imagen de la Asamblea Mundial de la Comunidad Evangélica de Acción Apostólica (CEVAA) en Torre Pellice, en julio de 1996.

Abajo: los participantes del encuentro de Asís, de octubre de 1986, a la entrada de la basílica de San Francisco.

Arriba: Vaticano, 27 de junio de 1995: Juan Pablo II recibe al patriarca ortodoxo Bartolomé I.

En 1986 Juan Pablo II convocó a todos los líderes religiosos del mundo para un encuentro de oración y de comprensión mutua. Está prevista una nueva reunión para el año 2000 en Jerusalén. No se trata de una ceremonia de confusión o de sincretismo religioso, sino de la afirmación de la supremacía del espíritu y del reconocimiento del valor de la trascendencia.

San Pablo afirmó que antes de Cristo, Dios había hablado de muchas maneras. Todavía hoy, dos mil años después de la encarnación, buena parte de la humanidad sigue buscando a tientas al Dios verdadero. Frente al materialismo y al ateísmo, que han renunciado a todo tipo de búsqueda, estos encuentros quieren subrayar la necesidad de seguir buscando, quien no lo haya encontrado, al Dios que nos ama y nos salva.

76. Cronología V (1800-2000)

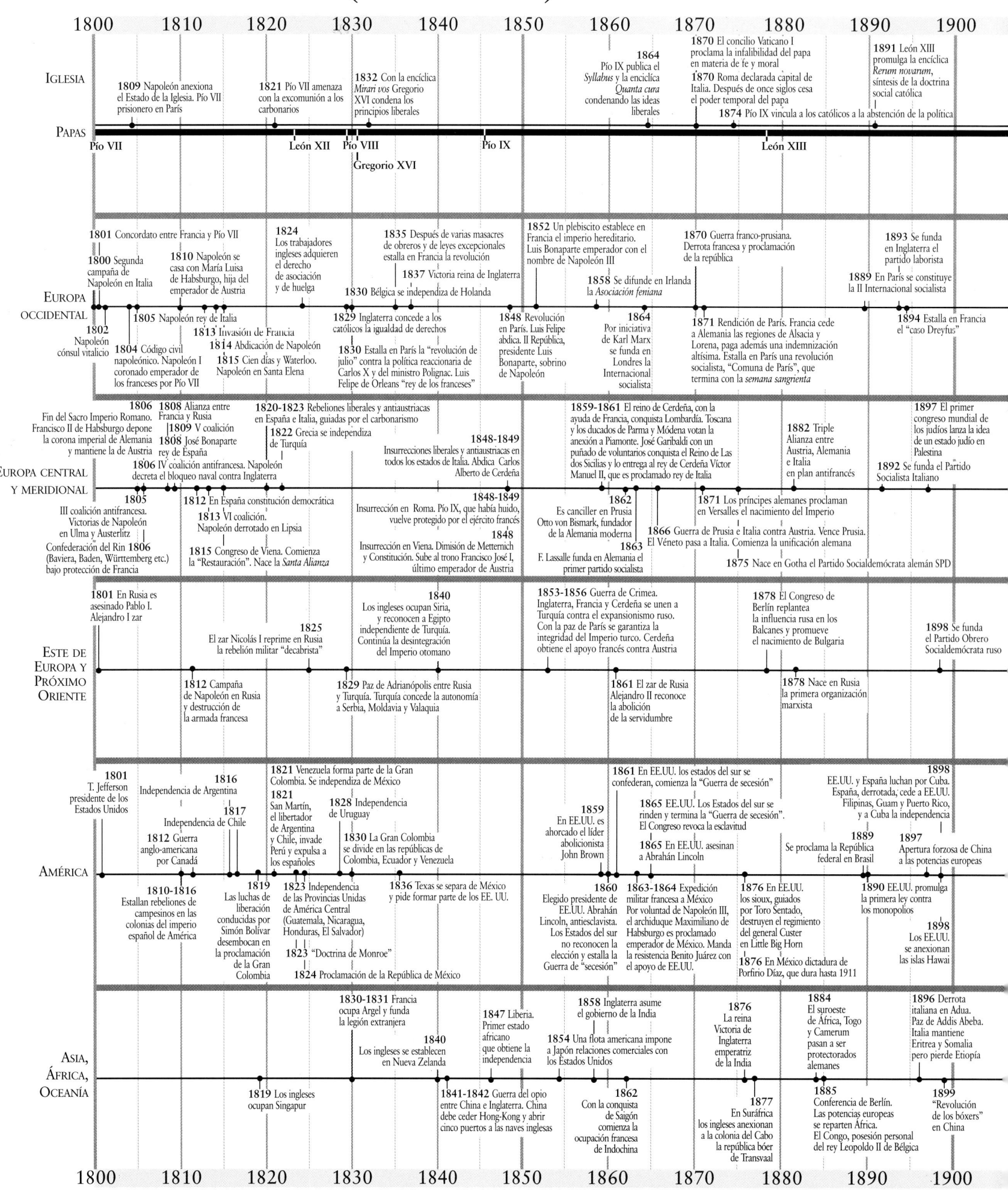

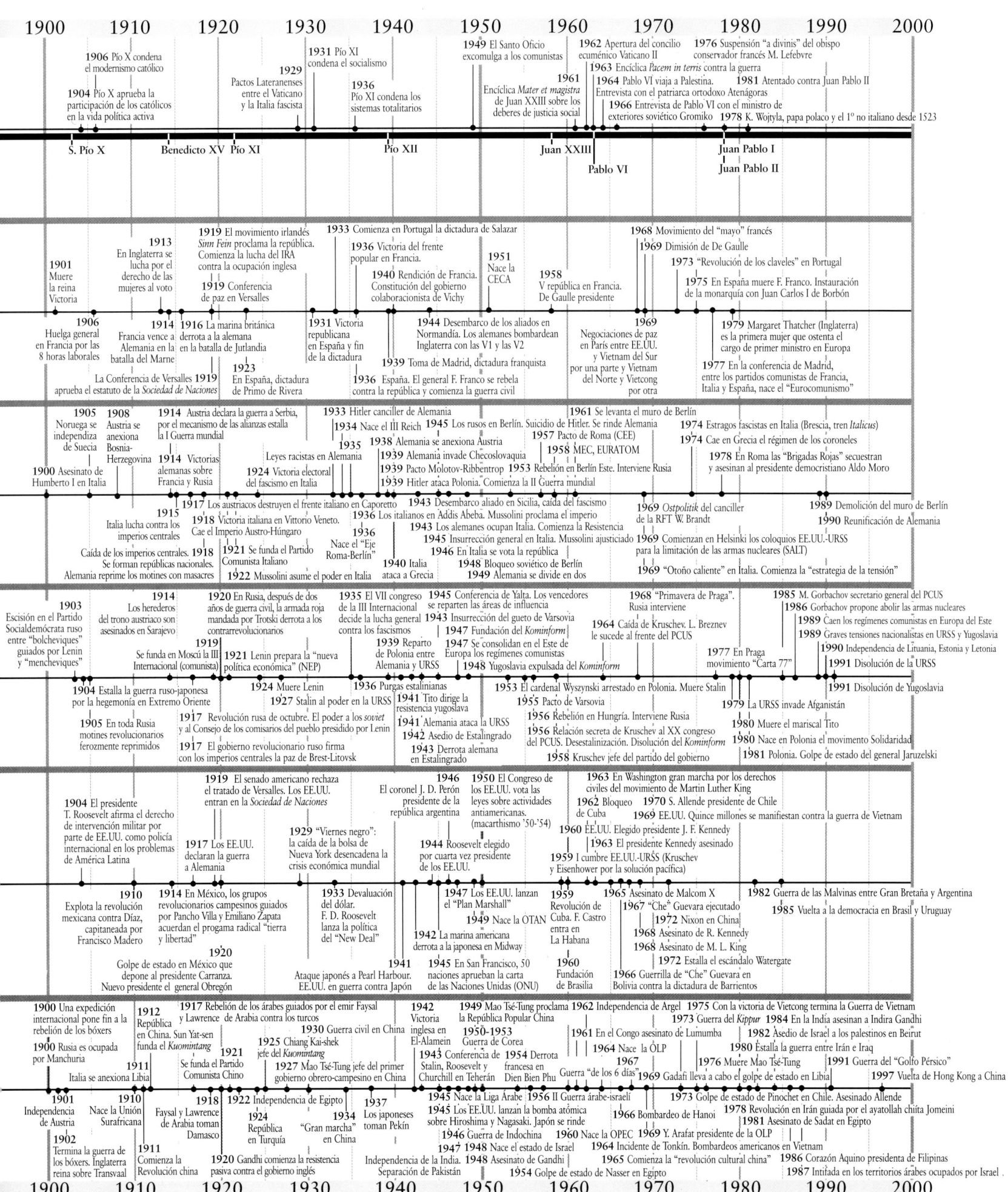

ÍNDICE DE NOMBRES

En este índice aparecen los nombres de personas y lugares que se encuentran en el texto y en los pies, tanto de las fotografías a colores como de las que van en blanco y negro.

Abelardo, 127, 173, 178
Abidjan, 289
Abrahán, 15, 100, 103
Acton, John Francis Edward, Lord, 259
Adán, 71, 74, 100, 139, 277, 279
Adriano I, papa, 122
Adriano, Publio Elio, emperador, 32, 86
Agatón, papa, 48
Agen, diócesis, 161
Agilulfo, rey de los longobardos, 66
Agustín de Canterbury, san, 95, 107
Agustín, san, obispo de Hipona, 25, 46, 56, 58, 59, 71, 75, 78, 86, 92, 98, 106, 199, 242
Ain Karim, 12
Ainón, 16
Alarico, rey de los visigodos, 46, 64, 98
Alberti, banqueros, 185
Alberto Magno, san, 178, 179
Albi, 160, 161, 163
Alcalá de Henares, 203, 229
Alcuino, 93, 113, 114, 115
Alejandría de Egipto, 14, 25, 32, 48, 50, 66, 68, 70, 95, 197
Alejandro de Hales, 178
Alejandro V, papa, 184, 187
Alejo I Comneno, emperador, 154
Alfeo, 22
Alighieri, Dante, 157
Ambrosio, san, arzobispo de Milán, 46, 56, 58, 59, 74, 78, 92, 98, 167
Amiano, Marcelino, 92
Amsterdam, 229
Ana Bolena, reina de Inglaterra, 207
Anagni, 175
Ananías, sacerdote, 22
Anchieta, José, padre, 222
Andrés II, rey de Hungría, 153
Andrés, san, 13
Angers, 24
Angilberto II, obispo, 59
Anselmo, san, arzobispo de Canterbury, 127, 143, 178, 191, 199
Antelami, Benedetto, 147
Antioquía, 27, 47, 48, 63, 66, 70, 95, 154
Antonio, san, 53, 54, 55
Apolinar, Cayo Selio Sidonio, 92
Apolo, 19
Apuleyo, 32, 33
Aquila, 25
Aquilea, 108, 113
Aquisgrán, 113, 115
Arboleya, 270
Arcadio, emperador, 61
Argel, diócesis, 263
Ariana, emperatriz, 89
Aristóteles, 177, 179
Arles, concilio, 48
Arnaldo de Brescia, 162, 175
Arnauld, Antoine, llamado el Gran Arnauld, 241, 242
Arnobio, 92
Arnolfo di Cambio, 200
Arrio, 46, 48, 49, 50, 51
Asís, 175, 306, 308
Atanasio, san, obispo de Alejandría de Egipto, 46, 47, 48, 51, 54, 56, 57, 58, 74, 78, 92, 121, 127
Atenágoras, patriarca de Atenas, 32, 303
Atenas, 19, 114, 125, 126
Áthos, monte, 121, 126, 127
Atila, rey de los hunos, 67, 98
Augsburgo (Alemania), 210, 219
Augusta (EE. UU.), 230
Augusto, Cayo Julio César Octaviano, emperador, 11
Auschwitz, 281
Averroes (Ibn Rushd), 177

Aviñón, 184, 185, 186
Avito, Sexto Alcimo Ecdicio, obispo de Vienne, 67, 92

Baal, 10
Babilas, san 63
Babilonia, 13
Bach, Johann Sebastian, 237
Bacon, Roger, 25
Balmes, Jaime, 270
Balthasar, Hans Urs von, 298
Baltimore, 226, 227, 287
Baltimore, Lord, 231
Baradeo, Santiago, obispo de Edesa, 71
Bardi, banqueros, 185
Bari, 186
Barmen, sínodo, 283
Barrabás, 17
Barth, Karl, 281, 283
Bartolomé I, 308
Basilea, 187, 211, 266
Basílides, 32
Basilio II, emperador, 111
Basilio el Ciego, gran duque de Moscovia, 199
Basilio, san, obispo de Cesarea, 52, 55, 56, 57, 58, 59, 68, 92, 142
Bauharnais, Marie-Josèphe Tascher de La Pagerie, 253
Bayle, Pierre, 240, 270
Beatriz de Borbón, 172
Beckett, Thomas (Tomás de Canterbury), santo, 151
Beda el Venerable, 93, 99
Belén, 12, 18, 63, 75, 167
Bellini, Gentile, 197
Benedicto XIII, papa, 184
Benedicto XIV, papa, 244
Benedicto XV, papa, 282
Benito de Aniano, san, 77
Benito, san, 76, 77, 78, 79, 93, 106, 141, 146
Berlín, 257, 262
Berliner Missiongesellschaft, 264
Berna, 211
Bernardino de Siena, san, 167
Bernardo de Claraval, san, 72, 142, 146, 147, 155, 171, 178, 191
Bernini, Gian Lorenzo, 200, 215
Berruguete, Pedro, 162
Bertrán, Luis, padre, 222
Bessarión, primado de Nicea, 199
Bet Alfa (Palestina), 15
Betania, 13, 17
Betsaida, 16
Béziers, 161
Biélgorod, diócesis, 108
Birmingham, 275
Bizancio (Constantinopla), 42, 43, 44, 45, 48, 61, 62, 66, 68, 70, 71, 75, 85, 86, 87, 89, 90, 92, 94, 95, 97, 102, 103, 108, 110, 111, 118, 119, 120, 121, 122, 123, 125, 126, 127, 147, 154, 155, 161, 190, 191, 197, 199, 299
Blaeu, J. W., 276
Boecio, Severino, 93, 98, 99, 199
Boleslao III, rey de Polonia, 135
Bolívar, Simón, 294
Bollandus, padre, 240
Bolonia, 166, 177
Bonaiuti, Andrea, 165
Bonanno Pisano, 71
Bonhoeffer, Dietrich, 281
Bonifacio (Wynfrid), san, 104, 105, 106, 107
Bonifacio III, papa, 94
Bonifacio VIII, papa, 174, 175
Bonifacio IX, papa, 184
Bonsignori, banqueros, 185
Booth, Guillermo, 271
Boris I, rey de los búlgaros, 108, 110, 111, 119
Boris, san, 111

Borromeo, Federico, cardenal, 240
Bossuet, Jacques, 241
Boston, 271
Bramante, 200
Brébeuf, Jean de, 222, 250
Bremen, 114, 135
Brígida de Suecia, santa, 191
Bristol, 302
Brooklin, 250
Brueghel, Pieter el Viejo, 216
Brunelleschi, Filippo, 200
Bruno de Querfurt, san, 142, 143
Bruselas, 232
Buchenwald, 281
Buenaventura de Bagnoregio, san, 72
Buenos Aires, 293
Burdeos, 161, 253
Burundi, 304
Butzer, 210

Caedmon, 93
Cafarnaún, 13, 14, 31
Calcedonia, 51, 65, 66, 67, 68, 70
Callot, Jacques, 218
Calvino, Juan, 25, 59, 206, 210, 211, 215, 218, 231
Camaldoli, 142
Cambaluc, 181
Cambridge, 177, 178, 230
Campanella, Tomás, 202
Caná, 13, 16
Canberra, 305
Canossa, 148, 149, 150
Canterbury, 106, 151, 272, 299, 303
Canuto el Grande, rey de Inglaterra, 134
Capela, Marciano, 92
Capetos, dinastía, 148
Capua, concilio, 48
Carcassonne, diócesis, 161, 163
Carey, explorador, 266
Carlomagno, emperador, 39, 76, 92, 93, 96, 105, 108, 112, 113, 114, 115, 117, 118, 119, 128, 131, 173, 290
Carlos II el Calvo, emperador, 59, 119, 173
Carlos III de Borbón, rey de España, 244
Carlos III el Gordo, emperador, 129
Carlos V, emperador, 210, 214
Carlos VIII, rey de Francia, 148
Carlos IX, rey de Francia, 216
Carlos Martel, 96, 102
Carora, 293
Carrol, John, obispo, 226
Cartagena de Indias, 286
Cartago, 48, 74
Cartesio (René Descartes), 278
Cartusium (Grenoble), 143
Casiano, Juan, 54, 78
Casiodoro, Flavio Magno Aurelio, 93, 98, 99
Catalina de Aragón, reina de Inglaterra, 207
Catalina de Siena, santa, 187
Celestino I, papa, 48
Celso, Aulo Cornelio, 32
César, Cayo Julio, 214
Cesarea, 14, 25, 67, 93
Cesena, 75
Champaigne, Philippe de, 218
Champlain, Samuel de, 250
Chartres, 169, 171
Chateaubriand, François-René de, 227, 258, 262
Chenu, Marie-Dominique, 298
Chernígov, diócesis, 108
Chiquitos, misión, 289
Christian III, rey de Dinamarca, 210
Church Missionary Society, 264, 266
Cibeles, 80
Cicerón, Marco Tulio, 11
Cimabue, 171

312

Cino de Pistoia, 178
Cipriano, Cecilio, san, obispo de Cartago, 92
Cirilo, san, 110, 111
Cirilo, san, obispo de Alejandría de Egipto, 51, 55, 72, 74, 92
Cisneros, Francisco Jiménez de, cardenal, 203
Cîteaux (Císter), 79, 128, 140, 146
Ciudad del Cabo, diócesis, 267
Ciudad de México, diócesis, 220, 222, 293
Claraval, abadía, 146
Classe, 87
Claudiano, Claudio, 92
Claver, Pedro, san, 222, 286
Clemente de Alejandría, san, 32
Clemente V, papa, 182
Clemente VII (Roberto de Ginebra), antipapa, 184, 186, 187
Clemente VIII, papa, 25
Clemente XIV, papa, 241
Clemente Romano, obispo de Roma, 32
Clermont, concilio, 154
Cleve, Joos van, 73
Clodoveo I, rey de los francos, 66, 67
Clonmacnoise, monasterio, 65, 107
Clotilde, santa, reina de los francos, 66, 67
Cluny, 128, 131, 136, 137, 139, 146, 154
Colet, John, 203
Colonia, 114, 143, 149
Columbano, san, 105, 106, 129
Conques, abadía, 112, 188
Conrado III de Suabia, rey de Alemania, 153, 155
Constante II, emperador, 122
Constantino I, emperador, 31, 44, 45, 46, 47, 48, 49, 62, 63, 86, 89, 111, 117, 118
Constantino IV, emperador, 48
Constantino V, emperador, 122
Constantinopla, véase Bizancio
Constanza, 129, 187, 204
Constanza, santa, 63
Constancio II, emperador, 46
Cook, James, 266
Copérnico, Nicolás, 202
Córdoba, 103, 149
Corinto, 126
Corvey, abadía, 115
Creta, 102, 126
Cranach, Lucas, 206
Cromwell, Oliver, 230

D'Alembert, Jean Baptiste Le Rond, 279
Dafni, monasterio, 125
Dagoberto I, rey de Austrasia, 173, 258
Damasco, 22
Dámaso I, san, papa, 25, 48, 58
Damiano, Pedro, san, 142
Damieta, 165
Daniel, 31
Daniélou, Jean, 298
Darwin, Charles, 277, 279
David, Jacques-Louis, 253
Decápolis, 16
Decio, Cayo Mesio Quinto, emperador, 35
Della Robbia, familia, 167
Demetrio, san, 63
Demócrito, 33
Denis, san (Dionisio), obispo de París, 173
Desiderio, rey de los longobardos, 76
Detroit, 226
Diácono, Pablo, 93
Diana, 72
Diderot, Denis, 270
Die, ciudad del Delfinado, 216
Diego, obispo de Osma, 161
Diocleciano, Cayo Aurelio Valerio, emperador, 9, 37, 40, 42

Dión Casio Cocceiano, 33
Dionisio el Areopagita, 173
Dionisio el Grande, 33
Dióspolis, concilio, 48
Döllinger, Ignaz von, 259
Domiciano, Tito Flavio, 25
Domingo de Guzmán, santo, 160, 161, 162, 165, 166, 191
Dominicos, padres, 248
Domitila, catacumbas, 37
Donatello, 187, 200
Donato, 48
Drapper, 279
Drugonthia, 161
Dura Europos, sinagoga, 13

Echternach, monasterio, 106
Edessa, 23, 47, 68, 71, 155
Eduardo VI, rey de Inglaterra e Irlanda, 207
Edwards, Jonathan, 239
Éfeso, 24, 27, 47, 48, 51, 56, 63, 67, 70, 71, 72, 74, 75
Egeria, véase Eteria
Eisleben, 206
Elena, santa, 47
Elías, 54, 55
Elvira, concilio, 48
Embrun, ciudad del Delfinado, 216
Emden, catecismo, 217
Eneas, filósofo, 93
Enodio, Magno Félix, obispo de Pavía, 93
Enrique II, rey de Inglaterra, 151
Enrique IV de Borbón, 218
Enrique IV, emperador, 149, 150
Enrique VIII, rey de Inglaterra, 25, 207
Enrique de Lausana, 161
Enrique el Navegante, príncipe de Portugal, 284
Epicuro, 33
Epifanio de Salamina, san, 72, 74
Erasmo de Rotterdam, 25, 203, 205, 206
Erfurt, 271
Eric, rey de Suecia, 132
Escoto Eriúgena, Juan, 178
Esdras, profeta, 99
Esmirna, 24
Estacio, Publio Papinio, 32
Estarnina, 53
Esteban II, papa, 118
Esteban, diácono, 22
Estilicón, Flavio, 92
Estrabón, 32
Estrasburgo, 171, 211
Eteria, monja, 92
Eusebio de Nicomedia, 50
Eusebio, obispo de Cesarea, 25, 50, 54, 57, 86, 92
Eutiques, monje, 48
Eva, 74, 139, 277, 279

Farel, Guillermo, 210, 211
Federico I Barbarroja, emperador, 155, 175
Federico II, emperador, 153, 163
Federico III, emperador, 203
Federico el Prudente de Sajonia, 206
Fedro, 32
Feijó, Diego Antonio, 295
Felipe II Augusto, rey de Francia, 153, 155
Felipe II, rey de España, 209
Felipe III, rey de España, 219
Felipe IV el Hermoso, rey de Francia, 175
Felipe, diácono, 22
Fernando I, rey de Castilla y León, 131
Ferrara, 198
Ferrer, Vicente, san, 187
Filadelfia (Asia Menor), 24
Filadelfia (EE. UU.), 230
Filemón, 25

Filipos, 16
Filóstrato, 33
Filopón, Juan, gramático, 93
Firmia Victoria, 29
Flaviano, obispo de Constantinopla, 51
Florencia, 142, 165, 185, 187, 198, 199, 200, 206
Flórez, Enrique, 243
Flossenbürg, 281
Focas, Niceforo, emperador, 94, 126, 127
Focio, patriarca, 123
Fontenay, abadía, 144, 147
Fordham, universidad católica, 226
Fortunato, Venancio, 93
Foucauld, Carlos de, 263
Fox, George, 230
Francisco I, rey de Francia, 214
Francisco de Asís, san, 165, 166, 167, 174, 175, 182, 191
Francisco Javier, san, 182, 183
Franco Bahamonde, Francisco, 282
Freising, diócesis, 108
Froude, James Anthony, 274
Frumencio, obispo de Etiopía, 47
Fulda, monasterio, 104, 107
Fulgencio, Fabio Planciades, 93

Gaeta, 256
Galeno, Claudio, 32
Galilea, 16
Galilei, Galileo, 202, 276, 278
Galliani, abad, 247
Gallípoli, 199
Galo, san, 129
Garibaldi, Giuseppe, 256
Gelasio I, papa, 67
Geneviève (Genoveva), santa, 173, 190
Gengis Kan, 181, 182
Gennadio de Marsella, 92
Genserico, rey de los vándalos, 67
Georgetown, universidad católica, 226
Gertrudis, santa, 191
Ghirlandaio, Domenico, 165
Gibbons, cardenal, 227
Ginebra, 25, 206, 211
Gioberti, Vincenzo, 259
Giordane, 93
Girodet-Trioson, Anne-Louis, 227
Gisulfo II, duque de Benevento, 76
Giunta Pisano, 171
Gleb, san, 111
Goa, 183
Godofredo de Bouillon, 153, 154
Gol (Noruega), 135
Goupil, René, 250
Goya y Lucientes, Francisco, 245
Gozzoli, Benozzo, 198
Graciano, monje, 174
Gran Lávras, monasterio del monte Athos, 121
Granada, 103
Greccio, belén, 165
Gregorio II, papa, 76, 107
Gregorio VII, papa, 134, 149, 150, 151
Gregorio VIII, papa, 155
Gregorio IX, papa, 163, 174
Gregorio X, papa, 198
Gregorio XI, papa, 184, 185, 186
Gregorio XII, papa, 184
Gregorio XIII, papa, 214
Gregorio XVI, papa, 262, 263
Gregorio Magno, san, 56, 65, 66, 77, 78, 93, 94, 95, 96, 98, 106, 107
Gregorio Nacianceno, san, obispo de Constantinopla, 52, 56, 57, 58, 59, 92
Gregorio, obispo de Tours, 67
Gregorio, san, obispo de Nisa, 52, 56, 57, 58, 59
Gregorovius, historiador, 42

313

Grenoble, ciudad del Delfinado, 216
Grottaferrata, 142
Guadalupe, 293
Guillermo de Ockham, 187
Guillermo I de Orange, 211
Guillermo, duque de Normandía, 132
Guinea, vicariato de, 263
Gunhild-Helena, princesa de Dinamarca, 135
Gustavo Adolfo II, rey de Suecia, 219

Habsburgo, dinastía de los, 208, 218, 219
Halicz, diócesis, 108
Hamburgo, 114, 135
Harmel, Léon, 270
Harnack, Adolph von, 282
Harvard, 229, 230, 251
Hastings, batalla, 132
Heidelberg, 217
Helios, dios del sol, 10
Helvetius, Claude-Adrien, 270
Henco, duque de Friul, 93
Heraclea, 67
Heraclio, emperador, 71, 108, 122
Hermas, 32
Herodes, 12
Hesiquio de Alejandría, 92
Higinio, 32
Hilario, san, obispo de Poitiers, 56, 58, 92
Hilarión, san, 52
Hildegrim, obispo de Osterwiek, 105
Hildesheim, 139
Hipólito Romano, san, 74
Hipólito, escritor, 33, 35
Hohenzollern, Alberto, 210
Holbach, Paul Henry Dietrich, barón de, 279
Honnecourt, Villard de, 193
Honorato, san, 78
Honorio, 48
Hornhausen (Magdeburgo), 43
Horus, hijo de Isis, 72
Houphouet-Boigny, Félix, 289
Hradschin, castillo, 210
Hugo Capeto, rey de Francia, 173
Hugo de San Víctor, 171
Hugo, Víctor, 171
Hus, Jan, 204

Ibas de Edesa, 97
Ibn Ishaq, 93
Ignacio de Loyola, san, 208, 212
Ignacio, san, obispo de Antioquía, 21
Inocencio I, papa, 67
Inocencio III, papa, 160, 161, 163, 165, 166, 174, 175
Inocencio IV, papa, 178
Inocencio VII, papa, 184
Irene, santa, 108
Ireneo, san, obispo de Lyon, 24, 33, 35, 56, 74
Isaac, 15, 279
Isabel I, reina de Inglaterra, 207, 230
Isabel, prima de María, 12
Isaías, 74
Isidoro, metropolitano de Moscú, 199
Isidoro, san, arzobispo de Sevilla, 93, 97, 98, 99, 147
Isis, 72
Ismael, 100
Iurev, diócesis, 108
Iván III el Grande, zar de Rusia, 197
Iván IV el Terrible, zar de Rusia, 109
Ivíron, monasterio del monte Athos, 121

Jabin Ibn Hayyan, 93
Jacob, 16
Jacobo de Vorágine, 191
Jansenio, Cornelio (Cornelis Jansen), 59, 241
Jenaro, san, catacumbas, 37
Jericó, 13, 16

Jerónimo, san, 25, 56, 58, 59, 71, 75, 78, 92
Jerusalén, 13, 14, 16, 17, 18, 19, 20, 23, 24, 27, 32, 47, 48, 55, 63, 66, 75, 86, 92, 95, 102, 109, 138, 152, 154, 155, 163, 304, 309
Jesuitas, padres, 240, 248
Joaquín de Fiore, 191
Jogues, Isaac, san, 222, 250
Jonás, 18, 31
Jorge, san, 108, 188
Juan IV, papa, 122
Juan VIII, emperador, 198, 199
Juan VIII, papa, 119
Juan XV, papa, 111
Juan XXII, papa, 186
Juan XXIII, papa, 184, 187, 298, 299
Juan Bautista, 12, 13, 16, 54
Juan Bosco, san, 270
Juan Crisóstomo, san, obispo de Costantinopla, 56, 57, 58, 74, 92
Juan Damasceno, san, 93
Juan de la Cruz, san, 208, 215
Juan de Legnano, 176
Juan de Montecorvino, 182
Juan de Puerto Rico, san, 250
Juan de Salisbury, 178
Juan Evangelista san, 13, 17, 18, 19, 24, 25, 26, 30, 32, 34, 63
Juan Gualberto, san, 141, 142
Juan Pablo II, papa, 304, 306, 308, 309
Juan sin Tierra, rey de Inglaterra, 175
Judas, 25
Judea, 16, 17
Juliano el Apóstata, 62, 92
José, hijo de Jacob, 16
José, patriarca de Constantinopla, 199
José, san 12, 18, 73
Josefo, Flavio, historiador, 32
Juon Konstantin 280
Júpiter, 78
Júpiter Doliqueno, 10
Justina, emperatriz, 46
Justiniano I, emperador, 48, 65, 84, 86, 87, 88, 89, 90, 93, 113
Justino, san, 32, 35, 74
Juvenal, Decio Junio, 32

Kant, Immanuel, 247
Kazán, 109
Keble, 273, 274
Kennedy, John Fitzgerald, 227, 298
Ketteler, Wilhelm, obispo, 270
Kíev, 108, 109, 111
King, Martin Luther, 287
Knox, John, 211
Kolbe, Raimundo (Maximiliano), 281
Kruscev, Nikita, 298
Kublai Kan, 181

La Alvernia, yermo, 165
La Mettrie, Julien Offroy de, 279
La Rochelle, 216
La Tour du Pin, René de, 270
Lackovic, Iván, 300
Lactancio, Cecilio Firmiano, 92
Lalemant, Gabriel, 222
Lamartine, Alphonse de, 262
Lamennais, Hugues-Félicité-Robert de, 259, 270
Laodicea, 24
Laon, 193
Las Casas, Bartolomé de, 222
Lausana, 161
Lavigerie, Charles, cardenal, 260
Lázaro, 17, 18, 31
Le Mans, 161
Leandro de Sevilla, obispo, 66, 78, 98
Lefévre, escritor, 203
León I Magno, papa, 48, 51, 67, 98
León II, papa, 48

León III Isáurico, emperador, 121, 122
León III, papa, 114, 117, 118, 119
León IV, papa, 118
León IX, papa, 150
León X, papa, 206
León XIII, papa, 271, 295
Leonardo da Vinci, 200, 202
Leopoldo de Austria, 153
Lérins, isla, 78
Licia, 39
Liébana, 139
Lima, diócesis, 220, 222
Lipsia, 237
Lisboa, 220
Livingstone, David, 266, 267
Livio, Tito, 32
Llull Raimundo, 182
Locke, John, 246
Logan Country (Kentucky), 239
Lombardo, Pedro, 178
Londres, 204
Longo Sofista, 33
Lorenzetti, Pietro, 142
Lorenzo, san, 24
Lotario II de Lotaringia, 128
Lovaina, universidad católica, 241, 242
Lubac, Henri de, 298
Lucano, Anneo, 32
Lucas Evangelista, san, 11, 22, 24, 25, 26
Luciano de Antioquía, 92
Luciano de Samosata, 33
Ludgerio, obispo de Utrecht, 105
Ludovico I Pío, emperador, 77, 113
Luis VI el Gordo, rey de Francia, 173
Luis VII, rey de Francia, 153, 155
Luis IX, san, rey de Francia, 153, 191
Luis XIII, rey de Francia, 218
Luis XIV, rey de Francia, 218, 241
Luisa de Marillac, santa, 271
Lund, 135
Lutero Martín, 25, 59, 71, 205, 206, 207, 214, 215
Lyon, 74, 161, 162, 198, 209

Mabillon, Jean, 240
Macao, 183
MacPherson, Joseph, 247
Macrobio, Ambrosio Teodosio, 92
Madeira, 183
Magdalena, 293
Magdeburgo, 114, 135
Maguncia, 114, 149
Mahoma, 93, 100, 102, 103, 106
Mahomet II, 199
Majencio, Marco Aurelio Valerio, emperador, 46
Malaca, 183
Malingre, Nicolás, 25
Mallorca, 182
Mamerto, Claudiano, 92
Manila, 183
Manuel II, 199
Marcelino, papa, 48
Marciano, Arístides, 32
Marciano, emperador, 48
Marco Aurelio, emperador, 32
Marcos Evangelista, san, 24, 26, 32, 105
Marcos, metropolitano de Éfeso, 199
Margarita, santa, 37
María, 18, 20, 48, 51, 61, 72, 73, 74, 90, 138, 139, 167, 171, 227, 233, 288, 292
María Estuardo, reina de Escocia, 25, 211
Mariana, Juan de, 243
Marsella, 78
Marsilio de Padua, monje, 187
Martín I, papa, 122
Martín IV, papa, 198
Martín V, papa, 184, 187
Martín de Braga, san, 66
Martín de Tours, san, 58, 78, 90, 93, 113

Maryknoll, 262
Masaccio, 200, 203
Matilde de Canossa, condesa, 117, 132, 148, 149
Mateo Evangelista, san, 24, 26, 32
Maulbronn, abadía, 144
Mauricio, emperador, 75
Mauro, Rabano, 113
Maximiano, obispo de Ravena, 85, 87
Maximino Daya, Cayo Galerio Valerio, emperador, 39
Máximo Confesor, san, 122
Mazzini, Giuseppe, 256
McGready, James, 239
Meca, 100, 102
Medellín, 295
Médicis, Catalina de, 216
Médicis, familia, 185, 198
Medina, 100, 102
Mela, Pomponio, 32
Melanchthon, Philipp, 205, 210
Menas, san, 63
Mesrop, Maschtots, obispo y monje, 47, 68
Meteoras, monasterio, 121
Metodio, san, 92, 110, 111
Michelozzi, Michelozzo, 187
Michelucci, Giovanni, 301
Miguel Ángel Buonarroti, 200, 203
Milán, 39, 46
Milevo, concilio, 48
Millet, Jean François, 268
Milton, John, 92
Minerva, 72
Ming, dinastía, 181
Mitra, 10, 11
Moderato Columela, J., 32
Moisés, 55, 103
Molesmes, Roberto de, 140, 146
Montalembert, Charles Forbes, conde de, 259
Montauban, 216
Montecassino, 76, 77, 78
Montélimar, ciudad del Delfinado, 216
Montesquieu, Charles-Louis de Secondat, barón de, 270
Montpellier, 166, 178
Moro, Tomás, santo, 203, 207
Moscú, 109, 123, 127, 199, 237, 303
Münster, 105, 263
Muntzer, Thomas, 206, 207
Murano, 18
Muratori, Ludovico Antonio, 243
Museo, poeta, 92

Namaciano, Claudio Rutilio, 92
Nantes, 216, 218, 229
Napoleón I Bonaparte, emperador, 205, 253, 255, 257
Nápoles, 37, 167, 177, 187
Nazaret, 12, 13, 16, 17, 75
Nemesio, escritor, 92
Neón, obispo de Ravena, 88
Nerón, Lucio Domicio, emperador, 25, 38
Nestorio, patriarca de Constantinopla, 48, 51, 74
Newman, John Henry, cardenal, 272, 273, 274, 275, 279
Nicea, 47, 48, 49, 50, 51, 56, 62, 70, 74, 122, 154
Nicetas, obispo, 161
Nicolás I, papa, 119, 131
Nicolás II, papa, 150
Nicolás IV, papa, 182
Nicole, Pierre, 242
Nicómaco de Gerasa, 32
Nicópolis, 199
Nilo, san, 142
Nîmes, 216
Nobili, Roberto de, padre, 183
Noé, 31
Notker Balbulus, monje, 129
Novaciano, 34

Nóvgorod, diócesis, 108, 109, 111
Nueva Granada, 222
Nueva York, 226, 229, 250, 274
Nursia, 78
Nyons, ciudad del Delfinado, 216

Ochrida, diócesis, 126
Odín, 42, 43
Odorico da Pordenone, san, 181
Olaf II Haraldssön, rey de Noruega, 132
Orange, concilio, 48
Orígenes, 25, 32, 33, 57
Orosio, Pablo, 92
Ostia, 118
Osmán, califa, 93
Otmaro, san, 129
Otón I el Grande, emperador, 131, 134, 135, 205
Otón II, emperador, 129, 131
Otón III, emperador, 131
Otón de Bamberg, 135
Otones, dinastía, 148
Otranto, diócesis, 126
Ovidio Nasón, Publio, 32
Oviedo, 107
Oxford, 166, 177, 178, 272, 273, 274
Ozanam, Antoine-Frédéric, 270

Pablo, san, 14, 15, 18, 19, 20, 21, 22, 23, 24, 25, 26, 32, 35, 38, 139, 173, 306
Pablo III, papa, 212, 214
Pablo VI, papa, 298, 299, 303
Pablo de Samosata, 34, 48
Pablo el Ermitaño, 53
Pacomio, san, 53, 55
Padilla, Juan de, padre, 250
Padres Peregrinos, 230, 250
Pafnucio, monje, 53
Paleólogos, dinastía, 198
Palermo, 178
Palestina, 12, 14, 15, 17, 19, 53, 66, 120, 138, 182
Palladius, monje, 66
Palotinos, 262
Panfilia, 39
Pannini, Giovanni Paolo, 244
Paolo Uccello, 142
Papebrock, padre, 240
París, 148, 169, 177, 178, 211, 218, 247
Pascal, Blaise, 241, 242, 243
Passau, monasterio, 108
Patmos, 24
Patrás, 126
Patricio, san, 65, 66
Paulino, obispo de Aquilea, 93
Pausanias, 32
Pavía, 66, 142
Pekín, 181, 182
Pécs, 108
Pedro, san, 13, 18, 20, 22, 23, 24, 25, 26, 31, 35, 38, 63, 67, 94, 95, 117, 119, 123, 139, 174
Pedro I, emperador de Brasil, 295
Pedro II, emperador de Brasil, 295
Pedro de Castelnau, padre, 161
Pelagio, monje, 48, 58
Pelayo, rey de los visigodos, 103
Penn, William, 230
Pentápolis, 117
Péreiaslavl, diócesis, 108
Pérgamo, 24
Persio Flaco, Aulo, 32
Peruzzi, banqueros, 185
Petrarca, Francisco, 186, 202, 203
Petronace, 76
Petronio Arbitro, 32
Pico de la Mirandola, 203
Pienza, 203
Piero della Francesca, 73
Pilato, Poncio, 17
Pinturicchio, 187

Pío II, papa, 187, 203
Pío VII, papa, 255, 263, 293
Pío IX, papa, 256, 259, 270, 277
Pío XI, papa, 283
Pío XII, papa, 283, 298
Pipino III el Breve, rey de los francos, 105, 117, 118
Pirmino, 105
Pisa, 71, 161, 187
Placidia, Gala, 63, 91
Platón, 177
Plinio Cecilio Segundo, llamado el Joven, 32
Plinio Segundo Cayo, llamado el Viejo, 32
Plotino, 32, 33
Plutarco, 32
Poitiers, 96, 102, 161
Policarpo, san, obispo de Esmirna, 32, 34, 56
Polo, Marco, 13, 181
Pólotsk, diócesis, 108
Pompeya, 9
Port-Royal des Champs, abadía, 241
Potosí, 220, 223
Praga, 204, 237
Prisciano, 93
Priscila, catacumbas, 29
Procopio, historiador, 25, 85, 93
Providence (Rhode Island), 250
Prudencio, san, 167
Puebla, 295
Pulqueria, 61
Pusey, Edward Bouverie, 273, 274

Qal'at Sim'an (Siria), 60
Quadrado, apologista, 32
Quesnel, Pasquier, 241, 242, 243
Quintiliano, Arístides, 33
Quintiliano, Marco Fabio, 32
Quito, diócesis, 220
Qumrán, 15, 32

Racine, Jean, 241
Rahner, Karl, 298
Raimundo IV, conde de Toulouse, 153
Raimundo VI, conde de Toulouse, 160, 161
Raimundo de Peñafort, san, 163, 174
Rainaldo, abad, 115
Ratisbona, monasterio, 108
Ratislao, príncipe de Moravia, 110
Ravena, 13, 63, 65, 85, 86, 87, 88, 90, 117
Razés, diócesis, 161
Recaredo, rey de los visigodos, 66, 95, 98
Recesvinto, rey de los visigodos, 105
Reims, 143, 169, 171
Religiosas de Mary Ward, congregación, 240
Remigio, san, obispo de Reims, 66
Riazan, diócesis, 108
Ricardo I Corazón de León, rey de Inglaterra, 152, 153, 155, 175
Ricci, Mateo, 183
Richelieu, Armand-Jean du Plessis, duque de, cardenal, 218, 219
Richmond, 248
Rímini, concilio, 48
Río de Janeiro, 295
Roberto II el Frisón, 153
Roberto Guiscardo, 134
Robespierre, Maximilien de, 252, 255
Rodhes, Cecil, 266
Rodin, Auguste, 279
Roger Guiscardo, 134
Rollón Roberto, príncipe de los normandos, 134
Roma, 8, 11, 23, 27, 29, 31, 32, 33, 35, 37, 38, 43, 44, 46, 47, 48, 51, 63, 64, 65, 67, 70, 71, 72, 74, 75, 78, 87, 92, 93, 95, 97, 98, 102, 107, 108, 110, 111, 115, 117-119, 123, 131, 136, 138, 142, 147, 150, 151, 155, 167, 175, 182, 185, 186, 200, 203, 214, 255, 259, 263, 293, 296, 303, 304
Romualdo, san 142
Rosmini Serbati, Antonio, 259

315

Rossellino, Bernardo, 203
Rostov, diócesis, 108
Rousseau, Jean-Jacques, 246, 270
Rufo, Quinto Curcio, 32

Sabelio, teólogo, 34, 48
Saint-Denis, 172, 173, 258
Sainte-Foy, 216
Saker, Alfred, 266
Saladino, 152, 155
Salamanca, universidad pontificia, 178, 229
Salem, 250
Salios, dinastía, 148
Salviano de Marsella, 92
Salzburgo, 108, 114
Samaría, 16
San Antonio, misión, 250
San Carlos, misión, 250
San Diego, misión, 250
San Francisco, 248
San Gabriel, misión, 250
San Luis Obispo, misión, 250
San Mauro, congregación, 240
San Petersburgo, 237, 257
San Salvador, 220
Sankt Gallen, monasterio, 76, 129
Santiago, 18, 25, 32, 138
Santiago de Compostela, 136, 138
Santiago el Menor, 22
Santo Domingo, 295
Sanzio, Rafael, 200
Sardes, 24
Sárdica, concilio, 48
Schmidlin, Joseph, 263
Seaton, Elisabeth, 226
Segismundo de Luxemburgo, emperador, 187, 204
Sénanque, abadía, 144
Séneca, Lucio Anneo, 32
Sergio I, papa, 106
Serra, Junípero, Fray, 250
Septimio Severo, Lucio, emperador, 38, 45
Severiano, obispo de Gabala, 72
Severo de Antioquía, 54
Severo, Sulpicio, 92
Sévigné, Marie de Rabutin-Chantal, marquesa de, 241
Sevilla, 98, 220
Sicar, pozo, 16
Sidón, 16
Sierra Leona, vicariato de, 263
Silverio, papa, 86
Silvestre I, papa, 48, 117
Silvestre II, papa, 111
Simeón, 12
Simeón Estilita el Viejo, san, 60, 63
Simeon, Charles, 266
Símaco, 25
Símaco, Quinto Aurelio, escritor, 92
Simón el Mago, 34
Simon, Richard, 243, 278
Simón de Montfort, conde, 160, 161, 162, 163
Sinuessa, concilio, 48
Siracusa, 126
Sixto III, papa, 75
Sixto V, papa, 25
Smolensk, diócesis, 108
Solano, Antonio de, 222
Sousse, catacumbas, 28
Spencer, Herbert, 279
St. Louis, universidad pontificia, 226
Stalin, 282
Stanley, Henry, 266
Stuart Mill, John, 279
Studium, monasterio, 121
Subiaco, 78, 79
Suger, abad, 173
Súzdal, 111

Tabennisi, monasterio, 53

Tábor, 204
Tácito, Publio Cornelio, 32
Tahull, 147
Tang, dinastía, 180
Taunusstein, 43
Tebas (Egipto), 53
Teilhard de Chardin, Pierre, 276, 277
Teodoción, 25
Teodora, emperatriz, 68, 85, 86
Teodoreto de Ciro, 92, 97
Teodorico, rey de los ostrogodos, 64, 65, 85, 88, 91, 98
Teodoro de Mopsuestia, 97
Teodoro Estudita, san, 121
Teodosio I el Grande, emperador, 39, 40, 42, 46, 48, 61, 62
Teodosio II, emperador, 48, 51, 61, 92
Teodosio el Joven, 71
Teófilo, obispo de Antioquía, 30, 33
Teresa de Ávila, santa, 208, 215
Terracina, monasterio, 76
Tertuliano, Quinto Septimio, 30, 32, 33, 35, 71, 74
Tesalónica, 39, 46, 110
Thingvellir, 135
Thor, 42
Tiatira, 24
Timoteo, 25
Tiro, 16, 48
Tito, 25
Tmutarakán, diócesis, 108
Tocqueville, Alexis de, 251
Toledo, 48, 75, 97, 98, 99, 103, 178, 179
Tolfa, 185
Tolomeo, Claudio, 32
Tomás, apóstol, 8, 47, 68
Tomás de Aquino, santo, 127, 177, 178, 179, 199
Toniolo, 270
Tordesillas, tratado de, 220
Torre Pellice, 308
Toulouse, 148, 160, 161
Traini, Francisco, 177
Trento, 25, 212, 214, 215, 222, 232, 240, 292
Tréveris, 114, 149
Trípoli, 155
Trondheim, 135
Túnez, vicariato, 263
Turov, diócesis, 108
Tutu, Desmond, arzobispo, 267

Ulfilas, obispo, 25, 92
Ulm, 171
Upsala, 25, 135, 211
Urbano II, papa, 154
Urbano VI, papa, 184, 186, 187
Utrecht, 106, 217, 241
Uzès, 216

Valdo, Pedro, 161, 162
Valentiniano, 34
Valentiniano II, emperador, 46, 61
Valerio Marcial, 32
Valla, Lorenzo, 117
Vallombrosa, monasterio, 141, 142
Van Espen, 242
Vasa, Gustavo, rey de Suecia, 210
Vatopédi, monasterio del monte Athos, 121
Vendée, 252, 255
Venecia, 125, 127, 197, 256, 279
Verónica, santa, 27
Vicent, 270
Vicente de Lérins, 34, 56
Vico, Giambattista, 243
Víctor de Vita, obispo, 92
Víctor I, papa, 35, 49
Vieira, padre, 222
Viena, 257, 259
Vienne, 182
Vierzehnheiligen, 212

Vigilio, papa, 48
Villani, Juan, 149
Villibaldo, san, 76
Virgilio, 93
Vives, Luis, 202, 203
Vladímir, diócesis de Volinia, 108
Vladimiro, príncipe de Kíev, 108, 111
Vogelsang, 270
Voltaire, Françoise-Marie Arouet llamado, 240, 246, 247, 270

Wartburg, castillo, 206
Washington, universidad pontificia, 226
Waterloo, batalla, 257
Welby Pugin, Augustus, 274
Wesley, John, 238, 239
Wesley, Karl, 238
Westfalia, paz, 219
Whitefield, George, 238, 239
Wilfrido de York, 105
Wilibrordo, monje, 105, 106
Wittemberg, 25, 206
Worms, 151, 255
Wyclif, John, 25, 204

Xeropotamou, monastero del monte Athos, 121

Yale, 239, 251
Yamoussoukro, 289
Yarmùk, batalla, 102
Yaroslav el Sabio, príncipe de Kíev, 108
Yuan, dinastía, 181

Zayd Ibn Tabit, 93
Zhoukoudian, cueva, 277
Zinzendorf, Nikolaus von, 238
Zoroastro, 13
Zuinglio, Ulrico, 206, 207, 210

AGRADECIMIENTOS

Debemos a diversas obras científicas y cartográficas los datos necesarios para la·realización de los mapas históricos y de los esquemas de la obra, especialmente:

Dibujo 2-3: E. R. Galbiati, A. Aletti, Atlante Storico della Bibbia e dell Antico Oriente, Milán, Massimo-Jaca Book, 1983.

Dibujo 14: H. Jedin, K. S. Latourette, J. Martin (directores), Atlante Universale di Storia della chiesa, Casale Monferrato, Ciudad del Vaticano, Piemme, Libreria Editrice Vaticana, 1991, dib. 18.

Dibujo 27: Donaciones de Carlomagno: de H. Jedin y otros cit., dibujo 35.

Dibujo 30: Esquema de iglesia bizantina del siglo X: H. Jedin y otros, cit., dibujo 36.

Dibujo 39: cátaros y valdenses: H. Jedin y otros cit., dibujo 56-57.

Dibujo 41: centros de arquitectura gótica: AA.VV., Westermann Grosser Atlas zur Weltgeschichte, Braunschweig, 1982.

Dibujo 42: esquema de los ordenamientos de la curia romana: H. Jedin y otros, cit., dibujo 108.

Dibujo 53: principales lugares de refugio de los hugonotes: H. Jedin y otros, cit., dibujo 77.

Dibujo 54: organización eclesiástica y misiones en América latina: H. Jedin y otros, cit., dibujo 85.

Dibujo 55: las misiones indias en América septentrional: H. Jedin y otros, cit, dibujos 87-88.

Dibujo 56: esquema genealogía de las principales Iglesias cristianas americanas: H. Jedin y otros, cit., dibujo 102.

Dibujo 58 y 69: esquemas organización de la Iglesia rusa: H. Jedin y otros, cit., dibujo 110.

Dibujo 60: mapas sobre la Ilustración: Touring Club Italiano (prep. por), Grande Atlante Geografico e Storico, Turín, UTET, 1995, dibujos 98-99.

Dibujo 62, clero constitucional y refractario: ib. dibujo 103.

Elenco de ilustraciones

p. 8: la «Escuela de Platón»; mosaico romano del siglo I d.C., copia de un original helenístico, de Pompeya. Nápoles, Museo Nacional *(foto Scala)*.
p. 8: esquema de la centuriación en torno al asentamiento romano de Florencia *(dibujo de Chiara Pignaris)*.
p. 9: lararío del siglo I d.C. Pompeya, Casa de los Vetti *(foto Scala)*.
p. 9: los dioses Aglibol, Baalsamem y Malakbel; relieve del siglo I d.C., de Palmira. París, Louvre *(dibujo de Stalio)*.
p. 10: Helios-Júpiter Doliqueno; placa del siglo II-III d.C. Székesfehérvár (Hungría), Museo István Király *(dibujo de Lorenzo Cecchi)*.
p. 10: *taurobolio* mitraico; relieve del siglo II-III d.C. Roma, Mitreo de la iglesia de San Esteban Rotondo *(dibujo de Stalio)*.
p. 11: el *Ara Pacis Augustae*, construida a finales del siglo I a.C.; dibujo del siglo XIX *(foto Jaca Book)*.
p. 11: reverso de una moneda de Augusto; finales del siglo I a.C.-comienzos del siglo I d.C. Londres, Museo Británico *(dibujo de Stalio)*.
p. 13: el templo de Salomón; fresco del siglo III d.C., de la sinagoga de Dura Europos. Damasco, Museo Nacional *(foto Jaca Book)*.
p. 13: los Reyes Magos; mosaico del siglo VI d.C. Ravena, San Apolinar Nuevo *(foto Scala)*.
p. 14: candelabro de los siete brazos y otros símbolos judíos; relieve en una estela funeraria del siglo II-IV d.C. *(dibujo de Stalio)*.
p. 14: tabernáculo sobre ruedas con el Arca de la Alianza; relieve del siglo IV d.C., de la sinagoga de Cafarnaún *(dibujo de Stalio)*.
p. 15: las cuevas de Qumrán, en el desierto de Judá (Israel) *(dibujo de Donato Spedaliere)*.
p. 15: el Sacrificio de Isaac; reconstrucción de un mosaico del siglo VI, de la sinagoga de Bet Alfa. Jerusalén, Museo de Israel *(dibujo de Stalio)*.
p. 17: Pilato propone a los judíos que elijan entre Cristo y Barrabás; miniatura del siglo VI, de un evangeliario bizantino llamado *Codex Rossanensis*. Rossano Calabro (Italia), Museo Diocesano *(foto Scala)*.
p. 17: la Crucifixión; panel tallado de una puerta de madera del siglo V. Roma, Santa Sabina *(foto Scala)*.
p. 18: el «díptico de Murano»: Cristo en el trono y escenas del Nuevo y del Antiguo Testamento; plaquita de marfil copta del siglo V. Ravena, Museo Nacional *(foto Scala)*.
p. 19: Cristo en figura de Helios; mosaico del siglo III o IV. Roma, Necrópolis bajo San Pedro *(dibujo de Stalio)*.
p. 19: la Resurrección; detalle de un sarcófago del siglo IV. Vaticano, Museo Pío Cristiano *(dibujo de Stalio)*.
p. 20: Pentecostés, miniatura del siglo VI, de un evangeliario sirio llamado «de Rábula» por el monje que lo redactó en el monasterio de Zagra, a orillas del Éufrates. Florencia, Biblioteca Laurenziana *(dibujo de Lorenzo Cecchi)*.
p. 20: el apóstol Pablo; mosaico de finales del siglo V-comienzos del VI. Ravena, Capilla Arzobispal *(dibujo de Andrea Morandi)*.
p. 21: Cristo entre los apóstoles; sarcófago de finales del siglo IV. Vaticano, Sagradas Grutas *(foto Scala)*.
p. 22: los apóstoles Pedro y Pablo; grafito de una losa sepulcral del siglo IV. Vaticano, Galería Lapidaria *(dibujo de Stalio)*.
p. 23: Cristo enseñando y escenas del Nuevo y del Antiguo Testamento; lipsanoteca de marfil del siglo IV. Brescia, Museo Cristiano *(foto Rapuzzi / Jaca Book)*.
p. 24: armario abierto con los cuatro Evangelios; mosaico de la primera mitad del siglo V, detalle de un luneto con san Lorenzo. Ravena, Mausoleo de Gala Placidia *(dibujo de Andrea Morandi)*.
p. 25: las siete Iglesias de Asia Menor; tapiz de finales del siglo XIV, de la serie denominada «Apocalipsis de Angers». Angers, Castillo *(foto Scala)*.
p. 26: página de una Biblia griega de mediados del siglo IV, denominada «Códice vaticano B». Vaticano, Biblioteca *(foto Biblioteca Apostolica Vaticana)*.
p. 26: la mano del evangelista Lucas; detalle de un relicario del brazo de san Lucas, del siglo XIV. París, Louvre *(dibujo de Alessandro Baldanzi)*.
p. 26: los dos testigos del Apocalipsis; miniatura del siglo X, de un manuscrito del *Comentario al Apocalipsis* del Beato de Liébana. Madrid, Biblioteca Nacional *(dibujo de Lorenzo Cecchi)*.
p. 27: el lienzo con la Santa Faz; detalle de una xilografía de la primera mitad del siglo XV, que representa a santa Verónica. París, Biblioteca Nacional *(dibujo de Alessandro Baldanzi)*.
p. 28: el Buen Pastor; losa grabada del siglo III, de las catacumbas del Buen Pastor en Sousse (Túnez). Sousse, Museo de Arte Cristiano *(dibujo de Stalio)*.
p. 28: pila bautismal revestida de mosaico, del siglo VI. Sbeitla (Túnez), Baptisterio de Vitalis *(foto Alif / Jaca Book)*.
p. 29: la difunta orante y escenas de su vida; fresco de mediados del siglo III. Roma, catacumbas de Priscila, cubículo de la *Velatio* *(dibujo de Lorenzo Cecchi)*.
p. 29: los símbolos cristianos del pez y el ancla; mosaico del siglo IV, de las catacumbas de Hermes en Sousse (Túnez). Sousse, Museo de Arte Cristiano *(foto Alif / Jaca Book)*.
p. 29: los símbolos cristianos de la nave y el faro; grafito en una losa sepulcral del siglo IV. Vaticano, Museo Pío Cristiano *(dibujo de Stalio)*.

p. 30: *Ecclesia mater*; mosaico del siglo IV, que representa una basílica paleocristiana de Tabarka (Túnez). Túnez, Museo del Bardo *(foto Alif / Jaca Book)*.
p. 30: reconstrucción de una casa privada hallada en Cafarnaún, habilitada para el culto cristiano desde el siglo I y considerada como la casa del apóstol Pedro *(dibujo de Lorenzo Cecchi)*.
p. 31: *ágape* (cena eucarística); relieve sobre la cubierta de un sarcófago cristiano del siglo III. Roma, Museo de las Termas *(dibujo de Alessandro Baldanzi)*.
p. 32: conversación filosófica; fragmento de un sarcófago de finales del siglo III-comienzos del IV. Vaticano, Museo Gregoriano Profano *(foto Scala)*.
p. 33: camafeo gnóstico en jaspe amarillo; siglos II-III. París, Biblioteca Nacional, Cabinet des Médailles *(dibujo de Stalio)*.
p. 33: colgante de bronce con el monograma de Cristo y el Alfa y Omega; siglo IV *(dibujo de Lorenzo Cecchi)*.
p. 34: invocaciones a los apóstoles Pedro y Pablo; grafito del siglo III. Roma, catacumbas de San Sebastián *(foto Scala)*.
p. 35: calendario pascual; losa grabada de mediados del siglo VI. Ravena, Museo Arzobispal *(foto Scala)*.
p. 36: galería subterránea del siglo V-VI. Nápoles, catacumbas de san Jenaro *(foto Gianni Dagli Orti)*.
p. 36: «fosor» trabajando; fresco de finales del siglo III-comienzos del IV. Roma, catacumbas de los santos Marcelino y Pedro *(dibujo de Lorenzo Cecchi)*.
p. 37: el martirio de santa Margarita; detalle de un retablo del siglo XII. Vic (Barcelona), Museo Episcopal *(foto Zodiaque)*.
p. 38: retrato de una familia cristiana; fondo de una copa de vidrio dorado del siglo IV, de Dunaszekcso (Hungría). Budapest, Museo Nacional *(foto Gianni Dagli Orti)*.
p. 38: súplica anticristiana dirigida al emperador Maximino Daya por los pobladores de Licia y Panfilia; fragmento de una inscripción fechada en el año 312. Roma, Museo de la Civilización Romana *(foto Gianni Dagli Orti)*.
p. 39: caricatura del Crucifijo; grafito del siglo II-III, del *Paedagogium* (la escuela de los esclavos imperiales) de los Palacios Imperiales de Roma. Roma, Antiquarium del Palatino *(dibujo de Roberto Simoni)*.
p. 40: los tetrarcas; grupo en pórfido de comienzos del siglo IV. Venecia, San Marcos *(dibujo de Stalio)*.
p. 41: batalla entre romanos y germanos; sarcófago romano de finales del siglo II. Roma, Museo de las Termas *(foto Scala)*.
p. 41: fíbula visigoda en forma de águila, de oro y esmaltes; siglo V, de la zona de Guadalajara (España). Madrid, Museo Arqueológico Nacional *(dibujo de Stalio)*.
p. 41: reconstrucción de un paisaje agrario romano *(dibujo de Donato Spedaliere)*.
p. 42: yelmo ostrogodo del tipo denominado «Baldenheim»; siglo VI, de Torricella Peligna (Abruzos). Chieti (Italia), Superintendencia Arqueológica *(dibujo de Stalio)*.
p. 42: prisionero germano; bronce romano del siglo III *(dibujo de Stalio)*.
p. 43: caballero germano, o bien el dios Odín; relieve sobre una lápida funeraria del siglo VII, de Hornhausen (Alemania). Halle, Museo Regional de Prehistoria *(dibujo de Andrea Dué)*.
p. 43: reconstrucción *in loco* de una torre de vigilancia y de la empalizada del *limes* germánico en los alrededores de Taunusstein (Alemania) *(dibujo de Andrea Morandi)*.
p. 44: retrato de Constantino el Grande; colosal cabeza de bronce de la primera mitad del siglo IV, probablemente fragmento de una estatua sentada. Roma, Palacio de los Conservadores *(dibujo de Stalio)*.
p. 45: figura de orante; fresco del siglo IV. Roma, *Domus ecclesiae* bajo la basílica de los Santos Juan y Pablo *(dibujo de Lorenzo Cecchi)*.
p. 45: personificación de Constantinopla; moneda de oro de mediados del siglo IV. Milán, Museo del Castillo Sforzesco *(dibujo de Stalio)*.
p. 46: planta de la basílica de San Pedro en la época constantiniana y reconstrucción de su interior en un grabado del siglo XIX *(foto Jaca Book)*.
p. 47: Constantino y Elena; miniatura de un evangeliario sirio de comienzos del siglo XIII. Vaticano, Biblioteca Apostólica *(foto Biblioteca Apostolica Vaticana)*.
p. 48: la condena de Arrio en el concilio de Nicea; fresco del siglo XII. Backovo (Bulgaria), refectorio del monasterio *(foto Hansmann)*.
p. 50: la Trinidad en el Paraíso terrenal; miniatura alemana del siglo XV *(dibujo de Lorenzo Cecchi)*.
p. 50: la Trinidad (Paternidad); icono de la escuela de Nóvgorod, de finales del siglo XIV-comienzos del XV. Moscú, Galería Tretjakov *(foto Iskusstvo / Jaca Book)*.
p. 51: san Atanasio triunfa sobre Arrio; miniatura del siglo XI, de un manuscrito del *Diálogo de Atanasio y Arrio*, obra de Vigilio, obispo de Tapso, de finales del siglo IV. París, Biblioteca Nacional *(dibujo de Stalio)*.
p. 52: la «Tebaida»; cuadro de Gherardo Starnina (segunda mitad del siglo XIV-1413). Florencia, Uffizi *(foto Scala)*.
p. 52: san Hilarión; mosaico del siglo XII. Venecia, San Marcos *(foto Scala)*.

p. 52: viviendas excavadas en la roca, en Capadocia (Turquía) *(foto Gianni Dagli Orti).*
p. 54: monje en oración; relieve copto de los siglos VI-VII. Washington, The Dumbarton Oaks Byzantine Collection *(dibujo de Alessandro Baldanzi).*
p. 55: las tentaciones de san Antonio; miniatura del siglo XIV. París, Biblioteca Nacional *(foto Bibliothèque Nationale de France).*
p. 55: un *apa*, padre de los monjes; estela copta de basalto del siglo VI-VII. Washington, The Dumbarton Oaks Byzantine Collection *(dibujo de Stalio).*
p. 56: retrato de un hombre llamado Eusebio; vidrio dorado del siglo V. Vaticano, Museo Sacro de la Biblioteca Apostólica *(dibujo de Lorenzo Cecchi).*
p. 57: Parasceve Pjatnica y los santos Gregorio el Teólogo, Juan Crisóstomo y Basilio el Grande; icono ruso de comienzos del siglo XV. Moscú, Galería Tretjakov *(foto Iskusstvo / Jaca Book).*
p. 57: la muerte de san Atanasio y su oración fúnebre pronunciada por san Gregorio Nacianceno; miniatura del siglo XII, de un manuscrito del *Discurso* de san Gregorio Nacianceno. París, Biblioteca Nacional *(foto Bibliothèque Nationale de France).*
p. 58: san Jerónimo distribuye entre los monjes algunos ejemplares de su traducción de la Biblia; miniatura del siglo IX, de una Biblia de Carlos el Calvo. Roma, Biblioteca Casanatense *(foto Scala).*
p. 59: san Agustín, en su cátedra; miniatura del siglo XII, de un manuscrito inglés de *La ciudad de Dios,* de san Agustín. Florencia, Biblioteca Laurenziana *(foto Scala).*
p. 59: san Ambrosio celebrando la misa; pieza revestida de oro, plata y piedras preciosas del altar de san Ambrosio, obra de Vuolvinio (trabajó en el siglo IX). Milán, San Ambrosio *(foto Scala).*
p. 60: *missorium* de Teodosio el Grande; disco de plata repujada de finales del siglo IV. Madrid, Academia de la Historia *(foto Scala).*
p. 60: el monasterio de San Simeón Estilita el Viejo, construido a finales del siglo V. Qal'at Sim'an (Siria) *(foto Jaca Book).*
p. 61: procesión de reliquias en Constantinopla; placa de marfil de finales del siglo V. Tréveris, Tesoro de la Catedral *(foto Bischöfliches Generalvikariat Trier / Ann Münchow).*
p. 62: Teodosio el Grande con su corte asiste a los espectáculos del circo; relieve de finales del siglo IV, de la base del obelisco de Teodosio en el hipódromo de Constantinopla. Estambul *(foto Gianni Dagli Orti).*
p. 63: amorcillos vendimiando; mosaico del siglo IV. Roma, Mausoleo de Santa Constanza *(foto Scala).*
p. 64: el mausoleo de Teodorico, construido a comienzos del siglo VI. Ravena *(foto Scala).*
p. 64: efigie de Teodorico; medallón de oro, utilizado como hebilla, de finales del siglo V-comienzos del VI. Roma, Museo de las Termas *(dibujo de Stalio).*
p. 65: portada del evangeliario de Teodelinda, de oro con piedras preciosas y gemas antiguas; comienzos del siglo VII. Monza (Italia), Tesoro de la Catedral *(foto Scala).*
p. 65: la Crucifixión; placa de bronce del siglo X, del monasterio de Clonmacnoise (Irlanda). Dublín, Museo Nacional de Irlanda *(dibujo de Stalio).*
p. 66: campesino alemán; bronce romano del siglo III. Stuttgart, Museo Regional de Württemberg *(dibujo de Stalio).*
p. 67: el bautismo de Clodoveo; placa de marfil del siglo IX. Amiens, Museo de Picardía *(dibujo de Stalio).*
p. 68: la Cruz; miniatura de un evangeliario sirio del siglo XII. París, Biblioteca Nacional *(dibujo de Lorenzo Cecchi).*
p. 69: imagen de Cristo en un escudo sostenido por dos ángeles; fragmento de un fresco copto del siglo VII, de Bauit (Egipto). El Cairo, Museo de Arte Copto *(foto Isber Melhem / Jaca Book).*
p. 70: Teodosio el Joven en el concilio de Éfeso; dibujo de un *Canon de los concilios* de la primera mitad del siglo IX. Vercelli (Italia), Biblioteca Capitular *(dibujo de Alessandro Baldanzi).*
p. 70: el pecado original; detalle de la puerta de bronce de San Ranieri, obra de Bonanno Pisano (siglo XII). Pisa, Catedral *(foto Scala).*
p. 71: las personificaciones de Roma y Constantinopla; díptico de marfil de finales del siglo V. Roma, Museo de la Civilización Romana *(foto Gianni Dagli Orti).*
p. 72: la Virgen «Pelagonitissa»; icono del siglo XIV. Skopje, Museo de Macedonia *(foto Scala).*
p. 72: María amamantando al niño Jesús; lápida sepulcral copta grabada en el siglo V-VI, de Fayyum (Egipto) *(dibujo de Lorenzo Cecchi).*
p. 72: Isis amamantando a Horus; fragmento de un fresco copto del siglo III. Karanis (Egipto) *(dibujo de Lorenzo Cecchi).*
p. 73: la Sagrada Familia; cuadro de Joos van Cleve (1485-1540). San Petersburgo, Museo del Ermitage *(foto Scala).*
p. 73: la «Virgen del Parto»; fresco de Piero della Francesca (1415-1492). Monterchi (Italia), Capilla del Cementerio *(foto Scala).*
p. 74: la Virgen de la Misericordia; talla de madera policromada de comienzos del siglo XV. Florencia, Museo del Bargello *(foto Scala).*

p. 75: exvoto de agradecimiento por la liberación de un endemoniado; cuadro del siglo XVI. Cesena (Italia), Virgen del Monte *(foto Scala).*
p. 75: procesión con la imagen de la Virgen en Milán; relieve del siglo XII. Milán, Museo del Castillo Sforzesco *(foto Scala).*
p. 76: las cuatro estaciones; miniatura de comienzos del siglo XI, de un códice de Montecassino, de la *Enciclopedia* de Rabano Mauro *(De Universo).* Montecassino, Abadía *(dibujo de Lorenzo Cecchi).*
p. 76: reconstrucción de la abadía de Sankt Gallen (Suiza) en el siglo IX *(dibujo de Roberto Simoni).*
p. 77: la predicación de san Benito cerca de Montecassino; miniatura de comienzos del siglo XIV, de una colección de escritos sobre san Benito. Chantilly, Museo Condé *(dibujo de Lorenzo Cecchi).*
p. 78: el último encuentro de san Benito y santa Escolástica; fresco de comienzos del siglo XV. Subiaco, Sacro Speco *(foto Scala).*
p. 79: un monje y un campesino derriban un árbol; miniatura de comienzos del siglo XII, de un manuscrito de Cîteaux de los *Moralia in Job* de Gregorio Magno. Dijon, Biblioteca Municipal *(dibujo de Lorenzo Cecchi).*
p. 79: dos monjes trabajando la tierra y otros dos en oración; miniatura bizantina del siglo XI. Vaticano, Biblioteca Apostólica *(dibujo de Stalio).*
pp. 80-81: reconstrucción de un poblado de Capadocia excavado en la roca *(dibujo de Roberto Simoni).*
p. 84: el palacio de Teodorico; mosaico de comienzos del siglo V. Ravena, San Apolinar Nuevo *(foto Scala).*
p. 85: Justiniano y su corte; mosaico de mediados del siglo VI. Ravena, San Vital *(foto Scala).*
p. 85: efigie de Teodora; cabeza de mármol del siglo VI. Milán, Museo Arqueológico *(dibujo de Lorenzo Cecchi).*
p. 86: el águila imperial bizantina; fragmento de un tejido del siglo X. Bressanone, Museo Diocesano *(disegno di Stalio).*
p. 87: el puerto de Classe; mosaico de comienzos del siglo VI. Ravena, San Apolinar Nuevo *(foto Scala).*
p. 87: la cátedra del obispo Maximiano, revestida de paneles de marfil; mediados del siglo VI. Ravena, Museo Arzobispal *(foto Scala).*
p. 88: el Bautismo de Jesús y el coro de los apóstoles; mosaico de finales del siglo V-comienzos del VI. Ravena, Baptisterio de los Arrianos *(foto Scala).*
p. 88: vista interior, del lado del ábside, de la basílica de San Vital, construida a mediados del siglo VI. Ravena *(foto Scala).*
p. 89: sección de la iglesia de Santa Sofía, en Constantinopla, construida en la primera mitad del siglo VI *(foto Jaca Book).*
p. 89: reconstrucción del interior de la iglesia de Santa Sofía, en Constantinopla, antes de su transformación en mezquita; acuarela de Prost. París, Academia de Arquitectura *(foto Académie d'Architecture, París).*
p. 89: la Transfiguración y san Apolinar orante; mosaico de mediados del siglo VI. Ravena, San Apolinar in Classe *(foto Scala).*
p. 89: una emperatriz bizantina; puertecilla de un díptico de marfil de comienzos del siglo VI. Florencia, Museo del Bargello *(foto Scala).*
p. 90: nicho con trono sobre el que se apoyan algunos atributos del poder divino y humano; relieve del siglo VI. Berlín, Staatliche Museen *(dibujo de Lorenzo Cecchi).*
p. 91: capitel del siglo VI. Ravena, San Vital *(dibujo de Lorenzo Cecchi).*
p. 91: el Cordero divino adorado por dos almas; relieve sobre un sarcófago del siglo V. Ravena, Mausoleo de Gala Placidia *(foto Scala).*
p. 92: Gregorio Magno con los escribas; placa de marfil de finales del siglo IX. Viena, Kunsthistorisches Museum *(dibujo de Alessandro Baldanzi).*
p. 93: la *Schola cantorum* de la iglesia de Santa Sabina, construida en el siglo V. Roma *(foto Scala).*
p. 94: el cónsul Magno con las personificaciones de Roma y Constantinopla; díptico de marfil de comienzos del siglo VI. Milán, Museo del Castillo Sforzesco *(foto Scala).*
p. 97: un concilio en Toledo; detalle de una miniatura mozárabe del siglo X. El Escorial, Biblioteca del Monasterio *(dibujo de Lorenzo Cecchi).*
p. 98: Casiodoro, bajo la apariencia del profeta Esdras, copia las Sagradas Escrituras; miniatura de finales del siglo VII-comienzos del VIII, de un manuscrito inglés denominado *Códice Amiatino*. Florencia, Biblioteca Laurenziana *(foto Scala).*
p. 99: la rueda de las estaciones y los meses; miniatura del siglo IX, de un manuscrito de la *Enciclopedia* de san Isidoro de Sevilla *(De natura rerum).* Laon, Biblioteca Municipal *(dibujo de Stalio).*
p. 99: Boecio en la cárcel, consolado por la Filosofía; dibujo de un manuscrito alemán del siglo XII. Munich, Biblioteca del Estado de Baviera *(dibujo de Alessandro Baldanzi).*
p. 100: la Kaaba; placa de cerámica policromada del siglo XVI, de la tumba de Mahoma en Medina. El Cairo, Museo Islámico *(foto Gianni Dagli Orti).*
p. 101: peregrinos de viaje a La Meca *(dibujo de Alessandro Baldanzi).*
p. 101: biblioteca árabe con maestros y alumnos en conversación; miniatura de la primera mitad del siglo XIII, de un manuscrito de Bagdad de los *Maqamat* de Al-Hariri. París, Biblioteca Nacional *(foto Bibliothèque Nationale de France).*
p. 102: el nombre divino de Alá en una cerámica sepulcral. El Cairo, Museo Islámico *(dibujo de Stalio).*

p. 102: Jesús llevado al cielo por los ángeles; miniatura persa *(dibujo de Lorenzo Cecchi).*
p. 103: página del Corán en escritura cúfica del siglo IX, de la mezquita de Kairuán. Túnez, Biblioteca Nacional *(foto Jaca Book).*
p. 103: los bizantinos destruyen la flota enemiga con la ayuda del «fuego griego»; miniatura del siglo XII, de las *Crónicas* de Juan Skylitzes. Madrid, Biblioteca Nacional *(dibujo de Lorenzo Cecchi).*
p. 104: san Bonifacio bautiza a los frisones y padece el martirio; miniatura de la segunda mitad del siglo X, del *Sacramentario de Fulda*. Gotinga, Biblioteca de la Universidad *(dibujo de Lorenzo Cecchi).*
p. 104: cruz de oro y esmaltes, llamada la «cruz de Wilton»; siglo VII. Londres, Museo Británico *(dibujo de Lorenzo Cecchi).*
p. 105: corona votiva de Recesvinto, de oro y piedras preciosas; segunda mitad del siglo VII, del Tesoro de Guarrazar (Toledo). Madrid, Museo Arqueológico Nacional *(dibujo de Stalio).*
p. 105: león, símbolo del evangelista Marcos; miniatura de finales del siglo VII, del evangeliario irlandés de san Wilibrordo, conocido también como «Evangelio de Echternach». París, Biblioteca Nacional *(dibujo de Stalio).*
p. 106: la iglesia de Santa María del Naranco, construida como salón real visigodo a mediados del siglo VIII y transformada en iglesia a mediados del siglo IX. Naranco, Oviedo *(foto Zodiaque).*
p. 107: cruz celta de los siglos IX-X. Clonmacnoise (Irlanda), cementerio del monasterio *(foto Zodiaque).*
p. 107: facsímil de una página del *Heliand*, una traducción de los Evangelios en sajón antiguo, de la primera mitad del siglo IX.
p. 108: san Jorge y el dragón; icono de la escuela de Nóvgorod del siglo XV. San Petersburgo, Museo del Estado Ruso *(foto Scala).*
p. 108: la Iglesia militante; pintura de mediados del siglo XVI. Moscú, Galería Tretjakov *(foto Scala).*
p. 108: la catedral de Santa Sofía, construida a mediados del siglo XI. Nóvgorod *(foto Iskusstvo /Jaca Book).*
p. 109: el gran «Sión» de plata dorada de la catedral de Santa Sofía en Nóvgorod; mediados del siglo XII. Nóvgorod, Museo *(foto Iskusstvo /Jaca Book).*
p. 110: los santos Cirilo y Metodio crean el alfabeto eslavo; miniatura de finales del siglo XV, de la *Crónica Radziwill*. San Petersburgo, Biblioteca de la Academia de las Ciencias *(foto Iskusstvo /Jaca Book).*
p. 111: la iglesia de madera de San Nicolás, construida en el siglo X. Súzdal *(dibujo de Donato Spedaliere).*
p. 111: los santos Boris y Gleb; relieve del siglo XI *(dibujo de Alessandro Baldanzi).*
p. 112: la *Majestad de santa Fe*, estatua-relicario de oro y piedras preciosas; finales del siglo IX. Conques, Tesoro de la Abadía de Sainte-Foy *(foto Gianni Dagli Orti).*
p. 112: Alcuino presenta a Rabano Mauro a san Martín de Tours; miniatura de mediados del siglo IX, de un manuscrito del *De Laude Sanctae Crucis* de Rabano Mauro. Vaticano, Biblioteca Apostólica *(foto Biblioteca Apostolica Vaticana).*
p. 113: reconstrucción del palacio imperial de Carlomagno en Aquisgrán, construido entre los siglos VIII y IX *(dibujo de Donato Spedaliere).*
p. 114: flabelo litúrgico de marfil y pergamino miniado; finales del siglo IX, de Tournus. Florencia, Museo del Bargello *(foto Scala).*
p. 114: el abad Rainaldo de Marmoutier bendice a sus monjes y al pueblo; miniatura de mediados del siglo IX, de un sacramentario de Marmoutier. Autun, Biblioteca Municipal *(foto Institut de Recherche et d'Histoire des Textes, Orléans).*
p. 115: la iglesia de la abadía, construida en la segunda mitad del siglo IX. Corvey (Alemania) *(foto Scala).*
p. 115: escenas de la vida de Cristo; díptico de marfil de comienzos del siglo IX. Aquisgrán, Tesoro de la Catedral *(foto Scala).*
p. 116: plano de Roma; fresco de Tadeo di Bartolo (1362-1422). Siena, Palacio Público *(foto Scala).*
p. 116: la donación de Constantino; fresco del siglo XIII. Roma, Los Cuatro Santos Coronados *(foto Scala).*
p. 117: san Pedro, en su cátedra, confiere la estola a León III y el estandarte a Carlomagno; reconstrucción de un mosaico del siglo IX, del triclinio de León III en el Palacio de Letrán, en Roma *(dibujo de Lorenzo Cecchi).*
p. 118: Carlos el Calvo ofrece un códice a Nicolás I; miniatura del siglo IX. Tréveris, Biblioteca Municipal *(dibujo de Lorenzo Cecchi).*
p. 119: la coronación de Carlomagno; miniatura del siglo XIV, de una *Historia los Emperadores*. París, Biblioteca del Arsenal *(foto Scala).*
p. 119: cátedra de madera revestida de paneles de marfil, denominada «cathedra Petri»; segunda mitad del siglo IX. Vaticano, Tesoro de San Pedro *(foto Scala).*
p. 120: el lienzo de la Santa Faz; miniatura bizantina del siglo VI, del *Codex Rossanensis*. Vaticano, Biblioteca Apostólica *(foto Biblioteca Apostólica Vaticana).*
p. 121: un monasterio de las Meteoras en Tesalia (Grecia) *(foto Roberto Simoni).*

p. 121: efigie del emperador León III; moneda del siglo VIII. París, Biblioteca Nacional, Cabinet des Médailles *(dibujo de Alessandro Baldanzi).*
p. 121: san Teodoro Estudita atraviesa el Bósforo para llegar al monasterio de Studium; miniatura bizantina de finales del siglo X, del *Menologio de Basilio II*. Vaticano, Biblioteca Apostólica *(foto Biblioteca Apostólica Vaticana).*
p. 122: un iconógrafo bizantino trabajando; miniatura del siglo IX. París, Biblioteca Nacional *(dibujo de Lorenzo Cecchi).*
p. 123: decoración de cúpula con motivos geométricos y estilizados; frescos del siglo VIII en un monasterio rupestre de Capadocia *(dibujo de Lorenzo Cecchi).*
p. 123: la Crucifixión y la eliminación de iconos; miniatura del siglo IX, del *Salterio Chludov*. Moscú, Museo Histórico *(foto Iskusstvo / Jaca Book).*
p. 125: vista de Constantinopla, de un grabado del siglo XVIII *(dibujo de Roberto Simoni).*
p. 125: cáliz bizantino de sardónica, oro y esmaltes; siglo X. Venecia, Tesoro de San Marcos *(foto Gianni Dagli Orti).*
p. 125: Cristo Pantocrátor; mosaico de finales del siglo XI-comienzos del XII. Dafni (Grecia), iglesia del monasterio *(foto Scala).*
p. 126: incensario bizantino de plata dorada; siglo XII. Venecia, Tesoro de San Marcos *(foto Scala).*
p. 127: ostensión de la Santa Cruz; miniatura bizantina de finales del siglo X, del *Menologio* de Basilio II. Vaticano, Biblioteca Apostólica *(foto Biblioteca Apostolica Vaticana).*
p. 128: la corona del Sagrado Imperio romano, de oro, piedras preciosas, perlas y esmaltes; siglos X-XI. Viena, Kunsthistorisches Museum *(dibujo de Stalio).*
p. 128: el castillo de Cautrenon, en Auvernia (Francia); miniatura del siglo XV, del *Armorial d'Auvergne* de Guillaume Revel *(dibujo de Lorenzo Cecchi).*
p. 129: Otón II confiere la dignidad episcopal a Adalberto de Praga; relieve de un portón de bronce de la segunda mitad del siglo XII. Gniezno (Polonia), Catedral *(dibujo de Alessandro Baldanzi).*
p. 130: Otón I a los pies de Cristo en el trono; placa de marfil de la segunda mitad del siglo X. Milán, Museo del Castillo Sforzesco *(foto Scala).*
p. 130: Otón II recibe el homenaje de las provincias del Imperio; miniatura de Tréveris de finales del siglo X, del *Registrum Gregorii*. Chantilly, Musée Condé *(foto Gianni Dagli Orti).*
p. 131: crucifijo de marfil del rey Fernando I de Castilla; mediados del siglo XI. Madrid, Museo Arqueológico Nacional *(foto Scala).*
p. 132: figura de animal fantástico; adorno de madera del siglo IX, de Oseberg (Noruega). Oslo, Museo de la Navegación *(dibujo de Lorenzo Cecchi).*
p. 132: la flota normanda de Guillermo el Conquistador atraviesa el canal de la Mancha; bordado de finales del siglo XI, de la tapicería de la condesa Matilde. Bayeux, Museo Episcopal *(foto Scala).*
p. 133: pieza de ajedrez noruego, de marfil de morsa; finales del siglo XII. Londres, Museo Británico *(dibujo de Alessandro Baldanzi).*
p. 133: los santos reyes escandinavos: Canuto IV de Dinamarca, Olav II de Noruega y Erik de Suecia; bordado sueco del siglo XVIII. Estocolmo, Museo Histórico del Estado *(dibujo de Lorenzo Cecchi).*
p. 134: *stavkirke*, construida en el siglo XIII. Gol (Noruega) *(foto Gianni Dagli Orti).*
p. 135: alegoría de la Vida; tondo de marfil de morsa, de mediados del siglo XII. Copenhague, Museo Nacional *(dibujo de Alessandro Baldanzi).*
p. 135: vista del *althing* del poblado de Thingvellir (Islandia) *(dibujo de Donato Spedaliere).*
p. 136: Santiago de Compostela con un peregrino; miniatura del siglo XIV. París, Biblioteca Nacional *(dibujo de Lorenzo Cecchi).*
p. 136: reconstrucción de la abadía de Cluny alrededor del año 1000 *(dibujo de Donato Spedaliere).*
p. 137: peregrinos atacados por los lobos en las cercanías de un hospital; tapiz de finales del siglo XIV. Roncesvalles, Museo *(dibujo de Lorenzo Cecchi).*
p. 138: voluta de báculo francés, de marfil, llamado de Ivo de Chartres; finales del siglo XI, de Beauvais. Florencia, Museo del Bargello *(foto Scala).*
p. 138: historias de Adán y Eva; relieves de la puerta de bronce de San Bernardo, de comienzos del siglo XI. Hildesheim, San Miguel *(foto Scala).*
p. 139: el diluvio universal; miniatura de mediados del siglo XI, de un manuscrito de Saint-Sever del *Comentario del Apocalipsis* del Beato de Liébana. París, Biblioteca Nacional *(foto Bibliothèque Nationale de France).*
p. 140: voluta de báculo de plata dorada, llamado de Roberto de Molesmes; siglo XI-XII. Dijon, Museo de Bellas Artes *(dibujo de Lorenzo Cecchi).*
p. 141: vista de la abadía de Vallombrosa; fresco de Giovanni Stradano (1523-1605). Prato, Villa Pazzi *(foto Scala).*
p. 142: la cartuja de Pavía en construcción; detalle de un cuadro de Bergognone (siglos XV-XVI). Pavía, Pinacoteca *(foto Scala).*
p. 143: la santa Humildad lee las Sagradas Escrituras en el refectorio; cuadro del retablo dedicado a la santa, de Pietro Lorenzetti (1280-1348). Florencia, Uffizi *(foto Scala).*

p. 143: san Bernardo y san Juan Gualberto; detalle de la *Tebaida* de Paolo Uccello (1397-1475). Florencia, Academia *(foto Scala)*.

p. 144: vista aérea de la abadía cisterciense de Sénanque (Provenza), fundada en el siglo XII *(foto Jourdan / Explorer / Overseas)*.

p. 144: reunión de administradores del municipio de Siena; miniatura de finales del siglo XIII-comienzos del XIV, del *Constitutum Camerarii et Quattuor Provisorum Comunis Senarum*. Siena, Archivo del Estado *(foto Scala)*.

p. 145: planimetría de las propiedades de la abadía cisterciense de Maulbronn (Alemania) a finales del siglo XVII; de una acuarela de Andreas Kieser *(dibujo de Alessandro Bartolozzi)*.

p. 145: el establecimiento de molinos hidráulicos, construido en el siglo XIII. Fontenay (Francia), Abadía *(dibujo de Donato Spedaliere)*.

p. 146: Cristo en majestad; fresco de comienzos del siglo XII, del ábside de la iglesia de San Clemente de Tahull (Lleida). Barcelona, Museo de Arte de Cataluña *(foto Scala)*.

p. 147: el *Descendimiento*; relieve de Benedetto Antelami (1150-1230). Parma, Catedral *(foto Scala)*.

p. 147: interior de la iglesia de la abadía, construida en la primera mitad del siglo XII. Fontenay *(foto Scala)*.

p. 148: el papa y el emperador en el trono; miniatura de la primera mitad del siglo XIII, del *Espejo de Sajonia* de Eike von Repkow. Heidelberg, Biblioteca de la Universidad *(dibujo de Lorenzo Cecchi)*.

p. 149: el papa Gregorio VII y la condesa Matilde reciben al emperador Enrique IV en Canossa; miniatura de comienzos del siglo XIV, de la *Crónica* de Juan Villani. Vaticano, Biblioteca Apostólica *(foto Biblioteca Apostólica Vaticana)*.

p. 149: lámpara de una mezquita siria, de vidrio policromado; mediados del siglo XIV. Florencia, Museo del Bargello *(foto Scala)*.

p. 149: interior de la mezquita, construida en el siglo VIII. Córdoba *(foto Scala)*.

p. 150: martirio de santo Tomás Becket; fresco del siglo XII. Spoleto, Santos Juan y Pablo *(foto Scala)*.

p. 151: la destitución de Gregorio VII; dibujo del siglo XII, de la *Crónica* de Otón de Frisinga. Jena, Biblioteca de la Universidad *(dibujo de Lorenzo Cecchi)*.

p. 151: los príncipes aprueban la elección del rey; miniatura de la primera mitad del siglo XIII, del *Espejo de Sajonia* de Eike von Repkow. Heidelberg, Biblioteca de la Universidad *(dibujo de Lorenzo Cecchi)*.

p. 152: duelo entre un caballero cristiano y otro musulmán; miniatura del siglo XIII. Londres, British Library *(dibujo de Lorenzo Cecchi)*.

p. 152: reconstrucción de Jerusalén en la época de las cruzadas *(dibujo de Roberto Simoni)*.

p. 153: reconstrucción del Krak de los caballeros, fortaleza de los cruzados construida en los siglos XI-XII. Yébel Jalil (Siria) *(dibujo de Donato Spedaliere)*.

p. 154: Cristo conduce a los caballeros cruzados; miniatura del siglo XIV. Londres, British Library *(dibujo de Lorenzo Cecchi)*.

p. 155: la defensa de Jerusalén; miniatura del siglo XIII, de una *Descripción de Tierra Santa*. Padua, Biblioteca del Seminario *(foto Scala)*.

pp. 156-157: el infierno; mosaico del siglo XIII. Florencia, Baptisterio *(foto Scala)*.

p. 160: las ruinas del castillo de Peyrepertuse en la región de Albi, fortaleza cátara expugnada en noviembre de 1240 *(foto Gianni Dagli Orti)*.

p. 162: *santo Domingo y la quema de los libros heréticos;* cuadro de Pedro Berruguete (1450-1504). Madrid, Prado *(foto Scala)*.

p. 163: el asedio de Carcasona por las tropas de Simón de Montfort; relieve del siglo XIII. Carcasona, Castillo *(foto Gianni Dagli Orti)*.

p. 164: santo Domingo discute con los herejes; fresco de Andrea di Bonaiuti (siglo XIV), detalle de *La Iglesia militante y triunfante*. Florencia, Santa María Novella, Cappellone degli Spagnoli *(foto Scala)*.

p. 165: vista del yermo de Alvernia; fresco de Domenico Ghirlandaio (1449-1494), detalle de una escena del ciclo franciscano. Florencia, Santa Trinidad, Capilla Sassetti *(foto Scala)*.

p. 165: san Francisco e historias de su vida; retablo de Bonaventura Berlinghieri (siglo XII). Florencia, Museo de Santa Cruz *(foto Scala)*.

p. 166: san Bernardino de Siena predica en la Plaza del Campo; cuadro de Sano di Pietro (1406-1481). Siena, Catedral *(foto Scala)*.

p. 167: san Francisco instituye el belén en Greccio *(dibujos de Alessandro Baldanzi)*.

p. 168: rosetón y vidrieras del siglo XIII. Chartres, Catedral de Notre-Dame *(foto Scala)*.

p. 168: perfiles de las principales catedrales góticas de Europa *(dibujos de Justine Thompson Bradley)*.

p. 169: fachada de la catedral de Notre-Dame, construida en los siglos XII-XIII. París *(foto Scala)*.

p. 169: interior, hacia la parte del ábside, de la catedral de Notre-Dame, construida en el siglo XIII. Reims *(foto Scala)*.

p. 170: el rostro de Cristo; detalle de un crucifijo de madera catalán del siglo XIV. Mesina, Museo Nacional *(foto Scala)*.

p. 170: cáliz de oro y plata, llamado de Gilles de Valcourt; siglo XIII. Namur, Convento de Notre-Dame *(foto Scala)*.

p. 171: escenas de la vida de la Virgen; díptico francés del siglo XIV, en marfil. Florencia, Museo del Bargello *(foto Scala)*

p. 172: Beatriz de Borbón, esposa del conde de Luxemburgo; estatua de finales del siglo XIV. París, iglesia de la abadía de Saint-Denis.

p. 174: el sueño de Inocencio III; fresco de Giotto (1267-1337), del ciclo franciscano. Asís, San Francisco *(foto Scala)*.

p. 175: Bonifacio VIII; estatua de Arnolfo di Cambio (1245-1302). Florencia, Museo de la Obra de la Catedral *(foto Scala)*.

p. 176: estudiantes leyendo; relieve de finales del siglo XIV, de la tumba de Juan de Legnano. Bolonia, Museo Cívico *(foto Scala)*.

p. 177: la Filosofía con las siete Artes liberales; facsímil de una miniatura alemana del siglo XII, de un manuscrito del *Jardín del Paraíso* de la abadesa Herrad de Landsberg *(foto Hansmann)*.

p. 177: *triunfo de santo Tomás de Aquino;* cuadro de Francisco Traini (1321-1363). Pisa, Santa Catalina *(foto Scala)*.

p. 177: interior de la capilla del King's College, construida en el siglo XV. Cambridge *(foto Scala)*.

p. 178: fachada de la Universidad, fundada a comienzos del siglo XIII. Salamanca *(foto Scala)*.

p. 179: el lector con sus estudiantes; relieve de la primera mitad del siglo XIV, de la tumba de Cino da Pistoia. Pistoia, Catedral *(foto Scala)*.

p. 179: san Alberto Magno en su estudio; fresco de Tomás de Módena (1326-1379), del ciclo de personajes dominicos. Treviso (Italia), Seminario Episcopal *(foto Scala)*.

p. 180: dos páginas de un manuscrito alemán del siglo XV, del diario de viaje de Odorico da Pordenone. Karlsruhe, Biblioteca Regional de Baden *(foto Badische Landesbibliothek, Karlsruhe)*.

p. 180: camello de viaje; cerámica policromada y esmaltada china de los siglos VIII-IX (época Tang) *(dibujo de Stalio)*.

p. 181: la ciudad de Cambaluc (Pekín); miniatura francesa del siglo XIV, de un manuscrito del *Libro de las maravillas del mundo* de Marco Polo. París, Biblioteca Nacional *(foto Bibliothèque Nationale de France)*.

p. 181: copa china de celadonita de los siglos XII-XIII (dinastía Yuan); montura alemana de plata dorada de la primera mitad del siglo XV. Kassel, Museo Regional de Assen *(foto Staatliche Museen, Kassel / Verlag Philipp von Zabern)*.

p. 182: la llegada de san Francisco Javier a Japón; biombo japonés de finales del siglo XVI. París, Museo Guimet *(foto Réunion des Musées Nationaux)*.

p. 183: martirio de los jesuitas en Japón; pintura japonesa de comienzos del siglo XVII. Roma, Iglesia del Gesù *(foto Scala)*.

p. 185: la «Muerte negra»; miniatura de comienzos del siglo XV, de la *Crónica de Luca* de Giovanni Sercambi. Luca, Archivo del Estado *(dibujo de Lorenzo Cecchi)*.

p. 185: un grupo de flagelantes; miniatura alemana del siglo XIV, de una crónica del mundo escrita en Constanza. Munich, Biblioteca del Estado de Baviera *(dibujo de Lorenzo Cecchi)*.

p. 186: la coronación de Martín V; miniatura alemana del siglo XV, de la *Crónica* de Ulrich von Richental. Constanza, Museo Rosgarten *(foto Hansmann)*.

p. 186: la tumba del antipapa Juan XXIII, obra de Donatello (1386-1466) y Michelozzo (1396-1472). Florencia, Baptisterio *(foto Scala)*.

p. 187: Enea Silvio Piccolomini parte para el concilio de Basilea; fresco de Pinturicchio (1454-1513), del ciclo dedicado a Pío II. Siena, Catedral, Biblioteca Piccolomini *(foto Scala)*.

p. 188: peregrinos junto a la tumba de un santo; pintura provenzal del siglo XV. Roma, Galería Nacional *(foto Scala)*.

p. 189: brazo-relicario de san Jorge, de oro, plata y piedras preciosas; siglo XIII. Conques, Tesoro de la Abadía de Sainte-Foy *(foto Gianni Dagli Orti)*.

p. 190: procesión con las reliquias de santa Genoveva en París; miniatura del siglo XII. París, Archivos Nacionales *(dibujo de Lorenzo Cecchi)*.

p. 191: la traslación del cuerpo de san Magno; fresco de comienzos del siglo XIII. Anagni, Catedral *(foto Scala)*.

pp. 192-193: construcción de una catedral gótica en una ciudad de Europa septentrional *(dibujo de Donato Spedaliere)*.

p. 193: detalle de una torre de la catedral de Laon; dibujo del *Livre de portraiture* de Villard de Honnecourt (siglo XIII). París, Biblioteca Nacional *(foto Bibliothèque Nationale de France)*.

p. 196: el sermón de san Marcos en Alejandría; cuadro de Gentile Bellini (1429-1507). Milán, Brera *(foto Scala)*.

p. 197: pequeño «Sión» de cobre dorado; segunda mitad del siglo XV. Moscú, Museos del Kremlin. Palacio de la Armería *(foto Iskusstvo / Jaca Book)*.

p. 198: el emperador Juan VII Paleólogo en el concilio de Florencia-Ferrara; fresco de Benozzo Gozzoli (1420-1497), detalle del ciclo del Cortejo de los Magos. Florencia, Palacio de los Médicis *(foto Scala)*.

p. 199: el asedio de Constantinopla por los turcos en 1453; miniatura francesa de mediados del siglo XV. París, Biblioteca Nacional *(foto Bibliothèque Nationale de France)*.

p. 200: sección de la cúpula de la catedral de Florencia, obra de Brunelleschi (1377-1445) *(dibujo de Chiara Pignaris).*
p. 200: san Jorge; escultura de Donatello (1386-1466), en un nicho de la iglesia de Orsanmichele de Florencia. Florencia, Museo del Bargello *(foto Scala).*
p. 202: Virgen con el Niño y san Juan niño; relieve de Miguel Ángel (1475-1564), denominado *Tondo Taddei.* Londres, Royal Academy *(dibujo de Rosanna Rea).*
p. 202: *El tributo;* fresco de Masaccio (1401-1428), del ciclo de la capilla Brancacci. Florencia, Santa María del Carmen *(foto Scala).*
p. 203: la plaza con la catedral y el palacio Piccolomini, obra de Bernardo Rossellino (1409-1464). Pienza (Italia) *(dibujo de Chiara Pignaris).*
p. 204: Hus en la hoguera; miniatura alemana del siglo XV, de la *Crónica* de Ulrich von Richental. Praga, Biblioteca de la Universidad *(foto Gianni Dagli Orti).*
p. 205: retrato de Lutero en compañía de otros reformadores; copia de un cuadro de Lucas Cranach el Joven (1515-1586). Wittenberg, Lutherhalle *(foto Archiv für Kunst und Geschichte).*
p. 206: Lutero en el púlpito; cuadro de Lucas Cranach el Viejo (1472-1553), detalle del frontal del «Altar de la Reforma». Wittenberg, Santa María *(foto Archiv für Kunst und Geschichte).*
p. 206: portada de la primera edición de la Biblia de Lutero; Wittenberg 1534 *(foto Archiv für Kunst und Geschichte).*
p. 207: campesinos prestando el juramento de fe; xilografía alemana del siglo XVI.
p. 207: el obispo Sherburne solicita a Enrique VIII la aprobación de un documento; cuadro de comienzos del siglo XVI. Chichester, Catedral *(foto Archiv für Kunst und Geschichte).*
p. 209: templo calvinista de Lyon, llamado «Paraíso»; cuadro del siglo XVI. Ginebra, Biblioteca Universitaria *(foto Gianni Dagli Orti).*
p. 209: destrucción de reliquias e imágenes en las iglesias de los Países Bajos; grabado coloreado del siglo XVI. Ginebra, Biblioteca Universitaria *(foto Gianni Dagli Orti).*
p. 210: la «defenestración de Praga»; xilografía alemana del siglo XVII.
p. 211: el encuentro de jesuitas y protestantes en Ratisbona; miniatura de comienzos del siglo XVII. Ratisbona, Museo *(foto Stadt Regensburg / Ralph Heilmann).*
p. 212: Pablo III prepara el concilio de Trento; cuadro de Sebastián Ricci (1659-1734). Piacenza, Museo Cívico *(foto Scala).*
p. 212: san Ignacio de Loyola con la regla de la Compañía de Jesús; cuadro de finales del siglo XVI-comienzos del XVII. Castiglione delle Stiviere (Lombardía). Museo Histórico *(foto Gianni Dagli Orti).*
p. 212: interior del santuario de los Catorce Santos, construido a mediados del siglo XVIII, obra de Johann Balthasar Neumann (1687-1753). Vierzehnheiligen, en Bamberg *(foto Scala).*
p. 214: una sesión de la comisión para la reforma del calendario; tablilla de Biccherna, de 1582. Siena, Archivo del Estado *(foto Scala).*
p. 215: el *Éxtasis de santa Teresa de Jesús,* obra de Gian Lorenzo Bernini (1598-1680). Roma, Santa María de la Victoria, Capilla Cornaro *(foto Scala).*
p. 216: la «noche de San Bartolomé»; cuadro de François Dubois (1529-1584). Lausana, Museo Cantonal *(foto Gianni Dagli Orti).*
p. 217: soldados irrumpiendo en una casa; detalle de la *Matanza de los Inocentes,* copia de Pieter Bruegel el Joven (1564-1637) de un cuadro de Pieter Bruegel el Viejo (1528-1569). Bruselas, Museo Real de Bellas Artes *(foto Scala).*
p. 218: el *Ahorcamiento;* grabado de Jacques Callot (1592-1635), de la serie *Los desastres de la guerra.* París, Biblioteca de las Artes Decorativas *(foto Gianni Dagli Orti).*
p. 219: retrato del cardenal Richelieu; cuadro de Philippe de Champaigne (1602-1674). París, Louvre *(foto Scala).*
p. 220: portada esculpida en el siglo XVII. Potosí (Bolivia), San Lorenzo de los Carangas *(foto Pedro Querejazu).*
p. 221: construcción de una *reducción* en alta montaña *(dibujo de Donato Spedaliere).*
p. 222: el Padre Eterno; talla de madera policromada, de Gaspar de la Cueva (siglo XVII). Potosí, Convento franciscano de San Antonio de Padua *(foto Pedro Querejazu).*
p. 223: la mina de Potosí; grabado de Theodor de Bry (1528-1598). Lisboa, Academia de las Ciencias *(foto Gianni Dagli Orti).*
p. 223: plano de una *reducción (dibujo de Lorenzo Cecchi).*
p. 225: masacre de misioneros a manos de los indios iroqueses; grabado de mediados del siglo XVII, de la *Historiae Canadensis* de P. F. Creuxio. Vincennes, Servicio Histórico de la Marina *(foto Gianni Dagli Orti).*
p. 226: lápida funeraria de Mary Harvey y su hijo; segunda mitad del siglo XVIII. Deerfield (Massachusetts) *(dibujo de Lorenzo Cecchi).*
p. 227: *Atala en la tumba;* cuadro de Anne-Louis Girodet-Trioson (1767-1824). París, Louvre *(foto Scala).*

p. 228: indumentaria cuáquera; grabados coloreados del siglo XVIII. París, Biblioteca de las Artes Decorativas *(foto Gianni Dagli Orti).*
p. 230: la comunión de los luteranos en la iglesia de los Minoritas en Augusta; grabado del siglo XVIII. París, Biblioteca de las Artes Decorativas *(foto Gianni Dagli Orti).*
p. 231: *Shakers, Their Mode of Worship;* litografía de mediados del siglo XIX. Old Chatham (Nueva York), The Shaker Museum *(foto Shaker Museum and Library, Old Chatham).*
pp. 232-233: procesión de las muchachas de Sablon en Bruselas; cuadro de Anthonis Sallaert (1590-1657). Turín, Galería Sabauda *(foto Scala).*
p. 236: órgano del siglo XVIII. Praga, San Nicolás *(foto Scala).*
p. 236: concierto de órgano; grabado del siglo XVIII, del *Léxico musical* de Lipsia. Viena, Sociedad de Amigos de la Música *(foto Gianni Dagli Orti).*
p. 237: Plaza de la Catedral en el Kremlin; cuadro de Fiódor Alexéiev (1753-1824). Moscú, Galería Tretjakov *(foto Scala).*
p. 238: grupo de «Hermanos moravos» postrados ante Dios; grabado del siglo XVIII.
p. 239: sermón de un pastor metodista, en campo abierto, un domingo de verano por la tarde; cuadro de Philippe Jacques de Loutherbourg (1740-1812). Ottawa, Galería Nacional *(foto National Gallery of Canada, Ottawa).*
p. 240: el cardenal Federico Borromeo organiza el grupo de maestros de la doctrina cristiana; cuadro de Antonio y Giulio Campi (siglo XVI). Milán, San Francisco de Paula *(foto Scala).*
p. 241: vista de la abadía de Port-Royal des Champs; cuadro atribuido a Madeleine de Boulogne (1648-1710). Versalles, Reggia *(foto Gianni Dagli Orti).*
p. 241: el refectorio de la abadía de Port-Royal des Champs; cuadro atribuido a Madeleine de Boulogne (1648-1710). Versalles, Palacio real *(foto Gianni Dagli Orti).*
p. 243: una reunión de magistrados en la Sorbona; cuadro de Nicolás Vleughels (1668-1737). Versalles, Palacio real *(foto Gianni Dagli Orti).*
p. 244: Carlos III de Borbón visita a Benedicto XIV en la *Coffee-House* del Quirinal; cuadro de Giovanni Paolo Pannini (1692-1765). Nápoles, Galería de Capodimonte *(foto Scala).*
p. 245: escena de inquisición; cuadro de Francisco de Goya (1746-1828). Madrid, Academia de San Fernando *(foto Scala).*
p. 246: emblema masónico del siglo XIX. Milán, Museo del Risorgimento *(foto Scala).*
p. 246: rito masónico de iniciación; grabado del siglo XVIII. París, Biblioteca de las Artes Decorativas *(foto Gianni Dagli Orti).*
p. 247: escena de conversación; cuadro de Joseph MacPherson (1726-1780). Florencia, Galería de Arte Moderno *(foto Scala).*
p. 248: la caída de Richmond la noche del 2 de abril de 1865; grabado coloreado del siglo XIX. Nueva York, Museo de la Ciudad de Nueva York *(foto Scala).*
p. 249: *El Árbol de la Vida;* grabado coloreado del siglo XIX. Nueva York, Museo de la Ciudad de Nueva York *(foto Scala).*
p. 250: vista de Nueva York y Brooklyn; grabado coloreado del siglo XIX. Nueva York, Museo de la Ciudad de Nueva York *(foto Scala).*
p. 251: *Across the continent. Westwards the course of empire takes its way;* grabado coloreado del siglo XIX. Nueva York, Museo de la Ciudad de Nueva York *(foto Scala).*
p. 253: *La montaña de la Razón;* proyecto para la construcción de un templo dedicado a la Razón en Burdeos, de L. Dutourd (siglo XVIII). París, Archivos Nacionales *(dibujo de Lorenzo Cecchi).*
p. 253: la coronación de Napoleón I; cuadro de Jacques Louis David (1748-1825). París, Louvre *(foto Scala).*
p. 254: caricaturización de la última procesión de los clérigos «refractarios» el 31 de agosto de 1792; acuatinta de finales del siglo XVIII. Vizille (Francia), Museo de la Revolución Francesa *(foto Gianni Dagli Orti).*
p. 255: los concordatos de 1801-1803. Vaticano, Archivo Secreto *(foto Scala).*
p. 256: Pío IX bendice el campo español en Gaeta; grabado coloreado del siglo XIX. Roma, Museo del Risorgimento *(foto Scala).*
p. 256: calendario del año 1863; grabado coloreado del siglo XIX. Milán, Civica Raccolta delle Stampe Bertarelli *(foto Scala).*
p. 258: el *Congreso de Viena;* grabado del siglo XIX. Milán, Museo del Risorgimento *(foto Scala).*
p. 259: la proclamación de la República romana; grabado del siglo XIX. Roma, Museo del Risorgimento *(foto Scala).*
p. 260: el cardenal Lavigerie y los Padres Blancos en África; grabado coloreado, del Petit Journal de mayo de 1891 *(foto Gianni Dagli Orti).*
p. 261: el poblado de Ederé (Chad); grabado coloreado de *Viajes y Descubrimientos en África Septentrional y Central 1849-1855,* de Heinrich Barth. París, Museo de las Artes Africanas y de Oceanía *(foto Gianni Dagli Orti).*
p. 262: esclavos negros en marcha; acuarela del siglo XIX que ilustra los viajes de Livingstone en África. París, Museo de las Artes Africanas y de Oceanía *(foto Gianni Dagli Orti).*

p. 263: el Padre Carlos de Foucauld en su yermo sahariano; fotografía de 1905, aproximadamente. París, Biblioteca Nacional *(foto Bibliothèque Nationale de France)*.
p. 264: el viaje del Reverendo J. Campbell a Suráfrica; grabado coloreado de comienzos del siglo XIX. París, Sociedad Geográfica *(foto Gianni Dagli Orti)*.
p. 264: un colono en África; cuadro de comienzos del siglo XIX. Copenhague, Museo de la Ciudad *(foto Gianni Dagli Orti)*.
p. 267: la vivienda de David Livingstone en Zanzíbar; grabado del *último Diario de Livingstone, 1866-1873*.
p. 268: vista general de las fábricas de Le Creusot (Francia); ilustración de mediados del siglo XIX. Le Creusot, Ecomuseo de la Comunidad *(foto Gianni Dagli Orti)*.
p. 268: *El ángelus;* cuadro de Jean François Millet (1814-1875). París, Louvre *(foto Scala)*.
p. 270: la distribución de sopa en la refacción popular; grabado coloreado del Petit Journal de marzo de 1903 *(foto Gianni Dagli Orti)*.
p. 271: Luisa de Marillac y las hermanas de la Caridad distribuyen limosna a los pobres ante la iglesia de San Lorenzo, en París; cuadro de comienzos del siglo XX. París, San Lorenzo *(foto Gianni Dagli Orti)*.
p. 272: Trinity College de Oxford, visto desde Broad Street; grabado coloreado de la primera mitad del siglo XIX. Oxford, The Oratory *(foto The Oratory, Oxford / Studio Edmark)*.
p. 273: interior de St. Mary-the-Virgin en Oxford antes de un sermón universitario; grabado coloreado de la primera mitad del siglo XIX. Oxford, The Oratory *(foto The Oratory, Oxford / Studio Edmark)*.
p. 273: frontispicio del 90º *Tract for the Times* de John Henry Newman; Oxford, 1841. Birmingham, The Oratory, The Friends of Cardinal Newman *(foto The Oratory, Birmingham)*.
p. 274: ángel; talla de madera policromada de Augustus Welby Pugin (1812-1852). Londres, National Portrait Gallery *(dibujo de Lorenzo Cecchi)*.
p. 274: la biblioteca del cardenal Newman. Birmingham, The Oratory *(foto The Oratory, Birmingham / Toni Short Associates)*.
p. 275: John Henry Newman recibe la púrpura cardenalicia; fotografía de 1879. Birmingham, The Oratory, The Friends of Cardinal Newman *(foto The Oratory, Birmingham / Toni Short Associates)*.
p. 276: Pío IX inaugura el concilio Vaticano I; cuadro del siglo XIX. Senigallia (Italia), Casa natal de Pío IX *(foto Gianni Dagli Orti)*.
p. 277: Pierre Teilhard de Chardin con un grupo de investigadores en Zhoukoudian (China); fotografía de 1929. París, Fundación Teilhard de Chardin *(foto Fondation Teilhard de Chardin)*.
p. 277: modelo de cadena de ADN *(foto CNRI / Overseas)*.
p. 278: *¡Señores, nosotros descendemos del mono!;* grabado coloreado español de comienzos del siglo XX. París, Biblioteca de las Artes Decorativas *(foto Gianni Dagli Orti)*.
p. 279: la *Mano de Dios;* modelo de bronce de Auguste Rodin (1840-1917). Vaticano, Colección de Arte Religioso Moderno *(foto Scala)*.
p. 280: *Parada de la armada roja en la Plaza Roja de Moscú* en 1923; cuadro de Juon Konstantin (1875-1958). Moscú, Galería Tretjakov *(foto Scala)*.
p. 281: el padre Maximiliano Kolbe detenido en Auschwitz; talla de madera policromada de 1964, de Georges Beres *(dibujo de Roberto Simoni)*.
p. 282: el cortejo pontificio en la basílica de San Pedro, tras la reconciliación entre la Iglesia y el Estado, febrero de 1929; grabado coloreado de la época. Milán, Museo de Historia contemporánea *(foto Scala)*.
p. 284: planta de la bodega de una nave negrera; grabado del siglo XVIII. París, Museo de las Artes Africanas y de Oceanía *(foto Gianni Dagli Orti)*.
p. 284: interior de una nave negrera; acuarela del siglo XVIII. Dinamarca, Castillo de Fronborg, Museo Marítimo *(foto Gianni Dagli Orti)*.
p. 285: *Hauling the Whole Week's Picking;* acuarela de mediados del siglo XIX. Nueva Orleans, Colección Histórica de la Ciudad *(dibujo de Alessandro Baldanzi)*.

p. 286: Martin Luther King: *I have a dream;* manifiesto de los años sesenta del siglo XX.
p. 287: una cantante de *gospel* americana *(foto Charles Ledford / Black Star / Grazia Neri)*.
p. 288: Virgen con Niño; talla de madera policromada, de las Islas Salomón. Vaticano, Museo Misionero-Etnológico *(foto Scala)*.
p. 288: la iglesia de una misión, construida en el siglo XVII. Chiquitos (Bolivia) *(foto Pedro Querejazu)*.
p. 289: la iglesia de Nuestra Señora de la Paz, construida en los años ochenta del siglo XX. Yamoussoukro (Costa de Marfil) *(foto Yann Arthus-Bertrand / Explorer / Overseas)*.
p. 290: un momento de la ceremonia de apertura del Sínodo de África, que tuvo lugar en San Pedro el domingo 10 de abril de 1994 *(foto Giancarlo Giuliani /Periodici San Paolo)*.
p. 291: belén; figuras de arcilla policromada, procedentes de Argentina septentrional. Madrid, Museo de Artes Decorativas *(dibujo de Lorenzo Cecchi)*.
p. 292: *Noli me tangere;* talla de madera policromada del siglo XVIII. Cuenca (Ecuador), Colección Bertha Cisneros de Cueva *(foto Gustavo Landivar)*.
p. 292: detalle de la fachada de la capilla del Calvario, construida en el siglo XVII. Carora (Venezuela) *(foto Ramón Paolini)*.
p. 293: la *Virgen de Guadalupe;* pintura mexicana del siglo XVIII. Madrid, Museo de América *(foto Scala)*.
p. 294: cortejo nupcial en Iruya (Argentina); fotografía de los años cuarenta del siglo XX *(foto Archivo Guillén)*.
p. 295: fiesta en una ermita, en Otuzco (Perú); fotografía de los años cuarenta del siglo XX *(foto Archivo Guillén)*.
pp. 296-297: la primera sesión del concilio ecuménico Vaticano II, que tuvo lugar en la basílica de San Pedro en octubre de 1962 *(foto Museos Vaticanos / Carrieri)*.
p. 299: efigie de Juan XXIII; medalla de piedra dura de la segunda mitad del siglo XX. Florencia, Opificio delle Pietre Dure *(foto Scala)*.
p. 300: procesión mariana en la ex-Yugoslavia; cuadro de Iván Lackovic (siglo XX). Vaticano, Colección de Arte Religioso Moderno *(foto Scala)*.
p. 301: interior de la iglesia de San Juan Bautista, construida en los años sesenta del siglo XX, obra de Giovanni Michelucci (1891-1990). Florencia, Autopista del Sol *(foto Scala)*.
p. 302: mujeres ordenadas en la Iglesia de Inglaterra, en Bristol, en marzo de 1994 *(foto Sygma / Grazia Neri)*.
p. 303: paisaje urbano de la nueva Moscú de los años noventa *(foto Orlow DPA / Periodici San Paolo)*.
p. 304: Juan Pablo II en Tanzania, 1990 *(foto G. Rancinan / GLMR / Grazia Neri)*.
p. 305: séptima Asamblea General del Consejo Ecuménico de las Iglesias, Canberra 1991: manifestación contra la guerra del Golfo *(foto Riforma, Turín)*.
p. 305: séptima Asamblea General del Consejo Ecuménico de las Iglesias, Canberra 1991: ceremonia de acogida en la comunión del Consejo de las Iglesias chinas *(foto Riforma, Turín)*.
p. 307: multitud festiva en Tanzania con motivo de la visita de Juan Pablo II, 1990 *(foto G. Rancinan / GLMR / Grazia Neri)*.
pp. 308-309: el grupo de participantes en los encuentros de Asís-Perusa posan a la entrada de la basílica de San Francisco, en Asís, octubre de 1986 *(foto Servicio Fotográfico de L'Osservatore Romano)*.
p. 308: el encuentro del papa Juan Pablo II con el patriarca de Constantinopla Bartolomé I en el Vaticano, 1995 *(foto F. Origlia / Sygma / Grazia Neri)*.
p. 309: participantes africanos de la Asamblea Mundial de la Comunidad Evangélica de Acción Apostólica, Torre Pellice 1996 *(foto Riforma, Turín)*.